新闻与传播学译丛·国外经典教材系列

大众传播动力学

转型中的媒介（第12版）

The Dynamics of Mass Communication
Media in Transition （12th Edition）

[美] 约瑟夫·R·多米尼克（Joseph R. Dominick） 著

黄 金 蔡 骐 译

中国人民大学出版社
·北京·

"新闻与传播学译丛·国外经典教材系列"
出版说明

　　"新闻与传播学译丛·国外经典教材系列"丛书，精选了欧美著名的新闻传播学院长期使用的经典教材，其中大部分教材都经过多次修订、再版，不断更新，滋养了几代学人，影响极大。因此，本套丛书最大限度地体现了现代新闻与传播学教育的权威性、全面性、时代性以及前沿性。

　　在我们生活于其中的这个"地球村"，信息传播技术飞速发展，日新月异，传媒在人们的社会生活中已经并将继续占据极其重要的地位。中国新闻与传播业在技术层面上用极短的时间走完了西方几近成熟的新闻传播界上百年走过的路程。然而，中国的新闻与传播学教育和研究仍然存在诸多盲点。要建立世界一流的大学，不仅在硬件上与国际接轨，而且在软件、教育上与国际接轨，已成为我们迫切的时代任务。

　　有鉴于此，本套丛书书目与我国新闻传播学专业所开设的必修课、选修课相配套，特别适合新闻与传播学专业教学使用。如传播学引进了《大众传播效果研究的里程碑》，新闻采访学引进了《创造性的采访》、《全能记者必备》，编辑学引进了《编辑的艺术》等等。

　　本套丛书最大的特点就是具有极强的可操作性，不仅具备逻辑严密、深入浅出的理论表述、论证，还列举了大量案例、图片、图表，对理论的学习和实践的指导非常详尽、具体、可行。其中多数教材还在章后附有关键词、思考题、练习题、相关参考资料等，便于读者的巩固和提高。因此，本丛书也适用于新闻从业人员的培训和进修。

　　需要说明的是，丛书在翻译的过程中提及的原版图书中的教学光盘、教学网站等辅助资料由于版权等原因，在翻译版中无法向读者提供，敬请读者谅解。

　　为了满足广大新闻与传播学师生阅读原汁原味的国外经典教材的迫切愿望，中国人民大学出版社还选取了丛书中最重要和最常用的几种做双语教材，收入"高等院校双语教材·新闻传播学系列"中，读者可以相互对照阅读，相信收获会更多。

中国人民大学出版社

三件事情让我认识到《大众传播动力学》适合出新版了。首先是一篇新闻报道说，Facebook的全球用户达到近7亿（这意味着世界上每10个人中就有1个是其用户），该公司市值约为1 000亿美元。对于诞生在大学宿舍的一个创意来说，这相当不错了。

其次是应用程序。写第11版的时候应用程序还并不普遍，iPad也还没有出来。这段时间到处都是关于移动媒体应用程序日渐大行其道的文章，它们取的标题都很吸引人。有些取得相当巧妙，如"App-lause"，"Planet of the Apps"，"Get Appy"，"What's App-ening?"，"What's App Doc?"，我个人最喜欢的是"App, App and Away"①。到2011年年中，应用程序的下载量超过100亿。显然应用程序正在迎头赶超。

第三件与之有关的事情是奈飞（Netflix）、苹果、谷歌、亚马逊和雅虎如今掌控了网络媒体商业。当我刚开始着手写第1版的《大众传播动力学》时（1980年），苹果公司还只成立了三年，早期是一家成功的计算机制造商，收入约达33亿美元，员工50人左右。2010年，苹果的收入达到650亿美元，拥有近5万员工。1980年还没有奈飞、谷歌、雅虎和亚马逊。总之，过去30年以来大众传播的守卫者已经重新洗牌。传统媒体公司诸如哈珀-柯林斯、康泰纳仕（Condé Nast）、索尼音乐、派拉蒙电影公司、NBC和甘乃特，尽管仍有影响力，但早已被新的数码公司所合并。

至此你很可能会推断出，第12版的主题将围绕三个方面的发展展开——社交媒体、应用程序和新媒体巨头。

新版还会考察其他影响媒介的事件。经济低迷导致过去几年媒体收入缩减，希望已是跌停看涨。但是资金仍然紧张，有些媒介公司很难再恢复到之前的收入水平。

除了YouTube和新闻/天气视频外，用户生产内容不再狂热。博客们转向Twitter或Facebook上表达观点。多数大众媒体较少依赖业余内容，而更依赖于专业制作。即使是YouTube也

---

① 这些标题的取法是巧妙地将人们熟知的词语变成音似形似体，例如 App-lause 近似 applause（鼓掌），Planet of the Apps 近似《Planet of Apes》（《人猿星球》），Get Appy 近似 get happy，What's App-ening 近似 What's happening，What's App Doc? 近似卡通片《What's up Doc?》，而 App, App and Away 也有对照的电影名《Up, Up and Away》。——译者注

越来越重视专业者制作的内容。

　　网络视频过去两年呈爆发趋势。很多家庭都拥有了连接互联网的电视机和DVD。利用新软件可以非常方便地把视频添加到社交媒体网站。广告商和公关公司倚重网络视频来发动营销活动。政客们通过网络视频发表竞选演说。在线视频导览为收看者列出的众多网站就有20几种类别。

　　最后，就在我写作前一版时，亚马逊的电子阅读器Kindle上市还不到一年，当时人们对其是否能最终成功仍抱有怀疑。2008年亚马逊卖出了40万台电子阅读器。至此文撰写时，专家估算公司已售出多达800万台Kindle，并拥有类似iPad、Nook和索尼阅读器的众多竞争者。图书出版商目前的感受诚如若干年前的唱片业一样，当时文件分享和数码下载变成了获取音乐的首选方式。

　　总体的介绍就是这样。下面是对第12版新增内容的详细介绍。

第12版的新增内容

　　前几版的读者马上就会注意到第11版第18章（"国际与比较媒介系统"）在第12版中消失了。评论家认为这一议题对于媒介基础入门读物而言太过专业，应该留待更高级的课程来学习。不过，这一章的关键部分并入到了其他合适的媒体章节，因此想要选修国际媒介课程的学生，还会熟悉一些与之相关的基本信息。

　　该书的框架体例也做了些许调整。第11版第12章（"因特网与万维网"）改成本书第4章（重命名为"互联网与社交媒体"），统领第二部分（"媒体"）。由于网络如今对大众媒体的影响巨大，把互联网的讨论从最后提到前面来更合适。由此，第二部分从最新的媒介（互联网）开始，然后是最老的媒介（印刷媒介），最后是更现代的媒介（唱片和影像）。

　　另外，第4章做了大幅度的修改。修改章节扩充的内容包括对社交网络媒体的效果、经济、政治意义和功能失调的考察，诸如Facebook、Twitter、YouTube和MySpace。新的第4章具体讨论的题目有社交媒体对传统媒体的影响，社交媒体在动荡的北非及中东的作用，以及网络暴力的问题。

　　具体章节中的调整如下：

- 第一部分：第1章精简了其他内容，新增了对移动媒体和平板电脑的讨论。第2章更新了各类媒体功能的例子。第3章扩充了对社交媒体文化影响的讨论。

- 第二部分：如前文所述，修改后的第4章作为这一部分的开篇被命名为"互联网与社交媒体"，更好地反映了社交网络日具影响力。此章节考察了数字领域的领头公司，包括苹果、亚马逊、谷歌和Facebook。报业正在试验用新的在线模式来盈利，第5章将会讨论这个现象，也会探讨流行的报纸应用程序。说到应用程序，第6章是关于杂志如何利用应用程序出版平板电脑上的电子版，以及杂志业是如何利用社交媒体来吸引读者的。第7章新增了关于电子阅读器如何改变了图书出版业的内容。网络滋生了新的广播电台，第8章探讨了这种趋势对传统电台的影响，以及广播网和地方电台如何利用应用程序来扩大收听范围。唱片业受到数字革命的洗礼。第9章新增的内容讨论MP3播放器和智能手机对整个产业的影响，分析了产业收入的改变。第10章加入了对3D电影崛起（与潜在衰落）的讨论，修改了关于好莱坞与家庭视频业关系的探讨。第11章讲述了广播公司如何应对社交媒体，应用程序如何将iPad变成电视机。第12章描写了网络电视的爆发，包括对其经济基础的最新分析。

- 第三部分：第13章开篇讨论了皮尤研究中心新近发布的新媒体报告，考察了超本地报道的最新趋势。第14章开篇分析了BP公司在海湾泄油事件中的公关问题。此章节还扩充探讨了公关专业人士在公关活动中如何利用网络和社交媒体。广告业同样欢迎社交媒体，第15章描述了社交媒体如何被现代广告活动吸纳进来。

- 第四部分：第 16 章包括法律问题的最新进展。第 17 章新增了对《纽约时报》发布维基解密文件等伦理问题的讨论。
- 第五部分：第 18 章更新了社会科学研究的最新研究，修改了暴力视频游戏的影响。

插文

过去几版中，每一章插文提供了与课文内容相关的背景材料或延伸话题，补充了可供探讨和思辨的话题。第 12 版更新和修改了 80 条插文。

插文分为几种类型。"媒体访谈"让学生参考在线学习中心上的内容，介绍了大众传播中的重要事件。教学者可以以此发起讨论。

"社会问题"提出了引发矛盾的社会问题，例如媒体报道如何反映边缘群体现状，我们是否仍然需要新闻杂志。

顾名思义，"伦理问题"提出了关于困境中的得当行为方式的问题。比如，在"负面"公共关系或视频分享网站中发布的手机视频会引发什么伦理问题？

"文化批判问题"描述的观点可以帮助我们加深了解大众传播。例如，广播发展中的部门存储的作用，美食频道 Food Network 如何延续了男性和女性的传统形象。

"媒介探索"深度研究了不同媒介中的重要问题。例如对贿赂问题的考察，企业如何赞助摇滚团体，以及消失中的肥皂剧。

"决策者"介绍的人物曾经做出了影响媒介发展的重要决策。例如詹姆斯·卡梅隆，蒂娜·布朗和凯瑟琳·休斯。

"引文"同以前的版本一样，也是关注媒介发展中奇特、讽刺的、另类和不同寻常的事件，如新闻纸做的棺材，乔治·华盛顿的逾期未还的图书。

连续性

从第 11 版开始，此书的框架就开始进行微调。第一部分"大众传播的本质和历史"为本书其他部分提供了知识背景，保留了第 11 版的内容。第 1 章比较了大众传播与其他传播类型，发现其差别越来越模糊。第 2 章介绍了两种理解和探索媒介的流行观点：功能分析和批判/文化研究。第 3 章以宏观视角叙述了从印刷媒介发明到社交媒体流行的历史。

第二部分"媒体"是本书的核心。如前所述，第 4 章修改和扩充了第 11 版中的第 12 章，并重命名为"互联网与社交媒体"。第 5～12 章分别考察每种传统媒介。每章的结构类似。首先是简要介绍数字时代媒介开始发生变化的历史。接着描述媒介如何变得更移动化，如何受到用户生产内容的影响，如何运用社交媒体。接下来是对各种媒介界定特征的讨论和产业结构的描述。

我仍然保持了对媒介经济的重视。由于美国主要媒体都在盈利，学生们值得关注钱从哪儿来，花在哪儿了，为什么现在盈利比以前更难了。时下这个问题变得更为重要，因为有些媒体产业正在努力维持生存，传统的收入来源逐渐枯竭，而他们还未从在线尝试中获得有力补给。

第三部分"具体媒介职业"考察了三种与大众媒介紧密相关的特定职业：新闻报道、公共关系和广告。类似于第二部分的研究方法，每一章以简史开篇，然后考察特定职业的结构，接着讨论数字革命对其的影响变化，最后是谈论该领域内的关键问题。

第四部分"大众媒介的规制"对影响媒介的常规控制和非正式控制都做了考察。我尽力让这些复杂领域的信息读起来更容易。

结尾第五部分"媒介效果"继续强调了大众媒介的社会效果。如前文所述，本部分删除了第 11 版中的第 18 章"国际和比较媒介体制"，它的关键内容被置入其他相关章节。

我再一次想要维持非正式和易读的写作风格。我尽可能地选用所有学生都熟悉的大众文化案例。文中术语用黑体字标示，并在结尾的术语汇编中给出定义。本书还插入了大量的图表以帮助理解。

在线学习中心

在线学习中心包含了所有教师资源（教师手册、试题库和 PPT），以及传统的学生测验资料。在线学习中心的网址是 www. mhhe. com/dominick12e。

采用本书做教材的教师可向 Mc Graw-Hill 公司北京代表处联系索取教学课件资料，传真：（010）62790292，电子邮件：instructorchina@ mcgraw-hill. com。

鸣谢

感谢所有使用《大众传播动力学》以往版本并热忱提出改进建议的教师。特别感谢如下同事：Noah Arceneaux 教授为本书提供了一条加框插文。Scott Shamp 教授热情分享了他的博文，Michael Castengera 教授的简报"迈克尔讯息"提供了宝贵资源。此外，感谢研究院 Meaghan Dominick 对"决策者"插文的贡献，感谢 Carole Dominick 的代笔。

我要再次感谢为第 12 版提供建议的评阅人所付出的辛劳，他们是：

Jane Campbell，哥伦比亚州立社区学院；

Susan J. De Bonis，佐治亚南方大学；

Donald G. Godfrey，沃尔特·克朗凯特新闻学院；

Dee Gross，洛雷恩县社区学院；

Susan Katz，桥港大学；

Candice Larson，墨尔帕克学院；

Robert M. Ogles，普渡大学；

Jeff South，弗吉尼亚公共卫生大学；

Emily Chivers Yochim，阿勒格尼学院。

同样要非常感谢 McGraw-Hill 出版此书的各位同仁：副总编 Michael Ryan、策划编辑 Susan Gouijn-stook、市场经理 Leslie Oberhuber、综合编辑 Julia Akpan、发展部主任 Rhona Robbin、制作编辑 Holly Irish、媒体策划经理 Jennifer Barrick、图片研究员 David A. Tietz 和设计师 Preston Thomas。

受众

多数教师证实，大众传播入门课程会吸引两类学生。一类对某类媒体的职业感兴趣（当下市场条件下这类职业道路受到的挑战更大）。这类学生希望了解媒体的每一颗螺钉螺母——他们是如何组成的，如何运作的，如何分工，职业机会如何。第二类学生可能不会在媒体就业，但会作为受众中的一员消费大量的媒体内容。这类学生对分析和理解媒体运行及其对社会的影响更感兴趣。他们想要成为的是我们常说的"媒介素养家"。

　　写作第一版《大众传播动力学》的初衷是为了用一种更新的、具象的和综合的视角考察当代媒介，以期激发媒介从业者并为其他行业的人们提供有用的基础。第二个目标是帮助学生和教员更好地理解和欣赏大众传播日新月异的面貌。同前面 11 个版本一样，希望新版本仍能实现如上目标。

约瑟夫·R·多米尼克

佐治亚州德拉库拉

阅 读 导 览

转型中的媒介：
吾昔安在，
吾今安在，
吾将欲何？

今天的媒介瞬息万变，跟随当下和时兴的媒介潮流，对于成为一名精明的媒介消费者以及——日益成为——一名媒介生产者来说甚为重要。

《大众传播动力学》以前瞻性眼光对当代媒介帝国之根基提出了持续的、充足的批判性信息。

第 13 章
新闻采集与报道

本章将帮助你：
- 理解新闻业最重要的理论
- 描述新闻的要素
- 认识新闻报道的三大类别
- 理解数字革命对新闻采集、报道和商业的影响
- 探讨广播新闻、印刷新闻和在线新闻的相似性
- 描述新闻受众多年以来发生的变化

像前几版一样，这部分内容的开始部分将考察"优秀新闻计划"（the Project for Excellence in Journalism）的最新报告，这个计划是声望颜高的权威机构皮尤研究中心赞助的。其研究结论往往很受重视。它的最新报告"2011 年新闻媒介现状"认为，在几年的落没期之后可能还是存在乐观的理由。以下是该报告的摘录：

通过几种测量结果，我们认为 2010 年美国新闻媒介的现状有所提高。

在糟糕的两年之后，新闻产业向很多机构的收入开始复苏。除了个别例外，编辑部的削减停止了。尽管还是言多行少，但有些新盈利模式实验开始出现兴高的迹象。

但是，去年对新闻业更大的挑战变得明朗化。以后最重要的问题不是缺少受众或者缺少新盈利模式。在数字领域，新闻产业可能无法掌控自己的命运。

在数字领域，新闻生产机构越来越倚重独立网络来销售其广告。它们依靠整合商（如谷歌）和社交网站（如 Facebook）带给它们庞大的受众份额。如今，新闻消费变得更移动化，新闻公司必须跟随设备生产商（如苹果）和软件开发商（又如谷歌）来发行其内容。

章首语

预先确定每章学习的关键目标，为接下来的学习做好准备。

伦理问题

对大众传播产业特定伦理问题提出批判性思考的插文。

 伦理问题

指名道姓

报道受刑事指控的未成年人的名字并不违法，但是新闻媒体一般都遵循避免披露嫌疑人名字的原则。新闻职业协会伦理守则认为新闻媒体需谨慎处理未成年嫌疑人的名字。提出这个原则的原因在于未成年人不具备成年人的成熟度，通常意识不到其行为的后果。实名报道少年嫌犯可能会给其以后的人生都打上烙印。总之，媒体要给未成年人走上正途的机会，而不要令其背负上曾受监禁的包袱。

然而，近期却出现了实名报道未成年人的趋势，尤其是当他们涉嫌重大案件时。要不要公布名字的决定取决于不同的编辑部，这也是一门称为境遇伦理学的伦理学的实例。境遇伦理学认为每个问题或情况都是独一无二的，需要个别问题个别对待。没有普世的伦理规范给出一个一成不变的行动方案。例如，如果未成

年嫌疑人被指控已成年，有些媒体就会公布其名字。有些会考虑被批捕者的年龄。他们可能会报道 16 岁或 17 岁的嫌疑人的名字，但避免报道更小的嫌犯身份。还有些媒体视罪行恶劣程度而定，罪行越恶劣，越有可能报道嫌犯的名字。此方式产生的问题是有时候会导致前后矛盾。一个报道中的少年犯被实名报道，而另一个报道中的少年犯却没有。

最为极端的做法认为任何罪犯的名字都应该被报道。嫌疑犯不实名就会给报道留下漏洞。有人犯罪了。有人被捕了。谁？对车辆被劫的受害者而言，劫犯是少年还是成年没有区别。车还是没了。未成年嫌疑人受到整个刑事司法体系的保护，而没人为受害者辩护。最后，这一做法的支持者认为实名报道未成年罪犯甚至可能激励他们走上正道，防止未来继续犯罪。

社会问题

探索大众媒介如何在社会中运行的
最新进展的插文。

 社会问题

我们需要公共广播电视服务吗?

自 20 世纪 80 年代至 90 年代有线电视的增长以来,有关 PBS 的争论一直存在。很多新频道播出的内容以前是 PBS 的领域,历史频道、探索频道、动物星球频道、尼克国际儿童频道、贺曼电影频道(Hallmark Channel)以及其他频道分化了 PBS 节目的观众。在过去几十年里,PBS 的收视率和其他许多电视网一起一直在下降。从 2000 年到 2010 年,PBS 的收视率下降了 37%。

在一个有着 500 个频道的电视领域里 PBS 应该担任什么样的角色呢? 2004 年 PBS 电视台的使命宣言提到:"在混乱的媒体格局里公共电视比以往更重要。"它还指出在企业集团拥有媒介所有权的时代,PBS 电视台可能是社区内唯一一归属当地的电视台,因而能更好地适应地方需求。文件还指出:

公共电视⋯⋯争取提高影响力,以教育和告知、启发和娱乐的能力来衡量其成功。总之,公共电视谋求于:

- 挑战美国思想;
- 激励美国精神;
- 传承美国历史;
- 加强美国对话;
- 促进全媒共识。

这是崇高的目标。PBS 的电视节目都实现了吗? 批评者认为 PBS 的节目随着时代变迁已变得落伍。《新星》、《杰作》(Masterpiece)和《新闻时间》播放了 30～40 年,《巡回鉴宝》(Antiques Roadshow)美国版已经播放了十多年

(这个美国节目改编自一档 1979 年首播的英国电视节目)。普通的黄金时段节目包括英国情景喜剧的重播,如《保持形象》(Keeping Up Appearances)和《百货店奇遇记》(Are You Being Served?)。批评者也对 PBS 地方成员台的节目安排提出了质疑。平常一周内播出的有多少?

然而,PBS 的节目安排员处境尴尬。如果它们的节目敢于远离主流倾向,如考察男女同性恋生活方式或是全球变暖,PBS 会被批评太过自由化。如果它们的节目坚持做大家熟悉的内容,它们又会被贴上"陈腐"的标签,或者相较于那些商业电视网而言是"多余"的。

第二个担忧是关于公共电视向商业同行的转变。2004 年的使命宣言商业电视台的目标是吸引尽可能多的观众和播广告,但 PBS 不同于商业电视台。然而,在过去十年,PBS 把其节目开放给更多的赞助商,即赞助商向电视台反 PBS 捐款,作为回报在节目开始时插播 30 秒的赞助商信息。大部分这些信息看上去确实像是商业电视台播放的广告。此外,赞助商更乐于覆盖更多的观众,而不是少数观众。这就意味着如果公共电视想要继续吸引赞助商的捐款,就要试着播出像商业电视一样能吸引广大观众的节目。

数字化的转型使得 PBS 的角色问题更加复杂。PBS 真的需要 Facebook 粉丝主页成是 YouTube 频道吗? 看看 PBS 的 Twitter 信息。它完成了使命宣言里的目标吗? 争论将会持续很久。

 决策者

朱迪·麦格拉思

当你们中的许多人阅读此文之时,朱迪·麦格拉思(Judy McGrath)看上去拥有终极梦想般的工作:作为 MTV 电视网音乐集团的总裁,她负责 MTV、MTV2、VH1、CMT 和公司全部的数字媒体服务。在她的指导下,MTV 从一个小众的有线电视网发展为象征独一无二的态度和生活方式的国际品牌。

作为一个乐迷,麦格拉思的第一份工作是为《滚石》杂志撰稿。当她的努力最终失败时,她转为撰写广告文案,后来为《小姐》(Mademoiselle)和《魅力》(Glamour)杂志工作。1981 年她听说华纳娱乐公司推出了一个新有线电视频道专门播放摇滚乐。尽管事实是她甚至不能在家里收到这个频道,但麦格拉思还是以文案和广播宣传员的身份加入了新创办的 MTV(她是负责利用太空电影镜头来宣传频道的人员之一)。让许多人惊讶的是,MTV 成功地吸引了广告商梦寐以求的 16～24 岁的观众。MTV 成为维亚康姆集团帝国的一部分,麦格拉思很快被提升为创意总监、行政副总裁,并且最终

成为电视网的主席和首席执行官。在她的领导下 MTV 开始向全世界扩张。

20 世纪 80 年代中期对音乐视频的新奇开始逐渐消退时,收视率开始下降,麦格拉思引进的节目成了流行文化标志:《瘪四与大头蛋》(Beavis and Butt-Head)、《真实的世界》》、《MTV 音乐大奖》、《MTV 不插电演唱会》和《互动全方位》。她也为 MTV 引进了政治新闻并且助力推了 1992 年"选择还是失去"的竞选动员拉票大会。最近,麦格拉思正领导 MTV 进军其他媒体:电影、书籍和网络。

她在 MTV 的未来里看到了什么?由于 MTV 观众中有很高比例的人也是互联网冲浪者,而且在 MTV.com 上 2 花费大量时间,所以要寻找把 MTV 和 MTV 的音乐更多地整合进网站的方式。MTV.com 会被用于强调有线电视频道主要播出的一些艺术家或是流派。此外,国际扩张的计划正在进行中,尤其是在亚洲。她的计划将会被其他人执行。2011 年麦格拉思从她的职位上退下。

决策者

对对当代大众媒介产生显著影响的
人物做了素描。

媒介探索

为每章中出现的特定问题提供更为深度的信息、例证、案例和背景的插文。

媒介探索

多亏看了电视真人秀才考上大学

谁能猜到青少年收看像《泽西海岸》、《少女妈妈》、《天桥风云》（Project Runway）以及《与卡戴珊姐妹同行》这样的真人秀节目实际上可以帮助他们上大学呢？

许多大学生都熟悉作为大学录取依据的学术能力测验（SAT）。2011年的SAT中短文部分就要求高中生写一篇关于真人秀节目的文章。实际要求是：你认为人们从所谓的真人秀等形式的娱乐中受益还是受到不良影响？

许多SAT的考生及其父母都抱怨他们吃亏了，因为这个问题假定学生看电视，而且要看足够多的真人秀节目才能给这个问题提供一个有意义的回答。一位父亲说他为孩子学习刻苦而不看电视自豪，并且认为这个问题不公平。参加测试的一个孩子抱怨那些收看这些"废话节目"的孩子会比他答得更好。

SAT的官员对这个问题进行了辩解，认为题目之前的说明（这些节目描绘了普通人在每种形式下的竞争，从唱歌跳舞到减肥甚至是他们的日常生活）已经让学生足以下笔成文。或者正如大学理事会的一位理事所写的："对于最近SAT文章题目的质疑并没有说中要点，把文学话题与作文任务混为一谈。如果题目出的是权衡爬山的风险与登峰的好处，一个好的作家可以不用登上珠穆朗玛峰就能写出一篇好文章。"好吧，这也是可能的，但是如果一个好的作家可以在论述爬山风险之前真的看到山的话，肯定还是有帮助的。

没有看过真人秀的学生为了完成作文不得不延伸主题。其中有一个就写到了20世纪的社会批判家雅各布·里斯（Jacob Riis）以及客观存在的缺失。这个离真人秀女星斯努奇（Snoo-ki）和《战火迷情》（The Situation）也太远了。

文化批判问题

文化内涵与商标人物

托尼老虎（Tony the Tiger）、克林先生（Mr. Clean）、梅塔格修理工（the Maytag re-pairman）、罗纳德·麦当劳（Ronald McDo-nald）、绿色巨人乔利（the Jolly Green Giant）、贝蒂·克罗克（Betty Crocker）和基布勒矮人（the Keebler Elves）——这些是商标人物的实例，它们是虚构的形象，是卡通人物，为帮助销售一种产品、服务或观念而创造。像标语一样，商标人物也很受欢迎，因为它们是把产品和其广告联系起来以便消费者能轻易地记住讯息的一种有效方式。但是商标人物比标语作用更大；它们通过创造具有受众能认同的清晰的文化内涵的形象，给产品赋予个性、风格和深度。

在《流行文化杂志》（Journal of Popular Culture）1996年的一期杂志上，一篇由巴巴拉·菲利普斯（Barbara Philips）所写的文章考察了商标人物在美国文化中的作用。菲利普斯注意到大批量生产的产品很少具有文化内涵。金霸王牌电池很难与永备牌电池区分开来，而且两个都不可能激起任何情感反应。

但是，商标人物通过将产品同具有一种文化内涵的形象联系起来，赋予在其他方面不能加以辨别的产品以内涵和意义。商标人物创造这种内涵的一种方式是借助普遍接受的神话象征——拥有文化解释的形象。以绿色巨人乔利为例，这个巨人是一个其身材意味着力量、能力和权力的人所共知的神话人物。他的绿色与新鲜联系在一起，而他尽情的"哈哈哈"透着热情和幽默。豌豆罐上的这个巨人形象使产品更亲切、更友好。

神话象征的使用赋予了商标人物另一种优点：他们传达讯息而不用明确陈述它们。例如，克林先生全白的服装毫无瑕疵，象征着清洁和纯净。他的形象使人想到用这个产品就会有这样的效果，但是他实际上从未这么说过。相反，

一条宣称"我们的清洁剂会让你的厨房台面一尘不染"的广告可能会受到一定程度的怀疑。由于商标人物从不直接声称产品具有绝对的性质，所以它们的"声明"很少被拒绝。

当然，商标人物也有一些缺点。文化内涵随着时间而转变，广告主必须小心监控社会上变化着的看法。这方面最好的例子或许就是詹米玛大婶（Aunt Jemima）。贵格麦片公司（Quaker Oats Company）于1889年开始使用这个商标人物。然而这么多年过了，这个形象变成了不受欢迎的老一套。1968年，在民权运动期间，她的形象改变了：她花了100英镑变得年轻些，她的红色大手帕换成了一块头巾。1990年，她再次被更改为一个与贝蒂·克罗克相当的黑人形象，公司希望它是更加积极的形象。另外，有些商标人物也许完全不恰当。例如，骆驼乔（Joe Camel）就招致了许多批评，因为这个卡通人物似乎想要鼓励儿童吸烟。骆驼公司最后逐渐淘汰了它。

商标人物已成为美国文化中的一部分。它们的地位在未来无疑会增强。

由李奥·贝纳广告公司创造的绿色巨人乔利已经"哈哈哈"地笑了50多年了。

文化批判问题

对诸多大众传播话题进行批判文化研究的插文。

要点

- 宪法中包含强烈的反对对出版物事前限制的论点。
- 记者享有拒证权,这种特权可以保护他们在某些情况下不必说出他们的新闻提供者的名字。不过,拒证权并不是绝对的。
- 记者可以报道在公开法庭中所发生的事件而无需担心受到起诉。一些审判前的程序仍然对记者保密。
- 除了两个州外,其他所有的州现在都永久地或尝试性地允许在法庭上拍照。但照相机和麦克风在联邦审判法庭和最高法庭上仍然被禁止使用。
- 中伤可以是文字诽谤或造谣。要想在一桩中伤诉讼中获胜,公众人物必须证明其担心的发表的内容是虚假的且有害的,而且媒体在发布这些信息时,其行动具有实际恶意。普通公民同样也必须证明媒体材料是虚假的且有害的,而且媒体这样做有疏忽的责任。
- 联邦贸易委员会对广告进行监督。商业言论最近被赋予了更多的第一修正案的保护。

- 当媒体侵入某人的独居生活、发布私人的信息,制造虚假印象,或错误地盗用一个人的名字或肖像时,就是侵犯隐私。
- 版权法保护作者的作品免遭不公正的利用。不过,在有些情况下,受版权保护的部分内容可以出于合法的目的而被复制。
- 纳普斯特在线文件共享系统引发了版权在数字媒介中的严重问题。
- 淫秽内容不受第一修正案的保护。一部作品要在法律上被判定为淫秽,必须是引起了色情方面的兴趣,描绘或描写了某种州法律所禁止的性行为,并且缺乏严肃的文学、艺术、政治或科学价值。
- 广播有一些特殊的适用法规和法律。联邦通信委员会负责实施针对有线电视、广播电视以及广播电台的法规与条例。《1996年电信法案》对电子媒体产生了重要的影响。

复习题

1. 哪些人受到新闻保障法的保护?
2. 哪些人受到限制言论自由令的限制?
3. 什么是《信息自由法案》?记者们是如何利用它的?
4. 诽谤与造谣之间有什么区别?
5. 以什么因素判定是否为合理使用?

6. 简要地解释一下以下法庭案例的重要意义:
a. Betamax 录像机案
b. 五角大楼文件案
c. 《纽约时报》诉沙利文案
d. 米勒诉加利福尼亚案

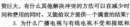

批判性思考题

1. 其他一些职业人士,如建筑师、护士和会计都没有拒证权,为什么记者就有拒证权?
2. 文字诽谤诉讼对于双方来说都旷日持久且耗资巨大。有什么其他解决冲突的方法可以在减少时间和费用的同时,又能给双方提供一个满意的结果?
3. 为什么广播电视与有线电视不受和报纸和杂志一样多的第一修正案的保护?你赞成这样的区别吗?
4. 电视台如果非故意地播出了"爆粗口"的内容应该受罚吗?
5. 怎样才能保护孩子们不接触网上的成人内容?

关键词

第一修正案	影射诽谤
事前限制	侵入
强制令	希克林准则
新闻保障法	网络中立
限制言论自由令	《公平机会条例》
信息自由法案(FOIA)	《公正法则》
美国爱国者法案	特许经营权
中伤	《1996 年电信法案》
诽谤	V 芯片
造谣	同意令
本质诽谤	勒令停止令

互联网冲浪

有很多网站讨论法律问题。这里所列的一些对学生将有很大的帮助。
www.fcc.gov
联邦通信委员会的主页。该网站包括近期言论的档案、一个搜索引擎、用户信息以及更多的技术数据。
www.freedomforum.org
该网站上有对近期第一修正案裁决的一份总结、相关的法律文章、一份第一修正案的时间表

以及相关的最高法院裁决的全部文本。
www.rcfp.org
这是由新闻自由记者委员会承办的网站。它收入了最近的法庭裁决、法律新闻及出版物《新闻媒体与法律》(The News Media and the Law)的链接。
www.rtnda.org
广播电视新闻编导协会的主页。包含有关于法庭、文字诽谤、版权和其他法律问题的信息。

章节结尾

对帮助学习的关键材料的回顾,包括简明的章节要点、复习题和批判性思考题、关键词列表和网络资源。

简要目录

目 录

第二部分　媒介

第5章   报纸 / 95

第6章   杂志 / 121

第 9 章　唱片 / **186**

第 10 章　电影 / **209**

第11章　广播电视 / **234**

第三部分　具体媒体职业

第五部分　媒介效果

第 18 章　大众传播的社会效果 / 399

第一部分

大众传播的本质与历史

第1章

大众传播与其他形式的传播

本章将帮助你：

- 认识传播过程中的要素
- 理解不同类型的传播背景
- 弄清把关人的作用
- 描述互联网是如何改变了大众传播
- 解释大众媒介融合的不同类型
- 理解大众媒介变化的技术、经济及社会动力

3 　　这是一本关于大众传播的书。你也许会说，太棒了，不过什么叫大众传播？这个问题现在越来越难回答了。原因如下：

- 有超过 10 亿观众收看了 2011 年威廉王子与凯特·米德尔顿大婚的电视直播。在美国，2 300 万观众凌晨起床收看了庆典仪式，共有 11 家电视网进行了转播。全球还有几亿观众上网通过在线流媒体进行了收看。
- 有个十几岁的女孩平均每天要发 100 条短信。
- 詹姆斯·卡梅隆（James Cameron）2009 年执导的电影《阿凡达》花费了四年多时间拍摄，其中南加州大学教授创造电影中纳威人的语言就花费了一年多时间。《阿凡达》的制作费用高达 3 亿美元，市场营销至少花了 1 亿美元。2011 年，其电影观众超过 1.3 亿，赚得了 20 亿美元的全球票房。
- 2010 年，互联网上的播客超过了 1.5 亿。
- 一个名叫瑞贝卡·布莱克（Rebecca Black）的少女，她妈妈花了几千美元请唱片公司制作了她演唱一首名为《星期五》的歌的音乐视频。该视频被放到 YouTube 上，到 2011 年年中获得了 1.46
4 亿以上的浏览量。（320 万观众在 YouTube 上评论了这段视频，90％的人表示不喜欢。尽管如此，这首歌上了《公告牌》杂志百首热曲榜，排名第 58 名。）
- Facebook 称其用户每天发布 6 000 多万条状态。
- 谷歌（YouTube 的所有者）这家美国公司 95％的收入来自广告。多数收入来自谷歌搜索结果旁边弹出的赞助商链接。（很难得到精确数据，不过谷歌声称其一天处理的搜索超过 10 亿次。）
- 2010 年，1.24 亿 Skype 用户通过 Skype 通话的时间达 880 亿分钟。
- 一名巴基斯坦的信息专家突然在其 Twitter 账户上发布消息说本·拉登在突袭中被击毙。关于本·拉登死讯的第一则确切消息来自前国防部部长唐纳德·拉姆斯菲尔德（Donald Rumsfeld）的参谋长，他在 Twitter 上发布了这一消息 20 分钟之后，几大新闻网报道了此事，一小时之后，总统奥巴马证实了此事。新闻网公布本·拉登死讯之后的几分钟内，每秒钟就有 5 000 用户在 Twitter 上推送此消息。
- Windows 的即时通信工具 Live Messenger 每月的活跃用户超过了 3 亿，每天传送几十亿条讯息。

　　这些例子中有些可能符合大家对大众传播的概念：收看皇室婚礼的 10 亿观众，1.3 亿观看《阿凡达》、瑞贝卡·布莱克的音乐视频的观众。与之相较，其他例子似乎不太符合大众传播的常规定义：每天发短信的小女孩、Skype 电话、即时通信工具。那么博客、Facebook 状态更新、谷歌搜索页面上的广告以及 Twitter 上发布的新闻事件呢？它们属于大众传播还是别的传播类型？
　　我们试着来解答这些问题，但首先需要回顾和考察人类传播的基本过程。这会帮助我们区分大众传播与其他传播类型。

 传播过程

图 1—1 描绘了传播过程。当我们更全面地考　察这一过程时，我们将参考该图。

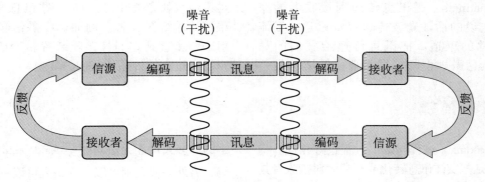

图 1—1　传播过程的要素

 媒介探索

闻闻这个

广告通常依赖视觉和听觉通道。我们用的是眼和耳——阅读文本、聆听播音以及观看图像。但现在广告主瞄准了鼻子。

香味自然而然最依赖于嗅觉通道。过去不管读者什么时候打开诸如《魅惑》（*Allure*）这样的杂志，都会被一股香味熏倒。新技术减少了这个问题，杂志现在把香味试纸插在广告页面中。读者要刮开试纸才能释放香气。

香味试纸并不局限于杂志。DiGiorno 披萨的制造商卡夫公司在超市分发香味试纸，这样顾客可以闻到新款蒜味面包披萨的味道。雅芳则把香味试纸包到产品目录手册里。

付费电影频道 Showtime 为其连续剧《单身毒妈》（*Weeds*）发起了一场"声势浩大"的宣传，这个电视剧里有一个从事毒品交易的足球妈妈①。Showtime 把有大麻气味的试纸放到了杂志广告中。不过并不是人人都喜欢这个。

编码：传送讯息

首先，**信源**（source）启动了这个过程，他或她有了一个想法或主意并想将其传送给其他某个实体。信源在他们的传播技能方面自然有差异（"服务员，我要一份豪华法式炭烤汉堡包"——"给我个汉堡"）。信源可能了解也可能不了解讯息的接收者。信源可以是单一的个人、群体或者组织。

编码（encoding）指的是信源把观念及想法转变成一种感官可以察觉的形式的活动。当你想说点什么时，你的大脑和舌头（通常）会同时工作，形成词汇并说出句子。传播背景中的编码可以一次或多次发生。在一次面对面的谈话中，说话者把想法编码成言语。通过电话，这一过程被重复，但电话随后把声波编码成电能。

讯息（message）是信源编码形成的真实的实体产品。当我们谈话时，我们的言语就是讯息。当我们给家里写一封信时，我们写在纸上的东西就是讯息。当一家电视网放映《美国好声音》或《美国偶像》时，这些节目就是讯息。人们经常有数量庞大的讯息需要处理，他们可以选择从简单却有效的"不！"到像达尔文的《物种起源》（*On the Origin of Species*）那样复杂的东西来进行传递。讯息可以指向某个特定的个体（"小子！"）或者是成千上万的人（《人物》杂志）。讯息的生产可以很便宜（说的话）也可以很贵（这本书）。一些讯息比其他讯息更容易受到接收者的控制。比如，想一想对你来说打断这些传播有多难或多容易：（1）与另一个人面对面谈话，（2）一次电话通话，以及（3）观看一个电视广告时。

---

① 指把大量时间用在接送孩子去参加一场又一场体育活动、音乐课等的妈妈，是美国典型的中产阶级母亲的形象。——译者注

渠道（channels）是讯息传递到接收者的路径。声波传送说的话，光波传送视觉讯息。气流可以成为嗅觉的渠道，把讯息传递给我们的鼻子——这些讯息微妙但却同样重要。触摸也是一种渠道（如布莱叶盲文）。一些讯息通过不止一种渠道传播给接收者。例如，广播信号通过电磁辐射来传递直到它们被接收装置转变成声波，这些声波通过空气传播到我们的耳中。

解码：接受讯息

解码（decoding）过程与编码过程正好相反。构成解码的行为是把实体讯息转化或解释为对接收者具有最终意义的形式。当你在读这几行文字时，你在解码一则讯息。如果你在解码这几行文字时正在放收音机，那你在同时解码两种讯息——一个听觉的，一个视觉的。人类和机器都可以被认为是解码者。收音机是解码者，录像带回放装置也是解码者，电话也是（一端编码，另一端解码），电影放映机也是。

我们前面谈到的关于编码的那些东西也同样适用于解码：一些人比另外一些人更善于解码。你们中的许多人可能无法对"¿Dónde está el baño?"解码，另外一些人则可以。一些人可以一分钟读 1 500 个单词，另一些人很努力也只能读 200 个。

接收者（receiver）是讯息的目标——其最终的目的地。接收者可以是单一的个人、群体、机构，乃至一大群匿名的人。讯息的接收者可以由信源决定，比如打电话，或者由自己决定，比如电视节目的观众。还有一点应该是明确的，即在某些情况下，信源与接收者可以同时出现，而在另一些情况下，他们可能被时间及空间阻隔。

反馈

现在让我们看看图 1—1 的下半部分。图的这一部分表示的是**反馈**（feedback）发生的可能性。反馈指的是接收者的反应，它们会塑造和改变信源随后传播的讯息。反馈代表的是传播流的一种反向运动。原来的信源变成了接收者，原来的接收者变成了新的信源。反馈对信源是有用的，因为它让信源能够回答这个问题："我做得怎么样？"反馈对接收者很重要，因为它使得接收者能尝试改变传播过程中的一些因素。传播学者们通常将反馈分为两种——正面的及负面的。总的说来，来自接收者的正面反馈通常鼓励进行中的传播行为；负面反馈通常试图改变传播或者甚至停止传播。

反馈可能是即时的或延后的。当接收者的反应直接被信源察觉，就产生即时反馈。一位演说者在演讲时听到受众的讥笑声和嘘声，他或她获得的就是即时反馈。而考察上百万美元的广告活动的有效性则可能需要好几周时间。

噪音

我们要考虑的最后一项因素是**噪音**（noise）。传播学者把噪音定义为任何干扰讯息传送的东西。少许噪音可能不怎么被注意，但过多的噪音可能阻止讯息到达它的目的地。至少存在着三种不同的噪音：语义的、机械的以及环境的。

不同的词或短语对不同的人而言有着不同的意思，或是词的排列影响意思的时候，就产生语义噪音。如果你问纽约人要"soda"并希望里面有冰淇淋，那你会失望的。纽约人会给你一瓶在中西部叫做"pop"的东西。有张大学报纸上的文章这样写道："A panel of representative from the sports world met to discuss performance enhancing drug use at the Journalism School last night."[1]

噪音也可能是机械的。正在用来帮助传播的机器出了问题就产生了机械噪音。一部屏幕图像

---

[1] 此句存在歧义，可理解为"昨晚体育界代表团在新闻学院开会讨论兴奋剂的问题"，也可理解为"昨晚体育界代表团开会讨论了在新闻学院使用兴奋剂的问题"。——译者注

看不清的电视机，一支用完了墨水的钢笔，一台 受静电干扰的收音机，都是机械噪音的例子。

 媒介探索

传播出错

人与人之间的传播是脆弱的。有时候会出错。例如：

- 恶作剧者改编了位于莫斯科中心一条主干道上的数字视频广告牌的程序，播放了两分钟的黄色电影片段。结果造成长达一公里的交通堵塞。
- HTC 智能手机的用户奇怪地收到来自未来的短信。一个明显的软件故障把所有短信的时间设定到了 2016 年。
- 一名顾客打电话给当地面饼店订购一个欢送会的蛋糕。顾客说："请在蛋糕上具名'最诚挚地祝福苏珊娜'，下面是'我们会想你的'。"

顾客拿到的蛋糕是这么写的：

最诚挚地祝福苏珊娜

下面是

我们会想你的

- 政府印制局在其网站上误登了一份 266 页的机密文件，里面的地图显示了核武器燃料库的精确位置。
- 2011 年年初，计算机故障导致澳大利亚悉尼的一家银行的自动提款机让客户

提取了多于其账户余额的上百美金。免费取钱的消息在 Twitter 上散布开来，很快一些自动提款机处排了三四十人等着趁火打劫。银行高管提醒客户他们可以通过查询取款记录来确定谁误取了现金。

- 大厨沃尔夫冈·普克（Wolfgang Puck）的饭店是很贵，但是想不到得克萨斯州的一个家伙收到的 Visa 信用卡的账单显示，他在一家普克连锁餐厅消费了 23 万亿多美元的一顿饭。另一个新罕布什尔州的人在加油站买了一包香烟后也收到了 23 万亿美元的账单。Visa 卡的新闻发言人声称这些收费都是由技术故障导致的，你可能也猜到了。
- 另一方面，近 10 000 个俄亥俄州的居民收到来自州税部门的通知，说他们应得到 2 亿美元的退税。信函里说因为退税金额太大，无法直接存款而改寄支票。这又是一次因为软件问题导致的巨额支付。
- 在南加州，显示交通延误提示信息的电子公告牌被篡改为"僵尸进攻"。

第三种形式的噪音可以被称为环境噪音。这种类型指噪音的来源在传播过程之外但仍然干扰了传播过程。一些环境噪音可能不受传播者的控制——比如餐馆里的噪音，传播者在那里努力进行交谈。一些环境噪音可能是由信源或接收者带来的，比如，你可能试着和某人谈话，但他或她

却一直在用手指敲击桌子。

随着噪音增加，讯息的精确度（发出的讯息与收到的讯息相似的程度）降低。显然，反馈对减少噪音影响是重要的。即时反馈的可能性越大——信源与接收者之间的互动越多——噪音被克服的可能性就越大。

引文　　小心自动纠错功能

机器辅助传播功劳巨大——除非机器搞砸了。很多智能手机和其他设备有自动纠错功能，机器帮助纠正拼写错误，并在完全拼出来之前预显最可能

的单词。如果有人不校对他或她的短信，很可能会导致混乱。以下是从 Damnyouautocorrect.com 上摘选的例子：

想发：I'm going to be in the poor house. （我要去贫穷之家。）	发成：I just found out I made the varsity cross dressing team. （我刚发现我让校队赢了服装队。）
发成：I'm going to be in the outhouse. （我要去屋外厕所。）	想发：I have to meet for a group project now. （我现在得去开小组项目会。）
想发：I just found out I made the varsity cross country team. （我刚发现我让校队赢了国家队。）	发成：I have to meet for a groin project now. （我现在得去开腹股沟项目会。）

传播背景

人际传播

审视了传播过程中的要素后，我们接着考察三种常见的传播背景或情境，探讨这些要素如何随着背景变化而变化。第一种并且可能是最普通的情境是**人际传播**（interpersonal communication），在人际传播中一个人（或群体）不借助机器设备与另一个人（或群体）互动。在这种形式的传播中，信源与接收者出现在彼此的面前。与你的室友谈话，参加一场班级讨论，课后与你的教授交谈，全都是人际传播的例子。

这种传播背景中的的信源可以是一个或更多的个体，接收者也同样如此。当信源把想法转化成语言和/或姿势时，编码通常是一个一步的过程。这种传播可以使用多种渠道。接收者可以看、听，甚至可能闻和触摸信源。接收者要终止讯息相对困难，且生产讯息的花费很小。此外，人际间的讯息可以是私人的（"怎么样？"）或者公共的（街角站着一个人宣告世界末日要来了）。讯息也可以针对它们特定的目标。例如，你可能问你的英语教授："打扰了，艾姆博士，我不知道您是不是已经看过了我的学期论文？"相同的讯息如果是问你的室友可能会是另外一种方式："嘿，斯珀思·卡德特！看完我的论文没有？"解码也是一个由能够理解讯息的接收者所进行的一步的过程。反馈是即时的并利用了视觉与听觉渠道。噪音可以是语义的或环境的。人际传播一点不简单，但在这种分类中它代表着最不复杂的情境。

机器辅助人际传播

机器辅助人际传播（machine-assisted interpersonal communication）（或技术辅助的人际传播）兼有人际传播和大众传播情境的特点。互联网及万维网的发展进一步模糊了这两种传播类型的界限。这一节关注那些更接近人际传播的情境。下一节则考察计算机与互联网是如何重新定义大众传播的诸多特征的。

在机器辅助背景中，一人或多人依靠一种机械设备（或多种设备）同一个或多个接收者沟通。机器辅助人际传播的一个重要特征是它允许信源和接收者在时间和空间上分开。机器能够通过把讯息贮存在纸、磁盘或一些其他材料上而使讯息具有持久性。机器也能通过放大讯息及/或越过远距离传递扩展讯息的范围。比方说，电话能使两个人交谈，即使他们相隔数百乃至数千英里。① 一封信可以在写下几年以后重读并且再次传播。

---

① 1 英里≈1.609 3 千米。——译者注

机器辅助背景中的信源可以是个人或一群人，信源对接收者可能有直接的了解，也可能没有。

在这种背景中，编码可能复杂，也可能简单，但至少有两个独立的编码阶段。第一阶段信源把他或她的想法转化成文字或其他符号，第二阶段机器对讯息进行编码来发送或贮存。举例来说，当你打电话时，你所说的词语（第一阶段）就被机器转换成电子脉冲（第二阶段）。

在机器辅助传播中，渠道受的限制较多。机器辅助背景通常把讯息限制到一个或两个渠道，而人际传播则可以利用好几个渠道。例如，电子邮件依赖视觉，电话依赖声波和电能。

在机器辅助传播中，讯息种类不一。它们既可以是那些为接收者所特制的讯息（电子邮件就是这种情形），也可以被局限为少数事先确定好的、一经编码无法改变的讯息。这种背景下的讯息可以是私人的也可以是大众的，且制作成本相对低廉。

与编码过程类似，解码可能经过一个或更多阶段。读一封信只需要一个解码阶段，但读短信需要两个阶段：一个是电话把电能解码成明和暗的模式，另一个是你的眼睛把这些模式解码成书写符号。

机器辅助背景中的接收者可以是个人或者是或大或小的群体。接收者可以出现在信源的面前，也可以在其自然视野之外。接收者可以由信源来挑选，就像 Skype 电话一样，或者自我选择是否成为其受众，就像你从站在街角的那个人那儿拿了一本小册子。

反馈可以是即时的或延后的。音乐会上演奏的乐队会在曲终时听到观众鼓掌。乐队把新歌的音频放到网上，可能要等几天才能知道人们会不会喜欢。在很多情境中，反馈的渠道是有限的，比如电话交流。有时，反馈是困难的，甚至是不可能的。如果自动取款机给你一条讯息说："现金不足"，你无法告诉它："我今天早晨刚刚存款了，查一下。"

和人际传播一样，机器辅助传播中的噪音可以是语义的及环境的，但它同样可以是机械的。因为对讯息的干扰可能部分来自所涉及的机器的故障。

未来，机器辅助传播将越来越重要。移动媒介，如手机、手提电脑以及平板电脑将变得越来越流行，对人际传播的影响范围会越来越大（见第 3 章）。互联网可能会更像人际传播的辅助工具而不再是大众媒介（见第 4 章）。最终，计算机辅助传播与大众传播的区别会日益模糊。这些形势会促进传统大众媒介转变为新的传播渠道。

引文	标点符号很重要

《Tails》杂志的封面写道："Rachel Ray finds inspiration in cooking her family and her dog."（瑞秋·雷从烹饪她的家人和狗中寻找灵感。）

大众传播

第三种主要的传播背景是我们最感兴趣的。机器辅助人际传播与大众传播之间的差别并不是那么明显。**大众传播**（mass communication）的传统定义是：一个复杂的组织在一个或更多的机器辅助下生产和传递公共讯息，并把这些讯息传递给庞大的、异质的及分散的受众的过程。当然，有些情况属于灰色地带。受众群应该有多大？分散到什么程度？异质到什么程度？组织要复杂到什么程度？比如，在一个小城市的一条热闹的街道上建造一块公告牌。显然，这是机器辅助传播（使用了机器来印制公告牌），但这定义为大众传播是不是更好呢？一个自动写信装置能够写出成千上万封相似的信。这是大众传播吗？这些问题没有正确答案。机器辅助人际传播与大众传播之间的分界线并不清晰。

如果考虑到互联网和万维网，这条分界线就更不清晰了。拿一个电子邮件讯息为例，它可能是写给某个人的，这非常像机器辅助人际传播，它也能够发给上千人，这种情形更接近大众传播。或者拿 Facebook 为例，一条发言可能被成千上万人看到，也可能就几个朋友看到，这取决于隐私设置。前者更像大众传播，后者更像计算机辅助人际传播。这两个例子中的反馈都是有限的，因为没有声调、体语和个人容貌这些普通线索，这也是大众传播的特征之一。

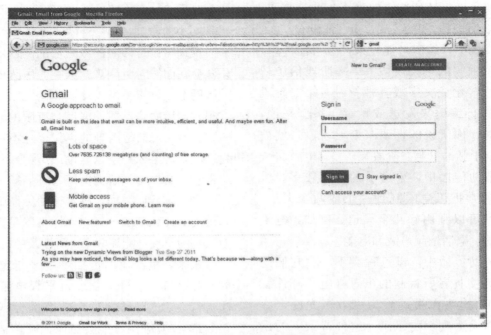

电子邮件快捷、环保；它不用纸，传递信息不耗费燃油。难怪美国的企业每年
会发数以亿计的电子邮件。

信源　直到互联网及网络出现，在传统的大众传播情境中，信源典型地是一群人，他们在一个组织的背景中以事先确定的角色来行动。换句话说，大众传播是不止一个人努力的终端产品。比如，想一想一张报纸是如何组合构成的。记者们搜集新闻；撰稿者起草社论；卡通画家绘制社论漫画；广告部编排广告；编辑把所有这些东西编排在一张样报版面上；技术人员把该版面传输给母机；其他技术人员印刷出最终的报纸；印好的报纸被交给分发人员；此外，当然，在所有这一切之后是一位出版商，他有钱来为大楼、印刷机、职员、货车、纸张、油墨等付账。大众传播的这种机构本质有几个后果，我们将在本书的后面进行讨论。

以互联网为基础的大众传播的来临改变了这种状况。由于万维网，个人也能成为大众传播者。第4章会深入讨论这种变化的意义。

对不管是传统的还是以互联网为基础的大众传播来说，信源通常对其特定受众的具体信息所知甚少。博客作者很少了解访问该网址的个人的具体信息。传统大众媒介可能会有集体的数据，但这些数据典型地表现为总体受众特征。比如，报纸编辑可能知道40％的读者在25岁到40岁之间，30％的读者收入在20 000美元到50 000美元

之间，但编辑并不知道读者个人的口味、爱好、怪癖或个人身份。他们是一群匿名者，只能通过扼要的统计数据来了解。

编码/发送　大众传播中的编码或发送讯息总是一个多阶段的过程。假如电影制片人有了一个想法，他或她把这个想法说给电影编剧，编剧动手写成剧本，这个剧本转给导演，导演把它拍成电影，电影摄影师用胶片捕捉场景，粗片提交给编辑，编辑剪辑出最终的影片，电影被拷贝并送往电影院，放映机把它展示在银幕上，观众观看电影。在这个简化的电影制作过程中，你可以发现多少个编码的例子？

大众传播渠道的特色在于，在发送讯息的过程中插入了至少一台机器，并且通常不止一台机器。这些机器把讯息从一个渠道转化到另一个渠道。电视利用非常复杂的设备把光能转化为电能再转化回光能。广播对声能的转换也如此。与人际传播可以用多种渠道不同，大众传播通常局限于一种或两种渠道。

解码/接收　大众传播中解码或接收的讯息是公众的。只要能够买得起报纸、电影票或电视机，任何人都能够接收讯息。此外，发送给所有的接收者的讯息是相同的。在某种意义上，大众传播

的对象是"任何可能涉及的人士"。在所有不同的背景中，终止大众传播中的讯息是最容易的。开关轻轻一按，电视机就关了，自动计时器可以关掉收音机，报纸可以很快地被放到一边去。信源几乎不能做什么来阻止这些突然的结束，除了威吓受众（"不要换频道!"）或者努力保持始终有趣（"在这些重要讯息后我们将回来"）。

大众传播在讯息被接收之前通常涉及多重解码。广播把电磁辐射解码成适合我们听觉作用过程的声波。电视接收器对视觉及声音的传输进行解码。

接收者 大众传播主要的显著特征之一是受众。首先，大众传播的受众是一个巨大的群体，其人数有时可以达到上百万。其次，这种受众是异质的；即是由不相似的群体组成的，这些群体可能在年龄、智力、政治信仰、种族背景等方面都不相同。甚至在大众传播的受众被较好地限定的情况下，异质性仍然存在（比如，想想出版物《火鸡饲养者月刊》。初看起来，这份出版物的受众可能显得很同质，但经过更仔细的考察，我们会发现其成员在智力、社会阶层、收入、年龄、党派、教育、居住地等方面都有不同）。再者，受众分散在一个广阔的地理区域；信源与接收者并不出现在彼此的面前。受众的巨大规模及它的地理上的分离导致形成第四个区别因素：受众成员彼此是匿名的。收看"CBS晚间新闻"的人并不了解其他几百万受众。最后，符合公共讯息的意义，大

众传播中的受众是自身决定的。接收者选择看哪一部电影，读哪一份报纸，访问哪一个网址，以及看哪一个节目。如果接收者选择不关注那条讯息，那条讯息就不被接收。因此，多种多样的大众传播信源花费大量时间和精力来获得你的注意力，以使得你把自己纳入到受众中去。

反馈 反馈是人际传播与大众传播之间存在的另一个差别所在。大众传播中的讯息流通常是单向的，很多情况下反馈比在人际传播中更困难。不过，互联网使得这种情况迅速转变。报纸常常署上记者的电子邮箱地址，以此鼓励读者反馈。电视节目制作商浏览网站和博客以搜集本集节目的最新反响。人们在推送（即发送 Twitter 讯息）他们关注的有新闻价值的事情。媒介公司搜集的系统的、大规模的反馈则比较滞后，因为它通常由媒介调查公司来搜集，诸如针对报纸的发行审计局（Audit Bureau of Circulations），针对杂志的MRI（媒介指标调查公司）。例如，尼尔森媒介调查公司（Nielsen Media Research）就提供电视节目的隔夜收视率。

最后，大众传播背景中的噪音可以是语义的、环境的或者机械的。事实上，由于在过程中涉及不止一台机器，机械噪音可能是混合的。

表1—1总结了我们已讨论的三种传播背景中的一些差异。

表 1—1		传播背景中的差异	
	人际传播	机器辅助人际传播	大众传播
信源	个人；了解接收者	个人或群体；很了解或不了解接收者	组织或个人；不太了解接收者
编码	一个阶段	一个或多个阶段	多个阶段
讯息	私人的或公共的；便宜；很难终止；可以改变以适应接收者	私人的或公共的；低到中等开支；相对容易终止；在某些情境中可以改变以适应接收者	公共的；可能比较昂贵；易于终止；对每个人都一样
渠道	可能有多种；没有机器插入	局限于一种或两种；至少插入一台机器	局限于一种或两种；通常插入不止一种机器
解码	一个阶段	一个或多个阶段	多个阶段
接收者	一个或相对少数；出现在信源面前；由信源选择	一个人或一个或大或小的群体；在或者不在信源面前；由信源选择或自我决定	数目庞大；不在信源面前；自我决定
反馈	充分的；即时的	一定程度的受限；即时的或延后的	高度受限的；通常是延后的
噪音	语义的；环境的	语义的；环境的；机械的	语义的；环境的；机械的

定义大众媒介

广义来说，媒介（medium）是讯息从信源到接收者通行的渠道（"medium"是单数，"media"是复数）。在我们的讨论中，我们指出过作为传播媒介的声波和光波。当我们谈到大众传播，我们同样需要渠道来传递讯息。**大众媒介**（mass media）是大众传播所运用的渠道。我们对大众媒介的定义是，它不仅包括传递以及有时储存讯息的机械设施（电视摄像机、广播麦克风、印刷机），也包括那些使用这些机器来传递讯息的机构。当我们谈论电视、广播、报纸、杂志、唱片以及电影这些大众媒介时，我们指的是人、政策、

13

组织以及生产和传播的技术。**媒介载体**（media vehicle）是大众媒介的一个组成部分，比如报纸、广播电台、电视网或杂志。

在本书中，我们将审视八种不同的大众媒介：广播、电视、电影、图书、唱片、报纸、杂志以及互联网。当然，大众媒介也不仅仅是这八种。公告牌、连环漫画书、招贴、直达邮件、火柴盒贴画和圆形小徽章也可以作为其他种类的大众媒介进行考察。不过，我们选择的这八种媒介的受众最广泛、雇用人数最多并且影响最大。它们也同样是我们中间大多数人最熟悉的大众媒介。

转变中的大众媒介

五年后的大众媒介会发生巨大的变化并不需要天才来预言。在技术、经济和社会因素的共同影响下，一些传统商业模式已经过时，某些媒体

正努力革新自身以适应数字时代。其他媒介则在到达受众的方式上做出根本性的改变。

技术

从技术上看，互联网的出现为大众传播创造了一种新渠道。起初传统媒体例如报纸和杂志，并不确定如何利用这种新媒介，很多都把内容免费发布到网站上以宣传纸质出版物。这最终把纸质出版物的潜在读者虹吸走，尤其是年轻读者，导致发行量和广告收入下降。于是，传统印刷媒介现在要寻求新方法在数字时代振兴自身。出版社希望智能手机和平板电脑这样的移动媒体会提供新的收入来源。

14

与此同时，互联网为传统媒体的新竞争者打开了一扇门。有些网站轻而易举地取代了传统媒体的功能。分类广告以前多刊登在报纸上，现在都跑到诸如 Craigslist 或 autotrader.com 这样的网站上了。在线视频网站，如 YouTube 和 hulu.com，减少了传统电视网和电视台的观众和收入。网络电台吸引了

办公室的听众，以前他们听广播电台。其他网站创造的新功能吸引了受众的注意力和时间。很多年轻人泡在 Facebook 或 Twitter 及其他社交网站上，而不看电视了。这些日渐出现的竞争迫使传统媒体不得不重新审视他们的传统商业模式。

竞争加剧的主要原因显而易见：互联网把大众传播的成本降低到几乎人人都可以负担的水平。个人可以花相对较少的钱来建网站（Facebook 起源于哈佛大学的宿舍，Craigslist 起初只是业余爱好），并且获得上百万潜在受众。而且，低成本意味着个人网站完全可以靠创立者来维持，因而不用考虑赢利问题。例如为数众多的博客用户不会为了利润而发博客。简言之，过去媒体公司成立后不容易遭遇新的竞争，是因为进入这个市场的门槛很高。现在不是这样了。传统媒体遇到了一

个全新的大众传播竞争者，而可供受众选择的媒体如雨后春笋般涌现。

　　当然，创建网站的人并非都能从事大众传播。如果没人看或者只有少量访问者，就不成其为大众传播。哈罗德大叔发表了一篇博客，并不意味着哈罗德大叔就达到了《纽约时报》这样的大众传播者的水平。《纽约时报》吸引大众的资源要多得多。但技术性地说，传统媒体也是一样的。如果没人读《纽约时报》，那也不成其为大众传播。总之，尽管人人都具备成为大众传播者的能力——无论是哈罗德大叔还是《纽约时报》——但哈罗德大叔要成为大众传播者还是更难一些。

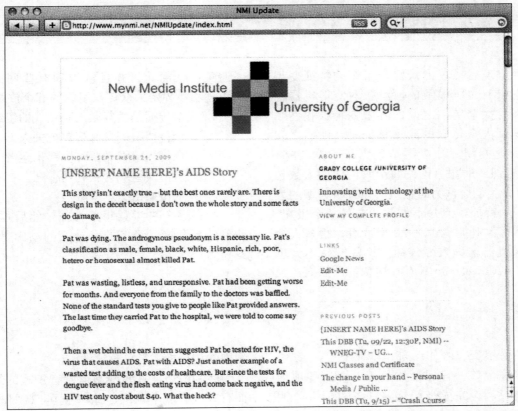

万维网改变了大众传播的本质：你也可以像佐治亚州大学新媒体研究所主任斯科特·西普
（Scott Shamp）教授一样开一个博客，这样你也成了大众传播者。

经济

　　过去几年经济衰退的速度加快了。如上所述，广告投入减少，来自网站的竞争虹吸走了传统媒体的利润。放松信贷时期扩张的媒体突然之间负债累累。削减、裁员、严峻的成本控制接踵而来，也就不足为怪了。部分媒体破产；某些努力寻求新的收入源；还有些完全加入数字时代，终结了传统形式，改为在线形式。到2011年，经济情况有所好转，但大众媒体仍然面临金融困难。

社交潮流

　　社交方式的改变同样加速了这种转变。消费者越来越习惯于免费获取信息和娱乐，向网络内容征费的努力遭到抵制。传统的被动的媒介报道被积极参与的新社交媒体所取代，如 Facebook、YouTube 和 Twitter。唱片业看到随着个人分享文件的数量飞涨，CD 销量直线下跌。人们开始花时间制作媒介内容（一半以上的青少年有社交网站，超过 1.5 亿人开设了博客），消费媒介内容的时间则少了。

本书第二、三部分的章节会提供更多关于不同媒介如何面对时代转变的详细内容。

媒介组织的特征

互联网出现后描述大众媒介组织的特征变得更难了。正如上文所提及的，互联网使得机器辅助人际传播与大众传播之间的界限变得模糊。当我们试图识别大众传媒的典型特征时，他们之间的界限变得更模糊。有些网站致力于大众传播，有些则不。《纽约时报》网站每个月的访问人数超过 1 900 万；我们会认为时报网应该具备典型的大众媒介组织的特征，但并不如此。在另一个极端，平均每篇博客大概拥有 10～20 个读者；很多人会认为这更像机器辅助人际传播。这些网站不大可能跟 www.nytimes.com 具有共同特征。然而，为了避免过于简化，并且认识到有些网站是例外，以下列出了界定大众传媒组织的五个传统特征：

1. 大众传播是由复杂的和正式的组织生产的。
2. 大众传播组织具有多重把关人。
3. 大众传播组织需要许多钱来运营。
4. 大众传播组织为赢利而存在。
5. 大众传播组织竞争激烈。

我们逐个来考察每条特征，然后再考察前面提到的互联网、经济的和社交的动因是如何改变这些特征的。

正式组织结构

出版一份报纸、制作一部电影或运转一家电视台需要掌握金钱、管理全体员工、协调各项活动以及申请权利。完成全部这些任务需要一个明确规定的组织结构，它具备专业化、劳动分工、有重点责任范围的特点。因此，传统的大众传播是一个科层制的产物。如同大多数科层制，决策将在若干个不同的管理层面上进行，组织内的传播渠道是形式化的。因此，比方说，一份报纸、一个电视节目或电影中应包含什么将由集体决定。此外，处于科层制上级的几个人来做决策，而组织内的传播模式是可预测的。

转到网络，有些网站运营有正式的组织结构，而有些没有。个人或小组织就可以制作和维护网站，所以并不需要通过科层制的层层过滤来做决策。例如，《德拉吉报告》就只有很少的雇员。不过不能忘记，很多吸引大批受众的网站都拥有跟传统大众媒介组织类似的组织结构。像 Facebook 就有 2 000 个以上的雇员，办公室遍及 15 个国家。YouTube 则有 13 个独立部门。

把关人

传统的大众传播组织的另一个重要特征是多重**把关人**（gatekeepers）的存在。把关人是控制什么样的材料最后到达公众的人（或群体）。一些把关人比另外一些更加明显，比如，报纸的编辑、电视台的新闻导播或图书出版社的组稿编辑。组织越复杂，把关人越多。

惨淡的经济形势对把关人也有影响。当报纸和杂志裁员时，编辑多数位列其中。当媒体精简公司机构时，往往意味着减少把关人。

网站的把关人就更少了，但并不是完全没有。

像大多数报纸会有专人负责审查报纸网站上的评论，删掉攻击或诽谤的帖子。YouTube 有专人负责筛选视频，删掉内容不当或侵犯版权的视频。Facebook 也跟 YouTube 一样会删掉非法、攻击性的和色情的内容。这些反映出网站把关人的一个特色——他们依赖受众来做监督。例如，Facebook 和 YouTube 可以让用户通过链接报告他们反感的内容。

总之，把关并不是很多网站的主要特征，可是它带来的结果既有正面的也有负面的。一方面，个人可以自由发布他们想要发布的东西而无需太多顾虑受到审查。另一方面，也无法保证这些内容是准确和有价值的。流言、阴谋论、尖刻的话以及毫无品位的内容充斥在网上。没有编辑去做去伪存真、去粗取精的工作。

▌庞大的运营开支

过去，开办一家大众传播机构并且使它维持运营需要大量的金钱。2009 年，有线电视巨头康卡斯特（Comcast）以约 140 亿美元兼并 NBC 环球，2011 年 Access Industries 公司以 30 亿美元收购了世界第三大的唱片公司华纳音乐。

一旦这个组织处于运转中，开支同样是巨大的。一家中等规模市场的广播电台每年在运转开支上可能会花费 100 万美元。一个中等规模市场的电视台年均可能需要 500 万～1 000 万美元。

正如前文所说，互联网降低了进入市场和运营的成本，但并不意味着网站运营者不需要现金来增长和振兴业务。实际上如果企业家想要其网站获得大批受众，他就要为此买单。举例来说，YouTube 没有来自风险投资公司 1 150 万美元的投资，它的日子也不会好过。Facebook 同样如此，它接受了来自两家风投公司共 4 000 万美元的投资。Twitter 的建立者之一伊万·威廉姆斯（Evan Williams）从投资者那儿募集了 2 200 万美元。（另

一方面，如果你并没有那么宏大的计划，谷歌为其用户提供免费的博客空间，雅虎每月只收 10 美元就可以在其上开设网站。）

那些有着强大经济实力的公司最有可能支付昂贵的运转开支，并更有能力在低迷的经济中生存下来。2010 年，许多跨国媒介巨头公司垄断了这个领域。表 1—2 列出了这些"巨型媒介"公司；请注意这些列在表中的名字将经常出现在后面的章节中。

表 1—2　　　　　　跨国媒介巨人

公司（发源国）	2010 年度收入（亿美元）*
威望迪（法国）	383
沃尔特·迪斯尼（美国）	380
康卡斯特（美国）	379
新闻集团（美国）	328
时代华纳（美国）	270
贝塔斯曼（德国）	220

* 沃尔玛同期的收入是 4 220 亿美元，通用电器的收入是 1 350 亿美元，这可以作为以上数字的参考。

▌为利润而竞争

在美国，大众传播组织为赢利而存在。虽然有一些例外（比如公共广播体系），但大多数报纸、杂志、唱片公司、电影工作室、图书出版社以及电视台与广播电台努力为它们的所有者和股东生产利润。尽管电台与电视台被要求服务于公共利益，报纸通常担任捍卫读者利益的看家狗的角色，但如果它们不能挣钱，不管它们的目的有多崇高，它们都将破产歇业（正如 2000 年年底经济萧条时所发生的）。

消费者是这种利润的最终来源。当你从 iTunes 上下载歌曲或购买电影票，价格的一部分就包括了利润。报纸、广播、电视和杂志通过把它们的受众卖给广告商来获得利润的绝大部分。广告的成本反过来又被生产者再转嫁给消费者。大众传播经济学是一项重要话题，在本书的稍后部分我们将更多地谈论它。

由于受众是利润的来源，大众传播机构相互竞争以吸引受众。对任何一个看过电视或走过杂志摊的人来说这一点都不奇怪。几大电视网相互竞争以取得高收视率，每年都要花费上百万美元做宣传。广播电台与其他同一市场的电台竞争。唱片公司花费大量资金宣传它们的唱片，希望在销量上超过它们的竞争对手。电影公司可以为竞

争成功在影片上豪掷百万。正如我们所看到的，因特网使得竞争更为激烈。

就网站而言，大多也是为创造利润出现。Perezhilton.com 上有商业广告和促销信息，gawker.com 同样如此。Amazon.com 通过销售成百上千的商品来赢利。另有些网站并不抱有赢利的目的；有些是为了服务大众（比如后缀域名是 .gov 的网站），或是为其所有者获得注意力或声誉。对于后者而言，竞争并不影响什么。

总之，互联网是上百万个网站的家园。其中很多符合大众传播的定义，并且具备大众传播组织的所有传统特征（如 CNN.com，ESPN.com，nytimes.com）。其他运营者也从事大众传播，但并不具备所有五个传统特征（Thesmokinggun.com 力争赢利。它每个月吸引的浏览量超过400 万，但只有少数几个员工和相对较低的运营成本，因为其所有的素材都来自公开记录）。其他网站则更符合机器辅助人际传播的界定。再次，互联网迫使我们不得不重新审视我们传统上所理解的大众传播和大众传播者。

互联网： 大众或人际渠道？

随着互联网的发展，两个显著的进步也越来越清晰。一方面，网络在人际和社交功能上越来越重要，正如社交媒体的盛行所证明的。最成功的网络运营方式最接近于人际或机器辅助传播。博客、电子邮件、Skype、eBay、Facebook、Twitter、即时通信、维基百科以及类似于 Napster 的所有文件分享软件都不是大众传播，他们有助于人与人之间的沟通（如在某人的 Facebook 上留言），或是小群体之间的交流（如谷歌群），所以属于机器辅助人际传播。另外，以上所提到的成功的网络运营商无一是由大媒体公司所开设，但它们一旦成功便被大媒体公司买走。

另一方面，很多专家预言过传统大众媒体的内容（电视、电影、报纸、杂志、唱片、图书和广播）最终会主要由互联网发行，网络将成为大众传播唯一重要的渠道。如今在线报纸和杂志已经初具雏形；电视网的节目也可在网上收看（例如 hulu.com）；电影制片方把电影放到网上供人们下载（如奈飞）；图书可供下载（如亚马逊的电子图书阅读器 Kindle）；还有音乐（iTunes）。不过，发展也带来了危机。我们如果变得太依赖网络，一旦自然灾害（如飓风）或人为灾难（如恐怖分子网络袭击）导致系统崩溃那会怎样？在任何情况下，大众传播和机器辅助传播都离不开网络。

无论终极方向如何，互联网将促使大众传播学者（以及教科书作者）重新思考大众传播的传统定义和种类。这也迫使描述大众传播过程的新模式成为必需，接下来我们将讨论这一话题。

18

研究大众传播的模式

传统的大众传播模式是"一对多"的模式，认为大众媒介组织（报纸、电视网、电影制片商）筛选来源于环境的信息（包括新闻和娱乐信息），对其解码、解释、选择并最终编码成信息，进而进行多次复制并经过合适的渠道发布。例如，报纸记者报道新闻、编码成稿，最终由编辑（把关人）评价其是否可以登上当天的报纸版面。

一旦通过了把关门槛，报纸就被多次复制并发行到读者手中。读者，即讯息的接收者，对讯息进行解码和解读。媒介组织监测部分受众行为（购买产品、观看电视节目或订阅报刊），将其作为反馈以帮助以后制作讯息。在传统传播模式中，信源与接收者之间很少有直接的互动。

图1—2 是表现网络传播的一个初步尝试，这

个新排列使多个层面的传播成为可能：单个信源对单个接收者的传播（电子邮件），单个信源对多个接收者的传播（CNN.com），少数信源对少数接收者的传播（聊天室、博客），以及多数信源对多数接收者的传播（YouTube、eBay）。

　　注意在这个简化的模式中，内容不仅由组织而且也由个人提供。在这种情形中，没有组织把关人。一个人就完成了解码、解释和编码的功能。还要注意图 1—2 不是一个单向模式。传播并不是从左向右进行，而是向内流动。不一定只有传统的大众传播者发动传播过程。相反，接收者也有可能选择互动的时间和方式。假如你喜欢的棒球队的比赛进入了决胜局，要到夜里很晚才结束，而你又想知道比赛结果如何，选择传统媒介，你不得不等到报纸刊印或者你喜欢的电视台、有线电视网或广播电台来报道比分。而选择互联网，你可以上体育新闻网站并且立即得到消息。

　　传统模式和网络模式的另一个区别是流向每一个接收者的讯息并不是对等的。例如，上网时

选什么作为首页，你可以有很多种不同的选择。此外，你可以定制你所接收的信息。例如，MSN.com 提供了许多不同的组合使你能选择特定的体育比分报道、新闻头条、证券市场报道、天气预报以及娱乐新闻。每一个接收者可以定制他或她所接收的信息。一些作者把传统大众传播模式的特性定义为一种"推"模式（发送者把信息推给接收者），而互联网模式是一种"拉"模式（接受者只拉出他或她所需要的信息）。

　　图 1—2 展示出个人和组织都是通过电脑中介环境连接彼此。这使得互动与反馈容易许多。比如，在线杂志 Slate.com 有一个叫作"争论"的网址，读者在上面可以评价杂志报道。这种环境使人和组织以前所未有的方式连接，以全新的形式互动。拍卖网站 eBay 把全球的买家与卖家连接在一起。Facebook"发起"页面把那些可能素不相识的人聚到一起并让他们组成自然保护协会（几近 50 万成员）。总之，这个新模式虽然可能不完整，但提出了一种新的互联网时代的传播概念。

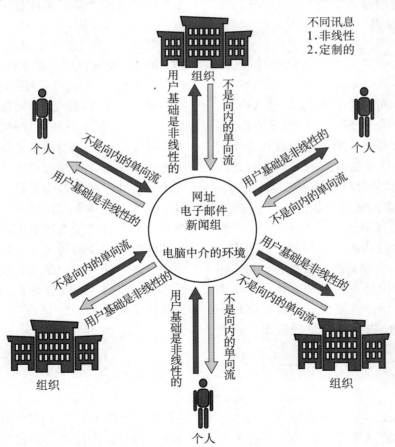

图 1—2　互联网大众传播模式

转变：新的媒介趋势

受众分化：已知的大众传播的终结？

媒介受众变得更"小众"和更有选择性。比如，在 20 世纪 30 年代，几乎每个人都开收音机听《阿莫斯和安迪》（Amos 'n' Andy）。今天，几大市场里收听率最高的广播节目只占有约 10% 的受众。在 20 世纪 50 年代，收视率最高的电视节目《我爱露西》（I Love Lucy）能吸引 50% 的观众收看。20 世纪 80 年代，《考斯比一家》（the Cosby Show）以 33% 的收视份额排名第一，2011 年排名第一的《美国偶像》（American Idol）的收视率约为 13%。

20 世纪 60 年代，有四分之三的成人读报纸；现在下滑到二分之一。《读者文摘》（Reader's Digest）1976 年的发行量是 1 800 万，今天已下降到 700 万左右。

所有这些数据表明了大众受众的分化（segmentation or fractionalization）。这一变化背后的缘由是什么？首先，对于今天的很多受众而言，由于大部分时间用于上下班、工作和养育孩子，时间成了一种稀缺的商品。所有这些意味着留给媒介的时间少了，并且当受众真的花时间在媒介上时，他们倾向于寻找符合自己特定兴趣的内容。

其次，今天有更多的媒介可供选择：从 20 世纪 50 年代只有三大电视网到上百个有线和卫星频道，还有 DVD、视频游戏和 YouTube；从只有一块屏幕的电影院到 18 个屏幕和点播电影；从十多家地方电台到上百个卫星电台频道。最后，广告主从大众转到目标市场，重视覆盖最有可能购买产品或服务的受众。所有这些最终导致单一媒介搭载的受众变少了。

这一切是不是意味着"大众传播"已不再是一个有意义的术语？是不是这本书应该起名为《分众传播动力学》？或者把"大众"去掉改成《媒介传播动力学》？也许给大众传播下定义尚为时过早。首先，早先给大众传播下的定义还适用：复杂组织还在使用机器向大规模的、异质的和分散的受众传送公共讯息。回忆一下本章开头提到的例子。十几亿观看皇室婚礼的观众，1.3 亿观看《阿凡达》的观众，还有 1.4 亿的 YouTube 视频用户，这些都符合"大众传播"这个术语。诚然，这些例子较为少见，但随便一个电视节目也可以覆盖上百万户家庭。

其次，大众传播的渠道没有变化。不过，越来越多的大众媒介使用这些渠道：今天有几百家电视网，20 世纪 80 年代只有四家；今天约有 14 000 家广播电台，而 20 世纪 80 年代早期只有 9 000 家；今天有 2.55 亿个网站，1998 年还只有 300 万个。大众媒介通过大众传播渠道发送的讯息也变得更专业化，因为传统和新媒体将其内容定位于限定的小受众群，部分是为了迎合广告商的要求，部分是因为更经济有效。结果，任何一种媒介载体想要获得大量的受众成员都变得更难。然而，合适的媒介中的合适的讯息克服专业化内容的限制来吸引最广泛意义上的大众受众，这种可能性还是有的。比如，2011 年超级碗橄榄球比赛为福克斯电视网赢得了 1.11 亿观众。

融合

融合（convergence）在字典里的定义是为了共同利益或焦点而结合或联合的过程。融合并不是一个新概念，就像早就有的"叉勺"、"时钟收音机"和"早午餐"，但近几年这个词又重新流行起来，而且成为讨论大众传播未来趋势的核心词汇。然而，这个术语还是挺难讨论，因为它被用来指代几个不同的过程。

在一个层面上它指的是**企业融合**（corporate convergence）。这个趋势始于 20 世纪 80 年代的协同。内容提供商，如电影工作室和唱片公司，取得像有线电视这样的发行渠道。随着数字技术的出现，协同转为融合，由一个公司发行各种能想到的服务。

21 世纪初发生了好几宗企业融合的案例，但多数都失败了。例如，传统媒体时代华纳与新媒体美国在线之间的合并没能如愿。2009 年最终分拆。在法国，新媒体威望迪（Vivendi）与传统媒体环球影城（Universal Studios）及环球唱片（Universal Music）的融合以失败告终。2005 年维亚康姆（Viacom）"去融合化"，分拆传统媒体 CBS、无限广播公司（Infinity Radio）和出版公司为独立公司，只保留了较新的媒体 MTV 电视网和家庭视讯公司。

2010—2011 年间的融合之势稍微减弱。软件巨头微软以 80 多亿美元收购 Skype。专家预测微软会利用 Skype 电话功能来提升 Xbox 360[①]。另外，卫星广播公司 Dish 电视网收购了 Blockbuster，主要是利用 Blockbuster 的流媒体电影服务与奈飞竞争。

另一种类型的融合是**业务融合**（operational convergence）。同一个市场内几个媒体实业的所有者把其独立的业务联合起来，就是业务融合。例如，在佛罗里达州，WFLA 电视台、《坦帕论坛报》和 TBO.com 共同运作一个融合新闻部门。2010 年，《犹他州新闻报》把其姐妹台 KSL 电视台和电台的编辑部合并到一起。总之，大概有 50 多起类似的融合案例正在进行中。跨媒介所有权法规一旦放松，就会加速这个趋势。

 社会问题

太多？

阿尔文·托夫勒（Alvin Toffler）在其 1970 年的畅销书《未来的冲击》中使用了术语"信息过载"。信息过载是指在太多的信息面前人们难以下决定和理解问题。或如托夫勒所述："当个人身陷快速、无序变化的环境中，或是充满新奇的背景里……他预测的准确性暴跌。他不再能做出合理正确的评估，而这是理性行为赖以实现的基础。"

托夫勒早于互联网出现的几十年前就如此写道，而信息过载只有随着新技术的来临才日渐严重。我们经常处于快速变化的环境和新奇事物不断出现的背景里。现代社会中，除了来自传统印刷和电子媒介的信息外，还有来自电子邮件、短信、tweets、Facebook 布告、视频链接、智能手机、Apps、Skype 和无数网站的信息冲击着我们所有人，争夺着我们的注意力。

部分初步研究表明处理源源不断的信息流可能对我们并不好。一项调查发现过多使用手机和社交网站会阻碍长期记忆和心理表现。另一项调查显示多任务处理，比如用智能手机同时收看电视、玩游戏和发短信，也会阻碍短期记忆。

一些作者担心可得信息的泛滥正在缩短我们的注意力。很多人都声称他们在读书、看电影或长时间的谈话中很难不去查收电子邮件、更新 Facebook 状态或登录 Twitter。

这个问题在年轻一代中更为严重。凯撒家庭基金发起的一项研究发现，8 至 18 岁群体每天花费在媒体上的平均时间为 10 小时 45 分钟，而且其中大部分时间都是多任务处理——例如，听 iPod 的同时发短信和查看 Facebook。

于是问题来了：注意力缩短的人无法在现代社会面前解决许多问题。有些问题需要不间断地集中精神、长时间研究和不受干扰的思考。正如很多其他事情一样，使用传播技术的最佳策略是适度（如果你读到此时很久没有刷 Facebook，会令我折服）。

---

① 微软公司开发的一款家用视频游戏主机。——译者注

这种业务融合的优势很明显。融合更经济，因为不用再为每一种媒介单独雇用新闻员工，只要管理同一批新闻记者就可以同时制作报纸、网页和电视台的报道。另外，每一种媒体能宣传其他合作媒体。比方说，电视新闻报道可以游说观众访问网站和阅读报纸。

当然，劣势也是并存的。首先，融合也意味着裁员，因为多数合并的编辑部雇用的员工更少。《犹他州新闻报》合并 KSL 时，就裁掉了 40% 以上的员工。其次，记者需要额外培训以掌握不同媒介。这就在报纸记者中产生了争议，他们并不想要变成"背包记者"（见第 13 章），随身带着摄像机、录音笔，把它们作为其报道器材的一部分。再次，很多批评家担心融合业务意味着独立性和新闻多样化程度的降低。有些人认为尽管业务融合有益于媒体公司，但可能并不有益于消费者。无论如何，业务融合的优势仍不明确。

22　　最后，可能最为重要的一种融合类型是**设备融合**（device convergence），即把两三种设备的功能整合到一种机器里。例如，苹果公司的 iPhone 既是手机，又是 MP3 播放器和照相机，还可以用来上网。最新款的视频游戏机还可以播放 DVD。有些手机整合了导航系统。专家预测最终家用电脑将和电视机融合成为一个信息设备，包括电子邮件、电话、网络、DVD 回放和电视诸种功能。当然，多种设备功能的整合并不意味着消费者就会买它。例如，把手机和电子剃须刀整合起来的需求并不大。此外，把什么都融合到一个设备中，可能对于消费者来说操作起来太复杂，这也是个风险。

设备融合也体现在另一种方式上。所有媒介似乎被网络融合成为一种主要的发行渠道。报纸、杂志有在线版、音乐下载正快速取代 CD 成为优选的发行方式。电视网在开通宽带频道的同时把它们的节目放到网上下载。电影和图书也可以数字形式下载获得。

 媒介探索

坏的职业选择

市场调查公司 2010 年调查了 700 个产业的收入水平，其中列出了濒临消失的十个行业名单①：

1. 有线通信运营商
2. 磨坊
3. 报纸出版
4. 制衣
5. DVD、游戏和视频出租
6. 活动房屋经销商
7. 视频后期制作服务
8. 唱片店
9. 冲印
10. 礼服租赁

注意有六个都与媒介有关。

受众主控权的增强

受众选择收看或收听他们想要的内容和时间的主控性更大了。以电视为例。多年来观众不得不根据媒体的时间表来收看本地电视台和几大电视网播放的节目。然而，近期技术的发展给予了消费者更多的权力。VCR 可以转变收看时间，或者把节目录下来供方便的时间观看。遥控器让观众更随意地选择他们想要收看的内容。有线电视和卫星电视频道提供上百个新的收视选择。家用摄像机让个人也有机会拍摄自己的视频。过去几年里，数字视频摄影机（DVR）如 TiVo 让转变收看时间变得更简单有效。观众可以暂停直播节目，快进广告，存储长达 80 小时的节目。很多有线电视公司提供视频点播服务，让观众选择方便时收看。总之，主控权从信源转移到了接收者一方。

同样的发展趋势在新闻上也很明显。几十年以来大多数美国人依赖于本地报纸或电视网提供的

---

①　此调查是在美国展开的。——译者注

新闻。今天受众可以从 24 小时有线新闻网，如 CNN.com 这样的专业新闻网站以及谷歌新闻这样聚合多个新闻来源的网站中挑选。如果受众不满足于传统新闻发布，他或她可以从上百家讨论新闻事件的博客中挑选阅读。

直到最近，消费者一直都如产业高管们所愿被强制要求购买打包的音乐唱片产品。如果受众只想买歌手的一两首歌，那就没那么幸运了。消费者会被要求买一整张专辑。Napster 和其他文件分享服务的成功显然表明了人们并不喜欢这种安排。唱片业反应太慢，现在消费者倒可以自由地从 iTunes 或其他在线资源上下载单首歌曲。

在互联网之前，消费者要卖东西必须通过本地报纸的分类广告版。现在他们可以在 eBay 或 Craigslist 上发布自己的广告。同样，招聘者曾经必须靠报纸上的"虚位以待"版来招人。但现在，他们可以在 Monster.com 上浏览上成百上千份求职者的简历。

接下来的章节会涵盖这种趋势的其他案例，不过到目前为止，受众在大众传播过程中获得更多的主控权这个趋势的意义并不明朗。正如一位专家所说，大众传播从固定套餐变成了拉斯维加斯式的自助餐。

多平台

"一切随处可见。"这句话成为许多媒体公司的口头禅，他们试图适应媒介技术带来的变化。这种策略是通过运用一些接收设备的发布方式（或用行业术语表达为多平台），从而使消费者获取内容。

音乐视频可以最好地诠释这种趋势。多年以来乐迷们只能收看 MTV、VH1、Fuse 或其他有线/卫星电视网的视频。后来网站开始有流媒体的音乐视频。回忆一下瑞贝卡·布莱克的音乐视频在 YouTube 上有 1.4 亿的浏览量。唱片公司意识到消费者在电脑屏幕上看视频比在电视屏幕上要多。苹果公司的可视 iPod、手机和平板电脑开拓了其他可能性。今天音乐视频仍然在传统电视屏幕上播放，但唱片公司也与苹果和手机公司如威讯（Verizon）达成交易，以利用新的屏幕。

电视公司也加入了这个趋势。NBC 与福克斯合作创建了 hulu.com，其访问者除了可以收看简短视频剪辑外，还能收看当下和已播的电视节目。ABC 把精选的节目片段放到 ABC.com 上，还有供 iPad 使用的应用程序。总而言之，电视网正努力把他们的内容输送到尽可能多的屏幕上。

其他媒体也在利用多平台。几乎所有主要的报纸和杂志都为电子版开设了网站，上面通常有视频剪辑。《亚特兰大宪法报》（the Atlanta Journal-Constitution）和《西雅图邮讯报》（the Seattle Post-Intelligencer）像其他很多报纸一样，向智能手机和平板电脑输送新闻。娱乐信息和新闻可以在传统收音机、卫星接收装置或电脑上收听，并下载到 iPod 上。

我们可能还没能做到一切随处可见，但实现它也并不遥远了。

用户生产内容

用户生产内容即并行生产（peer production）过去几年里是个热门趋势，但最近缓慢下来。当然，有些网站如 YouTube、Flickr 和维基百科严重依赖用户生产内容。Twitter 和 Facebook 的用户在上面生产帖子。很多新闻机构接受公民记者提供的视频、照片和音频。例如，CNN 开设了 iReport，福克斯新闻也有类似的专题叫 uReport。另一方面，杂志和图书出版、电影、广播、唱片及娱乐电视使用用户生产的素材相对较少。

移动媒介

很多现代大众传播都是呈现在屏幕上供人观看的。过去几十年里，主要的屏幕是电视屏幕和

24 电脑屏幕。现在一系列小屏幕加入了这个阵营：智能手机、iPod、平板电脑如 iPad、电子阅读器和手持游戏机的小屏幕。超过 4 500 万人拥有智能手机；1 500 万人拥有 iPad 或其他平板电脑；300 万人拥有 Kindle 电子书。总之，大众传播变得越来越移动化。

移动媒介可以通过称为应用程序的软件即 App 来上网，而不是通过传统的网页浏览器（关于 App 详见第 4 章）。媒体公司尤其是报刊出版社，希望移动媒介的 App 能提供一种新的收入来源。

移动媒介的案例随处可见。人们可以在智能手机或 iPad 上观看电影和电视节目，阅读图书、报纸和杂志，还能上网。索尼 PSP（PlayStation Portable，多功能掌机）除了可以玩游戏外，还可以下载电影以供观看。IPod 的存储空间足以下载上千首歌曲和播放视频。就像我们早先提到的，移动媒介是"随处可见"的多平台特征的另一个写照。

此趋势是传播发展过程中具有里程碑意义的结果，第 3 章会有所涉及。此外，本书第二部分的章节还会详细介绍大众媒介的每一个元素是如何变得移动化的。

社交媒介

另一个形容大众媒介变革趋势的名词是"社交媒介"。尽管标签字面简单，但这个概念难以用几个字来定义。冒着过于简化的风险，我们将**社交媒介**（social media）定义为使用涉及参与、会话、分享、合作与联系的特殊技术的在线交流。

 媒介探索

25

亟须寻找插座

如果是在家，给你的电子小玩意充电不是什么大问题，因为家里通常有充足的插座。但如果你不在家呢？人们常随身携带 iPhone、iPad、Nook①、Kindle、Evo②、黑莓、手提电脑和许多其他电子设备。据某家无线产业贸易集团所称，2010 年美国有 3 亿台以上无线设备，且都具有一个共同点：都需要插座充电。这个情况导致了新的旅行现象：找插座。

去任何一家星巴克或巴诺书店（Barnes & Noble）你可能会看到好几个插座都被占用。在曼哈顿的一家巴诺书店，充电的人多到让顾客都被电源线绊倒。为了避免让人受伤，经理最后把插座用金属盒罩了起来。

机场也是个新的战场。现在大部分机场都提供 WiFi 服务，旅行者们带的玩意更多了且都需要充电。在一些老的机场，对插座的需求经常超出了供应数量，所以常常看到旅行者们在插座边排起了队。有些机场意识到这个问题后马上增设了插座。新改造的纽约肯尼迪机场五号航站楼自诩有 806 个插座。安设新插座是昂贵的：在建的航站楼里每个插座大约 200 美元，而老航站楼安一个需要拆掉墙壁，得花 1 000 美元。

旅行者当然也学会了如何应对插座的短缺。有些人携带可以提供补充电量的电池组，当然电池组最后也得充电。有些人善于发现特别难找的插座，它们通常隐蔽在一排座位后面或是柱子背后。另一些旅行者选择坐头等舱，因为那里大部分座位都有内设电源。有位频繁旅行的人的解决之道最有创意。他带着一个多口插座延长线，如果插座被占用了，他会问别人是否能和他共用。

---

① 巴诺书店推出的一款电子阅读器。——译者注
② HTC 推出的一款智能手机。——译者注

参与是界定社交媒介最简单的技术。它包括向人们征求关于各种问题的反馈。新闻网站征求关于推荐新节目的意见，又如 Digg 这样让人们投票选出他们最爱的在线文章或图片的网站，都属于参与的案例。

博客和其他让人们相互评论和反馈的网站属于会话功能的例子。像 YouTube、Flickr 及其他个人可以创作和上传内容以供他人观看的网站则属于分享的案例。维基是合作型的社交媒体。最精心设计的社交媒介都有联系功能（详见第 2 章）。诸如 Facebook、MySpace、谷歌群组和 Twitter 这样的网站，人们在上面可以与或亲或疏的朋友联系起来，形成他们自己的社交网和社区。

毫无疑问社交媒介已经流行起来。2011 年伊始，Facebook 的用户就超过了 5 亿。如果 Facebook 是一个国家，那它就是世界排名第三的大国。

除了以上提到的互联网业务，传统媒体公司的网站也整合了社交媒介技术。大约 75% 的报纸可以让读者在其网站上评论报道，约 60% 的报纸允许读者上传图片和其他内容。网上有很多文章解释了广告商和公关公司如何利用社交媒介来宣传其产品和公关。

商家正转向社交媒介来营销其产品。例如家得宝（Home Depot）赞助了一项视频比赛，要求顾客展示他们想要进行的家庭装修的计划。公司开设了一个网站，人们可以浏览所有参赛项目，在家装布告栏上讨论他们的计划。社交媒介还可能改造政治。2008 年总统选举时，竞选人巴拉克·奥巴马就特别倚重社交媒介。这位后来当选的总统开设了一个叫 my. barackobama. com 的网站，鼓励人们发布博客和其他支持者的链接，获得了超过 200 万以上追随者；他还在 MySpace 上积攒了近 100 万朋友，在 YouTube 上放置视频，在 Flickr 上开设专属的照片流。竞选之后，他继续倚重社交媒介，通过一个新网站 Change. gov 与人们分享关于重要议题的观点。

社交媒介在大众传播过程中变得越来越有影响力，我们在第 4 章和后面的章节中会涉及更多相关内容。

要点

● 大众传播过程中的要素是信源、编码、讯息、渠道、解码、接收者、反馈和噪音。

● 噪音有语义的、环境的和机械的三种。

● 传播的三种主要背景是人际传播、机器辅助人际传播和大众传播。

● 传播过程中的每一种要素可能因背景而变化。

● 大众传播指的是一个复杂的组织在一个或多个机器辅助下生产和传递公共讯息，并把这些讯息传递给庞大的、异质的及分散的受众的过程。

● 通常，大众传播者具有正式组织、把关人、昂贵的运行开销、赢利动机以及竞争这些特征。互联网并不一定具备这些特征。

● 人们发明了新的模式来描绘网络传播。

● 在过去的 40 年中，传播内容变得更专业化，但大众传播渠道依然具有获得广泛受众的可能性。

● 现代大众传播有七个趋势，分别是受众分化、融合、受众主控权的增强、多平台、用户生产内容、移动媒介和社交媒介。

复习题

1. 大众传播过程中的要素是什么？

2. 三种噪音类型是什么？

3. 对照和比较人际传播和机器辅助人际传播的不同。

4. 互联网如何改变了大众传播信源的特点？

5. 关于大众媒介，固定套餐和自助餐有何不同？

批判性思考题

1. 发生在你身上最让人尴尬的传播故障是什么？分析为什么它会发生。是因为语义的噪音，环境的噪音，还是机械的噪音？

2. 每天记媒介日记。列表显示每天你有多少时间花费在人际传播、机器辅助人际传播或大众传播上。你能得出什么结论？

3. 图1—2的传播模式有些什么缺点？有没有被遗漏的要素？

4. 找找其他有关现代大众媒介七种趋势的案例。有没有媒介不受七种趋势的影响？你认为这些是积极的进展还是消极的进展？

关键词

信源	编码	讯息
渠道	解码	接收者
反馈	噪音	人际传播
机器辅助人际传播	大众传播	大众媒介
媒介载体	把关人	企业融合
业务融合	设备融合	社交媒介

互联网冲浪

下面所列的是一些关于人际传播和大众传播的网址。

www. aber. ac. uk/media/Documents/Short/

trans. html

关于传播模式转变的详尽、清晰的评论。比较此模式与图1—2。

www. mymissourian. com

如网站口号所示（"中部密苏里州的草根新闻"），它是用户生产内容的贴切案例。

http：//dcc. syr. edu

关于融合的最新研究和实验，由雪城大学融合中心主办。

http：//social-networking-websites-review. top tenreviews. com

如域名所示，网站评论了前十位社交网站。包含对照表和读者评论。

第2章

研究大众传播的视野

本章将帮助你：

- 理解大众传播研究中的功能分析与文化批判研究的区别
- 了解大众传播研究中每一种分析方法的价值
- 描述大众传播的功能
- 解释使用与满足理论
- 认识大众传播的不良作用
- 理解意义、霸权和意识形态这些概念

人们研究大众传播出于多种原因。学者研究它是为了更好地理解传播过程和发展解读、预测媒体运作的理论。批判者研究它是为了提出关于其影响的见解与建设性意见。媒体消费者研究它是为了提高媒介素养，理解包含在大众传播过程中的多种要素，以及分析和批判性评价大众媒体所呈现的信息。业内人士研究它是为了提高他们的运作效率以及在向公众出售新闻和信息产品时实现利润最大化。

无论出于什么研究目的，最有用的是使用一种**范式**（paradigm）（一种模式或用于分析一些东西的模型）来指导我们研究大众传播过程的方法。范式的作用包括：

- 它为我们提供了一个连贯的视角来审视大众传播。
- 它能够产生有助于理解媒体行为的观念。
- 它帮助我们在研究过程中确定什么重要什么不重要。

有许多种可供我们用来研究、理解和领会大众传播的范式。本书介绍了三种提供不同方法来分析媒介和社会的模式：功能分析、文化批判和实证研究。**功能分析**（functional approach）强调受众使用大众传播的方法和人们从媒介消费中获得的好处和坏处。**文化批判**（critical/cultural approach）使用人文科学的技术，例如文本分析和信息解构，来考察媒介曝光之下的潜在的权力关系并且强调受众成员在媒介内容中发现的多种意义和阐释。**实证研究**（empirical approach）使用社会科学技术，如实验和调查，来探讨影响大众传播的认知、态度和对行为的影响。随着大众传播的变迁，用于研究大众传播的范式也在转变中，因为所有这三种方法都必须考虑到互联网和社交媒体所带来的变化。

本章将介绍功能分析和文化批判。我们将会在本书的最后一章讨论实证研究。这并不是因为实证研究相比其他方法更好或者更难理解，而是因为它在媒介政策的设置过程中被广泛使用，并已产生最激烈的争议，同时凸显出一些关键问题，这样把它作为本书的结尾更合适。不管怎样，先让我们来探究功能分析和文化批判视角。

最近的一个例子充分凸显了这两种研究方法的差别。《实习生》（*The Aprrentice*）是一部由大亨唐纳德·特朗普（Donald Trump）主持的电视真人秀，于 2004 年开播，2011 年年中其名人版还在 NBC 黄金时段播出。这个节目的主角是一群组成团队去完成特定商业任务的人。每一期节目最后都会解雇一个人，直到只剩一个人被留下来。作为奖励，获胜者将获得一份梦寐以求的工作（在名人版中是给慈善机构捐款）。

使用功能分析的研究者会想调查为什么人们选择收看这个节目。他们是为了其娱乐价值而观看，还是能从中获取有利于他们职业生涯的信息？他们学到了商业运作的方式吗？他们愿意与参赛者一同参与比赛，并猜出谁将被解雇吗？男性和女性收看会出于不同的原因吗？他们会与别人谈论这个节目吗？

文化批判研究者会把这个节目看做一个文本并解构其中的多种元素。例如，是什么样的角色出演和编辑技术使节目看起来真实？该节目大体上是如何展现资本制度、利润动机和商业的？它是否更推崇竞争而非合作？由特朗普作为最终裁决者决定谁去谁留，是否强化了商界中的家长式本质？它是否表明积累财富是一个重要的价值观？使用欧杰斯合唱团（O'Jays）的《金钱之爱》（*For the Love of Money*）为主题曲的文化内涵是什么？从文化批判的视角来看，该节目似乎传达了一种意识形态的讯息，赋予私营企业和资本主义社会价值观以合法地位。

总之，这个节目可以成为许多截然不同的调查路径的出发点。本章将首先考察功能分析，然后再考察文化批判研究。

功能分析

用最简单的形式来表达，功能分析认为，理解事物最好的方式是考察它是如何被使用的。在大众传播中，即考察受众与媒介的互动。

作为介绍，下面是大学生对"你为什么使用Facebook"这个问题的真实反应：

■ 我使用Facebook，因为它是一个能跟我不可能见面的人保持联系的好方法。（它同样也让我见识到人们有多可爱，倘若我认识他们的时候喝醉了。）

■ 我使用Facebook，是因为我没有太多社交生活，总是迫切地需要知道前男友们都跟谁在聊。
■ 我使用Facebook是因为它能帮我推迟学习。
■ 我喜欢看人们贴的糗照。

虽然像这样的回答各式各样，但由此可推导出媒介对社会和对其个体成员所具有的几大功能。这一节将重点对这些功能进行分类与描述。

传播的社会角色

大众媒体在我们的生活中无处不在。当我们把媒体呈现给我们的多种功能画个图时，我们就能发现它有多普遍。不过，首先我们需要认识到不同的媒体具有不同的主要功能。例如，没有多少人听CD是为了获得最新的新闻或在开车的时候阅读报纸。此外，不同群体使用相同的大众媒体内容是出于不同的需求。如历史教授阅读学术期刊是为了保持他们的专业性。那些把阅读历史作为业余爱好的人，在阅读相同期刊时是为了放松和从他们的日常工作中得到消遣。

在我们开始考察大众传播的功能与作用之前，还有一项限制条件需要提及。这种分析可以在至少两个不同的层面上进行。一方面，我们可以采用社会学家的视角，通过宏观角度来考察大众媒介对整个社会所具有的功能［这种方法有时被称为**宏观分析**（macroanalysis）］。这种观点聚焦于大众传播者显而易见的动机，并强调媒介内容中所内含的明显的意图。另一方面，我们可以通过一个特写镜头来观察媒介内容的个体接收者，即受众，并让他们报告他们是如何使用大众媒介的［这种方法叫做**微观分析**（microanalysis）］。有时这两种方法的最后结果是相似的，因为消费者正是以信源所期望的方式使用媒介内容。有时它们并不相似，消费者以一种大众传播者没有预料的方式使用媒介——功能分析以及文化批判范式都注意到的一种现象。我们首先从宏观角度来分析。

大众传播的社会功能

一个社会要想存在，必须满足一定的传播需求。原始部落有监视环境和报告危险的哨兵。长者协商会议解释事实并做出决定。举行部落会议以把这些决定传达给群体中的其他人。讲故事的人和小丑为群体提供娱乐。当社会变得更大和更复杂，这些工作对个人来说也变得过于庞大而难以应对。贯穿下面的讨论，我们将考察通过与人际传播相对的大众传播的手段来实现这些传播功能的后果。此外，有些后果不利于造福社会。这些有害的或负面的后果叫做**功能障碍**（dysfunctions）。我们也将有所提及。最后，这些功能并不是相互排斥的。有的例子可以解释几种不同的类型。

监视　监视（surveillance）一般被称为媒介的新闻与信息角色。媒介取代了哨兵和瞭望台。这个国家中成千上万的媒体记者的产量是可观的。

四家主要的全国电视网提供大约 600 小时的常规新闻节目。CNN，福克斯和 MSNBC 也提供类似的服务。网站不断更新新闻，如 CNN.com，许多大城市广播电台只广播新闻。新闻杂志有近 400 万读者，还有大约 1 500 家日报和 7 000 家周刊传播新闻。新闻受众的规模也同样可观。平均每天，大约有 6 000 万美国人接触到大众传播的新闻。

监视功能可以被进一步划分为两种主要类型。当媒介通知我们来自恐怖主义袭击、火山爆发、萧条的经济状况、加剧的通货膨胀或军事进攻的威胁时，警告或**提防性监视**（beware surveillance）就产生了。这些警告可以是关于即将到来的威胁（电视台中断节目来播报龙卷风警告），也可以是关于长期的或周期性的威胁（报纸刊登关于空气污染或失业的系列报道）。不过，也有许多并不对社会构成威胁的信息人们可能同样想知道。**工具性监视**（instrumental surveillance）与传播在日常生活中有用的或有帮助的信息有关。关于当地影院放映的影片、股票市场价格、新产品、流行观念、菜谱及青少年的时尚的新闻都是工具性监视的例子。

请注意，并不是所有有关监视的例子都发生在我们通常所说的新闻媒介。《人物》杂志和《读者文摘》也呈现出监视功能（绝大部分是工具性的）。事实上，在最初是用来娱乐的内容中我们也能发现监视功能。HBO 的《欲望都市》对时尚和鞋类设计师而言具有工具性监视功能。

依赖大众媒介来实施这种监视功能的后果是什么？首先，新闻传播得更快，尤其是自电子媒介出现后。1812 年战争结束的新闻花了几个月的时间才被传播到大西洋的彼岸。相比之下，当 2001 年 9 月 11 日恐怖袭击发生后，90% 的美国人在两小时内知道了这件事。"伊拉克自由行动"的首次空袭在发生后几分钟内便在电视上报道。然而，这种速度有时会导致问题。不准确的和对事实的歪曲报道同真实报道传播得一样快。2011 年，全国公共广播电台错误报道了国会女议员加布里埃尔·吉弗德斯（Gabrielle Giffords）在亚利桑那州图森市的枪击事件后遇害。

 社会问题 ─────────────────────────────

Twitter 与新闻

你们很多人可能已经知道，Twitter 是一款免费的社交讯息服务软件，它让人们能以即时简讯进行通信，称为"tweets"。用户可以通过他们的手机或 Twitter 网站读取 tweets。Twitter 有许多有趣的用途，但与这一章最相关的是它在突发新闻事件中的角色。简言之，Twitter 正在承担部分传统媒体的监视功能。

当美国航空公司的飞机在哈德逊河中坠毁，很多人首先是从 Twitter 上获知此事的。坠毁的几分钟内，有数以百计的信息伴随着一张坠毁的图片发出，图片是由一个在附近乘船赶去营救乘客的人发布的。印度孟买发生的暴力袭击事件，在传统媒体报道之前就已经在 Twitter 上被发布出来。在危机高峰期，每 5 秒就有 80 条信息由目击者和其他求助的人发出。大部分关于伊朗大选后暴力事件的新闻是来自 Twitter。2011 年，一个无名的 Twitter 用户报道了奥萨马·本·拉登在袭击中丧生。对于新闻爱好者来说，Twitter 有一个站点被称为"突发新闻在线"，顾名思义，专门用于报道突发新闻。

这是否意味着我们不再需要记者？Twitter 向任何一个有手机或电脑的人开放了新闻生产流程，可以取代传统的报道。正如我们将在第 13 章看到的，公民新闻的这一趋势正在重塑新闻业。Twitter 几乎可以即时报道新闻事件，可以在传统新闻媒体到达现场前向公众传达消息。

此外，Twitter 可以把焦点放在超地方化上。好友之间可以互相发送新闻报道。当龙卷风警报向科罗拉多州部分地区发出时，一位博尔德居民听到的警报不是来自传统媒体而是来自加利福尼亚朋友的"tweet"。2011 年，一连串龙卷风袭击东南部时，Twitter 用户成为描述当地灾情和救援工作的报告者。

虽然 Twitter 具有明显的优势，但我们不应急着让传统新闻业消失。当 Twitter 上爆出突发新闻时，大量未经把关的信息发布自用户，很难跟进整个新闻流向。没有编辑管理它。Tweets 甚至可能会出错并迅速传播虚假信息。此外，报道突发新闻的 tweets 呈现的是恰巧（或不巧）身处突发新闻现场的目击者的碎片化的视角和评论。没有记者可以提供背景和提炼有意义的细节。而且，要在 140 个字内提供深思熟虑的分析自然也很难。

除此之外，Twitter 作为一种新闻源的流行并未改变文本的要点。我们仍然高度依赖其他渠道的新闻。我们仍不得不对替我们监视的媒体（或 Twitter 用户）赋予一定的信任。公信力仍然是一个主要关注的问题。正如对待传统媒体一样，我们必须决定对 Twitter 给予多大的信任并采取相应的行动。

第二个后果更微妙一点。很多我们所了解的关于这个世界的认知是机器加工的、传下来的信息。通过记者和编辑的复杂安排，新闻已经为我们预审过了，并且我们对于现实的观念是建立在这二次生产的信息的基础上，而我们通常并不质疑其真实性。例如，据说人类已经登上月球。几百万人见过——在电视上。并没有多少人是亲眼看见的。相反，我们认为在电视上所看到的世界是事实而不是虚构的。不过，有一些人认为电视所播出的在亚利桑那某处的整个事件是一个巨大的、政府授意的宣传伎俩的一部分。2004 年同样的现象发生于探路者号在火星的着陆上，因为有一些人认为从火星上接收回来的图像是假的。关键点在于：今天的世界有着成熟的大众传播系统，我们高度依赖其他人获得新闻。结果是，我们不得不对帮我们监视的媒体给予一定程度的信任。这种信任被称为**可信度**（credibility），是决定人们认为哪一种媒介最可信的一个重要因素。在第 13 章我们将详细讨论这个概念。

广泛使用互联网来传递新闻并没有改变这一基本思想。贴在 CNN 网站或其他新闻网站上的报道已经被若干记者和编辑筛选过。其他发布新闻的网站，诸如德拉吉报告（Drudge Report）和最近涌现的诸多博客，可能没有编辑层，这一情况可能会影响网站的可信度。通过电子邮件和一些鲜为人知的网站所传播的信息尤其令人怀疑，通过社交媒体传播的新闻同样如此。不管新闻是过滤过的还是未过滤的，我们都必须判断对提供该新闻的媒介可以给予多少信任。

在不良功能方面，媒介监视可能制造不必要的焦虑。2004 年，媒体开始报道禽流感即将流行，称这种疾病可能在全球范围内致死 500 万到 1.5 亿人。然而截止到 2011 年年初疫情尚未成形（当然，如果疫情最终发生了，这就是一个非常坏的例子）。

解释 与监视功能密切联系在一起的是解释功能。大众媒介并不仅仅提供事实和数据。它们也提供关于事件最终意义及重要性的信息。一种解释的形式是如此明显以至于许多人忽视了它。并不是这个世界上任何一天发生的每一件事都能上报纸或者上电视或广播新闻。媒介组织选择了那些会被给予时段或版面的事件，并决定给予它们多大的显著性。最终能够上报纸、新闻广播或媒体网站的那些报道都被不同的把关人判断为比那些不能上的报道要重要。

 媒介探索

解释的问题

两家报纸报道了同一条新闻：一则由皮尤西裔中心发布的关于少数民族自置居所的报道。

保守派《华尔街日报》的标题是："房市繁荣救助了少数民族"。

自由派《纽约时报》的标题是："据报：自置居所损失最大的是少数民族"。

两个标题都是准确的。从 1995 年到 2004 年，少数民族确实增持了房屋所有权，但房地产泡沫一旦破裂，他们也会大比例地失去自己的家园。《华尔街日报》和《纽约时报》对事实选择了不同的解释。

这种功能的另一个例子是报纸的社论页。解释、评价和观点被提供给读者以便他们以另一视角观察刊登在其他页上的新闻报道。一家报纸可能更支持某一位公职候选人，这表明，至少在这家报纸看来，可获得的信息显示这位候选人更合格。

解释并不局限于社论。分析一个事件的原因或讨论政府政策含义的文章也同样有解释功能。为什么汽油的价格上升了？漫长的干旱期会对食品价格有什么影响？当总统在广播中发表了重要的政治演说，随后出现的广播记者会告诉我们总统"真正说了"什么。2011 年，在奥萨马·本·拉登死后，专家们发表了各自对未来反恐斗争的意见。

解释可以采用不同的形式。发端于 1754 年的社论漫画可能是最流行的一种形式。其他的例子不是那样明显但同样重要。各种媒介都雇用批评家来评定电影、戏剧、图书和唱片。餐馆、小汽车、建筑甚至是宗教仪式也被一些报纸和杂志评论。《消费者报道》（Consumer Reports）整本杂志都致力于分析和评估广泛的大众产品。政治扭控家①（spin doctors）试图用一种对客户而言是正面的方式来限定媒介报道新闻事件的方式。许多博

主以符合他们自己的政治哲学的角度来解释新闻事件。Facebook 提供的选择功能包括对某些条目的推荐或点"赞"。

大众媒介履行这一功能的后果是什么呢？首先，受众会接触大量的不同观点，可能远比他们通过个人渠道能够接触到的多。因此，个人（通过一定的努力）能够在形成意见之前权衡一个问题的所有方面。此外，媒介使个人能够获得广泛的专业知识，这些知识他们无法通过人际传播接触到。我们应该改变社会保障的资助结构吗？多亏了媒介，人们才能阅读或倾听各种经济学家、政治学家、政治家以及数以百计的博主的观点。

不过，也可能出现几种不良作用。首先，无法保证专家的看法是准确的和有效的。2011 年的一项研究对 26 个报纸专栏作家或出现在周日早间新闻节目中的评论员的预测进行了考察，结果发现一半的预测是错误的。其次，存在这样一种危险，即从长期来看，个人可能变得过于依赖媒介传播的观点而失去了自己的批判能力。毫无质疑地接受《纽约时报》或拉什·林博的观点可能比形成个人看法容易，但也可能导致受众被动性和让他人来代替自己思考的功能障碍局面。

 社会问题

地位授予与边缘话题

媒体监视功能的一个副产品是地位授予：个体或问题得到媒体的关注会达到一定程度的社会显著性。这种现象背后的推理是双向循环的：观众显然相信，如果你真的重要，你将成为媒体关注的焦点；如果你是媒体关注的焦点，那么你真的重要。认识到这个事实，许多团体或个人为了他们的各自目的会采取极端措施引起媒体关注，以发生地位授予效果。

2010 年，佛罗里达州的达夫世界服务中心（Dove World Outreach Center）的牧师特里·琼斯（Terry Jones），其所在的教会有近 100 名成员，且有发表反穆斯林言论的历史，他宣布要

在 9 月 11 日焚烧穆斯林的圣书《古兰经》，以纪念 2001 年在纽约和华盛顿首府发生的恐怖袭击事件。在前互联网时代，琼斯有可能烧了书且只能引起其少数教徒的注意。

然而，互联网已经让事情发生了改变。琼斯有 Twitter 账户，其中有一条讯息意在发起世界"焚烧《古兰经》日"。琼斯还建了一个 Facebook 群，并在 YouTube 上发布了一段视频。监控社交媒体反伊斯兰内容的组织"伊斯兰欧洲信息会"（EuroIslam Info）发现了琼斯的计划，并在新闻稿中对其表示谴责，此事被雅虎和其他网站所关注。CNN 进行了报道，对琼斯做了一个简短的采访。其他新闻媒体迅速跟进，

---

① 欧美政坛近年流行的一个新名词，1984 年伊莉莎贝丝·巴米勒（Elisabeth Bumiller）在《华盛顿邮报》更进一步正式为这个名词下了定义："专门负责与记者倾谈和打交道的政治顾问，他们企图把自己分析和诠释事物及新闻的角度加诸传媒报道之上。"——译者注

琼斯及其焚烧《古兰经》的行为成了全国新闻。媒体的关注度被放大是因为琼斯的反伊斯兰示威活动发生时，要不要在纽约"9·11"遗址附近建立一所伊斯兰中心正处于争议中。

在 9 月 11 日的前几周，琼斯接受了大约 150 家媒体的采访。报道出现在 50 多家主要报纸的头版上。这成了好几家广播网新闻报道的头条，以及有线电视新闻和观点节目上的头条话题。随着报道传遍世界，它激起了许多伊斯兰国家的抗议。国防部部长罗伯特·盖茨（Robert Gates）亲自打电话给琼斯要求他取消焚烧行动。甚至连总统奥巴马也谴责该计划。随着报道不断深入，包括国务卿希拉里·克林顿和总统新闻秘书罗伯特·吉布斯等人均批评媒体给予边缘性小团体太多的关注。《沙龙》的贾斯汀·埃利奥特（Justin Elliott）如是总结

道："简言之，美国媒体给予了一位边缘化的牧师及其小撮群体全球性的平台，将其重要性提升到连大多数国会议员都会嫉妒的水平。"琼斯最终取消了他的焚书计划，而媒体的关注也随之迅速消失。

如果故事就此结束，它就只能作为媒体监测功能不良作用的例子。然而琼斯后来改变了主意，他焚烧了一本《古兰经》，并在其组织的网站上公布了这段视频。这一次美国媒体很少关注该事件，但早期的争论给琼斯的网站带来了大量的关注，许多穆斯林团体开始监视其内容。这些团体看到视频后，立即将之传播到了伊斯兰世界。在阿富汗发生了暴力示威，一些人死亡。在这里要学到的教训也许是，一旦媒体给予一个议题重视，地位授予效果在报道平息之后仍会持续。

1995 年克雷格·纽马克（Craig Newmark）创办了 craigslist. org，其每月的页面访问量达 300 万。

媒介探索 ━━━━━━━━━━━━━━━━━━━━━━━━

Facebook 与即时消息

一种新形式的社交媒体会日益流行，但很难取代现存的另一种形式的社交媒体。相反，两者会倾向于提供不同的传播功能。阿纳布尔·奎安-哈泽（Anabel Quan-Haase）和阿利森·扬（Alyson Young）在《科学、科技与社会》2010 年 10 月刊上发表的研究报告证明了这一现象。

研究者对两个问题感兴趣：（1）为什么学生会加入 Facebook？他们坚持使用会获得什么样的满足？（2）使用 Facebook 获得的满足与从即时通信工具（IM）获得的满足有何不同？像往常使用与满足的研究一样，研究者列出了调查对象使用 Facebook 和即时通信工具的种种可能的原因。

通过数据分析，研究得出结论，学生加入 Facebook 有六个原因：消磨时间、分享问题、社交、群体归属、表达对他人的感情以及分享社会信息。相比之下，虽然使用即时通信工具的动机与使用 Facebook 的动机部分重合，但即时通信工具更实用，包含对关系的发展和维护。即时通信工具被视为适合更亲密的交谈和作为分享问题的通道。正如作者总结的："总的来说，我们可以得出这样的结论：社交性是两种形式的社交媒体所共同达到的一种核心满足。然而，各媒体所满足的各种需求性质上是不同的，直接与其功能有关。"

联系 大众媒介能够把本没有直接联系的社会各要素联系起来。比如，大众广告试图把购买者的需求同销售者的产品联系起来。华盛顿的议员通过阅读家乡的报纸来了解选民们的感受。选民们反过来通过报纸、电视、广播和网站来了解他们所选的官员的所作所为。为了治疗某种疾病而募款的马拉松式电视节目（telethons）也具有这种**联系**（linkage）功能。遭受这种疾病的人的需求与想要看到这一问题被消除的人的愿望正好匹配。

当地理上被分割却共享某一种兴趣爱好的群体通过媒介被连接起来时，另外一种形式的联系就发生了。对海湾战争综合征的疾病宣传联系了那些声称患有这种病的人，他们形成了一个联盟并最终促成了对这一问题的政府听证会。

不过，联系的最好例证是在互联网上。比如，在线拍卖网站 eBay 把铜制骨灰盒的卖家和潜在买家从世界的两端联系起来。WebMD 为用户提供各种各样的"社区"，在里面他们可以和其他患同样疾病的人讨论病情。另外，分类广告网 Craigslist.org 能让用户在上面找工作、室友、遛狗的人和出售的摩托车。"默契"婚恋网（Match.com）宣称"为单身人士制造数百万个浪漫机会，为你连接某个非常特别的人"。当一个人找到那个特别的人之后，他们可以登录 thenest.com，新婚夫妇在这个博客上分享他们的经历以及婚后的酸甜苦辣。

Facebook 是联系的另一个最好的例证。Facebook 用户可以与自己的新老朋友联系，创建兴趣小组，以及分享照片、视频和故事链接。2009 年 Facebook 增长最快的应用是"募捐"（causes），它把人们与事业利益联系起来。

另一方面，这种联系功能也可能产生有害的后果。据估计，2011 年互联网有超过 1 000 个"仇恨"网站。恐怖分子利用这些网站散播仇恨宣传，招纳新成员。部分网站还在线上建立有密码保护的讨论小组，以供老资格的恐怖分子说服新成员加入他们的募捐行动。

价值传递 价值的传递是大众媒介一项微弱但仍然重要的功能。它也被称作**社会化**（socialization）功能。社会化指的是个人接受群体的行为和价值的方式。大众媒介描绘我们的社会，通过观看、聆听和阅读，我们学习人应该如何行动以及什么价值是重要的。为了说明，思考一下在媒介中描述的一个重要而熟悉的形象：母亲。下一次你看电视或翻阅杂志，密切注意下母亲和孩子被表现的方式。大众媒介上的妈妈总是干净、美丽、快乐和慈爱的。象牙雪牌衣服洗涤剂通常将一个有着健康形象的妈妈和一个健康的孩子放在产品包装上，他们就在对面货架上向你微笑（顺便提一句，20 世纪 80 年代那些外形清秀的、完全美国式的形象代表中的一员后来成了 X 等级电影中的明星，让该公司感到尴尬）。伊卡璐公司发起了以"伊卡璐妈妈"为特色的广告活动，她是一个吸引人的、有魅力的女性，从不让养育孩子干扰自己对头发的保养。当媒体妈妈和她们的孩子互动时，她们总是积极的、温暖的和充满关爱的。① 想一下这些来自电视的媒体妈妈们：玛吉·辛普森（Marge

Simpson）、艾莉西亚·弗劳瑞克（Alicia Florick，《傲骨贤妻》）、克莱尔·邓菲（Claire Dunphy，《摩登家庭》）和丽奈特·斯卡沃（Lynette Scavo，《绝望主妇》）。所有的母亲都善解人意、通情达理、和蔼可亲并全心全意地照看她们的孩子。

这些例子表明，媒体描绘母亲和抚养孩子的活动具有正面的社会价值。这些观念会随着接触这些描述的人的成长而不断深入。这样，社会价值观就会从一代人传递到下一代人。

 媒介探索

通过短信分手

根据在澳大利亚所做的一项研究，用手机发送短信在年轻夫妇的浪漫关系里扮演了很重要的角色。女性更可能向其伴侣发送短信详细说明她们的感受。另一方面，男性坚持发送实用信息，如"我会带些吃的"。

当关系紧张时，短信量激增。显然，人们在情况变得糟糕时想要避免面对面的互动，倾向于发送对抗性较弱的短信。

毫无疑问，你也可以用短信来分手。研究指出，15% 的调查对象就通过一条短信来抛弃伴侣。也许就是"我们结束了"？

大众媒介和社会化　有时候，媒体会有意识地向观众灌输价值观和行为准则。很多报纸会报道交通事故受害者在发生冲撞时有没有系安全带。在 1989 年，电视编剧们自愿同意在其节目中更负责任地表现酒精的使用，无论何时都会注意指定没有喝酒的人来开车。下次看电视节目时，你可以找找看有没有吸烟的人。对于健康的关注迫使吸烟的形象永远地从电视的黄金时段中消失了。

关于价值和行为至少部分地通过媒介来进行社会化，可能还有其他数不清的例子。让我们来考察一下大众媒介作为社会化工具的后果。一方面，通过大众媒介传递价值将有助于社会稳定。共同的价值和经验被传达给所有的成员，在他们中间创造了共同的纽带。另一方面，价值和文化信息由大机构来筛选可能会鼓励维持现状。比如，这个国家的"婴儿产业"就是上百万美元的产业。该产业在媒体上大做广告；因此，母亲身份被以

一种如此吸引人的方式来描绘没有什么可奇怪的。把母亲展示为受折磨的、精疲力竭的、工作过度的和疲惫的，将不利于保持产业的利润。

大众媒介也能通过实施社会规范来传递价值观念。《洛杉矶时报》曾报道过一篇新闻：2010年，在加利福尼亚州一个叫贝尔的小镇，当地官员投票决定给自己开过高的薪水。之后八名当地官员以挪用资金罪名被逮捕和起诉。

并不是每一个通过媒体来执行社会规范的尝试都是成功的。比如为倡议大学生反酗酒，几所高校发起了一场媒体活动，用意是展示过度饮酒并不像大学生想的那样广泛和正常。这场活动的想法是告诉大学生们绝大多数的同龄人只是适度或较少量地饮酒，以此让他们减少过量饮酒。但2003 年的一个调查显示，在规范学生饮酒事件过程中，使用社会规范媒体活动来阻止学生酗酒的高校，其学生酗酒的行为并没有减少。

---

① 好吧，《好汉两个半》（Two-and-a-half Men）中的查理和艾伦的妈妈伊夫琳·哈珀（Evelyn Harper）可能是个例外。

电视和社会化　在所有的大众媒介中，电视的社会化潜力可能最大。在一个人长到 18 岁之前，他或她花在看电视上的时间多于睡眠之外的任何其他单项活动。在年轻人中流行的黄金时间节目可能会吸引 600 万名 6 至 11 岁的受众。由于接触人群如此广泛，好几位作家警告说，如果电视成了最重要的社会化渠道，很可能会导致功能障碍。例如，由于如此多的电视节目包含暴力，人们担心常看电视的年轻人可能会被社会化为把暴力当作解决问题的一种合法方法。一项对小学生的调查表明，看电视多的人比看电视少的人更容易同意这种说法："你几乎总是可以揍某人，如果你对他或她特别愤怒。"或者另外一个可能性是，电视暴力的盛行会加强对"真实世界"的恐惧。比如，一项研究发现，看电视多的孩子比看电视少的孩子更害怕晚上出去。我们将在第 18 章以更长的篇幅讨论这一话题。

最后，有一点一直受到争议，即多年来由大众媒介从一代传递给另一代的少数民族的形象反映了那些掌权的人所持有的刻板印象（stereotype），那些掌权的人是盎格鲁—撒克逊①的、信仰新教的白人男性。结果是，少数民族长期以来忍受着这种偏见，例如土著美国人被视为谋杀文明的白种人的野蛮人，美国黑人被描绘成卑贱的和从属的角色。这些刻板印象改变得很慢，部分是因为少数民族用了很长时间才影响了大型媒介机构的业务。

娱乐　另外一个显著的媒介功能是娱乐功能。本书考察两种主要用于娱乐的媒介：电影和唱片。虽然一份报纸的大部分集中关注当天的事件，但漫画、字谜、占星、游戏、建议、闲话、幽默以及大众娱乐特写通常占据内容的 12% 左右（如果我们把体育新闻视为娱乐，这一数字将增加 14%）。电视主要致力于娱乐，通常播出日的四分之三时间都可以归入此类。广播的娱乐内容根据电台模式不同而有很大差别。一些电台的节目可能全部是新闻，而另一些可能一点新闻也没有。与之类似，一些杂志很少有娱乐内容（《福布斯》），而另一些则全部致力于娱乐〔《国家讽刺文

社》（National Lampoon）〕。甚至那些主要关注新闻的杂志——比如《时代》和《新闻周刊》——通常也会在它们的新闻报道中混杂一些娱乐特写。

大众媒介娱乐的范围广泛得惊人。到 2011 年，超过 5 000 万的美国人在影院观看了《阿凡达》，大约 1.1 亿人在福克斯电视网观看了 2011 超级碗，卫星广播的用户达到 2 100 万，痞子阿姆的专辑《复苏》销量超过 350 万张。每个月大约有 200 万人阅读（或者至少看过）《花花公子》。视频游戏《使命召唤：黑色行动》在上市的第一天销量就超过 500 万张。

随着美国人闲暇时间的不断增多，大众媒体的娱乐功能也在不断强化。人们每周的工作时间已经由 20 世纪末的 72 小时下降到目前的 40 小时。

移动媒体的出现（第 3 章将详细讨论）也进一步强化了媒体的娱乐功能。特别是 DVD 被装置在车里之后，孩子们在路上也能看 DVD。旅行者在机场候机的时候也可以用手机玩游戏或用笔记本电脑、iPad 来看电影。乘客可以在旅行途中通过手持设备来玩视频游戏。

互联网扩大了我们对娱乐的选择。上网已经成为全国性的消遣活动。美国人每天花大约 3 小时来上网，其中的大部分时间都花在看视频、玩游戏、听音乐等活动上，这些都是娱乐的一部分。在最近的一次调查中，受访者被问到："你最常用的娱乐方式是什么？"答案中互联网高居第二位，仅次于电视。此外，互联网还改变了我们对于娱乐的定义。约 60% 的受访者认为社交网络是一种娱乐形式，在 18 到 24 岁的群体中持有这种看法的人比例更高。视频分享网站，如 YouTube，有超过 2.5 亿个视频，其中大约 75% 是由非专业的用户提供的。这些数据表明美国人更多地依赖朋友，尤其是在社交网络上的朋友，从而分散和减少了对传统媒体的依赖。

民谣歌手、说书人、小丑和魔术师在媒介时代之前几世纪承担了娱乐功能。这一任务如今被大众传播接手会有什么后果？显然，媒介能够让大量的民众以相对小的花费获得娱乐。另一方面，通过大众媒介传播的娱乐必须吸引大众受众。这

①　盎格鲁—撒克逊（Anglo - Saxon）是人类学上对不列颠祖先的分类，由盎格鲁（Angles）和撒克逊（Saxons）两个民族结合的民族，大部分英国人是盎格鲁—撒克逊人后裔。——译者注

种事态的最终结果是媒介内容被设计来迎合最低标准的品位。更多的类似《幸存者》和《杰里·斯普林格》（*Jerry Springer*）的节目比歌剧演出更能在电视上找到一席之地。充斥于报摊的更多的是《花花公子》的模仿者而不是《星期六评论》（*Saturday Review*）的模仿者。比起《无事生非 2》（*Much Ado About Nothing Ⅱ*）以及《更多的李尔王》（*More King Lear*），我们更容易看到的是诸如《星际旅行 8》（*Star Trek Ⅷ*）、韦斯·克雷文的《新猛鬼街》（*New Nightmare*）和《电锯惊魂 6》（*Saw Ⅵ*）这样的续集。摇滚电台的数量是古典音乐电台的 20 倍。

媒介被广泛用于娱乐的另一个后果是，现在人们变得很容易在一旁闲着让别人娱乐你。人们可能就在电视上收看棒球赛或在 Xbox 上打游戏来代替真正地打棒球。青少年可能决定听一盘他人弹吉他的磁带来代替学习弹吉他。批评家曾指责大众媒介将把美国人变成一个以观者和听者代替行动者的民族。

40　■　**人们如何使用大众媒介**

到目前有一点可能已很清楚，当论及大众传播在社会中的功能时可能同时会谈到媒介在个人层面上的功能。因此，我们现在将集中关注个人是如何使用大众传播的（换句话说，我们从宏观分析移向微观分析）。在个人层面，功能方法被赋予**使用与满足模式**（uses-and-gratifications model）这个统一的名称。最简单地说，使用与满足模式断定受众成员有着某些需求或欲望，这些需求与欲望通过使用非媒介及媒介得到满足。以下讨论将更多地关注与媒介相关的满足。通过媒介满足的需求被称为媒介满足。我们对使用与满足的了解通常来自询问人们是如何使用媒介的调查（很像本章开头的问题）。我们可以把各式各样的使用与满足分为六种体系：（1）认知（cognition），（2）转移（diversion），（3）社会效用（social utility），（4）归属（affiliation），（5）表达（expression）以及（6）退出（withdrawal）。

认知　认知指的是了解某事的行为。当一个人使用大众媒介来获取关于某事的信息，这时他或她在以一种认知的方式使用媒介。显然，个人对媒介的认知性使用直接与宏观分析层面的监视功能并行。在个人层面上，研究者注意到有两种不同形式的认知功能被实施。一种与使用媒介及时了解时事资讯有关，而另一种与使用媒介了解一般事情或个人通常好奇的事情有关。

调查发现许多人对使用媒介给出了下列理由：

■ 我想及时了解政府在做什么。

■ 我想知道这个世界发生了什么。
■ 我想知道政治领袖在做什么。

这些理由构成了时事类的认知满足。与此同时，许多人也给出了使用媒介的以下理由：

■ 我想学习如何去做那些我以前从未做过的事。
■ 我想满足我的好奇心。
■ 媒介让我想学习更多的东西。
■ 媒介赋予我想法。

这些陈述展示了第二种类型的认知——使用媒介来满足获知一般知识的愿望。

转移　人类的另一个基本需求是转移。转移可以采用多种形式。被研究者界定的形式包括（1）刺激，从日常生活的无聊或常规活动中寻求解脱；（2）放松，逃避日复一日生存的压力和问题；（3）被压抑的情绪和能量的情感宣泄。让我们更详细地来看一看每一种满足形式。

刺激　寻求情感上的或智力上的刺激似乎是人类与生俱来的促动因素。心理学家把这些活动称为"玩笑行为"（ludic behaviors）——玩耍、消遣以及看似为维持最低限度的智力活动而实施的其他形式的活动。许多人声称他们看、读和听仅仅是为了消磨时间。媒介通过很多具有创造性的方法来利用这种避免无聊的需求。航空公司在长途飞行中提供视频和音频娱乐；超市的购物车装有视频屏幕以显示最新的打折信息；餐馆和咖啡厅向顾客提供免费的 WiFi 服务以供其餐前上网；还有分发到医生候诊室的专业杂志；

我们还能在公共厕所的墙上和隔间的门背后发现广告。

引文 　　　　　　　　　　　　　什么？……没有金属乐队么？

　　大众媒体转移功能的研究者关注于人们寻求有益的媒介内容的过程。反面的过程同样重要：避免人们不能忍受的娱乐形式。例如，伊利诺伊州的一位高中老师试图寻找办法来减少被罚留校

的学生人数。他在学生留校时播放弗兰克·辛纳屈（Frank Sinatra）①的专辑。结果学校秩序明显得到改善。

41　　　　**放松**　　不过，过多的刺激是令人不快的。心理实验表明，在存在过多信息和刺激的环境中，感官负荷过重会对人类造成负面影响。当人们面对感官负荷过重时会寻求宽慰。媒介就是宽慰的一个来源。观看《美国偶像》（*American Idol*）或者阅读《人物》（*People*）杂志代表了从日常生活的挫折和困难中愉快的转移。选择什么素材用于放松可能从内容表面上看并不明显。一些人可能通过阅读关于内战史的文章来放松；另一些人则阅读关于天文学或电子学的内容。有些人可能通过听严肃的古典音乐来放松，有些人可能会刷 Facebook。内容不是决定因素，因为事实上任何媒介素材都可以被某些受众成员用于放松。

　　　　情感宣泄　　这是转移功能最后的一种表现形式也是最复杂的。一方面，使用媒介来宣泄情感是相当明显的。例如，美国恐怖电影有着很长的流行历史。先是有《惊情四百年》（*Dracula*）和《科学怪人》（*Frankenstein*），接着有《黑湖妖谭》（*The Creature from the Black Lagoon*）、《恐怖系统》（*Them*）和《怪形》（*The Thing*），直到《猛鬼街》（*Nightmare on Elm Street*）、《黑色星期五》（*Friday the 13th*）、《午夜凶铃》（*The Ring*）以及《惊声尖叫》（*Scream*），人们坐在黑暗的影院中喊叫。那些使人流泪的影片也吸引了大量的观众。《破碎之花》（*Broken Blossoms*）、《自君别后》（*Since You Went Away*）、《黄金时代》（*The Best Years of Our Lives*）、《母女情深》（*Terms of Endearment*）、《泰坦尼克号》（*Titanic*）、《恋恋笔记本》（*The Notebook*）、《马利和我》（*Marley and Me*）刺激了成千上万的人流泪痛哭。

　　另一方面，情感宣泄可以采用更微妙的形式。比如，肥皂剧的巨大吸引力似乎在于很多观众通过观看其他人（即使是虚构的人）的麻烦比自己的更大而获得安慰。其他人认同媒介英雄并间接参与他们的胜利。这样的过程显然能使人发泄他们日常生活中的挫折感。

　　情感宣泄可能最早被归于媒介内容的功能之一。亚里士多德在他的《诗学》（*Poetics*）中谈到了**净化**（catharsis）（压抑的情感或能量的宣泄）现象，视其为观看悲剧的一种功能。事实上，净化理论此后被多次提及，通常与对电视暴力的描绘联系在一起。第 18 章有部分内容讨论了运用净化概念的研究。

　　　　社会效用　　心理学家也同样界定了一套社会整合的需求，包括加强我们与家庭、朋友及社会中的其他人的关系的需求。致力于这种需求的媒介功能叫做**社会效用**（social utility），这种用途可以表现为几种形式。你曾和朋友谈论过电视节目吗？你曾讨论过上映的电影或最近下载的歌曲吗？如果有，那么你就是把媒介作为**谈资**（conversational currency）在使用。媒介为社会谈话提供了一个共同的基础，许多人使用他们读到、看到或听到的东西作为与他人讨论的话题。如果备有大量谈资肯定有助于社交，这样无论身在何处，你都能够发起一场谈话并保证交谈的对象熟悉这一主题。［"你觉得超级碗怎么样？""你喜欢《伴娘我最大》（*Bridesmaids*）吗？"］

---

① 弗兰克·辛纳屈（1915—1998），美国著名爵士歌王。——译者注

社会效用在其他例子中也很明显。看电影可能是青少年中最普通的约会行为。电影院代表着一个可以为社会所接受的、与你的约会对象并排坐在黑暗的屋子中而不受父母监督的地方。事实上，有很多时候电影真正的重要性已退居其次，而"出去"作为一种社会活动具有最大的吸引力。

其他人说他们将媒介，尤其是电视和广播，作为一种对抗孤独的手段。对那些没有电视会孤独的人来说，电视机代表着家中的一个声音。广播在小汽车中陪伴着人们。事实上，观众可能因为想和媒介人物发展亲情或友情而太过离谱。这种现象被称为**类社会关系**（parasocial relation-ship），有证据表明它真的会发生。例如，在一个考察受众和电视新闻播音员之间类社会关系的研究中，超过半数被调查的人同意以下说法："新闻播音员几乎就像你每天见到的朋友。"

归属　这种作用是之前提到过的联系功能的个人层面的表现。心理学家已经意识到人类的核心需求之一就是归属需求。对归属感的需求的第一次描述是在 20 世纪 30 年代，它指的是个人渴求感到归属于或是参与到某一社会群体中。互联网是为多数人实现这个功能的主要媒介。Facebook、Twitter、Linkedin 和 Google 群是最显著的例子。其他的包括线上游戏、即时消息、约会和相亲网站以及短信。超过 5 亿的 Facebook 用户、超过 2 亿的 Twitter 账户以及在 Linkedin 上的 1 亿专业人士，证明了对于归属感的需求有多强大。你有多少 Facebook 好友呢？

表达　自我表达指的是个人表达自己内心想法、感受和观点的需求。第一个关于自我表达需求的例子是远古人类创作的洞穴壁画。从那以后，自我表达的需求主要是通过诸如音乐、绘画、写作、舞蹈以及雕刻这些具有创造性和艺术感的活动来实现。互联网开启了自我表达的新视野。博主可以表达他们的观点。许多网站可以让浏览者评论故事。Epinions.com 是一个完全由人们的观点组成的网站。初露头角的音乐家、演员和电影制作人可以把他们的作品放到 YouTube 或者其他照片和视频共享的网站上。MySpace 和 Facebook 的页面可以个性化地表达一个人的特性。还有一些网站可以让初露头角的数字化艺术家来展示他们的手工作品。近几年数百万博客的大量涌现也表明，表达对于个人来说是一项重要功能。

退出　有时，人们使用大众媒介在自己和他人或活动之间制造屏障。例如，媒介帮助人们避免做一些应该做的家务。孩子们很快就学会了以这种方式使用媒介。下面这种假设的交换大家应该很熟悉：

"轮到你出去遛狗了。"
"我去不了。我想看完这个节目。你去吧。"

在这个案例中，专注于大众媒介内容被界定为一项社会认可的不应被打断的行为。以这种方式，其他任务可以被推迟或完全避免。

人们也使用媒介在自己和其他人之间制造一个缓冲地带。当你乘公共汽车或坐在公共场所并且不希望被打扰时，你可以把你的头埋在书、杂志或报纸中。如果你在飞机上，你可以在耳朵里塞上一副 iPod 耳机并把所有人都挡在外面。电视在家中通过把大人从孩子那里隔离（"不要去打扰爸爸，他在看比赛"）或把孩子从大人那里隔离（"现在不要打扰我，去另一个房间看《芝麻街》"）实现同样的功能。

引文　　　　　　　　　　　　　**终极关闭**

前文提到，大众传播媒介可以用来作为人们免受他人打扰的退出机制。但是如果在洗衣店或等候区里有一台电视声音特别吵，你怎么办？假如你想从大众媒体里脱离出来怎么办？一个解决方案是使用 TV-B-Gone，这个设备尺寸如一包口香糖大小，是一个真正的通用遥控器，能关闭方圆约 15 米内所有的电视机。不过不要在球迷酒吧里使用它。

内容和背景　最后，我们应该强调，不仅仅是媒介内容决定受众的使用，接触媒介时所处的社会背景也会决定受众的使用。例如，肥皂剧、情景喜剧及电影杂志都包含受众可以用于逃避目的的材料。不过，去看电影的人可能对社交机会的重视要大于对电影本身任何方面的重视。这种情况下，社会背景是决定性因素。

44　　注意功能分析的几个研究假设，这一点也很重要：

- 受众在与不同媒介的互动中扮演积极的角色。即个人的需求为个人使用媒介的渠道提供动力。
- 大众媒介与其他来源的满足展开竞争。比如，放松也可以通过小睡片刻或喝些饮料来实现，并且社会效用的需求可以通过加入俱乐部或玩触身式橄榄球来得到满足。
- 使用与满足研究假定人们知道自己的需求并且能够描述它们。这种研究十分依赖以受众成员的真实反应为基础的调查。因此，这种调查技巧假定人们的反应有效地表明了他们的动机。

运用使用与满足研究需要做大量其他相关的研究。尤其是在对与媒介相关的需求和欲望进行定义与分类以及把这些需求和媒介使用联系起来方面，需要做更多的工作。另外，理解社交媒介的功能也需要研究。不过，目前的研究方法提供了一条有价值的途径来考察不同的媒介和它们的受众之间复杂的互动。

文化批判研究

使用与满足研究依赖社会学常用的研究方法。使用这些方法的研究者向人们发问并将其结果列表或列举媒介内容的特点。与之相反，文化批判研究者使用更为定性的和人文取向的方法。尽管功能分析和文化批判研究使用不同的方法，但它们仍具有某些共同之处。它们都采用了宏观视野来分析大众媒介，都承认媒介在社会中的巨大力量，都认识到媒介有时候存在功能障碍的问题。不同于功能分析，文化批判研究考察诸如意识形态、文化、政治、社会结构以及霸权等与媒介的社会作用相关的概念。了解关于这一思想流派的背景可能是有益的。

简史

多数学者提出，文化批判研究模式的开端可以追溯到 20 世纪三四十年代的法兰克福学派。法兰克福学派是信奉卡尔·马克思分析观念的知识分子群体（记住下文将把马克思主义作为一种哲学体系和一种分析工具来讨论。作为政治经济体系的马克思主义最近以来遭遇了艰难时期）。用简化的术语来说，马克思主义方法的核心是，了解社会如何运行的最好途径是考察那些控制了生产资料的人，这些生产资料用来满足人们对食品和住处的基本需求。马克思注意到许多西方国家采用了工业资本主义制度，在这些国家，大规模生产为资本家——拥有生产商品的工厂的人——创造了财富。大规模生产保证了社会的基本需求得到满足，但也付出了代价：有产者（富人）和无产者（在所有这些工厂工作的工人）之间关系紧张。换句话说，资本主义制度剥削工人阶级并保证他们被富人统治。资本家为了创造更多的资本（或财富），维持这一制度现状来保证既得利益。马克思指出，如果另外一种更为平等地分享财富的制度出现，生活对所有人来说会变得更好。

法兰克福学派成员把马克思主义的分析扩展到社会的文化生活中。他们注意到，就像大商号控制了经济商品的生产一样，其他大公司控制了文化商品的生产。广播工业、电影制片厂、报纸和杂志出版商以及后来的电视业全都采用了资本主义的生产模式。根据法兰克福学派的说法，文化工业剥削大众和资本家所做的一样。他们根据能吸引大批受众并同时美化和宣传资本主义文化的标准化公式来出版和广播产品。例如，在 20 世纪 30 年代的大萧条时期，好莱坞生产的影片没有一部主张不同的经济或政治制度。相反，制片厂艰苦地生产出炫目的歌舞片和喜剧片，尽管经济形势十分糟糕，还是讲述普通人时来运转并大发横财。20 世纪 50 年代的电视情景喜剧描绘小康家庭满足于郊区的生活：《OZ 家庭秀》的男女主人公从来不鼓吹新的经济制度。

法兰克福学派成员的大多数文章展示了大众文化的剥削性质以及文化工业是如何通过宣扬大公司的社会统治地位来助其摧毁个性的。这些作家所拥护的批判理论的目标是反抗这种大众文化和剥削。不过，媒介是如此强大和无所不在，对这些力量的批判性抵制近乎不可能。媒介继续强化了这种现状。

法兰克福学派的观点被批评为悲观的和令人沮丧的，而且低估了受众的力量。不过，这种视角促使许多人分析媒介工业对社会政治和经济生活的影响并在他们的调查研究中使用跨学科的理论和方法。

文化批判研究发展的下一个重要阶段出现在 20 世纪 50 年代晚期和 60 年代早期的英国。伯明翰大学当代文化研究中心的学者们注意到，英国工人阶级的成员通过他们的穿着方式、他们所听的音乐、他们钟爱的发型等，使用大众文化的产品来界定自己的身份。受众似乎并没有像法兰克福学派认为的那样被媒介所操纵；相反，这种关系更为复杂。受众成员接受大众文化的产品，重新界定它们的意义，并且创造了他们自我形象的新定义。

这种对意义的强调被电影和电视研究所强化。英国电影批评家发展的一种理论提出，电影技巧（镜头角度、编辑、意象）微妙却有效地把电影生产者所倾向的意义施加于观众。

这种理论后来被修正，认为虽然电影和电视节目试图把它们的倾向意义施加于人们，但受众成员能够进行反抗并提出他们自己的意义。例如，虽然一部关于控制环境污染的纪录片的主题可能是业界正在努力地控制这一问题，但一部分受众可能只是把该节目视为大公司一种空洞的市场姿态。

对于文化研究群体重要的是表现在内容中的价值观。同样源自于马克思，该研究群体注意到，统治阶级的价值观变成了大众媒介及其他文化产品中所描绘的主流价值观。马克思用经济术语分析了主流价值，但文化研究学者把这一视角扩展到阶级、种族，随着女性主义研究的发展，还扩展到了性别。在英国，以及后来在美国，被表现的主流价值观是白种人的、上层阶级的、西方的男性的价值观。媒介通过在电视节目和电影中提供对现实的看法来努力维持这些价值观，这些电视节目和电影把它们表现为正常的和自然的，就像事物本该如此。

不过，受众不是被动的。主流价值观可能通过一种复杂且微妙的方式编码（许多文化批判研究的目标是描述与分析这些微妙的情形），但观众能对内容提供他们自己的意义（许多文化批判研究力图记载不同的受众成员是如何用不同的方式来解释内容的）。一项经典研究考察了受众如何理解英国电视节目《全国》（Nationwide）。一个小组似乎接受了该节目的主流讯息，即英国社会是和谐的与平等的；另外一个小组"协商"出了他们自己的不同的解释；还有第三个小组，非主流的年轻黑人，完全反抗式地解读它。

文化批判研究在 20 世纪七八十年代的美国变得引人注目，为传播研究者和从事女性主义研究的学者所接受。正如马克思主义分析，女性主义分析看见了社会中在财富和权力分配方面的不平等。不过，马克思论证说这种不平等来自工业资本主义；女性主义学者提出它来自男性在社会中对女性的统治地位（有时被归结为父权制）。女性主义批评家考察媒介和其他形式的文化是如何强化对女性的压迫的。比如，广告可能显示出，适合（或者说本来就属于）女性的地方是家庭，又或者外表漂亮是女性获得成功的更好的途径。

不过，并不是所有的文化批判学者都强调权力关系。例如，詹姆斯·凯里（James Carey）争论说研究者应该研究传播是如何创造、维持或改变文化的。他论证说，把传播视为一种仪式是有价值的——它如何把人们结合到一起以及它如何代表一种共享的信念。比如，某人对大众传播的仪式角色感兴趣，可以考察男人们聚在一起观看

《星期一夜间橄榄球》（*Monday Night Football*）的文化意义以及这种仪式如何展示了有助于维持社会的社交纽带。其他文化批判学者考察了文化神话如何体现于大众传播中。神话是歌颂社会共同的主题、英雄及起源的富于意味的故事。研究流行媒介节目利用集体文化神话的方式可以帮助我们理解它们为何成功。比如，《星际旅行》孵化了一股崇拜的追随潮，它有 4 部电视连续剧以及 6 部之多的电影续集。对电视节目的神话分析指出，它利用了深深植根于美国历史的神话——边疆神话，即运送移民的马车队为了寻求更好的生活，带着希望驶向未知的并可能是危险的区域。注意《星际旅行》的开场白把太空描写成"最后的边疆"，星际飞船"创业号"取代了马车队，克林根斯取代了有敌意的印第安人，柯克则变成了马车的主人，而斯波克充当了侦察员。

到目前为止可以明确一点，文化批判研究视野是多维的而且包含诸多不同的题目和分析方法。总结这样一种兼收并蓄的方法的重要概念很难，但以下所列具有普遍意义。

关键概念

像大多数其他考察受众的方法一样，文化批判研究也发展出自己专用的词汇。我们下面考察一些重要术语。

很自然地，文化研究拓宽了对大众传播的研究以包容**文化**（culture）这一概念。文化是一个复杂的概念，它指把一群人团结在一起的共同的价值、信仰、社会实践、规则及假设。因此，界定街头文化或亚裔美国人文化乃至大学生文化都是可能的。

我们通过日常生活的实践与文本来研究文化。**文本**（text）就是分析的对象。文本的界定十分宽泛。它们可以是传统的媒介内容，诸如电视节目、电影、广告或图书，也可以是一些传统范畴之外的事物，诸如购物中心、T 恤衫、玩偶、电子游戏以及海滩。

文本具有**意义**（meaning），即受众成员从文本中得到的解释。事实上，文本有多种意义；它们是**多义的**（polysemic）。不同的受众成员能够对同一文本作出不同的解释。一些人可以用信源希望的方式来解释，另一些人可能提供他们自己独特的意义。

意识形态（ideology）包含于文本中。广义上，意识形态是专门的一套观念和信仰，尤其是关于社会和政治的主题。大众传播讯息以及其他通俗文化客体把意识形态植入其中。有时这种意识形态容易被察觉。比如，广告就展示了消费对你和对社会都有好处的信念。其他时候意识形态更为微妙也更难发现。

霸权（hegemony）与权力关系及统治有关。比如，在美国，拥有大众传播渠道的人相对于其他人而言拥有文化霸权。具有政治和经济权力的群体把他们的影响扩展到无权的或处于社会边缘的群体。不过，霸权并不建立在权力之上。它依赖于被统治的群体接受其地位是自然的和正常的，并且相信现状是符合其最大利益的。媒介规则、管理和描述全都有助于统治阶级把现状表现为符合惯例的和称心合意的。霸权建构了上层阶级和下层阶级的地位。这种分化是不稳定的而且不断地通过对意义的解释来进行协商。

几个例子可以显示这些概念是如何在文化批判研究中被运用的。一项文化批判研究采用长期播放的电视节目《六十分钟》（*60 Minutes*）作为它的文本。分析发现，在节目中可以找到可预料的主题和程式。《六十分钟》的一种常见类型可以被解释为经典的美国侦探故事。某个人，或某一家欺诈消费者的商店触犯了法律。《六十分钟》的记者必须追踪线索和搜集信息。他们可能带着藏好的摄像机偷偷摸摸地进去，拍下交易中的犯罪者。记者成了英雄，商人成了恶棍。故事最终被解决，并且做坏事的人被曝光或被绳之以法。

这对公众来说似乎是一项值得称赞的服务。但通过更深入的考察，这种类型的《六十分钟》报道可能是在强化统治阶级的霸权。注意报道追踪的公司或商店违反了美国资本主义的基本准则："不可欺骗顾客"，"不可承诺你做不到的"。这些报道从不质疑资本主义对你有益这一基本意识形态。相反，它们暗示如果我们揭发所有不遵守自由市场规则的公司并让它们浪子回头，生活会是美好的。此外，注意该节目是如何支持平民百姓的。记者是我们的朋友和战士。制度没有问题，CBS 还能通过出售这档高收视率节目的广告来挣钱。受众很容易就接受了只不过是强化了当权者经济及社会霸权的解释。

第二个例子把街机视频游戏作为文本。通常游戏玩家是社会中相对没有权力的那部分人——十多岁的年轻人。不过，玩家能够在游戏中发现一种意义，让他们在相当短的时间里反抗社会统治形态，让他们形成自己的文化身份。比如，街机游戏颠覆了传统的机器和机器操纵者之间的关系。在工业中，这二者一起配合来生产商品。街机玩家与机器作战，其观念是消费而不是生产。

一些人不太赞成玩街机游戏；一些游戏具有暴力色彩，而另一些具有成人主题。也有一种观点认为打游戏是浪费时间，这种来自非玩家的否定可能会对吸引玩家的游戏产生影响。此外，操纵杆或方向盘给玩家提供了一种直接控制其环境的手段，这在大部分日常生活中是不太可能的。这些因素能够解释为什么这种娱乐持续受欢迎。不过，更进一步的观察揭示，虽然电子游戏给予玩家一些文化解释的自由，但是这些游戏还是在加强统治阶级的意识形态——包含在游戏中的社会价值观是社会中的普通准则。因此，街机玩家有机会打死怪物、外星人、毒品兜售者、恶棍以及其他种类的坏人，但并没有机会来显示对通行的社会准则的不满。当然，游戏厅挣到的钱会流回到电子游戏公司，维持其经济霸权并生产更多的游戏，让青少年在打游戏中觉得好像自己在反抗统治阶级的意识形态，而事实上他们是在支持这种意识形态。

 文化批判问题 ————————————

电影里的体育老师

在过去的 20 年里，许多地方学校董事会削减了体育课。2005 年，美国大约只有四分之一的学生每天会上体育课。同时，青少年肥胖已经成为一个严重的问题。

在 2011 年，大约 30% 的儿童和青少年被认为超重，数量自 2002 年以来增长了 100%。

体育课不受重视在某种程度上与流行文化中描绘体育的方式有关吗？布莱恩·麦库里克（Bryan McCullick）、唐·贝尔彻（Don Belcher）、布伦特·哈丁（Brent Hardin）、玛丽·哈丁（Marie Hardin）在 2003 年的一期《运动、教育与社会》中发布了一篇研究报告，通过考察体育老师的媒体形象为这个问题提供了相关信息。

作者指出，在塑造学生和其他人如何看待他们与教育和教育课程的关系方面，流行文化意义重大。文章使用的概念框架叫符号聚合理论，该理论认为大众媒体所提供的新闻主题包罗万象，它们被大多数文化受众所分享。这些主题成为受众现实观念中的一部分，甚至比"真实的东西"更有影响力。以此为基础，研究者着手分析电影中对体育老师的描绘是否有共同的旨趣。

作者从 1990 年到 2000 年的 18 部电影中整理出描绘体育老师的作品。它们包括了许多可能为读者所熟悉的影片：《无知》（*Clueless*）、《生命因你动听》（*Mr. Holland's Opus*）、《老师不是人》（*The Faculty*）、惊声尖笑（*Scary Movie*）、《一吻定江山》（*Never Been Kissed*）、《爱你不论代价》（*Whatever It Takes*）。接下来观看每部电影的录像带，界定共同的主旨和表现方式。

有几个主旨被界定出来。首先，体育教师很少教学。相反，他们作为旁观者"起哄、责骂或是嘲笑那些缺乏能力或男子汉气概的学生。明确传达出这样的信息：老师可能出现在教室里，而不是体育馆"。

其次，体育教师恃强凌弱。在一些电影里，他们喜欢羞辱和在口头或身体上使学生难堪。在《一吻定江山》中，主角在长跑中拖着疲惫的身体来到老师面前要求喝水。老师的回应是："我看起来像个女服务员吗？"并威胁学生如果她不能完成长跑将不能通过体育考试。在另一部电影中，体育老师不断用棒球击打一名男生。类似的场景贯穿整部电影，每次老师都戏称该学生为女孩来羞辱他。

最后，关于男女体育教师的描绘差距非常大。女教师被描绘成女同性恋。在《无知》中，主角描述她的体育老师时说"体育老师的伟大传统就是同性化"。在《惊声尖笑》中，曼老师是一位面部毛发旺盛和膀大腰圆的女性。另一方面，男体育老师被描绘成色狼。例如在《生命因你动听》中，体育老师总是对主角们谈论性话题。

作者推测了这些刻板印象可能会造成的结果。体育和性征的这种联系可能会阻止男性和女性进入这个领域，因为他们希望避免这个职业所带来的负面含义。对体育的负面描述也可能会强化学校董事和学校管理层对此类话题所持有的不利印象。正如作者所说："在看过《无知》、《边缘日记》（Sidekicks）和《一吻定江山》之后，如果学校管理层投票决议停上体育课，几乎无人会指责他们。"

研究者发现，其研究并未证实研究结果和受众对体育的态度之间存在因果关系。然而，他们也认为其研究为学生、教师和管理层提供的信息，可能会帮助他们有策略地克服这些刻板印象，同时也帮助体育专业人士对其所选择的职业发展出更为积极的方法。

本书提供的系列加框插文，阐明了文化批判研究并展示了文化批判主题的广泛性与多样性。例如本章插文中的"电影里的体育老师"；在第 6 章，还会看到对青少年杂志网站的文化批判分析。

选择功能分析的人和采纳文化批判研究的人之间存在着一些摩擦。这种不和似乎是不必要的，因为两种范式对媒介和社会提出的问题不同，并使用不同的工具来寻找答案。此外，两种方法都能互相学习。没有哪一种技巧比另一种技巧更高明。在理解大众传播及其受众之间的复杂关系方面，它们全都是有用的。

要点

- 功能分析认为，理解事物最好的方式是考察它是如何被使用的。
- 在分析的宏观层面，大众媒介对社会实施五种功能：监视、解释、联系、价值传递以及娱乐。功能障碍是这些功能有害的或负面的后果。
- 微观层面的功能分析方法被称为使用与满足分析。
- 媒介对个人具有以下功能：认知、转移、社会效用、归属、表达以及退出。

- 文化批判研究具有马克思主义哲学的根源，这种哲学强调阶级差异是社会冲突的原因。
- 文化批判研究认为媒介内容有助于保持统治阶级掌权的制度永久不衰。它也同样注意到，人们能在相同的讯息中发现不同的意义。
- 批判研究方法中的关键概念是文本、意义、意识形态以及霸权。
- 虽然功能分析和文化批判研究是不同的方法，但两者都是分析大众传播过程的有用工具。

复习题

1. 宏观分析和微观分析的区别是什么？

2. 什么是功能障碍？请给出一些例子。

3. 什么是类社会交往？它是如何起作用的？

4. 使用与满足研究指的是什么？其研究假设

是什么？

5. 文化批判研究中的关键术语是什么？

批判性思考题

1. 对照和比较功能分析和文化批判研究，它们分别如何看待受众？它们分别如何看待媒介？

2. 把你自己使用 Facebook 的原因与本章开头的那些原因做对比。二者有类似之处吗？

3. 对于地位授予你能找到更为时新的例子吗？联系呢？媒介功能障碍呢？

4. 正如课文中所提到的，使用与满足研究假定人们能够用言语表述他们的需求。设想这一假

定是错误的，那么使用与满足研究还有效吗？

5. 复习文化批判研究中的一个案例：加框插文"电影里的体育老师"。电影描绘一般教师比描绘体育老师更积极正面吗？为什么好莱坞要继续保持这些刻板印象呢？是否有关收益？《欢乐合唱团》（Glee）是一档热门的电视节目。它是怎么描绘体育老师的？

关键词

范式	功能分析	文化批判
实证研究	宏观分析	微观分析
功能障碍	监视	提防性监视
工具性监视	可信度	联系
社会化	使用与满足模式	净化
社会效用	谈资	类社会关系
文化	文本	意义
多义的	意识形态	霸权

互联网冲浪

下面是一些与本章材料有关的有用的网址。此外可以浏览网上的新闻组阅读人们特别感兴趣的话题。

http：//eserver.org

该网页包含许多学科中使用文化批判研究的作品的链接。

www.aejmc.net/ccs

新闻与大众传播教育协会批判与文化研究部的主页。

www.tandf.co.uk/journals/titles/07393180.asp

发表文化批判研究的著名期刊《媒介传播的批判研究》（Critical Studies in Media Communication）的网站。

第3章

历史与文化背景

本章将帮助你：

- 描述媒介历史上的重大事件与主要趋势
- 认知人类传播发展中的里程碑
- 理解技术进步导致我们的文化与社会发生显著改变的意义
- 了解新传播技术的出现改变了已有传播的形式，但并未导致其灭绝
- 理解第一次传播进步提升了我们传输和记录信息的能力

53　　伊尔约龙特人（Yir-Yoront）是在澳大利亚贫瘠地区居住了几百年的一个相对与世隔绝的部落。这个部落的主要生活是用粗糙的石斧劳作。部落里只有年长的男性才具备制造斧头的知识，而且只有他们才经常使用斧头。如果妇女或年轻男性需要用斧头，他们首先必须获得许可才能向年长者借用。

　　之后的20世纪，传教士来了，并决定帮助改善伊尔约龙特人的生活，给他们提供大量用于生产的钢铁斧头。粗糙的石斧迅速失去了价值，女人和儿童开始承担以前只有男人才能承担的任务。突然间部落的长者发现他们现在依赖于年轻人和女人，因为他们使用钢斧效率更高。而且，部落年轻人不再依赖长者教他们如何制作石斧。由于长者的建议不再像以前那么重要，他们在社会中的特权地位消失，部落的权力结构分崩离析。总而言之，这个部落最终消失了。这次人类学改航意味着：新技术通常对社会文化影响深刻。

54　　同样，新传播技术的发展对于我们美国人这个部落而言也具有深刻影响。了解这些技术的历史会有助于我们理解它们如何塑造我们的文化，由于历史往往是循环往复的，了解过去也会帮助我们预测未来可能发生什么。

　　你可能听说过那个老笑话，说一个人很烦恼，因其只见树木不见森林，或者只见积雪不见暴雪，或者只见高楼不见城市（现在你可能已经猜到了我要表达的意思）。是的，有时因为只见所有人名、地名、日期和事件，却很难看清历史。因此，本章回溯并采用一种宏观的视野来观察媒介史，强调主要事件和总体趋势。

　　尤其是，本章讨论了人类传播发展史上的七个里程碑：印刷术、电报和电话、摄影和电影、广播和电视、数字媒介、移动媒介以及社交媒介（见图3—1）。希望这种对大众传播历史和文化背景的概观能够对本书第二部分和第三部分展示的各种媒介的特定历史有所补充并使它们更有意义。

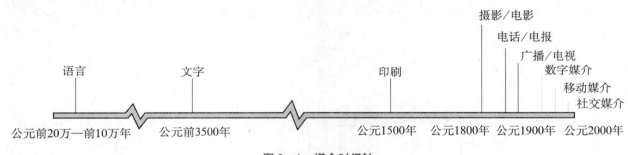

图3—1　媒介时间轴

 ## 大众传播之前

　　大约20万年前语言开始发展，导致依赖有声语言的口语文化发展。这种文化极其依赖记忆。文化的历史和民俗通过记忆大量信息的人背诵给下一代人，接着由他们继续传递给子孙。由于个人记忆力的局限性，信息和知识在口语传播社会中发展缓慢。

　　随着人类进一步发展，口语传播变得难以满足社会的传播需求。传承更加详细、持久和公开的记录的需求刺激了下一个传播的大发展——书写文字。

　　大约公元前3500年，在苏美尔（今天的伊拉克）诞生了书写文字。几百年之后，其他书写系统在埃及和中国兴起。书写文字的出现对早期社会而言具有很多意义。它创造了特权阶级——那些可以读写的人可以更好地获取信息，因而更好地获取权力。信息被记录在卷轴上，或最终装订成书册。书籍和卷轴被储存在图书馆，即把知识从一代传递到下一代的永久的藏库。书写因其便于记录和调动军队行动，协助了帝国的建立。

55　　中世纪书籍变得数目众多。大部分是由抄写员或修道院的僧侣们手抄的。随着贸易和旅行的增多，对信息的需求也增多。大约在1150年，巴黎成立了大学，若干年后牛津也成立了大学，这使得对书籍的需求更大。然而，没有足够的僧侣和抄写员来满足这种需求，书籍变得昂贵，甚至成为一种精英媒介。

这个问题大约在 1450 年通过印刷机和活字的发明才被解决——这是我们考察的第一座传播里程碑。

印刷术

印刷术的发明事实上是许多发明故事中的一个。我们已经提到中国人对纸的发明。中国人还发明了木版印刷——在一小块木头上刻出汉字的轮廓，凸出的部分被涂上油墨，然后压在一张纸上。现存的最古老的木版印刷的图书是公元 868 年刊印的。中国人还完善了活字系统，最早是用黏土之后用木块来刻单个的汉字。朝鲜人在 15 世纪初试验了金属活字。

第二个主要发明出现在德国，约翰·古登堡发明了第一部使用金属活字的印刷机。古登堡大约在 1453 年出版了著名的《圣经》，并且他的新印刷方法很快传遍了欧洲。古登堡的《圣经》出现仅仅 30 年后，仅西欧拥有印刷机的城镇就超过了 110 个。在欧洲图书总的增长数无法计算，但是，可以肯定地说，截止到 1500 年，人们可阅读的图书比起 1450 年多出上百倍。随着图书的激增，它们的成本下降。虽然还是很贵，但图书已不再是富人们的专属品。那些仅仅是相对富裕的人也买得起印刷书了。

印刷革命的影响是如此的深远与广泛，以至于我们无法论及全部。不过，多数学者似乎对其最重要的成果达成了一致意见。

古登堡革命的影响

首先，印刷机促进了整个欧洲大陆地方（日常）语言的发展。在印刷机产生之前，手抄书的文字都是拉丁文——天主教会和高等教育的语言。因此阅读这些作品需要第二种语言的知识，这也把读书人限制为受过教育的精英人士。不过，许多早期的印刷商意识到，如果这些图书用法语、德语或英语来出版，他们的图书会有一个广阔的市场。许多印刷商感觉与祖国的联系比与教会的联系更密切，这进一步促进了用本国语言来印刷图书。这股潮流产生了其他结果。更多的人获得大量的信息变得更容易，进一步促进了识字率的提高，并转而刺激更多的图书出版。最后，本国语言的使用可能为随后几个世纪席卷欧洲的民族主义浪潮做了铺垫。

约翰·古登堡既是一名冶金学家，又是一名品酒师，他设计的印刷机是从类似的酿酒设备借鉴而来。

56   印刷机在 16 世纪席卷欧洲的宗教巨变中发挥了作用。在印刷机出现之前，不同意教会教义及方针的教士只有有限的渠道来发表意见。表达他们观点的手写图书没有几本，流传有限，并且很容易被当局审查或没收。在古登堡之后这种状况被永远地改变了。神学家和宗教改革家马丁·路德（Martin Luther）的著作从拉丁文被翻译成各国语言，印刷成小册子，并在整个欧洲分发。据估算，仅仅用了一个月，他的著名的《九十五条论纲》（*Ninety-five Theses*）（他钉在德国维滕堡教堂门上的论纲）就被传播到全欧洲。他后来的一本小册子在一个月内售出了 4 000 本。尽管教会尽力没收和焚烧他的著作，但宗教改革运动还在继续。此外，用本国语言印刷《圣经》意味着个人如今能够直接接触到他们宗教信仰体系的核心。《圣经》现在能够被个人直接阅读和阐释，也就无需教士的干预。这种获得信息途径的增长进一步削弱了天主教会的权力并有助于新教的传播。

    再者，印刷术的到来加速了科学研究的出版。虽然在今天这个使用电子邮件和互联网的时代看来它还是缓慢得让人痛苦，但是印刷一本关于科学发现的书所花的时间要比手抄一本书所花的时间少得多。印刷术同样保证不同国家的科学家读到的是相同的文本并且有助于他们利用他人的著作。在 16 世纪印刷术改进之后，17 世纪伽利略和牛顿做出了对科学的贡献。

    印刷机甚至帮助了探险。维京人①的探险我们现在已很少知晓，部分是因为，在他们探险的那个时期，还很难记录和公布他们的辉煌成就。哥伦布在印刷术发明后访问美洲，在他回来后一年他的事迹在欧洲已广为知晓。关于早期探险家发现的印刷报道在那些急切地想在新世界发现财富的人和想把宗教传播到新世界去的人中迅速找到了读者。关于新大陆上的生活许多早期的开发者发表了热情的（并且有时是过分乐观的）报道，希望能促进投资和助长商业。早期航海家们的旅行也受益于那些包含关于美洲的航海及地理信息的印刷图书。

    此外，印刷机对于学术和知识的增长有着深刻的影响。大学生如今都有了印刷教材，而原先要获得手抄课本却是很难的（想一想如果班上的所有人不得不共用一本教材，学习这门课将会有多难）。随着图书数量的增加，在大学里学习的学生数量也增加了。识字率进一步提高。当希腊和罗马的经典作品以能被许多人阅读的印刷书籍的形式出现时，人们对它们的兴趣也复活了。以别的国家的学术为基础的图书也出现了。印度人、伊斯兰教教徒和阿拉伯人所取得的数学上的进步被广泛传播。没有印刷机，16 世纪的文艺复兴可能不会发生。

    最后，印刷机也导致了我们今天所说的新闻的发展。我们将在第 5 章中进行讨论，报纸产生于 17 世纪初的欧洲。早期的出版物主要关注外国新闻。不过，没过多长时间这些报纸也关注起了国内新闻。这种发展并不适合早期的君主制，而且政府努力压制或审查新闻的现象并不鲜见。直到 17 世纪末期才确立了不受政府控制的新闻的概念（关于这一主题的更多内容参见第 5 章）。早期报纸使政府和政治领导人更多地为公众所见，并且在欧洲和美洲帮助营造了一种政治变迁的氛围。

▎ 技术和文化变迁

    在结束这一主题前，我们必须指出人们容易把过多的重要性归于印刷机。以上的讨论很容易让人们接受印刷机是所有这些影响背后的主要推动力。这种观点被称为**技术决定论**（technological determinism）——技术推动历史变迁的信仰。更为中性的立场认为，技术伴随着不同的社会的、经济的和文化的力量发挥作用，帮助带来变迁。 *57* 印刷术并不导致宗教改革，但它可能促成宗教改革发生。在古登堡之前，本国语言的重要性在增长，但他的发明肯定有助于这种增长。无论如何，印刷术的诞生都标志着我们所定义的大众传播的开始，而且它肯定是西方历史上的一个重大事件。

---

①   维京人，8—11 世纪时劫掠欧洲西北海岸的北欧海盗。——译者注

接下来这个世纪给印刷术带来了进一步的改进。18 世纪 90 年代晚期发明了金属印刷机。此后不久又多了带动印刷机的蒸汽动力。印刷技术的进步催生了便士报，一种真正的大众报纸（参见第 5 章）。19 世纪 80 年代，用木浆生产的更高档的纸被投入使用，同时投入使用的还有莱诺铸排机（Linotype），这种机器能够对一整行金属活字进行排版和调整字间距。19 世纪 90 年代，照相凸版制版法使纸张印刷有了更好的视觉效果，就像几十年之后艳调摄影术的发展所做的一样。20 世纪七八十年代，铸字活字让位于照相排版和胶印，多年后电脑带来了一个相对便宜的台式印刷时代。印刷术随着时间改变良多，但是它对我们的影响仍然巨大。

随后的两个传播里程碑出现在被许多人称为发明与发现的时代，这一时段大致包括 17、18 和 19 世纪。导致这一时期许多成就的原因有若干。先前几个世纪的大探险使不同的文化融合在一起，

学者们能够共享思想与观念。再者，人们生产知识的方法有了变化。传统的天主教会的权威受到侵蚀，知识分子较少地依靠信仰和启示作为知识的来源而较多地依靠理性与观察。诸如培根、笛卡尔和洛克这样的哲学家赞成以感官所感受到的东西为基础的系统研究。此外，意大利、法国和英国的科学团体帮助推进了知识的前沿发展。还有，正如我们已经提到的，印刷机帮助把当前发现的新闻传递给所有人，激励其他人做出新的突破。不管什么原因，这三个世纪见证了诸如伽利略使用望远镜以及日心太阳系的观念、人体血液循环理论、牛顿的万有引力定律、现代化学的发端、电学、显微镜下细菌的发现……种种进步。发明的产生速度令人目眩：蒸汽机、机车、扫雪机、内燃机、汽车、缝纫机、发电机以及许多其他东西纷纷涌现。毫无疑问，正如随后的两个里程碑所展示的，传播领域也同样见证了巨大的发展。

征服时间与空间：　电报与电话

我们应该花一些时间来讨论电报和电话这两个相关的技术，它们预示了今天媒介世界的许多特征。比如，电报利用了电，它展示了最终将被用于广播的技术。它也是第一种使用数字传播（"点"与"划"）的媒介。电话有着相互联结的电线网络和交换台，带来了现在处于互联网核心的相同概念：每一个人都与所有其他人相联结。

电报的发展

在智能电话、有线电视、平板电脑、电子邮件以及互联网时代长大的人，很难体会迎接电报发明的激动之情。在 19 世纪早期电报出现前，除了一些微不足道的例外，讯息传播只能和最快的运输形式一样快。马背上的信使能够以每小时大约 15 到 20 英里的速度疾驰。运载邮包的火车每小时行驶 30 英里。最快捷的讯息传递方式是信鸽，它可以每小时飞 35 英里以上。随后出现了电报，它通过电线以一种几乎令人难以置信的每秒186 000 英里的速度，即光的速度来传递讯息。难怪电报最初出现时，被形容为伟大的"时间与空

间的消灭者"。它是第一个使远距离即时点到点传播成为可能的发明物。今天的短信可以看作那时的即时电报。

电报所必需的技术可以追溯到电的发明。许多早期的发明家意识到，只要通过改变电流开和关的时间，电就可以用来传递讯息。关于早期形式的电报的实验（电报来源于希腊语词汇，意思是"远距离地写"）在 18 世纪晚期就已进行。到19 世纪三四十年代，切实可行的电报系统在英国和美国被开发出来。

58

塞缪尔·莫尔斯（Samuel Morse）是美国发明电报的主要力量。他的设备包括一个发射键、一根电线以及一台可以在纸带上记录下与电流变化相吻合的符号的接收器。稍晚的形式则让操作者通过听接收器所发出的点击声来读解信息并取消了纸带。为了简化信息传递，莫尔斯开发了一种由点和划组成的代码，它今天依然被使用。

莫尔斯在19世纪30年代晚期展示了他的设计并最终接受了政府的一笔资助来继续其工作。他在巴尔的摩和华盛顿特区之间建立了一条线路，并用那句著名的电文"上帝制造了什么？"开始了美国的第一则电报服务。

电报的文化影响

公众对这种新机器的反应混杂着畏惧与惊奇。在两根电线杆之间摇摆的电报线被称为闪电线。早期的电报房中放置着椅子以便旁观者能够观看电文从遥远的城市发来。一些人拒绝相信这种新发明可以行得通，直到他们去电报讯息的源头并获得发送者的印证。另一些人担心从上面飞过去的电会对他们的健康造成危害，并且拒绝在电线下面行走。

虽然有这些恐惧，电报还是迅速发展，闪电线很快地纵横交错于全国。到1850年，几乎在扩张的西部边疆上每一个城市都能和其他城市交流。缅因州能够以光速和得克萨斯州通话。1866年一条电缆被铺于大西洋下，联结了欧洲和美洲。四年之后，陆上电线和海底电缆传送着3 000多万条电报的讯息。

 媒介探索

时代的终结

电报业开始155年之后，西部联盟公司（Western Union）停业。纸条上打着字的黄色电报不复存在。2006年1月，该公司终止了电报业务。

西部联盟提供发送电报的服务可以追溯到1851年，当时它还叫密西西比河谷印刷电报公司（Mississippi Valley Printing Telegraph Company）。在并购好几家竞争的电报公司之后，它被命名为西部联盟。几十年来，电报给上百万美国人送来消息，不管是好的还是坏的。仅1929年一年，西部联盟就发送了2亿条以上的信息。

然而，科技进步导致了电报的终结。传真和廉价的长途电话费提供了其他选择。电子邮件、短信和即时通信的出现成为压垮骆驼的最后一根稻草。

不过西部联盟还在营业。该公司调整后的核心业务是在金融领域。它现在正式的名字叫西部联盟金融服务公司，专门从事企业资金周转。有趣的是，该公司选择通过在其网站上发布通知来关闭电报业务，利用的正是导致电报淘汰的媒介。

59　　　电报改变传播与另一项发明改变运输差不多同时，那就是铁路。有趣的是，电报线通常紧跟着铁路的轨道，而火车站长经常是第一个报务员。

电报使记录火车位置及协调装运货物到全国不同地方成为可能——尤其是西部的复杂工作。电报帮助火车把拓荒者运往边疆并在国家向西部的扩张

---

① 亨利·戴维·梭罗（Henry David Thoreau），美国作家、哲学家，也是一位废奴主义及自然主义者，其著名代表作为《瓦尔登湖》（Walden）。——译者注

中起了作用。

战争也为电报所改变。随着战术和战略的发展，部队通常通过铁路迅速地被动员和转移。电报对军事的重要性在内战期间多次得到展示。

莫尔斯的发明对商业同样有影响。它加速了买家与卖家之间的沟通、申报的交易以及有组织的发货。即时的传播带来了商品市场的标准价格。在电报出现之前，谷物的价格随着地方市场的情况而变动，有可能在芝加哥要比圣路易斯便宜几美元。当电报联结了所有的市场后，地方的差异被平均化了。

再者，电报大大地提高了报纸传播新闻的能力，这一点我们将在第5章中更为详细地讨论。远方的信息以前需要几周才能到达报社。有了电报和大西洋电缆，甚至欧洲的新闻也能赶得上第二天的版面。报纸出版商很快就意识到这种新设备的潜力并且充分地使用它。许多报纸把"电报"一词放入到它们的名称中。电报也帮助了通讯社也叫做电讯社的形成。美联社充分利用扩展的电报服务来为其客户提供新闻。最后，电报也改变了报道的风格。由于早期电报公司按字收费，新闻报道变得短了。不再像19世纪早期的新闻报道那样以冗长的、思考性的及解释性的报道为特色，电报把重点放在独家新闻、突发新闻和简单明了的事实上。

政府与媒介

电报也在政府与大媒介公司的关系方面开了一个先例。在其他很多国家，由于电报被用来发布讯息，它看起来就像是邮政局的一种延伸，承担邮政服务责任的政府机构也管理着电报。在美国这种模式没有被仿效。虽然政府中的一些人赞成联邦政府接管电报系统，但是大多数支持私人的、商业的发展。到19世纪末，电报传播被一家大公司西部联盟公司所控制。其他的大众媒介——电影、广播、电视——后来也作为私人的而不是政府的企业来发展，并且由一个或更多的大公司来控制，这一点我们将在后面的章节中看到。

亚历山大·格拉汉姆·贝尔为企业社区代表演示了他的电话。贝尔和他的同事最终获得了**30**项与电话有关的发明专利。

视野的变化

最后，电报的另一项后果更加微妙和难以描述。在一些方面，电报改变了人们思考国家和世界的方式。通过消除空间的限制，电报具有成为一种把人们联系在一起的即时关联设备（参见第2章）的潜力。莫尔斯曾写道，电报将使整个国家成为街坊邻里。在这项设备成功展示后不久，一家费城的报纸写道，电报摧毁了"别的地方"的概念，使得所有的地方都成了"这儿"。该报纸宣布电报"将使得举国一体"。该时期的杂志上的一篇文章更为夸张，说电报"通过一根生命线把地球上的所有国家连在了一起"。认为电报带来了地球村的概念，这可能并不算夸大其词，这一概念大约一百年后通过马歇尔·麦克卢汉（Marshall McLuhan）变得十分流行。它在美国人中间创造了一种团结感并鼓励他们从国家和国际出发来思考问题。

与电报相伴的一项发明是电话。就像莫尔斯的发明一样，电话也征服了时间和空间，并且它在使用中不需要诸如莫尔斯电码这样的特殊技能。它从一点到另一点传播人的声音。电话在社会中准确定位曾经有过混乱，但最终通过线路和交换台的发展来联结电话使用者的想法，这使得地区与地区相互联结成为可能。这种定位使它成为全国企业和家庭中的一个固定装置。电话使得私人传播更容易实现。人们现在可以逃离父母、老板及其他权威人物监视的眼睛来进行谈话。最后，就像电报业一样，电话业也被一家大公司美国电话电报公司（AT&T）所控制，它最终还控制了西部联盟公司。

总之，电报与电话使人们能够远距离以一种我们现在称之为实时（real time）的方式沟通，对美国和世界其他地区政治的、经济的和社会的发展有着深远的影响。在全书中我们都将详细讨论这种影响。在许多方面，今天我们仍然能够感受到它的影响。

捕获图像：摄影术与电影

电报与电话利用了电子科学的进步。我们将要考察的下一项传播进展则利用了化学领域的进步。

早期技术发展

要永久地储存一幅图像需要两个条件。首先，必须要有把图像聚集于一个平面的方法。其次，该平面必须能永久地转化为图像曝光的结果。暗箱（obscura）的发明实现了第一项要求，它是一个黑暗的小房子，其中的一面墙上有一个小孔。通过小孔进入那间房子的光线在对面的墙上投射出一幅图像。第二项要求花了更长时间才实现。在19世纪30年代，两位法国人，约瑟夫·尼普斯（Joseph Niepce）和路易斯·达盖尔（Louis Daguerre）用各种因曝光而产生变化的材料进行实验。最终，碘化银产生了最好的效果，达盖尔把他的发现卖给了法国政府。英国科学家威廉·福克斯·塔尔博特（William Fox Talbot）与达盖尔差不多同时，通过以负片形式在纸上捕获其图像改进了这一过程，人们因此可以制作拷贝。紧随其后的改进，包括使用易弯曲的赛璐珞胶片。乔治·伊斯曼（George Eastman）的公司在19世纪90年代发明了柯达（Kodak）方镜箱照相机，配以"你只按快门，我们负责其他"的广告用语。柯达照相机是为大众市场设计的。业余的摄影者只需要在照相机中装上一卷胶卷，按下快门，然后把胶卷送到柯达去冲洗、晒印。

这些技术进步产生了长远的影响。早期的照片（叫做达盖尔银版摄影术）需要很长的曝光时间，它们尤其适合肖像，拍摄的对象可以保持静止。这些早期的肖像提供了保存历史和使历史人性化的方法。比如，我们关于乔治·华盛顿的印象来自油画，这些油画表现的是有着理想化风度的形象，通常以端庄的姿势表现其杰出和强大。而我们关于亚伯拉罕·林肯的印象来自照片，它们是在其任期中在办公室内拍摄的。1860 年前后拍摄的早期的照片中的他表现出亲民讨喜的姿势。内战以后所拍摄的晚期的照片的他则是一位看上去已经变老、前额有着皱纹、眼神疲惫的男人。

照相写实主义与马修·布雷迪

内战是第一场被拍摄下来的美国战争。在照相机之前，公众对战争的看法可能主要由油画与蚀刻画所塑造，它们展示的是壮观的骑兵冲锋与勇敢的士兵击败敌人，而不是战斗的恐怖与屠杀。马修·布雷迪（Mathew Brady）游说美国政府让他来到战场（布雷迪显然认为美国将会承担他冒险行动的开销，但他未能如愿并且他的许多照片遗失了）。由于早期的摄影术还不能够捕获活动的场面，所以布雷迪局限于拍摄战斗后果的场面。不过，这些图像已经足够有影响。1862 年，布雷迪的同事在战斗刚刚结束两天就拍摄了在安蒂特姆河（Antietam）的战场，这时所有的死者尚未被掩埋。这些照片最早展示了战争的真实伤亡。当这些照片在纽约的艺术馆中展览时，它们引起了轰动。战争的残酷呈现在所有人眼前。就像奥利弗·温德尔·霍姆斯（Oliver Wendell Holmes）所评论的，"让那些希望了解战争究竟是什么样的人看看这组图片"。一百年之后，其他通信技术的进步把越南战争的恐怖场面直接带进了美国人的起居室内。

摄影对艺术也产生了影响。既然保存真实的图像的手段被开发出来，艺术家就可以自由地去实验和发展不同的描绘这个世界的方法。再者，虽然很难说摄影在这场运动中起了什么样的作用，但是差不多同时绘画中的印象主义、后印象主义及立体主义画派变得引人注目。另一个极端是，当诸如阿尔弗雷德·斯蒂格利茨（Alfred Steiglitz）、玛格丽特·伯克-怀特（Margaret Bourke-White）以及爱德华·斯泰肯（Edward Steichen）这样的名家创造了再现图像的名作时，摄影本身也变成了一种艺术。

62 摄影对大众文化的影响

不是非得艺术家才能拍照。每一个人都能拍。胶卷和照相机技术的进步把照相机置于大众的手中。普通人拍重要的人物、物体及事件：婚礼、新生儿、新汽车、宠物、假期、家庭聚会、舞会等。照相簿很快成了每一个家庭图书馆的一部分。摄影也使得每代人能够制作其个人历史的永久记录。今天配备照相机的智能手机传承并发扬了这一传统。

印刷流程的进步，诸如半色调摄影术，使得照片能够发表在杂志和报纸上。到 20 世纪初，几十种配图的日报和周刊在美国出版。这种发展创造了一个新职业——**摄影报道**（photojournalism）——并且改变了美国的新闻概念。摄影报道在 20 世纪 20 年代变得大受欢迎，当时生活的节奏变快，许多能够为消费者节省时间的发明也突然涌现出来——出售快餐的午餐柜台、特快火车、洗衣机、真空吸尘器等。说到新闻报道，最能节省时间的是图片。读者看照片要比阅读长篇报道快得多。所以，文字栏目减少而用于图片的篇幅增多，这也使得以轰动性报道为特点的、多图片的小报以及诸如《生活》（Life）这样的图片杂志变得流行（参见第 6 章）。

摄影报道还产生了一些更为微妙的影响。首先，它改变了新闻本身的定义。新闻越来越多地变成了可以展示的东西。事故、自然灾害、示威及暴乱成了天然的摄影良机。这种新闻报道中的视觉偏向一直是人们关注的话题，直至今天。其次，正如摄影史学家薇姬·戈德堡（Vicki Goldberg）所说，摄影创造了"一个公共的图像贮藏库"。历史事件通过照片被永远地固定在公众的脑海中：兴登堡火焰熊熊的飞机坠毁现场，肯特郡一个在学生尸体旁尖叫的年轻女孩，世贸中心未消散的浓烟，在海底冒着泡的 BP 公司石油泄漏管。所有的这些图像将永远铭刻在国家记忆中。

现代照相手机让人人都成为摄影师，这又引发了隐私权问题。在很多更衣室和保健按摩中心是禁止使用手机照相的。几乎每个州都有针对偷拍者的法律条文。很多用户生产内容的网站，如 Flickr、Fotolog 和 Phanfare，正在制造更加复杂的问题。毫无戒心的人们可能震惊地发现，在他们不知晓或未经其允许的情况下拍摄的照片突然间就出现在了网络上。

▌ 电影

摄影技术也导致了另一种捕获图像方法的发展。不过，这个新里程碑的目标是捕获活动中的图像。第 10 章详述了电影媒介的早期历史并回顾了它如何从一系列玩具发展成一个巨大的娱乐产业。当这种新媒介发展时，其他三种重要的趋势正在美国形成。第一种是工业化。开始于 19 世纪早期的工业革命一直延续到 20 世纪，生产和制造两者都有了巨大的增长。与工业化相伴而来的是城市化，因为人们搬进了城市，这样更靠近他们可以找到工作的车间与工厂。在美国，到 1914 年四分之一的人口居住在城市区域。第三种趋势是移民。1871 年到 1914 年间，大约 2 500 万人移民至美国，并且他们中的大多数人聚集在去上班的制造工厂所在的城市。

这些趋势为电影这种新媒介创造了一个巨大的受众群。第一批电影院在城市出现。它们被称为硬币游乐场，就是把商店前面的空地临时改成放映厅，配上一些给观众准备的板凳或折叠椅，一架叮咚作响的钢琴，以及很差的通风设备。然而，硬币游乐场受到新移民的欢迎。到 1910 年，整个国家有 10 000 多所硬币游乐场，电影放映者与电影制片人迅速地意识到电影娱乐有市场。电影生产开始了。电影最终被搬进了豪华电影院并试图吸引中产阶级，但它在移民人口中留下了深刻的印象。许多人从硬币游乐场中了解了新国家的风俗与文化。

▌ 电影与美国文化

电影的深远影响主要体现在娱乐与文化领域。随着对达到正片长度的影片需求的增加，只有非常大的公司才能够拿得出支付生产开销所需要的金钱。我们将在第 10 章中注意到，这些大公司渐渐控制了电影的生产、发行及放映。今天的电影工业被全球性的联合大企业所控制，它们沿用了许多 20 世纪 20 年代所确立的模式。

电影永远地改变了美国人的闲暇时间。歌舞杂耍表演很快就消失了。去看电影成了年轻人一项重要的社会活动。以前用来去公园或朋友家的星期六下午现在是在黑暗的电影院中度过。

电影变成了主要的文化制度。摄影和大众化报纸使得人们更容易认识与追随他们喜爱的名流，而电影把这一过程提升到新的水平。好莱坞制造文化偶像，即电影明星。电影的受欢迎程度取决于它们对所有社会阶层的吸引力。不像那些吸引精英人士的严肃戏剧、歌剧及芭蕾，电影吸引的是大众。电影帮我们带来了通俗文化的概念，这种现象的有利与不利之处还在争议中。

1915 年，美国诗人韦切尔·林赛（Vachel Lindsay）出版了《电影艺术》（*The Art of the Moving Picture*）。这本书标志着一种新的流行艺术形式的开始。林赛的书是第一本发展电影理论的严肃书籍。电影虽然是一种混杂着商业和艺术的流行娱乐形式，但是很快就成了一个值得认真研究的课题，这种倾向今天依然存在，可以通过许多大学得到证明，这些大学都把电影学作为课程的一部分。

最后，虽然电影所扮演的最显著的角色是娱乐媒介，但注意到它对新闻也有影响这一点很重要。大约从1910年开始，新闻短片每周或每半周上映，讲述这一时期的重大事件。大电影制片厂最终控制了新闻短片的生产。它们设立了10分钟胶片卷盘的内容标准，以便观众可以预期看到欧洲新闻、国内新闻、体育新闻、一两则特稿，可能还有一则富于人情味的报道。新闻短片在20世纪五六十年代随着图像新闻转向电视而中断。不过，这些早期的新闻电影影响了广播新闻报道的许多规范。

64

伦理问题

战争影像

马修·布雷迪拍摄南北战争中安蒂特姆河战场的阵亡士兵的决定引发了一场今天甚至还在持续的争论：如何合理地报道战争的残杀场面？在晚间新闻或报纸上展示美国阵亡士兵是否合适？阵亡的敌军士兵和平民伤亡又怎么报道呢？

多年以来美国政府禁止拍摄死亡的美国士兵，因为害怕这样会使后方的士气低落。富兰克林·罗斯福在二战期间更改了这项政策，他认为后方的人们变得太安于现状了，太不了解战争现状了。于是，1943年《生活》杂志发表了一张在新几内亚受侵海滩上沙土掩埋的三具美国士兵尸体的照片。不久之后，约翰·休斯顿（John Huston）的经典纪录片《圣彼得战役》（*The Battle of San Pietro*）中出现了真实战斗及其导致的死伤场景。几十年之后，越南战争时期，电视网新闻中出现了美国士兵伤亡的场景。

伊拉克自由行动的实施又重新引发了争论。由于很多记者潜伏在战队中，有时候战况被直播或在爆发后随即被报道。对美国媒体而言大部分报道被控制了。这导致观察员们指责媒体消除战争影响，逃避残酷现实。另一方面，《今日美国》封面刊登了两具伊拉克人尸体的照片，报社收到几十封邮件和上百通电话投诉，被斥缺乏判断，持反战立场。

媒介从业者对其战时的责任发表了不同观点。《华盛顿邮报》摘录了ABC的特德·科佩尔（Ted Koppel）支持发布尸体照片的观点："你们不能让人们留下战争不恐怖的印象。"CNN的沃尔特·罗杰斯（Walter Rodgers）明显观点一致。在巴格达外围的直播节目中，罗杰斯播出了一辆被烧毁的兵员运输车旁的一具伊拉克士兵的尸体画面。罗杰斯在《新闻日报》的报道中说："应该超出审美底线去报道，这样大家才会认识到屠杀和战争的残忍。"

不过受众真的需要看到可怕场景来提醒他们战争的恐怖吗？每个人不是都知道战争是恐怖的吗？NBC新闻制片人史蒂夫·科伯斯（Steve Capus）认为，新闻报道应该传播战争的现实，而不要纠结于死伤。新闻主播查尔斯·吉布森（Charles Gibson）的观点更甚："无论何时你展示尸体都是无礼的。"

现代艺术博物馆摄影部前主管约翰·扎科夫斯基（John Szarkowski）提出了另一种观点。他认为编辑记者不应该展示他们碰到的每一个血腥场面。因为这样人们会逐渐习惯图片中的暴力，接下来的每一个场景都不会像前面一张那么震撼。

我们今天依然存在这个问题。近20年来，五角大楼执行禁止拍摄从战场回来的棺材的强制令。2009年这个规定放松了，只要死者家属同意就允许拍摄照片和录像片段。

总之，只要记者报道战争，这场争论还会持续下去，新闻从业者还会带着对其职业和受众的伦理职责继续奋斗。

家庭中的新闻与娱乐： 无线电广播与电视广播

无线电广播是第一个把实况播送的娱乐节目带到家中的媒介，它的出现离不开物理学的进步。电磁波的发现吸引了许多科学家的注意，他们试图找到使用这种新发现来发送讯息的途径。美国在无线电话上的进步使得人们能够通过空气发送声音和音乐，并且促使了美国电话电报公司资助了该领域一项大规模的研究计划。不过，无线电广播的发展受制于专利问题。如果不是第一次世界大战，无线电广播的发展可能要花长得多的时间。战争对无线电广播的发展有几项重要的影响。美国海军宣布控制所有带来重大技术进步的专利，从而解决了法律问题。再者，大批的士兵成为陆军通信兵，他们学到了关于这种新媒介的基本原理。当他们从战争中归来时，这些人还保留了对无线电广播的兴趣，这使得许多业余的无线电俱乐部大受欢迎，并为早期无线电广播受众的形成打下了基础。

广播

从使用无线电广播作为点对点传播设备（就像电报）到作为点对多的广播媒介的转变使许多人大吃一惊。由于早期无线电广播电台很受欢迎，广播成了一种全国性的狂热，到了20世纪20年代早期，另一座大众媒介里程碑出现的舞台已经搭好。广播是第一个把体育、音乐、谈话及新闻带进起居室的大众媒介。

除了第一次世界大战，其他历史环境也影响了无线电广播的发展。今天看起来很容易，但无线电广播刚刚开始时，并没有一种合适的可以让它支持自身的系统。许多无线电广播电台进行播音仅仅是出于新奇，很少考虑如何为它们的运作提供资金。有意义的是，现代无线电广播出现在喧嚣的20年代（the Roaring Twenties），当时的经济状况生机勃勃，消费品很容易获得，股票价格飞涨，许多生意场中的人都在聚敛财富。在这种环境中，无线电广播容易把广告变成它的经济基础。接广告能够迅速带来利润并且与当时生意是好事的理念一致。市场如此之好以至于事实上联邦政府通常置身事外。不过，无线电广播需要政府的干预。由于太多的广播电台挤在太少的频率上播音而造成的干扰成了一个严重的问题。1927年，国会成立了联邦广播委员会（FRC），它的主要权力是管理这种媒介的技术层面。与一些欧洲国家的情形不同，FRC以及它的后继者联邦通信委员会，采用了一种相对巧妙的方法来进行管理并且偏爱商业广播电台。

也是在这个时代，报纸连锁集团和许多其他企业正在合并它们的业务。广播网的发展正好吻合这种模式，于是不久全国的节目都由两家后来是三家全国广播网来供应。再者，小报吸引了读者并且好莱坞电影也很繁荣。这些趋势都对广播节目的前景有影响。与它演变成一种广告媒介一致，广播转向播出符合大众口味的节目，这些节目可以为那些在新媒介购买了广告时间的人提供作为消费者的受众。

具有讽刺意味的是，20世纪30年代的大萧条给广播造成了一些经济上的损失，但却有益于它的节目发展。来自歌舞杂耍表演、唱片工业以及戏剧业的许多从业人员由于大萧条而失业，他们把才能投向了广播，尤其是广播网的广播。结果是职业水平和娱乐质量提高了，而且广播网强化了对产业的控制。到1937年，几乎这个国家的每一个强大的广播电台都是某一个广播网的会员。新闻广播差不多也同时成熟了，广播很快成了比报纸更重要的新闻来源。

广播的文化影响

如果看一下这种媒介的长期影响，几个要素就会显现出来。首先，也是最明显的，广播使各种音乐变得流行。纳什维尔的 WSM 是有着强大信号器的早期广播电台之一，它广播《乡村大剧院》（*The Grand Ole Opry*），这档节目把乡村音乐介绍给了成千上万的人。黑人节奏布鲁斯音乐广播节目跨越了种族的障碍在白人中赢得了听众。最近几年，广播使摇滚、雷鬼①（reggae）以及说唱音乐（rap）变得流行。

广播对通俗文化做出了贡献。虽然早期节目重新利用了许多歌舞杂耍的表演，但这一媒介所独创的节目类型很快就出现了。其中之一就是肥皂剧，其为人所熟知的模式后来被成功地移植到电视中。1940 年，肥皂剧占了广播网日间节目的 60% 以上。定位于儿童的娱乐系列剧让青少年认识了"杰克·阿姆斯特朗——美国大男孩"及"午夜船长"。这些节目的重要性可能较少地在于它们的风格或内容，而更多地在于这样一个事实，即它们反映了广播电台认为孩子们是一个可行的市场，向他们传送广告是可以接受的。诸如《阿莫斯和安迪》这样的情景喜剧以及诸如《匪帮枭雄》（*Gangbusters*）这样的动作惊险片等其他节目模式一直延续到电视中。

在一个不太稳定的开端之后，广播在 20 世纪三四十年代走向成熟。听众从这种新媒介那里收听对那些导致第二次世界大战开始的事件的实况转播。听众能够听到诸如阿道夫·希特勒（Adolf Hitler）及英国首相内维尔·张伯伦（Neville Chamberlain）等世界领导者的声音。评论员接着会对他们所说的话提供分析，就像今天的"即时评论"。广播使新闻个人化：不像报纸，作者姓名那一行可能是识别记者的唯一依据，广播新闻的评论员与记者都有着自己的姓名、声音、独特的陈述风格以及个性。那一时期著名的广播新闻工作者包括：H. V. 卡滕伯恩（H. V. Kaltenborn）、爱德华·R·默罗（Edward R. Murrow）和洛厄尔·托马斯（Lowell Thomas）。这些人戏了社会名流并给新闻业带来了一种新成员——明星记者。这股趋势也转移到了电视中，电视网的新闻广播员及记者也能与电影明星或体育明星一样拥有数百万的身价。

最后，就像电影，广播改变了美国人打发空闲时间的方式。广播是娱乐与新闻的最主要来源。家庭成员晚上忠实地聚在收音机前收听他们所喜爱的最新节目。到 20 世纪 40 年代，普通家庭平均每天收听广播的时间超过 4 小时，其中大多数是在傍晚时间。一个新的形容收听高峰时段的短语出现了。它被叫做"黄金时间"（prime time），这也是另一个被移植到电视中的概念。

电视

电视也发端于 20 世纪二三十年代，这一点我们将在第 11 章和第 12 章中讨论，而且和广播一样，它的发展过程中也经历了一场战争。第二次世界大战中断了电视作为一种大众媒介的发展。早期的转播台在战争期间停止了播送并且电视接收器也不再生产。不过，电视技术却由于战争得到了飞跃，因为雷达领域的新发现被转化到改进电视系统中来。

也和广播一样，电视在一个相对繁荣的时期变得流行。经过一段时间的战后重组，美国工业生产出消费者需要的商品。随着美国人购买新的汽车、洗碗机、野餐烤架及空调，战争年代的自我否定让位于长期受到压制的欲望的满足。电视机是最受欢迎的用品。电视在 20 世纪 50 年代席卷全美。电话花了大约 80 年时间普及了全美 85% 的家庭。汽车做到这点用了 49 年。而电视在 10 年内就做到了这一点。在 1950 年，大约有 1 000 万家庭拥有电视。到 1959 年，这一数字翻了四倍有余。新的节省人力的用品增加了人们的闲暇时间后，这些闲暇时间多半被用来看电视。家中的家具必须

---

① 雷鬼是一种始于 20 世纪 60 年代中期的牙买加民间音乐，后与非洲、北美的流行乐和摇滚相结合。——译者注

重新布置以便在起居室内安放电视机。

电视的文化影响

电视的成长受到了其他引人注目的社会潮流及社会事件的支持。美国人搬到了郊区，于是经常往返于两地司空见惯。更多的女性开始加入劳动大军。20世纪60年代见证了人权运动的开始、越南战争以及反正统文化的成长。电视把这些事件带进了全国人的起居室内。

今天，99%的家庭有了电视，电视机每天大约要开七小时。在一个令人惊叹的短时期内，电视取代了广播成为全国最重要的娱乐与信息媒介，并成了一种主要的文化及社会力量。事实上，电视自存在以来的时间可能还没有长到让我们足以看到其最终的后果。不过，其中一些已经相当明

显。电视已经成为一个主要的时间消耗品。睡眠与工作占了每个人一天中最多的时间，而看电视排在第三。电视改变了政治。政治大会要上电视；候选人聘请电视顾问；上百万美元花在电视宣传片上；候选人在电视上辩论；等等。电视对社会施加了标准化的影响。电视上所看到的衣服、发型、语言及态度弥漫到全国甚至世界其他地区。电视新闻成了最重要和最可信的信息来源。就像电影，电视也创造了一长串明星与名人的新名单。有人还提出电视已成为儿童社会化的一个重要来源，电视节目也刺激了反社会的以及其他令人不快的行为（第18章考察了这段论点的依据）。

 媒介探索

虚拟世界的崛起

正如尼葛洛庞帝所预言的，从物理世界转变成虚拟世界的速度不断在加快。可能不久之后所有传统媒介形式（原子）都将转化成虚拟形式（比特）。这一趋势显而易见。

- Kindle、iPad和其他电子书阅读器的流行促使出版商发布更多电子书。2011年，亚马逊称Kindle电子书的销量超过了纸质书。
- CD的销售大幅跌落，从2007年到2009年跌了23%。相反，数字音乐销售增长了。
- DVD的销售及租赁骤然下跌；批发收入从2009年到2010年下降了44%。奈飞公司和其他提供将电影直接下载到家庭电视机上的服务兴起。超过25%的美国

家庭装了订购奈飞服务的宽带。

- 报纸和杂志努力维持纸质版的生存，大多提供智能手机或平板电脑应用程序以供读者订阅数字版。
- 微软和苹果提供可直接下载到Xbox 360、iPhone和iPod Touch上的电子游戏。

当然，这种过渡不是一夜之间就发生的，某些传统的媒介形式仍将存活下去，但其意义是复杂深远的。很多传统媒体公司不得不寻找新的商业模式以生存下来。新的数字公司如苹果、谷歌和亚马逊对大众传播将越来越重要。广告商会重新思考覆盖消费者的策略。媒介从业者需要发展新的工作方式。本书接下来的章节会详细介绍这一转折如何重塑大众传播。

虽然电报最早被称为伟大的"时间与空间的消灭者"，但是电视似乎更适合这一头衔。观众可以收看来自巴格达、地球轨道、月球以及火星的实况图像（虽然距离如此遥远，但其图像却如在眼前）。事实上，今天的电视观众期待着看到突发事件的实况报道，不管它们发生在什么地方，已

不再有什么地方看起来很遥远。

摄影被誉为创造了一个共同经历的贮藏库。而电视扩大和加深了这个贮藏库。比如，肯尼迪总统葬礼、阿波罗11号登月、"挑战者号"爆炸、飞机撞击世贸大厦以及卡特里娜飓风袭击之后的电视转播画面全部都不可磨灭地铭刻在了国家记忆中。

数字革命

麻省理工学院媒介实验室主任尼古拉斯·尼葛洛庞帝（Nicholas Negroponte）在他的《数字化生存》（*Being Digital*）一书中把数字革命总结为原子与比特之间的差异。大众媒介通常通过原子形式来发送信息：图书、报纸、杂志、CD 以及 DVD 是具有重量和体积并且有形地分发的物质产品。尼葛洛庞帝认为这种情况正在迅速改变："以唱片、图书、杂志、报纸以及盒式录像带的形式缓慢地人工处理大多数信息，即将变为以光速运行的电子数据的即时传输。"简言之，原子将让位于比特。

68

社会问题

我们在进步吗？

所有本章讨论的传播里程碑都改变了信息贮存与传播的方法。从印刷机开始，通过使人们能够和其他地点及其他时间的人共享信息，它们全部都扩展了人类传播的范围。这种成就激发了人们对媒介的社会利益的乐观态度。例如，电报被视为一种道德、理解及和平的力量。广播与电视都被吹捧为把教育、高等文化及文雅带给大众的工具。人们认为有线电视将带来新形式的娱乐，并开辟通过电子投票来促进民主进程的双向电视之路。这些事一件也没有发生。不过，具有把人与人联系起来的能力的互联网，现在正被吹捧为一场信息革命，它将像印刷机一样深刻地影响社会。这会不会发生尚在争论之中，但眼下值得问一问这种新传播技术是不是自动地带来了社会利益。它们是解放性的与建设性的吗？

许多社会批评家都指出，新的传播媒介扩展了自由发表意见的潜力并极大地扩大了人类文化的范围。远距离发送信息的成本被大大降低。由于电报、电话和互联网，人们能够和世界各地的人做生意、社交及讨论问题。新媒介使所有人能够获得信息。此外，如果信息就是权力，那么新媒介使更多的个人拥有权力。新的传播手段使民主发挥功能更加容易。电影、广播与电视开创了新的艺术形式及娱乐模式。

另一些人提出了一种不同的解释。新的传播媒介刺激了大联合企业主的增加，他们的主要目标是利润而不是丰富文化。再者，新的传播媒介导致了信息负荷过重，其中一些势力过强且无所不在，诸如商业广告片、垃圾电子邮件以及电话推销。新技术所带来的信息可能既不有趣也不有用，更不深刻，并且它干扰了人们识别真正重要的东西。

此外，虽然技术进步——诸如电报、电话及互联网——扩展了传播的范围，但这些传播都是值得花时间与精力的吗？查看一下聊天室或 Facebook，你可能会发现绝大部分传播是由问候、再见、调情及"你好吗"之类的东西构成。Twitter 消息不能超过 140 个字。实际上有多少真正的对话？你有可能同看不见的那些人甚至说的是假身份的人进行有意义的谈话吗？新媒介对促进政治参与贡献甚小。政治冷漠持续增长。大多数人可能待在家中看电视而不是去参加政治论坛。再者，许多批评家会争论说新媒介在艺术和娱乐方面也没有提供什么新的和有创见的东西。电视频道的增加只不过给我们带来了更多的雷同。

总之，传播媒介的进步具有积极与消极两方面的后果。

举个例子，想一想电子邮件与传统纸质邮件之间的差别。在传统体系下，信可能会被放到信封中，贴上一张作为邮资的邮票，然后交给美国邮政部门分类、运输并在几天后具体投递到收件人处。电子邮件不需要纸、邮资以及邮局的投递。它是一系列比特信息通过电子传播并在几分钟而不是几天内被传送。有了电子邮件，同样的讯息可以被复制一千遍并发送给一千个不同的人，它比纸质邮件要快得多也便宜得多。

冒着过分简化一个相当复杂话题的危险，我们可以把**数字技术**（digital technology）描述成把信息——声音、文本、数据、图片、影像——编码成通常由 0 和 1 组成的断续的脉冲序列。一旦被数字化，信息就能以极低的成本被轻易地复制以及传播。

电脑是最早使用数字系统来处理信息的设备，这一点我们将在第 4 章中讨论。这项创新很快传到了其他媒介。数字技术使特技效果如今在电影与电视以及数码音频、数码视频、数码摄影还有报纸、杂志与图书的数字化产品中变得很常见。

69 **媒介探索**

马丁·库珀

几乎人人都知道亚历山大·格拉汉姆·贝尔是有线电话的发明者，但是没有多少人知道马丁·库珀（Martin Cooper），手机的发明要归功于他。库珀获得电子工程学位后在海军服役，1954 年进入摩托罗拉公司工作。在摩托罗拉工作的早些年，库珀研究开发了便携式通信设备。1967 年他改进了便携式手持警用无线电。

摩托罗拉之后任命库珀主管蜂窝移动通信技术的研发。那时，摩托罗拉正在与贝尔实验室展开激烈较量开发可行系统。当贝尔的科学家们研究笨重的汽车电话时，库珀说服摩托罗拉开发足够小、足够轻以便让人到处携带的个人电话。经过几年的实验，摩托罗拉准备向公众公开这一发明。1973 年 4 月，库珀在即将召开纽约新闻发布会之前，决定再做最后一次电话试验。站在纽约饭店的外面，库珀拿出了手机原型，它看上去像一块有着数字键和天线的白色砖头。在路人惊讶的目光中，库珀拨出了一个号码，开始大声地对电话讲话，由此打出了第一通私人手机电话。库珀打给的是谁？他的竞争对手贝尔实验室。库珀记不清他的第一句话是什么，但很可能是"想不到吧？我们做到了"之类的话。不过他记得电话另一端是很长一阵尴尬的沉默。

本书撰写之时，库珀已 70 多岁，仍然活跃于蜂窝移动技术领域。他就任主席的公司致力于改进互联网的无线接入。

互联网的发展意味着电脑能够把数字信息发送到全球各地。突然，一种新的传递媒介出现了，它永久地改变了媒介环境。简单地说，数字技术与互联网激发了一场信息贮存与传播方式的革命。结果是，传统的大众传播媒介发现它们处于未知的水域中，并不得不盘算它们将如何应付这种巨大的发展。例如，报纸过去通常只以纸质形式存在（原子）。现在它们同时以纸质与数码形式（比特）存在。大的唱片公司过去常常在磁带或磁盘上（原子）传递音乐。Napster 以及其他共享音乐网站证明了个人能够从互联网上的其他人那里下载音乐文件（比特），完全越过唱片公司。本书的第二及第三部分将讨论媒介是如何适应数字时代的。

当然，数字革命不仅对大众媒介而且对其他制度也有着深刻的影响。比如，它改变了商业。甚至那些以原子方式而不是比特方式经营的公司也发现它们不得不设计全新的营销与发行方案来利用新的数字时代。目前（还）不可能把网球拍直接通过互联网来发送，但是你可以上网搜寻各种各样的运动商品的网址来讨价还价，并定购一个你喜欢的。不过，球拍（原子）还必须经由邮政局或快递公司发送给你。这种新形式的买卖的重要性给全球的词汇表中增添了一个新名词"电子商务"（e-commerce）。

当然，对于大多数本书的读者而言，数字革命不再是革命——而是他们的生活。获得强大的信息处理和存储工具不再是惊天动地的事情，而是理所当然的事情。今天的大学生大多在网上做研究，以数字形式存储音乐和相片，用短信和 Facebook 来交流，通过网络来安排旅行，用电子游戏、数字电视、流媒体视频、iPod 和 iPad 来消遣娱乐。

文化批判问题

媒介的意义

　　手机、笔记本电脑和平板电脑属于广义的移动信息设备。不过，把这些设备统一归到一个类别下可能会使受众在认识其功能时混淆它们的区别。传播学者指出，传播技术可以由其使用者以不同的方式构建社会化功能。

　　在 2003 年《大众传播批判研究》六月刊上的一篇文章中，保罗·莱昂纳尔迪（Paul Leonardi）认为文化在理解媒介上扮演着重要角色。莱昂纳尔迪在拉美裔美国人中实施了焦点小组（由主持人主导的有组织的小组访谈）研究。他要求参与者讨论手机、计算机和网络在拉美文化中是如何被理解的。

　　他的研究结果多少有点令人惊讶。拉美文化非常重视持续的和亲密的人际沟通，手机被视为与这一价值观相一致。焦点小组的参与者发现，手机是一种交流的重要工具，而且是日常生活中的必需品。超过 90% 的受访者使用手机。几乎所有那时没有手机的人都计划一年内要购买一部。受访者知道在紧急情况下手机的用途，在座机忙碌时手机成了另一种找到某人的方式。手机已经深入他们的日常生活中，有些受访者提到他们的小孩用手机从家里的另一个房间打电话给他们问晚上吃什么。总之，手机非常符合文化价值观。

　　另一方面，电脑和网络却不符合。只有 40% 的受访者使用电脑，使用网络的人甚至更少（27%）。受访者对电脑和网络似乎同等看待，对待他们的方式也类似。他们并不把网络看做传播媒介。相反，焦点小组中的拉美人把它看做一种寻找信息的工具。电子邮件、聊天室和留言板作为传播渠道很少被提到。尽管电脑被视为有用的设备，它们还是被当作妨碍家庭成员和朋友间的关系的一种传播方式。上网被看做把人们相互隔绝起来的孤立行为。总之，受访者感到电脑和网络没有使人们保持联系。因此，人际价值受到这些技术的危害。

　　语言也影响了参与者偏爱手机而不是电脑。西班牙语版本的手机已经有了，但西班牙语版的电脑系统还很难找到。此外，只有少量网络内容是西班牙语的。这些导致了拉美人的文化障碍。为了上网．就需要放弃使用本国语言。

　　尽管很多受访者说他们计划不久购买电脑，但他们列举的购买电脑的理由与电脑的传播能力无关。而莱昂纳尔迪调查中的拉美人认为没有电脑的人在美国主流文化中将处于下等地位。

　　莱昂纳尔迪的研究结果凸显出生活在美国的拉美人并对这些信息设备并非同等看待。相反，他们对手机、电脑和网络与其传播的文化价值观的关系有不同的理解。如莱昂纳尔迪所总结的："特定群体的使用者的传播目的深刻地影响了他们对科技的使用和理解。如果我们忘记这一点，我们可能盲目地采纳科技，因为我们相信它们代表着进步，但无法确保它们帮助我们进步。"

　　如前面提到的，数字革命的后果是赋权给每一位受众个体。初出茅庐的作者不再需要出版商；他们可以开博客，第 4 章将会讨论。新乐队可以跨过音乐公司，在网上发布他们的音乐作品。卖主不再需要付费给报纸做分类广告；他们可以在网上免费找到买家。传统新闻媒介不再是信息的垄断者。2009 年美国航空公司客机迫降在哈德逊河以及伊朗大选后暴动的很多照片都是由群众目击者用数码相机或手机拍摄并分享到网上的。总之，数字时代让技术变得如此方便与廉价以获得和分享信息。

　　数字时代潜在的社会与文化后果是巨大的。

首先，如第 1 章所述，数字技术让人人都可能成为大众传播者。而这对人们如何获得新闻、观点和娱乐产生了巨大影响。用户生产内容的趋势就是表现之一。平均每月有超过 6 000 万人访问 YouTube 观看其他人发布的视频——这比大多数黄金时段热门电视节目的观众要多得多。而且 YouTube 并不是唯一的视频分享网站。据最新统计，类似网站至少有 60 家。看来我们都想努力娱乐彼此。

网上大概有超过 1.3 亿个博客，尽管确定这个数字很难。博主成了公民记者，从重大新闻事件现场发出实况报道，例如奥巴马总统的就职典礼。他们也影响了诸如社保改革和政党政治之类的辩论。很多博主，例如"电力线"（Power Line）和"每日科斯"（Daily Kos），成了有影响力的社论声音。

其次，想一想数字时代对政治意味着什么。海量的政治信息——政党党纲、候选人立场以及演说词——都可以通过数字形式在网上得到。皮尤基金的一项调查发现，上网获取竞选信息的美国人数从 2000 年到 2004 年翻了一番。理想地说，这应该带来信息更加灵通的选民。确实，互联网提高了真正的直接民主的可能性。我们现在的代议制民主部分地是作为一种解决实际问题的途径而构想出来的，这个问题就是不可能所有人都真正地到某一个地方辩论与投票。现在互联网使电脑拥有者可以在家中辩论与投票。我们还需要代表吗？我们应该建立"数字化民主"吗？

美国人已经生活在数字化家庭中。他们用数字电话、玩数码相机，通过数字网络联系彼此。每个人的日常生活都要接触到数字世界。

最后，艺术进入了数字时代。在线的数字艺术博物馆展出知名艺术家的作品。有很多其他网站以数字艺术品为特色。音乐家、雕刻家和图形艺术家也拥抱了数字技术。

缺点是，现在数字时代拆除了获取和制作信息的藩篱，于是出现了大量的信息。在谷歌搜索中键入"数字革命"，你可以得到大约 700 万条搜索结果。信息不是以你认为的相关性，而是以搜索引擎认为的相关性排列。因此，搜索的结果看似无序，你必须翻好几页才能找到跟你要找的东西有稍许关联的东西。数字革命导致信息超载。学者尼尔·波兹曼（Neil Postman）在发表于《哈佛国际新闻与政治杂志》（*Harvard International Journal of Press/Politics*）的一篇文章中写道："就像魔法师的弟子一样，我们被信息侵袭却没有一把帮助我们摆脱的扫帚。信息任意地出现、不指向特定的人，以极大数量、高速的方式从意义和重要性中分离出来。"

最后，存在着"数字鸿沟"（digital divide）的问题。在美国，尽管鸿沟表现出缩小的迹象，年收入 5 万美元以上的家庭比年收入低于 3 万美元的家庭拥有网络接入的要多一倍。大约 77% 的北美人口可以使用互联网，在非洲这个比例是 11% 左右。未来能够获得信息的人比不能获得信息的人将有更多的机会获得权力。数字鸿沟会不会转化成更严重的社会、经济与政治的分野呢？

 # 移动媒介

有时候当你身处其中是很难看到里程碑的，但这个迹象越来越难以错过。在校园或喧嚣的大马路上散步时，看看有多少人在打手机。在机场候机室，看看有多少人在用笔记本工作、用 Kindle 读书或在 iPad 上玩"愤怒的小鸟"。你看到的这些现象就是我们正在经历的第二波传播技术潮的标志。

美国大约有 2.5 亿人拥有手机。其中，约有 4 600 万台是智能手机——可以让你打电话同时整合了计算机具有的功能，如上网和发电子邮件。大约有 6 000 万以上的人携带笔记本电脑，有 1 200 万左右的人拥有 iPad 或其他平板电脑。所有这些设备都具备以下共同特征：

- 它们以无线技术为基础。
- 它们是便携式的，让人们能在任一地方获取信息。新的便携式媒介是本书主题之一——媒介移动性的提高的最佳例证。
- 它们是交互连接的，让人们可以接入互联网或全球电话网。
- 它们模糊了大众传播与人际传播的界限。

引文 也许他们该叫他 iPhone 而不是伊万

做什么事情都可以带着手机。在俄罗斯，停电使当地一家医院的产房陷入一片黑暗，正好一位妇女要生产了。急中生智的护士从同事、病人和访客那里借来手机，利用它们的光亮顺利接生了一名男婴。

在手机之前，两块屏幕占据了美国人的生活：电视屏幕和电脑屏幕。手机和平板电脑正成为第三块屏幕——这块屏幕可能极大地改变传统媒介和美国文化。让我们首先看看移动媒介是如何具有第2章讨论的传统媒介功能的。

我们首先看看监视功能。广播和电视台几十年来提供交通报道，但现在订阅一个叫做 Traffic411 的软件，就可以通过手机收听为特定路线制作的最新信息简报。体育迷们如果订阅了 ESPN 的无线服务，用手机就可以接收比分、赛绩和正在进行中的比赛的最新消息。有几项服务为手机用户提供最新的股市行情。出发前想看看滑雪天气？摩托罗拉有一款上网手机可以让你随时获知信息。

最新一代的手机可以让使用者拍摄照片或视频，并随即上传到网上。想象一下几百万美国人带着配备摄像功能的手机到处走。当突然爆发新闻时，周围的人们在媒体抵达现场之前就可以拍摄视频或照片。2010年日本地震和海啸的震撼图片就是由当地人直接发布在网上的。这些新闻不是由传统记者或新闻机构发布的。萨达姆·侯赛因行刑的手机视频也被发布在网上。未来人人都将是记者。

娱乐功能被牢固地确立在小屏幕上。康卡斯特提供的 Xfinity 是一款在 iPad、iPhone 和 iPod Touch 上使用的应用程序，以汇集视频点播节目为特色。HBO To Go 在 iPad 上提供了类似的应用程序。平板电脑和智能手机可以下载好几百款游戏应用程序。"愤怒的小鸟"下载次数达到1亿。上百万人在智能手机上听音乐。奈飞的订户在移动设备上可以观看流媒体影片。像 Kindle 这样的电子阅读器变得越来越流行。

现在转到联系功能，很明显全世界成百万上亿的人们联系起来让日常生活变得更加便捷。以前认为浪费时间的事情现在可以有效地利用。笔记本电脑让人们在候机或乘机的时候可以阅读文件、收发电子邮件、准备报告和分析数据。商务人士如果遭遇堵车，可以通过智能手机打电话与公司保持联系。联系的独特运用可以保证安全。《消费者报告》的一项调查发现，安全是人们购买手机的首要因素。无论在何处手机用户都可以马上报告意外和其他紧急状况。30%以上的911电话来自手机。

手机现在是青少年社会化的主要模式。美国有一半以上的青少年拥有手机。

如果你迟到了，可以打电话或发短信提示目的地的人。如果你迷路了，可以打给目的地的人。如果你在杂货铺买吃的，可以查查人们喜好吃鱼还是鸡。还有很多其他案例，不过一个17岁的孩子说的话很好地进行了总结："有了手机我在任何地方都能订披萨。"这种运用生动地展示了无线移动媒介如何服务于传播的联系功能；由于有了互联网和手机网络，人人都可以相互联系。

手机有了象征属性。使用者把手机的外观和铃声个性化，以彰显他们的个性或身份。拥有最新、最薄、功能最全的手机就很酷。

 媒介探索

72

手机挨着的是你的大脑

自手机发明之后人们就一直担心长时间使用它可能导致健康风险。科学家担心手机辐射会导致脑肿瘤或其他问题。

2011 年的一项实验考察了大脑各区对长时间使用手机作何反应。实验对象在不同的两天分别举着手机对其左右耳各达 50 分钟。第一天手机关机。第二天手机开机对着右耳，关机对着另一只耳。研究发现接近手机的大脑区域显示活跃度增强，但并不清楚大脑活跃度增强是否会导致健康隐患。不过，实验显示人脑对手机产生的电磁辐射很敏感，这个发现似乎需要更多调研。

世界卫生组织对可能的健康风险持谨慎态度。2011 年，它将手机定性为潜在的可致癌物。该组织强调这种关联性尚不清楚，需要更多研究来得出定论。不过，如果担心长时间使用手机的风险，专家建议尽可能减少通话时间，使用免提或耳机。

由于手机家庭生活被彻底改变。大约 75% 的青少年现在会用手机，超过 50% 的青少年拥有手机。有手机的青少年人数上涨部分是因为家长想让子女在应对突发状况时有所准备，或者想确认子女不在家时的情况。父母都有工作要忙的家庭里，孩子们要踢球、运动或练习乐器，手机就为父母提供了一种通过电话督促而不需亲自督促的方式。这种新现象被称为**移动家长监护**（mobile parenting）。

手机改变了我们对时间的文化观念，这种现象叫做**时间软化**（time softening）。你可能早就经历过好几次这样的场景。你本来 8 点要在餐厅与朋友会面。8 点过几分时，你的朋友打电话给你，说他还差几英里路，十分钟内应该能到。如果能联系上你，你就真的能晚点到吗？

当然，像大多数革命一样，移动媒介也有缺点。最重要的是，开车和打手机不能同时进行。2002 年哈佛大学的一项研究认为，边用手机边开车可能每年导致了 2 600 起交通死亡事故。另一项研究认为司机打手机每年导致了 150 万起事故。这就不奇怪 2010 年有 30 个州通过了限制驾驶时使用手机的法令。

手机具备的联系功能也有可能被恶意利用。据报道，印度孟买的袭击事件是由巴基斯坦的某些人用手机指导持枪者所操纵的，有些事件中手机甚至决定了人质的命运。

配备相机的手机也导致了隐私权问题。名人必须忍受追星族（"狗仔队"）在他们吃饭、购物或走在路上的时候拍照，且发布到网上。纽约市某些明星频繁造访的餐馆、夜店和健身房都禁止使用手机。

对于每个喜欢手机带来的方便性的人来说，也有些人希望他们能闭嘴。大多数教授不会乐意听到课堂中间响起手机铃声。在餐馆就餐的人会因为邻桌的人大声打电话而不悦。火车或巴士上悠闲的或正在阅读的乘客，也会因大聊特聊手机的人而受到打扰。

最后，无线移动媒体价格昂贵。苹果 64GWiFi 和 3G 版第二代 iPad 的零售价是 830 美元。黑莓 Torch 9800 将近 500 美元。IPhone 4 大约 300 美元。如果唯有富人才能买得起这些设备，那么贫富之间的数字鸿沟就只会扩大。

Facebook 网站：“赋予人们分享的权力，让世界更开放和连接。”Facebook 在全球的活跃用户超过 7 亿人。

社交媒体

74　　我们正处于下面将谈到的最后一个里程碑——社交媒体的时代。下一章我们会更加详尽地讨论社交媒体。这一节，我们将以宏观视角来追踪其历史和文化影响。

　　第一个社交媒体工具是电话。它联系了朋友和家庭，让人们保持联络。贝尔实验室发明快速拨号后，电话就成了一种社群建设的设备。电话里设置的速拨号码成为人们（和紧急服务）实际上的社群，这些是你所认为重要的东西。快速拨号甚至采纳了社群中的首选地位的概念；如果你是某人速拨号码中的第一位，你很可能是那个人生活中排名第一的人［《宋飞正传》（Seinfeld）里有一集就是关于争当某人速拨电话中的第一位的故事］。

　　互联网的诞生开启了社交媒体的新渠道。我们会在第 4 章中学习到，互联网是作为分享科学数据的工具而发明的。然而，科学家们用它来发送电子邮件给朋友和同事。把几台电脑连接起来使得即时通信成为可能，1988 年互联网中继聊天（Internet Relay Chat）让用户可以通过同一渠道相互发送实时消息。

　　社交媒体发展的主要动力是万维网的发展。网上社交媒体的起源可以追溯到 20 世纪 90 年代中期，当时个人网页开始流行。作为一种自我表达的手段，人们在这些主页上发布照片、自我简介、诗文和他们喜欢的其他网站的链接。访问者可以在留言簿上签名，简短留言，发电子邮件给网站主人，但个人主页没有发展成社交网站。

　　为大家所熟知的第一个社交网站是 SixDegrees. com。这个网站的广告宣传是帮助人们联系的工具。它吸引了大批受众，但没能经营下去，于 2000 年破产。Ryze. com 成立于 2001 年，定位于把商业专业人士和企业家联系起来，但未获得大众欢迎。Friendster 成立于 2002 年，原本是为了与在线交友网站竞争。Friendster 的原理是人们与朋友的朋友约会会比跟网上认识的陌生人约会感到自在。它马上就成功了，很快用户超过 300 万人。快速增长导致了技术问题，其服务器不能满足需求。另外，人们开始捏造假身份和发布假照片。这些问题导致很多人弃用这个网站。

很多社交媒体网站成立于 2003 年。最成功的是 MySpace，它原本是为了吸引那些弃用 Friendster 的人。MySpace 让用户个性化其空间，受到独立乐队的喜爱，他们用这个服务来宣传其音乐。这些音乐团体的青少年粉丝被吸引到这个网站，并鼓励他们的朋友加入进来。到 2005 年 MySpace 拥有上百万成员，被新闻集团以 5.8 亿美元的价格收购。

引文	是克雷默发明了 Facebook 吗？

《宋飞正传》的粉丝应该会记得有一集克雷默决定在大堂墙壁上张贴公寓楼里所有人的照片和名字，这样居民之间可以更加社交化一些。他的想法非常奏效，以至于杰里要求克雷默撤下照片因为楼里的年长女性总是要献吻问候他。

Facebook 似乎也运用了相同的理念，不过是在更大范围内（而且不用真的亲吻）。

2004 年 Facebook 成立，它原本是为哈佛大学的学生服务的。该网站迅速扩展到其他大学（成员必须有后缀是 .edu 的电子邮件地址），而且被看作私人网络社区。这个要求没有持续很久，因为 Facebook 扩展到高中学生和企业成员，最终向社会大众开放。YouTube 于 2005 年开始运营，迅速成为用户生产内容的流行网站，被谷歌以 16.5 亿美元收购。一年之后 Twitter 粉墨登场。这些网站的成功是有目共睹的，上亿人访问它们就是例证。

请记住数字社交媒体是相对新的现象，而且在不断发展。所以，要概括其影响似乎要冒风险。但还是可以做些基础的观察。首先，社交媒体改变了社区的概念。过去，人们发展朋友是基于本地地理。社交媒体让基于共同需求、经历和兴趣而不是场所的虚拟社交成为可能。

不同的年龄群体对虚拟社交的概念有所不同。55 岁以上的人是 Facebook 上增长最快的人群。这个年龄组的人利用社交媒体维系已有的关系，以及重拾高中老同学、大学同学还有老乡的昔日友情。相较而言，年轻人会更愿意用社交媒体来交新朋友，结成有共同兴趣的社群。因此，热情的年轻人可能更认同他们的 Facebook 身份，而不是中学同学的身份。他们可能"结交"一个保加利亚的少年，而不是另一个住在街对面的少年。

其次，社交媒体改变了我们对隐私权的定义。有些人控诉社交媒体滋生了窥视文化。数码相机让人人都成为记者。克里斯蒂安·贝尔（Christian Bale）在片场中对工作人员咆哮的时候，大概没有想到会在 YouTube 上看到这个。当时装设计师约翰·加利亚诺（John Galliano）在巴黎的酒吧发表偏激言论的时候，他大概也不会想到他的这段谬论视频会造成网络轰动。此外，社交媒体让曾经是隐私的东西极其容易地被公开。很多年轻人不考虑后果就在 Facebook 上发布私人信息。发布在社交媒体网站上的照片已经造成了很多毫无戒心的热衷社交者的困扰。

最后，社交媒体让历史更加持久。数字媒体易于存档和获取。你的 Twitter 消息、博客文章、Facebook 布告和照片可能就被存在某个地方的硬盘上。今天的青少年若干年后求职时可能会因公布在 Facebook 上的丑态百出的聚会老照片被重新翻出来而懊恼。2036 年竞选总统的候选人可能不得不解释为什么他们的言论与 2010 年发表的博客自相矛盾。请注意未来几年的社交媒体，看看是否会产生其他影响。

总结： 新媒体的影响

1839 年，巴黎天文台的主管弗朗索瓦·阿拉戈（François Arago）对法国国会说，一项新技术正在席卷欧洲：银版摄影术，即现代摄影的鼻祖。

很多批评家对新技术持有敌意，因为他们害怕它会毁掉几千法国肖像画家的生计，甚至可能终结绘画这门艺术，从而对法国社会产生有害影响。

文化批判问题

手机、宗教与文化

海蒂·坎贝尔（Heidi Campbell）教授研究了手机广泛使用的文化意义。* 她指出手机不只是电话。它是一种个人表达方式（个性铃声、壁纸、手机壳），还是一种商业工具，创造了雇员和客户的社交网。实际上，手机具有产生意想不到的文化意义的潜力。

手机的影响扩散到了宗教。坎贝尔描述了宗教团体如何利用手机来把宗教活动整合到社会新的活跃的生活方式中。例如，很多国家的宗教团体提供每日圣经短信。教宗本笃十六世在他升任几天后就向订阅者发送了一条鼓舞人心的短信。菲律宾的天主教徒用手机可以收到"十字架的移动之路"和"移动念珠"。穆斯林教徒可以买到特殊的手机提醒他们祷告时间，还有数字指南针指示麦加的方位。英国的年轻团体用手机来创办全英祈祷者联盟。所有成员在特殊时间接收到鼓励他们祷告的短信。

当然，新技术和宗教文化并不总是相处融洽。穆斯林教徒批评那些在斋月发送短信，而没有按传统亲自造访的人。印度教徒反对用手机接收印度神的图像。

如坎贝尔提出，宗教团体能包容新技术支持其传统的方面，但往往反对与传统文化和信仰冲突的进步。这一过程是动态的，而且新技术经常为了适应文化而被改变。坎贝尔通过分析一个极端正统的宗教团体对手机的反应，证明了这个过程。

平均每个以色列人每个月打手机的时间约为450分钟，是全世界时间最长的人群之一。然而，不是所有以色列人都接受手机。极端正统教区的犹太人拒绝现代化和其世俗价值观。手机被看做一种有害于社群的设备，因为它可以轻易地发送唯物主义内容给使用者。不过，极端正统的犹太人同时也注意到手机对社群也具有某些好处。

这种不安导致了"符合犹太教规的手机"的出现，这个特别设计的手机保留了通话功能，但没有短信、上网、视频和语音留言应用。符合犹太教规的手机是在手机制造商与拉比议会长时间协商之后才出现的。拉比议会还起草了如何使用科技的纲领。

坎贝尔总结道，如果具有可疑特性的技术被认为对于群体有价值，就会发生"培育过程"。培育过程可能会导致社群文化和技术本身都改变。总之，文化既能影响任何新技术的形式，也能影响其功能。

* 参见 Heidi Campbell, "Texting the Faith: Religious Users and Cell Phone Culture," in A. Kavoori and N. Arceneaux (eds.), *The Cell Phone Reader* (New York: Peter Lang, 2006)。

76　　阿拉戈为银版摄影术辩护，坚持认为这些担忧目光短浅。他的言论我们称之为阿拉戈技术原则：新发明的最大潜在影响不在于它如何改变或取代旧事物，而在于它如何产生崭新的事物。阿拉戈原则对摄影术肯定适用。它可能导致少数肖像画家失业，但更重要的是，它推动了机械复制图像、摄影记者及电影的发明——这些发明帮助开辟了大众传播时代，这是 1839 年法国国会议员所不能想象的。

我们从人类传播发展中的这些里程碑学到的正是阿拉戈所认知的——新媒介的最终用途无法预测。当电报发明时，很多人认为它会对世界秩序产生复杂的影响。自从国家被电报连接起来，可以相互发送即时讯息，有人就预测误解会消除，嫉妒不再，和平盛行。但是事情并没有这样发展。亚历山大·格拉汉姆·贝尔（Alexander Graham Bell）认为电话被用作不同房间之间的沟通工具，只能成双出售，连接两个特定地点，如一个人的公司和家庭。留声机最开始是用作商务记录。广播最初出现时，多数人认为它是电报和电话通信的替代物。所有这些发明变成了大众传播媒介，77 这是其创造者从未预想到的。我们在数字和无线移动里程碑上可能也是如此。我们也许会看到某些可能性，但它们的最终发展是不可能预测到的。

阿拉戈原则可能再次印证。

　　似乎新的传播发明会改变在它之前产生的发明但却不会让它们消失。电报与电话并没有消灭印刷品；电影、广播、电视与互联网也同样没有。电视没有使广播消失，但它让广播媒介的用途发生了巨大的变化。同样，电脑与互联网可能不会让任何一种传统媒介蒸发，但它们可能会改变我们对"旧"媒介的运用方式。

　　图3—1是一个时间表，它展示了每座里程碑的时间。迅速查看一下这些数字就可以明白传播革新的步伐是加速的。从语言到文字用了人类几十个世纪。从书写到印刷的飞跃花了大约5 000年。仅仅300年之后电报和电话就一起涌现，紧跟着的便是摄影和电影。在那之后没有几年就发明了广播，电视的情况也是如此。电脑紧跟着电视接踵而来。事实上，1912年出生并活了100岁（这也越来越常见）的人经历了若干里程碑：广播/电视、电脑、移动无线媒介和社交媒介。传播的每一项进步都提升了我们传送和记录信息的能力，并且每一项都在促进文化与社会的重大变化方面起了作用。想在另一种传播媒介登上舞台之前完全地领会某一种传播媒介的影响变得很困难。

 要点

- 印刷使信息可以为更多的人得到。它促进了本国语言的发展，支援了宗教改革，且有助于知识的传播和积累。
- 电报与电话是最早用来进行传播的媒介。它们标志着讯息第一次可以与送信者分开。电报促使铁路西进并让报纸能够发表更及时的新闻。电话作为最早的传播网络的例子把人们联系在一起。
- 摄影提供了一种保存历史的方法，对艺术产生了影响，并给报纸与杂志带来了更好的图片。电影帮助了一代移民社会化并成为美国文化重要的一部分。
- 无线电广播与电视广播把新闻与娱乐带进了家庭，改变了人们的闲暇时间，并开创了一种新的、即时的报道种类。电视对闲暇时间、社会化、文化和其他诸多领域产生了影响。
- 数字革命改变了信息贮存与传播的形式，并使电子商务成为可能。
- 移动媒介改变了美国文化，替代了大众媒介的某些功能。
- 下一座传播里程碑是社交媒体用途的扩张。
- 总的来说，预言一种新媒介的最终形态是困难的。新媒介改变但并不取代旧媒介。媒介创新的步伐近年来变得更快。

 复习题

　　1. 为什么电报被称为"时间与空间的伟大消灭者"？

　　2. 由摄影报道所形成的"公共的图像贮藏库"究竟是什么？你能想出其他通过摄影术的图像吗？

　　3. 数字技术中使用什么数位？为什么电报可以被视为最早的数字设备？

　　4. 移动媒介是如何改变我们对时间的观念的？

批判性思考题

1. 假设亨利·戴维·梭罗今天还活着，你认为对于互联网他会说些什么？

2. 许多人认为在所有本章所讨论过的传播媒介中，电视对社会的影响最大。你同意吗？

3. 当互联网最初发展时，"信息高速公路"这一术语频繁出现在有关新闻报道中。现在互联网存在已经有一段时间了，新闻报道却很少再用这一术语。为什么不用了呢？

4. 你有 Facebook 账号吗？如果有，它是怎么影响你的生活的？

5. 思考插文"手机、宗教与文化"。你还能想到其他技术设备经受过"培育"过程吗？"符合犹太教规的手机"与社区概念有何关联？谁应该决定新科技的哪些特征被引入某一文化？

关键词

技术决定论
摄影报道
数字技术

移动家长监护
时间软化

互联网冲浪

下面是一些提供媒介历史方面信息的网址。第 4 章到第 12 章中提到的网址也与此相关。

http：//fi. edu/franklin/inventor/bell. html
该网址重现了贝尔发明电话之路。

http：//mediahistory. umn. edu
这是关于媒介历史最好的综合性网址。包含全面的时间表、其他网址的链接、书评、论文、档案、留言板，以及关于特定媒介历史的网页。

www. archive. org
时光机的主页。可以查看存档的旧网页。

www. digitalhistory. uh. edu/historyonline/hollywood. cfm
提供许多包含电影史信息的网址链接。

www. gutenbergdigital. de
网上的古登堡《圣经》。

http：//inventors. about. com/od/tstartinventions/a/telegraph. htm
献给萨缪尔·莫尔斯的页面。包含有早期电报的图表以及莫尔斯代码字母表。

第二部分

媒 介

第4章

互联网与社交媒体

本章将帮助你：

- 描述计算机是如何发明的
- 解释互联网和万维网是如何发展起来的
- 理解宽带接入的优势
- 认识 Web 2.0 的潜力
- 了解互联网的经济影响力
- 讨论互联网带来的社会忧患

81　　"互联网改变了一切。"微软创始人比尔·盖茨早在 1999 年写下这些话的时候，具体谈论的是商业，结果是互联网不仅仅影响了商业。它已经改变了经济、政治、科学、教育、通信和美国文化。本章主要的相关内容是互联网已经改变了大众和人际传播。我们将在接下来的章节中看到，大众传媒正处于过渡阶段，他们正在努力适应互联网所引起的变革。此外，诸如谷歌、苹果和亚马逊这些数码公司如今已经成为大众传播领域的主角。最后，诸如 Facebook、Twitter 和 YouTube 等社交媒体在受众之间、媒体与受众之间开辟了新的传播渠道。我们还会看到，社交媒体为媒体行业创造了新的机遇和挑战。

　　因此，我们首先将着眼于各种大众传媒的最新变革：互联网和社交媒体。

计算机的简史

82

　　有互联网之前就有了电脑。计算机最早的形式基本上是加法机，使人们免做重复性算术计算的苦差事，例如由法国数学家布莱兹·帕斯卡（Blaise Pascal）发明的数字计算器，它能够将数字相加至 100 万。德国数学家戈特弗里德·威廉·莱布尼茨（Gottfried Wilhelm von Leibniz）研究了二进制算术，即只有两个可能值 0 和 1 的体系。最终二进制被运用于现代计算机。

　　在美国，19 世纪 80 年代赫尔曼·霍尔瑞斯（Herman Hollerith）发明了一种用穿孔卡片和电路来做计算的机器。他的机器运作得如此之好，这促使他开办了自己的公司——国际商业机器公司（International Business Machines，即 IBM）。在 1940 年，哈佛大学教授霍华德·艾肯（Howard Aiken）创造了第一台用二进制计算的机器。几年以后，宾夕法尼亚大学的研究员创立了第一台全电子计算机 ENIAC。尽管 ENIAC 的发明是一次巨大的突破，但它重达 2 吨，有两层楼那么高。

　　在 20 世纪 50 年代，晶体管、集成电路和硅芯片的发明使电子计算机变得更小、更便宜、更容易维修。20 世纪 70 年代，个人电脑（PC）被设计成家用型且能运行预装软件。

　　在 19 世纪 80 年代，调制解调器（modem）的发明，使电脑能够通过电话线与另一台电脑进行交流。局域网（LANs）的发展将几台计算机联结成一个网络，奠定了互联网的基础。到了 20 世纪 90 年代，小型化趋势持续发展。便携式计算机和无线式调制解调器变得更加常见。

　　到了世纪之交，个人电脑和便携式电脑出现在绝大多数的美国家庭中，大部分人通过互联网把它们当做通信设备使用。人们用计算机来获取新闻，发送电子邮件，在线观看视频，在网上交友。

　　在 21 世纪的第一个十年末，电脑变得更加便携。2009 年出现了上网本和专门为上网及基本功能设计的笔记本电脑，紧接着出现了苹果的 iPad 和其他品牌的小型平板电脑。此外，提供互联网接入的智能手机日益普遍。社交网络的出现，如 Facebook 和 YouTube 引发了计算机通信的进一步爆发。

　　在过去几年最热门的话题是**云计算**（Cloud computing，云是一个符号，代表着互联网）。简单地说，云计算是指通过网络提供的应用和服务。这个程序不是储存在你的电脑上，而是驻留在一个联网的网络服务器上。云计算的例子包括在线数据库，谷歌的在线办公应用程序和苹果的云服务（iCloud）内容检索系统。

83

　　美国人每天发送数百万的电子邮件，通过社交网络沟通，评论新闻事件，上传视频和花空闲时间上网。对许多人来说，没有电脑的生活很难想象。

引文	数字时代的另一项危险

　　使用笔记本最糟糕的地方在哪里？答案是你的腿上。

　　长时间在腿上使用笔记本电脑产生的大量热量会导致医生常说的"烘烤皮肤综合征"，该病征的一个主要特征是皮肤产生斑状变色，这通常是无害的，但它可能会导致腿上的皮肤永久变暗。

互联网

互联网是计算机网络的网络。你可以将它想成一个体系，它将世界各地的计算机联合成一个大型计算机，你可以在你自己的电脑上操作它。有些计算机由政府代理机构所操作（像美国航空航天局），有些由大学、图书馆、学校系统、企业等操作。这些网络之间的接线可能是普通的电话线、微波、光纤或是专为这种用途所拉的电线。比如它可能是电话系统。当你在克利夫兰市打电话给某人时，这个通话的发送经由了美国不同地区的几个不同的电话网络。你实际上不在意它经由什么途径或由什么公司来操作它，只要你的电话接通就行。互联网也一样。当你搜索信息、发送邮件或是在线聊天时，可能有好几个不同的网络在处理你的信息。正如不存在单个的电话公司一样，也不存在单个的互联网公司。

互联网看起来结构混乱，是由于其多少有些支离破碎的历史。也许了解一点背景会有助于认清它。

从"阿帕网"到互联网

早在 20 世纪 70 年代初期，当冷战还在风行时，美国国防部就很关心其计算机网络对核袭击的脆弱性。五角大楼不想因为一颗瞄准的原子弹而失去它所有的计算和通信能力。因此，防御计算机专家通过创造相互连接的计算机网络，将这个完整的系统分散开来。他们设计了这个网络，使每台计算机都能与其他所有的计算机交谈。计算机自己解决如何发送这个信息包。这样，如果网络的一部分偶然被破坏了，网络的其余部分仍能够正常运行。五角大楼最后发明的这个系统叫做阿帕网（ARPANET）。

与此同时，公司开发出使计算机关联到同样包含网络协议程序的局域网（LANs）的软件。不出所料，许多局域网也被联结到阿帕网上，使这个网络变得更大。

等级	密码
1.	123456
2.	12345
3.	123456789
4.	Password
5.	iloveyou

（提示：以上这些密码你都应该避免使用。）

早期网络的使用者主要是科学家和计算机专家，而且多数观察家认为它将继续只对高科技类有所助益（网络曾经被无情地指作"极客乐园"）。然而在 20 世纪 80 年代晚期，已联入阿帕网的国家科学基金会（National Science Foundation）的网络在美国的大学创立了超级计算中心。由于造价昂贵，所以只建立了五座。这意味着必须共享资源并相互连接。尽管阿帕网是联网必然的选择，但牵涉到太多问题。国家科学基金会于是建立了自己的系统，将一系列地域性网络最终连接到一台巨型计算机上。互联网由此诞生。

既然学生、科学家、政府员工和其他人拥有了进入巨型计算机的通路，由他们任意支配的信息量就极大地增加。互联网还用作通信连接物，使来自全国各地的科学家们得以分享数据。医生、律师、记者、作家和企业业主认识到这个网络的

引文　　停！来者是谁？

数百年来，军队一直依靠密码来区分朋友和敌人。而互联网也使用类似的安全系统来管理控制，成千上万的网站要求每一个用户都提供一个个人密码。这就产生了一个问题：我们如何记住所有这些密码？最近的一个调查表明很多人使用简单的解决方案。下面的表格里是网络上最常见的密码，由一个安全公司提供：

84

潜力，流通量因而增加。

不过使用互联网的仍然只是一小部分拥有计算机的人。但是，三个发展促使互联网普及度迅速上升。

第一个是 1990 年万维网（WWW 或 Web）的发展。瑞士一个物理实验室的工程师在网上开发了一个相互连接的计算机系统，它们全部使用相同的通信程序。这个通信程序利用了**超文本**（hypertext），即将一个电子文件（文本或图形）与另一个电子文件链接起来，从而创建虚拟网页的导航工具。这个网络开始是作为科学家的电子信息源，但是很快被整个互联网社区发现并加以利用。任何组织或个人都可以在网上创建页面，只要这个人或组织使用瑞士发明的通信规则。没多久传统的媒介公司、企业、组织和个人都被吸纳进网络。到 1998 年，估计有超过 100 万个网站在运转。

第二个发展使用户更容易在网上找到他们要找的东西。这发生在 1993 年，易于使用的导航工具的创建进一步刺激了万维网的发展。第一个**浏览器**（browser）叫"马赛克"（Mosaic），它能检索数据，测定其内容，配置并展示数据。"马赛克"为用户创建了一个简化互联网导航的图示。1994 年，"马赛克"的一位发明者成立了一家商业公司，后来叫做网景通信公司（Netscape Communications）。几年后，软件巨头微软推出了自己的浏览器 IE（Internet Explorer）。

第三个发展就是**搜索引擎**（search engine），即根据用户选择的词语来搜索网络并按照事先定义的规则如关联度显示结果。著名的搜索引擎如谷歌和雅虎。这些发展帮助用户利用互联网，把它变成一种有用的信息工具。

2005 年左右，易于操作的软件程序的发展使上传内容到互联网变得简单。这刺激了博客（见下文）、社交网站和视频分享网站的发展，这些使互联网比以往更受欢迎。

新的世纪见证了互联网持续快速增长。许多美国人使用高速的宽带连接上网，WiFi 热点使网络的移动性增强。在 2010 年，大约 80% 的美国成年人是互联网用户。美国人一个月内平均上网时间超过 32 小时，浏览网页超过 1 600 个。显然，互联网已经成长为一个强大的大众传播媒介。

互联网的结构与特征

个人能够进入互联网是通过互联网服务提供商（Internet Service Provider，ISP），这个公司将订户连接到网上，而且通常要收费（许多公司包括当地电话公司和有线电视公司行使 ISP 的职责）。

截至 2011 年，最大的互联网服务提供商是各自拥有 1 500 万用户的美国电话电报公司和康卡斯特公司。

 媒介探索

Twitter 和城市

如果你是 Twitter 的忠实用户，那你正好适合加入华盛顿特区的社交关系网。由《男性健康》杂志发起的一个调查表明，使用 Twitter 来联络的人数最多的城市是华盛顿。亚特兰大排名第二，紧随其后是丹佛。

得克萨斯显然没有那么多 Twitter 用户，而拉雷多和厄尔巴索排名垫底。

一旦连接到互联网，个人就可以使用各种工具获取信息、娱乐和通信。最常用的三种是：电子邮件、万维网和专门的应用程序。

电子邮件　有数以百万的人连接到了互联网上，你可以发送邮件给他们中的一人或者多人。**电子邮件**（E-mail）是顾客和服务器之间的信息往来。要发送和阅读电子邮件，用户（顾客）就得访问另一台计算机（服务器），即他们信箱的所在地。电子邮件的讯息不限于文本。像图形或电子数据表之类的附件也可以被发送。

电子邮件通常快速、便宜、可信赖。它是最为广泛使用的互联网资源。到 2010 年，有超过 107 万亿封电子邮件是通过网络发送的。

电子邮件挺有用，但是它同样有缺点。第一，它没有打印的信那么正式，所以可能不适于某些场合（比如告知某人被解雇了）。第二，电子邮件没有装在信封里的信那么隐蔽。你的电子邮件的信息可能经过好几台计算机，其他人可能会在这些计算机上读取它。一些公司为了管理可以查看员工的电子邮件。第三，电子邮件带来了一个始终存在的麻烦，那就是**垃圾邮件**（spam）。垃圾邮件的内容包括兜售抵押贷款、色情网站、特效治疗法等未经同意就投递的讯息，它们塞满了人们的电子信箱，而且删除起来非常费时。第四是信息过载的问题。在许多企业，备忘录过去只发给一小群人，而现在会发给每一个人，每个决议，无论多小，都得通过电子邮件传阅。

万维网 如前面所提到的，**万维网**（World Wide Web，WWW）是一个信息资源网络，它所合并的超文本可以使用户将一条信息链接到另一条信息上。注意万维网是互联网的一部分，这两个术语并不是同义的。

有些术语对区分二者可能很管用。万维网的结构建立在网络服务器上，即一台连接到互联网的计算机，它可以传输超文本页面。一个服务器可以拥有数千个超文本页面。**网站**（web site）就是一整套相互链接的超文本页面，它包含关于一个共同主题的信息。**网页**（web page）就是包含在网站内的一个超文本页面。网站的主页是这个站点的入口或门口，它包括了与其他页面或与站点内许多部分的链接。

网络导航协议给每一个网页指定了一个通用资源定位点（uniform resource locator，URL）和一个互联网地址。URL 的构成如下所示：

protocol：//server. subdomain. top-level domain/directory/filename

例如，这本书的 URL 是：

http：//www. mhhe. com/dominick12e

它表示网页在超文本传输协议上，服务器链接到 WWW，副域名是 "mhhe"，最高域名是 "com"，该目录名是 "dominick12e"。

网站的种类众多，对网站进行分类几乎不可能，但是我们来试试。下面列出了一些比较流行的网站类型。

 伦理问题

道德义务和互联网

在 2008 年年末，一个佛罗里达少年在网上直播了自己的自杀过程，当天早些时候他曾在一个在线论坛上宣布打算自杀，并将自杀过程通过摄像头发布到视频直播网站 Justin. tv 上。保守估计，当时至少有数百人看着他服用过量药剂并一动不动地躺在床上长达数小时。其中一个视频观看者最后打电话报了警，当警察赶到现场时已经来不及挽救他的生命了。

这起悲剧事件如此令人不安，而那些看到了自杀少年博客和观看自杀视频的人的行为更加让人沮丧。许多人怂恿、敦促他自杀，一些人怀疑他能否做到，并叫他胆小鬼，另外一些人则认为这是彻头彻尾的谎言而无动于衷。看到少年躺在床上数小时不动，一些博客作者甚至推测他们看到的是一张静止图片或是一段录像。尽管看到警察破门而入且救助失败，一些人仍未意识到这是真实的。一个博客作者说这些警察看起来是假的，因为他们的腰间没有别手铐。

为什么互联网带来了充满恶意、残忍和愤世嫉俗的人？究其原因，在互联网上的人隐藏在一个名叫"匿名"的斗篷背后，当你不需要留下名字的时候更容易表现出自己的阴暗面。匿名意味着不用负责任。出于群居本能，当人们作为集体的一分子时，一些人会做出平时作为个体时根本不会做或说的事。群体使人更容易逃避责任。另外，旁观者效应也在发挥作用。

当群体中存在其他相同的人时，个体更怠于在危急事件中提供帮助。这种现象在网络上也可能存在。最后，互联网缺乏情感关系。摄像头前面的人常常被当作一个物体，在观者和对象间缺乏人际关系。对于很多目睹这个悲剧的人而言，其所引发的情感关系与一段普通的 YouTube 视频无异。

公正地说，这是一个复杂的案例。这个少年显然患有精神问题，以前也曾威胁过要自杀但从来没有实施。并不是每个在线的人都在怂恿他，一些人很慎重地对待这个少年并试图说服他。尽管如此，这场悲剧的确提出了一个问题，即在线论坛或社交网络里的人们应该承担什么样的道德义务。正如第 17 章里所述，似乎需要执行"绝对律令"这项道德准则。简单地说，"绝对律令"类似于我们通常所说的"己所不欲，勿施于人"。

如果你有心理问题，你想得到他人怎样的回应？嘲笑、嘲弄或者漠不关心？还是想让别人理解你并帮助你？同样的逻辑也应该适用于互联网。我们都应该感受到对别人的责任。如果有人谈论自杀，这样的事应该得到严肃且充满同情的对待。我们对他人承担的义务并不会因为在互联网上而改变。

- 商业网站是各种企业为了推广或销售他们的产品而建。它们可能包含产品描述、消费者信息、广告、特别优惠和其他材料。比如 Tide.com 是汰渍洗衣粉的官网，ups.com 是 UPS 国际快递公司的官网。商业网站网址通常都以 .com 结尾。

- 机构网站是由许多非营利组织创建的，其主要目标是向会员或大众提供信息服务。比如美国医学协会（American Medical Association）、全美教育协会（National Education Association）、美国退休人士协会（American Association of Retired People）和联合国教科文组织（UNESCO）的网站。机构网站网址通常以 .org 结尾。
- 教育网站通常属于学院和大学。比如哈佛大学（Harvard.edu）和斯坦福大学（Stanford.edu）的网站。教育网站网址通常以 .edu 结尾。
- 政府网站，顾名思义，只限于从联邦到地方级别的政府实体。因此，USA.gov 是美国政府的官方网站，而 Atlanta.gov 是亚特兰大市的官方网站。大多数但并非所有的政府网站网址都以 .gov 结尾。
- 电子商务网站是基于直接从网站出售产品或服务而设计的。例如 Amazon.com（亚马逊）、Overstock.com（库存网）和 Fandango.com（美国票务网）。
- 个人网站包括个人、家庭或小群体的信息。家谱页面、个人页面、博客和许多其他类型的网站属于这一类。
- 新闻和资讯网站的内容会专业化，例如国际木材网（globalwood.org）的新闻主要是针对木材工业，佩雷兹·希尔顿网（perezhilton.com）提供娱乐新闻，另外像美国有线电视新闻网（CNN.com）或美国广播公司网（abcnews.go.com）则提供更为综合性的新闻。
- 娱乐网站提供消遣和娱乐。相关网站很多，包括 hulu.com、youtube.com、jokes.com 和 collegehumor.com 等。
- 社交网站是人们联系朋友和共享信息的地方。比如 MySpace、Facebook、Linkedin 和 Twitter。
- 搜索引擎网站能显示与用户的关键词相关的网站列表。谷歌、雅虎、MSN 等是常用的搜索引擎。

许多网站充当了**门户**（portal）的作用。门户，顾名思义，就是入口通道，人们进入网络之前首先看到的页面。成功门户网站的策略就是提供有用的信息给访问者，例如新闻摘要、天气、股市信息和廉价物品，这样用户不会到其他站点去寻找这些条目。人们在门户网站待的时间越长，他们见到站点上的广告的机会就越大。最知名的门户网站有雅虎、Excite、MSNBC 和美国在线（AOL）。

万维网有多大？答案很难确定，因为网络每天都在增长。2009 年，搜索引擎谷歌估计网上大约有 1 万亿个独特页面。但是，尽管叫做万维网，它主要还是工业化国家的网络。大约有 85% 的网页是英文、日文、法文或德文的。

应用程序　人们利用应用程序来使用互联网从网站传输数据，但是网站并不通过网页浏览器来显示。换句话说，应用程序把人们带入网站，并不等同于通过浏览器访问该网站。应用程序被设计用来提供更加令人满意的体验。例如，在浏览器中输入 CNN.com，你会到达的常规页面有众多缩略图、些许视频和许多符号列表的标题。通过 iPad 或其他平板设备使用 CNN 应用程序的人会有完全不同的感受：标题用具有视觉冲击力的照片和视频短片显示。触控屏幕可以显示更多报道、照片和视频。点击一张照片你就可以看到完整的报道。没有令人讨厌的弹出窗口、侵入广告或垃圾讯息。一些专家把应用程序比喻成"有围墙的花园"，身处其中你将更广阔的网络拒之门外。

应用程序非常受欢迎。截至 2011 年，iPad 用户已经下载了超过 6 000 万个应用程序。专家估计，全球有超过十亿个应用程序已经被智能手机和平板电脑下载。一切东西都有应用程序，从寻找最近的星巴克到跟踪股票市场不等。游戏类是最受欢迎的应用程序。"愤怒的小鸟"已经被下载超过 3 亿次。正如我们将在接下来的章节中看到的，许多大众媒体公司希望应用程序给他们带来更多的访客和收入。

 ## 演变中的互联网

88　网络变化的速度太快，以至于难以预见其未来。但是，有几种趋势得到大多数专家的认同，它们将会在未来几年内显著地改变网络。

宽带

宽带（broad band）指连接到互联网的一种方法，其传送信息的速度比传统拨号的调制解调器要快许多倍。速度的巨大提升使得它可以用极少的时间发送大文件。用拨号调制解调器下载一个普通的音乐文件可能要花半个多小时，但通过宽带只需要一分钟左右。此外，宽带将通过网络发送视频变成了现实。

用户可以通过卫星调制解调器、电缆调制解调器或其电话的数字用户线路（DSL）来连接宽带。这三种方法都比拨号连接更贵，平均每月从 40 美元到 75 美元不等。

除了促生高速互联网通道，宽带还带来了很多其他好处，包括视频点播、交互式电视、流媒体视频直播和下载电影。

由于增加了销售力度和特殊的定价计划，过去几年宽带用户的数量增加了不少。2011 年年初，大约 70% 的美国家庭使用宽带。尽管如此，美国的宽带普及率仍然落后于其他几个国家。例如韩国的宽带用户占了 93%。

迈向移动：无线网络

无线技术将在接下来的十年变得越来越常见。2010 年，使用无线网络的笔记本电脑超过 2 000 万台。由于有了 iPhone 和其他智能手机，使用手机上网的人数有 5 000 多万，通过平板电脑上网的人数达 2 000 多万。易于使用的端口和更快的网络在不久的将来可能会让这个数字更高。很快，互联网将无处不在。

使这一切成为可能的是 **WiFi** 技术（即无线保真技术）的发展。WiFi 使用低功率无线信号来连接设备以及设备与网络。基站用作发射器，电脑和手机用户可以使用特殊的硬件和软件来接入系统。

许多 WiFi 公共访问点或热点如雨后春笋般遍布全国——机场候机室、咖啡馆乃至公园。访问热点的人可免费连接到网络。专家估计，全球大约有 25 万个热点。

正如在第 1 章中提到的，流动性是一个新兴的现代大众传播的特点。WiFi 是网络向这个方向迈出的第一步。下一步将是 **WiMax（全球微波互联接入）** 技术，将无线互联网接入并布及整个大都市地区。WiMax 运作如同 WiFi，但射程不是 200 英尺①左右这么短，WiMax 覆盖范围大约有 10 英里。这意味着人们在列车上或在汽车后座上就可以登录到网络。无线公司希望 WiMax 网络最终可以像今天的手机通信网络一样遍布各地。

商业化网络

随着新型网站吸引了大量的访问者，投资者以及网站运营商对将所有访问者转化为某种形式上的货币奖励充满兴趣。因此出现了颇为拙劣的术语——商业化，即把某物转化为钱的过程。一些解决方案新奇异常。"虚拟人生"（My Second Life）出售虚拟的房地产给真实的公司，这样它们就能在虚拟世界中销售其产品。快门网（Shutter-fly）给用户提供上传、编辑和分享其照片的机会，并收取廉价的冲印费。另一些网站则更加传统。Facebook 在其页面上出售广告位。谷歌出售搜索结果旁边的赞助商链接（参见"社会问题：伪造点击"）。Hulu 网在播放节目前插播广告。You-Tube 对其某些视频也采取同样的措施。

不管采用什么技术，有一件事是肯定的：互联网的商业化比重将继续增加。首先，当大公司抢购有前景的网站时，他们会寻找能使投资得到回报的方法。雅虎人可不仅仅是因为喜欢欣赏图片而花 4 000 万美元买下了网络相簿 Flickr。其次，随着传统媒体受众继续流失，广告商和销售商正求诸网站以扩大其广告覆盖面。例如：亨氏在 YouTube 上赞助了一项比赛，奖励最佳番茄酱电视广告的作者 57 000 美元。

 社会问题

伪造点击

互联网广告势头发展强劲，2010 年营收超过 260 亿美元。互联网广告最常见的收费模式是"按点击量付费"。举个例子，不管你何时在谷歌上进行搜索，在搜索结果页面的右侧都会看到大量的与搜索相关的产品或服务的广告链接。搜索"卫星广播"，你会得到九条售卖卫星无线接收器和硬件的赞助商的链接。每次有人点击这些链接，谷歌就可以获得广告费——这即是"按点击量付费"。

最重要的是，谷歌向广告商收取在不同的网站上发布广告链接的费用（"谷歌广告"这样的标志常常出现在广告链接的周围）。这些链接可能出现在博客网站、菜谱网站，或商务网站的首页等地方。广告商也会为这些点击量向谷歌付费。反过来，谷歌与这些网站的出版人（博主、菜谱提供者、商业网站所有人等）进行费用分成。

"按点击量付费"模式对广告商、网站所有者、消费者和搜索引擎公司都有好处，但也产生了滥用的可能——比如"点击欺诈"。点击欺诈有两种存在方式。最简单的是一个人为竞争对手链接制造大量的虚假点击。假设甲公司和乙公司同时出售牙刷，每当有人点击谷歌搜索结果页面上的甲公司广告链接 1 次，甲公司就付给谷歌 1 美元。作为竞争对手的乙公司可以购买一个廉价的网络自动程序不断点击甲公司的广告链接，每点击 1 次花掉对手 1 美元。很快，甲公司不得不为这种"点击欺诈"支付大笔广告费。

① 1 英尺≈0. 3048 米。——译者注

第二种方式更加复杂，也具有相同的欺骗性。假如乙公司雇用谷歌将牙刷广告链接放到与之相关的网站上（如口腔卫生网站、牙齿健康网站等），同样公司为每 1 次点击支付 1 美元，谷歌将广告费中的 50 美分支付给这些网页的出版人。现在如果甲公司注册一个叫作"甲的灿烂微笑博客"的虚假网站，然后谷歌将乙公司的广告链接放在甲公司的虚假博客里，接下来甲公司用它的网络自动程序在自己的网站上产生数以万计的乙公司的链接点击量，就可能从乙公司诈骗大量广告费。

这种欺诈的情况有多普遍呢？这很难说。2006 年的一项报告估计，大约 15% 的广告点击都是虚假的。谷歌、雅虎和其他受欢迎的搜索引擎已经意识到了类似状况，安装了点击欺诈过滤器来侦察欺诈模式和排除虚假点击量。尽管如此，许多广告商还是声称这些大搜索引擎公司做得仍然不够。以莱恩礼物公司（Lane's Gifts and Collectibles）为例，该公司是点击欺诈集体诉讼的原告之一，并成功让谷歌付了 9 000 万美元的赔偿费。

博客

博客是"网页日志"的简称。博客是人们在上面随意写东西的日记，如新闻、政治、体育、音乐、电影、缝纫或其他感兴趣的东西。读者可以发表评论，与博客作者进行虚拟对话。博客常常包含其他博客、新闻报道、音乐片段和视频共享网站的链接。

博客起源于 20 世纪 90 年代末，但当时没有流行起来，直到免费软件使人们能够很容易将博客传到网上。很多人有博客。据博客搜索引擎 Technorati 跟踪报道，到 2009 年大约有 1.3 亿个博客。最近，博客的流行度降低，特别是在年轻人当中。

在 2010 年，一项由皮尤研究中心做的调查显示，截止到 2006 年只有一半的青少年拥有自己的博客。在 20 岁到 40 岁这个年龄段，拥有博客的人数比例也下降了。皮尤研究结果认为年轻人已经转向了 Facebook 和 Twitter 来表达他们的观点，而不是开博客。

尽管如此，一些博客仍然很成功并拥有众多粉丝。例如："每日科斯"和"电力线"已经成为有影响力的政治工具，而美国名人八卦网（Thirty Mile Zone，简称 TMZ）和佩雷兹·希尔顿是主要的专业娱乐博客。

互联网经济和新的在线大型公司

现在我们将简要地描述一下互联网对国家经济的影响，考察主导数字行业的新的大型公司，然后重点关注每个网站的财务规划。

互联网和国家经济

互联网已经对国家经济产生了重大影响。专家估计，互联网已经创造了约 120 万个工作岗位。经济学家评估互联网的直接经济价值在 1 850 亿美元左右。这包括约 2 600 万美元的广告费，大约 900 亿美元的零售额（亚马逊在 2010 年收入 340

亿美元），约 700 亿美元支付给互联网服务提供商的费用。分析师估计，互联网对其他经济领域产生的间接经济收益大约是 4 400 亿美元。

现在广告商在在线广告上的投入大于他们在报纸广告上的投入。现在在线广告花费占到了大

约 15％的广告支出总额，且这个比例有望继续

增长。

新的大型公司

尽管互联网被认为是完全由竞争驱动的自由市场的典范，但也已经被表 4—1 列出的这些大公司所主宰。注意，这些公司在十几年前都还未成立。同样值得注意的是，每家新的数字企业巨头都在某一领域占据市场主导地位。谷歌主导搜索引擎市场，占 83％；亚马逊主导在线零售市场；Facebook 主导社交媒体市场；苹果主导在线音乐发行市场；奈飞主导在线电影发行市场。

表 4—1　　　数字大众媒体公司排名

排名	公司	2010 年收入估算（亿美元）
1	谷歌	140
2	雅虎	44
3	苹果	41
4	Facebook	16
5	奈飞	15
6	亚马逊	10*

* 仅含亚马逊 Kindle 阅读器的销量和媒体下载的收入。亚马逊的零售总额约为 340 亿美元。

网站经济

互联网上的各种人员和组织千差万别，以致难以概括其经济情况。只能说利润动机对某些网站而言更为重要。相对那些为服务于客户而维护网站的政府机构或大学而言，在互联网上销售商品的公司或许更关心收入的产生。同样，马克斯叔叔或许也并不关心他的个人网页是否会产生利润。

本节的其余部分将调查重视赢利的在线企业。互联网赢利有三种基本方式。

第一种是创建一个内容十分引人注目的网站，以至于人们乐意出钱看它。遵循这种模式的一类公司提供对大量消费者有价值的专业信息。例如，《华尔街日报》对其在线版本收取订阅费。《纽约时报》，正如我们将在下一章中看到的，也是对内容收费。产品评估杂志《消费者报告》的线上订阅费是每年 26 美元。

另一类使用内容付费模式的企业是色情网站。据最新统计，这样的网站有数千家，而且其中某些网站是网上最赢利的。性交易在互联网上甚至都有。

第二种网络赢利的方法是在线出售商品或服

再次注意，在大众传播业中这些公司主要集中于内容发行业，他们在原创媒体内容上几乎没有产出。苹果公司曾经拥有制造动画电影的皮克斯（Pixar）公司，但也卖给了迪士尼（Disney）。谷歌旗下的 YouTube 主要利用用户生产视频来吸引受众。然后，它通过用户访问从广告商那里赚钱。简言之，它的利润来自他人的劳动。Facebook 在本质上也如此。奈飞发行由电影制片厂制作的电影；苹果发行由其他内容提供商制作的音乐、书籍、电影和电视节目；亚马逊也是如此。简言之，媒介权力已经从纽约和好莱坞的传统内容生产商手里让渡到硅谷和西雅图的内容发行商手里。

现在让我们来详细考察每个网站的财务情况。

务。例如，亚马逊销售从笔记本电脑到割草机在内的所有东西，就是这种商业模式最好的例子。尽管在新世纪的早期，许多在线零售商破产，但大部分仍然赢利。例如，亚马逊在 2010 年利润已达约 10 亿美元。

第三种网站的赢利方式就是出售广告。在 2010 年，广告商的在线广告投入超过 260 亿美元。在线广告可以分为三大类：（1）付费搜索广告，（2）展示广告，（3）分类广告。这三种中，付费搜索广告（如显示在谷歌搜索右侧栏中的赞助商链接）占收入的大部分，其次是展示广告（横幅广告，弹出窗口）和分类广告。

展示广告正变得越来越老到和难以屏蔽。现在大多采用"富媒体"的形式，使用颜色、移动和巧妙的设计来吸引注意力。视频展示广告也变得越来越普遍，用户一访问网站就会出现。

知名网络公司的网站吸引了众多访问用户，因而主导了在线广告收入。例如：谷歌 2011 年的广告收入约占在线收入总额的 66％，雅虎约

占 16%。

当然，有许多网站结合使用多种技巧。例如，

易趣对其服务收费，也出售广告，还销售自己的定制商品。

网站赢利的方式之一是在线售卖商品，如 ecost. com。

 媒介探索

欠钱吗？小心你在 Facebook 上的帖子

债务公司已经学会了利用 Facebook 来收集逾期债务。浏览个人的 Facebook 主页，很容易判断一个人是否佩戴着昂贵珠宝或驾驶新车，抑或是刚刚结束夏威夷度假。这样的信息能够告诉债务公司这个人是否有足够的资产偿付以前的债务。

一些债务公司更厉害。利用"尴尬"作为武器，它们通常扮演一个人的朋友发布信息，要求其打电话给债务公司。有的还通过 Facebook 联系其家人，要求他们说服欠债人偿还债务。这些手段可能并不合法，但部分债务公司仍然使用此种方式。

 互联网受众

反馈来源

正如第二部分所提到的其他媒体产业一样，有独立的公司提供关于互联网的受众资料。关于受众规模的可靠数据对那些想在网站上放置横幅广告的广告主很重要。主宰受众测量领域的两家公司是 comScore 和尼尔森旗下的 NetRatings。两家公司都利用消费者样本调查来得出它们的数据。comScore

在美国抽样调查了 200 万人左右，运用计算机的操作系统监控在家中和工作中的互联网行为。尼尔森对大约 7 万人的样本使用了一种类似的装置。两种服务都定期发布最受欢迎的网站排名报告。例如，comScore 于 2011 年 3 月公布前五大网站为谷歌、Facebook、雅虎、微软和美国在线。

comScore 公司调查哪些网站最受欢迎。

全球大约有 20 亿人在使用互联网。皮尤基金会赞助了许多研究互联网及其使用者的调查。其中一项报告显示："在萌芽阶段，互联网的主要用户群是年轻人，以及拥有高收入、受过良好教育的男性白种人。到了 1999 年至 2000 年的初级阶段，用户成为主流群体，女性用户数量与男性持平，更多的少数民族家庭成为用户，而更多一般收入群体和普通受教育者也开始上网。"很快，到 2011 年，互联网用户已普及至普通人群。

皮尤的报告称互联网已成为美国生活方式的"新常态"。大约三分之二的成年人使用互联网。通常每天有超过 1 亿的美国成年人上网收发电子邮件，获取新闻和天气情况，搜索特定的信息，或者就是为了寻找乐趣而浏览网页。青少年更常使用互联网，大约 80% 的青少年称他们经常上网。"互联网第一代"已成年，他们大多对互联网诞生前的世界没有多少记忆。

 伦理问题

黑帽子和白帽子

假设你在售卖鞋带，并且想通过网络卖出更多的鞋带。假设你设计的网站具有吸引力、信息丰富并且易于使用，是展示产品的最佳方式。世界各地的人们来访问你的网站和购买你的产品只是时间问题，对吗？不完全是。即使是设计得最好的网站，如果人们找不到它又有何用？

那么人们如何才能找到这个网站？绝大多数情况下人们使用搜索引擎来查找，比如谷歌、雅虎。但残酷的现实是，如果你想赚到钱，你的网站必须显示在鞋带类搜索结果的顶部位置。

举个例子：假设"鞋带"在谷歌里的搜索结果是 519 000 条，而你的网站在搜索结果里排在 502 000 位，那这个网站基本不可能被人们看到。另一方面，如果你的网站像伊恩的鞋带网（Ian's Shoelace Site）一样排在搜索结果的第一项，你可能会做得更好（统计数据显示，搜索结果第一屏的内容有 70％ 的几率被用户点击）。但是怎样才能让一个网站显示在搜索结果顶端？这个问题的答案将会把我们带入神秘的"搜索引擎优化"世界，对"黑帽子"和"白帽子"技术的思考引发出关于在线营销广告的伦理问题。

类似于谷歌和雅虎这样的搜索引擎采用的是算法（一组特定的指令）来决定搜索结果排名。"微型机器人"在互联网上通过复杂且秘密的算法以极快的速度对个人搜索结果进行排名。如果一个人知道这些算法是如何工作的，就可以对想在无穷无尽的搜索结果中名列前茅的网页进行设计。由此产生了一个新的职业：搜索引擎优化（SEO）。

从事搜索引擎优化的专业人士知道谷歌和其他搜索引擎在它们的算法中使用的要素，包括搜索词在网站内容的出现次数、搜索关键词的匹配度、网站的链接数和链接网站的"可信度"。有了这些知识，SEO 从业人士使用"白帽子"或合法的方法重新设计网站，比如让网页所有内容对搜索引擎可见。比如把产品清单从不可搜索的数据库转移到网站。其他的"白帽子"技术是加入另外一些优质网站的网络圈，从而增加网站的链接数。再者是确保每一页有足够的文本包括相关的术语（搜索引擎并不重视图片或图形）。

而"黑帽子"技术通常被认为是不道德的。这样的技术包括"隐身"，即创建两个版本的网站，一个是人们看到的，一个是仅对搜索引擎可见的虚假网站，假网站包括一些高频搜索词，比如"性"。另一种方法是使用文本来包含"性"这样的高频搜索词，用户们看不到（背景和前景颜色都一样），但是能被"微型机器人"看见。还有一种"黑帽子"技术是"链接工厂"，使用软件自动生成大量链接到原始网站的页面。有一些非法软件程序甚至可以强行链接到搜索引擎认为可信度高的网站（如大学网站）。

当然，谷歌、雅虎以及其他一些搜索引擎非常清楚这些欺诈手段，并尽力减少由"黑帽子"技术造成的操纵排名现象。采取"黑帽子"技术的公司一经发现，其公司信息就会从搜索结果里剔除。2006 年，谷歌指责汽车制造商宝马使用隐身技术来提高其搜索排名，把宝马公司从搜索结果里删除，直到对方不再用造假技术。尽管如此，随着互联网搜索市场的收入持续增长，"黑帽子"和"白帽子"之间的斗争无疑会继续下去。

社交媒体

试图去定义社交媒体的概念并不容易。通过网络搜索马上能得到许多定义（社交媒体导航就列出了 50 条），它们中的大多数都是维基百科的变体版本（用社交媒体来定义"社交媒体"的例子）："社交媒体是社会交流的媒介，使用高可用性和可适应性的通信技术。社交媒体是使用网络和移动技术将通信变成交互式的对话。"（这是截至 2011 年年中的定义，它现在可能已经不同。它还表明维基百科不确定"社交媒体"是单数还是复数）。当然，使用社交媒体的人对社交媒体的正式定义也许并不感兴趣。他们更感兴趣的是能用社交媒体做什么。简单地说，我们能用社交媒体做如下事情：

- 参与（例如在掘客网上给喜欢的文章投票）
- 交谈（对别人的博客发表评论）
- 分享（在博客或像 Flickr 和 YouTube 这样的网站上创建和发布信息）
- 协作（与其他小组成员共同创建内容，如维基百科）
- 联系（与朋友或有相同兴趣的人结成社交网络，如 Facebook、Twitter 和 Linkedin）

无论我们如何定义社交媒体，很显然它们是

非常受欢迎的。Facebook 拥有大约 6 亿名会员，每个月有超过 1.5 亿位独立访问者。75％的美国青少年使用社交媒体网络。超过一半的美国人是 Facebook 的成员。Twitter 有 2 亿注册用户和 2 300 万独立访问者。Twitter 称其平均一天的发布量大约有 1.4 亿次。MySpace 虽然不如前几年那么流行，但每月仍然吸引了大约 5 000 万独立访问量，Linkedin 大约有 2 600 万独立访问量。如果把美国人花在网上的所有时间浓缩成一个小时，那么访问社交网站和博客占了最多的时间，大约 13 分半钟。其次是玩游戏，占 6 分钟，接着是发送/接收电子邮件，占 5 分钟。

社交媒体用户正在老龄化。社交媒体上的成年人的数量从 2007 年到 2011 年翻了一番。用户的平均年龄从 2008 年的 33 岁上升到了 2010 年的 38 岁。女性比男性更有可能使用社交网络。

社交媒体之所以受欢迎，是因为他们能够通过各种平台使用，如个人电脑、笔记本、上网本、平板电脑和智能手机。平均每位智能手机用户大约 20％的使用手机的时间是在访问社交网络。据 Facebook 称，超过 1.5 亿的会员通过移动媒体来访问他们的网站。

社交媒体的影响

我们已经在第 3 章讨论了社交媒体的历史和一些文化影响。本节的剩余部分将着重关注社交媒体的现实影响。首先，传统媒体已经把社交媒体作为他们吸引和稳固受众群的手段之一，我们将在随后的章节中看到更细致的讲述。报纸新闻通常有一个选项，可以让读者在 Facebook、Twitter 和其他网站上分享这则新闻。电视节目有他们自己的 Facebook 页面，许多电影〔例如《鬼影实录》（*Paranormal Activity*）〕严重依赖于社交媒体推广。许多怀揣抱负的歌手之所以能一朝成名，要得益于 YouTube 上的视频。

引文	关注红人

截至 2011 年年中，Twitter 上拥有粉丝数最多的五人是：Lady Gaga、贾斯汀·比伯（Justin Bieber）、布兰妮·斯皮尔斯（Britney Spears）、巴拉克·奥巴马（Barack Obama）、金·卡戴珊（Kim Kardashian）。你怎么看？

有趣的是，使用社交媒体似乎并不影响花在传统媒体上的时间，这可能是因为很多社交媒体的用户会同时做很多事——一边在 Facebook 或 Twitter 上发帖，一边看电视或者听音乐。

其次，很微妙的是，社交媒体已经改变了我们对娱乐的看法。最近的一项调查显示，约 60％的受访者认为社交媒体网站是一种娱乐方式。在年轻人中，持有这种看法的比例甚至更高。这一发现对现有的娱乐媒体意义重大，因为人们更依赖于他们的朋友，尤其是在社交网站上的朋友来寻求娱乐，而降低了对传统媒体的依赖。

95

 决策者

马克·扎克伯格

马克·扎克伯格（Mark Zuckerberg）是为数不多的 20 多岁就已经拥有其传记电影的人。电影《社交网络》（*The Social Network*）回顾了 Facebook 发展的早期他所经历的考验和磨难。

扎克伯格在年轻的时候就对电脑感兴趣。他的父母为了支持他的兴趣为他聘请了一位计算机编程老师。12 岁的时候，他开始设计开发儿童时代喜欢玩的棋盘电脑游戏。在计算机网络软件普及的前一年，扎克伯格创建的计算机互联网络就能把家里的所有电脑连接起来。高中的时候，他与人合写了一个音乐推荐程序叫作突触（Synapse）。美国在线和微软公司都曾开价 100 万左右要购买这个程序，微软甚至试图将他招募至旗下。扎克伯格都拒绝了，而是于 2002 年 9 月进入了哈佛大学学习。

还在哈佛就读的时候，扎克伯格创建了一个网站叫做"课程搭配"（CourseMatch），能让哈佛学生看到他的同学正在学习什么课程。"课程搭配"网站取得成功之后，扎克伯格开始开发 Facemash 网站。为了构建该网站，扎克伯格第一次入侵哈佛大学宿舍系统里的身份证照片。Facemash 网站将两名学生的身份照片放在一起，让用户选择哪一位更吸引人。这个网站上线头一个小时就吸引了 450 位访问者，但几天后被关闭。

扎克伯格迅速展开了他的下一个项目。2004 年年初，作为一个 19 岁的大学二年级学生，马克·扎克伯格在他的宿舍里创建了现在最大的社交网站。这个网站最初叫 thefacebook，旨在方便实现大学同学间的彼此联系和沟通。最初，网站只允许哈佛大学学生加入，慢慢地其他常春藤联盟学校的学生也加入进来。到 2004 年年底，允许所有美国院校学生注册。最后，扎克伯格缩短了 thefacebook 这个名字，定名为 Facebook。到 2005 年，高中生和国际大学也可以通过邀请的方式加入 Facebook。2006 年，Facebook 允许所有 13 岁以上的人加入。目前，Facebook 已经拥有超过 7 亿用户，并且仍在增长中。

在 thefacebook 诞生的同时，其他社交网站也存在，但这些网站允许用户随意更改他们的身份和介绍。扎克伯格的创新之处在于创造了一个只能代表真实身份的网站，由此形成社会关系网。

除了社会关系网以外，Facebook 现在还包含诸多特性。它允许用户分享照片（目前已有超过 150 亿个用户上传照片）和视频。此外，还有数百万的 Facebook 用户和他们的朋友在体验互动社交游戏。

扎克伯格对 Facebook 最新的期望是将来网站能够连通用户在互联网上的所有东西。部分网站允许用户使用 Facebook 账号直接登录，可以对文章、产品，或者是任何他们看到的东西点"赞"，并分享给 Facebook 上的朋友们。

由于 Facebook 不是上市公司，很难对它进行准确的估值。但是，其总体价值肯定大于 500 亿美元。2010 年，扎克伯格被《时代》杂志评为年度人物。

（梅根·E·多米尼克提供）

像 YouTube 这样的视频共享网站进一步强化了这一趋势。新的数码相机和软件使得拍摄、编辑和网上发布视频更容易。YouTube 已经拥有超过 1.2 亿个视频，其中大约 75% 都是业余爱好者制作的。此外，在 Facebook 页面或博客中嵌入视频变得更加简单。简言之，得益于社交媒体，朋友、邻居和熟人现在能提供大量重要的娱乐信息。

再次，除了娱乐，社交媒体已经成为新闻采集不可或缺的一部分。当新闻发生的时候，Facebook 和 Twitter 上的发帖通常是关键的信息来源，海地和日本地震事件就证明了这一点。在新闻事件的早期阶段，主流媒体往往依赖于 Twitter 和 Facebook。海地地震时，许多最早的灾害图像都来自幸存者传到 YouTube 上的视频，随后它们才出现在电视新闻节目中。日本地震时，一位来自英格兰的女士说，地震发生时她正在 Facebook 上和她身在日本的表哥聊天。

接下来，社交媒体不可避免地走向了商业化。似乎现在每一个大型的营销活动都有某种社交媒体在其中。嘉年华游轮公司（Carnival Cruise Lines）网站开设了游客社区，在上面游客可以分享巡游照片，并对巡航线提出建议。大型品牌都有 Facebook 页面（宝马公司的页面已经超过 50 页，每一页针对一个销售国）和 Twitter 账户（士力架拥有超过 2 500 个粉丝）。男性护理品牌 Old Spice（和许多其他品牌）都有自己的 YouTube 频道（"你的男人闻起来像 Old Spice 的味道吗？"这则商业广告已经被观看了超过 1 900 万次）。乐倍饮料（Dr. Pepper）有 850 万粉丝群在 Facebook 上为其点"赞"。用谷歌搜索"公共关系"和"社交媒体"，共有 1 400 多万个搜索结果。许多品牌现在雇用了一批员工专职指导公司的社交媒体策略。这种商业化可能会引起用户的反感。很多时候，

Twitter 似乎很像名人的营销手段，帮助名人与他们的粉丝保持联系或宣传他们的最新动态。

商业化的社交媒体

在社交媒体中广告是笔大生意，2010 年产生了约 20 亿美元的广告费，预计到 2016 年将会上升到 80 亿美元。Facebook 在社交媒体的广告业务中占了大头，2010 年超过 15 亿美元，主要来自页面上的展示广告。投资者都看好社交媒体。Linkedin 出售股份筹集了 90 亿美元。如果 Facebook 上市①，专家预测它的价值将在 500 亿到 1 000 亿美元之间。

作为动员媒体的社交媒体

社交媒体可以动员人们某个时间出现在某个地点。快闪族（flash mobs）是通过社交媒体召集起来突然出现在某个公共场所，并在短时间内做一些看似毫无意义的活动，然后就解散的群体。他们在社交媒体的早期阶段就已经出现。2006 年，快闪族聚集在伦敦的各个地铁站跳迪斯科。数百人聚集在英国布里斯托尔的一个购物中心，参加一场星球大战的激光剑战斗。（最近有一个令人不安的势头，快闪族已经开始聚众犯罪，2011 年夏天发生在伦敦的事件就是一例。）

然而，2010 年至 2011 年，社交媒体的动员力量被用作制造动乱的手段，波及了整个中东地区。有意思的是，这最先发生在突尼斯，这是阿拉伯世界中网络最发达的国家，此前一个失业的年轻人用自焚来表示抗议。尽管政府严格审查，但是年轻人在 Facebook 上发布了这则自杀新闻和进一步对抗政府的计划，同时在 YouTube 上发布示威游行的视频。尽管政府限制互联网的使用，但抗议者仍然设法使用 Facebook 和其他社交媒体网站继续进行示威游行。最终，抗议导致政府垮台。然而，结果并不像一些人期望的那样乐观。宗派争斗出现，经济摇摇欲坠，这个国家的局部地区发生了反对临时政府的示威游行。

动乱接下来蔓延到了埃及。该国的导火索是哈立德·萨义德（Khaled Said）在埃及被警察殴打致死。借着突尼斯的示范效应，年轻人建立了一个 Facebook 页面，题为"我们都是萨义德"，迅速吸引了 40 万名成员。此外，那些不满胡斯尼·穆巴拉克（Hosni Mubarak）政权的人，利用社交媒体来动员、协商、宣传抗议和示威。一个年轻的参与者总结说："我们使用 Facebook 来安排抗议日程，用 Twitter 进行协调，用 YouTube 告诉全世界。"2010 年 1 月，萨义德的 Facebook 页面召集大规模抗议活动，成千上万的抗议者出现了。穆巴拉克政府不确定该如何回应，最终采取了关闭埃及网络的措施。在谷歌和 Twitter 的帮助下，持不同政见者得以在封锁的情况下展开活动并公布他们的讯息。政府不久改弦易辙，重新开通互联网。全国各地的抗议继续升级，直到穆巴拉克在内外压力的威逼下被迫辞职，由军事委员会接管政府。然而，示威游行并没有停止，游行者再次走上街头抗议政治改革过慢。

 媒介探索

虚拟世界中真实地点的重要性

大部分对 2010—2011 年间北非起义的分析都考察了互联网和社交媒体是如何导致政府倒台的。但多少有点忽视了物理空间在这一过程中

---

① Facebook 于 2012 年 5 月在纳斯达克上市。——译者注

的作用。

稍微发挥一点想象力就能知道，社交媒体的起源可以追溯到希腊古集市，人们聚集在这个城市中的特定场所聆听公民公告、讨论最新的新闻。古集市成为政治、文化和经济活动的焦点，并定义了市民生活。在现代，古集市变成了城市广场，比如纽约时代广场、伦敦特拉法加广场和罗马圣彼得广场。

当突尼斯抗议开始的时候，示威者理所当然地聚集在首府的古堡广场。在埃及，示威者

聚集在解放广场。在巴林，聚集地是明珠广场。利比亚的情况截然相反，政府支持者在的黎波里的绿色广场上集会，但广场又陷入了冲突中。

广场的重要性是很容易理解的。十万人聚集在一个地方比十个不同的地方分别聚集一万人发出的声音更加有力。此外，与 Facebook、Twitter 或 Skype 上通过虚拟方式进行个人交流不同，聚集在广场上的人能感受到来自众人的力量，与并肩站立的他人分享他们的不满和激情，相互团结共同实现社会革新。

2011 年年中，社交媒体助长动乱扩散到中东其他国家，但结果并不乐观。利比亚爆发了内战。在叙利亚，数十人在示威者和政府的冲突中丧生。在巴林抗议中至少有 20 人被杀害。

错综复杂的结果凸显了社交媒体用于政治目的时的优劣势。首先，尽管社交媒体可能是革命的催化剂，但也不能保证他们的革命动员会成功。2009 年，伊朗得到有争议的选举结果之后，社交媒体使人们聚集到了街头，但他们的抗议活动并没有导致政权更迭，因为政府动用暴力镇压了起义。同样的场景出现在了 2011 年中期的利比亚和叙利亚。其次，专制政府对于处理通过社交媒体组织起来的抗议越来越熟练。在叙利亚，政府

表面上撤销了一项封锁 Facebook 和 YouTube 的措施，作为对抗议者的让步，但评论家认为，政府可以轻松地通过监视 Facebook 的帖子来识别任何抗议的首领。在其他国家，有的政治当局通过使用社交媒体发布计划举行抗议集会的虚假信息，然后逮捕了所有参与者。俄罗斯甚至开办了替代性社交媒体 Vkontakte，在这上面持不同政见者更容易被监视。最后，社交媒体可以赋予年轻人集合和摆脱专制政权的权力，但真正的考验是之后需要建立起一个更积极响应民众的新政府。到目前为止，社交媒体还未能促使这项艰巨的任务得以成功。

负面影响

除了在前文中提到的需要警惕的地方，我们将会在本节末提到更多关于社交媒体的缺陷。首先，它影响工作效率。根据 2009 年的一项调查显示，每星期员工在工作的时候平均花费 45 分钟在社交网站上。这听起来可能不算多，但一年会耗费雇主数百万美元。

此外，数字媒体很容易复制、存档和共享。你的 Twitter 信息、博客条目、Facebook 的帖子和照片都可能保存在其他人的硬盘里，这也许将来会对你造成困扰。一些私人的信息可能会被前男友或前女友分享给大家。你晒在网上的聚会照片，说不定未来的雇主并不会乐见（许多公司称他们

会例行检查求职者的 Facebook 页面）。到了 2036 年，职场求职者可能会不得不解释 2012 年晒在网上的那些有争议的博客帖子。

接下来是潜在的**网络暴力**（cyberbullying）。网络暴力可以采取多种形式，包括在个人 Facebook 页面上发布诋毁信息，张贴令人尴尬或不讨人喜欢的照片，或者通过即时信息、短信或电子邮件骚扰他人。这种暴力已经存在很长时间了，但社交媒体使它的影响变得更加严重。网络暴力极易迅速传播，可能覆盖广泛的受众面。最近一项由皮尤基金会互联网项目做的研究显示了一些令人不安的发现：

互联网的社会含义

你们已经了解了互联网和社交媒体的一些详情，接下来我们讨论它的一些含义。但是，要记住的是互联网和社交媒体是在不断演变的，许多对社会造成的影响还没有被发现。不过，一些影响结果已经显而易见。

新闻的新模式

首先，互联网加强了大众媒介的传统监视功能。正如我们所看到的，当一个新闻事件发生时，被涉及或感兴趣的各方可以通过 Twitter 或 Facebook 或上传视频到 YouTube 来报道事件。关于日本地震、海啸和突袭本·拉登的新闻首先是出现在社交媒体上。这说明了传统新闻业的一种转变，在传统新闻业中决策是由编辑决定，并且是自上而下的。现在的新闻发源于新闻源，并"流"向对此有兴趣的任何人。正如一些专家所说，过去传统新闻是一种讲座，现在它是一种对话。

博客已经质疑了传统媒介中新闻报道的准确性，一些草率的或者不准确的新闻报道实例已经暴露出来了。作为回应，新闻媒体已经试图使它们的处理技术更加透明。简言之，互联网为传统新闻媒体提供了额外的检测和平衡，从而使它们对公众更负责。

互联网同时也增强了解释的功能。特别是社交媒体使大家可以对新闻话题或有争议的问题表达自己的意见。此外，许多政治家和权威政策制定者甚至通过阅读博客扩大了他们的影响力。

把关人的缺失

正如在第 1 章中提过的，传统大众媒介有许多把关人。而互联网却没有。这种情况有许多含义。

第一，无用的、琐碎的、无价值的或不重要的讯息使系统信息超载的风险增长。我们真的每天需要 1.3 亿个博客或 1.4 亿条 Twitter 消息吗？

第二，把关人也具有信息评估者的作用。报纸编辑和电视新闻编辑会考量潜在新闻源的真实性和可靠性。然而，把关人也不是绝对可靠的。在第 13 章中将详细介绍，许多错误甚至被最主要的电视网、报纸和杂志的把关层所遗漏。不过，如果制度运转正常，虚假小道消息、未经证实的传言和错误信息在刊登或播出前就会被过滤掉。然而，在互联网上获得的信息是没有保证的。其中一些可能是准确的，另一些您在使用时必须自己承担风险。

第三，没有把关人意味着没有审查制度。互联网就像一个巨大的城市。有一些街道能让整个家庭感到舒适，而另一些街道你可能都不会想要带孩子去。

当然，没有把关人也会有一些潜在的正面效益。例如博客。博主可以发布在传统媒体看来极具争议或没有经济利益的话题。此外，博客不受传统主流新闻的束缚。他们可以偏袒、质疑和完全个人化。这使得内容生动且令人兴奋。

信息超载

互联网代表了一个无可比拟的信息检索工具——倘若有人知道如何使用和理解它。网络诞生前，学生们做研究必须查找原文、参考书或百科全书——拥有某种公认权威的资料来源。如今，学生可以用搜索引擎来寻找这个主题。网络搜索会不加选择地显示出一列可能共计上百万种的"原始资料"。屏幕上每种来源看上去都具有相同的可信性，即使某些可能源于科学文献，其他的则来自连环画。

例如，在做研究时，我使用谷歌来查找"虚拟现实"的参考条目。我的搜索出现了 3 210 万条匹配项，有些是关于虚拟现实游戏的，有相当多是色情的，有很多是来自制作虚拟现实软件的多媒体公司，有些是描述技术背景的，还有一条关于将虚拟现实技术用于执法和爆炸训练的内容（当然，我可以使用某些高级技术来缩小我的搜索范围，但事实仍是这样：网上的东西太多了以至于有用性受损）。而且，除了通过标题做出合理的猜测外，我对于哪些来源比其他的更加权威一无所知（学生做常规研究时也必须评估一下其来源的可靠性，但是信息的丰富性和网络的绝对规模使这件事极其难以办到）。

隐私问题

互联网同样也造成了许多隐私问题。维护个人隐私在电子时代不是一个新问题，然而在互联网到来之前，收集某人的详细档案需要花数天甚至是数星期来搜寻许多地方的零散记录。今天，有了计算机数据库，只要用鼠标点击几下就能完成这件事情。以下这些例子说明了这个问题的恶化：

■ 2011 年，索尼发现一名黑客窃取了 7 700 万索尼游戏机 PlayStation 在线玩家的姓名、出生日期，可能还有信用卡号码。

■ 2009 年，由于不当行为而被调查的 250 份洛杉矶警察的名单被误发到互联网上。

■ 有些州把性侵犯者的姓名和地址公布在网站上。尽管这么做的动机是可以理解的，但是由错误或陈旧信息引起伤害的可能性却很大。在北卡罗来纳州有一个家庭就受到了困扰，因为他们的住址被作为一个臭名昭著的性侵犯者的家列于网上。这名性侵犯者好几个月前就搬走了，但是住址这一条却没在数据库中撤下。许多公司现在差不多要收 150 美元来揭露某人的当前住址、社会保障号、银行账号、犯罪记录和工作经历的在线搜索。

■ 另一个越来越令人担忧的是身份盗窃。一个人可以从互联网上获取某人的姓名、社会保障号和出生日期，然后用以申请信用卡、贷款，甚至以其他人的身份作案。更加令人不安的是受害者甚至可能并不知道别人用他或她的名字做了什么事情。

在过去的几年里，除了美国国会要限制个人信息的获得之外，政府也同隐私问题展开了较量，并且有几项法案已被引入州立法机构中。这个问题很复杂，因为很多人担心政府管制会太严，以致合法的信息搜索也会很难。比起法律来，很多人更喜欢自律指南。

 ## 逃避现实和孤僻

最后，互联网是否会使人与人之间疏远？许多人把大量的时间花在发送电子邮件、即时通信、在线聊天、玩游戏、在线购物、更新他们的 Facebook 和 Twitter 页面，甚至是网恋上。随着越来越多具有吸引力的事物出现在网络上，我们是否会花更多的时间盯着电脑屏幕呢？心理学家已经将这种情况确认为"网瘾"，类似于毒品或酒精成瘾。互联网用户的早期调查显示，花数小时上网的人有孤僻和抑郁的征兆。后来的研究并没有发现这样一种关联性，但这些研究是在社交网站变得流行之前做的。

未来展望：恒网

电脑和电脑芯片在不断变小。不久，微型电脑将成为我们的家用电器之一，甚至是我们的着装之一。这些设备将非常小，我们甚至可能不会意识到它们的存在。此外，专家预测在未来十年，技术的进步可以使微型电脑携带网址且始终与互联网相连。设想有一个炉子，每当它感应到旧的过滤器脏了，就可以通过互联网自动订购新的过滤器。设想随身携带的微型电脑可以自动打开你的车，打开你的车库门，帮你付通行费和停车费，以及提醒你需要换车胎了。如果你能想象出这一切，你就知道互联网的后继者**恒网**（Evernet）是什么样的了。

恒网（也称为超网或互联网二代）将标志着无线、宽带和其他设备的融合，这将使你在任何地方使用信息设备的时候始终与互联网相连。你将无需再"登录"网络；你和所有其他有电脑芯片的设备将一直自动"在线"，并且始终保持相互连接。恒网将融合虚拟世界与现实世界。

恒网的影响是惊人的。一个人可以立即发送或获取来自世界上任何地方的信息。这对消费者来说意味着什么？你可以在任何时间任何地点订购任何东西。即兴购物将会有全新的含义。此外，消费者可以通过比价搜索引擎，查出街对面的价格是否更便宜。那这对商业有何影响呢？生产商的装配线可以和全国各地的收银机相连接。当销量上涨时，装配线就该加班了。

对于日常生活呢？"智能房屋"的自动运行将成为可能。一个智能的房子会告诉你每天的安排和家务，监控安全系统，安排维护和修理的日程，供应不足时订购食物，调节温度和照明，研磨咖啡，甚至给浴盆放热水。

对于健康呢？人们戴着起搏器可以将他们的心率和其他医疗数据持续传送给他们的医生。如果有些东西有问题，这个人就会得到从医生电脑上打来的电话："你的血压太高了。你吃药了吗？"

当然，这一切听起来有点像科幻小说，而且很可能新技术并不会触动消费者。不过，50 年前，互联网听起来也很像科幻小说。

互联网和社交媒体的职业前景

互联网和社交媒体仍在不断地发展，所以很难描述特定的职业道路。正如我们在后面的章节中将看到的，娴熟于在线广告和在线公关技术的学生将获得机会。懂得设计和管理网站的人才大受欢迎。一些媒体公司已经聘请了社交媒体主管来监督公司在社交媒体上的形象和对社交媒体的运用。事实上，在未来可能会出现一些目前还没有出现的社交媒体的相关工作。

各个媒体的职业前景变化迅速。关于互联网行业当前状况的更多描述以及更为详细的职业选择介绍，请参考本书网站：www.mhhe.com/dominick12e。

要点

- 计算机的鼻祖是执行数学运算的机器。
- 到 20 世纪 70 年代，运用预装软件的个人电脑上市了。
- 互联网是计算机网络的网络。它由美国国防部发起，早期多由科学家所使用。多亏有了国家科学基金会的努力，才在 20 世纪 80 年代建立现今的互联网。
- 互联网的主要特色有电子邮件、万维网和应用程序。
- 宽带连接的引入将促进流视频和微播的发展。
- 互联网对全国经济产生了有益的影响，电子商务也继续得到发展。
- 社交媒体已经成为重要的新闻来源和娱乐来源。
- 社交媒体可以发动政治运动。
- 互联网的发展产生了很多社会问题，如新闻把关人的缺失、信息过载、隐私权缺失以及人际隔离等。
- 恒网可能成为互联网的后继者。

复习题

1. 互联网是怎样产生的？
2. 区分网站、网页和门户网站。
3. 什么是平板电脑？它是如何影响你的生活的？
4. 社交媒体的主要功能是什么？
5. 互联网和社交媒体的社会影响有什么？

批判性思考题

1. 查一查网上的一些博客，有多少你认为是有用的？

2. 在网上搜索你的名字。看看你能在网上找到多少有关于你自己的个人信息。你找这些信息有多容易？别人同样也能找到你的信息吗？

3. 你使用社交媒体吗？它在你的朋友中有多大影响？

4. 某些评论家（其中有罗杰·埃伯特）表示过因特网上的免费信息时代就要结束了，而且最终，我们将会花钱购买我们从网上获得的多数内容。你同意吗？你会花钱访问搜索引擎吗？或是像 CNN. com 这样的网站？

5. 预测一下社交媒体的未来。

103

关键词

云计算
超文本
浏览器
搜索引擎
电子邮件
垃圾邮件
万维网
网站

网页
门户
宽带
WiFi
WiMax
网络暴力
恒网

互联网冲浪

www. isoc. org/internet/history/
一个由互联网协会制作的关于互联网历史的交互式网站。

http：//www. yahoo. com
著名的新闻门户网站之一。

www. pewinternet. org
皮尤因特网和美国生活项目提供的人们如何运用因特网的最新的新闻。

www. socialmediawebsites. com
提供了世界上最好的社交网络和媒体网站的目录和导航。

www. technorati. com
想阅读博客吗？想阅读 1.3 亿个博客站点吗？这个网站几乎追踪了所有博客。

www. twitter. com
你正在做什么？用 140 个字来告诉大家。

第5章

报纸

本章将帮助你：

- 描绘报纸在当今数字时代所面临的挑战
- 认识大众报纸诞生的必备条件
- 理解便士报的意义
- 阐释报纸在线版与印刷版的特点
- 认知在线报纸与印刷报纸的融合
- 理解发行审计局的作用
- 认识报纸维持运营的各种方法

2011 年 3 月 28 日之后，要阅读《纽约时报》网站上的文章就不那么容易了，可能稍微要贵一些。在 105
此之前的新闻都是无限量且免费的。不过，像大多数报纸一样，《纽约时报》在设法增加收人。办法是：
建立"付费墙"，向读者收取阅读在线文章的费用。

以下是《纽约时报》对新系统的解释，该系统建成花费约 2 000 万美元。如果你订阅了纸质版报纸，
你不用额外付费就可阅读在线版内容。如果你没有订阅，你仍然可以每月免费浏览 20 篇 NYTimes.com
上的文章。如果你想阅读更多的内容，就必须成为数字订户（数字订阅包按所使用的移动设备不同收费
从每年 195 美元到 455 美元不等）。不过，在每月的免费阅读量之外，你还可以通过 Facebook、Twitter、
博客或其他社交媒体的链接而阅读《纽约时报》文章。如果你是通过五大搜索引擎（谷歌、Bing、雅虎、
Ask、AOL）登录阅读《纽约时报》文章，每天每个搜索引擎提供的免费文章只有 5 篇，所以总计是每天
25 篇加上每月 20 篇。纽约时报网主页和分版首页可供所有用户随时免费浏览。 106

计算机高手很快找到了翻越付费墙的办法，包括清除追踪文章数量的 cookies，或是清除 URL 中的字
符，或是添加几行计算机编码。总之，《纽约时报》建立的造价 2 000 万美元的付费墙有很多漏洞。

该报的发言人声称付费墙是故意设计成渗透性的。《纽约时报》赞同网络开放的理念，不想打击非固
定读者。该报执行层相信很多人会选择数字订阅来获取完整阅读。当然，《纽约时报》也希望保持来自
Facebook、Twitter 和谷歌的访问量，这样会继续吸引广告商。

付费墙会解决报业的经济难题吗？读者会为习惯免费的内容付费吗？这些问题目前还没有答案，但
其他报纸会密切观察《纽约时报》的实验。

本章将考察报业的历史、结构、经济和未来其在数字时代的发展。

 # 简史

早期美国的新闻业

在我们接触细节前，识别几个早期美国报纸
的总体特征可能会有帮助：

- 报纸很少。
- 印刷商和邮政局长完成了早期出版的大部分工作。
- 新闻不像今天一样及时。
- 新闻出版自由的观念并不被殖民地政府所认可。

1690 年波士顿的印刷商本杰明·哈里斯
（Benjamin Harris）出版了第一份美国报纸《国内
外公共事件》（*Publick Occurrences both Foreign
and Domestick*）。报纸上有新闻曝光了法国国王与
他的儿媳妇之间的私通。这则新闻报道惹恼了殖
民地的清教徒官员，这期之后他们查封了这份报
纸。彼时新闻出版自由的观念还没有在美国浮出
水面，许多殖民地的人都相信报纸的出版应该得
到王室的许可。

14 年之后，波士顿当地的邮政局长约翰·
坎贝尔（John Campbell）出版了《波士顿新闻信
札》（*Boston News Letter*），这份报纸在王室的许
可之下出版，显得枯燥乏味，许多新闻报道仅仅
是照抄欧洲报纸。坎贝尔的报纸只有大约 300 个订
阅者且从未赢利。

几年之后，另一张波士顿报纸《新英格兰报》
（*New England Courant*）登上了舞台。这份报纸
是由本杰明·富兰克林的哥哥詹姆斯·富兰克林
（James Franklin）出版的，但未得到政府许可。最
终，詹姆斯惹上了地方当局的麻烦并被投入了监
狱。本杰明接手了报纸并让报纸在他的领导下发
展起来。本杰明最后移居费城，在那里他创办了

《宾夕法尼亚公报》（*Pennsylvania Gazette*），这份报纸自诩有更好认的铅字、标题及更清楚的排版等创新。

本杰明·富兰克林在 42 岁时从其成功的出版职业中退出。在他的职业生涯中，他创办了几份报纸，出版了美国最早的杂志之一，开办了第一个社论漫画，证明了广告能够促进商品销售，而且可能最重要的是，他展示了新闻业可以成为一种体面的职业。

革命的开端

革命战争期间报纸的数量有了增长，并且大多数报纸都是党派性的，站在殖民地一边或站在英国政府一边。这一时期也标志着**政党报刊**（political press）的开端，政党报刊公开地支持某一特定的政党、派别或社会运动。

1776 年，大陆会议（Continental Congress）采纳《独立宣言》后，文件的原文被发表在 7 月 6 日的《宾夕法尼亚晚邮报》（*Pennsylvania Evening Post*）上。次年，大陆会议授权《马里兰新闻报》（*Maryland Journal*）的出版商玛丽·凯瑟琳·戈达德（Mary Katherine Goddard）印刷《独立宣言》最早的官方小册子，上面有签署者的名字。在戈达德的指导下，《马里兰新闻报》成了战争时期殖民地最主要的报纸之一。戈达德是印刷与出版过殖民地报纸的 30 位女性之一。

政党报刊：1790—1833

报纸的政治化并没有随着革命战争中美国的胜利而结束。相反，报纸的党派倾向被转移到另一个竞争场所——对于联邦政府权力的争论。

联邦党人与反联邦党人之间的辩论核心是美国宪法。虽然最初的文件没有提到新闻出版自由的权利，但《人权法案》确实包括了这一条款。**第一修正案**（First Amendment）认为"国会将不制定法律……剥夺言论自由，或新闻出版自由"。这样，当国会在 1791 年批准第一修正案时，革命时期成长起来的新闻出版自由的观念成了新国家法律的一部分。

在 19 世纪头 20 年，报纸随着国家一起成长。日报始于 1783 年且发展缓慢。到 1800 年，大多数大城市至少有一份日报。到 1820 年，共有 24 种日报、66 种半周报或每周出三次的报纸，以及 422 种周报。这些报纸主要是社会经济的上等阶层在阅读；早期的读者必须识字并能付担订阅费（大约 10 美元一年或 6 美分一期——这是一笔大数目，那年头 5 美分可以购买一品脱的威士忌）。报纸代表性的内容有广告与商业新闻、政治与国会辩论、演说、国家立法机关的法令以及官方信息。

在这期间，为了满足少数民族群体的需求与兴趣，出现了几家报纸。至 1860 年前共出版了 40 份黑人报纸，《自由新闻报》（*Freedom's Journal*）是其中第一份，它是由萨缪尔·科尼什（Samuel Cornish）牧师与约翰·拉斯沃姆（John Russwurm）在 19 世纪 20 年代晚期创办的。这份报纸由黑人采写与编辑，通过论述由奴隶制而导致的严重问题及报道诸如海地和塞拉利昂这样吸引黑人读者的国家新闻来支持黑人运动。

差不多同时，1828 年另一个少数民族群体切罗基印第安人部落（the Cherokee Indian nation）出版了《切罗基凤凰报》（*Cherokee Phoenix*），它用切罗基语与英语两种语言写作。当切罗基人被赶出他们在乔治亚州的家园并重新定居在俄克拉荷马州时，一份新的报纸《切罗基鼓动报》（*Cherokee Advocate*）开办了，并一直发行到 1906 年。《鼓动报》于 20 世纪 70 年代复刊，现在是一份月刊。

大众报纸的诞生

大众报纸诞生的几个必备条件是：

- 必须发明能够迅速且便宜地印刷报纸的印刷机。
- 必须有足够多的人能够阅读以便支撑这样一份出版物。
- 必须存在一个大众读者群。

109

1830 年，美国厚合公司（R. Hoe and Company）制造了一台每小时能印 4 000 份印刷品的蒸汽印刷机。这台印刷机以及随后的更加高速的蒸汽印刷机使得报纸的印刷便宜到人人可以负担得起。

导致大众报纸增长的第二个因素是人口中识字率水平的提高。19 世纪 30 年代第一个全国范围的公立学校体系建立。对教育越来越重视导致了随之而来的识字率的提高，许多中低等经济群体的人获得了阅读技能。

最后一个因素更加微妙，更加难以解释。大众出版物出现的时期被历史学家称为杰克逊民主时代，在这个时期普通人第一次被视为一股政治与经济力量。参加投票需要具备的财产条件已被废除。除一个州外，各个州都通过全民投票选出总统候选人。此外，这一时期的特征还有城市中产阶级的兴起。这股商业与政治走向民主化的趋势促成了适合大众出版物的大众读者群的产生。

便士报

便士报的发展　　本杰明·戴伊（Benjamin Day）1833 年创办大众口味的《纽约太阳报》（*New York Sun*）时刚刚 22 岁。戴伊的想法是以一分钱出售日报（相比其他大城市日报六分钱一份是巨幅降价）。此外，《太阳报》还包含地方新闻，尤其是以性、暴力及富于人情味的报道为特色的新闻。特别是它没有烦琐乏味的政治辩论。戴伊的赌注收到了回报，《太阳报》吸引了读者，于是**便士报**（penny press）诞生了。

其他报纸纷纷仿效《太阳报》的成功。引人注目的詹姆斯·戈登·贝内特于 1835 年创办了《纽约先驱报》（*New York Herald*），它获得成功甚至比《太阳报》还快。《先驱报》开创了金融版、体育版，还有一个强调改革的富有进取心的编辑方针。

另一个重要的先驱者是霍勒斯·格里利（Horace Greeley）。他的《纽约论坛报》（*New York Tribune*）创办于 1841 年，在发行量上排在《先驱报》与《太阳报》之后的第三位。格里利运用社论版来宣传改革和运动。他反对死刑与赌博，支持工会与西进运动。

《纽约太阳报》的头版，头版上的几档分类广告栏目说明本杰明·戴伊依靠广告获得收入。

格里利也赞同女性权利。1845 年他聘请玛格丽特·富勒（Margaret Fuller）作为《论坛报》的文学批评家。除了评论美术外，富勒还发表针对妓女、女犯人以及精神病患者的艰难遭遇而作的文章。格里利聘用富勒的决定说明了他的出版哲学：像富勒一样，他从不居高临下地对大众读者说话，而是通过更多地诉诸理智而不是情感来吸引读者。

我们将探讨的便士报时代最后一份重要报纸始于 1851 年，并且在我们写作本书时它仍然在出版。由亨利·雷蒙德（Henry Raymond）编辑的《纽约时报》承诺要比《太阳报》与《先驱报》少危言耸听，比格里利的《论坛报》少情绪冲动。这份报纸很快就确立了其新闻客观而理性的好名声。

所有这些出版商都有一个共同点。一旦他们的便士报获得成功，他们便把价格翻一番。

便士报的重要性 现在，我们该探讨 1833 年至 1860 年大众出版物的成功所促成的新闻业的重大变化了。我们可以分确认几种主要的变化：

- 报纸经济支持的基础
- 报纸发行的模式
- 对于什么构成新闻的定义
- 新闻采集的技术

110 在便士报之前，报纸的大部分经济支持来自订阅收入。便士报的巨大发行量使广告商意识到他们通过购买版面可能接触到很大一部分潜在的购买者。此外，受欢迎报纸的读者群也超越了政党与社会阶层的界线，这样为可能的广告商保证了一个基础广泛的受众群。结果，广告商极大地为这种新媒介所吸引，并且大众报纸比它们的先行者更多地依赖广告收入。正如我们所看到的，互联网最终解散了广告与新闻之间 180 年的关系。

之前报纸主要是通过邮寄发行；便士报虽然也有一点依赖订阅，但也同样利用街头零售。报贩们用 67 美分购买 100 份报纸，然后以每份一美分出售。很快在大一点的城市的大多数街角听到报童叫卖报纸已经变得司空见惯。由于这些报纸必须在公开的街道市场相互竞争，编辑们力图寻找新鲜的、独一无二的、能够给他们的报纸带来优势的新闻。

便士报也重新定义了新闻的概念。便士报雇人出去寻找新闻。记者各跑各口：警察、金融、体育以及宗教，还有其他。驻外记者也很流行。报纸的重点从商业精英的事务变为上升中的中产阶级的社会生活。

这种转变也意味着新闻更多地成为一种商品，一种具有价值的东西。并且，像许多商品一样，新鲜的新闻比陈旧的新闻更有价值。为了让新闻更快地上报，真是无所不用。报道用信鸽、小马快递、铁路及汽船来传送。1846 年的墨西哥战争使快速的新闻传播尤其受欢迎，许多报纸第一次使用电报传送这次冲突的新闻。总之，便士报提高了时效性在新闻采集中的重要性。

报纸成为大生意

在内战时期，随着来自战争地带的电讯被做成标题，一种新的报道技巧出现了。因为电报线有时会出现故障，所以报道的开头段落包含了最重要的事实。如果电报线在报道中间出现故障，至少最重要的部分会传过去。这样，报道的"倒金字塔"结构发展起来。

战争之后，从大约 1870 年到 1900 年，美国总人口翻了一番，而城市人口是原来的三倍。报纸比人口增长得还快；日报数量是原来的四倍，而发行量则显示了五倍的增长。繁荣的报纸业也吸引了几个强大的、直言不讳的人物，他们对美国新闻业产生了深刻影响。我们将考察三个人：普利策、斯克里普斯与赫斯特。

约瑟夫·普利策（Joseph Pulitzer）从匈牙利来到美国，并让《圣路易斯邮讯报》（*St. Louis Post-Dispatch*）走向成功。1833 年，他买下了《纽约世界报》（*New York World*）。普利策用了三年多时间把该报纸的发行量从 1.5 万份提高到 25 万份。

普利策成功的秘诀是什么？普利策强调准确性。他也带来了一些能吸引广告商的做法：更多的广告版面以及以发行量为基础的广告价格。此外，他把其报纸受众定位为当时生活在纽约的庞大移民人口，强调简单易读并有大量的插图。普利策也再次引入了便士报耸人听闻的新闻模式。《世界报》上也刊登关于犯罪、暴力及悲惨事件的报道。最终，普利策认可了这样一个看法，即报纸应该促进其读者尤其是弱势群体的福利。

111

试图覆盖工人阶级的报纸并不局限于东部。在中西部，E. W. 斯克里普斯（E. W. Scripps）在克利夫兰及辛辛那提都创办了报纸，这是两个有着许多工人的工业发展城市。斯克里普斯的报纸以编辑简明的新闻、富于人情味的报道、社论的独立性以及经常为工人阶级抗议为特色。斯克里普斯开创了报纸连锁的概念。到 1911 年，他拥有 18 家报纸。

受益于电影《公民凯恩》（*Citizen Kane*），可能三位报业巨人中最有名的是威廉·伦道夫·赫斯特（William Randolph Hearst）。当普利策在纽约获得成功、斯克里普斯在中西部收购报纸时，24 岁的赫斯特因为富有的父亲的大方，获得了《旧金山检查者报》（*San-Francisco Examiner*）的控制权。赫斯特通过吸引读者的情绪来争取他们。火灾、谋杀以及关于爱恨情仇的报道被引人注目地刊登出来。赫斯特强烈地指望这些耸人听闻的题材能够扩大他的读者面。这一招奏效了。《旧金山检查人报》跃居第一名的位置。

黄色新闻

赫斯特就像他之前的普利策一样，接着侵入了大联盟——纽约市。1895 年，他购买了《纽约新闻报》（*New York Journal*）。不久，普利策与赫斯特陷入了一场残酷的发行量大战，因为每一家报纸都想比另一家更加耸人听闻。就像一位报业批评家所说的，这二者之间的决斗使报纸的头版满纸"死亡、耻辱与灾难"。性、谋杀、自我推销及富于人情味的报道充斥于这两份报纸。这种类型的报道被称为**黄色新闻**（yellow journalism），而且不管其有多不堪，它确实提高了报纸的销量。

普利策与赫斯特之间的竞争随着 1898 年的美西战争达到了高潮。当"缅因号"战舰在哈瓦那港爆炸后，《纽约新闻报》为抓住罪犯提供了 5 万美元的奖赏，发行量一跃而超过了 100 万份的纪录。4 月份美西最终宣战，而《纽约世界报》与《纽约新闻报》也全力以赴。赫斯特租用了一艘汽船并在上面装备了印刷机。他还派出了他的快艇和美国舰队在圣迭戈战役中一起航行。《纽约新闻报》一天就出版了 40 种号外。

虽然黄色新闻时期并不是美国报业史上一个值得自豪的时期，但是一些积极的特征还是从中体现出来。首先，进攻性的报道手法及调查性的报道给新闻实践带来了热情、干劲与活力。其次，它使一些杰出的作者频繁露面并带来了现代写作的精美范例。斯蒂芬·克兰（Stephen Crane）、弗兰克·诺里斯（Frank Norris）、多萝西·迪克斯（Dorothy Dix）以及马克·吐温（Mark Twain）在这一时期（1880—1905）全都为报纸写作。再者，黄色新闻使采用排版与展示手段——通栏大字标题、图片、彩色印刷——变得流行，这也延续成为现代新闻的特征。

20 世纪早期

1900 年到 1920 年是报业的合并时期。虽然发行量与利润上升了，日报的数量却减少了，并且有着相互竞争的报纸的城市数目减少了 60%。发生了什么呢？

首先，新技术的成本——莱诺铸排机、高速印刷机——对许多边缘报纸来说过于昂贵。其次，广告商显示出对市场中发行量最大的报纸的偏爱。发行量较小的报纸眼看着收入下降以致它们无法再进行竞争。再次，合并提高了铁路、食品杂货业及酒店业的利润，报纸出版商认为对于他们也会如此。

结果是报纸连锁（newspaper chains）——拥有几家报纸的公司——迅速增加。到 1933 年，六大连锁——赫斯特、斯克里普斯—霍华德（Scripps-Howard）、帕特森—麦科马克（Patterson-McCormack）、布洛克（Block）、里德（Ridder）以及甘乃特（Gannett）——控制了 81 家日报，总发行量超过了 900 万份，大约是所有日报发行量的四分之一。

随着合并潮流一起出现、短期内生机勃勃的是爵士新闻（jazz journalism）。第一次世界大战结束时，美国享受了十年的繁荣：喧嚣的 20 年代。广播、好莱坞、飞机、禁酒运动以及阿尔·卡邦[①]（Al Capone）全都吸引了国人的注意力。最能够代表爵士新闻的报纸全都出现于 1919 年与 1924 年间的纽约。这些报纸都有两个特征：(1) 它们是小报（tabloid），印刷在大约只有一页普通报纸一半尺寸大小的页面上；(2) 它们都有非常多的照片。这种趋势的最佳例子是《纽约每日新闻》（*New York Daily News*）。

大萧条的影响

大萧条对报纸与杂志产生了巨大的社会与经济影响。在 20 世纪 30 年代，日报总发行量增加了大约 200 万，总人口增加了 900 万，不过，报业的总收入在这十年中却下降了大约 20%。勉强赢利的报纸无法再运营，大约有 66 家日报破产。

虽然恶化的经济形势是报纸衰落的一个原因，但更重要的还是作为全国广告收入竞争者的广播的出现。从 1935 年到 1940 年，报纸在全国广告收入中所占的份额从 45% 下降到 39%，而广播的份额从 6% 飞跃到 10%。不过，由于来自地方广告商的收入的增加，1940 年报纸收入开始回升。然而，经济的图景并不总是美好的，1945 年日报的数目还是下降到历史最低点 1 744 种。

战后报纸

战后的经济迫使报业在收缩与合并的方向上走得更远。虽然报纸的发行量从 1945 年的大约 4 800 万上升到 1970 年的大约 6 200 万，但日报的数目却持平。事实上在人口超过 100 万的城市中发行量还有所下降，并且有几家大城市报纸破产了。此外，具有相互竞争的报纸的城市数目从 1945 年的 117 家下降到 1970 年的 37 家。这意味着大约 98% 的美国城市不再有彼此竞争的报纸。

1945 年，60 家报纸连锁控制了大约 42% 的日报总发行量。到 1970 年，大约有 157 家报纸连锁，它们占了总发行量的 60%。为什么报纸连锁的数目持续增长呢？一个因素是纸张与劳动的成本迅速上升。报纸印刷变得更贵。大的报纸连锁分摊了支出，可以更有效地利用印刷机与劳动力。例如，几家报纸共享特写作家、专栏作家、摄影师及排字工人的服务，从而降低成本。

合并出现跨媒介趋势，因为几家媒介巨头控制了报纸、杂志、广播及电视台。黑人报纸也被卷入了这股趋向集中的潮流。1956 年，《芝加哥保卫者报》（*Chicago Defender*）从周报改为日报，并且它的老板约翰·森斯塔克（John Sengstacke）创立了一个有九家黑人报纸的报团，其中包括匹兹堡《信使报》（*Courier*）与密歇根《记事报》（*Chronicle*）。

另一股持续的潮流是媒介之间对广告收入的竞争。所有媒介的广告收入总额在 1945 年与 1970 年间增加了近三倍。虽然报纸广告总额并没有以这个速度增长，但电视广告总额增加了三倍多。上升的电视业严重侵蚀了印刷媒介的全国广告收入。

20 世纪 80 年代最大的发展是《今日美国》（*USA Today*）的创刊，其内容特色是短篇报道、引人注目的图形、丰富的图表，这些创新之处被很多地方报纸效仿。

[①]　阿尔·卡邦（1899—1947）是美国芝加哥盗匪头子，活跃于禁酒时代，外号"疤脸大盗"。——译者注

当代报纸：生死挣扎

20 世纪 90 年代期间报业的问题开始凸显，并随着新时代的到来而日益恶化。读者数开始持续缓慢地走低，网络吸引走了广告收入，尤其是分类广告费，特别是年轻人弃读报纸，转而上网读新闻。

113 另外，报业因几次严重的管理决策失误而受挫。首先，出版商不知如何应对网络。报纸事后创办在线版主要是为了引导读者去看印刷版。一开始网站被认为根本不是报纸的核心业务。其次，在线版是免费的，读者不需要为内容买单。可以预见，有些读者停止订阅印刷版，发行量继续下降。而且，免费内容使得人们认为在线新闻就是应该免费获取的。任何试图向内容收费的做法都会遇到阻力。最后，新世纪头十年的中期，宽松的信贷刺激了很多报纸扩张和并购。结果，很多报社负债累累（参见"媒介探索：债务陷阱"）。在经济繁荣时期这种情况可能得以解决，但后来几年经济下滑导致入不敷出，很多报纸无法偿还贷款。

2008—2009 年危机爆发，经济发展严重受挫。冒着散播末日情绪的危险，以下列出了部分坏消息：

- 《芝加哥论坛报》和《洛杉矶时报》的出版商论坛公司宣布破产。
- 《基督教科学箴言报》停止发行印刷版报纸。
- 底特律以及几个城市报纸的家庭送报服务减少为每周三次。
- 《西雅图邮讯报》、《落基山时报》以及其他 100 种日报、周报停刊。
- 从 2007 年至 2008 年，报纸广告收入下降了 23% 之多。
- 2009 年早期，《纽约时报》公司的股票价格为 5 美元，低于《纽约时报周日版》的成本价。

 媒介探索

埃塞尔·L·佩恩

当林登·约翰逊（Lyndon Johnson）签署《1964 年民权法案》时，他邀请民权运动领袖到美国总统办公室。见证这一历史时刻的群体中只有一位女性——埃塞尔·L·佩恩（Ethel L Payne），这位非洲裔美国记者报道了十多年的民权问题。

佩恩的祖父辈是奴隶。她原来想成为一名律师，但因为种族问题被法学院拒绝。1948 年她去日本与滞留在那里的非洲裔美国军队一起工作。两年后，佩恩给一位访问日本的《芝加哥卫报》（Chicago Defender）记者看了她个人对黑人士兵的报道摘要。她的报道后来在报纸上连载，佩恩的记者生涯由此开始。

佩恩基于芝加哥非洲裔美国人社区的报道赢得了大奖。20 世纪 50 年代中期她来到华盛顿报道初期的民权运动。她的报道分析了历史上的"布朗诉托皮卡教育局案"最高法院决议①。佩恩在白宫新闻发布会上尖锐地质问德怀特·艾森豪威尔总统在任期间民权问题毫无进展，从而扬名立万。

1956 年佩恩报道了亚拉巴马州蒙哥马利逮捕罗莎·帕克斯（Rosa Parks）②和接下来的蒙哥马利巴士抵制运动。她报道了民权运动中的重要事件，包括亚拉巴马大学种族融合、阿肯色州小石城的暴力事件、亚拉巴马州塞尔马冲突事件以及 1965 年华盛顿游行。她是最早采访马丁·路德·金博士的记者之一。

1966 年她到越南报道卷入战事的非洲裔美国军队。之后，她陪同国务卿亨利·基辛格访问了非洲六国。1978 年，她在 67 岁的时候停止为《芝加哥卫报》写联合专栏从而退休。7 年之后她成为解放南非领袖纳尔逊·曼德拉运动的领导者。

1991 年埃塞尔·佩恩去世。《华盛顿邮报》在社论版为其致颂词。其中称赞了她的公平、正直和独立，这也是她的百万读者们的共同心声。

---

① 本判次终止了美国社会中存在已久的白人和黑人必须分别就读不同公立学校的种族隔离现象，美国民权运动也因为本案前进了一步。——译者注

② 罗莎·帕克斯（1913—2005）是一位美国黑人民权运动主义者，美国国会后来称她为"现代民权运动之母"。——译者注

114   报业目前的处境也是喜忧参半：坏消息是报业的读者和收入继续流失；好消息是报业损失不如以前那么严重。从 2008 年到 2009 年，印刷报纸广告收入下降了近 29%。从 2009 年到 2010 年，印刷广告收入总额依然下降，但这次只下降了 8%。两年下降之后，在线广告收入从 2009 年到 2010 年上升了近 11%，但增长部分还不够弥补印刷版的损失。发行量持续走低，从 2008 年到 2009 年下降了 6%，2010 年发行量仍在下降——但乐观的一面是 2010 年没有大报倒闭。

 社会问题

留言板：有意义的讨论还是刻薄之词？

    报纸网站留言板的设立部分是为了鼓励读者之间分享观点，参与关于话题的有意义的对话。多数时候也确实起到了这种效果，但有时也会失控。

    以下是大型都市报舆论版对公立学校教学草书的几则评论留言——这并不是什么热门话题。（用户名已隐去）

    8：32 am（A 所指的是上面另一条评论）

    也许你可以在发表讽刺言论的时候先用拼写检查。应该是"莫名其妙"而不是"莫名其秒"。祝你快乐，低智儿。

    9：14 am（B 跟帖）

    A：你是不是草书派的水军，或者你就是个傻×？

    9：16 am（A 跟帖）

    "你是不是草书派的水军，或者你就是个傻×？"

    B：你能说些跟写字有关的东西吗，要么你就是弱智？

    9：36 am（C 跟帖）

    印刷是最好的书写方式，我们很多人都用[1]电脑。

    9：39 am（A 跟帖）

    "印刷是最好的书写方式，我们很多人都用电脑。"

    但是你连"用"这个字都没用对。是复数，不是单数，笨蛋。

    你们大多数人都可能读到过意见交锋变成尖酸刻薄、中伤、侮辱和咆哮。印刷报纸不会有这个问题，因为大部分报纸要求写信给编辑的人提供真实姓名和地址。报纸网站的问题在于发表评论的人可以用某些虚拟代称或用户名，使得他们成为匿名应答者。在匿名的遮掩下，人们发表轻率甚至充满敌意的言论，如果他们的名字署在后面，他们很可能不会这么说。所以，报纸必须确保其留言板既欢迎严肃讨论，为读者提供发表意见的机会，又要杜绝相互攻击让报纸惹上官司。

    报纸采用各种技术来保持留言板上的谈话文明。很多会要求发表评论前进行注册和提供有效电子邮箱。《华尔街日报》甚至要求发帖者使用他们的真实姓名。

    其他报纸派员工阅读所有留言和删除不当评论。这种对调解者主观性的程度有要求，不过通常包含仇恨言论、个人攻击、种族歧视、垃圾信息和侵犯版权的言论都会被予以删除。调解者可能也会限制每个人对每篇报道发表的留言数，以消除有时候发生的两个读者之间反复口角的情况。

    对于他人在网络报纸留言板上发表评论导致的官司，报纸一般受到法律保护。不过，当有人声称他们收到网站匿名评论的诽谤时，报纸也可能被卷入诽谤案中。申诉遭受诽谤的人可以要求法庭强制报纸公开诽谤评论的匿名发布者的姓名。尽管有些州法庭拒绝强制报纸披露用户姓名，但其他州的法律可能不同。报纸不得不自行决定是否为不愿在留言中署名的匿名者出庭辩护。

---

①   此处英文原文"用"为单数。——译者注

数字时代的报纸

转型

报纸对各种数字时代的生存法则都进行了尝试。他们努力的方向有两个：缩减成本和增加收入。缩减成本的程度不一。有一种极端的方式是，多家报纸共享内容，十年前这种事闻所未闻。例如，《华盛顿邮报》（*Washington Post*）与《巴尔的摩太阳报》（*Baltimore Sun*）共享某些稿子。激烈竞争者《达拉斯新闻晨报》（*Dallas Morning News*）和《沃斯堡明星电讯报》（Fort Worth Star-Telegram）达成了体育报道的交易。内容共享有助于降低新闻采编的成本。很多报纸还通过裁员或给员工放无薪假来降低成本。

有几家大城市的报纸已经停止向边远地区送报以节省印刷和发行成本。有些报纸停止每周固定的家庭送报服务，认为读者会改为在报摊上买报或上网读报。最为极端的节省成本的方式是完全放弃印刷版，改为只在网上发行。例如，密歇根的《安阿伯市新闻报》（*Ann Arbor News*）停止印刷纸质报，改为网站 AnnArbor.com；还有前面提到的百年大报《基督教科学箴言报》于 2009 年停止印刷，转为在线版。

与此同时，报纸出版商也在寻求新的赢利方式。有些建立了付费墙，如《纽约时报》。其他的试图向读者收取少量的内容费，称为微付费，效仿 iTunes 的商业模式。还有些从手机和其他移动媒体的广告上寻求收入。最后，报业试图通过新闻聚合器来赢利，例如谷歌新闻，用报纸内容来吸引读者访问其网站。下面我们会仔细考察报业经济。

既然报业的未来明显与网络关系紧密，我们先来仔细了解在线报纸。

在线报纸

在线报纸较传统报纸而言具有如下优势：

- 印刷版报纸受到**新闻版面**（newshole）的限制，即一张报纸上可以刊登的新闻量有限。在线报纸没有这方面的限制，长篇讲话的完整文本、采访的文字记录和大型的图表都可以轻而易举地容纳进去。
- 在线报纸可以持续更新，没有交稿期限。
- 在线报纸是互动性的。读者可以通过电子邮件、留言板、聊天室快速给报纸反馈。还可以搜索以及链接到其他网站。
- 在线报纸可以为新闻报道和广告附上图片和音视频短片。有些甚至还提供社交网络条件。
- 在线报纸可以以用户生产内容为特色。

1994 年，大约 20 家日报开通了网站，到 2010 年几乎没有哪家报纸没有网站。

网站出现早期，在线报纸网站更新很慢，因为担心网站会从印刷版那里挖走读者。所以，很多网站将印刷报道照搬到网上，每天只更新一次。有些甚至在印刷报纸刊出之后才放到网上。然而，报纸现在意识到如果要与像 CNN 和 CBS 新闻这样的新闻网站竞争，其网站就必须加快更新。

移动媒体

打高尔夫时，"重新发球"就如同返工：让球手重新再击一次球。报纸对移动媒体寄予了类似

"重新发球"的厚望。报业没有打好的一球就是决定免费把内容放到网上，损坏了其赢利点。现在随着移动媒体普及度的提高，报业确信越来越多的人会愿意在电子阅读器、智能手机和平板电脑上读新闻，而不在家里或笔记本上读新闻。第 1 章中写到，移动媒体增长速度惊人。2011 年年中，大约有 4 500 万人拥有智能手机；超过 1 500 万人拥有 iPad 或平板电脑；超过 400 万人拥有 Kindle 或电子阅读器。移动媒体无穷的潜能给报业带来了改写在线商业模式的契机。因此，报纸利用移动媒体来让其产品更吸引广告商，或让消费者为新闻买单。

例如，Kindle 和 Nook 这样的电子阅读器可以订阅报纸。2011 年，《华盛顿邮报》的 Kindle 版售价每月 12 美元，《芝加哥论坛报》每月 10 美元。

很多报纸开发了移动媒体应用程序，这种独特的报纸网站提供的阅读体验不同于普通网站上的在线报纸。比方说，读者登入《今日美国》网站（www. usatoday. com）看到的是普通的报纸网站，里面塞满了各种选项。读者从 100 多个链接中选择阅读详细报道。而 iPad 的读者进入的是一个不同的《今日美国》网站。设计更简单干净、更易于操控，图表美观，以《今日美国》熟悉的蓝白标志为特色。读者可以翻阅报道摘要，或是点击标志选择不同版块，如"金融"或"体育"，接

着选择详细阅读。视频和图片被完美整合到报道中，读者用手指就可以放大图像。点击"天气"版块，就可以看到全美和本地的气温图和雷达影像。

鲁珀特·默多克的新闻集团开创的《日报》（*The Daily*）是第一份特别为 iPad 设计的在线报纸。读者可以免费下载应用程序，但是必须付费订阅或单期购买，年订阅费是 40 美元。

说到订阅，有几家大报与苹果公司达成协议在苹果应用商店销售订阅服务。例如，2011 年年中，《纽约每日新闻》的 iPad 版是 12 美元一年。苹果通常拿走订阅费的 30%，加上来自应用程序的部分广告收入。有些报纸不满于苹果的条约，自己设计和销售应用程序。所以现在还不确定有多少家报纸受益于苹果的条约。

尽管应用程序可能最后是最大的收入来源，但是也有缺点。开发成本很高，而且应用程序必须为移动设备上使用的每一种操作系统进行设计。换句话说，报纸要为 iPhone 开发一个应用程序，要为安卓开发另一种应用程序。

总之，报纸为多数字平台设计，而不只是纸上。正如《纽约时报》的发行人小亚瑟·苏兹伯格（Arthur Sulzberger Jr.）所说："报纸不能被第二个字'纸'所定义。他们应该是被第一个字'报'所定义。"

用户生产内容

报纸把用户生产内容整合到印刷版和电子版里，但比较谨慎。多数报纸让读者发表报道评论，但也担心太依赖公民新闻记者的原创报道，因为公民新闻有风险。公民记者的能力、可信度和客观性可能都值得怀疑。很难知道公民记者是否见多识广，或是否想达到个人的目的。新的校董政策的报道者，可能他/她的孩子就直接受到这个政策的影响。声称《拜见岳父大人》是其看过的最好的喜剧的公民记者，可能一生中就只看过三部喜剧电影。所以，报纸信赖的用户生产内容主要是新闻线索、目击者或某类新闻事件中的图片和视频。

有些报纸开设独立网站来报道用户生产内容。《丹佛邮报》报社创立了以用户生产内容为主的本地网站 YourHub. com。芝加哥论坛公司经营 ChicagoNow，这个网站以用户写的博客和其他读者生产的内容为特色。《圣路易斯邮报》也有个类似的网站 MySTLtoday。其他报纸以另外的方式来做用户生产内容。夫妇们可以把 1～3 分钟的婚礼视频放到《纽约时报》网站的婚礼庆典版。Tackable 可以让新闻编辑在寻找新闻报道配图时发布某一地区的求图公告。Tackable 应用程序的手机用户可以浏览地图中显示的该地区的所有求图公告，拍照，然后提交给需要照片出版的新闻编辑。

社交媒体

报纸花了一些时间终于认识到，在社交媒体上对自身和新闻报道进行传播具有经济优势。因此，很少有报纸网站不包含 Facebook 链接和 Twitter 推送。《纽约时报》的 Twitter 粉丝有 300 万；《今日美国》的 Facebook 粉丝达 5.3 万。《芝加哥论坛报》的 Facebook 欢迎页面上有很多新闻版块的子页面、讨论标签、读者反馈栏以及本地购物折扣链接。

很多报纸如《纽约时报》提供 Twitter 实时标题新闻动态。有的报纸为每个版块单设一个 Twitter 账号，有的利用 Twitter 与读者沟通。关注报纸的 Twitter 账号变得越来越流行。《华盛顿邮报》2010 年至 2011 年的 Twitter 粉丝翻了一番。其他顶级大报的粉丝增长了 15％～50％。有超过 200 家报纸在 YouTube 上发布视频，包括《芝加哥论坛报》、《迈阿密先驱报》和《波士顿环球报》。

很多报纸同其他新闻机构一样聘用社交媒体编辑，其职责包括监管社交媒体、当社交媒体上爆出新闻时及时告知报社、为报纸电子版开发应用程序以及管理报纸的 Twitter 和 Facebook 账号。社交媒体编辑变得越来越重要，因为更多的读者不是直接登录报纸的主页，而是从其他链接进入报纸网站。

报纸的界定特征

报纸的网络版与印刷版两者有一些共同的界定特征。第一，报纸是由不同的内容构成的。报纸包括国际、国内及本地新闻。此外，它们的特色还有社论、给编辑的信、电影名单、占星、漫画、体育、电影评论、食谱、建议栏、分类广告以及许多其他材料。它们的内容范围非常宽。

第二，报纸便于分类。印刷版与网络版两者都根据内容组织，有普通新闻、金融新闻、体育报道及娱乐的内容。此外，每则报道都有一个标题，使读者容易决定他们是不是要阅读报道的其他内容。

第三，报纸是本地的。记者们报道本地的学校委员会、市议会及城市规划委员会的会议。他们报道本地的警察局并告知人们最新的本地购物广场商店的工作机会。体育部分报道家乡小联盟与中学队。当地有商品要卖的人使用分类广告。报纸是能够报道社区中所有邻里活动的唯一媒介。

第四，报纸比其他任何媒介都更多地充当了历史的记录者。一位作家把报纸新闻业形容为"历史的初稿"。普通报纸包含对影响我们日常生活方方面面的记录，无论意义深远与否。例如，如果一个人想了解 20 世纪 40 年代的生活是什么样子，他或她可以快速翻阅几期旧报纸，看一看那时人们关心什么，他们在看什么电影，以及什么产品在做广告。

第五，报纸在我们的社会中扮演着看门狗的角色。它们监视着政府与私有工业的工作以防止不端行为与坏事。它们提醒公众可能的威胁与新趋势。

第六，报纸是及时的。新闻如果陈旧那就没有用了。意识到这一事实，美国大发行量的报纸不仅出版日报，还出版可以实时报道新闻的网络版。尽快推出新闻一直是报业的特征之一。

表 5—1	报纸发行量前十名（印刷版）		
报纸	2010 年发行量（百万）	2008 年发行量（百万）	百分比变化
《华尔街日报》	2.06	2.01	＋12
《今日美国》	1.83	2.29	－220
《纽约时报》	0.88	1.00	－212

续前表

报纸	2010 年发行量（百万）	2008 年发行量（百万）	百分比变化
《洛杉矶时报》	0.60	0.74	−219
《华盛顿邮报》	0.55	0.62	−211
《纽约每日新闻》	0.51	0.63	−219
《纽约邮报》	0.50	0.63	−221
《芝加哥论坛报》	0.44	0.52	−215
《休斯敦纪事报》（*Houston Chronicle*）	0.34	0.45	−224
《新闻日报》	0.31	0.38	−218
注意：除了个别报纸，报纸的发行量缓慢持续下滑。			

报纸产业的结构

这个国家出版的报纸数目众多且多种多样。既有全国性的金融日报《华尔街日报》（*Wall Street Journal*），也有在俄勒冈的波特兰出版的小型金融报《商业日报》（*Daily Journal of Commerce*）；既有《全国问讯报》（*National Enquirer*），也有新墨西哥大学的校园报《灰狼日报》（*Daily Lobo*）；既有超过百万发行量的《纽约时报》，也有俄亥俄州加利波利斯发行量为 6 000 份的《加利波利斯每日论坛报》（*Gallipolis Daily Tribune*）。显然，有许多方法对像这样一个广阔的行业进行分类。出于我们的目的，我们将把报纸按照出版频率（日报与周报）、市场规模（全国性、大、中、小）以及兴趣群体来进行分组。表 5—1 列出了发行量居前十名的报纸，以及从 2008 年至 2010 年发行量的变动比率。

印刷日报

要被视为一份日报，报纸一周必须至少出版 5 次。2009 年，日报共有 1 387 家，比 2008 年下降了 3％（参见图 5—1），同年大约有 6 500 家周报。不管是日报还是周报，报纸最关心的是**发行量**（circulation），即发送到订户、报摊和自动售卖机上的报纸份数。自 2000 年始，工作日晨报发行量下降了 14％，晚报发行量下跌了 40％，周日报发行量下跌了 22％（见图 5—2）。此外，由于美国人口增长，每户家庭拥有报纸的比率急剧萎缩。1960 年，平均百户家庭的报纸销量约为 111 份。2010 年，这个数字下降到平均百户 40 份。整个趋势看起来很不乐观。

不过，发行量萎缩不是对所有报纸都产生了重创。这在我们对日报进行市场细分时更为清楚。

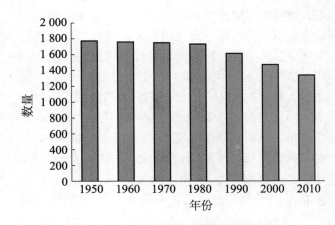

图 5—1　1950—2010 年美国日报数量

119

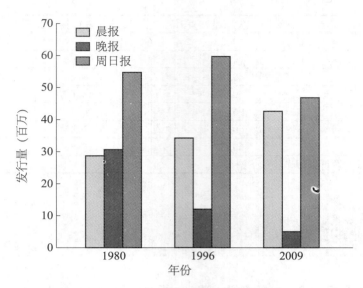

图 5—2　1980—2009 年日报发行量

全国性日报　仅仅有少数报纸可以归入此类，指其内容并不是专门针对某一特定城市或地区而是针对全国的出版物。这些报纸通常采用卫星来给地区性的印刷厂传送图像与信息，然后报纸在印刷厂被组合并分发。甘乃特报团的《今日美国》（*USA Today*）、《纽约时报》及《华尔街日报》（*Wall Street Journal*）是美国的三家全国性报纸。该集团的发行量没有像其他地方报纸那样下降很多。

大都市日报　指基于人口 50 万以上社区的报纸。这种类型的报纸面临的困难最大。来自网络的读者竞争、广告收益流失到网站，还有年轻读者转向网络，这些都严重影响了发行量和利润。从 2006 年至 2010 年，十大都市日报的总发行量下降了 40%之多。如我们所见，几家大型都市日报缩版了。

中型日报　这类报纸的发行量从 10 万～50 万份不等，其财富萎缩速度与大型都市日报一样快，尤其是发行量处于底端的报纸。从 2006 年到 2010 年这类报纸损失了约 40%的发行量。不过也有一些亮点。有些中型日报，特别是在佛罗里达州和

亚利桑那州那些人口老龄化的地区，没有遭遇太大的损失。

小城镇日报　这类型的报纸通常发行量低于 10 万份，他们是在这场风暴中表现最好的。2006 年至 2010 年这类报纸损失了约 20%的发行量。有些更小型的报纸的发行量甚至还增长了。威斯康星州麦迪逊的《州报》（*State Journal*）发行量从 2007 年到 2008 年增长了 10%以上。为什么这类报纸没有严重下滑？因为它们面临的来自其他媒介渠道的竞争较少，其分类广告收入似乎并未受到 Monster. com 和 Craigslist 的影响，而且它们对本地新闻的重视更有可能留住了读者。

引文	在纸中安息？

　　一家英国公司找到了一种使用回收报纸的奇特方法：用它们来做棺材。可降解棺材有两种大小，四种颜色，印刷设计可供选择。公司为选择火葬的顾客提供回收纸做的骨灰盒。

印刷周报

在过去的 10 多年中，美国的周报数量一直相当平稳地保持在大约 6 500 种。不过，周报的发行量从 1970 年的 2 900 万份上升到 2009 年的 4 500 多万份。尽管发行量有增长，但印刷与发行成本的

上涨使周报出版商更加有成本意识。

 决策者

艾伦·纽哈斯

艾伦·纽哈斯（Al Neuharth）11 岁时就开始从事报纸工作，为《明尼阿波利斯市论坛报》（*Minneapolis Tribune*）送报。13 岁的时候他在本地周刊的排字间兼职。

退伍后，他为南达科塔的一家报纸做记者，后来跳槽到《迈阿密先驱报》。纽哈斯很快升迁，最终进入管理层。20 世纪 60 年代他被委任为《底特律自由报》的副总编。他的成就使其受到甘乃特公司高管们的注意，他们说服其离开底特律来纽约管理两家甘乃特旗下的报纸。纽哈斯的成功再次为其谋到了甘乃特在佛罗里达州的总裁位置。1970 年，纽哈斯成为公司的 CEO。

他对财务赢利非常重视。就职期间，甘乃特的年均收入从 2 亿美元增长到 31 亿美元。纽哈斯追随前任的战略，收购了处于垄断地位的中小型市场日报，继续减低成本和提高广告费。因为有人指责他的报纸强调利润而牺牲了新闻，纽哈斯加强了甘乃特报纸的编辑部运营，到1980 年很多编辑部因在报道中的卓越表现而受到嘉奖。

纽哈斯最大的冒险是在 20 世纪 80 年代早期，决定用通信卫星网络和地区印刷工厂来制作全国性综合日报《今日美国》。新的报纸受到评论家的嘲笑，认为它不过是供应无味的"快餐"新闻的"连锁报纸"。然而《今日美国》立即吸引了读者，迅速获得超过百万的读者。广告主还考察了一段时间，不过报纸最终转为赢利了。

如今多数专家同意，《今日美国》屹立报刊亭 25 年之久，对这个产业产生了巨大影响。大多数报纸都采用了统一协调的色调、引人注目的版面、更多的图表和更短小精练的文字报道。

纽哈斯 1989 年退休成为自由基金会的主席，该组织致力于推动言论自由的社会慈善事业。他还持续为报纸联合专栏写作。《华盛顿新闻评论》把他评为 20 世纪 80 年代印刷媒体中最具影响力的人。

特别服务报纸与少数民族报纸

特别服务报纸是目标瞄准几个特定部分的受众的报纸。比如，有许多报纸专门为非洲裔美国人社区出版。在这个国家非裔美国人有着很长的历史，一直可追溯到 1827 年。许多早期报纸的创办是为了反对歧视以及帮助争取平等的权利与机会。非裔美国人报纸在 20 世纪 60 年代发行量达到了顶峰，当时大约 275 家报纸拥有 400 万左右的发行量。从那时起，非洲裔美国人报纸在报纸数量与发行量上都出现了显著的下降。

在 2011 年，大约有 190 家非洲裔美国人报纸，大多是周报，在 35 个州及哥伦比亚特区出版。像《芝加哥卫报》（*Chicago Defender*）和《费城论坛报》（*Philadelphia Tribune*）的报纸主导了该地区的言论。非洲裔美国人报纸和其他主流报纸一样也越来越重视在线版。

在美国，拉丁裔美国人是增长最快的少数民族群体，西班牙语出版物也随之同步增长。根据《全美西班牙语媒介名录》，西班牙语日报的数量从 1990 年的 14 种增加到 2010 年的 25 种，同时周报的数量从 152 种增加到了近 420 种。知名西班牙语报纸有纽约的《每日新闻报》（*El Diario*）和洛杉矶的《舆论报》（*La Opinion*）。跟大众报纸一样，西班牙语报纸的发行量从 2006 年至 2009 年也下滑了，但不如英语报纸下降得多。

在美国还有许多其他民族报纸的出版商。有 12 个城市至少有 1 份中文报纸，并且有 8 个城市拥有针对波兰裔美国人的报纸。

另一种特殊报纸是大学报纸。虽然其数目难

以确定，但在 2011 年大约有 1 800 家大学报纸出版于四年制的大学，总发行量超过 600 万份。大学新闻报纸是一桩大买卖，结果，越来越多的报纸雇用非学生的职业人员来管理其运行。大学报纸发行量最大的两家是明尼苏达大学的《明尼苏达日报》（*Minnesota Daily*）以及密歇根州立大学的《本州新闻》（*State News*），这两者的发行量都是大约 3 万份。大学报纸有着很高的阅读率。一项 2005 年的调查表明，71％的大学生至少每周阅读一份大学报纸。相较而言，主流报纸的阅读率是 41％。尽管如此，大学报纸的收入也在降低。

在线报纸组织

在线报纸网站主要分三类：新闻聚合器、与地方或全国报纸联合的在线网站和纯网站。

新闻聚合器指把多种来源的消息整合成新形式的网站。新闻聚合器有两类：（1）运用自动软件扫描新闻出版物，把相关报道聚合起来的网站（如谷歌新闻和雅虎新闻）。（2）运用人力扫描和选择报道的网站（如德拉吉报道和赫芬顿邮报）。网站通常有标题、图片、视频、一两条导语和全文链接。报业对新闻聚合器的态度很复杂。积极的一面是，有些读者在谷歌新闻组上读报道摘要，通过点击链接访问报纸和杂志网站阅读完整报道。消极的一面是，很多人只是浏览聚合器上的摘要，根本不访问来源网站。

绝大多数在线报纸附属于传统印刷报纸，要么日报，要么周报。其结构各不相同：有些网站拥有独立机构，其员工只为网站工作。其他网站结合了印刷和在线业务，所以一个人可能为两者工作。很多这类网站的雇员较少，平均 5～10 人。

多数流行的报纸网站都有印刷版（见表 5—2）。

表 5—2　2010 年最流行的报纸网站

排名	报纸网站	2009—2010 年独立访问量（百万）
1	今日美国	239
2	纽约时报	217
3	华尔街日报	122
4	洛杉矶时报	95
5	华盛顿邮报	91

纯网站过去几年内扩张了。很多是由印刷报纸解雇的记者开办的。其他的则是印刷出版物倒闭后留下来的，如 seattlepi.com 即已停刊的《西雅图邮讯报》的网站。多数纯网站关注本地社区新闻事件。比如，AOL 所有的 Patch.com 以 1 000 个城镇的地方社区新闻为特色，"圣迭戈之声"是一家由 10 位前记者组成的非营利网站，每月独立访问者约为 6 万。目前为止，寻找赢利商业模式是大多数网站面临的主要挑战。

122

 ## 报纸所有权

多年来报业的所有权都是大鱼吃小鱼，大公司通过并购小公司变得更大。报业仍然被少数几家大集团主宰，但经济低迷至少暂时扭转了合并趋势。表 5—3 列出了最大的五家报纸集团。最大的是甘乃特集团，拥有 83 家日报，总发行量约为 700 万份。

表 5—3　2010 年收入最多的报纸集团

名字	报纸数量	最大报纸
甘乃特集团	83	《今日美国》
论坛公司	26	《芝加哥论坛报》
纽约时报公司	20	《纽约时报》
麦克拉奇公司	30	《迈阿密先驱报》
前进出版公司（Advance Publications）	25	《克利夫兰诚信商报》（*Cleveland Plain Dealer*）

自 2007 年开始合并趋势不再，当时第二大的报纸连锁奈特·里德（Knight Ridder）被麦克拉奇（McClatchy）公司收购，后者把数十份报纸转手卖给私人老板。论坛公司 2008 年被房地产大亨山姆·泽尔（Sam Zell）接手，他转手把公司最大的报纸《新闻日报》（Newsday）卖给了一家有线电视公司。道·琼斯把六家报纸卖给了亚拉巴马州的一家小报业公司。

为什么会有这种逆向的风气？报纸不再像互联网出现之前那样是利润的中心。它们的长期前景似乎很暗淡，目前无人想到转运的办法。股票价格暴跌，投资者对于出售亏损报纸倍感压力。不管怎样，至少短期来看，报业正变得越来越小而不是越来越大。

印刷版与在线版报纸的制作

部门与员工

报纸的部门结构与员工状况根据报纸的规模而不同。总体上，所有报纸都分为三个部门：经营部、制作部和新闻评论部。经营部负责销售印刷报纸和网络报纸的广告版面，以及增加报纸发行和网站流量。顾名思义，制作部负责报纸印刷和网站发布的线上线下工作。

伦理问题

如何恰当地描述融合记者的职业？

如前文所述，互联网出现之后报纸记者现在被希望做得更多，之前记者的职业描述相当简单：搜集信息、为印刷报纸写作和编辑报道。现如今记者有很多其他任务，包括写作和更新网络报道；为网络新闻拍摄和配发图片、视频和音频；以及更新博客。报纸要求增加雇员的工作量是道德的吗？

毫无疑问这些增加的任务有时会引发问题：要求记者的工作时间加长，出版商和编辑的管理难题，还有就报酬问题与工会协商的困难。很多报纸设立了 24 小时新闻编辑室，现在要求记者早去晚归，远远超出了正常工作时间。部分记者抱怨他们被要求为报纸写博客，或做在线访谈和参与聊天室聊天。他们认为这些行为都不是职责所在，而且没有得到额外报酬。记者还抱怨工作时间的延长使其无法回顾和反思新闻的深度意义。而且，这些工作时间的要求让记者更难做"调查性"报道，因为这些新闻要求他们在日常工作之外做原始调查研究。调查性报道通常会获奖，帮助记者树立名声；记者自然希望有时间来做这些。

报纸经理认识到了这些问题，但认为报纸新闻业已经发生了很大变化。高管们认为记者必须接受他们现在是报纸兼网站通讯员的身份，相应地调整他们优先考虑的事情。

代表记者的工会美国报业协会对此并不认同。报业协会认为记者完成额外的工作就应该得到额外的报酬。随着报纸网站变得更加复杂和有雄心，记者很可能会有更多的网络职责，劳动强度更大。这将会是未来劳工合同谈判的主要议题。

最复杂的部门是新闻评论部。注意它的两个功能——新闻和评论——在网络版和印刷版中都是分开的。评论版的是评论意见，而新闻版的是客观报道。

过去，报纸的印刷版部门和网络版部门是各自独立的。有些报纸的网络部门的同事在其他楼层，甚至有的不在同一栋大楼。现在的趋势是两者融合。

联合编辑部有很多种类型。一种传统的类型是编辑部由总编指导，他们监督和协调日常部门运行。地方新闻编辑监督本地报道，分配记者任务（如市政厅、警察局和健康报道），指导日常新闻记者处理各种报道。通讯稿编辑对来自美联社和其他通讯社的国际、国内新闻进行编辑。大部分报纸会有一两个专人负责评论版。

更新的编辑部类型有四种分工：（1）新闻流程编辑（newsflow editor）管理印刷版和网络版的报道进程；（2）报道生成师（storybuilder）整合报道中的文字、音频及视频元素；（3）新闻资源师（news resource）专门负责为印刷版和网络版的背景、深度和上下文提供信息；（4）"背包"记者（"backpack" journalist）（见第 13 章）做采访、摄影和音视频记录，以供印刷版和网络版使用。

通过移动设备获取新闻的人数越来越多，导致报纸的组织结构更为复杂。2010 年，《今日美国》宣布改制，削弱对印刷版的重视，转而加强网络和移动业务。这种变革体系更加依赖团队，而不是传统部门。在新的组织结构里，内容制作团队因话题而分工，其报道归总到制作操控台，各种报道集中展示并最终为印刷版、网络版和移动版所使用。

出版前的程序

印刷版和网络版的业务明显正在融合。传统印刷编辑部只有一个截稿时间，所有报道都必须准备好。现代融合编辑部是全天候运作，报纸网站的新闻是实时更新的。

引文　　　　　谁？

现场采访记者需要知道其报道领域的行业术语，以避免尴尬发生。举个例子：弗吉尼亚一家报纸的新手记者报道巡回法院，不知道 FNU（名不详）和 LNU（姓不详）在弗吉尼亚州执法中是常见缩写。由于不懂术语，这位新记者忠实地报道说："Fnu Lnu 先生被大陪审团起诉。"

124　　新闻来源有两个：本地报道与通讯社。早晨通讯稿编辑扫描通讯社和连锁通讯社的来稿，为印刷版和网络版寻找合适的报道。同时，地方新闻编辑分派记者去采访各类报道用于印刷版和网络版出版，总编辑计算可用的新闻版面，供当天印刷版刊登新闻。印刷广告的数量越多，印刷的报纸就可能越厚，新闻版面就越多。网络版报纸当然就没有这种限制。

融合也表现在个人层面上。随着新闻流程的展开，记者为印刷版、移动媒体版和网络版撰写报道。很多记者还拍摄和剪辑网站视频，或是录制播客音频。由于移动网站版持续更新，有些网络版报道可能要修改好几次。但这还不是 21 世纪报纸记者的所有任务。他们还要写博客、参与聊天室聊天以及回复读者的电子邮件。（这些新的任务引发了一些问题；请见"伦理问题：如何恰当地描述融合记者的职业？"）

印刷版报纸编辑编辑报道和设计报纸版面。加上图片和表格后的大样被交到排字间。最终，报纸到达印刷车间，完成印刷、打包，派送出去。

当然，这些程序不适用于网络版。网站编辑随时发布和更新报道。他们也决定给今天的报道配什么样的图片、视频和音频。很多报纸设有"早班组"，一个编辑加一个以上的记者，黎明时分上岗，工作到下午，专门为网站和移动媒体版提供报道、写稿和发布稿件。较小的报纸不太可能有这种理念，大约十分之三的报纸有早班组。如果一切顺利，报道和相关图表就会发布在网上或移动媒体上。排字间、印刷车间、新闻纸和派送货车都不是必需的。

报纸出版的经济学

如前所示，维持报业几个世纪的商业模式正在崩塌。发行量在下降，更严峻的是广告收入在下滑。为了理解这种形势，我们需要详细了解报纸出版的经济学。我们从考察收入和支出开始。

收入

传统印刷报纸有两个收入来源：广告版面出售和发行收入——订报费和报亭销售。两个来源中，广告远为重要，占了收入的 85% 左右。

广告收入的四个主要类型：

- 地方零售广告：地方专卖店的广告，来自汽车经销商、食品杂货店和其他地方企业

- 分类广告：招聘广告、地产广告、二手销售等，通常刊登在报纸的专版上
- 全国广告：需要面向大众的广告主的广告，如食品、手机和金融服务的广告
- 预付插页广告：通常是插入报纸中的集合了全国连锁店的增刊，如百思买和塔吉特百货

 媒介探索

债务陷阱

注意下文的支出项目所列的是报纸的支出。如果指的是报业公司，我们就必须再加上一项重要项目：债务。实际上，很多独立报纸仍然赢利，但很多大报业公司却深陷债务危机。

当经济坚挺和信贷宽松时，很多报纸老板推崇越大越好的理念，通过借贷大笔资金扩大投资和扩张企业。后来经济下滑，广告缩水，公司就面临收入下降的困境和巨额债务。

这些债务可能高得惊人。日报记录公司（Journal Register Company）正好在汽车销售衰落之前欠下巨债购买了底特律地区的报纸。结果公司欠债约 6.2 亿美元。楼宇媒体（Gate-house Media）计划收购中小型报纸，结果债务高达 12 亿美元。麦克拉奇公司几年前并购了奈特·里德公司，长期债务有 23.9 亿美元。

而贷款的利息自然是持续累积的。2007 年，莫里斯传媒（Morris Communications）卖掉了旗下 14 家报纸来还债，年末的时候仍欠下 4 亿美元的债务。《纽约时报》不得不卖掉部分楼盘，从一位墨西哥商人那里借贷 2.5 亿美元来还近期的一笔债务。论坛公司因无法还清债务而宣布倒闭。

这些钱都用于还债，意味着记者工资更少、运营支出和提高新闻报道的投资更少——对于已经处于挣扎线上的报业来说这是雪上加霜。

125　这四类广告中，分类广告和地方零售广告是最重要的。以前，地方零售广告占全部广告收入的 50% 左右，分类广告占 40% 左右。对报业来说不幸的是，这两类广告受到日益激烈的竞争和经济低迷的严重打击。地方零售广告从 2006 年到 2010 年下降了约 40%。这个损失的主要原因是很多地方商店倒闭了，因为他们没有竞争过诸如沃尔玛这样几乎不做报纸广告的公司。分类广告收入同期跌落了 66%。招聘广告、地产广告和汽车广告下降得最多，因为来自 Monster.com 和 Craigslist 等网站的竞争，加上低迷的经济吞噬了报纸收入。换言之，报业的两大收入来源四年内下降了 50% 以上。这意味着灾难。

支出

可以从多个角度考察一家普通印刷报纸的运营成本。一种常见的方式是按功能划分成本：

- 新闻和编辑成本：负责采访和报道新闻的记者和编辑的薪水
- 印刷成本：如新闻纸、油墨和印刷机的运转成本
- 机械成本：排字和制作成本
- 发行和派送成本：汽油、货车和发行人员薪水

- 一般行政成本：办事员、秘书、会计等的薪水

这些支出与报纸发行量有关：印刷量越大，油墨、新闻纸、派送等的成本就越高。

报纸已经努力削减成本，比如裁员、缩版、砍掉边远地区的派送和采用更高效的制作技术。不过，成本可以削减的只有这么多，长远的生存依靠的是增加收入。

网络和应用程序是出路吗？

报纸过去几年仅有的闪光点是报纸网站和移动应用程序的普及。就整个行业计算，报纸网站的平均独立访问量约 7 100 万人，相比较印刷版只有 4 600 万左右的读者。排名前十的报纸网站从 2008 年到 2010 年增长了 15% 的独立访问量，个别报纸网站增长量惊人：Washingtonpost.com 2009 年仅一个月就增长了 28% 的独立访问量。

困境是在线读者的增长人数并没有转化成足够的广告收入来弥补印刷报纸的亏损。因为网络广告机会的供应充足，网络广告的价格十分低廉。广告主付 1 美元给印刷报纸广告，却只要付 5 至 10 美分给网络广告。所以，印刷版仍然支撑着大部分的产业收入。

尽管如此，数字广告收入继续增长，2010 年总计约 260 亿美元，首次超过报纸广告。问题是数字广告的增长跟报纸网站没有多大关系。2010 年，报纸网站广告收入仅仅占网络广告收入的 6%（有意思的是，产出数字广告收入最成功的新闻网站是赫芬顿邮报，而这家网站依赖的是免费内容）。毫无疑问，报纸试图用其他方式来赢利，如付费内容和移动应用程序产生的收入。

读者愿意为新闻付费吗？还不知道，但目前的迹象并不乐观。首先，很难让消费者开始为原来他们习惯的免费内容付费。36 家报纸针对付费墙的调查表明，1% 的读者愿意为网络报纸付费。行文至此，对本章开头提到的《纽约时报》付费

系统的未来进行评判还为时尚早。第一个月，有 10 万人（以低廉的入门价）订阅了网络版，但网站的总流量下降了。

移动媒体呢？美国的智能手机用户超过 4 500 万人，最新调查显示，一半受访者使用手机上网看新闻，其中的 39% 在手机上阅读地方报纸，35% 阅读主流大报。《今日美国》和《纽约时报》的应用程序是 iPhone 和 iPad 上下载量最高的。

2011 年中期，新闻集团，即专门为 iPad 设计电子报《日报》（The Daily）的公司，还未发布官方订阅数据。专家预测免费应用程序下载量约 100 万次，但只有 9 万左右购买了报纸。如果订阅量持续增长的速度同新 iPad 销售一样快的话，《日报》也要好几年才能开始赢利。

如果更多的报纸像杂志产业一样通过苹果应用商店发行的话（见下一章），情况也许会转变。还有，如果报纸新闻向读者收费，可能会有竞争者提供免费新闻。可能还要几年形势才会变得更明朗。

广告主愿意为用智能手机或平板电脑阅读新闻的消费者增加广告费吗？移动广告模式表现出收入增长的潜力。调查表明，较之网站广告，消费者更能容忍移动媒体上的广告。2010 年，约有 7.4 亿美元花费在移动广告上，比 2009 年竟增长了 79% 之多。消极的一面是，7.4 亿美元仅占整个数字广告的 3%。预计到 2015 年移动广告会达到

25 亿美元以上。另一方面，广告主在应用程序中置入广告比在传统网站上更难，因为广告主可能必须在每一种移动设备上分别打广告。广告主可能必须跟设备生产商和软件提供商（如苹果和谷歌）谈判，这些公司对广告如何交易有自己的条款，因此谈判过程更复杂。总之，移动广告给报业带来了一些希望，但现在仍不能确定希望有多大。

 社会问题

非营利报纸?

报纸的传统商业模式不行了，报业正在寻找不同的方式来重塑产业结构。建议有很多。

一个最有趣的建议是低利润有限责任公司（Low-Profit Limited Liability Company，简称 L3C）。L3C 是营利企业，但允许从基金会和慈善团体获得投资，因为 L3C 被认为具有良好的社会效益。报纸，就如 L3C 的支持者所说，对社会的利益表现在：通过使读者知情和鼓励对观念市场的贡献从而促进了民主。L3C 的最大优势是开启了新的投资潜力。例如，大基金会被要求每年至少捐出 5% 的财富给相关投资项目。它们可以投资给营利组织，如 L3C 企业，如果它们具有社会效益。当然，报纸仍然要顺利运营。L3C 体系在某些国家被许可，但美国国税局尚未认定报纸符合这种模式。

另一种选择是让报纸采用目前很多大学采用的模式：捐赠机构。这类机构不能营利，但通过提高公共福利而服务于社会。这种机构体制的最大优势是符合组织免征税收，任何向该组织的捐赠都是免税的。当然，这类组织的入门资金是笔巨大投入。报纸可能必须筹集至少 10 亿美元来承担每年的出版成本。另外，作为捐赠机构，报纸不能再参与政治竞选。

第三种选择是保持报纸的营利性质，但赋予其一定的法律特权。例如，政府可以授权报纸不受现行反垄断法的约束，赋予报纸集团自行定价的权利（美国职业棒球联盟也获得了类似特权）。或者政府废除限制报纸在同一市场内拥有电视台和广播电台以及禁止同一市场内的两家报纸合并的法规。

当然，也有很多反对这些建议的鲜明观点。为什么应该赋予报纸特权？全新闻广播电台也促进了社会效益。给它们赋予同样的特殊地位怎么样？另外，我们真的想从市场现实中把报纸保护起来吗？市场会提供有价值的反馈，它告诉报纸哪些有用哪些无用。把报纸从市场中隔离出来，就很难知道它们是否真正地服务于读者。最后，所有这些解决方案认定报纸是值得保留下来的。皮尤中心卓越新闻调查发现，42% 的受访者并不会想念报纸。如果情况真是如此，任何所有制模式都难以成功。

也许对报纸而言最有创意的建议是宣称它们是一种宗教信仰，赋予记者牧师般的神职。这将使报纸免于纳税，同时认可记者具有牧师的忏悔隐私权（这几乎不可能发生）。

报纸会存活下来吗?

皮尤中心的《2011 年全美新闻媒体报告》中写道："报业要努力达到的目标现在非常清楚——随着印刷广告收入和发行量下跌，更多强健的数字公司要接过接力棒。不幸的是，怎么接过来还是不清楚。"

有些报纸会幸存下来，有些不会。大公司所属的报纸情况要好，因为总利润可以补偿报纸亏损。危机最大的是那些母公司在过去几十年信贷宽松的日子里承担大笔债务的报纸。找到创新性和革新性方式来营销移动媒介产品的报纸也会有优势。

未来的报纸很可能会采用一种混合模式，印

刷版每周只有几期，但网络和移动应用程序上会不断更新。在线版很可能会发送给很多平台，包括手机、iPod、iPad 及像亚马逊 Kindle 这样的电子阅读器。主要的收入来源是广告，但也可能会对专业内容收费。报纸还是会雇用记者，但日常报道可能不会像过去那样，会有音频记者、摄影记者、视频记者和博客。

总而言之，印刷报纸和网络报纸完全确立新的商业模式还要好几年。随着转变的继续，困境重重的报业还要面对更多更深的困难和挑战。

The Daily 是第一份为 iPad 设计的数字报。2011 年 6 月它是苹果应用商店里评价最高的应用程序。

 ## 全球报纸

很多报纸提供外语版和国际版。流行的有两类：普通报纸和金融报纸。就美国和英国来说，以下是 2010 年年末排名较前的报纸：

1.《经济学人》，总部在伦敦，报道金融和政治新闻。美国有售，周刊在弗吉尼亚、伦敦和新加坡印刷。读者约 100 万人。

2.《华尔街日报》国际版拥有 100 万左右的读者，他们主要分布在欧洲、亚洲和南美洲。

3. 伦敦《金融时报》，顾名思义，专门报道经济新闻；全球发行量约 39 万份。

4.《国际先驱论坛报》，由《纽约时报》出版，总部在法国，全球发行量约 24 万份，读者主要分布在欧洲。该报在全世界 36 个地方出版。

5.《今日美国》国际版拥有 6 万多读者，他们遍及 60 个国家。主要受众包括美国商旅人士及海外工作者。

其他拥有国际版的报纸还有《纽约时报》、《世界报》（法国）、西班牙《国家报》、《泰晤士报》（英国）、《政治家报》（印度）和《金字塔报》（埃及）。

报纸受众

反馈来源

　　报纸最有名的反馈系统是**美国发行审计局**。20 世纪早期，随着大众广告的增多，部分出版商开始对读者数作弊以吸引来自广告主的更多收入。为了防止欺骗，1914 年广告主和出版商联合成立了 ABC。该机构旨在确立发行量计算的基本原则，确保原则的执行，以及提供发行量数据的真实报告。ABC 审计美国和加拿大四分之三的印刷媒体——约 2 600 份出版物。

　　ABC 按如下方式行使职责：出版商保留发行量数据的详细记录。出版商每年两次向 ABC 报告发行量，接着由 ABC 向用户报告发行量。ABC 每年审计一次出版物以证实所报告的数据准确。

ABC 的代表会检查出版物，自由检查记录和文件。

　　2010 年，ABC 宣布了新的发行量计算公式。出版同品牌其他版本的报纸，如西班牙语版，可以被计入总平均发行量。此外，ABC 新的计算原则允许报纸重复计算订阅印刷版，通过网站、移动媒体或电子阅读器购买或注册的订户人数。尽管这些变革反映了报纸商业的现状，但很难追踪历史动态，因为按新原则收集的数据不能直接与老数据兼容。

　　出版商要了解更详细的网络受众规模的反馈，可以向尼尔森/NetRatings 订阅（见第 4 章）。该公司发布各种流行网站独立访问量的月报。

受众

　　2011 年，工作日大约有 4 500 万份早报和晚报通过报刊亭售卖或送报上门服务进入美国家庭。按绝对值计算，日报发行量自 1990 年以来减少了，如表 5—4 所示。然而，人口却在不断上涨。为了反映这一事实和扩大分析视角，表中的最后一行是日发行量与美国成人总数的比率（以千人计）。可以看出，日报发行量没有跟上人口总增长。

表 5—4　　　　　　　　日报发行量

年份	总日报发行量	每千人日发行量
1960	58 882 000	475
1970	62 108 000	428
1980	62 201 840	360
1990	62 327 962	329
2000	55 772 847	287
2009	45 653 000	195

来源：作者编制。

　　每天阅读一份以上报纸的成人比例从 20 世纪 60 年代早期的 80％下降到 2010 年的 50％左右。下降最为显著的是 18～29 岁和 30～44 岁的年龄组，以及无大学文凭者。日发行量总体下滑最为严重的是城镇地区。

　　为什么会总体下滑？有些人把它归咎为美国人移动性增多、单身家庭增多、订阅价格和零售价上涨、年轻人文化水平总体下降和来自其他媒体尤其是网络的竞争。

　　印刷报纸的读者流失到网络媒体。1995 年，4％的美国人口每周至少上网一次来获取新闻。到 2010 年，这一数字超过了 40％。皮尤研究中心最新调查发现，七分之一的网民减少了每天读报纸的时间。上网获取新闻最多的主要人群是年轻人——也是最少读报纸的人群。不过，人们上网获取新闻时，他们不一定上报纸网站。很多人访问门户网站，如 Excite 或雅虎；有些上搜索引擎，如谷歌；还有些人上 CNN.com 或电视网新闻网站。

130

媒介探索

人均日报数

根据联合国数据，以下是人均日报数世界排名前五的国家。

排名	国家	每百万居民的日报数
1	挪威	16
2	意大利	13
3	瑞典	10
4	芬兰	10
5	新西兰	9

报纸和民主看起来联系紧密；人均日报数前五名国家的民主排名也列入前十。美国排名第 14 位，每百万居民的日报数为 5 份。

 ## 报业的职业前景

目前来看，显然在传统印刷报社里并不好找工作。从 2000 年开始，新闻行业的总雇用人数（新闻编辑部工作者、印刷操作员、排字员、发行员等）减少了 20%。编辑员工（记者、摄影记者和编辑）人数减少得更多，失业人数上升、报社倒闭更频繁。

光明的一面是，未来网络新闻是可能增长的领域。任何想要成为记者的人，应该确保其掌握最新的网络技术，可以做多平台报道：音频、视频、网站、移动媒体和印刷媒体。

各个媒体的职业前景变化迅速。关于报业当前状况的更多描述以及更为详细的职业选择介绍，请参考本书网站 www. mhhe. com/dominick12e。

 ## 要点

131

- 美洲殖民地的报纸是在当地政府的许可下出版的。新闻自由直到革命之后才出现。
- 大众报纸在 19 世纪 30 年代随着本杰明·戴伊出版第一份便士报《纽约太阳报》才出现。
- 黄色新闻时代推行煽情主义、改革运动以及富于人情味的报道，并且带来了更吸引人的报纸设计。
- 在 20 世纪早期许多报纸被兼并或关闭了。小报变得流行。这股合并趋势一直延续到二战后。
- 报业目前处于危机中，发行量和广告收入的下滑导致很多报纸难以生存。
- 日报有四种：全国性日报、大都市日报、中型日报以及小城镇日报。其他主要类型的报纸包括周报、特别服务报纸及少数民族报纸。
- 所有报纸现在都有网络版，很多还有移动媒体应用程序。
- 报业的合并趋势结束了。

- 报纸正在重新审视其商业模式，印刷和网络业务正在融合。

- 报纸受众由美国发行审计局计算。过去几十年里报纸读者减少，但网络读者增多了。

 复习题

1. 追溯从 17 世纪到 21 世纪"新闻"定义的变化。

2. 什么是报纸的界定特征？

3. 比起网络报纸，传统的印刷报纸具有哪些优点？网络报纸与印刷报纸相比具有哪些优点？

4. 为什么报纸困境重重？

 批判性思考题

1. 为什么年轻人不读报纸？报纸能不能重新获得失去的读者？

2. 应不应该允许报纸在同一市场内拥有广播媒体？为什么？

3. 网络报纸最终会取代印刷报纸吗？为什么？

4. 未来十年里报业会变成什么样？

5. 我们还需要报纸吗？

 关键词

政党报刊

第一修正案

便士报

黄色新闻

爵士新闻

小报

新闻版面

发行量

发行审计局（ABC）

 互联网冲浪

下面是一些讨论报业的网站。所有列举时间截止到 2010 年年末。

www. decaturdailydemocrat. com

由一个小城镇日报出版的一份极好的网络报纸。

www. huffingtonpost. com

最成功的新闻聚合器网站之一

www. naa. org

美国报业协会网站，是一个主要的行业贸易机构。包含的信息有报纸发行量、公共政策、多样性以及机构杂志《报业时代》（*presstime*）的链接。

www. ojr. org

《在线新闻评论》（*The Online Journalism Review*），由奈特数字媒体中心出版，是最好的关于网络新闻最新消息的来源。

www. theonion. com

看起来是可信的在线报纸，但实际上是讽刺新闻。

www. usatoday. com

全国性日报《今日美国》丰富多彩的官网。注意其对视频、图片和博客的重视。

移动媒体

找找《日报》、《纽约时报》、"飞丽博"（Flip-board）和"脉冲"（The Pulse）的应用程序。

第6章

杂志

本章将帮助你：

- 讨论杂志的特征
- 理解杂志产业的分类
- 了解媒介指标调查公司（MRI）的功能
- 领会杂志社为把互联网和平板电脑整合进商业模式所作出的努力
- 理解杂志产业目前的经济状况
- 辨别杂志的五大内容类别
- 描述生产杂志的部门

杂志产业衰落后一直在寻找振兴的方法。这个产业希望借由转运的是与杂志同等大小和重量的电子设备——平板电脑。杂志出版商相信读者愿意并期望阅读电子版杂志，而诸如 iPad 和摩托罗拉 Xoom 这样的平板电脑是完美的发行平台。未来几年，大约 1 亿人将拥有平板电脑。难怪出版商会热切地去接触这一增长的受众。电子杂志技术开发公司 Zinio 的新闻发布说："借由平板电脑……一流杂志出版商将会彻底改变人们阅读杂志的体验。"

当然这还有待验证。大家仍在寻求可靠的商业模式，而且印刷版的杂志也不可能消失。然而，有一点可以肯定：平板电脑对杂志产业的未来具有重大作用。

本章将介绍转型期杂志产业的历史、结构、经济和组织。

136

简史

殖民地时期

在殖民地时期，"magazine"意味着"货栈"或"仓库"，把各种物品贮藏在同一个屋顶下的地方。美国第一批印刷的杂志就仿效了这种模式；它们相当于是从书、小册子以及报纸中搜集的各种文学材料的贮藏室，被装订在一个封面内。

第一个在殖民地宣布计划创办杂志的是本·富兰克林。对于富兰克林来说不幸的是，一个名叫安德鲁·布拉福德（Andrew Bradford）的竞争者听闻了他的这个想法，给了他重重的一击。1741 年布拉福德的《美国杂志》（*American Magazine*）比富兰克林的《综合杂志》（*General Magazine*）早出版了几天。这两个出版物上刊登了针对高知受众的政治经济类文章。

富兰克林与布拉福德的杂志都是一种野心勃勃的冒险，因为它们都是针对所有 13 个殖民地的读者设计的并且意在影响舆论；然而，两者很快都因为财政问题而停办。在杂志出版中接下来重要的尝试

发生在费城，当时另外一个布拉福德（威廉·布拉福德）于 1757 年创办了《美国杂志与每月纪事》（*American Magazine and Monthly Chronicle*）。这份出版物刊登一般的政治与经济文章并掺杂着一点幽默，它编得很不错并且维持了一年。

随着美洲与英国政治关系的恶化，杂志像报纸一样承担了重要的政治角色。托马斯·潘恩在其令人振奋的小册子《常识》（*Common Sense*）中为从英国独立出来争辩，他后来成为《宾夕法尼亚杂志》（*Pennsylvania Magazine*）的编辑。这份出版物强烈支持美国革命并且是战争早期一股重要的政治力量。不过，它成了斗争早期的牺牲品，于 1776 年被关闭。

所有早期的杂志目标都是特殊的受众——受过教育、能看书识字且主要是城市人的受众。它们总的影响是鼓励文学与艺术的表现，并且在美洲争取从英国独立出来的斗争中团结殖民地。

革命之后

18 世纪晚期与 19 世纪早期流行的杂志上刊登主要针对受过教育的精英阶层的政治与时事文章。现代新闻杂志的诞生可以追溯到这一时期。报道当时时事的《奈尔斯纪事周刊》（*Niles Weekly Register*）在全国都有人阅读。

政治在这一时期的其他杂志中也有所反映。最有

影响的一本是由有趣的不墨守成规的约瑟夫·丹尼（Joseph Dennie）编辑的《卷宗》（*Port Folio*）。丹尼所期望的受众是经过精选的受众，他希望杂志能覆盖"富裕的人，慷慨的人，有学问的人"。报纸的主打方向是政治，而丹尼在其杂志中穿插了旅行见闻录、戏剧评论、讽刺文章，甚至笑话。

便士报时代

当便士报为报纸开辟了一个新市场时（参见第 5 章），杂志出版商也提升了他们的号召力，扩展了内容范围。《纽约佬》（*Knickerbocker*）、《格雷厄姆杂志》（*Graham's Magazine*）与《星期六晚邮报》（*Saturday Evening Post*）全都开端于 1820 年到 1840 年间，它们的写作不再那么迎合知识界，而是更多地迎合能看书识字的一般中产阶级。到 1842 年，在爱德加·艾伦·坡（Edgar Allan Poe）的指导下，《格雷厄姆杂志》有了 4 万的发行量。1830 年《戈迪女性书》（*Godey's Lady's Book*）与 1842 年《彼特森杂志》（*Peterson's*）的诞生体现了女性的社会与经济重要性的提升。这两本杂志都提供时装、道德、节食与健康方面的文章，并在它们的版面上印上精美的手工上色的版画。由萨拉·黑尔编辑的《戈迪女性书》是争取女性权利的先锋，也是第一本为了女性作家得到更广泛的承认而发起运动的杂志（参见"媒介探索：萨拉·约瑟法·比尔·黑尔"）。

1850 年，《哈泼斯月刊》（*Harper's Monthly*）创办，它提供已经在其他报刊上出现过的材料（非常像《读者文摘》，除了文章是全文重印以外）。《哈泼斯月刊》因收入了一些精美的木刻插图而使其篇幅加倍。《哈泼斯周刊》（*Harper's Weekly*）在 7 年之后创办并且以关于内战的插图而出名。1863 年，这本杂志开始刊载马修·布雷迪（Matthew Brady）的战争照片。

最有名的改革运动可能是《哈泼斯周刊》1870 年发起的反对纽约市腐败政治机构的运动。在"老板"威廉·特威德（William "Boss" Tweed）治下，一伙肆无忌惮的政客设法从纽约市骗走了大约 2 亿美元。托马斯·纳斯特（Thomas Nast）的社论漫画被认为帮助挫败了这一集团。

 媒介探索

萨拉·约瑟法·布尔·黑尔

萨拉·约瑟法·布尔·黑尔（Sara Josepha Buell Hale）曾负责宣布感恩节为年度假日，也是流行的童谣《玛丽有只小羊》的作者。她也是对 19 世纪美国新闻界产生持久影响力的女性之一。

萨拉·约瑟法·布尔嫁给了新罕布什州的一位律师大卫·黑尔（David Hale），他鼓励妻子为当地杂志写文章和诗歌。萨拉 38 岁时就已发表了 17 首诗、许多杂志文章、两篇短篇报道、一篇文学评论和一部小说。

她的文学成就使其受到路易斯·戈迪（Louis Godey）的关注，这位《戈迪女士书》的发行人聘用萨拉为编辑。萨拉使杂志的编辑与读者关系十分亲密，让杂志大为流行，到 1860 年杂志发行量达 15 万份，在当时而言这是个了不起的数字。

萨拉·黑尔不仅编辑《戈迪女士书》，还承担了杂志几乎一半的文章写作。此外，她还致力于争取女性权利，劝说马休·瓦萨（Matthew Vassar）开设了以他名字命名的第一所女子学院。

她任职杂志编辑长达 40 年之久，89 岁才退休。由于她的努力，《戈迪女士书》被誉为那个时代最好的女性杂志。

杂志的繁荣

1860 年美国大约有 260 种杂志出版，到 1900 年有 1 800 种。为什么会有这样的激增？主要成因是更多可以利用的金钱、价格更低更好的印刷技术，特别是 1879 年的邮政法案规定了杂志特殊的邮寄价格。定位于大众规模的全国市场成为可能，有几家杂志正是这样做的。

在谋求大众市场方面最成功的杂志是赛勒斯·柯蒂斯（Cyrus Curtis）在 1881 年创办的《妇女之家》（*Ladies' Home Journal*）。其第一期有八页，包括一篇带插图的短篇故事、一篇谈养花的文章、时装评论、育儿建议、针线活窍门与菜谱。柯蒂斯是广告业中第一个意识到全国广告潜力的人。

出版物总体的改革精神在 19 世纪晚期与 20 世纪早期领军杂志的内容中奔涌而出。西奥多·罗斯福（Theodore Roosevelt）给拥抱这场改革运动的杂志起了一个绰号**淘粪者**（muckrakers）。大企业中的腐败行为是激发淘粪者热情的第一个主题。《麦克卢尔杂志》（*McClure's*）刊登了一篇由艾达·M·塔贝尔（Ida M. Tarbell）所写的揭露美孚石油公司内幕的文章。虽然它采用了一个无敌意的标题"美孚石油公司的历史"，但该文充满了具有爆炸性的材料，因为它揭露了贿赂、欺诈、不公平的交易行为以及暴力。塔贝尔的努力之后，紧接是对于大城市政治腐败的令人震惊的报道与反映铁路业中的不正当做法的系列报道。另一本杂志也加入了进来，《世界主义者》（*Cosmopolitan*）在 1906 年刊登了《参议院中的叛逆》。紧随其后的是对国际哈维斯特公司（International Harvester Company）的进攻。到 1912 年，这股讨伐与曝光的潮流已经结束。由淘粪者所揭露的许多问题得到了解决。最重要的是，公众对它已经变得厌倦，杂志不得不寻找新的方法来吸引读者。

▌战争期间

第一次世界大战后的十年中改变的经济状况与变迁中的生活方式也影响了杂志的发展。在一战与二战之间的那些年中，三种独特的形式演化出来，它们是文摘、新闻杂志以及画报。

文摘类型的最佳代表《读者文摘》（*Reader's Digest*）出现在 1922 年。虽然这份杂志只是摘编其他地方已经发表过的文章，但它最早浓缩与编辑了这些材料以便能让人们快速阅读。

新闻杂志的主意并不新鲜——19 世纪就能找到这样的例子。不过，《时代》（*Time*）从它的先辈那里借鉴很少。从 1923 年创办起，《时代》就把它的模式建立在一个具有独创性的想法上：在不同的类别下对新闻进行提炼与分类。其他的创新包括采用叙事风格来做新闻报道；由记者、作者与编辑共同形成匿名文章即集体新闻；大型调查部门的建立；以及一种活跃的、生气勃勃的、使用行话的写作风格。该杂志发展缓慢，但到 1930 年已带来巨大利润。它的仿效者《新闻周刊》（*Newsweek*）与《美国新闻》（*U. S. News*）在 1933 年创刊。

 媒介探索 —————

《黑檀》杂志：向数字世界的转变

约翰·H·约翰逊（John H. Johnson）于 1945 年创办了《黑檀》（*Ebony*）杂志，这是一本为非洲裔美国人设计的最成功的杂志。在大多数杂志以及其他媒体忽略黑人受众的年代，《黑檀》呈现了美国黑人想要读到的表演者、政治家、牧师和学者。在被隔离的南方，这本杂志是关于国家其他地区美国黑人发生了什么的主要新闻来源。定位于中产阶级黑人的《黑檀》与其姊妹刊《黑玉》（*Jet*）影响了一代非洲裔美国人的态度和志向。

20 世纪 60 年代，在民权运动期间，《黑檀》因太中庸和不谙时事意见和政治而受到批判。尽管一直保持温和的编辑焦点，《黑檀》还是报道了游行示威运动。实际上，第一位获得普利策摄影奖的非洲裔美国人就任职于《黑檀》。他获奖的照片是被刺杀的马丁·路德·金的妻子科瑞塔·斯科特·金在其葬礼上的情形。

后来 30 年里，《黑檀》收入不错。发行量近 200 万份，并获得巨大收益。20 世纪晚期，《黑檀》受到波及整个杂志产业的经济和社会转折的影响。年轻人被互联网吸引走，《黑檀》的读者主要是 50 岁以上的群体。发行量下滑到 100 万份。广告商跟随年轻受众投向互联网，收入下降。2009 年杂志的广告页萎缩了近 40%。到 2010 年，《黑檀》的经济问题已十分严重。

138

尽管杂志开始开办网站，但《黑檀》似乎还未意识到数字平台的重要性。奥巴马总统赢得2008年竞选可能获得了杂志发起的社会转变的助益，他指定《黑檀》为获选后第一家采访媒体。由于害怕立即在网站公布采访会影响印刷杂志的销售，所以其在杂志出版了很多天之后才将采访放到网上。与此同时，总统当选人还指定了《60分》进行采访，于是《黑檀》丢掉了独家新闻。

2011年，《黑檀》宣布进行全本改版，这是自1945年创刊以来最大的一次改版。改版包括设计更简洁，致力于赋权和鼓舞的新栏目，以及色彩更丰富。网站也做了更新，更强调社交媒体。《黑檀》也发布了iPad应用程序。这些改革能否使这本脆弱的杂志生存下来呢？这将是一场硬仗，因为它还要面临来自时代华纳杂志阵营的《精品》（Essence）的挑战。此外，年轻读者还可以从众多非裔美国人的网站中挑选所爱，包括有政治和文化文章的黑人网友博客。总之，《黑檀》正在现今的媒体世界里寻求它的利基市场。

在30年代中期，《生活》（Life）与《展望》（Look）这两本杂志复兴了由《哈泼斯》及《莱斯利》所开创的图片周刊的传统。《生活》创办于1936年，它在名字定下来之前就有了25万的订户。《生活》以抓拍公众人物、配有照片的文章、特殊场合的清晰特写以及谈论艺术的文章为特色。

通过这种模式，《生活》生存了36年（20世纪70年代它以一种完全不同的模式重新出版）。《展望》于1937年出现在报摊上，仅仅比《生活》晚了几个月。《展望》缺少其先行者那种对时事的强调，它更多地关注名流与特写。经过一些年，它演变成一种家庭取向的杂志。《展望》于1972年停刊。

战后时期

战后时期的杂志反映了出版商的一种坚定的信念，即想要有利可图就得走专业化路子。闲暇时间的增多给诸如《田野与溪流》（Field and Stream）、《体育竞技场》（Sports Afield）、《高尔夫文摘》（Golf Digest）、《大众泛舟》（Popular boating）及《体育画报》（Sports Illustrated）这样的体育杂志创造了市场。科学的进步也引起了大众化版本的杂志《科学美国人》（Scientific American）的复兴。

城市社区与城市生活方式的迅速扩张催生了许多专业化的出版物。对性的更加解放的态度促生了诸如《秘密》（Confidential，1952）与标新立异的《花花公子》（Playboy，1953）这样的杂志。在20世纪60年代，对于城市文化的兴趣的复兴促生了"城市"杂志的兴起，《纽约》（New York）可能是最好的例子之一。对于黑人报刊来说，20世纪50年代最重要的发展是黑人杂志的扩展。早在1942年约翰·约翰逊（John Johnson）就创办了《黑人文摘》（Negro Digest）并用其利润在1945年出版了《黑檀》，它在模式上仿效了《生活》。在20世纪50年代早期，他又创办了新闻周刊《黑玉》与《棕黄色》（Tan）。后来还有《黑人世界》（Black World）与《精品》。

现代杂志

几年的暗淡时光见证了许多杂志的印刷版之死，包括《房子与花园》（House and Garden）、《多米诺》（Domino）以及《投资》（Portfolio），2010年杂志产业有一些好转，这得益于经济复苏和平板电脑应用程序的增值（后者比重更大），

2009年该行业的收入增长约为3%。

尽管消息利好，但杂志产业仍然面临困难和挑战。首先，存在市场问题。超市和大折扣店如沃尔玛对货架上展示的杂志越来越挑剔。以前是出版商赞助项目之一的抽奖竞赛，因为法律问题

现在几乎消失了，美国谢绝来电计划（national do-not-call list）使其更难通过电话获得订阅。

其次，有线电视和互联网侵吞了杂志的最大销售点——吸引专业受众。定向有线频道如美食频道和氧气频道给广告主提供了另一种有时更有效的覆盖受众的渠道。互联网提供的定位甚至更为精准。例如，doityourself.com 为劳氏（Lowe's）和家得宝（Home Depot）提供了天然的广告场所。

出版商一直在尝试种种策略来转运。它们加强网站和移动媒体的呈现以试图弥补印刷广告的下降。其他公司扩展辅助活动，如赞助会议和商展。大家都变得更有成本意识。

2009 年至 2010 年大多数杂志的发行量保持稳定或稍有下滑。但是仍有亮点，有个别杂志收益显著提高。《美食与家庭》（Food and Family）发行量翻了两番。《游戏情报》的发行量提升了 27％，而《美食频道杂志》（Food Network Magazine）的发行量上升了 16％。也有一些失败者。《花花公子》发行量下滑 30％，《读者文摘》下滑 24％。新杂志不断问世。MediaFinder.com 报道称 2010 年有 193 本新杂志创刊，有 176 本杂志停刊。与之相比，2009 年共有 596 本杂志停刊。

近几十年杂志出版的趋势是寻找热门话题，利用这个机会迅速开办杂志。如果话题冷下来，致力于此的杂志就麻烦了。例如，2005 年左右房地产市场繁荣的时候刺激了众多家居设计和装修杂志产生。当房地产市场崩溃，随着陪葬的有其中诸多出版物（《多米诺》、《家庭》、《乡间之家》，等等）。

最后，杂志产业持续被少数几家出版畅销杂志的大公司所控制（见表 6—2）。

文化批判问题

少女杂志网站传达了什么信息？

越来越多的少女喜欢上网，她们最喜欢的网站是少女杂志的网站。就像其印刷版一样，这些网站包含的文章涉及美容、时装和情爱，但网站还有其他特点。它们是互动性的。大多数都有聊天室、BBS 和即时反馈的小测验。另外，它们是私密性的。比方说少女们要寻找有关性的信息，在网上查找这类信息就比阅读杂志更舒服。最后，互联网上的信息可以永远都能找得到。

这些网站呈现给年轻女性什么样的信息呢？女性主义者认为少女杂志在教育年轻女孩什么是女性上起着重要作用。它们可能强调外观的重要性，吸引男性是年轻女孩儿最重要的目标。年轻人的网站是否也同样如此？

在《大众传播与社会》2003 年秋季刊上，蒙大拿·拉布尔（Magdala Labre）和金·沃什-查得斯（Kim Walsh-Childers）的一篇文章就聚焦于这个问题。研究者们研究了《都市女孩》（Cosmogirl）、《年轻人》（Teen People）、《十七岁》（Seventeen）以及《少年》（Teen）的网站，并且分析了这些网站表现的主要主题。一个主题就是获得成功和自信的条件之一是美貌。研究者们很快指出网站所呈现的美并不是自然美，而是被创造出来的美。年轻女孩的身材被认定为需要修正的问题。潜在信息似乎是"你本来并不好"。作者举的例子有杂志网站对眉毛的建议，以及关于女孩们最烦恼的头发问题的在线调查。

第二个主题自然紧跟第一个主题：美貌是通过产品获得的。网站为不满其外表的少女们列出了一系列的美容产品。而且，网站认定使用这些产品是自然的公认的行为。例如，《都市少女》的网站曾调查了读者们最喜爱的美容产品及受喜爱原因。网站还调查过"你的美容包里有些什么？"这些网站似乎认定所有读者都应有喜爱的产品和化妆包。

第三个主题，可想而知，就是网站能帮助少女们找到正确的产品让她们变得美丽。网站扮演了闺蜜或知心姐姐的角色，它了解美容问题和解决之道。有些网站还有专家，通常不公布全名，他们提供买什么产品的窍门，潜在地教育了年轻女性购买很多化妆产品是变得美丽的自然方式。

作者总结道，美貌等于成功的概念传达了一个错误的信息。年轻女性被教导说，她们可以通过购买正确品牌的化妆品来获得权力和幸福，而不是通过自身的努力。网站的内容也证明了女性主义批评家所经常谴责的一点：网站通过宣传女性的社会地位受制于把她们的身材变得漂亮以吸引男性注意力，从而把两性角色两极分化。最后，研究者们指出这些网站利用年轻女孩对其身材的不安全感来刺激消费。通过把生理完美定义为美貌，以及鼓励购买产品来获得这种完美，这些网站（跟印刷杂志一样）在年轻读者中创造了一个不现实的期望。很多年轻女性可能会花费大把时间和金钱来追求一种永远不可能实现的理想。

数字时代的杂志

141

杂志仍在学习如何最好地利用互联网。网络时代早期，很多杂志只是把文章从印刷版搬到网上。在线版的主要目的是鼓励人们订阅印刷版。不过，今天杂志网站变得更精致，与印刷版一样被同等对待。许多在线杂志现在也有自己的原创内容。

杂志的电子版对于读者而言具有明显的优势。首先，在印刷版拿到之前就可以看到电子版。其次，读者可以轻易把文章通过电子邮件发给朋友，在网站上订购广告产品，以及搜索过刊。对于出版商而言，最大的优势是成本。制作和发行在线版比生产印刷版要便宜很多。

转型

142

杂志产业的数字未来正缓慢成形。显然，网络将会对杂志的出版和市场产生重要影响。超过8 000份消费者杂志拥有网站，自 2006 年起上涨了50％。每个月这些网站吸引的独立访问者超过7 500万，但印刷版仍然产出大部分收入。2010 年杂志产业的数字部分收入低于 15％。未来几年数字部分很可能会增长，因为杂志增加了平板电脑、电子阅读器和智能手机版本的发行。2010 年由MPA 即杂志媒体协会（Association of Magazine

143

Media）做的一项调查发现，大约 60％的美国消费者计划三年内购买电子阅读器或平板电脑。另一项调查披露，五分之四的消费者想在平板电脑和电子阅读器上阅读杂志，并愿意为内容付费。

个别杂志也把印刷订阅与网络订阅整合起来。每年大约 48 美元，就可以订阅《体育画报》印刷版和浏览多个平台上的数字版。《经济学人》印刷版加数字版的打包价是 127 美元。本章我们将看到，越来越多的杂志利用应用程序来销售其数字版。

复制版

许多杂志的印刷版可以找到数字复制版。复制版力图尽可能地复制纸质杂志的阅读体验。不像在线版读者可以从目录中选择故事和网络专供特写，数字复制版包含所有的文章、图片、排版、头条、广告和页码——甚至包括烦人的订阅卡——所有读者可以从印刷版中找到的内容。复制版一次显示一页，页面依次排放，就像印刷版

一样。

有些公司向订阅者发行电子复制版。最大的发行商 Zinio 有 750 种杂志，包括《科技新时代》（*Popular Science*）、《电视指南》和《电脑世界》。Zinio 的最大竞争者是 Texterity，后者发行的杂志包括《投资日志》（*Smart Money*）、音乐杂志《气氛》（*Vibe*）和《旋转》（*Spin*）。

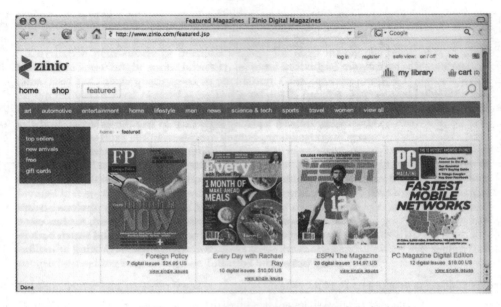

Zinio. com 的首页，在上面你可以订阅你最喜爱的杂志的电子版。

伦理问题

美化和道德

美化是一个大众术语，指修片，去除不完美的地方或强化图像效果。数字照片使得修片变得异常简单。实际上，如果你买了一台数码相机和相关软件，软件很可能自带了一些用来消除红眼、弱化或强化图像效果的修片工具。

不向观众说明有修改会有道德问题，因为美化后的图像太过完美，或者比现实改进了太多。杂志是争论的来源之地。《GQ》曾经承认2003年2月刊封面凯特·温丝莱特的照片被美化过。《男性健康》（*Men's Fitness*）把网球明星安迪·罗迪克的二头肌增厚，用以宣传有关塑造强健手臂的文章。《魅力》因把封面上的"丑女贝蒂"亚美莉卡·费雷拉变苗条而受到起诉（杂志否认运用了美化）。最著名的例子恐怕是《红皮书》2007年7月刊对歌手费丝·希尔的封面照片做了修片。有家网站拥有原始的未经修片的照片，把它们同修过的照片做了对比。差距非常惊人。2011年很多网站展出了凯蒂·佩里在《滚石》封面上的美化照片与原版照片。

这里涉及的道德问题是欺骗。读者是否有权知道哪些照片被做了数字修改？时尚杂志业会争辩说美化并没有什么错。在对费丝·希尔的争论之后，《红皮书》的发言人强调其对照片的修改"完全符合业界标准"。这说明欺骗是行业标准，人人都这么做。当然，人人都做并不意味着这是对的。

另一个辩解是不应该期待时尚摄影反映现实。时尚部分是梦幻，部分是艺术。就像某位时尚杂志总监所说："它们根本不是摄影，它们是图像。"

其他人会问，这有什么大不了？封面女孩（男孩）并不如图中那么完美，这有何妨？坏处可能是对年轻女孩对自身形象的认识而言。有些研究表明，女性在看到时尚杂志之后会更加不满其身材形象。而且，这些图像可能会造成不现实的期待。有研究表明，三年级女生中几乎一半人想要变苗条，这可能要拜成百上千的美化模特照所赐。

美国媒体摄影者协会明确了对此的态度。其道德准则中说："专题特写或说明性照片中的内容或意思中的任何修改和处理都应明示，出版人应明示变形或其他更进一步的修改。"

移动平台的应用程序

杂志产业正在实验的商业模式是利用应用程序在平板电脑和其他移动设备上发行数字杂志。尽管消费者不愿意为在线内容付费，他们却愿意在智能手机、iPad 或其他平板设备上付费购买支持内容的应用程序。出版商也发现读者通过应用程序阅读杂志的时间多于通过访问网站阅读杂志的时间。所以，行业经营者视平板电脑为重塑杂志电子版的另一个契机。杂志应用程序所提供的内容体验更为丰富，更能吸引广告主。例如，不像 www.people.com 的界面那般杂乱和紧凑，《人物》杂志的 iPad 应用程序简洁而易于操作。

文化批判问题

电子杂志、印刷杂志与阅读体验

电子杂志最终是否会替代印刷杂志？《媒介、文化与社会》2011 年刊上有一篇布丽塔·艾-德瑞安（Brita Ytre-Arne）的文章，它用文化批判研究考察了这个问题。

作者考察了挪威女性周刊《KK》以及熟悉其杂志网站的读者。她的研究结果表明杂志读者喜欢杂志网站，但仍然觉得网站无法取代印刷杂志，因为电子版无法复制印刷版的阅读体验。

这个结果不是因为印刷杂志读者技术不娴熟或是上网新手。被调查者都熟悉网络使用技巧，也经常上网。她们都熟悉杂志网站但却不太感兴趣。

其次，电子版和印刷版之间的内容差别也不会促使读者更偏爱其中一个版本。大多数人都认为同一个报道和图片在两个版本中是一样的。

那是什么导致了大家的偏好差别呢？艾-德瑞安假设了两个因素。第一个是阅读杂志是在电脑无法出现的特定环境下。第二是印刷版的界面（电脑术语）比网站界面更受欢迎。

关于第一个因素，阅读印刷杂志是在特定情景下——例如，一天劳累之后躺在床上，拿着一杯酒窝在沙发里，或是在饭桌上。被调查者认为电脑无法被安置在这些环境中。一位被调查者指出，即便是笔记本电脑也无法做到放松阅读，"把笔记本放在身上坐着并不舒服。太烫了"。确实，很多读者认为电脑对于放松这个概念而言是有害的，可能是因为人们会把工作和电脑联系在一起。正如有人所说的："当我坐在电脑屏幕前，我就无法放松下来。"另一位说："翻阅杂志要简单得多。你会获得完全不同的概观和感觉。"

至于第二个因素，电子杂志的界面不符合愉悦的阅读体验。读者提到屏幕上总是弹出广告，不喜欢点击和翻屏，厌烦网页之间的向前或向后导航。相较之下，被调查者喜欢手里拿着东西，并可以永久保持。她们也喜欢把杂志上的文章剪下来并保存起来。触觉维度也是很重要的。读者喜欢印刷杂志的感觉和材质。她们也认为高画质的光面纸印刷出来效果更好。

最后，我们关注一下艾-德瑞安研究的两个要点。第一，不同于许多媒介文化批判研究，这项研究没有做文本分析；而是考察大众媒介的互动体验，这个研究方法不是经常被应用。第二，文章开展研究的时间是在 iPad 和各种杂志应用程序流行之前。如果被调查者在 iPad 上读杂志，研究结论是否会不同？这是后续研究应该注意的问题。

杂志出版商转向苹果和应用商店作为在 iPad 上销售杂志的一种方法。它们一开始的努力并不算成功，因为应用程序只允许购买单期杂志，而不支持全年订阅。而且，消费者对于单期电子版的价格表现出犹疑，因为它与报摊卖的印刷版并无多大差价。苹果也拒绝分享下载出版商应用程序的消费者数据；

而这些信息对于出版商做广告来说十分有用。

经过大量协商，2011 年苹果宣布了订阅计划。大部分销售将通过苹果应用商店处理，苹果从每单交易中抽走三成。只有在订阅者愿意分享其信息的情况下才能与出版商分享消费者数据。许多出版商并不满意，但仍与苹果签订了协议。大型杂志出版商赫斯特与苹果达成交易，在 iPad 上以每年 20 美元的价格销售发行《绅士》（*Esquire*）、《大众机械》（*Popular Mechanics*）、《O》和《欧普拉杂志》。出版《世界时装之苑》（*Elle*）和《科

技新时代》的康泰纳仕（Condé Nast）出版社也与苹果达成了交易。

谷歌宣布了关于其安卓系统平板电脑上的类似应用程序计划。谷歌微支付系统 One Pass 为出版商提供了更经济的交易——谷歌只提取一成的佣金——出版商也可获得订阅者信息。尽管条约更优惠，多数出版商还是认为苹果将会占据未来几年的平板电脑市场。总之，杂志公司对平板电脑复苏其产业寄予厚望，不过现在预测平板电脑的长期影响力为时尚早。

145

用户生产内容

出版商对用户生产内容十分谨慎。他们的部分顾虑来自其想维持对内容和网站的编辑权，以防止攻击性或低俗内容的出现。第二个顾虑是这类内容产生利润的方式还不清晰。美食杂志网站让读者发布他们的食谱、烹饪窍门和图片。《纽约杂志》网站发表读者对当地饭馆的评论。尽管如此，用户生产内容对杂志出版的影响并不大。

社交媒体

杂志产业越来越善于运用社交媒体。随便找一家杂志网站的文章看看是不是这样。在 time. com 上，读者点个标识就可以把文章链接发布到 Twitter 或 Facebook 上，这样能与社交朋友分享文章。直接把文章发到社交媒体上的读者越多，time. com 收取的广告费越多。多数杂志都有自己的 Facebook 和 Twitter 账户。如《时代》杂志有 200 万 Twitter 粉丝；《世界时装之苑》的粉丝达 70 万。《格言》杂志在 Facebook 上有 31 万点赞者。

另外，许多杂志如《烹饪之光》（*Cooking Light*）和《预防杂志》（*Prevention*）成立了读者俱乐部。来自俱乐部的反馈帮助杂志筹划未来的刊物，及时了解读者的喜恶。另一种杂志运用社交媒体的

创意方式包括读者与杂志编辑部专家的实时聊天。例如，《旅行家》杂志运用轻博客 Tumblr 让读者向旅游专家提问。其他杂志利用社交媒体来提高阅读体验，包括在社交网站上的读者调查、视频小游戏和实时聊天。例如《时代》允许 Facebook 社区成员创建虚拟"年度人物"与朋友分享。

也许户外休闲杂志《田野与溪流》（*Field & Stream*）的广告语最好地总结了杂志如何利用社交媒体："在 Facebook 页面上，你会找到在其他地方找不到的更多乐趣（未收录的摄影作品、值班作者的状态更新，以及临时有奖竞赛）。在我们的 Facebook 页面上你甚至有机会接触到其他杂志读者。谁知道其中一个会不会是老相好呢？"

杂志的界定特征

在本书所有讨论过的媒介中，印刷杂志和数字杂志的第一项界定特征是，它们吸引了最为专

业化的受众。这些出版物被设计来达到特定的人口群体［《美国退休人员协会杂志》（*AARP Maga-*

zine)、《格言》（Maxim）]；特定的职业群体［给女芭蕾舞演员的杂志《点》（Pointe）、《建筑者》（Builder）]；特定的兴趣群体［《雪茄迷》（Cigar Aficionado）、《美国历史》（American History）]；特定的政治群体［《国家评论》（National Review）、《琼斯母亲》（Mother Jones）]；特定的地区群体（《南方生活》（Southern Living）、《亚利桑那公路》（Arizona Highways）]；以及许多其他非常特定的群体［《拉丁CEO》（Latin CEO）]。

第二个界定特征是杂志与社交、民主、经济和社会趋势的关系。在所有媒介中，杂志是与这些趋势最一致的。由于消费者和商业需求的转变，有些新杂志兴起，有些老杂志停刊，有些调整了内容。比如，从2000年到2004年，美国的西班牙裔人口增长了10%以上，是整个美国人口增长率的4倍。杂志出版商迅速把出版目标瞄准了美国社会的这一增长部分。《人物西班牙语版》（People en Espanol）、《读者文摘精选版》（Reader's Digest's Selections）、《健身西班牙语版》（Shape en Espanol）和《健康儿童西班牙语版》（Healthy Kids en Espanol）都是过去几年才开始发行的杂志。另外，2004—2005年美国盛行玩扑克。杂志出版商迅速出版了《全押》（All In）和

《诈牌》（Bluff）（记住跟随潮流是一把双刃剑。扑克潮退下去之后，杂志也会随之没落）。杂志也会随政治运动潮起潮落。2011年亮相的是《茶党评论》（The Tea Party① Review）。

第三个特征，正如我们所见，杂志能够影响社会潮流。杂志给美国革命加了油。20世纪走向转折时淘粪者促进了社会改革。在20世纪50年代，《花花公子》在美国发起了性革命。在20世纪70年代，《女士》（Ms.）引领了妇女运动。

数字杂志是否会导致传统印刷杂志的消亡？正如前面讨论所说，不会。尽管移动技术发展迅速，但印刷杂志仍是最方便携带的形式。你可以把它卷起来、折起来，也不需要依赖无线或WiFi连接。其次，如第1章中所说，受众分化越来越明显。杂志是第一个适应这种条件的媒体，将来还会保有这种适应性。

这也并不是说不会有变化。定位于大型、没有差异的受众的杂志，如《电视指南》和《读者文摘》，会难以保持赢利。有些杂志整体转向网络。最后，杂志业会找到另一种全新的商业模式。前面谈及的应用程序订阅模式是一种可能。有一点可以明确：对于杂志出版商而言未来几年将充满挑战。

 ## 杂志业的结构

讨论杂志业的一个问题是决定究竟什么是杂志。词典把杂志定义为一种"定期的出版物，通常有一个纸封面，包括多方面的文章并经常有图片与照片"。这个定义如此宽泛，足以涵盖有着超过800万发行量的《读者文摘》、给划船爱好者的《水上滑行艇》（Water Scooter）、达美航空公司（Delta Airlines）给航空旅客免费分发的《天空》（Sky）、农场管理杂志《成功农场主》（Successful Farmer）、分发给固特异轮胎经销商的《行驶》（Go）、《社会心理学学报》（The Journal of Social Psychology）以及《鸟类观察家文摘》（Bird Watcher's Digest）。美国出版的杂志大约有2万

种。这些出版物的数目与多样性摇摆不定。例如，维基百科列出了80种艺术杂志和7种野生动物期刊。报摊上通常有6 000多种杂志出售，并且新的消费者杂志的数量不断上升。显然，把杂志业划分成清清楚楚的类别是一个让人头痛的问题。出于我们的目的，我们将采用两种结构方案。第一种根据内容把印刷杂志和电子杂志划分为六类：综合消费者杂志、商业出版物、顾客杂志、文学评论与学术刊物、时事通讯、公共关系杂志。第二种把杂志业按传统的生产制造的组成部分分为三类：生产、发行与零售。

---

① 茶党运动是一个于2009年年初开始兴起的美国社会运动，主要参与者是主张采取保守经济政策的右翼人士。茶党运动最初是由部分人士对2009年《复苏与再投资法案》的抗议发展而来的。——译者注

■ 内容分类

综合消费者杂志 消费者杂志是那种任何人都可以通过订阅或单本购买或免费赠送而获取的

杂志。这些杂志通常在街角的报摊上或本地的书店里上架（其他类型的杂志对普通民众来说并不容 *147*

 媒介探索

融合：杂志进入电视业

2011 年《魅力》杂志宣布了制作由 iPad 独播的真人秀电视节目《魅力女生》的计划。这个节目被形容为介于《玛丽·泰勒·摩尔》（*Mary Tylar Moore*）和《好莱坞女孩》（*The Hill*）之间，它将追踪四位在时尚业工作的职业女性的生活。每集有 10～12 分钟。

为什么一本杂志要为 iPad 制作节目呢？产品置入。《魅力》承认节目是赞助商产品的展

示。例如，其中一集里主角们穿戴着 Gap 的服饰。如果观众喜欢角色穿着的服装，可以点击 iPad 屏幕，浏览节目中展示的所有 Gap 服装。接着再点击屏幕就可以进入 Gap.com，立即购买 Gap 的衣服和折扣商品。

尽管《魅力女生》是一个有意思的实验，但要成功还面临坎坷。《魅力》印刷版的订阅量超过了 200 万，而《魅力》iPad 版的下载量还不到 1 万。

易经常读到）。这些出版物被称为"消费者杂志"是因为读者会购买在它们上面做广告的产品与服务。正如我们已经提过，消费者杂志内容上一个引人注目的趋向是，从宽泛的、综合的诉求走向更为专业化。比较知名的消费者杂志有《人物》、《时代》、《读者文摘》、《电视指南》、《体育画报》以及《健康之友》（*Woman's Day*）（参见表 6—1）。注意消费者杂志既有印刷版也有在线版，有些杂志只有在线版没有印刷版。比如 *Salon.com* 涉及政治和文化，隶属于华盛顿邮报公司，经常关注时事问题。阿里安娜·赫芬顿出版的《赫芬顿邮报》是最新的刊物之一。

表 6—1   2009 年发行量排名前十的消费者杂志

刊名	发行量（百万）	自 2008 年以来的增长率
《AARP 杂志》（*AARP Magazine*）	24.5	＋11.4
读者文摘	7.6	−28.2
《美好家园》（*Better Homes and Gardens*）	7.6	−20.4
《好管家》（*Good Housekeeping*）	4.6	−20.8
《国家地理》（*National Geographic*）	4.6	−20.2

续前表

刊名	发行量（百万）	自 2008 年以来的增长率
《健康之友》（*Woman's Day*）	3.9	—
《家庭圈》（*Family Circle*）	3.9	—
《女士家庭杂志》（*Ladies' Home Journal*）	3.8	—
《人物》（*People*）	3.6	−20.2
《时代》（*Time*）	3.3	—

注意：除了个别例外，杂志发行量有所下降。

商业出版物 商业出版物（也叫做贸易出版物）服务于特定的商业、产业或职业。它们并不在报摊上出售，并且它们的读者局限于从事这一职业或商业的人。在这些出版物上做广告的产品通常是被商业组织或职业人士所购买而不是被普通民众所购买。《商业出版物价格与数据》（*Business Publications Rates and Data*）列出了大约 4 000 种商业杂志的名单。这些杂志中的大多数由独立的出版公司出版，出版公司与杂志所服务的领域没有关联。比如，彭威（PennWell）与彭顿（Penton）是两家出版诸多领域的商业杂志的私人

出版公司。其他的商业出版物由职业机构出版，出版目的是服务其会员。这些杂志的专业化程度可以通过医疗领域看出，该领域有大约 375 种出版物服务于不同的医疗专业。一些商业出版物被称为垂直刊物，因为它们覆盖了一个领域的所有方面。例如，《纸浆与纸》（*Pulp and Paper*）报道造纸工业的所有环节。其他一些刊物被称作水平刊物，因为它们针对所有产业中的某一特定的商

业功能。例如，《销售》（*Selling*）的目标受众是所有产业中的销售人员。代表性的商业杂志包括《计算机世界》（*Computerworld*）、《石油与天然气学报》（*Oil and Gas Journal*）以及《医疗经济学》（*Medical Economics*）。商业出版商也非常积极地为客户提供数据库与电脑公告牌系统。就像消费者杂志一样，商业出版物有印刷版与在线版两种版本。

 社会问题

我们需要新闻杂志吗？

三大新闻周刊《时代》、《新闻周刊》和《美国新闻与世界报道》已经出版 70 多年了，对美国政治、娱乐和文化皆有影响力。甚至他们选择谁做封面人物都会成为新闻。然而，最近的发展趋势使它们的未来充满疑虑。几十年以来，报纸、广播和后来的电视提供新闻细节，而新闻杂志则提供新闻事件的来龙去脉、背景、分析和解释。这种模式颇为成功，媒体公司巨头如时代集团就是以这一理念起家的。

不过，如今有线电视新闻全天候播出，新闻网站更新频繁，手机、博客、Twitter 和其他社交网络可以提供即时报道，新闻周刊的理念已不再像过去一样吸引人。发行量下滑、广告收入败于竞争者就印证了这一事实。

这一现象太让人沮丧，《美国新闻与世界报道》2008 年竞争失败，计划改为一本主要致力于消费者指南的月刊。《新闻周刊》缩版 20%，并宣布计划在评论和分析版块上加大投入，以吸引精英订阅者，这样可能更能吸引广告主。当然，集中在评论版块也更省钱。撰写评论比封面新闻的成本要低。《时代》在三本杂志中的处境最好，但也经历了一轮裁员，并且表示它

也将更关注评论。

新闻周刊是否还重要？有些人会持肯定态度。多年来新闻杂志培养了一批洞察力敏锐的专栏作者，如乔·克雷恩（Joe Klein）和乔纳森·阿尔特（Jonathan Alter）。很多人更相信他们的观点，而不是数不尽的网络博客之流。新闻周刊也刺激了少数派观点的发表，以及不常见诸于报的人们的观点的发表（如《新闻周刊》"轮到我"专栏）。而且，转向报道评论分析意味着自 20 世纪淘粪者以来的杂志调查新闻将不复存在。电视和报纸不擅长报道的国际新闻也可能会很难出现。

当然，有些人不同意，他们认为新闻周刊就是过时了。《新闻周刊》编辑在哥伦比亚大学新闻学院发表讲话时，最后向一百多名听众问道有多少人读《新闻周刊》。结果竟没有人举手。这可不是好迹象。2010 年，《新闻周刊》以 1 美元的价格（加上巨额债务）出售给视听媒体大亨西德尼·哈曼（Sidney Harman）。《新闻周刊》此后与"每日野兽"网合并，后者是由知名杂志编辑蒂娜·布朗（Tina Brown）主管的一家综合新闻、文化、娱乐及评论的网站。至本书写作时，仍不明确改版后的这本杂志是否会成功。①

顾客杂志 顾客杂志的出版公司试图留住现有的满意顾客并吸引新客户。有些在不同商业场所免费发放，有些可以在报刊亭买到。比如，雷

克萨斯出版的一本杂志宣传其汽车，希尔顿出版的《大时代》（*Grand Times*）吸引人们到其度假村度假。

---

① 2012 年年底，《新闻周刊》发行了最后一期纸质杂志，这本发行了 80 年的新闻杂志全面转向数字化。——译者注

决策者

蒂娜·布朗

蒂娜·布朗（Tina Brown）17岁时考入牛津大学。学生时代，她为大学文学杂志《伊西斯》（*Isis*）写稿。获得英文文学学士学位之后，布朗追求其新闻职业梦想，为多家媒体做自由报道者，包括《泰晤士报周日版》和《电讯报周日版》。她还为《重磅》（*Punch*）杂志撰写每周专栏。不到25岁，布朗就因其自由报道获得了凯瑟琳·佩肯汉最佳记者奖（Catherine Pakenham Award）。

25岁时，布朗成为《尚流》（*Tatler*）杂志的主编。此时，《尚流》只是一本小型社交杂志。布朗把其打造成颇受欢迎的一本时尚、摄影杂志，报道了查尔斯王子和戴安娜王妃的婚礼。1982年布朗离开《尚流》杂志，专职写作。不过这段休闲时光并不长久。

1984年，布朗成为《名利场》（*Vanity Fair*）的主编。此时，《名利场》还是一本艰难维生的杂志。布朗雇用了像多米尼克·邓恩（Dominick Dunne）这样的作家以及像安妮·莱博维茨（Annie Leibovitz）这样的摄影师来报道名流和"严肃"新闻。布朗的睿智和领导力改变了《名利场》的厄运，将其打造成全美新兴的杂志之一。

1992年，布朗离开《名利场》成为《纽约客》的编辑。布朗新官上任的第一把火就是雇用摄影师。在她任职之前，《纽约客》并不把摄影看做一门严肃艺术。除此之外，布朗举荐了几个有争议的封面。在布朗的执掌下，《纽约客》每年的销量都有上升。布朗于1998年离职。

离职后，布朗担任米拉麦克斯影业的一家新多媒体公司的主席，意图创办一本新杂志。1999年，她创办了《对话》（*Talk*）杂志。《对话》获得成功，但受2001年"9·11"之后广告萧条的影响，终于在2002年1月停止发行。

2003年布朗转而开始主持电视节目《蒂娜·布朗话题》（*Topic [A] with Tina Brown*）。布朗采访对象的范围覆盖社会名流到政治人物。2005年，布朗受邀撰写戴安娜王妃的人物传记。她接受了这一工作，并终止了电视节目的制作。布朗所写的《戴安娜编年史》于2007年出版，获评《纽约时报》最畅销书。

2008年10月，布朗和巴里·迪勒（Barry Diller）创办了《每日野兽》。《每日野兽》是一个在线电子杂志，提供独家新闻报道及新闻摘要。布朗担任总编职位。《每日野兽》受到高度评价，获得各种在线新闻奖。2010年8月，《时代》杂志将《每日野兽》评为2010年前50名最佳网站之一。2010年11月，《新闻周刊》与《每日野兽》共同成立新闻周刊每日野兽公司。布朗兼任《每日野兽》和《新闻周刊》的总编。在布朗的长期职业生涯中，她成功地适应了美国文化，并成为杂志新闻界的一个领袖人物。

（梅根·E·多米尼克提供）

顾客杂志已经出现一段时间了。航空公司出版这种杂志有几十年了，但最近几年顾客杂志越来越主流，因为企业发现它是一种有效的营销工具。

顾客杂志给传统杂志产业带来了两个问题。首先，它们吸引走了更多传统杂志的广告额。如果雷克萨斯利用其杂志能定位于潜在顾客，就会减少在《时代》、《新闻周刊》和其他顾客期刊上的广告投放。其次，顾客杂志编辑部比传统杂志编辑部更缺乏独立性。希尔顿的《大时代》肯定不可能报道公司的负面信息。即使如此，未来顾客杂志可能会变得更有影响力。

文学评论与学术刊物 上百种的文学评论与学术刊物由非营利组织出版并受到大学、基金会或职业组织的资助，其发行量通常在1万份以下。它们每年出版四期或更少，并且大多数并不接纳广告。这些出版物覆盖了所有的文学与学术兴趣的领域，包括诸如《凯尼恩评论》（*Kenyon Review*）、《戏剧设计与技术》（*Theater Design and Technology*）、《欧洲泌尿学》（*European Urology*）、《新闻与大众传播学季刊》（*Journalism and*

Mass Communication Quarterly）、《禽蛋销售》（Poultry and Egg Marketing）以及《日本植物学学报》（The Journal of Japanese Botany）这样的刊物。一些文学评论与学报有网络版。

时事通讯　当一些人听到"时事通讯"一词时，他们可能会想到俱乐部、家长教师协会或教会包含有用提示的公告。虽然这些时事通讯对它们的读者来说很重要，但我们所谈论的时事通讯通常篇幅为四到八页并且通常由台式出版系统制作。它们通过订阅方式出售，并且近年来成为一项大产业。事实上，甚至存在着一本《通讯的通讯》（Newsletter Newsletters），它是由那些编辑通讯的人出版的。时事通讯所报道的范围或广或窄。它可能关注的是某个特定的商业或政府机构，又或者可能报道跨产业的某一商业功能。例如，《联邦预算报道》（Federal Budget Report）报道的是政府的预算与拨款。而《斯皮尔报告》（Spear Report）报道对许多行业具有影响的金融进展。

时事通讯尤其专业化，发行量小（通常在 1 万份以下）但定价高。一般价格是大约 200 到 300 美元一年，而 600 到 800 美元的费用也不是没有，有些每日时事通讯的花费高达 4 000 美元一年。一些有影响的时事通讯是《航天日报与国防报道》（Aerospace Daily & Defense Report）、《泄油信息报道》（Oil Spill Intelligence）以及《毒品管制报告》（Drug Enforcement Report）。

公共关系杂志　有的杂志由赞助公司出版并且是特定办给某方面的公众的。一份对内的公共关系（PR）杂志其目标是雇员、销售人员与经销商。一份对内的公共关系杂志面向的是股票持有者、潜在客户与技术服务提供商。

除了其赞助机构的促销产品外，这些出版物很少刊登广告。这些出版物还有它们自己的专业组织，国际商业传播者协会。大多数公共关系杂志仅仅有印刷版，但有些还有网络版。

功能分类

第二种对杂志业进行分类的有效途径是通过功能把它划分为生产、发行与零售部分。

生产　该产业容纳了 3 000 到 4 000 个出版商，其生产阶段包括出版一本杂志所需的所有因素——文稿、插图、照片、标题、排版、印刷与装订。后面的章节将更详细地描述杂志是如何被生产出版的。

发行　该产业的发行阶段处理杂志向读者的发行工作。它不是一件简单的工作。事实上，一家大杂志的发行部可能是整个公司中最复杂的。与报纸一样，杂志的发行量等于订阅和报摊发行的总量。发行有两种主要类型。**付费发行**（paid circulation）就是读者付钱来获得杂志，不管是通过订阅还是通过在报摊上购买。付费发行有两个好处。首先，采用付费发行的期刊可以享受更低的二等邮递价格，并且付费发行给出版商提供了除广告之外的另一个收入来源。从不利的一面看，付费发行杂志必须采用更昂贵的促销活动来增加订阅或单本购买。付费发行杂志还增加了收集订阅费与保存记录的额外支出。大多数消费者杂志采用付费发行。

替代付费发行的另一种选择是**控制发行**（controlled circulation）。控制发行杂志对那些将要收到杂志的人有着特定的限制条件。提供给空中旅客或汽车旅馆客人的杂志就是例子。控制发行的两个好处是采用这种形式的出版物能够到达特定领域的所有人员手中，并且这些出版物省去了订阅促销的费用。从不利的一面来看，控制发行杂志不能从订阅及单本销售中获得收入。再者，这些出版物的邮费要贵一些。商业杂志、顾客杂志与公共关系杂志通常采用控制发行。

不管选择哪种方法，杂志的发行量都是一个重要的数字。发行量越大，杂志对其广告版面收费就越高。

对于一份付费发行的杂志来说，把杂志分送到订户那里是一件相当简单的事。这一过程中复杂的（与昂贵的）部分是获得订户。杂志采用不少于 14 种方法来建立订户名单。包括通过网络拉订户；雇用征订机构，它们的销售人员可以挨家挨户地打电话直接向消费者征订；雇用直邮机构；由出版商赞助的直邮宣传活动；以及所谓的夹页卡片，那些让人烦恼的一打开杂志就会从里面掉出来的小卡片。

对报摊与其他零售商的单本发行是一个多步骤的过程。出版商只和一方打交道，那就是全国分销商。全国分销商经营 12 种到 50 种以上的杂志。杂志代理人至少每月一次和全国分销商坐在一起决定下一期将要分送的杂志数目。然后全国分销商把杂志发送给在特定地区销售杂志与平装书的批发商。每一个月，每一个批发商都会收到 500 到 1 000 本杂志来分发给经销商。

151

在线发行的特点更不同。移动用户可以从出版商那里下载应用程序以购买单期杂志，或者在苹果或谷歌上用它们的应用程序订阅一年的刊物。他们还可以在诸如 Zinio 这样的公司下载复制版。另外，读者也可以通过网页浏览器阅读杂志在线版。

零售 零售是该产业的最后一个部分。最新数字显示在美国大约有 14 万个零售市场。其中，2009 年超市占了全部销售额的 33％。超市的销售变得如此重要，以至于出版商付给商店每个杂志架大约 25 美元的额外费用，只要把它们的杂志展示在显眼处。经销商收到杂志后，把该杂志在展示架放一段预先定好的时间（通常是一周或一月）。这段时间结束后，未售出的杂志可以退给批发商。其中特大购物中心，如沃尔玛的销售额占到了 16％。

杂志所有权

最近的并购案导致了杂志产业被一些大公司所主宰。许多巨头（如时代华纳、赫斯特）也普遍控股其他媒介。表 6—2 是 2009 年收入领先的消费者杂志出版商排行榜及其最有名的杂志名称。

表 6—2　　　　　　　　　　2009 年收入领先的杂志出版商

排名	公司	收入（10 亿 $）	领先杂志
1	时代华纳	2.7	《人物》、《时代》
2	前进出版	2.6	《Vogue 服饰与美容》、《魅力》
3	赫斯特集团	1.8	《时尚》、《时尚好管家》
4	梅雷迪斯公司（Meredith Corp.）	0.81	《女士家庭杂志》、《美好家园》
5	读者文摘协会	0.72	《读者文摘》

生产杂志

部门与职员

发行人是杂志的首席执行官。他或她要对预算、维持健康的广告态势、保持高的发行量以及保证杂志具有统一的编辑方针负责。发行人监督四个主要部门。

发行部：该部负责争取新读者与保证现有读者满意。

广告与销售部：顾名思义，这个部门负责向广告主出售杂志版面。

生产部：生产部关注的是实际印刷与装订杂志。

编辑部：部门主任监督编辑员工，安排下期的话题，辅助不同的公关活动。总编辑处理日常杂志运营，如保证文章如期刊发，选择插图和协调排版。

有一些杂志可能会有另外一个部门来处理它们的在线运作，但是收入下降迫使许多出版物把线上出版和印刷出版融合起来。

生产过程

世事循环往复。早期的杂志出版商是印刷商兼作家，但在 19 世纪，生产功能从编辑功能中分离出去。许多杂志现在经历了一圈又回到了起点：电脑让作家和编辑可以把他们的文字排好版并且编制作出版版面，这又重新集合了生产与编辑功能。

印刷杂志生产的第一步是对下期内容预先规划并拿出想法来。一旦确定了总的想法，下一步就是把这些想法变成具体的文章题目。在这时，初步做出一些关于文章长度、照片以及插图的决定。然后，总编把相关文章分配给职员中的作者或自由撰稿人。

下一步涉及编辑出一个**小样**（dummy），即将要出版的下期杂志的版面计划或蓝图，它用适当的顺序来表示内容。这一阶段现在可以通过电子技术完成，这得归功于让编辑一次可以查看 32 个页面的电脑程序。

差不多与此同时，要制订好计划来保证文章会及时送到印刷工人手里，以便被纳入将出版的下一期杂志。要确定文稿的最后截止期——也就是作者必须把报道交给编辑的那一天。要留出时间来编辑、检查与核实所有的文稿。还要为图片与插图制定一个时间表。

许多文章现在在电脑上写作与编辑。一旦它们采用的格式合格，电脑排字机确定好文本与标题字体，文章就能付印或发布在杂志的网站上。

在线版的生产过程有所不同。文章网络版的优势之一是其包含的信息比印刷版丰富。所以，冗长采访的文字记录、背景材料、时间线可以被整合到网络文章中。周刊和月刊的截稿日期对于在线出版而言没有意义。只要出现新的角度和信息，文章就会频繁更新。除了作者和编辑外，生产过程还需要其他人的贡献。网络制作者可能把音视频整合到在线文章中。图表专家会为文章找到最佳的屏幕排版方式。还有编辑可能会想办法在报道中加入社交媒体。总之，出版在线版需要额外的技巧，面临不同的挑战。

经济

杂志收入有四个基本来源：订阅、零售广告以及诸如电子商务、定制出版和数据库支持这样的辅助服务。本节将集中探讨前三种。

杂志业曾在 21 世纪初期面临困境。广告收入从 2007 年到 2010 年下降了约 15%。此外，出现了不被看好的前景征兆。由于订阅费折扣加大，单本杂志销量持续下滑，从 2007 年到 2010 年下降了 30%。而且，杂志发行量从 2000 年起下滑了 14%。看下表 6—1 就会发现，前十名消费者杂志中，只有一本的发行量从 2008 年到 2009 年有所增长。形势如此之差，以至于 2009 年 8 月备受好评的《读者文摘》的出版商竟然申请破产。

另一个重要趋势是广告收益份额越来越重要。1995 年，广告在总收入中占 56%，其他收入来自订阅费和报刊亭发售。2010 年，名列前茅的消费者杂志中，广告收入约占 71%。显然，广告收入的任何下降都会导致杂志产业的问题，正如 2010 年前所发生的。杂志越来越倚重在线版来提高底线收益，不过目前为止，我们看到的结果并不乐观，在线收入占杂志收入的比例通常低于 15%。

　　每本杂志的订阅、零售和广告的重要性都不同。《读者文摘》的收入主要来源于订阅和广告。而《女性世界》（*Woman's World*）的订阅收入很少，更依赖广告和报亭销售。从广告方面来说，2010 年《人物》杂志的全页广告费是 27.5 万美元。《福布斯》的全页广告需要花 13 万美元，但福布斯网的广告费就低得多。

　　该产业的另一个经济问题是市场环境的变化。沃尔玛那样的大型零售商和超市希望只上架畅销杂志，货架上杂乱的滞销杂志使其经营受损。因

此，新杂志上架越来越困难。

　　就消费者而言，订阅杂志比定期到报亭买杂志更明智。从 1996 年到 2010 年，平均年订阅费实际上从 30 美元下降到 26 美元。而同期平均封面定价却从 1.71 美元暴涨到 4.50 美元。有些出版商选择将印刷版与电子版订阅打包出售。《体育画报》的印刷版、网络版和安卓客户端的打包订阅费是 48 美元一年。

　　钱都花到哪里去了？表 6—3 显示了通常的支出项目。有两项涉及制造和发行的支出是增长最快的：纸价和邮费。

表 6—3　　　　　消费者杂志的支出分类

支出	金额（$）
广告成本	0.08
发行成本	0.31
编辑成本	0.10
制作和物流	0.40
其他成本	0.01
行政	0.10

 全球杂志

　　杂志在全世界都很流行，很多美国杂志在各国都有当地版。《读者文摘》有 40 多个国际版，读者近 2 000 万人。《时代》在 150 多个国家发行国际版。赫斯特掌管了《红皮书》（*Redbook*）和《好管家》（*Good Housekeeping*）在 100 多个国家的发行。《时尚》（*Cosmopolitan*）杂志拥有日语版、波兰语版和俄语版。

　　小众的、独特趣味的杂志在全球都有发展。西班牙语版的《大众机械》行销拉美世界。《时尚健康（男士版）》（*Men's Health*）在英国和俄罗斯都有出版。《商业周刊》和《福布斯》拥有众多海外读者。出版商认为未来主要的增长市场在俄罗斯和中国。

154　　 **杂志受众**

■ **反馈来源**

　　就像报业，杂志业也依赖发行审计局来获得

关于出版物的读者信息。发行审计局审计大多数

---

①　与打招呼"Hey there"的发音近似，hay 的原义是干草。——译者注

消费者杂志并每年发布两次报告。它统计印刷版和电子版发行量，包括平板电脑上的发行量，但不统计免费杂志网站的访问量。报告包括杂志的平均付费发行量以及杂志的费用基数（rate base）。费用基数是杂志所担保的购买者数目，同时也是杂志用来计算其广告费用的数目。

另一家公司，商业出版物审计公司（BPA），专攻商业与贸易杂志。它发布的报告与发行审计局的报告类似，增加了关于接收控制发行出版物的读者的职业信息。

虽然知道杂志的总发行量是有帮助的，但那个数字并不能说明一切。发行量估算的是**初始受众**（primary audience），即订阅杂志或在报摊上购买杂志的人。除此之外，还存在着**传阅受众**（pass-along audience），即在医生的办公室、在工作中、在旅行中随手拿起一本杂志看的人或其他类似的人。**媒介指标调查公司**（Mediamark Re-search Inc.，MRI）提供关于杂志全部受众的数据。该公司选择了一个大的阅读杂志的受众样本并对个人进行访谈以获得每种杂志的阅读率。媒介指标调查公司所发布的报告十分详细并且包含许多卷。它们收入了诸如一份特定杂志其读者中年收入超过 5 万美元的人占了多大的百分比这样的信息，以及诸如在过去的一个月中有多少读者使用了感冒药这样详细的产品使用数据。

有几家公司提供在线阅读的反馈数据。这些报告通常把某段时间内通常是一个月的网站独立访问量制成表格。杂志网站的独立访问量可能比印刷版发行量大得多。譬如，《体育画报》的印刷版发行量差不多是 300 万份；与之相比，si. com 每个月的访问量超过 700 万。《商业周刊》的印刷版发行量低于 100 万份，而 businessweek. com 通常有 900 万的月访问量。

受众

虽然关于杂志受众的数据已经很容易获得，但关于杂志的总体受众的信息还是很难获得，这主要因为很难界定杂志的定义。不过，有些数据还是可以拿到。在 2010 年，发行审计局报告说，前 589 名杂志的总发行量超过了 3.25 亿册。在它们当中，大约 11% 是在报摊上购买的，而其余的 89% 是通过订阅发行出去的。

几乎每个人都会阅读某种印刷版或在线版杂志。平均每个月，94% 的美国成人至少阅读一本杂志。大多数人读得更多。一项研究报告称，成人平均一个月阅读或浏览 10 本杂志。大约 28% 的成人平均每天阅读一本杂志，并且通常每天花费大约 25 分钟阅读杂志。从人口统计学方面的特征看，比起不看杂志的人，杂志阅读者通常受过更多的教育并且更为富裕。杂志阅读者也更容易参加各项活动。一项调查发现他们远比不看杂志的人更趋于加入宗教、科学和职业组织。

 ## 杂志业的职业前景

杂志业的职业前景比起前几年来说更好，但仍不容乐观。根据劳工统计局的数据，2007 年至 2010 年出版业的总雇用率下降了 15%，但 2011 年年初有稍许上涨。网络职位更充足，拥有社交媒体技巧的人在职场中更有优势。如果经济复苏的话长远的雇用前景会有所改观。

希望在该领域求职的人应该学习掌握更强的写作和编辑技能。知道如何为杂志印刷版和网络版准备文章的会大大加分。多媒体专家同样也是优势。

各个媒体的职业前景变化迅速。关于杂志业当前状况的更多描述和更为详细的职业选择介绍，请参考本书网站：www. mhhe. com/dominick12e。

155

要点

- 第一本美国杂志出现在 18 世纪中叶，目标是受过教育、能够看书识字的城市受众。
- 在便士报时代，随着迎合大众的出版物变得引人注目，杂志的受众增加了。
- 更好的印刷技术与良好的经济状况促使杂志在 19 世纪后半期繁荣起来。
- 淘粪者是指那些发表曝光文章与支持改革的杂志。
- 一战之后，杂志在内容上走向专业化。新闻杂志、文摘与图片杂志变得流行起来。
- 由于广告收入的下降，杂志产业正在经历困难时期。

- 杂志出版商希望平板电脑能重新振兴杂志业。
- 杂志是专业化的、流行的、有影响力的及方便的。
- 杂志业为大出版公司所控制。
- 杂志业可以划分为生产、发行与零售部门。
- 杂志出版公司通常有几个主要的部门，包括发行、广告、生产和编辑。
- 杂志从订阅、单本销售与广告中获得收入。
- 媒介指标调查公司是一家测算杂志读者的公司。

 复习题

1. 现代杂志的四个界定特征是什么？还有什么其他特征应该加到这个名单中吗？

2. 为什么大众类杂志《展望》与《生活》会破产？

3. 杂志业是如何学习与互联网共存的？

4. 杂志的主要部门有哪些？

 批判性思考题

1. 大公司控制杂志出版业是否会有危机？

2.《花花公子》、《时尚》与《女士》——三本影响了社会潮流的杂志——全都在 1980 年前出现。有没有什么更近一些的杂志也在塑造美国文化与社会方面产生了影响？如果没有，为什么？

3. 一本杂志有没有可能变得过于专业化？要维持一本印刷杂志的运营，专业化的受众必须有多大规模？一本单纯的网络版杂志呢？

4. 在 20 世纪早期的全盛期后，杂志的淘粪运动就再未出现。为什么？

5. 阅读"文化批判问题：少女杂志网站传达了什么信息？"，然后思考如下问题：这些网站是否有责任从更为现实和丰富的视角来表现年轻女性？对美貌和美容产品的重视是否可能影响那些没有能力购买"正确"化妆品的年轻女性？针对成熟女性的杂志网站是否也包含类似信息？

6. iPad 和其他平板电脑上的杂志未来前景如何？

156

关键词

淘粪者　　　　　　　　　　　　　初始受众
付费发行　　　　　　　　　　　　传阅受众
控制发行　　　　　　　　　　　　媒介指标调查公司
小样

互联网冲浪

下面是几个相关的杂志网站。所有网站都是选自 2010 年年末。

http：//money.cnn.com

CNN 和《财经》杂志的合资企业，都属于时代华纳旗下。注意互动工具，你可以用它来查询股票价格。

www.people.com

充分利用了图片和视频。也有 iPhone、黑莓和 iPad 版本。

www.magaz.ne.org

杂志业最大的行业协会杂志媒体协会（MPA）的网站。它包括统计数据、常见问题、新闻发布和调查报告。

www.zinio.com

提供杂志的数字发行。下载软件和样刊，可以了解其是怎么运作的。

www.apple.com/ipad/from-the-app-store

查询一下可供阅读不同杂志的应用程序。

第 **7** 章

图书

本章将帮助你：

- 理解图书是历史最悠久的大众传播形式
- 认知导致图书出版商业化的因素
- 解释数字革命如何改变了图书产业的基础结构
- 识别图书产业的主要部分
- 理解经济是如何影响图书产业的

159　　　最近在当地一家书店里扫描架子上的书时，我注意到一个人拿起了一本书，然后拿出他的 iPhone，打了几个字，然后就把书放回到书架上了。我礼貌性地问他在做什么，他回答说："我到这儿来看看出了什么新书，然后用 iPhone 从亚马逊订购电子书发送到我的 Kindle。我已经好几个月没有买过印刷书了。"这简单地说明了当今图书产业的很多问题：（1）传统实体书店将很难生存下来（就像我们接下来会看到的，有家大型连锁书店 2011 年宣布倒闭）；（2）Kindle、iPad 和其他电子阅读器重新定义了我们阅读书籍的方式；（3）在线书商，如亚马逊和苹果，深刻地改变了书籍覆盖读者的方式。

　　　尽管数字革命要有一阵子才能赶上图书出版行业，但一切都在迅速变革。本章将考察这个进程中的大众媒介的历史、结构、经济和未来。

160　　**简史**

　　　早期的图书是手写的并且装饰颇多，许多可以被认为是艺术品。直到大约 12 世纪，在欧洲大多数书还是修道院的教士们制作的。正如第 3 章中所提到的，这一切都随着与印刷机一起工作的活字的发明而改变。

　　　适宜于印刷的金属活字的发明通常被归功于约翰·古登堡。作为一位训练有素的金属制造工，古登堡发明了一种方法来铸造金属铅字并把它放入一个可以安装到印刷机上的木制字模中。在大约 1455 年，古登堡印刷出了他的第一本书——《圣经》。这本书最早在大法兰克福市场出售，价格相当于那个时期一个普通劳动者三年的工资。

　　　古登堡的发明迅速传遍了欧洲。新教改革与马丁·路德的著作促进了宗教图书的印刷。1476 年印刷图书在英国出现。虽然图书出版并没有被视为社会上的一种重要力量，但亨利八世意识到它作为政治力量的潜力，并且要求所有的印刷商在开办工厂前必须得到政府的同意。

美洲殖民地

　　　直到 17 世纪早期，图书出版商才跟着早期的移民者来到北美。1640 年，马萨诸塞州坎布里奇的新教徒印刷了《海湾赞美诗》（*Bay Psalm Book*）。随着图书出版占领美洲殖民地，大约有 9 万种图书紧随其后出版。早期的出版商充当了印刷商，有时还充当作者。早期出版—印刷商中的一位成名者是本杰明·富兰克林。他的《穷理查年鉴》（*Poor Richard's Almanack*）一年中卖出了大约一万本。不过，许多图书的内容还是宗教性的，比如《实践虔诚》（*The Practice of Piety*）与《最后审判日》（*Day of Doom*）。言情小说也卖得很好，它们中的许多进口自英国。随着革命战争的到来，许多图书印刷商开始转向政治小册子。托马斯·潘恩的《常识》（*Common Sense*）在仅仅 10 周内就卖出了 10 万本。

便士报时期

　　　第 5 章中所提到的印刷技术的改变与识字率的提高也助推了图书出版业。许多今天依然活跃的出版公司可以溯源到 19 世纪早期。许多出版商专攻职业与教育图书，而另一些则致力于服务普通大众。图书的价格下降了，并且一些诸如詹姆斯·费尼莫尔·库珀（James Fenimore Cooper）及亨利·沃兹沃思·朗费罗（Henry Wadsworth Longfellow）这样的作家变得流行，就像一些英国作家的作品一样。公共教育与便士报创造了对阅读材料的需求。在 1825 年至 1850 年间，公共图书馆的数目翻了三倍。读书成了教育与知识的象征。

查尔斯·狄更斯（Charles Dickens）与沃尔特·斯科特（Walter Scott）的小说是这一时期的畅销书，赫尔曼·梅尔维尔（Herman Melville）与亨利·大卫·梭罗（Henry David Thoreau）的书也一样。专业化的图书同样出现了。在 19 世纪 40 年代晚期，教科书利润可观，参考书、医学书与工程学书也一样。不过，这一时期最重要的书可能是出版于 1852 年的哈丽特·比彻·斯托（Harriet Beecher Stowe）的《汤姆叔叔的小屋》（*Uncle Tom's Cabin*）。

161

它在第一年就售出了 30 万册，是它使许多读者转到反奴隶制的立场上来。

引文　　　　　　　　但他从不撒谎

我们的国父乔治·华盛顿，有很多可圈可点的优点，但他真的不是好的还书者。1789 年华盛顿从纽约社会图书馆借走了几本书。显然他忙于做新国家的总统而忘记要还书了。图书管理员把自 18 世纪末的记录数字化的时候发现了华盛顿的欠还记录。图书馆推算华盛顿因超过归还期而欠下 30 万美元。

平装书的繁荣

在内战时期，士兵们用阅读来填补战役之间空闲时间。这导致了对廉价阅读材料的需求，不久一系列价格为 10 美分的平装书涌向了市场。这些"一角钱小说"（dime novel）包括受欢迎的弗兰克·梅里维尔（Frank Merriwell）与霍雷肖·阿尔杰（Horatio Alger）所写的故事。到 1880 年，全美所出版的图书的大约三分之一是平装书，15

家公司以从 5 美分到 15 美分的价格出售这些平装书。许多畅销平装书是英国及其他欧洲国家畅销书的盗版。到 19 世纪 80 年代晚期，这个问题如此严重以至于制定了新的版权法。这条新法规的效力，再加上白热化的竞争与降价，导致了平装书繁荣时期的结束。

20 世纪早期

1900 年至 1945 年这一时期见证了出版的商业化。在此以前，许多出版公司是家族拥有的且专门出版某一特定类别的图书。出版商是一个紧密结合的群体，它们之间的相处模式类似于上流社会的私人俱乐部。然而，有几件事改变了这一状况。首先，由文学经纪人构成的新群体登上了舞台，他们所关注的是为他们的作者谈判最佳的底线。由于被迫出高价来获得书的出版权，出版事务变得更像是生意了。其次，许多出版社向大众市场扩张，出版受欢迎的虚构作品。为了有效地在大众市场竞争，这些出版社给图书业带来了现代促销与发行技术。最后，19 世纪 90 年代的萧条与随后的经济不景气意味着图书业被迫更加依赖银行获得金融资本。银行当然坚持图书公司以最高的效率运转，把目光投向利润的增长。到第二次世界大战时，以上因素使图书产业更加以商

业为取向。

这一时期流行图书的内容可谓丰富多彩。由诸如杰克·伦敦（Jack London）与赞恩·格雷（Zane Grey）这样的作家所写的户外探险书在世纪之交十分受欢迎。在喧嚣的 20 年代，诸如《酋长》（*The Sheik*）及沃德豪斯（P. G. Wodehouse）的《吉夫斯》（*Jeeves*）这样的消遣小说是畅销书。厄尔·斯坦利·加德纳（Erle Stanley Gardner）〔佩里·梅森（Perry Mason）是他小说的主人翁〕和埃勒里·奎因（Ellery Queen）的侦探小说在大萧条时期卖得很好。1936 年，两本书打破了 200 万册的销售纪录，它们是戴尔·卡耐基（Dale Carnegie）的《如何赢得朋友与影响他人》（*How to Win Friends and Influence People*）与玛格丽特·米切尔（Margaret Mitchell）的《飘》（*Gone With the Wind*）。

战后图书：平装书与合并

第二次世界大战结束后不久，由班坦（Bantam）、口袋书（Pocket Books）与新美国图书馆（New American Library）出版的新的平装书出现了。由于价格只有 25 美分并且采用了新的发行渠道来销售它们，这些书十分流行。摆满了平装书的钢丝架出现在火车站、报摊、药店与香烟店中。一批全新的受众就这样接触了平装书。1950 年，"优质"平装书出现了。这些是严肃的非虚构作品或文学经典，它们的主要市场在于教育。

此外，更多的闲暇时间与更多的可支配收入使读书成为一种流行的消遣方式。总之，图书出版事务看起来就像是对未来的一种好的投资。结果，大公司开始收购图书公司。在 1958 年到 1970 年间，有 307 起针对出版公司的合并或收购。这些兼并者为图书业带来了新的财政与管理资源，这使得该行业在 20 世纪 70 年代保持赢利。

这一时期流行的图书内容多种多样。二战之后最早的大平装畅销书是本杰明·斯波克（Benjamin Spock）医生的《婴幼儿护理》（*Baby and Child Care*）。其他一些著名的平装书紧随其后。米基·斯皮兰（Mickey Spillane）所写的迈克·哈默（Mike Hammer）是一位冷硬派私人侦探，他出现在 20 世纪 50 年代的六部小说中，这些小说销售了 1 700 万册。《佩顿镇》（*Peyton Place*）是一部以生动描述而出名的小说，平装本卖了 1 000 万册。总之，从 1946 年到 1970 年，平装书销售中占统治地位的是消遣小说以及几本指南书。

 社会问题

消失的书评

报纸业务的缩减也导致图书产业受损。由于缩减成本，很多报纸缩版或完全砍掉了书评版块。比如，《芝加哥论坛报》缩小了图书版块，把该版从发行量高的周日版转移到发行量低的周六版。《洛杉矶时报》放弃了独立的图书版，《亚特兰大宪法报》（*Atlanta Journal-Constitution*）裁掉了书评编辑这个职位。

书评版消失的部分原因是资金。由于经济危机严重，图书出版商削减了印刷广告以支撑 POP 广告展示。因此，书评版无法带来太多收入，在经济困难时就首当其冲地被砍掉了。

这种趋势的结果是什么呢？首先，在未来可能最终对报纸造成更多的伤害。图书读者也是报纸读者。鼓励阅读，尤其是阅读书籍，也会鼓励阅读报纸。这种趋势也标志着报纸对自己的社会功能的看法不同了。报纸原本有书评版不是因为有赢利，而是作为读者的公共服务。图书版块是对国家不断发展的知识文化交流的贡献。

有些观察家认为报纸书评家的消失不是值得惋惜的事情。最近几年，很多专门做书评的博客出现了（如 curledup.com）。这些博客作家认为评论变得去精英化和更民主化了。积极的读者可以找到很多不同的意见，而不再依赖少数特权分子的观点（注意这是另一个说明传统媒介的解释功能被网络取代的例子）。

博客是否能尽到传统评论家的职责呢？难说。博客写评论不需要经过特殊训练和教育。你会更相信由某位在该领域有经验和专业知识的人士所写的报纸评论。图书版块也尽量呈现范围广泛的评论，包括所有类型的图书，从知名作家到非知名作家，从主流出版商到非主流出版商。博客可能不会呈现出同样的广度。

书评版的消失使作者的日子更不好过了。过去，在权威报纸发表书评通常意味着销量增长、知名度和荣誉。而被博伊西市的一个博客评论并不会获得相同的威望。

当代图书产业

开始于 20 世纪 70 年代的合并潮一直延续到新世纪。贝塔斯曼合并了兰登书屋，哈珀—柯林斯收购了莫罗公司（Morrow）。到 2009 年，图书出版业已被几家大公司垄断。

20 世纪 90 年代和 21 世纪初图书营销方式发生了巨大变革。亚马逊网站是直接向消费者在线销售图书而不需要经过书店的第一家大公司。巴诺书店（barnesandnoble.com）和伯德斯书店（bordersstores.com）提供类似的服务。2010 年在线销售商卖掉了价值 40 亿美元以上的图书。

跟其他大众媒介一样，图书出版在新世纪的第一个十年末期也受到了经济低迷的打击。从 2007 年到 2009 年，图书产业收入下降了约 7％，但从 2009 年到 2010 年有所回升。随着更多的人上网订购图书或**电子书**（e-book），传统实体书店难以为继。2011 年图书零售商伯德斯宣布破产。

电子阅读器（E-reader）如亚马逊的 Kindle、巴诺书店的 Nook 和苹果的 iPad 越来越流行。专家预测亚马逊销售了 350 万台以上的 Kindle，读者下载的电子书数以百万计。网络营销研究表明，到 2013 年，有 2 800 万人拥有专用电子阅读器（如 Kindle、Nook 或 Kobo）。因此，过去几年电子书的收入在增长，而传统印刷图书的收入在下降。

当代图书的内容各式各样。最近几年，斯蒂芬妮·梅尔（Stephanie Meyer）的小说（吸血鬼故事《暮光之城》）、诺拉·罗伯茨（Nora Roberts）的浪漫爱情小说、斯蒂格·拉森（Stieg Larsson）的推理小说都在畅销书之列。非虚构类中，莎拉·佩琳（Sarah Palin）、比尔·奥雷利（Bill O'Reilly）和米奇·艾尔邦（Mitch Albom）是畅销书作家。饮食和励志图书仍然受欢迎。总之，图书产业内容的千差万别反映出当今大众阅读品位的专业化。

数字时代的图书

转型

多年以来，图书是模拟时代的最后要塞。数字技术已经改变了图书制作的方式，但读者仍在购买纸质书。然而，数字革命在最近几年里赶上了图书产业，它即将从实体转变成虚拟。

电子阅读器与电子书

早年间的电子书阅读器造价昂贵，不易使用，成像质量不高。最重要的是，没有充足的电子书可供阅读，难以促使消费者尝试这种新技术。

2006 年情况有所改变，索尼发明的电子书阅读器成像更清晰，消费者可以用低于印刷版 20％ 的价格在其在线书店里购得电子书。图书首先必须用电脑下载，然后传送到索尼阅读器上。索尼卖出了相当多的设备，但还不足以引起产业波动。

第二年在线零售商亚马逊开发了 Kindle 电子书阅读器。Kindle 可以存储超过 1 000 本普通书籍，配备无线连接，一分钟内即可直接下载图书到设备上。Kindle 起步较慢，但最终成为亚马逊最畅销的产品。2011 年，亚马逊宣布其通过 Kindle 销售的电子书销量超过了印刷书。亚马逊在线书店提供的数字形式的图书有近 100 万册，2011 年 Kindle 和下载 Kindle 产品的收入超过了 50 亿美元。其他公司的竞争产品有 Nook、Touch、Kobo 和 Jetbook。像 iPad 这样的平板电脑也可以当做电子阅读器。

电子阅读器价格持续下降，亚马逊 Kindle 的特别优惠价是 114 美元。有些电子书可以免费下载，但普通书的价格从 9 美元到 13 美元不等。电子阅读器的用户还可以从公共图书馆借阅电子图书。

电子书收入比起传统印刷书收入来还差很多，但发展趋势已很明显。从 2009 年到 2010 年，电子书销量增长了约 370%。专家预测未来几年这种上涨趋势还会持续。

没人认为电子书会完全取代传统的纸质书籍。喜爱读书的人有可能被 Kindle 或其他电子书阅读器吸引。但另一方面，很多人不仅喜欢读书，也喜欢拥有书。这些人重视实物书的感觉和质地，以及藏书丰富的图书馆带来的满足感。他们会继续购买传统图书。

按需印刷

数字化所带来的另一个可能性是**按需印刷**（printing on demand）。这种出版方式比起电子书而言没有那么激进。此种方式下传统出版商仍然是市场中的一部分，但图书的印刷与发行方式不一样了。

164　它的工作方式是这样：出版商制作巨大的数字形式的图书数据库。顾客进入书店，浏览目录，选择一本书。然后在顾客等待的时候，书店里的机器下载这本书，并把它打印出来。

按需印刷导致了自助出版的增多。作者可以把书无偿上传到按需出版的专业公司，当有人下载书的时候再付酬劳。大学出版社通常有很多书只能销售几百册，按需印刷很受它们欢迎，因为这样它们可以把所有小众化的书籍都纳入出版范围。

 媒介探索

12.5 万美元的书怎么样？

如果你认为教科书太贵了，你可能从未听说过海妖作品（Kraken Opus）出版社，它被称为奢侈文学的出版商。当然，海妖出版社的书不同于你在图书馆里找到的书。海妖出版社所具有的独一无二的特点，使其产品不只是单纯的图书。

如果你恰巧是印度板球明星萨辛·坦都卡（Sachin Tendulkar）的球迷，你可以买到一本有签名页的评论其职业生涯的书，签名页是用坦都卡的一品脱血液和纸浆混合制成的。该书的标价是 7.5 万美元，只出版 10 册。它们上市后迅速售罄。

另一家奢侈图书出版商德生书社（Taschen Books）出版了 12 本阿波罗登月相册，相册里面有一块月球上的石块。每本售价为 12.5 万美元。

谁会买这么贵的书？很多收藏家认为这些书的价格会上涨，就像稀缺的硬币和画一样。一位对冲基金经理买了 20 册售价 4 万美元的关于法拉利赛车的书，并把它们存放在温控设备里。

可以肯定的一点是：这类书你在 Kindle 上看不到。

移动图书

电子书和纸质书一样便携。电子书可以下载到专门的图书阅读器上，例如索尼电子书阅读器、亚马逊的 Kindle，或其他手持设备，包括手机。Kindle 有一个功能可以同步 iPhone，这样读者在 Kindle 上开始阅读后，可以在 iPhone 上接着阅读。亚马逊宣称计划让其图书可以在黑莓手机和其他品牌手机上实现阅读。

用户生产内容

图书出版业已开始试验用户生产内容，但结果并不令人印象深刻。企鹅出版社的英国分社2007年出版了一本维基小说，但人们并不接受。

至少近期内，职业作家还是图书内容的主要来源。

社交媒体

图书出版业正在多个领域试验社交媒体。在营销领域，若干家出版商已经利用社交媒体来推销图书。很多书籍有自己的 Facebook 页面。作者也利用社交媒体。作者的 Facebook 或 Twitter 账户可以用来推销新书、与书迷保持互动、更新写作进度。例如，2011 年年中，推理小说作家派翠西亚·康薇尔（Patricia Cornwell）的 Facebook 页面上有一段插入最新小说的视频、作者简介、状态更新和内容丰富的相册。她 Twitter 上的粉丝已

超过 4 000 人。

为写作和阅读的人群开设的社交网站也开始涌现。比方说，Shelfari.com 的自我介绍是"一个聚集作家、准作家、出版商和读者的地方，拥有众多工具和特色来帮助这些群体以轻松、投入的方式相互联系"。类似网站还有 Library Thing 和 GoodReads。哈珀—柯林斯最近开办了 Authono-my 网站，准作家可以在上面提交草稿和概要，以供社区其他成员评论。

165

 媒介探索

Kindle 还是传统纸质书？

Kindle 和其他电子阅读器的粉丝认为这些设备应该是大学课本的完美载体。电子阅读器越来越环保，比厚重的课本更易于携带，电子书也比纸质印刷书要便宜。

有趣的是，比起 Kindle，学生们更偏爱老式的传统课本。至少，图书行业研究组所做的一项新近调查结果是这么显示的。约 75% 的学

生报告他们更喜欢纸质书而非电子阅读器。当问到为什么做这个选择时，学生们说传统图书保存更久，也更容易在页边做笔记。而且，用纸质书更容易迅速浏览，从一个地方跳读到另一个地方。最后，学生们认为纸质书有转手价值。

请记住电子阅读器会继续改进，情况可能有所改变，但目前大学生仍然偏爱纸质书。

 ## 图书的界定特征

图书是"大众化"最少的大众媒介。人们大约用了 40 年才售出了 2 000 万册《飘》（*Gone With the Wind*），但当它走上电视时，仅一个晚上就有超过 5 000 万人观看了它的电影版。甚至一个不成功的电视节目也会有 1 000 万的观众，而一本流行的精装本图书售出了 12.5 万册就可以进入畅

销书排行榜。一本面向大众市场的平装书可能也就能售出 500 万册。

不过，图书能够产生远远胜于其可怜的受众规模的文化影响。《汤姆叔叔的小屋》被誉为改变了一个国家对奴隶制的态度。斯波克医生与他的《婴幼儿护理》改变了父母养育孩子的方式并成为

一些批评家的靶子，他们把 20 世纪 60 年代的社会动荡归罪于他和他的方法。蕾切尔·卡森的《寂静的春天》（*Silent Spring*）改变了一个民族对待环境的态度。

最后，图书是最古老与最持久的大众媒介。古登堡印刷图书可追溯到 15 世纪。公共图书馆也存在了几百年。许多人的家庭图书馆里有丰富的藏书。人们在读完报纸与杂志后会很快扔掉它们，但大多数人会保留他们的图书。

引文	速读

不够时间把英语文学课上的所有小说都看完？查查 rinkworks.com 上的"一分钟一本书"链接，上面有超精简版内容摘要。

带着对 F·斯科特·菲茨杰拉德（F. Scott Fitzgerald）的歉意，以下给出的是《了不起的盖茨比》的超浓缩版：

盖茨比：我挣所有这些钱都是因为我爱你。

黛茜：我无法报答，因为我代表了美国梦。

盖茨比：我现在必须死了，因为我也代表了美国梦。（盖茨比死了）

尼克：我恨纽约客。

图书产业的结构

图书出版产业可以被划分为三个部分：出版商、批发商与零售商。

大型出版商，如麦格劳-希尔公司，用 **Facebook** 来促销其图书。

出版商

出版商这块包括大约 2 500 个公司，它们把作者交来的手稿转变成读者所寻求的图书。每年这些公司出版 10 万到 15 万种新书。图书出版是一个高度分化的产业。**出版商**（publishers）从它们所服务的市场出发，为该产业开发出了一种分类体系。以下是美国出版商协会所提出的 10 种主要分支：

166

1. 普通图书（trade books）：目标是一般的消费者并且主要通过书店出售。它们可以是精装的也可以是平装的，包括给青少年及成人的作品。普通版图书包括精装小说、非虚构作品、传记、烹调书、艺术图书。

2. 宗教图书（religious books）：包括《圣经》、赞美诗集、祈祷书、神学书以及其他具有信仰特质的作品。

3. 专业图书（professional books）：目标是医生、律师、科学家、会计、业务经理、建筑师、工程师以及所有其他在工作中需要个人参考书的人。

4. 图书俱乐部（book clubs）和邮购（mail order）：乍一听更像一个发行渠道而不是出版部门的分支，但是有一些图书俱乐部出版它们自己的图书且几乎全都为它们自己的成员准备特别的版本。邮购出版包括为普通大众创作图书和通过直邮广告进行营销。这跟图书俱乐部不同，因为是由出版商推销图书，顾客不承担任何组织成员的义务。

5. 大众市场平装书（mass-market paper-backs）：各种主题的软封面书，它们主要在书店之外的场所销售。这些图书通常在超市、报摊、药店、机场、连锁店等地方上架出售。

6. 中小学教科书（elementary and secondary textbooks）：精装或平装的教材、教辅练习册、指南以及其他印刷材料，它们全都供课堂使用。很自然地，学校是这些出版商的主要市场〔这一分支也被称为"中小学"（elhi）出版商——该词来源于小学（elementary school）与中学（high school）的词头〕。

7. 高等教育（higher education）：大学市场的课本和练习册。

8. 有声读物（audiobook）：以光碟形式出版的"书"，由人声朗读图书内容。

9. 电子书（E-book）：如前所述，是可以下载到电脑或特殊阅读器上的数字版书籍。

10. 其他：包括大学出版社、参考书和标准化测试题。

表 7—1 列出了该产业各个部分的重要性。可以看到，普通版图书、专业图书和教材的出版是主要部分，占销售的 79%。

表 7—1　　　　2010 年出版产业的分类销量

分类	销量百分比
普通图书	31
专业图书	22
中小学教科书	14
高等教育	12
图书俱乐部/邮购	1
大众市场平装书	4
电子书	4
有声读物	1
其他	11

167
经销商

互联网显著地改变了图书的发行体制。现在让图书到达消费者手中的渠道主要有两个。在传统的方法中，出版商通常把图书运送给批发商或经销商，它们接着把这些图书发送到零售点，再卖给消费者。在线图书经销商，如亚马逊公司使用的是一种不同的途径。消费者从网站订购一本书，这本书绕过经销商和零售点，直接从卖家的仓库里运送到消费者手中。当然，电子图书直接从出版商到达消费者，越过了中间的一切过程。图 7—1 展示了这些发行方式。

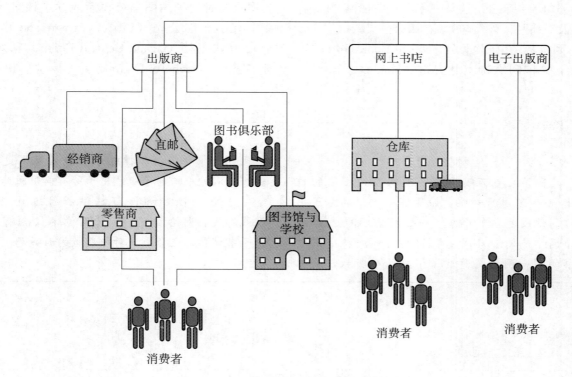

图 7—1 图书发行渠道

零售商

加上大型网络书商全美大约有 9 000 家书店。2010 年，亚马逊网站是全美及全球最大的图书经销商。巴诺连锁书店排第二。伯德斯和沃登书店（Waldenbooks）2010 年濒临倒闭，到 2011 年关闭了所有店铺。2010 年，这三大连锁书店的营业额（含杂志销售、文具、咖啡，等等）有 130 亿美元左右。其他零售渠道还有大学书店和像图书俱乐部这样的直销零售商。

图书产业的所有权

图书产业由那些在其他媒介也拥有股权的大型联合企业所主宰。2010 年最大的五家公司如下：

1. 培生（Pearson Publishing）：一家全球性的媒介公司，也是世界上最大的教育出版商，拥有诸如斯考特·福斯曼（Scott Foresman）与普伦蒂斯·霍尔（Prentice Hall）这样的出版品牌。它还拥有诸如企业出版集团这样的消费者出版公司〔企鹅（Penguin）、达顿（Dutton）与维京（Viking）〕以及《金融时报》（Financial Times）这样的商业报纸。

2. 兰登书屋（Random House）：贝塔斯曼媒介帝国的一部分，贝塔斯曼拥有 63 个国家的 600 家公司的股权，还涉足图书、杂志、电视以及广播。

3. 哈珀柯林斯：鲁珀特·默多克（Rupert Murdoch）的世界性传播公司，拥有哈珀柯林斯以及 20 世纪福克斯、福克斯电视网与各种各样的报纸和杂志。

4. 西蒙＆舒斯特（Simon ＆ Schuster）：哥伦比

168

亚广播公司的一部分，这是一家拥有电视网、广播电台以及广播网、有线电视网的媒介巨头。

5. 阿歇特图书集团（Hachette Book Group）：2006年，法国阿歇特·利夫雷（Hachette Livre）公司收购时代华纳图书公司后成立了该集团。其旗下有小布朗公司（Little，Brown and Company）、中央书社（Grand Central Books）和阿歇特数字图书（Hachette Digital）。

 媒介探索

魔法与电子书

卖出了几百万册哈利·波特系列图书的作者J·K·罗琳很精明，她保留了小说的电子书版权。她最近宣布开办了一个网站Pottermore，这个网站是读者可以下载到哈利·波特小说电子书的唯一网站。通过保留电子书版权，罗琳能比她随印刷版权卖掉电子书版权挣得更多的钱。该网站承诺电子版适用于所有电子阅读器。

另外，Pottermore还提供新的插图、交互在线游戏和网络社交。预计网站不仅会有助于电子书销售，还会激发对印刷版的新兴趣。

 生产图书

部门和员工

一般出版公司有四个主要部门：编辑部，生产部，销售部以及一般行政与业务部门。

编辑部负责同作者打交道。它负责挑选初稿和为它们的出版做准备。一些编辑专门负责组稿，另一些负责阅读初稿，撰写有关它们的报告，并推荐接收、修改或退稿。其他编辑要对接收的稿件进行语法、语言、准确性等的检查。

顾名思义，生产部监督图书的设计。该部门负责字体、排版、纸张、印刷及装订。

销售部监管销售、促销和宣传。销售活动的实际类型取决于图书类别和它的目标受众。中小学教科书的出版商主要面向学校系统。大众市场平装书一定是卖给零售商，它们再将书卖给普通大众。商业杂志广告、电视采访、权威刊物的评论和博客都是通常的营销手段。

出版公司的业务经理有好几项职责。一项最重要的职责就是清算账目。此外，该部门负责做预算和长期经济预测。其他职责还包括打理内部人事方针与监测公司总体的日常运营需求。

 媒介探索

会见作者（真实地）

过去，作者通过参加多个城市的图书巡展来推销书，他们接受当地电视台的采访，在当地书店举行签名会。随着巡展费用的提高以及可以举办签名会的书店减少（尤其是在伯德斯2011年倒闭之后），西蒙＆舒斯特出版社和它的作者开发了一种新的方式来联络读者和宣传产品：网络视频访问。该出版社认为这些视频可以帮助作者培养与读者之间一对一的关系，这对于当今的图书出版业来说相当重要。

它们是这么做的：读者用电子邮件向作者提问。作者浏览并选出作答的问题，然后用个人网络摄像头来录制视频回应问题。问题和视频回答被公布在网页上，视频播放器下面列出问题。网站访问者只要点击感兴趣的问题，作者回应问题的视频就显示在屏幕上。

最近西蒙＆舒斯特网站发布了很多作者的视频采访，包括惊险小说作家布拉德·托尔（Brad Thor）和少女小说家丽莎·麦克迈恩（Lisa McMann）。对托尔的提问有："在沙特阿拉伯被禁有什么感受？""你还住在犹他州吗？"读者问麦克迈恩："你最喜欢的书是哪本（当然不包括你自己的）？""你的头发很漂亮。你会不会剃头？"她回答："也许，但必须是为了正确的事情才会这么做。"

除了回答问题，视频让作者有机会建立更亲密的读者关系。有些作者会加入办公室的参观视频，或看看他们的书柜，有些作者就对着摄像头做鬼脸。例如，麦克迈恩就炫了一下她的舞技。

▌出版过程

编辑获得他们的图书有三个主要来源：由经纪人提供；由作者主动投稿；编辑想出图书创意。大多数普通图书的初稿是通过文学经纪人提供的。经纪人以质量而知名，他们通常不会提供他们知道编辑无法接受的初稿。主动提供的初稿在行业中被直白地称作"废稿"。这些初稿一送来就被放到废稿堆中，如果这个作者幸运的话，它最终会被编辑助理所读到。多数情况下它们会被一封正式的信件退回，但偶尔有作者走运。比如，E. D. 贝克（E. D. Baker）的《青蛙公主》（*The Frog Princess*）大卖，而且被翻译成多种语言。编辑也会想出出书点子。如果有位编辑有关于一本书的好点子，他或她一般会找几个经纪人聊，他们将会为这项任务建议可能的人选。这也是为什么作家应该有经纪人的另一个好理由。无论如何，作者通常会提供一个方案，它包括一封说明信，一份对计划好的书的简略描述，对它为什么应当出版的理由的罗列，一份对潜在市场的分析，一份内容的提纲或表格，可能还有一或两章样章。这个方案通常会被交给组稿编辑并加以评估。如果赞成出版，就会起草一份合约，接着作者开始认真工作。

作者一将样章提交给出版商，编辑工作马上就开始了。编辑对这本书的总体要旨进行查看，以保证它言之成理并达到了原来的意图。另外，这本书的技术方面会接受检查，以确保写作的总体水平可以接受，所有脚注都整齐规范，引用其他来源的材料的一切必要的许可都已获得，所有插图都已齐备。最后，作者和编辑会制作出一部双方都满意的初稿。

在所有这些编辑工作进行的同时，关于日程安排、该书版式的设计以及封面设计的其他决定也达成了。与此同时，其他编辑会准备电子版文档。一切就绪之后，图书就会付印、装订和发送到仓库等待发行，或发布到网上。

169

170 **？ 决策者**

杰夫·贝佐斯

杰夫·贝佐斯（Jeff Bezos）总是在修补东西。他三岁的时候，把他的床给拆了。11 年之后，他试图用一台吸尘器做出气垫船。16 年之后，他改变了售书方式，通过开办亚马逊网站彻底颠覆了这个行业。

贝佐斯在休斯敦和迈阿密长大，后被普林斯顿大学录取，学习计算机科学和工程学。在金融市场换了几个工作后，他最终就职于一家华尔街投资公司。1993 年的一天，他在做金融分析的时候，突然看到一个惊人的数据：互联网一年的增长率是 2 300%。贝佐斯意识到网络的巨大销售潜力，决定开办一项网络业务。他推测邮购卖得好的东西在网上卖应该也不错，于是做了一份销量排前 20 位的邮购产品列表，发现图书是最好卖的。虚拟书店有足够空间罗列百万计的印刷图书，而实体店可做不到。而且，图书批发商已经制作了光盘来罗列所有书目。贝佐斯发现现有的图书数据库可以很容易地放到网上。

贝佐斯的家人和朋友给他的这一创意投资了 30 万美元，贝佐斯搬到网络程序员的大本营西雅图，因为需要程序员来开展线上业务。另外西雅图同时也是美国最大的图书批发商的大本营。

贝佐斯在他的车库里开办了一个网站在朋友之间做测试。网站看起来运行良好，贝佐斯决定公开发布。但是叫什么呢？他原本想叫它 Cadabra.com，取自魔咒 "abracadabra"。不过当他告诉他的律师的时候，律师以为贝佐斯说的是 "Cadaver.com"，奇怪为什么他要以"尸体"来命名他的网站。贝佐斯回去重新构思，终于确定叫 Amazon.com，取自世界上最长最壮阔的河流之名。

正如人们所说，其余的就是互联网的历史了。公司发展迅速。1996 年，亚马逊网站的雇员是 300 名。2010 年，其雇员约为 33 000 名。第一年它只有几千个用户，现在它已在 150 多个国家拥有超过 2 000 万用户。2010 年其销售额超340 亿美元。它的品牌比汉堡王和芭比娃娃的认知度更高。现在亚马逊网站从图书中分流出其他业务，还在网上销售 CD、玩具、电子产品和礼品。亚马逊现在是世界上最大的图书经销商。

通过开发 Kindle 电子书阅读器这一亚马逊迄今最畅销的产品，贝佐斯再次颠覆了图书业。除此之外，亚马逊目前还提供音乐和电影下载。亚马逊作为营销渠道已具有标志性的地位。

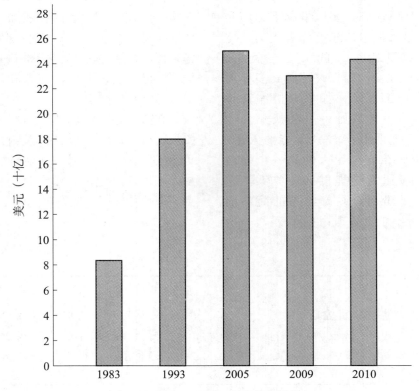

图 7—2　1983—2010 年图书出版收入

图书出版经济

图书业在 21 世纪头十年末的经济萧条中逐渐恢复过来。从 2009 年到 2010 年收入有稍许增长（见图 7—2）。电子书的收入一直在增长，但出版商担心这不够弥补未来传统精装书和平装书收入的下降。

对于消费者来说，图书显然越来越贵。2011 年，蒂娜·菲（Tina Fey）的《管家婆》（*Bossypants*）精装本的售价是 27 美元，畅销平装本的定价是 10 美元左右。电子书也变得越来越贵，售价为 12～14美元。

出版商的主要收入来源有两个：一是图书销售，二是**附属版权**（subsidiary right）（对图书俱乐部的销售、版权输出、平装本版权以及再版许可）。在这二者中，来自图书销售的收入最为重要。不过，应该注意到，出版商并不是完全靠图书销售来赚钱的。图书标价会对批发商和图书经销商打折。很多书的折扣可能达到 40%。

表 7—2   精装书和电子书的成本分析

精装书		电子书	
项目	金额	项目	金额
零售价	$26.00	零售价	$12.99
零售商	$13.00	苹果发行费	$3.90

续前表

精装书		电子书	
印刷及装运	$3.25	文本转电子文档	$0.50
封面、排版、文字编辑	$0.80	（不适用）	
营销	$1.00	营销	$0.80
作者版税*	$3.90	作者版税**	$3.25
出版商日常开支和利润	$4.05	出版商日常开支和利润	$4.54

* 占零售价的 15%。该比例可能有变。

* * 按零售成本的 25% 计算。有的出版商可能用别的计算公式。

表 7—2 分解的是一本精装本定价 26 美元、电子版定价 12.99 美元的书所产生的利润（我们默认电子书是通过苹果商店下载到 iPad 上阅读）。看起来出版商从电子书获得的利润要略高，但要记住目前电子书收入仅占出版社收入的一小部分。同样要记住的是出版商出版平装书获得的收入更多。迄今为止，电子书没有平装书之说。

出版业最大的两项支出是预付和购买版权。例如，据报道，蒂娜·菲从《管家婆》获得的报酬约为 500 万美元，希拉里·克林顿从其自传获得的报酬是 800 万美元。

图书出版受众

反馈来源

图书行业最重要的受众反馈形式是由诸如《纽约时报》和《今日美国》这样的报纸和行业刊物《出版商周刊》（*Publisher's Weekly*）编制的畅销书排行榜。这些机构运用不太一样的方法来编制畅销书排名次序，但全都从不同图书发行渠道的样本中搜集数据——包括连锁书店、独立书店、报刊亭和电子书——然后给数据设置不同权重，最终得出排名。畅销书排行榜很重要，因为很多书店会自发地大批量订购所有上榜书籍。因此，出现在榜单上意味着图书销量会增加。

除了畅销书非名，该行业还使用尼尔森 BookScan，该公司监测美国 6 500 家大型零售商的实际销售数据，包括大型连锁店和独立门店。该公司通常每周会对 30 万册图书的销售数据进行一次编制。订制 BookScan 服务的公司可以看到按种族、主题和形式分类的销售数据。

172

文化批判问题

新闻教科书中的劳工与管理关系

如第 2 章所提到的，文化批判研究方法考察的文本定义宽泛。新闻与大众传播教育协会 2000 年大会上发布的一篇论文中，乔恩·贝肯（Jon Bekken）博士用更实在的方法研究教科书——在此案例中是新闻教科书——来考察这些教科书是否将职业观念灌输给它们的读者。

贝肯注意到，对行业冲突的报道研究发现，媒体通常是从不支持劳工和工会的角度报道这些冲突的。例如，劳工报道关注罢工给消费者带来的不便，而不关注导致罢工的问题。工资被描述为劳工的关注焦点，而不是健康和安全。此外，也存在集体忽视劳工新闻的趋势。只有不到十家报纸聘请了全职劳工记者。

贝肯想知道记者的学术培训是否会导致形成这些观点。他特别感兴趣的是 29 本媒介写作与报道的教科书是如何描述隶属工会的劳工的。在进行文化批判分析之后，他总结出，教科书把劳工边缘化了，让它看起来不重要。比如，他注意到有些教科书的练习题要求学生根据新闻稿或企业和政府官员的采访笔记写作关于裁员或冻结招聘的稿子。这些练习传达出的微妙信息是，劳工的观点并不重要。其他教科书很少提到甚至不提劳工或工会，即使很多报纸工作者是国际印刷联盟成员，即使有些报纸受劳工与管理矛盾的困扰。

大多数教科书回避了报业中的劳工问题。健康风险如腕管综合征、简陋的工作条件和低薪都很少被提及。也没有讨论过加入工会可能有助于某些问题的提出。

贝肯还记录了几乎将劳工平凡化的案例。有一本教科书写报道婚礼的篇幅与报道劳工的篇幅一样长。另一本要求记者在报道中避免反商业的观点，依赖企业官员、金融分析师和政府管理者作为商业新闻的来源。当教科书讨论如何报道劳工时，它们的重点是报道罢工、罢工带来的暴力或不公平的劳作。

这些教科书描写劳工的方式会带来什么结果？正如贝肯所说，学生们带着学术培训中所教的对劳工的盲点进入了全国的新闻编辑部。编辑和出版商大幅裁减劳工记者的人数……记者和编辑通常不在劳工运动中找新闻——除非他们等着罢工或把劳工归入声称要主宰政治制度的特殊利益群体中。

贝肯在结束分析时写道，最近几十年教科书作者已经努力去掉性别歧视的言辞，更加注意文化敏感性。而且，新版的新闻报道教科书扩展了报道主题，例如宗教新闻和消费者新闻。然而，他指出，大多数新闻教科书没有很好地涉及靠劳动谋生的许多美国人。很多读这些书的学生继续在自己的报道中忽视劳工就不奇怪了。

 伦理问题

"似真非真"与因果？

喜剧中心频道的斯蒂芬·科尔伯特（Stephen Colbert）在他的一次报道中向美国人民介绍了这个词"似真非真"（truthiness）。按"城市字典"①（Urban Dictionary）的定义，似真非真意味着陈述的观念的性质被希望或被相信是真的，但其实

不是事实。看起来很奇怪，似真非真是 2006 年图书出版业公开争论最多的一个核心问题。

争论的对象是詹姆斯·弗雷（James Frey）的《一百万个碎片》（*A Million Little Pieces*），这部强大的自传是关于作者与毒瘾、官司和自己斗争并最终康复的故事。2003 年这本书出版，

---

①　即 www.urbandictionary.com，这个网站专供网友发表对一些特殊的单词或短语的解释，其中包括许多一般词典里找不到的词语，而且即使是一般词典里有的词语也有不同寻常的新的释义。——译者注

并且成为轰动的畅销书，当时欧普拉·温弗瑞把它选为其图书俱乐部的藏书之一。不久之后，thesmokinggun.com 报道说没有找到任何弗雷有法律纠纷以及之后的吸毒记录。面对这些差异，弗雷承认他的部分自传实际上是虚构的。例如，弗雷写到他蹲了三个月的监狱，实际的警察局记录显示他只被拘留了几个小时。他还承认他写的从警局逃跑和在接受牙根管治疗时没有用麻醉是撒谎，也并没有记录可以证明他曾努力戒毒。

对这些揭露的反应什么样的都有，从谴责到支持。欧普拉·温弗瑞一开始支持弗雷，声称即使有虚构，这本书"隐藏的讯息"也还是有效的。其他文学类型似乎也有类似的主题。他们认为自传不是基于实际发生的事，而是基于作者对事实的记忆。有价值的是"关键讯息"或"经验的本质"或"更宏观的真理"或"故事的内核"，而不是事实问题。

然而，读者却不这么想。很多人说他们感觉被骗了。甚至欧普拉也改变了她的立场，从她的书单中去掉了此书，并且在节目中谴责作者违背了道德。两名读者还起诉出版商违背合同，做虚假广告称此书为非虚构类图书。

这个事件具有什么伦理意义？自传的作者是否有道德义务告知其读者他们读的可能包含夸张、粉饰乃至完全虚构的成分？出版商呢？它们是否应该发表一份关于自传准确性的免责声明？它们是否有检查其出版内容真实性的道德义务？（有意思的是，法庭认为出版商没有法律义务去核对事实，但是它们对读者和对其他真实写作的、其名声因此而受到玷污的自传作家应该承担什么道德义务呢？）

这次丑闻的余波导致了几件事的发生。有些出版商表示，它们会更仔细地核查自传作家所说的某些更极端的事。詹姆斯·弗雷的出版商和他解约，取消了下一本书的合约。以此书为原型的电影拍摄计划（布莱德·皮特和詹妮弗·安妮斯顿购买了电影版权）也被搁置。尽管发生了这些事情，"似真非真"还是有利可图。弗雷的《一百万个碎片》的版税高达 400 多万美元。

然而，詹姆斯·弗雷冒险所带来的教训并没有被认真关注。不幸的是，似真非真仍然存在。2008 年，企鹅出版社出版的《爱与因果》（*Love and Consequences*）被曝是虚假的。这本书声称是关于一个混血女子的真实经历，她被贫穷的非裔美国人母亲养大，这位母亲为了生存为庞大的洛杉矶街头黑帮卖毒品。实际上，这本书的作者是上私立学校的中产阶级白人女性，她承认整个故事是捏造的。出版商召回了所有书，取消了预定的图书巡展。作者是否还能保留预付款就不得而知了。

最近，《60 分钟》报道质询了《三杯茶》（*Three Cups of Tea*）部分内容的真实性，这本书是关于格雷格·莫藤森（Greg Mortenson）在巴基斯坦的奇遇。似真非真仍然存在。

▌受众

根据 2008 年美国艺术基金会所做的一项调查，约有 1.19 亿美国人报告称过去一年至少读了一本书。2002 年，同类数据是 1.16 亿人左右。然而，这个增长并没有与这些年来的成人人口增长率持平。按百分比计算，2008 年约 54% 的美国人读书，比 2002 年的 57% 有所下降。

文学阅读——小说、短篇故事、戏剧和诗歌——从 2002 年以来下降了 4%。有意思的是，调查发现文学阅读增长最大的是 18～24 岁的群体，扭转了先前的趋势。此外，调查发现约 15% 的人阅读某种形式的网络文学。

图书出版行业的职业前景

图书出版是相对较小的行业。整个行业的工作职位只有 70 000～75 000 个。同其他印刷媒介一样，图书业受到经济低迷的严重影响。因此，至少目前它的职业前景让人沮丧。乐观的一面是，

尽管所有专家一直都说阅读是一门消亡的艺术，但美国艺术基金会公布的最新读者数据表明书籍阅读仍然维持着自己的存在。

要点

- 图书是最古老的大众传播形式。早期图书是手工印刷的，直到活字和印刷机发明。
- 在早期的美国，出版商也是印刷商。在 17、18 世纪，图书开始变得普及。
- 从 1900 年到 1945 年，图书出版行业变得更加商业化了。持续的合并导致了现代图书

产业被少数几家大公司垄断。
- 电子书和电子书阅读器越来越流行。
- 图书产业由出版商、批发商与零售商组成。在线图书经销商的出现改变了图书出售和配送的方式。
- 图书出版行业正努力应对不利的经济形势。

复习题

1. 从 17 世纪到 21 世纪，流行图书的内容发生了什么样的变化？

2. 图书的界定特征是什么？

3. 图书出版商的主要收入来源是什么？

4. 普通图书与大众市场平装书之间的区别是什么？

批判性思考题

1. 你更喜欢传统纸质书（比如现在手里这本）还是电子书？为什么？

2. 图书销售最近两年没有增长。可能的原因有哪些？互联网会对书籍阅读产生影响吗？

3. 图书产业被少数大公司垄断有什么优劣势？

4. 请阅读"文化批判问题：新闻教科书中的

劳工与管理关系"，然后思考如下问题：回避讨论媒介产业的劳工问题或者偏袒管理层的教科书会产生多大程度的影响？为什么？如果你在上采访写作课，看看你们使用的教科书。它是否边缘化或忽略了劳工？学生们在课堂上要怎样才能注意到这些问题？

关键词

电子书　　　　　　　　　　　　　　　　　按需印刷
电子阅读器　　　　　　　　　　　　　　　附属版权

互联网冲浪

请记住，网站总是在变；有些地址变了，有些消失了，还有些变样了。

www. amazon. com/kindle-store-ebooks-newspapers-blogs/

请登录这个网站，即使你没有 Kindle。浏览下上面的 95 万多本书。

www. bookweb. org

美国书商协会（American Booksellers Association）的主页，这个行业组织代表独立书店。上面有当前的畅销书排行榜。

www. bookwire. com

考察了图书业的内部情况。包括新闻、特写以及与其他相关网站的链接。

www. bisg. crg

图书产业研究集团（Book Industry Study Group）的主页。提供关于该产业的调查信息。

www. publishersweekly. com

《出版商周刊》的在线版本，这是一本重要的行业杂志。内有招聘信息。

第8章

广播

本章将帮助你：

- 解释广播是如何在 20 世纪 20 年代发展起来的
- 认识电视对广播的影响
- 讨论广播的界定特征
- 理解广播台如何从地方电台、广播网及辛迪加公司获得节目
- 解释数字时代如何影响广播
- 认知高清广播的潜力
- 理解互联网及平板电脑是如何影响广播产业的

2011 年年初，如果你在谷歌或 Bing 搜索词语"广播"，这两个搜索引擎弹出的第一个词就是潘多拉网络广播——对于几年前濒临破产的这家公司来说相当不错。 *177*

潘多拉 2000 年开播时是潘多拉投资人蒂姆·韦斯特格伦（Tim Westergren）的一个学术项目，用来分析所有音乐类型，根据歌词内容、节奏、乐器、旋律及和声标准来对音乐进行分类。通过几年的分门别类，韦斯特格伦发现他的数据库可以为听众定制基于其音乐喜好的个人广播电台。告诉潘多拉你喜欢史蒂薇·尼克斯（Stevie Nicks），它就会推荐佛利克·麦克乐队（Fleetwood Mac）或汤姆·贝蒂（Tom Petty）。潘多拉网络广播由此诞生。

潘多拉网络广播迅速走红，但公司经营艰难。订户可以选择免费的、带广告的但歌曲数量有限的版本，也可以付费收听所有他们想听的歌。作为网络广播电台，潘多拉必须支付演唱者音乐版税。2007 年，版权委员会提高了版税，潘多拉几近破产。

之后发生的两件事改变了一切。首先是 iPhone。潘多拉成为 iPhone 上下载量第二的应用程序。两年 *178* 内，其听众翻了近一番。2010 年，其订户达到 8 000 万人左右。接着，潘多拉与版权委员会达成了一项新的版权支付合约，使其生存下来。

该公司也意识到网络广播的未来在于在尽可能多的平台上提供服务。潘多拉是 iPad 上下载量第一的应用程序。网络电视机和蓝光 DVD 机上也可以使用潘多拉。潘多拉还与其他网络公司如奈飞和 Flickr 绑定服务。甚至连三星的 WiFi 电冰箱上也有潘多拉。

潘多拉最近的开发是车载装置。广播收听有一半以上是在汽车上，该公司很想开发这一市场。潘多拉已经与通用、福特和奔驰达成合作，在新型车的仪表板上配置该服务。垄断车内收音市场的传统调幅和调频广播电台对这些发展非常有兴趣。

2011 年年中，潘多拉也引起了华尔街的注意。公司的原始股票已为其带来 2.35 亿美元的收入。

潘多拉的发展说明传统广播业不会一成不变。今天的广播业实际上分为几种业务：传统地面广播电台，如芝加哥 WGN 和纽约 WABC；天狼星 XM 电台和卫星广播；网络广播电台，如潘多拉。

下面将介绍广播的历史，首先是地面广播。

简史

1887 年，德国物理学家海因里希·赫兹（Heinrich Hertz）成功发送并探测到了无线电波。古利莫·马可尼（Guglielmo Marconi）在赫兹发明的基础上制作了一个无线电通信装置，这个装置可以由发报机发送摩斯式电码——点与划——到接收器。马可尼创办了无线电报公司，它对早期无线电发展起到了重要作用。

雷金纳德·费森登（Reginald Fessenden）和李·德·福雷斯特（Lee De Forest）所做的突破使广播——与发送点与划相反——成为可能。福雷斯特在通用电器公司（GE）的资助下发明了高速、持续电波发生器，它能够广播人的声音和音乐。福雷斯特发明了真空管，它最初叫做三极真空管，使接收无线电信号更加容易。

不同发明专利权在法律上的争夺阻碍了早期无线电的发展。一战爆发时，美国海军接管了所有的相关专利，广播从而在战争期间有了长足的技术进步。

商业广播的诞生

大公司　战后，整个美国认识到了广播的潜　　力。一个新的公司，美国无线电公司（Radio Corporation of America，RCA）成立，并获得马可尼公司（Marconi Company）美国分公司的资产。RCA 的股票由这一时期最大的几家公司控制：美国电话电报公司、通用电器公司和西屋公司（Westinghouse）。注意，这些公司认为 RCA 将参与无线电电报生意。尽管有了费森登和德·福雷斯特的成果，但却很难想象对一般公众而言广播新闻和娱乐节目可以赚钱。

然而，有个别人更有先见之明。戴维·萨尔诺夫（David Sarnoff）是马可尼公司的一名雇员，后来成为 RCA 的领导。他提出这个新发明有一天会成为"无线电音乐盒"。萨尔诺夫自己后来成为这种新媒体发展中的一个中心人物。

179　　**大规模的听众**　弗兰克·康拉德（Frank Conrad）是匹兹堡的西屋公司的一位工程师，爱好修理收音机。他在他的车库里安了一个无线电发送装置，开始广播录制的音乐，报道体育赛事，并展示他儿子的音乐才能。没过多久，他就吸引了一批无线电爱好者成为他的热心听众。当地一家百货公司开始销售收音机，以便更多的人能收听康拉德的节目。接着，西屋公司开办了一个广播台以便使更多的人收听到康拉德的信号。同时，由于西屋公司与广播台的关系，它也生产收音机同时接"免费的"广告。KDKA 广播电台于 1920 年开始广播并且至今仍在广播，这使得它成为这个国家最老的广播电台。

KDKA 广播电台获得了成功。RCA、GE、AT&T 和许多其他公司及组织开办了广播电台。收听广播成为全国性的热潮。通过发现存在一批爱听公众广播节目的听众，广播找到了它在可以预见的将来所扮演的角色。

更好的接收器　早期的无线电接收器对使用者来说并不那么好用。它们由一堆又大又重而且时常漏电的电池组来提供动力。调音要有耐心，手要稳，还要具备电子学方面的知识。

但是到了 1926 年，收音机制造商改进了他们的产品。新型的收音机用家用电流就能运行，只需两个旋钮就能调音，它的天线更加灵敏，而且看上去就像一件时髦的家具。1925 年至 1930 年收音机共售出 1 700 万台，广播真正成为一种大众媒介。

文化批判问题

百货商店与早期广播

1922 年是著名的"广播热潮"年，好几十家百货商店开办了自己的广播电台。这些电台不如报纸或大学开办的电台那么多，不过也相差无几。作为一项新技术，广播可以以多种方式发展，而百货商店推动它用来播送有亲和力的插入广告的娱乐节目。其电台的成功帮助奠定了由广告支持的广播商业体制，并最终主导了美国的广播业。

百货商店是广播的早期使用者并不奇怪，因为它们也是电灯、电梯和电话的先锋使用者。19 世纪晚期很多人是在商店第一次看到这些技术的。这些零售商还开发了新的推销形式，如整版报纸广告。商店还组织推销活动、时装展、音乐会和游行来取悦顾客。当匹兹堡的霍恩百货在广告中推销弗兰克·康拉德的实验广播时，并未试图引发一场全国范围的热潮。百货商店一直以来就是这样做的。

广播节目制作方面，商店喜欢戏剧、古典乐和学院派音乐。为了支持最不具攻击性的内容，它们避免偏激的政治观点，还有当时被某些社会精英认为粗俗的爵士乐。它们的广播广告并不明显，尽管无论何时广播员具名电台时，总是会提到商店名称（有时候还有地址）。为了最大化宣传价值，商店按商品特殊类别开设讲座，例如鞋类和女性服装。它们希望听众会将商店与某个特定物品联想起来，这种联想可能会带来销售。

商业广告和社论内容之间的平衡对于所有形式的媒介而言都是一个微妙的问题，尽管很多商店电台因高质量的节目而得到赞誉。大多数听众并不反对间接广告，有些电台，如纽瓦克市的 WOR 和费城的 WIP 在全美确立了自己的名声。后来商店电台的数量开始减少，因为零售商发现从其他电台购买广播时间比开办自己的电台更容易。

百货商店也很努力吸引女性广播听众。20 世纪 20 年代早期的主要听众是男性，他们很多人用闲置的设备自己制作收音机。迎合女性顾客的商店出售设计美观、工厂生产的适合放在客厅的收音机。上午十点左右，当所有男性都在工作的时候，商店电台广播烹饪、缝纫或时装节目来为家庭主妇提供娱乐。这些节目的主持人是女性，而其他类型节目的广播员绝大多数都是男性。

这段简史表明媒介的文化批判研究并没有默认主流体制——在此例中是商业广播——是自然产生的。其目的是要解释这一独特体制是如何产生的，以及特定机构如百货商店是如何推广广播的。支持广播商业体制的集团不只是将其观点灌输给被动的大众。听众喜欢早期商业电台的节目，并且接受间接的广告。这些电台的成功，包括百货商店电台在内，鼓励其他

广播公司把广告和内容混合在一起。就这点而言，美国广播的商业化应该被看做一个混合了强制与认同的霸权过程。

女性被纳入到广播受众中的方式也证明了一种文化批判观点。早期广播业努力吸引女性似乎是积极的发展，尽管我们必须考虑到女性被赋予的身份的局限性。她们做饭、缝补衣服，为其丈夫打扮漂亮。同样，当女性在广播中演讲时，主题必须符合"女性化"特征。这些针对女性的局限意义反映了 20 世纪 20 年代主导的父权制观念，这种观念在很多当代广播和电视节目中仍然很明显。

本文改编自佐治亚大学 2007 年博士论文"Department Stores and the Origins of American Broadcasting, 1910—1931"，由圣迭戈州立大学媒介研究助理教授诺亚·阿西诺（Noach Arcemeaux）提供。

广播的商业化

关于早期的无线电广播很奇怪的一件事是它很少是由广播机构所有。早期的电台由多种多样的组织所拥有。西尔斯—罗巴克百货公司（Sears, Roebuck）（"世界上最大的商店"）拥有芝加哥的 WLS 电台，《芝加哥论坛报》（*Chicago Tribune*）（"世界上最伟大的报纸"）拥有 WGN 电台，国家人寿保险公司（National Life Insurance Company）（"我们保护千千万万人"）拥有纳什维尔的 WSM 电台，斯威尼汽车与电器学院（Sweeney Automotive and Electrical School）拥有堪萨斯的 WHB 电台。

早期的广播成本并不高，电台所有者认为钱花得值，因为通过电台得到了展示。然而不久，运营的费用开始上涨，电台纷纷寻求使它们赢利的途径。

没有人很清楚怎样做到这一点。有些人觉得听众应该自愿捐助，另一些人希望对电子管征税。最后是电话公司想出了一个可行的办法。AT&T 公司开始在 WEAF 电台，即它们在纽约的旗舰电台，出售时间给任何想广播消息的人。这种新服务最理想的客户是需要推销东西的公司。1922 年，皇后区房地产公司花了 300 美元买了 5 个广播谈话节目，这些节目吹捧居住在乡村的好处，最好的选择当然是

从皇后区房地产公司购买的房屋。其他公司很快认识到这种新媒介的广告潜力，并从 WEAF 电台及其他电台购买时间。广播的经费问题得到解决——广播将由广告来支撑。

广播网 将广播电台联结成**广播网**（network）从经济角度看十分合理。每个电台不再花钱制作自己的节目，所有的电台共同分担一个节目的费用并且同一个节目在所有的电台播出，这要便宜得多。而且，由电台联结起来的广播网为广告主提供了在更广阔的地理区域接触更多听众的能力。

第一个广播网是国家广播公司（National Broadcasting Company，NBC），它是 RCA 的子公司，于 1926 年成立。NBC 实际上创办了两个广播网。一个由原来属于 RCA 的电台组成；当 AT&T 决定退出广播业时，这家公司的电台组成了另一个广播网。哥伦比亚广播公司（Columbia Broadcasting System，CBS）次年开始广播，NBC 从此有了竞争对手。这家新的广播网由威廉·S·帕利（William S. Paley）领导，他在 CBS 的职业生涯一直持续到 20 世纪 80 年代。

这两个广播网迅速成长起来。到 1937 年，

180

NBC 拥有 111 家会员电台，而 CBS 拥有 105 家。广告主每年用于广播网广播的花费超过 2 700 万美元。显然广播网会员体制将会持续一段时间。

20 世纪 30 年代的广播听众不再需要具备电子知识来操作收音机。家庭成员只要坐好就能收听。

181　　　来自广告的收入使广播网能聘用大牌演艺人员。杰克·本尼（Jack Benny）、埃德·温（Ed Wynn）、乔治·伯恩斯（George Burns）与格雷西·艾伦（Gracie Allen）全都是当时有名的轻音乐喜剧演员，他们成功地转到广播中来。不过，最成功的节目是《阿莫斯和安迪》，这个喜剧使两个扮演黑人的白人喜剧演员查尔斯·科雷尔（Charles Correll）和费里曼·戈斯登（Freeman Gosden）成为明星。尽管现在看来这个节目是带有种族主义色彩的，但在 20 世纪 20 年代晚期到 30 年代初期，它的收听率最高，并且收听该节目成了一个全国性的习惯。

政府法规　早期的广播获得了意想不到的成功。19 世纪 20 年代，随着越来越多的电台开始广播，相互干扰成为一个大问题。而政府对此却没有权威来采取什么措施。

国会最后通过了《**1927 年无线电法案**》（Radio Act of 1927）来改变这种状况。该法案成立了联邦广播委员会，一个发放许可证和旨在努力清除现存混乱局面的管理机构。委员会定义了 AM 广播波段，统一了频道名称，取缔了移动的广播站，并使干扰减到最小。到 1929 年，情况得到了改善，这防止了新的广播媒介在其成长过程中夭折。

这样，到 20 世纪 20 年代末，现代无线电广播的框架形成。这将是一个由广告支撑的大众媒介，它被广播网控制并由联邦政府机构管理。

大萧条时期和第二次世界大战

按大多数标准来衡量，广播受大萧条的打击并不像其他行业那样严重。实际上，从 1930 年到 1935 年，花在广播广告上的钱增长到原来的三倍。尽管利润不如经济景气时那么高，但广播产业仍能够相对不那么艰难地熬过大萧条时期。

联邦通信委员会　大萧条时期广播在法律上最有意义的发展就是成立了**联邦通信委员会**（Federal Communications Commission，FCC）。罗斯福总统想成立一个政府机构来加强对通信产业的管理。国会应总统的要求，通过了《**1934 年通信法案**》（Communications Act of 1934），它强化了新的七人联邦通信委员会在广播和电信管理方面的职责。除了委员会的规模扩大、责任增加外，原先的《1927 年无线电法案》作为基础原则保持不变。

FM 的诞生　20 世纪 30 年代中期，埃德温·霍华德·阿姆斯特朗（Edwin Howard Armstrong），一位著名的发明家，向他的朋友 RCA 的头儿戴维·萨尔诺夫演示了调频无线电，或者叫做 FM。当时，萨尔诺夫对促进电视的发展更感兴趣，尽管 FM 有技术上的优势，但他对支持阿姆斯特朗的发明并不感兴趣。阿姆斯特朗试图自己发展 FM。他开办了自己的发射台用来示范，到 1940 年，他将生产 FM 收音机的权利卖给了几家公司。萨尔诺夫出 100 万美元买阿姆斯特朗的发明的许可证，但是阿姆斯特朗拒绝了，大概还在为萨尔诺夫早先的拒绝生气。二战的爆发阻碍了 FM 的进一步发展。

广播节目　大萧条时期的节目反映了对转移

182

注意力与逃避现实的需求。动作—惊险系列，如《孤独的骑警》（*The Lone Ranger*）很受欢迎，日间肥皂剧也一样。19 世纪 30 年代广播网的新闻广播发展起来，对特别事件的现场报道，比如英国国王爱德华八世（Edward VIII）的退位演说也吸引了大量的听众。二战前夕从欧洲发回的广播报道使许多听众为了听到最新的新闻报道而拿着他们的收音机不肯放手。战争期间，爱德华·R·默罗从战火中的伦敦发回的报道为他赢得了荣誉。

第二次世界大战 战争期间广播表现良好。从 1940 年到 1945 年，花在广播广告上的钱几乎增长了一倍。新闻纸的短缺与鼓励公司做广告的超额利润税促使广播成为全国性的广告载体，在 1943 年超过了报纸。

战争中间的一次法院判决极大地改变了现代广播的形态。1943 年，最高法院判决 NBC 必须剥离其两个广播网络中的一个。NBC 选择将较小的广播网卖给靠卖 Life Savers 牌糖果而发家的爱德华·诺布尔（Edward Noble）。诺布尔将他的广播网重新命名为美国广播公司（American Broadcasting Company，ABC），到战争末期，ABC 拥有了 195 个会员电台，成为老广播网羽翼丰满的竞争者。

改革与变化：1945—1954 年

二战后的九年中，广播业和唱片业都发生了巨大变化，这些变化最终促使它们走得更近。电视的发展推迟了 FM 广播的发展，改变了联播广播的性质，并迫使广播业依靠唱片作为新的节目策略中最重要的部分。

FM 的成长 尽管 FM 比 AM 听起来更好，不受静电干扰，并且能够产生一个更为宽广的声音频率的范围，但是 AM 广播最先创建，而 FM 还得努力赶上。FM 的不幸在于它与电视同时开始发展。另外，由于技术上的原因，FM 广播与电视适合的电磁频谱差不多在同一位置。1945 年，FCC 决定将以前由 FM 占有的位置让给迅速扩张的电视服务。委员会将 FM 上调至 80～108 兆赫波段（即它现在所在的位置），导致了近 50 万家 FM 电台废置。

 媒介探索

贿赂

20 世纪 50 年代，电台音乐节目主持人（DJ）成为广播节目中的重要人物。事实上，许多人凭自身的职业而成了明星。DJ 们把自己光彩照人的照片分发给他们的狂热追随者；他们出现在超市的开业典礼上和唱片伴乐舞厅中；他们在摇滚组合个人见面会上当司仪。随着 DJ 们变得更有影响力，他们也开始安排自己的节目。他们挑选将在广播时间播放的唱片。

唱片推销商也认识到广播对热门歌曲的销售所具有的极大的重要性。唱片在广播中播放的次数越多，它就卖得越多。很自然地，唱片推销商和 DJ 们开始建立起密切的联系。一开始，这完全没有什么瓜葛。推销商保证 DJ 们得到他们公司最新发行的唱片，DJ 们也在公司的产品中插入一两句好话。不过，竞争越来越激烈，到 1959 年，每周发行的新唱片大约有 250 张。一些不道德的推销商采取的措施不再仅仅是唱片的推销词。最初，他们可能给 DJ 送精美的圣诞礼物。如果不奏效，一些人甚至"雇用"DJ 为"创作顾问"，每月给他们付费。其他人则将 DJ 笼络过来，承诺市场上每卖出一张唱片就付给 DJ 一分钱。最后，大多数推销商不再用这些虚伪的招聘，直接递给 DJ 一个装着钱的信封，作为播送他们公司的歌曲的回报。在 1958 年和 1959 年，据说唱片发行者在贿赂这个更大的市场上花费了 25 万多美元。

关于这种不法商业行为的新闻有损摇滚或广播的形象。《1934 年通信法案》增加了第 508 款以禁止这种行为，但是并没有完全成功。20 世纪 70 年代早期该行业爆发了新的贿赂丑闻。至少有一家唱片公司被指控提供毒品给电台职员来换取增加播放次数，有一些音乐会的推销商被指控告提供金钱贿赂。2000 年贿赂再次出现，当时西班牙语电台的 80 名节目主持人因被指控接受佛诺维亚唱片公司（Fonovisa Records）的贿赂而受到调查。

最近的贿赂形式是独立推销者，他们向音乐厂牌收费推销唱片，然后付钱给广播电台以接近节目制作者和改变播放歌单。这些钱金额巨大。在大市场，推销者可能会向电台转送 30 万美元之多。唱片厂牌把这笔费用当做另一笔电台打歌费。这种安排是毫不犯法的，因为唱片厂牌没有暗中直接塞钱给电台。尽管合法，但这一行为还是受到了来自几个方面的批评。滚石认为它是"合法贿赂"，国会领袖发现这种行为很麻烦。为此，清晰频道（Clear Channel）和其他广播集团业主声明 2003 年它们与独立推销者就撇清了。但 2005 年索尼 BMG 又卷入了另一则贿赂丑闻中。

不久之后，全国四大广播公司同意给 Fcc 1 000 万美元做一年调查，调查公司旗下电台从音乐公司收受现金及礼物播放其唱片的行为。2007 年协议中的部分费用被用作培训电台避免贿赂的资金。

这次培训并不完全成功。2010 年，联视音乐集团（Univision Music Group）被牵涉到一项贿赂电台播放拉丁音乐的事件中。贿赂似乎是个不会消失的问题。

电视的出现　当然，由于出现了电视，广播的命运才发生了最大的改变（我们将在第 11 章进一步阐述电视的发展）。电视曾被认定到 1948 年肯定会取代网络广播提供大众娱乐的功能。电视的出现意味着广播的内容、经济状况和功能的变化。尽管很多人认为电视减少了广播业的收入，但这样的事并没有发生。实际上，收入从 1948 年到 1952 年稳定增长，在经历 1953 年至 1956 年的短暂下降后，又继续上涨。受电视影响最大的是广播网广播。1947 年 97% 的地方电台是广播网会员，到 1955 年这个比例下降到了 50%。广播网的收入在大约同一时期下降了 60%。面对这种损失，电台更加严重地依赖来自地方商业广告的收入。简而言之，它们重新分配了其收入的构成。随着电视成为新的大众媒介，地方电台削减了它们的预算，更加依赖音乐、谈话和新闻，并开始寻找能使它们与电视共存的方案。

183

专业化模式　到 1956 年广播网明显不再像以前那样是强势的节目来源了。那一年，广播网每周只广播 35 个小时的晚间赞助节目。到 1960 年，所有曾经一度流行的晚间节目和日间连续剧都停播了。广播网服务主要限于新闻和短讯，通常每天不超过两三个小时。

地方电台很快就适应了这种变化。既然不再会为了获得大量节目而受制于广播网，地方电台有了发展自己个性的自由。大多数电台是通过采用一种专业化模式来做到这一点的，这种专业化模式就是确定对某一特定群体的听众具有独特吸引力的声音。最成功的尝试出现在美国中西部地区，那里的一家电台监测唱片和乐谱的销售，播放最畅销的歌曲。热曲 40 首模式从此诞生。它以欢快、持续不断和活泼的音乐为特色，通过**钟点**（clock hour）来管理节目模式，指定节目编播的每一个元素。热曲 40 首模式的成功鼓舞了广播电台去尝试其他的专业化模式。到 1964 年，从乡村乐到古典乐，至少出现了十几种不同的模式。

184　█　**成长与稳定：1955—1990 年**

广播电台的数量在这些年中持续增长，从 1955 年的 3 343 家增加到 1970 年的 7 000 多家。热曲 40 首模式被越来越多的电台采用，而且很快为年轻听众所选择——年轻听众恰巧有许多钱可以花在那些他们收听的、由他们喜爱的电台音乐节目主持人或者所谓 DJ 所播放的唱片上。由于当时 DJ 控制了什么样的歌可以被播放,他或她就成为唱片公司争取播送新歌的推销工作的重点。很快这种结构就导致了**贿赂**(payola)的滋生(见"媒介探索:贿赂")。

20 世纪七八十年代,广播最重要的发展是 FM 的成功出现。到了 20 世纪 60 年代早期时,获得 AM 电台的许可证变得更难,而获得 FM 电台的许可证变得更容易。FCC 通过了**非复制条例**(nond-uplication rule),禁止 AM-FM 联合电台将 AM 频道复制到 FM 频道的内容超过 50%。面对这种管制,FM 电台开发了自己的节目(许多电台采纳了摇滚模式),这些节目利用了 FM 更好的技术品质。结果从 1960 年至 1970 年,FM 电台的数量增长到原来的三倍,利润开始增加。到了 1990 年,收听 FM 大约占了所有听众收听时间的 70%。许多 AM 电台向新闻、谈话类模式转变,以阻止听众流失(见图 8—1)。

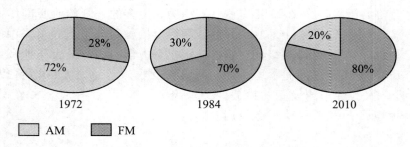

图 8—1　AM 听众与 FM 听众的占比

非商业广播网**全国公共广播**(National Public Radio,NPR)于 20 世纪 70 年代早期开始广播,它是一个拥有 80 家电台的广播网。在接下来的五年时间里,它的会员电台数量增长了一倍,到 1980 年,每周累计听众超过了 500 万人。它最成功的节目是每日新闻节目《早间报道》(*Morning Edition*)和《事事关心》(*All Things Considered*)。

当代广播

20 世纪 90 年代广播的关键事件是《1996 年电信法案》(Telecommunications Act of 1996)的通过。法案主要是关于鼓励在新通信技术方面的竞争,但通过巧妙的游说,广播业把自己纳入了议案。法案的最终版本中只有几句话与广播有关,但其影响却与其长短不成比例。关键的一条规定彻底取消了对一家公司所能拥有的电台数量的限制,并且把一家公司在单一市场中所能拥有的电台数增加到 8 家。

新法案引发了购买和销售广播资产的高潮,一些电台一年就被转手好几次。在法案通过前,通常每年大约有 20 亿美元花费在广播的并购上。1996 年,这个数字达到了 144 亿。第二年这个数字就被刷新了,达到 153 亿美元。新的广播巨头几乎在一夜间就冒了出来。由于少数几个大集团控制了广播业,这个产业变得更为统一。

在节目的一线制作方面,由于有了像拉什·林博(Rush Limbaugh)、劳拉·施莱辛格博士(Dr. Laura Schlessinger)、汤姆·乔伊纳(Tom Joyner)和霍华德·斯特恩(Howard Stern)这样的表演者的成功,谈话节目成为 AM 广播最热门的形式。FM 延续了模式专业化的潮流,因为电台认识到只要吸引 2%~3% 的听众就足以赢利了。

新世纪的第一个十年见证了几大重要发展。两家卫星广播公司 XM 和天狼星开始广播,它们将数字信号传送到订户家中,并提供几十档谈话性、不含广告的音乐频道。这两家公司经济困窘,最终于 2008 年合并。

广播业的并购趋势受到十年末期经济萧条的

185

影响。拥有 1 200 家电台的清晰频道 2008 年被私人投资集团收购，旗下超过 400 家电台卖掉。其他广播集团也准备卖掉，但经济不景气破坏了可能的交易。广播业同样也遭遇了收入下降。

广播业引进了高清广播，即高清数字信号，但该发明上市缓慢。尽管到 2010 年有超过 1 700 家电台采用高清信号广播，但高清广播的销量微不足道，很多消费者甚至不知道存在高清广播。

成千上万家纯网络广播电台出现了，很多地面广播也扩张了网络业务。在线广播未来的经济命脉与电台必须支付的音乐版税息息相关。近期的立法呼吁与网络电台协商版税，到 2009 年有些电台已与版权组织达成了协议。

广播电台——卫星的、地面的和网络的——面临着来自 iPhone、iPod 及其他让人们不用广播而用 MP3 就可以收听喜欢的音乐的设备的挑战。为了保证竞争性，广播电台开发了移动媒体应用程序（回忆开篇提到的潘多拉案例）。然而，这些日益增多的竞争是造成平均每人收听广播的时间自 1994 年以来持续减少的原因之一。

2011 年，地面广播业卷入到与唱片业的官司争斗中。广播电台一直都向歌曲作者和制作者支付音乐版税，但地面电台没有向演唱者和唱片厂牌支付过版税。2009 年的立法要求改变这一现象，要求电台支付演唱费。尽管协商了很长时间，这一问题目前还未解决。

尽管有这些困境，广播业还是一个巨大的广告媒介。超过 2.4 亿美国人每天收听地面或卫星广播，更多的人开始收听网络广播。广播让广告商得以接触到汽车上和工作中的客户。广播电台正在努力学习如何最大化地利用网络来增加其听众以及收入。总之，广播将以某种形式存在很多年。

数字时代的广播

转型

地面广播电台缓慢地进入到了数字时代，但有些迹象表明它们正在迎头赶上。早期电台网站只是电台模拟广播的音频流媒体，发布它们的歌单，也许还有些 DJ 的小传。总之，它们只是被当做广播节目的附属物。

来自网络广播的激烈竞争以及广告收入下滑促使地面广播电台开发新的网络策略。结果是传统广播大规模转到网上来。

在线地面电台

拥有约 150 家地面电台的 CBS 广播并购了网络广播台 Last FM，在 Last FM 上，听众可以自创歌单并与其他人分享。CBS 后来与 AOL 音乐网站达成交易，CBS 负责 AOL 的网络广播服务。浏览 AOL 音乐网站，可以从 150 多家 CBS 电台或 200 多个 AOL 频道中选择收听。CBS 广播与雅虎音乐广播达成了类似协议，这样，作为最早的地面广播台之一的 CBS 成为网上的一家大广播公司。

清晰频道广播采取了更地方化的策略，发展了旗下八家大型市场电台的在线版。城堡广播公司（Citadel Broadcasting）2006 年开办了 Right Now 广播，这个网站有大约 180 家城堡电台的音频流媒体和音乐演唱者访谈的链接。其他集团的老板也扩张了在线业务。

maximal186

网络广播

纯网络广播电台（Internet-only radio stations）有成千上万家，业内又叫做网络专营广播电台。有些只是在卧室或车库里开办的电台业务，比如 Blablaradionet。很多电台的模式在传统电台是听不到的。例如，有家网络电台只播放手风琴音乐，还有家电台播放航空交通管制。其他电台，像潘多拉或 slacker.com 提供的音乐服务是用户根据他们喜爱的艺人或歌曲生成歌单，从而建立自己的电台。Slacker 的数据库里有约 200 万首歌。其他流行网络电台还有 Live 365 和 Radio Tower。

网络广播最大的问题是经济问题。网络电台必须向音乐演唱者、歌曲作者、制作者和唱片厂牌支付版权费（到 2011 年年中，地面广播尚未向演唱者和唱片厂牌支付任何费用。不过，如前所述，唱片公司开始游说改变这一状况）。2007 年，版税委员会大大提高了网络电台需支付的版税。例如，2008 年，网络电台计划为每位听众每首歌支付 0.001 1 美元。这听起来可能没多少，但价格很快上调了。有项统计发现，AOL 音乐网在新条约下每月加起来要付 100 多万美元。小一点的网络电台很难生存下来。2008 年国会允许延长网络电台与代表演唱者的美国唱片业协会协商版税的时间。

情况有点复杂，因为有些纯网络广播公司愿意支付固定比例的收入，但其他有额外收入来源的公司支持每首/每人的付费系统。大多数地面电台所有的网络电台公司协商好了它们内部所定的每首歌的版税。2009 年 7 月，最终达成的协议是大型商业网络广播台按每首/每人支付试用价，而小型网络电台根据它们收入的百分比或开销的百分比来付费。

高清广播

高清广播是一种极大地提高了地面电台信号质量的数字服务。高清广播让 FM 广播听起来像 CD 一样好，AM 广播像现在的 FM 广播一样好，而且不受静电干扰。另外，数字信号可以被压缩，这样单个电台可以同时广播几档节目。例如，电台以模拟和数字信号同时播出 40 首最热歌曲，而在纯数字子频道播放爵士乐和古典乐。

接收高清信号的特殊设备需要消费者自己购置。设备通常需要几百美元，但现在很多都只要 80 美元。有些汽车生产商在新款车上提供了高清广播选择。很多新高清广播收音机有个选项叫标签，听众可以在收听广播时按下按钮收藏某首歌。被收藏的歌曲存诸在兼容高清广播的 iPod 上。下一次消费者同步 iPod 时，他或她就可以选择购买这首歌。

高清广播的市场表现仍举步维艰。2010 年卖出了约 300 万台高清设备，但那仅占使用中的广播设备的 1%。问题是高清广播并没有创新。它只是提供相同的更高音质的内容。

187

决策者

凯瑟琳·休斯

凯瑟琳·休斯（Catherine Hughes），全美最大的针对黑人听众的广播集团 Radio One 的掌门人，是首位执掌上市公司的非裔美国女性。然而，她通向成功的道路并不是那么平坦。

休斯的广播事业始于在哈佛大学广播电台销售部的工作。最终她成了电台的经理。1980 年她决定通过购买华盛顿的 WOL-AM 电台来创办她自己的广播电台。那时，她是一个单身母亲，经济资源有限。一家又一家银行拒绝了她的贷款申请。最后，有一家银行愿意借给她一部分所需的资金，她还从一个专门投资黑人企业的金融家协会获得了额外的支援。

这家电台差点失败。休斯的房子和车子被收回，她甚至变卖了家族的一些传家宝以还债。实际上她搬到了电台，睡在睡袋里，在电炉上烧饭。她通过制作自己的谈话节目来节省节目费用。为了竭尽一切努力获得广告，她挨家挨户去劝说小零售商花10美元买一分钟的广告时间。七年后，电台终于转向赢利。

接下来休斯决定该是扩张的时候了。她注意到非洲裔美国家庭的收入与它的购买力都增长了。趁着联邦所有权法规有所放松，休斯在此后的六年内并购了另外11家电台。1999年她的公司上市。Radio One的股票价格在头三个月几乎翻了一番。

2008年，Radio One凭借其超过3亿美元的收入成为美国第十大广播公司。该公司在16个城市拥有52家电台。

2010年，经济萧条几乎令所有广播业蒙受损失，同样也对休斯的电台造成了影响。曾经定位于非洲裔美国听众的广告费也几近枯竭。来自网络电台和音乐下载网站的竞争进一步吞噬了黑人听众市场。休斯的公司不得不裁员400人。有些非洲裔美国人的电台老板把电台卖给白人老板公司。2010年，美国的地面商业广播电台超过1.1万家，而非洲裔美国人所有的只有239家（约占2%）。

不过，休斯依旧乐观。2011年在《黑檀》杂志发表的一篇采访中，她说："尽管我们正在经历一些危机……我认为总会有一种传播形式在商业上适应于非洲裔美国社区。"

卫星广播

天狼星XM是2008年天狼星卫星电台与XM卫星电台合并之后组成的新卫星电台。大约有2 100万人定制了其服务。订户每月付13美元就可以收听70多个音乐频道和30多个谈话频道。听众还可以在网上收听。

卫星广播的主要市场是通勤一族。天狼星XM台在大城市开办了本地交通和气象频道持续广播最新消息。除了汽车，该公司还将服务扩展到可以在家中使用的便携式收音机上。

经济困境也波及了卫星广播。无论是XM电台还是天狼星电台都花费了上亿美元来吸引诸如霍华德·斯特恩（Howard Stern）和欧普拉·温弗瑞这样的名人加入，还花费了大笔资金来购买专业体育赛事的播出权。因此，天狼星XM要努力保持赢利。该公司同样受新车销量下降的影响。公司业绩的增长很大部分是源于新车主选择有卫星广播的出厂配置。

应用程序与移动广播

如前所述，移动性和便携性一直是传统广播的界定特征。今天不同的是，地面、网络和卫星广播可以在多种移动平台上收听，如智能手机、iPod和iPad。或者换句话说，听众通过家用电脑和笔记本电脑上的浏览器收听广播的越来越少，而更多的是通过移动应用程序。跟其他媒介一样，所有形式的广播都笃信专业应用程序会带给它们更多的听众和更多的收入。

本章开头就描述了网络广播电台潘多拉如何受益于iPhone应用程序的流行。其他网络广播公司也开发了应用程序，如Slacker Radio和Live 365 Radio。苹果应用商城里最畅销的应用程序之一Tune-In Radio可以让用户选择40 000家AM、FM和网络电台。

传统无线广播公司已经采纳了应用程序。清晰频道的应用程序IHeartRadio大获成功，它能让用户收听150个城市的750家数字电台。这个应用程序还能让听众通过Facebook和Twitter分享电台，在播放音乐时显示演唱者图片。AOL广播应用程序（由CBS广播台运营）以350多家电台为特色。全国公共广播电台也有为 iPad 设计的应用程序，下载量已过百万。独立电台，如亚特兰大的 WWWQ 和达拉斯的 KLIF 也加入到应用程序中。天狼星 XM 卫星广播不甘示弱，也开发了 iPod、iPhone 和 iPad 上的应用程序。

用户生产内容

用户生产内容最显著的实例是播客——录下音频节目，然后放到网上以供下载。很多传统广播公司，如 NPR 和 BBC 每年制作几百档播客节目，但听众也可以自己制作。Podcast.net 列出了几百档节目，从个人激昂演说到青年时尚不一而足。芝加哥有家公共广播电台叫 Vocalo，几乎所有节目都以用户生产内容为主。

社交媒介

无论是地面广播电台还是网络广播电台都融入了社交媒介，但是其中某些电台比另一些更善于利用社交媒介。大型和小型市场的广播电台有 Facebook 页面和 Twitter 账号是很常见的。不过，很多页面只是某个电台雇员把非个人网页或账户攒起来，缺乏社交媒介的个人化格调。亚特兰大成人当代电台 WSTR 所在的城市人口有 450 万人，其 Facebook 粉丝仅有 16 000 个，Twitter 粉丝只有 4 000 个。与之相比，潘多拉的 Facebook 粉丝有 82.5 万人，Twitter 关注者有 6.4 万人。

有些传统电台在其移动应用程序上突出社交媒介。清晰频道的 IHeartRadio 和 AOL 电台的应用程序都有选择在 Facebook 和 Twitter 上分享音乐和讯息的功能。2011 年 Jelli.com 开办了一家结合传统电台和社交媒介的实验电台。开办于拉斯维加斯的 Jelli 让听众负责广播电台播放什么内容。听众用 Jelli 移动应用程序或通过电台网站投票选出歌曲，通过 Twitter 和 Facebook 分享音乐和评论。

引文	太过融合

一家英国设备制造商开发了一款内置收音机的烤面包机（或者你可以叫它内置烤面包机的收音机）。铂富牌（Breville）广播面包机可以烤面包、百吉饼和英式松饼，还配备了接入 MP3 播放器的 AM/FM 收音机。

天狼星 XM 卫星广播 2011 年对其网站和在线播放器进行了改版，更加强调社交媒介。其在线播放器上有 Twitter 和 Facebook 链接，公司利用网站来回答用户的问题和意见。天狼星 XM 还开办了自己的 YouTube 频道。

总之，社交媒介将越来越成为地面、网络和卫星广播台用来吸引和维护受众的重要策略。

广播的界定特征

广播是可移动的。一些收音机，像索尼随身听，体积小且个性化。另一些，如大型号收音机，体积大且大众化。不管它们的大小怎样，收音机都很容易移动，可以拿到任何地方——海滩上、体育赛场、慢跑途中、工作场所。车载收音机给通勤族提供新闻和娱乐节目。实际上，很难找到一个不能放收音机的地方。

广播是补充物。大部分人收听广播时都在做其他事情——开车，工作，学习，睡觉，起床，打扫卫生，等等。广播很少是我们关注的主要焦点，它为我们的活动提供了一种声音背景。

广播遍及全世界。每个家庭至少有一台收音机在工作。实际上，平均每个家庭大约有 6 台收音机。几乎每一辆汽车都装备了收音机。平均每天约有 70% 的美国人收听广播。

广播是选择性的。很像杂志业（参见第 6 章），

广播业已成为一种小众媒介。广播电台会选择吸引小的、细分的听众群的模式，而该听众群对于广告主有吸引力。一个无线电广播公司要是能找到一种哪怕仅能吸引 2%～3% 的听众的模式，就很可能会赢利。

地面广播产业的结构

在美国有超过 5 亿台收音机在工作。算起来每人大约两台。大概有 14 420 家广播电台在运转。部分归功于 FCC 的鼓励竞争的原则，电台数量从

1970 年到 2010 年增加了 100%。为了理解这种快速发展的商业是怎样组织起来的，我们将从节目、技术与模式这几个视角来考察它。

地方电台、网络与辛迪加经营者

地方广播电台遍布全国的都市、城镇和村庄。大城市的电台很多。纽约市有 90 家；洛杉矶有 60 家。小一点的城镇可能只有一两家。举例来说，蒙大拿州的怀特菲什（人口 4 000 人）有四家电台。这些电台的节目由广播网、节目辛迪加公司和当地生产音乐谈话的电台提供。从技术上说，广播网和辛迪加服务的区别在于，某一家广播网中的所有电台在相同时间播放广播网节目，而辛迪加节目由不同电台在不同的时间播放。然而实际上，许多辛迪加广播节目通过卫星发送并同时传播，于是许多广播网会员电台会先把广播网节目录下来，晚一点才播送。传统的广播网也提供辛迪加式节目，这使得它更加复杂。结果，这两种服务之间的区别就不再有意义了。

最受欢迎的辛迪加和广播网有以下几家：清晰频道经营的首映广播网（Premiere Networks），播放格林·贝克（Glenn Beck）和肖恩·汉尼提（Sean Hannity）的节目；克拉克·霍华德（Clark Howard）和艾德·舒尔茨（Ed Schultz）隶属的全球拨号广播网（Dial Global Networks）；查尔斯·奥斯古德（Charles Osgood）和丹尼斯·米勒（Dennis Miller）隶属的韦斯特伍德一台（Westwood One Networks）。拉什·林博（Rush Limbaugh）和汤姆·乔伊纳（Tom Joyner）的辛迪加节目仍然很流行。很多电台还订购专业领域的辛迪加节目。比如，赛车广播网（The Motor Racing Network）为 700 多家电台提供全国运动汽车竞赛协会（NASCAR）的主要赛事报道。

AM 和 FM 电台

广播电台要么是 AM，要么是 FM。AM 代表**调幅**（amplitude modulation），而 FM 代表**调频**（frequency modulation）。正如我们在本章前面所看到的，FM 广播大约从 1975 年开始走运，而 AM 电台走衰。2010 年，几乎 80% 的听众转向了 FM 电台。但是要记住，一些 AM 电台，尤其是大

市场中的电台，经营得十分好。2011 年，在芝加哥（WBBM）、辛辛那提（WLM），AM 是收听率最高的电台。

当所有物质因素相同时，AM 发射的无线电信号比 FM 发射的信号传播得更远，尤其是在晚上。普通收音机中的 AM 调谐度盘显示了 AM 电

190

台所运行的电磁频谱的精确频率。AM 电台进一步通过频道来分类。有三种可能存在的频道：无干扰频道、区域频道以及本地频道。无干扰频道是为一个范围较大的地区提供广播服务的独立主导电台。通常，这些主导电台的信号很强，因为它们以50 000瓦特的功率广播。例如，AM 720 兆赫是芝加哥 WGN 的一个无干扰频道，该主导电台以 50 000 瓦特运行。AM 770 兆赫的位置也是纽约主导电台 WABC 的一个无干扰频道。区域频道是服务于相当大的区域、由多家电台分享的频道。本地频道为众多的电台所分享，这些电台只对它们本地的社区广播。FM 信号不如 AM 传播得远，但 FM 的优势在于能产生比 AM 更好的音质。FM 广播也较少受到诸如雷雨这样的外界干扰的影响。与 AM 一样，FM 电台分级别进行管理。C 级 FM 电台的功率最大，以 100 000 瓦特运行。B 级和 A 级电台的功率小一些。看一看收音机上 FM 的调谐度盘，就会发现 FM 电台在电磁频谱上的位置与 AM 不同。图 8—2 是一个显示 AM、FM 和电视信号所在位置的频谱简化图。

路易斯安那州巴吞鲁日的
一辆 WYNK 电台的远程转播悍马车。远程转播是地方电台重要的推广方式。

很多广播电台是自动播放的。电脑按顺序播放歌曲、插入广告，然后 DJ 说话。现代无线电广播设备变得如此简洁，电台很容易把它安放到普通房间里（除了天线塔）。

电台广播数字信号时，老的模拟信号传送被代表声音频率的一系列 0 和 1 所取代。数字收音机再将这些数字复原成声波。显然，模拟信号的 AM 和 FM 广播的差别并不适用于数字广播。

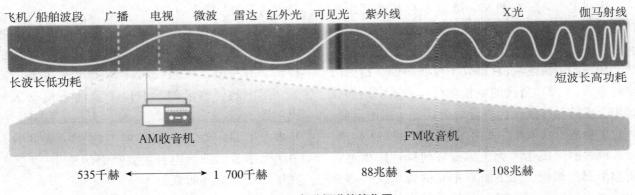

图 8—2 电磁频谱的简化图

电台模式

也许我们得以管理广播电台的最有意义的方法是依照它们的**模式**（format），即设计用来吸引某一部分听众的一种连贯的节目类型。模式给了电台与众不同的个性，并吸引广告主所想要的某个类别的听众。事实上，现存模式的良好收听情况，以及用来吸引特定人口及有着特定生活方式的人的新模式的产生，都标志着 1960 年后广播的

发展。大多数现代电台对它们想通过其模式吸引的听众类型，能够提供令人惊异的精确描述。例如，一家成人当代音乐电台，可能会关注年龄在 25 岁至 45 岁的男人和女人，他们受过大学教育，年收入 80 000 美元以上，阅读《滚石》（Rolling Stone），开宝马或沃尔沃，每周至少逛两次购物中心。在我们的讨论中，我们将涉及三类基本的广播模式：

音乐模式、种族模式和新闻/谈话模式。

音乐模式　音乐是最大的种类，还包括许多分支和变化。2010 年，收听人数最多的两种音乐模式是成人当代音乐（AC），约占总听众的 14%，以及当代流行歌曲电台（CHR），约占 11%。AC 模式的主要诉求是 25～49 岁的女性。AC 电台播放的是"八九十年代和当今的热门歌曲"，混合了大约 80% 的老歌和 20% 的现代音乐。酷玩乐队、泰勒·斯威夫特和五分钱乐队（Nickelback）的歌经常在 AC 电台听到。

CHR（也被称作热曲 40 首）以快速轮换热曲歌单为特色。这个模式在 16～24 岁群体中很受欢迎。2011 年歌曲在 CHR 电台经常播放的歌手有凯蒂·佩里、Lady GaGa 和黑眼豆豆。

其他流行的模式还有城市与乡村音乐。城市音乐模式展示大量非洲裔美国歌手，播放饶舌、嘻哈音乐和舞曲。这个模式针对的是城市居民，但也吸引了乡村地区的听众。2011 年，著名的城市音乐歌手有尼欧（Ne-Yo）、坎耶·韦斯特（Kanye West）和 Jay-Z。

乡村电台，顾名思义，播放乡村和西部音乐的热门单曲，并雇用淳朴热情的、友善的、了解乡村音乐的 DJ。乡村音乐模式有两个主要的分支：（1）传统的乡村电台，它播放主流经典的、指弹的乡村音乐；（2）当代的乡村电台，它更多地播放运用合成器和其他现代声音的当代音乐家的歌曲。乡村电台的听众依然主要由 35～55 岁的成人构成。

模式的同质化　无论你身在何处，广播电台听起来都很相像。几乎所有主要的音乐模式都会出现在大型和中型市场，并且看起来每个市场都有早间"音乐轻松秀"；一家专门播放八九十年代以及时下的"经典热门金曲"的 AC 电台；一家自称为"力量"或"Z"或"Q"或其他什么的现代摇滚电台；一家以"温情"模式专门在晚上播放情歌的可以轻松聆听的电台；甚至一家可能专门播放"怀旧金曲"的 AM 电台。连 DJ 听起来都非常相像。

同质化潮流的背后存在着几种原因。最重要的一点是产业合并趋势加强。大型广播公司拥有占据所有大型市场的电台，而且在某一个市场运营的内容，很可能也在另一个市场运营。此外，从一个市场到另一个市场可以低成本地播放相同的音乐。最后，广播公司的竞争变得如此激烈，以至于节目的决策是基于节目顾问的推荐和对听众和焦点小组的调查。由于同样的唱片在所有市场都做过普遍测试且通常表现不俗，每个市场的推荐播放歌单都差不多。不必惊讶，很多电台宁可采用"安全"模式，即在类似市场中奏效的模式，也不会冒险将大量的金钱押在一个从未试验过的模式上。

种族模式　这些模式瞄准的是那些主要以种族和国籍来定义的特殊听众。约有 175 家电台为黑人听众制作节目，约有 260 家电台服务于西班牙语听众。很多黑人电台和西班牙语电台以都市当代音乐为特色，还播放新闻、专题及其听众所感兴趣的特殊节目。此外还有大约 60 家针对其他种族群体——波兰人、德国人、意大利人、法国人、爱尔兰人和希腊人的电台。

新闻/谈话模式　这种形式在 AM 波段上越来越受欢迎，其播出时间占广播收听总时间的 17%。有些电台强调新闻/谈话模式中的新闻部分。国内的、地区的、本地的新闻报道全天候周期性地播放。体育、交通、天气、社论、公共事务节目，以及不定期的专题在一天的节目中滚动播放。新闻电台主要吸引的是 25 岁至 54 岁年龄段的男性听众。

谈话模式吸引的差不多是同一年龄段的听众。电台中运用谈话模式的常见节目类型有电话参与节目——通常由一位固执己见的，甚至可能是粗鲁的主持人主持，访谈节目、意见节目，以及圆桌讨论。新闻、天气、交通报道，以及其他特色材料被融入到这些节目中。谈话模式不像音乐模式那样不要求听众集中注意力，它要求听众全神贯注于节目，以便跟上谈话内容。

192

伦理问题

广播录播：有人在吗？

现在是上午 11 点，你知道你的电台 DJ 身在何方吗？

由于有了一种叫做**录播**（voice tracking）的发明，DJ 可以是来自洛杉矶、坦帕、诺福克或达拉斯的录音。录播的概念相当简单：DJ 在其他地方录下聊天、音乐推荐和音乐回顾。在后期加进音乐。在地方电台，录音内容会混合编入本地天气、交通讯息、推销和广告。得益于计算机和卫星传送，整个过程听起来天衣无缝，大多数听众听不出差别。

录播越来越流行的原因也很简单：节省资金。一家公司不用付薪水给六个 DJ，只用付相当低的酬劳给一个 DJ 来录制六个不同市场的六档节目。由于多数 DJ 的节目中包含音乐，4 个小时的节目中，需要 DJ 录制的只有约 30 分钟。

广播业的集中化也额外刺激了录播现象的盛行。最大的电台业主清晰频道旗下 255 个市场每一个都使用录播，除了纽约，因为工会规定使得成本很高。如今，大多数录播节目是在午夜、中午和晚上播出；大多数交通高峰期的节目仍然是直播和本地的。

清晰频道及其他公司的高管维护这一做法，认为它能带给本地市场更多专业化的节目。从纯技术的角度来说，多数人同意录播 DJ 比大部分本地 DJ 说话更流畅，听起来更专业。制作本身是专业的和通常无差错的。广播公司还吹捧说其在技术上更加高效、经济。

反对者举证说，录播让很多本地 DJ 丢了工作。他们还注意到广播业一直是以地方主义原则为中心。从 20 世纪 20 年代开始，为了当地社区的公共利益，广播电台需要获得执照。录播是不受欢迎的，因为它不用地方的人力，还切断了与本地社区的联系。

或许反对录播的一个更加中肯的道德争议是它建立在欺骗的基础上。听众并未被告知 DJ 是在某个遥远的城市录的节目。实际上，录播 DJ 努力让人们相信他们就在本地。他们浏览本地报纸和网站来知悉本地活动，然后在其谈话中引用几个本地的事情（"别忘了星期六在［插入地名］的大型摇滚音乐会"）；他们知道本地的交通拥堵点，这让他们的交通播报听起来很可靠（"［插入地名］的交通状况如何？让我们看看最新的路况信息"）；他们可能假装参加了一个本地活动（"［插入体育场名称］的比赛精不精彩？观众怎么怎么样"）。

听众怎么想？调查表明有些人觉得受骗了，一旦他们知道自己收听的是录播而不是实况 DJ。有些人似乎不在意。很多人说他们听的是音乐，并没有留意 DJ。

非商业广播

许多在 20 世纪 20 年代开播的早期广播电台是由教育机构资助的。随着商业性广播体系的稳固确立，很多教育电台被商业性广播公司买下，非商业广播的财产缩水。1945 年，伴随着 FM 广播的到来，FCC 留出了几个频率给教育广播。这项举动再次激发了对这类广播的兴趣，到了 2010 年，大约有 2 400 家非商业广播电台在广播。

多数非商业广播电台归教育机构或私人基金会所有。非商业广播从拥有这些电台的机构获得支持。这种支持最终多数来自税收，因为税金支撑着大部分的公共教育机构。支持的其他来源包括捐款（捐赠物品）、基金会或联邦政府的资助，以及听众的捐款。

非商业电台由全国公共广播（National Public Radio，NPR）提供服务。全国公共广播于 1970 年建立，为全国 850 家会员电台提供节目服务。会员电台按听众覆盖率及年预算付费，作为回报它每周得到 50 个小时左右的节目。许多这类节目是在 NPR 的总部制作的；其他的在 NPR 电台制作，由 NPR 分发。最有名的 NPR 节目大概是《事事关心》和《早间报道》。每周大约有 3 300 万人收听 NPR 的节目。

支撑 NPR 的公共广播电台受到来自公共广播公司（Corporation for Public Broadcasting，CPB）的经济资助，这是一个由国会资助的、私人的非营利性组织。会员电台接受 CPB 的钱，而那些决定成为 NPR 会员的电台则将这些钱中的一部分作为费用交给这个广播网。NPR 也直接接受来自 CPB 的资助。但是，国会早就威胁说要削减 CPB 的预算，这反过来会导致给电台和 NPR 的钱更少。因此，很多公共电台接受赞助，这种做法是，电台接受来自个人或某一个组织的钱，作为回报会在广播中表示感谢。在有些情况下，这些感谢听起来会让人疑心是广告。而 NPR 自己致力于做无广告的节目，而且在绝大多数时间抵制播放小广告。不过，在 1995 年，NPR 变得宽容了一点，允许赞助者播一些简短的广告用语。2003 年 NPR 的经济有所好转，麦当劳的投资人雷·克罗克（Ray Kroc）的遗孀琼·克罗克（Joan Kroc）向该广播网捐助了 2 亿美元。

不像商业广播网，NPR 在数字革命中找到了一条产生巨大利润的途径：该广播网是世界上最大的播客之一。苹果 iTunes 在菜单中列出了 50 多个 NPR 的节目，有 300 多段可供下载的音频。NPR 向希望能覆盖到该台相对丰富的听众的广告主出售这些播客的赞助权。举例来说，汽车制造商讴歌赞助的播客下载量超过 2 500 万次。不过，NPR 播客的成功引起了一些争论。地方 NPR 会员台担心人们下载播客而不再收听本地电台，因此而危及地方台在广播基金捐款中筹集资金的机会。

2010—2011 年 NPR 成为争论的焦点，当时它突然解雇了一名保守党评论员，其中一名执行官在直言不讳地谈论保守党时被偷拍。

另一个非商业广播网是国际公共广播（Public Radio International，PRI），原来叫做美国公共广播（American Public Radio）。这家设在明尼苏达州的明尼阿波利斯的机构是从电台制作人、独立制作人及国际制作人那里购买和发行节目的广播网。不同于 NPR，PRI 并不制作任何节目，但是它资助会员电台的节目制作。非商业电台可以既是 NPR 的会员电台，又是 PRI 的会员电台。

在线广播机构

194

不像地面广播，在线广播直接向电脑、智能手机或其他便携式设备传送流媒体。缓冲一下后，信号就开始播出。拥有节目内容、合适的硬件和软件，任何人都可以开办网络电台。这使得建立完善的机构变得很难。网络电台主要有三种类型：

1. 地面电台的在线会员电台。这类电台很多都只是同步联播地面电台正在广播的节目；有些可能采用部分时间同步联播，部分时间不联播地面电台的节目模式。

2. 选择性电台，如潘多拉和 Last FM。这类电台让听众自主选择他们喜爱的艺人和音乐类型以创建自己的节目单。实际上就是听众自己设计独特的电台。

3. 特定模式的纯网络电台。有些电台只专门播放特定的音乐类型，如 dr-love.com 专门播放饶舌和节奏布鲁斯，冥王星电台专门播另类摇滚。纯网络电台有几百家，有些是个人开办的，有些是大机构开办的。

大多数网络电台依靠广告支撑。有些电台播广告，也接受听众捐助。要了解网络广播电台的多元化，请访问 www.radiotower.com 上列出的 5 000 多家电台。

广播产业的所有权

如前所述,《1996 年电信法案》允许少数大媒介公司控制广播业,导致了并购高潮,从而极大地改变了广播业的面貌。例如,清晰频道成功并购了 1 200 多家电台。2010 年,清晰频道在被独立投资者组织收购之后出售了旗下几百家电台,至少就目前而言地面广播的并购趋势已经停止。不过,广播业仍被大公司所主导。除了清晰频道外,其他大的业主还有积云广播(Cumulus)(拥有超过 500 家电台)和 CBS(拥有超过 150 家电台)。

卫星广播朝着另一个方向发展,因为天狼星和 XM 合并成了一家公司。合并并不是一件易事,它们花了两年时间来争取联邦通信委员和司法部的同意。

制作广播节目

部门和职员

地面广播电台的部门结构根据它的规模大小而不同。显然,一家只有五六个雇员的小电台的部门设置不同于一家拥有百名员工的大型电台的部门设置。

最高的两个管理职位是总经理和节目主管。经理负责设计和执行电台方针,维持同社区的联系,以及监督节目内容、收听率及销售信息。节目主管负责电台的声音。他或她监管电台所广播的音乐和节目资料,还负责播音员和 DJ 的人事任免。还有其他员工负责维护在线业务。

销售部由销售部经理和电台的销售人员组成。新闻部负责编辑电台的本地新闻和改写国内、地区新闻的通讯社报道。工程部由总工程师监管,其职员是负责维持电台广播和维护设备的技术员。

组合节目

这一部分将集中讨论音乐、谈话及全新闻模式的广播节目是怎样制作出来的。

音乐模式 当本地电台的员工组合他们的节目时,第一步通常是布置**模式轮**(format wheel,也叫做模式钟,format clock),即一个圆形分解图,它把一小时分成若干片段,代表不同的节目组成部分。图 8—3 是一家当代摇滚电台模式轮的简化形式(请注意图 8—3 是视觉教具,你在电台里是找不到的。图 8—3 所示的所有排序和时序是由电脑操控的)。

注意,音乐是以一个部分流向另一个部分的形式构成的。唱片专辑的选曲和以往的热门歌曲分布在模式轮上。一个广播日的不同部分各自安排一轮(即早间上班时间一轮,上午 10 点至下午 4 点一轮,晚间下班时间一轮,以及下午 7 点至午夜一轮)。

谈话模式 谈话模式的大部分内容由本地电台制作。同音乐模式一样,听众的构成被充分考虑。在上下班时间,谈话片段应该相对短一些,而且自由穿插新闻、天气和交通状况报道。上午 10 点至下午 4 点段的听众通常主要是女性,因此讨论的话题要反映该群体的兴趣。黄昏时的听众通常是年轻人,男性居多。

制作一个谈话节目比制作一档简单的 DJ 节目

需要更多的设备。需要谈话者的电话和额外的电话线路，还需要一套延迟系统。这套装置能给谈话节目的编导7～30秒的延迟时段，在这个时段他或她可以审查打电话的人所说的话。谈话节目另一个重要的部分是电话筛选员。筛选员按重要性排列等候的电话，让最有趣的打电话的人先打进去，并且过滤掉会冒犯人的电话或是给电台打电话次数过于频繁的常客的电话。

全新闻模式 全新闻电台也使用节目轮，类似于音乐模式的节目轮。不过，新闻轮显示的不是音乐而是新闻摘要、天气、新闻、体育、商业报道及广告之间的间隔。它还显示了**周期**（cycle），即在重复节目次序之前的消耗时长。

全新闻模式是最难制作的。需要众多的工作人员，包括新闻节目主持人、主编、本地记者、编辑、改写人员、交通记者和特约记者（按篇计酬的自由投稿记者）。必要设备和设施的目录也很长：无线电通讯社，体育通讯，天气通讯，移动装置，治安和火灾频道的扫描器，短波接收器，甚至可能还有一架直升机。

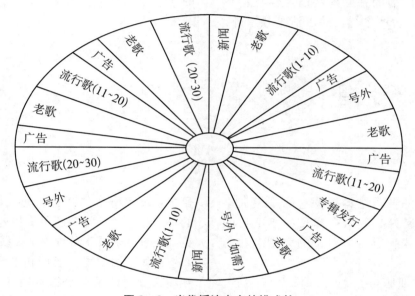

图8—3　当代摇滚电台的模式轮

广播的经济

21世纪第一个十年末，广播受到经济萧条的影响。2010年的总收入是173亿美元，比2008年下降了11%。而且，同一时期美国广播广告的总份额也下降了。总之，过去花在广播上的广告费现在被花在其他媒体上。

有利的一面是，地面广播每周的覆盖人数仍有2.35亿，因为通勤时间变长，交通高峰时间的听众人数增多。每周在线听众人数达到1 350万。广播吸引了目标受众，这对广告主而言具有吸引力。音乐节目成本低，因为很多都免费来自唱片公司（唱片业正试图改变这一现状。请看"社会问题：广播应该支付更多吗？"）

收入来源

广播电台通过出售广告时间来挣钱。广播电台对时间的要价包含在它的费率卡中。一则普通广播广告在大城市要花几百美元。同样的广告在小城镇可能只要花几美元。

广播产业有五种来自销售广告时间的收入来源。第一种来自销售广播网节目中的广告时段给想要覆盖广阔市场的全国性广告主。第二种是销售当地电台的时间给希望覆盖特定地区（例如美国东北部）或是特定类型的市场（例如农村地区）的广告主。这叫做国内插播广告。第三种来源是由只打算让最近的社区收听到的当地公司购买的广告。第四种是非广播收入，主要是电台网站广告和销售产生的收入。第五种是数字广播的收入。

2010 年平均一美元的广告收入来源分配如下：

- 本地：68 美分
- 全国插播：14 美分
- 非广播：8 美分
- 联播网：6 美分
- 数字：4 美分

如这些数字所显示的，广播收入的绝大部分来自本地广告。

 ## 社会问题

广播应该支付更多吗？

过去 80 年以来，地面广播电台向歌曲作者、出版商和编曲者支付版税，但它们从未向演唱者和唱片厂牌支付过版税。1995 年，美国版权局授权给一个叫做 SoundExchange 的唱片行业组织来收集和分配卫星广播、网络、有线和卫星电视播放的唱片中艺人和厂牌的表演版税。地面广播不在该规定之内。

这一规定的基本原理是广播电台播放音乐是给演唱者和厂牌免费做广告和宣传。听众听到广播后购买这些歌曲，交易金额的一部分给了演唱者和厂牌。广播业认为：电台曝光越多，销量越大，艺人和厂牌挣的钱越多。我们已经帮助艺人和厂牌挣钱了，为什么还要我们支付更多？

只要广播和唱片业都挣钱，这个交易就没问题，但时代不同了，特别是唱片公司看到其收入因为文件分享和从利润较大的 CD 转变成利润较少的单曲下载而下滑。

唱片业认为广播播出对于促销不再那么重要。消费者可以从非常多的地方听到音乐——网站、卫星广播、Facebook 页面，等等。广播不再是促销的唯一手段，所以地面广播是例外就不再合理。

地面广播公司认为如果它们必须支付更多的音乐版税，很多电台将无法赢利，要么会倒闭，要么会转成不需要付费的模式。广播业的有些人也指出，不少唱片艺人不拿这块版税也一样过得很好。

唱片业 2007 年将其提案提交给国会，2009 年再度作为议案提交，要求结束众议院和参议院都通过的地面广播作为例外不支付表演版税的法规。唱片业前几年曾努力呼吁，但都没有成功。广播业是强劲的游说者，积极反对这项立法提案。无论如何，未来几年都很关键。

一般开支

广播的开支分为五个部分：技术、节目、销售、一般管理以及新闻。技术方面的开支包括工程人员的薪水和维修及更换技术设备的费用。节目成本包含付给人才的工资，磁带与 CD 成本，以及支付给音乐授权机构的音乐费用。销售成本由销售人员的工资和其他所有伴随销售的开支所构成。一般管理的开支包括全体管理人员、秘书以及办事人员的工资；有形设备的折旧；办公用品的费用；以及电台所应支付的借贷利息。新闻开支由报道当地与国内新闻所涉及的费用组成。

197　　在 2010 年，一般管理的开支排在第一位，占所有开支的 40％左右。节目开支居第二，占开支金额的 20％左右，与销售有关的费用紧随其后。新闻和技术开支加起来占 15％左右。

全球广播

国际广播电台向其他国家播送特定的广播节目。这些服务通常是政府开办或至少是由政府监管的，如美国之音。注意这些电台不同于那些为本国开办节目但信号在网上可以接收到的外国电台，如爱尔兰都柏林的 Air FM。

最早的国际广播电台还都开办于 20 世纪二三十年代的欧洲。早期这些电台开办的目的是向居住在亚非的欧洲人播送祖国的新闻。很快这些电台开始吸引能接收到广播的本国城市居民。这为国与国之间的政治游说活动打下了宣传广播的基础。二战期间宣传广播增多，英国、德国、日本、苏联和美国都是最活跃的广播宣传国。尽管 1945 年战场上的战争结束，但接下来的冷战让国际电波上的宣传更加活跃。20 世纪 80 年代和 90 年代早期冷战结束，国际广播的结构和原则发生了根本转折。政治导向的素材减少，取而代之的是更多的公共事务、新闻、娱乐和文化节目。今天国际广播服务仍然反映了这一趋势，不过有些服务，如美国针对古巴的广播马蒂电台（Radio Marti），无疑含有政治意味。

198　　直到 20 年前左右，大多数国际广播电台还都是短波频率广播。短波信号通过电离层反射，在合适的电压和天气条件下可以传送几千英里远，特别是在夜间。所以北美的听众接收来自欧洲和非洲的信号并不罕见。不利的方面是，听众需要一台特别的收音机来接收短波，而且信号还会衰减和受到干扰。最近，国际电台开始通过网络、卫星或 AM 与 FM 转播来发送信号，这样大众更容易接收得到。不过，大部分国际广播的听众还是通过短波收听。

接下来我们将会介绍三家顶级的国际广播台：美国之音（VOA）、英国广播公司（BBC）和中国国际广播电台（CRI）。

VOA 至今已开办了 70 多年，是美国政府的官方国际广播服务。VOA 以 40 种语言广播新闻、社论、通讯和音乐，其卫星信号系统由 100 多个发射塔和 27 个广播站组成。它还开通了网站 VOAnews.com，这个广受欢迎的网站是 VOA 所有广播语言节目主页的门户。

VOA 的上级机构是广播理事会（Broadcasting Board of Governors），该理事会还负责自由欧洲之声/自由电台、自由亚洲电台、针对古巴的马蒂电台及电视台，还有中东广播网——阿拉伯语的萨瓦电台（Radio Sawa）、面向中东的阿拉伯语电视频道 Alhurra TV。 *199*

VOA 的流行节目有《美国万花筒》（American Mosaic），以美国流行音乐和文化为特色；《美国故事》（American Stories），用语言简单的短文帮助听众学习英语；《美国人物》（People in America），介绍美国历史上有影响力的人物；《时事新闻》（In the News），主要是美国时事报道和世界新闻。

文化批判问题

广播与本地社区

美国广播发展的指导原则是建立在地方主义的基础上。广播电台被授予执照以为听众的公共利益服务。人们希望电台成为本地社区的一部分，负责满足本地居民的需求。联邦广播委员会开辟了几个 AM 频道专门留给服务于特定城镇的低功耗电台。过去几年，有利于地方主义的其他法规出台。为了鼓励在社区扎根下来，业主被要求持有电台股份满三年才能出售。电台必须对听众和其社区的需求进行调查，然后提供满足这些需求的节目。一家公司所拥有的电台数量受到限制，以阻止大公司成为与社区没有多少联系的外地电台的所有者。为了确保公众获得多种声音，还进一步限制了一个市场内可以拥有的电台数量。

正如查尔斯·费尔柴尔德（Charles Fairchild）在其发表在《媒介、文化与社会》1999年刊上的文章《广播的去区域化：放松管制与社团主义观点在美国的持续胜利》（Deterritorializing Radio: Deregulation and the Continued Triumph of the Corporatist Perspective in the USA）中所指出的，如今地方主义原则不再盛行。他对最近几十年广播业变化的分析是一个很好的关注社会中的意识形态与权力关系的文化批判研究案例。

实际上，费尔柴尔德认为最新的变化消除了广播电台与其本地社区之间的关联。他提出，在界定公共利益上存在两大相互竞争的主导意识形态。其中一种是集权学立场，认为政府是公共利益的保护者，是确保广大人民从媒介获益的机构。另一种是社团主义观点，认为市场是公共利益的最佳决策者。经济上最成功的服务是市场上最成功的。换句话说，公共利益是公众最感兴趣的。

费尔柴尔德注意到社团主义观点在新近的广播业务中是主导模式。新近的变化几乎消除了本地服务的概念，部分原因是积极的行业游说和大传播公司拥有的经济权力。下面列举了其中几个变化：三年所有权规定被废除；明确社区需求的要求被最小化；最重要的是，可以拥有的电台数目不再受限，一个市场内可拥有的电台数增长到 8 个。

这一变化会在意识形态上产生什么影响？广播业变得集中垄断，大公司掌控了几百家电台。在社区扎根较深的地方所有电台被大公司吞并，其总部在某个遥远的城市，其主要兴趣就是赢利。因此，本地节目被压缩，为来自远离本地社区的某个中心的标准化娱乐和新闻节目让路。节目决策由与本地没有任何联系的顾问和辛迪加公司来定夺。所以，如费尔柴尔德所指出的，广播变得"去区域化"，从社区联系中分离出来。

费尔柴尔德总结说，社团主义意识形态获得了胜利："地方广播电台莫名其妙地成为外地社区控制的对象，无论政府还是公众都无权影响广播公司提供那些在其他地方无法严肃表达的声音。"

BBC 的世界广播以 30 多种语言、面向 1.6 亿以上听众每周广播 1 120 小时左右的节目。其网站的月访问量约为 3 000 万人。BBC 在英格兰、新加坡、波斯湾及中大西洋的阿森松岛设有发射塔，并且通过北美的加拿大发射塔租赁广播时间。它还被天狼星 XM 卫星广播转播。因此，BBC 的覆盖范围遍及全球。

不像 VOA，BBC 是政府所有的免费服务。该服务遵循皇家宪法，社论独立，目标公开透明。它受英国议会的直接资助。

除了声望颇高的新闻节目外，BBC 世界广播还广播很多娱乐节目，包括《斯特兰德大街》（The Strand），一档艺术节目；《体育世界》（Sportsworld），以足球报道为特色；《世界戏剧》（World Drama），以世界各地的广播剧为主；《世界读书俱乐部》（The World Book Club），畅销书作家谈论其作品的节目。

中国国际广播（CRI）以 40 多种语言每周广

播 1 400 小时左右的节目。此外，CRI 被美国多家 AM 电台转播，也通过卫星和网络广播。

很多 CRI 的节目关注中国的文化信息、新闻、评论和音乐。《商业中国》（*The Biz China*）是一档面向对中国市场感兴趣的西方企业的节目，《轻松新闻杂志》（*China Drive*）内容是关于中国的日常生活。

 广播听众

反馈来源

在过去的几十年，对广播听众的测量由**阿比创**（Arbitron）提供。阿比创调查大约 280 个广播市场，并向广播电台、广播网、辛迪加公司和广告主汇报它的结果。

从电话薄上随机抽选的人会收到一本口袋大小的日记，并要求记录在家中和不在家的广播收听情况。阿比创会在一个特定市场中发放 3 000 至 4 000 本日记，尽管会打几次提醒电话，但通常只有 40% 的返回日记是可用的。在数据寄到电台和其他客户手上之前，通常要花三到四个星期来对寄回的日记进行分析。

阿比创 2007 年改变了调查方法，引进了**便携式个人收视记录仪**（PPM）。新设备类似于用来搜集电视收视率的设备（见第 11 章）。人们工作生活时，PPM 就别在他或她的衣服上。参与调查的广播电台在广播中编制听不见的特殊信号。PPM "听到" 这种信号，就会记录下电台和收听时间。一天结束后，人们把 PPM 插入对接装置里，数据就被传输到中央计算机进行分析。使用这样的设备远不需要像填写日记那么辛苦。2011 年年末，阿比创将在 50 个最大市场中广泛发放 PPM。较小的市场则仍沿用日记记录法。

2007 年年底和 2008 年年初发布的第一份 PPM 收听率报告让无线广播台大为吃惊。相较于老的日记测量，PPM 显示出收听广播的人数多了，但收听时间少了。早间交通高峰时间没有如之前想象的那样吸引那么多听众，但周末收听广播的人多了。此外，有些电台的收听率下降，有些上升。例如在纽约，通过日记测量排名第一的电台在引进 PPM 之后跌到第 12 位，原来排第 16 位的电台则上升到第 8 位。

很多广播电台认为阿比创的 PPM 样本不能够代表关键人口和种族。在来自地方广播台的压力下，纽泽西和纽约的首席检察官起诉阿比创，要求其停止对数据作商业公开。经过长时间的协商，阿比创同意更改取样方法，争论平息。

收听率和受众份额

通过日记或 PPM 的方法收集到的对广播受众的测量，通常根据两种相关的概念表示：收听率和受众份额。**收听率**（rating）只是特定电台的听众与市场中总人数的比率。假设在一个 10 万人的市场，有 2 万人从上午9：00至 9：15 收听 KYYY 广播电台。KYYY 的收听率就是 20 000/100 000，即 20%。**受众份额**（share of the audience）指特定电台的听众与市场中广播听众的总人数的比率。

比如，假设有 2 万人从上午 9：00 至 9：15 收听 KYYY，而整个市场同一时间段有 8 万人在收听广播。那么 KYYY 的受众份额就是 20 000/800 000，即 25%。受众份额把市场中所有电台的听众划分开来。它们加起来时，份额应该是 100%。收听率对电台很重要，因为它们被用来确定电台对广告主的收费价格。

受众

在美国，收音机的数量是人口数量的两倍。2009 年 1 月，分散在美国的无线电收音机已超过 57 500 万台，车载收音机大约占了三分之一。通常一天中所有的成年人中至少有四分之三收听广播，平均每人收听或至少开着收音机三个小时左右。多数人在清晨他们准备去工作以及开车去上班的时候，和在下午开车回家的时候收听广播。这两个"时段"被称为交通高峰时间，大致是上午 6 点至 10 点以及下午 4 点到 7 点。

特定电台的精确受众构成依赖于电台的模式。热曲 40 首电台吸引的听众主要由 12 岁至 24 岁的人组成，其中女性人数超过了男性，大约是三比二。现代摇滚吸引 18 岁至 34 岁的人，男女比例大致相等。爵士乐、古典音乐、乡村音乐和全新闻模式通常吸引的是年纪大一些的人群，大部分听众来自 45 岁及以上的年龄组。乡村音乐电台似乎对 25 岁以上的人具有普遍的吸引力。随着一个人年龄的增长，他或她趋向于从一个模式的听众演变为另一个模式的听众。

情况变化很快，2010 年传统 AM 和 FM 地面电台占据了收听时间的 44% 左右。排第二的是网络电台，占 27%；接下来是卫星广播，占 19%；智能手机和其他移动设备占 10%。

广播业的职业前景

新世纪头十年末的经济低迷让广播业的职业前景有些惨淡。传统广播业的总雇佣人数从 2000 年到 2010 年下降了 12% 左右。这一下降的部分原因是产业集中、广播新闻的缩减和录播。广播新闻工作和 DJ 的前景不容乐观。销售部门的职业前景相对好些。网络广播看似是个发展领域，但发展并不快。具备网络广播和社交媒介技能的学生会更容易找到工作。

各媒体的职业前景变化迅速。关于广播业当前状况的更多描述以及更为详细的职业选择介绍，请参考本书网站：www. mhhe. com/dominick12e。

201 媒介探索

Mscore

新科技能给广播节目制作者提供更多与他们在电台播放的音乐有关的信息。其中一种新技术是 Mscore，这是一种综合阿比创便携式个人收视记录仪测量收听率和电台节目实际监控数据的方法。Mscore 追踪某首歌曲播放时发生的转台率。正分数说明歌曲的转台率低于平均数，而负分数说明超过平均人数的听众转而搜索其他台。如果某首歌刺激了大量听众转台，电台可能要考虑从歌单上去掉该首歌。

唱片厂牌不是很喜欢这种新测量手段。它们说 Mscore 的意思是"谋杀分数"，因为负分数可以封杀一首新歌获得成功的机会。听众通常喜欢已经流行的歌曲，要过一些时日新歌才会逐渐吸引粉丝。它们认为 Mscore 不应该成为判断歌曲是否成功的最重要度量标准。在决定一首歌不再播放之前，其他测量因素诸如销量、下载量及点播量应该也要考虑进来。

对于广播节目制作者而言，他们也在小心继续使用 Mscore。该服务并不便宜（每年花费约 2.5 万美元），有些节目制作者想知道如果样本规模足够大是否能获得有效的歌曲阅听率。然而，Mscore 也揭示出关于广播模式某些有意思的方面。例如，Lady Gaga 的《狗仔队》（Paparazzi）在热曲 40 首电台得到了正分数，但在其他模式的电台得到了负分数。

要点

- 广播开始是点对点传播，很像电话和电报。广播这个概念直到 20 世纪 20 年代才产生。
- 20 世纪 20 年代是广播发展重要的十年。大企业控制了该产业，收音机改进，广告出现，广播网形成，还成立了 FRC 来规范广播。
- 电视的出现迫使本地电台采用诸如热曲 40 首和乡村音乐这样的模式。
- 20 世纪七八十年代，FM 成为广播的主导形式。受到所有权规定放松的鼓舞，20 世纪 90 年代该产业掀起了一股合并高潮。
- 广播正缓慢步入数字时代。卫星广播和网络广播是与传统广播竞争的两类数字式服务。广播电台引进了高清广播，并通过社交媒体推广自己。
- 广播节目由当地电台、广播网及辛迪加公司提供。
- 电台改进了其模式，以覆盖可确认的那部分听众。
- 广播收入大多来自本地广告。大公司如今主导了大市场广播。
- 广播广告收入最近减少了。
- 全国公共广播是最有名的公共广播公司。
- 阿比创公司运用记日记或 PPM 的方法来测量广播听众。广播听众的人口特征因电台模式的不同而不同。

 复习题

202

1. 20 世纪 20 年代有助于塑造现代广播的关键性发展是什么？

2.《1996 年电信法案》对广播业产生了什么影响？

3. 广播的界定特征是什么？
4. 模式轮的功能是什么？
5. 如何测量收听广播的行为？
6. 网络电台与地面电台的区别是什么？

批判性思考题

1. 如果广播产生在 20 世纪 30 年代——大萧条时期——而不是喧嚣的 20 年代，会怎么样呢？

2. 如果摇滚没有出现，广播电台会发展出什么模式？

3. 广播业是高度集中的。合并也许有助于保持广播的赢利底线，不过听众是否能得到更好的服务呢？为什么？

4. 收听你所在的市场中的广播电台。这个市场中是否存在没有被服务到的部分听众？

5. 阅读"文化批判问题：广播与本地社区"，思考如下问题：网络对特定社区的本地新闻量、信息和其他服务会产生什么影响？网络能否提供"在其他地方无法严肃表达的声音"？你家乡的广播电台归谁所有？地方所有电台与企业所有电台相比有何区别？

6. 比较传统的广播收听方式与通过移动应用程序收听电台。它们有何区别？

关键词

广播网	调幅
《1927 年无线电法案》	调频
联邦通信委员会（FCC）	模式
《1934 年通信法案》	录播
钟点	模式轮
贿赂	周期
非复制条例	阿比创
全国公共广播（NPR）	便携式个人收视记录仪（PPM）
《1996 年电信法案》	收听率
纯网络广播电台	受众份额

203 互联网冲浪

广播专业网站大概同网络自身一样易变。运气好的话，这些网站还会运行下去。

www. otr. com

专为广播的黄金时代所做的一个网站。可以在上面收听儿童课外连载小说的片段、广播剧以及古典喜剧节目。

http：//pandora.com

制作你自己的广播电台。

www. entercom. com

安特康通信集团（Entercom Communications Corporation）主页。点击"广播电台"查找所有安特康控股的电台。

www. kisw. com

KISW-FM 是西雅图的一家摇滚电台。上面有流媒体、视频链接和可供购买的东西。

www. npr. org

全国公共广播的主页。请注意播客的链接。

www. rab. com

广播广告局的主页。有很多有用的统计和关于广播的事实。

第9章

唱片

本章将帮助你：

- 理解唱片业的发展
- 解释经济萧条时期和二战对唱片业的影响
- 认知录音技术的含义
- 讨论文件分享的作用
- 解释数字时代是如何影响唱片业的
- 描述唱片业的组成部分
- 理解唱片业现存的经济难题

贾斯汀·比伯1994年出生于加拿大安大略省，很小的时候就对音乐感兴趣。他弹吉他，为亲友唱歌，有时还在街头卖艺表演。他12岁的时候参加了当地一档以《美国偶像》模式为蓝本的选秀节目。由于贾斯汀的很多朋友和亲戚不能来参加节目，他的母亲又是互联网专家，于是就把贾斯汀的表演视频发布在了YouTube上。接下来几个月，贾斯汀和他的妈妈陆续发布了他翻唱亚瑟小子（Usher）、贾斯汀·汀布莱克（Justin Timberlake）和其他歌手的R&B歌曲。很快他的视频就得到了上万浏览量。

然后他就走运了。唱片总监斯库特·布劳恩（Scooter Braun）在搜索YouTube的时候偶然点击了一段贾斯汀的视频。布劳恩对他的表演印象深刻，于是把这位少年介绍给了亚瑟小子，在亚瑟小子的扶持下，贾斯汀2008年和小岛唱片（Island Records）签约。

下面发生的故事你可能就知道了。在五个月内，《宝贝》（Baby）这首贾斯汀的热门单曲的音乐视频在YouTube上被观看了1.7亿次，是该网站观看次数第三多的视频。随着专辑《我的世界2.0》（My World 2.0）的发行，贾斯汀成为登上《公告牌》杂志前200位排名的最年轻的男歌手。到2011年年中，他的专辑销量超过了200万张。贾斯汀的3D电影《永不说永不》（Never Say Never）美国票房总计超过7 200万美元。总之，贾斯汀·比伯迅速成为巨星。

贾斯汀是通过YouTube被发掘出来的最成功的几个歌手之一，其他还有艾斯米·丹特斯（Esmee Denters）、玛莉·笛比（Marie Digby）、阿内尔·皮内达（Arnel Pineda），等等。当然，不是所有表演者都能成功，可能有成千上万的YouTube视频只被家人和朋友观看，并不受人瞩目。不过，有几点可以明确。有抱负的音乐明星不必再去洛杉矶或纳什维尔等待被发掘。唱片业的星探们现在常常浏览YouTube，寻找下一个贾斯汀·比伯。其次，不是只有大牌唱片公司在培养新星。2010年，脱口秀节目主持人艾伦·德杰尼勒斯（Ellen DeGeneres）创建了自己的音乐厂牌。她签下的第一个歌手是12岁的格雷森·蔡斯（Greyson Chance）。她在哪儿发现格雷森的？YouTube。

本书讨论的所有媒介中，唱片业首当其冲受到从实体产业（如CD）转变到虚拟信息产业（如MP3文件）的影响。唱片业意外地受挫于数字革命，现如今正在努力应对数字革新对其发行系统、经济基础和传统商业模式带来的变化。本章将考察这个迅速转变的产业的历史、结构、组织及经济。

206

 ## 简史

早期技术

托马斯·爱迪生朗诵了《玛丽有只小羊羔》，并把它录制到一台原始的唱片机中，这台机器由一个锡箔包装的圆筒、金属针、扩音器和曲轴构成。让我们做个有趣的设想，如果当初爱迪生不是朗诵这首童谣而是把它唱出来，会有什么事情发生呢？也许唱片业会更能意识到这种新媒介的音乐潜力，并且它的历史也会不同。然而事实却是，爱迪生以及其他人都认为他的**留声机**（phonograph），这是他为自己1877年的这项发明所起的名字，可能最适用于录制说话。最终他试着将它卖给了一些商业团体作为口述记录的辅助工具。

而此时，使用留声机把音乐娱乐带回家的想法还根本无法想象。

当钦切斯特·贝尔（Chinchester Bell）与查尔斯·泰恩特（Charles Tainter）拿到了一个叫做**格拉弗风留声机**（graphophone）的设备的专利权时，爱迪生的留声机面临着新的竞争，这种留声机用蜡制圆筒代替了爱迪生的锡箔包装圆筒。1887年，更多的竞争出现了，埃米尔·伯利纳（Emile Berliner）拿到了以圆盘代替了圆筒的这种设备的专利权。他将自己的新发明称为**唱盘式留声机**（gramophone）。

207

媒介探索

唱片发明家埃米尔·伯利纳

1988 年是唱盘式留声机发明 100 周年。这项技术由德国移民埃米尔·伯利纳发明，在研究扩音器和录音的奇妙世界时，他是布料店的仓库管理员。伯利纳很快注意到爱迪生使用的筒式留声机在使用时有诸多不便。他改进的方式是将声音制码在圆盘上，这样可以很容易地用母盘来复制，就像用铁模来压制华夫饼一样。

因为有爱迪生的竞争，他的发明在美国流行得很慢，但在欧洲很成功。最终，伯利纳把声波记振仪引进到美国市场，后来他将其改名为留声机，并最终取代了筒式留声机。

伯利纳清楚地预见了一个领域的未来。他预测知名歌手和表演者会从唱片销售中获得版税。但他在另一方面的见解却有误。他认为音乐家和表演家不能在演唱会中出席时，可以送一张唱片过去播放。

伯利纳也发明了现代麦克风的原型，他的这两项发明——唱片和麦克风——在 20 世纪 20 年代改进电子录音时结合到了一起。甚至现代 CD 也是受其启发。就像他最初的发明一样，CD 把信息以螺旋状存储在旋转光盘上。

到 1890 年，市场上已经有三种可录制并可反复播放声音的机器。差不多同一时期，随着靠卖平底玻璃杯发财的耶西·利比科特（Jesse Lippincott）买下了留声机与格拉弗风留声机的经营权，从而结束了各发明人之间激烈的专利权之争，大生意来了。利比科特梦想控制办公室口述记录市场，但速记员们排斥这一新设备，于是说话机器的生意遭遇了艰难时光。不可思议的是，困境很快解除，债务也一点点地还清，这都归功于一个新的想法：用留声机录制音乐而不是谈话。

利比科特的一位地方经理突发奇想，在遍布美国的众多便士游乐场和娱乐中心安放投币留声机。只需一枚硬币，你就可以通过一对类似听诊器的耳机听到圆筒中放出的两分钟长的唱片音乐，而音质只能被形容为糟糕。不过，这些**硬币游乐场**（nickelodeons）仍然很受欢迎，对"娱乐"圆筒的需求也随之增加。各家公司很快就一拥而上争取从新的唱片制作业务中分一杯羹。

竞争与发展

19、20 世纪之交的头 20 年是唱片业商业竞争最激烈的一段时期。当两家大公司，哥伦比亚留声机公司（Columbia Phonograph Company）和爱迪生的北美留声机公司（North American Phonograph Company）互相争斗时，另一家公司，伯利纳的美国唱盘式留声机公司（United States Gramophone Company），改进了在一张扁平圆盘上的录音过程。最后，哥伦比亚留声机公司意识到圆盘唱片的优势，试图通过销售它自己的圆盘留声机（zonophone）来打入这一市场。至于伯利纳，则与机械师埃尔德雷治·约翰逊（Eldridge Johnson）一起创立了维克多留声机公司（Victor Talking Machine Company），公司的商标是一幅小狗凝视唱片机喇叭口的图画（"他主人的声音"）。积极的营销使这家新公司取得了巨大的成功，并于 1906 年推出了维克多牌唱机，这是第一台被设计成看起来就像一件家具的唱机。到 1912 年，圆盘相对于圆筒的优势地位完全确立。

第一次世界大战前夕，唱机在美国已随处可见。1913 年舞蹈的风行使其利润飙升，这一趋势一直持续到战争结束。1914 年生产了 2 700 万张唱片，战争结束后的 1919 年唱片产量达到 1.07 亿张。唱片业进入繁荣时期。

　　第一次世界大战后的几年带来了爵士时代，这是根据"喧嚣的 20 年代"中欢快的流行音乐命名的时期。根植于美国黑人生活经历的**爵士乐**（Jazz），是自发的、个性化的与富于感官刺激的。由于对传统的不屑，早年爵士乐经常被斥堕落（大约 30 年后，另一种自发的与富于感官刺激的音乐创新——摇滚乐也受到了同样的指责）。

　　然而好景不长。一开始，唱片业没有人将收音机视为一种严重的威胁。唱片公司的经理们认定收音机中播放出来的充满静电干扰的、沙哑的噪音无法与他们高质量的唱片竞争。他们错了。

留声机是爱迪生的诸多发明之一。诞生于 1877 年的留声机原型是手柄式的，声波被刻录在锡箔上以保存下来。

收音机对唱片行业的冲击

208

　　收音机在 20 世纪 20 年代流行起来，而唱片业也感受到了这种影响。1924 年年末，唱机与唱片加在一起的销量比前几年下降了 50%。在这次经济困境中，唱片公司悄悄地引入了电子唱片，采用了从它们的激烈竞争对手收音机那里借鉴过来的技术。唱片的音质有了极大的改进。但是，尽管有这些改进，收音机仍然被认为是"现场"音乐的媒介，而唱片作为"录制"音乐的媒介不被重视。

　　1926 年，唱片业开始销售收音机—留声机组合，显然是为了证明这两种媒介可以共存。在公司层面这种态度同样盛行。1927 年，关于维克多公司即将与美国广播公司（RCA）合并的谣言满天飞。哥伦比亚公司，也是维克多的最强劲对手，为此感到担忧，试图抢先与新的（也是财政困难的）广播网美国独立广播公司（United Independent Broadcasters）合并。然而，这一切过于快了，

唱片公司突然醒悟过来，取消了这一交易。成为议论焦点的美国广播公司与维克多的合并发生在 1929 年，而新公司中广播业务占主导地位。

20 世纪 40 年代的唱片行是与朋友闲逛和收听最新消息的好去处。

大萧条时期

　　20 世纪 30 年代的大萧条给了唱片业的经济狠狠的一击。1930 年托马斯·爱迪生的唱片制造公司停业了。唱片的销售额从 1930 年的 4 600 万美元下降到 1933 年的 550 万美元，一些小一点的唱片公司都倒闭了。整个行业摇摇欲坠。

　　在一片黑暗中，硬币又一次挽救了唱片业。投币运行的唱片播放机，也就是自动唱机（这个名称的起源已不太清楚），开始出现于成千上万的酒吧间和供应鸡尾酒等饮料的休息室中，这些场所都是 1933 年取消禁酒法案后涌现出来的。这些

自动唱机非常受欢迎，很快就遍布饭店、杂货店及餐厅。自1934年起，唱片的总销量开始回升；到1939年，销量已经增长了500%。

第二次世界大战及战后

战争期间的唱片行业并不景气。首先，美国政府宣布虫胶——唱片的一种重要成分——对国防至关重要，于是唱片所能得到的供应量急速下降。其次，美国音乐家协会（the American Federation of Musicians）担心音乐人会因为录制的音乐丢掉工作，举行了罢工。这次罢工从1942年持续到1944年，结果是战争期间唱片的销量增长缓慢。然而，同样是在战争期间，国会唱片公司（Capitol Records）却想出了一种新奇的唱片促销的方法。该公司将唱片免费寄往广播电台，期待播出。这标志着对新的行业观的正式认同：广播有助于唱片销售。这一新观念将给整个唱片行业带来革命。

1948年，哥伦比亚公司推出了33又三分之一转的密纹唱片（LP）。新唱片每面可以播放25分钟且几乎不会有破损。RCA维克多公司没有采用哥伦比亚的设备，而是推出了自己的新产品，每分钟45转的慢速唱片。这以后的几年几乎可用"速度之战"来形容，因为购买唱片的人要三选一：33又三分之一转、45转还是78转的唱片。从1947年至1949年，由于听众等着看哪一种转速的唱片胜出，唱片的销量下降了25%。1950年，RCA作出让步，开始发行33又三分之一转的唱片。然而，哥伦比亚公司也只赢得了部分胜利。45转的唱片成为单曲唱片的首选，而33又三分之一转的唱片则垄断了唱片专辑的销售。78转的唱片变得过时了。唱机也发生了许多变化。1954年，高保真设备进入了市场，4年后又出现了立体声唱机。在这一时期，唱片销量翻了一番以上。

20世纪50年代，电视的迅速普及对广播与唱片业都产生了冲击。电视从广播那里撬走了全国大明星，并迫使地方电台试验新模式以留住它们的听众。此时出现的最受欢迎的广播模式是热曲40首，这个节目根据唱片的销量对它们进行选择播放。摇滚乐的出现使得新的热曲40首模式在年轻观众中变得流行。正如我们在第8章中看到的，这些年轻的观众总是把许多钱花在他们喜欢的DJ所播放的唱片上。

埃尔维斯·普莱斯利（猫王）的唱片销量超过2.5亿张，他出演了33部影片，从此改写了美国的流行音乐。

摇滚的到来

摇滚来源于黑人节奏布鲁斯、商业化的白人流行音乐、西部乡村音乐以及爵士乐。1955年7月，比尔·黑利（Bill Haley）与彗星（The Comets）乐队以《昼夜摇滚》（Rock Around the Clock）取得了唱片榜的第一名的位置。不到一年后，另一位演员出现在舞台上，他的职业生涯更加丰富多彩。《伤心旅馆》（Heartbreak Hotel）是由当时相对来说并不怎么出名的埃尔维斯·普莱斯利（Elvis Presley）录制的，它连续七周保持榜首位置。正是因为埃尔维斯，摇滚乐开始兴盛起来。埃尔维斯的音乐将西部乡村音乐风格与黑人节奏布鲁斯音乐的节拍与力量结合起来，唱片销量过百万。他开始出现在埃德·沙利文（Ed Sullivan）的电视网节目中（只许出现腰部以上的镜头——沙利文认为埃尔维斯的摆臀太具挑逗性）。如果说此时摇滚乐还未得到尊重，通过埃尔维斯，摇滚乐至少得到了广泛的承认。

普莱斯利的成功激励了西部乡村音乐传统的其他表演者。杰瑞·李·刘易斯（Jerry Lee Lewis）将密西西比布基伍基乐（boogie-woogie）与乡村音乐结合起来，形成了一种独特的充满活力的风格。他的唱片《摇摆起来》（*Whole Lotta Shakin' Going On*）在 1957 年至 1958 年卖出了 600 万张。

许多摇滚先锋都渊源于传统的黑人节奏布鲁斯音乐。也许最令人激动的（当然也是最有活力的）是理查德·彭尼曼（Richard Penniman），或者说小理查德（Little Richard），这是他对自己的称呼。除了有三个月的时间，小理查德从 1956 年到 1957 年的所有时间里都有一张唱片处于 100 首最佳热曲中［其中最有名的是《高个的赛莉》（*Long Tall Sally*）和《什锦糖》（*Tutti Frutti*）］。差不多同一时间，查克·贝里（Chuck Berry）在芝加哥南部的小夜总会里唱布鲁斯。被芝加哥的一家唱片公司的老板发掘出来后，贝里成为第一个真正重视摇滚乐歌词的艺人。他的风格后来影响了包括披头士（the Beatles）在内的许多乐队。

摇滚走向商业化

到 1959 年，经历了一系列的怪诞事件后，所有的摇滚先锋们都销声匿迹了。埃尔维斯参军去了。杰瑞·李·刘易斯娶了一个 13 岁的女孩，据说是他的表妹，从此从人们的视线中消失。小理查德进了神学院。而查克·贝里最终进了联邦监狱。于是摇滚的大门为全新的一批明星开启。经济决定着这股新生力量的形象与演唱。

唱片公司意识到如果对摇滚宣传得当，定能从中赚取大笔财富。不幸的是，摇滚乐有着形象方面的问题。1959 年，唱片业因贿赂丑闻（参见第 8 章）受到冲击，以致多年来将社会绝大多数罪恶都归咎于摇滚的曝光与批评达到了顶峰，这也威胁到摇滚的赢利性。由于摇滚的市场潜力大到让人难以舍弃，唱片公司决定重塑摇滚新形象。

随着 20 世纪 60 年代的到来，新的摇滚以中产阶级的、整洁的、比较健康的白人歌手为特色。摇滚明星是你可以毫不犹豫地带回家介绍给父母的年轻男女。男性那边，里基·纳尔逊（Ricky Nelson）、鲍比·维（Bobby Vee）、鲍比·文顿（Bobby Vinton）、费边（Fabian）、保罗·安卡（Paul Anka）、弗兰基·阿瓦隆（Frankie Avalon）以及四季乐队（the Four Seasons）十分受欢迎。女性例子要少一些，拥有热门金曲的女歌手包括安妮特·法尼西诺（Annette Funicello）、康妮·弗兰西丝（Connie Francis）、布伦达·李（Brenda Lee）与莱斯利·戈尔（Lesley Gore）。所有这些人都符合摇滚的新形象。因此，20 世纪 60 年代早期很少有音乐上的创新。不过，到了 1963 年，音乐再次发生了转变。

210

 决策者

贝利·戈迪

贝利·戈迪（Berry Gordy Jr.）最初是底特律的一名流水线工人，后来执掌美国最大的黑人所有企业。期间他把黑人歌手推向更广泛的

受众，最终改写了美国流行音乐的革命史。

1957 年戈迪为 R&B 歌手杰基·威尔逊（Jackie Wilson）写了一首热门单曲。当戈迪与威尔逊在录音室做其他项目时，一个称作斗牛士

（Matadors）的乐队参加了试唱。尽管威尔逊对他们的歌曲没什么印象，但戈迪注意到了领唱的潜力，这位年轻人叫斯莫基·罗宾逊（Smokey Robinson）。

摩城明星戴安娜·罗斯与小贝利·戈迪

接下来的几年，戈迪继续为很多黑人歌手写歌和制作歌曲。戈迪不满于他的歌被大唱片厂牌所控制，决定开创自己的音乐厂牌。他从家里借了 800 美元，1959 年开创了后来的摩城唱片。1959 年公司发行了第一首歌曲，两年后它缔造的第一首热门单曲是马夫莱特斯乐队（the Marvelettes）的《求求你邮差先生》（Please Mr. Postman）。

早些年摩城主要吸引黑人听众，但戈迪的计划是想同时吸引黑人和白人。摩城的广告标语是"年轻美国的音乐"（The Sound of Young America）。在 20 世纪 60 年代中叶，戈迪公司创办的摩城音乐改变了音乐产业。诸如史蒂夫·旺达（Stevie Wonder）、马文·盖伊（Marvin Gaye）、斯莫基·罗宾逊、戴安娜·罗斯（Diana Ross）和至上女子三人组（the Supremes）在黑人和白人唱片听众中都很流行。几年后戈迪推出了杰克逊五兄弟（Jackson Five）乐队，领唱者是年轻的迈克·杰克逊。

1988 年贝利·戈迪入选摇滚名人堂（Rock and Roll Hall of Fame），与之一起入选的还有至上女子三人组、鲍勃·迪伦（Bob Dylan）和披头士乐队。同年，戈迪以超过 6 000 万美元的价格把摩城唱片卖给了 MCA 公司。不过，他仍然管理摩城的唱片出版部和影视部。戈迪创造的音乐将继续影响未来很多代人的音乐品位。

英伦入侵

他们乐队名字的灵感来自巴迪·霍利与蟋蟀乐队，但是该乐队没有选用昆虫学上"甲壳虫"（beetles）一词的正确写法，而是选用了"beatles"的拼写方式［这后来被解释为其中包括了"节拍"（beat）一词］。1964 年年初，他们使得整个美国为之倾倒。从音乐上看，披头士拥有美国摇滚所没有的一切。他们富有创新精神，尤其是在和声上，他们还采用了口琴作为摇滚乐器。最终，他们改变了音乐商业与美国的大众文化的形态。1964 年，披头士有 7 张唱片排名第一，那一年的 52 周中有 20 周他们的歌都高居榜首。

他们的成功为真正的英国音乐入侵铺平了道路。这个时期大多数的英国摇滚与美国摇滚非常相似：活泼、欢快、商业化，是白人风格的。毫不奇怪，追随披头士的最早一批乐队就代表着这一流派［赫尔曼的隐士乐队（Herman's Hermits），弗雷迪（Freddie）和梦想家乐队（The Dreamers），戴夫·克拉克五人组合（Dave Clark Five），彼特（Peter）与戈登（Gordon），不胜枚举］。还有另外一种英国摇滚风格，远没有那么欢快，以滚石乐队（the Rolling Stones）和野兽乐队（the Animals）为代表。这种风格源于布鲁斯，粗鲁、微带挑衅，当然不轻松愉快。

在这些英国人才涌入时，美国的艺术家们并没有沉默。由鲍勃·迪伦（Bob Dylan）与琼·贝兹（Joan Baez）演唱的民谣同样非常流行。民谣与摇滚乐结合产生民谣摇滚只是一个时间问题。由摩城公司录制的灵歌在 20 世纪 60 年代亦有较大影响。

过渡时期

20 世纪 60 年代后期是一个文化过渡期。几乎生活的各个领域都在提倡自由、实验、创新，流行音乐也不例外。受到披头士的唱片专辑《佩珀军士》（*Sgt. Pepper*）发行的鼓舞，摇滚开始产生了分化。这个时期的几种趋势引人注目。1968 年，"血·汗·泪"乐队（Blood, Sweat and Tears）成功地融合了爵士、摇滚，有时甚至还有古典音乐。"乐队"乐队（The Band）引入了乡村摇滚乐。"谁人"乐队（The Who）录制了摇滚歌剧《汤米》（*Tommy*）。在所有这些实验中，商业化模式音乐也还是健康的。"修行者"（The Monkees），通过报纸广告组合起来的一支乐队，卖出了几百万张唱片。1969 年，"泡泡糖摇滚"的拥护者"高射炮"乐队（the Archies）的《甜心啊，甜心》（*Sugar, Sugar*）位居榜首达一个月之久〔它居然取代了滚石乐队的《夜总会女郎》（*Honky Tonk Woman*）〕。

到了 20 世纪 60 年代晚期与 70 年代初期，摇滚乐成为反主流文化的一部分；在很多场合，它都逾越常规，背离了现存的社会制度。从音乐上看，这一时期很多歌曲的特点是**重金属**（heavy metal）声；扬声器与电子设备开始占据舞台。艺术家们也明显地脱离了传统。这种摇滚风格的先锋们隐约带着点危险性，还有点可恶，绝对不是可以带回家介绍给家人的那类人。

212

 媒介探索

病态与摇滚

流行摇滚乐发展中最奇怪的趋势之一是出现了小众且经久不衰的只能归为"病态摇滚"的这样一种带着死亡气息的类型。尽管它可能起源已久，但在 20 世纪 60 年代的时候才变得突出。在第一批热门单曲里有一首歌叫《少年天使》（*Teen Angel*），故事是一对不幸的恋人开的车卡在铁轨里了。尽管歌里的年轻人身手敏捷可以狂奔跑开，但是年轻的女孩回到车上去取她心上人的高中纪念戒指。火车同时开了过来。爱情结束了。

另一个早期的案例是 J·弗兰克·威尔逊（J. Frank Wilson）的《最后一吻》（*Last Kiss*），悲剧是一个小伙子和女孩出去约会，撞上了一辆报废的车。他活了，她却死了。爱情结束了。《告诉劳拉我爱她》（*Tell Laura I Love Her*）讲述的悲伤故事是一个年轻人需要钱来维系与女朋友的恋情，所以去参加赛车来挣钱。最后车毁人亡。爱情结束了。《补丁》（*Patches*）是关于一个出身贫寒的年轻女孩与一个中产阶层的男青年之间的爱情故事。歌曲的最后，男青年也陷入了哀思。甚至健康的帕特·布恩（Pat Boone）也加入进来，他演唱的《忧郁之河》（*Moody River*）是两人投河自尽的故事。

20 世纪 70 年代早期，这股潮流消退下去，但一首叫《比利，不要做英雄》（*Billy, Don't Be a Hero*）的歌曲红极一时。这首歌讲述了一个男孩违背恋人的意愿上了战场，最后死了。爱情结束了。〔针对这类摇滚的忠实乐迷，犀牛唱片收集了 10 首关于少年悲剧的歌曲，从《最后一吻》到并不出名但足够动人的《归乡女王有枪》（*The Homecoming Queen's Got a Gun*）。顺便告诉你，the LP 专辑的封底还附上了纸巾。〕

自 1999 年以来这股潮流没有再出现，直到珍珠果酱乐队翻唱的《最后一吻》成为排行榜第二名。可能它已经……死了。

行业趋势：20 世纪 70 年代—20 世纪 90 年代

20 世纪 70 年代中叶，唱片行业有过一段繁荣时期，这在很大程度上是由于迪斯科的流行。20

世纪 80 年代前期，唱片业有衰落趋势，但后半期由于迈克尔·杰克逊的专辑《战栗》（*Thriller*）与一些流行电影音乐原声带，这一趋势被扭转。20 世纪 90 年代 CD 取代了磁带成为更受人们喜爱的听歌媒介。唱片公司对此感到高兴，因为 CD 的利润空间远远大于磁带。因此，20 世纪 90 年代，唱片业的收入虽有所波动，但总的来说还是呈增长趋势。

当代唱片业

正如我们所见，当代唱片业正从销售光盘（原子）转向销售数字音乐（比特）。非法文件分享仍然是一个问题，但 2010 年 P2P 网站 Limewire 的关闭导致盗版音乐减少。行业数据显示，非法下载人数从 2007 年到 2010 年下降了 45%。

在商业方面，花旗集团收购了处于金融危机中的 EMI 音乐。2011 年年末，花旗集团把 EMI 的音乐出版部卖给了索尼，把音乐娱乐部卖给了环球音乐公司。此外，华纳音乐公司被阿卡斯实业（Access Industries）以 33 亿美元并购。唱片业也是高度垄断的，四家最大的公司控制了 85% 左右的市场。很多批评家抱怨垄断是导致音乐销售下降的原因，认为大公司不可能去发展新型的、具有竞争力的音乐类型。

213

 社会问题

音乐税

唱片业在继续寻找解决非法文件分享并有助于保持其赢利底线的办法时，有一种观点不断被提出：在消费者每月网费之外收取大约 5 美元的附加费来弥补盗版音乐的损失。

这一计划有几种版本。一种是，交附加费就允许消费者下载唱片公司目录里的所有音乐。收费是强制的；人人都必须交，不管你下不下载。钱由行业机构收取，按照某一约定的公式发放给音乐厂牌和歌手。这种模式用在广播业上，就是电台被强制缴纳版权费给唱片界，以此获得音乐的播放权。同理，互联网服务提供商（ISP）也承担广播电台这样的角色，收取和支付这笔费用。ISP 会被说服采纳这项计划，因为它们害怕会被唱片业起诉，最终为网络侵权而负责。

这项计划遭到消费者群体的强烈反对。为什么不下载音乐的人也必须缴纳费用？这似乎违背了基本的公平原则。为此，唱片业注意到美国人不管看不看电视都要支付公共广播费用。那么人们从来不看的那些有线电视频道呢？消费者还是会每月支付有线电视费。但是那些从诸如 iTunes 这样的地方合法下载的人们呢？他们岂不是付了两次费？这种体系是不是要让 iTunes 关闭？

另一种潜在的问题是音乐附加费可以给唱片厂牌带来收入保障。这可能会导致革新动力的丧失，或不愿意花钱来开发新的歌手。为什么要冒险去保障收入？

如果 ISP 为音乐界征收费用，它们是不是也要向电影业征收费用来补偿盗版电影的损失？或者 ISP 再增收一项费用来补偿非法软件分享？

尽管有如上所有问题，唱片业还是希望实施这个想法。可以看出该行业是如何竭尽心力地支撑其衰败的商业模式的。

数字时代的唱片

转型

历史上，唱片长期使用模拟技术。声波首先被转化成刻录在乙烯基盘上的凹槽，或是磁带上重新排列的粒子。两者都是唱片业生产和发行产品（唱片或磁带）以供消费者购买。数字技术改变了以上方式，它把音乐制码成纯信息，即一串二进制数字，然后又复原成音乐。结果，消费者不再需要从唱片公司购买产品。他们只需要数字和硬盘或空白 CD。只要消费者缺乏获取数字的有效方式，这种发展不会给唱片业制造麻烦。然而，个人电脑和互联网的发展导致消费者很容易把数字信息下载到他们的家用电脑和其他移动设备上。

唱片业在对结果做好充分准备前就已经进入数字时代了。起先，音乐总监把网络下载看成是少数几个极客才会感兴趣的事情。然后 Napster、Kazaa 和其他后继软件来了，商业模式从此被改变。从来没有这么多音乐可以被这么多人免费获得。突然间，如唱片业专家约翰·肯尼迪（John Kennedy）所说，唱片业必须想办法让音乐更易于购买而不是更易于被盗版。

过去 20 年里最大的发展是便携式 MP3 播放器的出现，如苹果的 iPod，还有内置 MP3 功能的智能手机和苹果 iTunes 在线商城。这三样革新彻底重塑了唱片业。

首先，单曲取代专辑成为购买音乐的首选方式。消费者不再想花 12～15 美元来买一张上面只有几首他们喜欢的歌的 CD；他们宁愿花 1 美元左右买几首单曲，把它们下载到 MP3 播放器上。数字革命让消费者拥有了更多的权利，他们现在可以购买和下载自己喜欢的歌曲。不用说，消费者开始抛弃专辑形式。因此，CD 销量持续跌落，从 2007 年到 2010 年下跌了 55%。另一方面，单曲下载同期增长了 44%。对唱片公司而言不幸的是，单曲下载收入的增多不足以弥补 CD 专辑销量下降带来的损失。

其次，美国人现在通过移动设备消费了大量的音乐。起居室或房间里的 Hi-fi 音响或立体声让位于随身携带的 MP3 播放器。苹果公司 iPod 的销量超过 1.1 亿台，微软公司的 Zune 销量达 200 万台。除此之外，还有上千万台有 MP3 功能的智能手机。

MP3 播放器生成了一种新的手工业。这些设备的副产品有 200 多种，包括遥控器、尼龙携带套和扩音器。iPhone 也有范围广泛的副产品。

最后，传统的实体唱片店正在消失，因为更多的美国人转用数字下载来接收音乐。2007 年实体 CD 销售占整个音乐销售的 80%；今天这个比例是 60% 左右。淘儿唱片（Tower Records）和乐城公司（Musicland）于 21 世纪头十年中期宣布破产。大型零售商如塔吉特和百思买削减了 CD 存货数。与此同时，音乐下载显著上升，从 2007 年到 2010 年增长了 80%。苹果的 iTunes 售出了 100 亿首以上的歌曲。

引文　　这会使你兴奋吧

什么功能是 iPod、Zune 和其他 MP3 播放器所缺少的？显然是泰瑟（Taser）。

在最近的消费者电子展上，泰瑟国际发布了 MPH——一款合成了音乐播放器的高压飞镖电击枪。MPH 可以存储 150 首歌曲，配有别在腰带上的皮套。

你可以想象 MPH 的歌单里的歌曲：《电力大街》（*Electric Avenue*）、《系统震撼》（*Shock to the System*）、《电流》（*Currents*）——你懂的。

所有这些因素表明，唱片业的老商业模式不再有用。因此，唱片公司和歌手开始寻求其他挣钱的方法。唱片公司现在销售歌曲版权给视频游戏，出售手机铃声这样的简短音乐，还销售音乐视频 DVD。

移动音乐

索尼随身听是第一台可以让消费者随身携带录制音乐的设备。iPod、iPhone 和相关设备，如诺基亚 XpressMusic 电话和三星 i450，都在沿袭这一传统。移动音乐可以通过两种方式获取。消费者可以从网络上购买，下载到电脑里，然后传到数字播放器上。第二种方式是直接下载到智能手机上，如 iPhone 或谷歌安卓手机。iPhone 主宰了这个市场，下载量占 80% 以上。

2011 年，苹果开发了 iCloud，这一服务改变了消费者获取音乐的方式。现在，如果有人下载一首歌到 iPod 上，这首歌就会储存在设备上。不先与这个人的电脑同步的话，他或她是不能在 iPad 或 iPhone 上播放这首歌的。有了 iCloud，歌曲被存储在联网服务器上，人们从 iPhone、iPad、笔记本或台式机、家庭影院、网络电视机和车载收音机上都可以收听。iCloud 对唱片厂牌也有益处。苹果将从 iTunes 上免费购得的 50 亿字节的音乐放到 iCloud 中。然而，一般人 MP3 播放器上的多数音乐不是从 iTunes 上购买的；歌曲是从 CD 或其他来源拷贝下来的。苹果对 iCloud 上存储的音乐收取费用，唱片厂牌就可以从中提成。亚马逊也有类似服务。

唱片公司还使用应用程序来推销其产品。华纳音乐公司也开发了一些应用程序，包括犀牛音乐喜好测试（Rhino Musical Aptitude Test）和罗伯·托马斯粉丝团（Rob Thomas Fanbase）。索尼开发的应用程序有 25 个以上，很多是以唱片歌手为特色。The Pink 的应用程序能让粉丝收听她的歌，播放她的最新视频和与其他粉丝交流。Shazam 运用了音乐识别技术，只要"听"一段音乐，就可以识别出歌曲和歌手，里面还有供听众购买音乐的链接。

伦理问题

文件分享的伦理问题：真的是盗窃吗？

唱片业利润从 2000 年到 2010 年在逐步下滑。很多专家承认下滑的部分原因（有些人认为是主要原因）是免费音乐的下载。除了少数例外，几乎唱片业的每个人都认为从诸如"海盗湾"和"电驴"这样的文件分享网站下载歌曲形同盗窃（或如该行业所称的"盗版"）。而除了个别人之外下载音乐的人们的观点则完全相反。

由此，我经常问学生这样一个问题：你会从商店拿了 CD 不付钱就走吗？除了个别尖酸的回答，几乎所有学生都认为不可以，认为不付钱拿走 CD 是盗窃行为。我接着问他们：你们会从网上下载音乐和在线共享音乐，然后不付钱吗？几乎所有学生都认可这种行为。然后我问他们这两者有何区别。他们的回答显得极为复杂，涉及对文件分享项目软件的道德立场。

他们对这种行为的基本原则通常分为如下几大类：

- 下载和分享音乐没错，因为唱片公司对 CD 索价过高，多年来一直剥削演唱者〔听听寇特尼·洛芙（Courtney love）〕，

唱片公司是自找的。文件分享是正义的抗议，只是另一种"是男人就要坚强"（stick it to the man），一种 20 世纪 60 年代流行的哲学。

- 下载和分享音乐没错，因为网络上的所有信息都是免费的。
- 下载和分享音乐没错，因为我只不过是下载了我不会买的东西，所以我没有伤害到其他人。

让我们从道德的角度来依次考察以上种种观点。

第一种观点最为盛行，它认为，从任一家你认为要价过高或有些虐待员工的公司盗窃东西是没错的。你会因为觉得通用公司的汽车太贵而去偷一辆别克吗？即使认定演唱者被剥削这个前提是正确的（还要注意，很多"被剥削"的演唱者的生活方式太独特了），从你不认同的公司盗窃就没错吗？假如有家制衣厂给泰国的工人的薪酬只有每小时几美元，你会去偷几件吗？这样会变得不那么剥削了吗？这听起来像认可"负负得正"。一个著名的道德原则就是康

德的"绝对律令"（categorical imperative）（见第 17 章），即已所欲，施于人。如果你经营一家企业，你乐意那些不认可你企业的人偷窃你的财产吗？

认为"信息应该免费"的观点也很普遍。其核心是信息的知情权，网络的存在某种程度上意味着我们有权自由分享他人的作品。首先，信息不会自动出现，需要有人去创造它。更合理的观点是，应该由创造信息（音乐、电影或视频）的人来决定是否免费。如果乐队成员认为免费的网络曝光有助于他们在演唱会上获得更多收益，他们应该就会在文件分享软件上发布歌曲（很多乐队就是这么做的）。另一方面，如果乐队决定收听他们的歌曲需要付费，那他们应该有这个权力。此观念遵循的是知识产权保护法。举个例子：假如你做了一款新智能视频游戏，向你的某些朋友分享了这一软件。后来微软闻风而来，给你一大笔钱来做这款游戏的营销。然而，与此同时你的一位朋友非常认同信息应该免费的做法，把你的游戏发布到了网上并且游戏大受欢迎。微软觉得市场已经饱和，撤回了收购计划。你是否有权决定如何处理你的作品？

认为下载的东西是不会买的这一观点提出了一个有趣的问题。首先，如果你分享了文件，其他本来要买唱片的人就可能去下载，不买了。这似乎就损害了音乐作者的利益。其次，你不买唱片可能是受到网络音乐免费的影响。如果网上的东西不免费，你可能就是另一种态度了吧？可能你终究会买。

撇开下载的种种法律争论，所有普遍支持从文件分享系统下载的观点从道德分析角度都站不住脚。实际上，现在有了合法下载服务，这些说法就更没道理了。不过，很多学生似乎不受影响，继续下载。他们显然不认为这是盗窃。

为什么要从道德上把从商店不交钱拿走 CD 和不付费下载 CD 当做两码事？部分是因为行动和结果之间的鸿沟。从商店拿走 CD 会产生直接和明显的效果：零售商损失了买 CD 掏的钱。受害者显而易见。从无形的和非个人的网络上下载音乐，和其产生的有害结果是分开的。没有明显的受害者。因下载而受损的唱片公司和艺人远在天边，是抽象的。如果下载者清楚地知道他们直接损害的艺人是谁，下载还会这么普遍吗？

 媒介探索 ——————————————

推销专辑或单曲

几年前推销唱片是极其简单的：让大城市的电台尽可能多地播放这首歌，让 MTV 特别推介这首歌的音乐录像。不过，随着越来越多的推销手段的出现，今天这项任务变得越来越复杂。最近一期的《公告牌》根据产业专家调查和销量数据列出了前 100 种推销专辑的手段。以下是前十种。请注意名单里既有传统媒介也有新媒介。

1. 在格莱美颁奖典礼上表演。[粉红佳人（Pink）在 2010 年格莱美典礼上表演之后，《玩乐居》（Funhouse）这张专辑的销量增加了 170%。]

2. 出现在苹果电视广告中。[菲斯特（Feist）的《1234》这首歌在 iPod Nano 广告中播出后，销量激增。]

3. 在欧普拉脱口秀中表演。（亚当·兰伯特在该节目中演唱后，他的专辑销量跃升了 60%。欧普拉后来去了有线电视频道，其未来的影响力如何很难预测。）

4. 成为 iTunes 本周免费单曲。（在《Trinity》入选 iTunes 免费单曲之后，Paper Tongues 乐队的首张专辑进入了《公告牌》专辑排行榜前 200 名。）

5. 沃尔玛结账通道货架展示。（结账通道末端有一个货架。顾客很容易看到并购买展示在这个货架上的产品。）

6. 在《欢乐合唱团》（Glee）中演唱。[有一集《欢乐合唱团》混合了一段旅程乐队（Journey）的歌曲，结果乐队精选专辑的销量几乎增长了 60%。]

7. 在亚马逊 MP3 每日促销中出现。（亚马逊网站的音乐销售目前占全美音乐销售的近 10%。）

8. 在《周六夜现场》（*Saturday Night Live*）中表演。［蕾吉娜·史派克特（Regina Spektor）上节目后的一周内，其专辑销量翻了倍。］

9. 入选 iTunes 排行榜。（人们喜欢买流行的东西。）

10. 举办一场成功的巡演。（Lady Gaga 是最好的案例。）

▋ 用户生产内容

两种用户生产内容与音乐产业有关。第一种是歌手和音乐厂牌让人们可以把其内容整合到自己的家庭制作中去。环球音乐公司和华纳音乐公司与 YouTube 签署了协议，允许用户在制作视频时加入它们的音乐，然后发布到网站上。有些演唱者，包括九寸钉乐团（Nine Inch Nails），把音乐原声发布到网上，让粉丝来混音合成。

第二种包括所有发布在 YouTube 和其他视频分享网站上的用户制作的视频，贾斯汀·比伯和瑞贝卡·布莱克就是这样成名的。很难知道这种内容有多少，不过仅在 YouTube 上搜索"新乐队 2010"，就会出现 795 000 条结果。

▋ 社交媒体

多年来，音乐产业视互联网为敌人，因其滋生了非法音乐文件分享。不过，社交媒体的发展迫使这个产业改变了态度。

很多大歌星和音乐厂牌利用 Facebook 和 Twitter 来推销新曲、发布巡演日期和与粉丝保持互动。撰写本书时，Lady Gaga 的 Twitter 粉丝有 1 000 万人，Facebook 粉丝有 1 000 万人，还获得了 3 700 万人点"赞"。她的 Facebook 主页包含致歌迷的话、照片和最新发布的 MV。Jay-Z 和坎耶·韦斯特（Kanye West）为他俩的专辑《目视王位》（*Watch the Throne*）开通了 Facebook 页面。任何在上面点"赞"的人都可以直接从 Facebook 上下载专辑里的一首歌。歌手们还尝试用其他方式直接通过 Facebook 销售歌曲。Twitter 有一个服务叫 Titurm，让歌手直接把歌曲发布在网站上，Twt. fm 的粉丝不用下载就可以听到歌曲。

而且，社交媒体已经成为新歌手推销自己的首选方式。毫无经验的歌手，像贾斯汀·比伯，在诸如 YouTube 和 MySpace（尽管 MySpace 不如后来居上的 Facebook，但仍然是很多新乐队发布音乐的网站）之类的网站上发布自己的音乐视频，就是希望产生轰动，吸引大唱片厂牌的注意。

最后，粉丝之间用社交媒体来交流他们喜欢的歌曲和歌手。口碑营销在唱片界一直都是成功的重要因素，社交媒体让它变得更重要了。比方说，苹果推出了 Ping，这个音乐社交网的成员可以"关注你喜爱的歌手及朋友来发掘他们正在谈论、在听和下载的音乐"。

217

 ## 唱片的界定特征

唱片是一种文化力量。它有助于表现社会群体的特性，解释美国社会的种种运动与潮流。唱片音乐已成为文化与社会争论的中心。唱片还促生了"喧嚣的 20 年代"中爵士时代的到来。这种新的音乐风格曾被指责腐蚀了民族的道德观念。在 20 世纪 50 年代，当摇滚乐成为一种新的年轻人文化的集合点时，我们又听到了同样的指责。20 世纪 60 年代中，唱片音乐加入了反主流文化的行列，而大唱片公司（受益于现状）也靠出售挑战现状的专辑获得了巨额利润。20 世纪 90 年代，说唱乐唱片又把 hip-hop 文化带到了美国其他地区。总之，唱片业在塑造现代文化上扮演了重要角色。

唱片是一项国际化的事业，唱片歌手在全世界销售他们的音乐。例如：瑞奇·马丁（Ricky Martin）的成名专辑在全世界售出了 1 400 万张，其中美国占了 700 万张。席琳·迪翁（Celine Di-on）最为流行的金曲专辑在美国售出了 500 万张，还有 900 万张销往世界各地。唱片歌手还在全球进行巡回演出。

唱片业是一种独特的商业与人才的组合。唱片公司不断寻找能够赢得市场的新歌手与新声音。歌手与音乐家可能会成为明星，而唱片公司是明星制造者。大多数风靡一时的唱片在很大程度上都归功于其所属唱片公司在营销和宣传上的努力。尽管贾斯汀·比伯在 YouTube 上有很多人关注，但直到签约小岛唱片之后他的事业才算起飞。

唱片业的结构

唱片业包括各种各样富有创造力的人才和发起、制作及向消费者发行唱片的商业企业。在整个唱片业的销售额中，摇滚乐的销售额占了 45% 以上；节奏布鲁斯和 hip-hop 占了另外的 22%；乡村音乐占了 17%；拉丁音乐占了 5%；爵士乐、古典音乐以及福音音乐占了其余部分。本章虽然着重讲述摇滚乐，但别忘了其他风格的音乐也是该行业的一部分。我们将把该行业划分为四个主要部分：人才、制作、发行以及零售。

人才

该行业的人才部分包括所有的歌手、乐师、作曲者、改编乐曲者以及作词者，这些人都希望通过录制并出售他们的歌曲赚钱。"希望赚钱"这几个字尤其关键，因为更多的歌手是在底特律、西雅图、纳什维尔、纽约及洛杉矶这些城市或其周边默默无闻地劳动着，而不是从他们唱片的版税支票上兑现钞票。究竟有多少人带着把事业做大的希望"走了出来"就无法确定了。

歌手们常常由于最初的某一次演出而崭露头角。最早的动机可能仅仅是个人爱好。许多人从中学起就开始演出。比如，鲍勃·迪伦〔那时还叫做鲍勃·齐默尔曼（Bob Zimmerman）〕就是从明尼苏达州希宾的一个中学乐队开始其演艺事业的。

对于刚入行的音乐人或乐队来说，接下来的几年内，下一步应是渐渐成为流动演出队，四处演出以获得经验、一点钱和认知度。例如，威瑟合唱团（Weezer）在南加州混迹很多年，在获得商业成功之前演出的地方叫什么"垃圾俱乐部"和"鲍勃嬉闹厅"。尽管有些乐队和歌手走的还是这条路，但很多其他歌手如玛莉·笛比转向互联网，在 YouTube、Facebook 或 MySpace 上发布音乐视频。如果表演得好（且幸运），可能会被大唱片厂牌的星探或制作人注意到（唱片公司总是关注网络，定期查看有没有网络红人）。如果事情进展顺利，该演唱者就可以与唱片公司签约。

218

媒介探索

点乐成金

在音乐行业，少数几个演唱者挣大钱，大多数演唱者勉强维生。不过如果你是幸运儿之一的话，回报将是非常高的。音乐界的《圣经》、《公告牌》杂志发布了一份音乐界年度前40名财富榜（《公告牌》使用了一种复杂的公式来计算歌手从CD和数字下载、巡演收入、出版和歌曲作者版税、流媒体和铃声中获得的分成）。以下是按2010年净收益估算排出的前

5名：

1. Lady Gaga 31 000 000 美元
2. 邦·乔维（Bon Jovi）30 000 000 美元
3. 罗杰·沃特斯（Roger Waters）25 000 000 美元
4. 戴夫·马修斯乐队（Dave Matthews Band）24 000 000 美元
5. 贾斯汀·比伯 22 000 000 美元

制作

唱片公司将演出队带到录音室，大量的歌曲就是在这里录制的。通过音响工程师与精确的混音设备来得到准确无误的声音。最终，单曲或是专辑就制作成了。公司还提供宣传、广告、销售以及包装技巧。推销——在唱片界主要包括在有影响力的电台打歌，在 iTunes 和社交媒体网站上做首要推荐，在 YouTube 和其他视频网站上发布音乐视频——也是公司的责任。唱片公司有几十家，但2011年年末主宰这个行业的只有三家：华纳、索尼和环球。

发行

音乐发行有六条主要的渠道：（1）直接零售；（2）货架批发商；（3）转销站；（4）直接针对顾客的销售；（5）在线销售；（6）直接下载（见图9—1）。在这六种渠道中，直接零售、在线销售和直接下载最为重要，占总销售额的70%。

直接零售指的是专门出售CD及相关产品的商店。很多零售店是连锁经营的，在全国不同地区有着多家分店。

货架批发商（rack jobbers）为杂货店或大型百货公司提供CD货架。例如，沃尔玛的CD货架由货架批发商提供。在这些地方卖的唱片由批发商来进行选择，这样就减轻了百货公司的管理工作，使其不必操心及时销售埃米纳姆的最新唱片，以及其他诸如添购商品及退还未使用过的商品这样的事务。CD销售的下降导致货架批发商变得不那么重要。

转销站（one-stops）从唱片公司买进唱片，再将它们转销给零售店。比如，独立经营的小零售店进货时可能还没有资格从唱片公司赊购，于是就会从转销站购买CD。

电视节目打包销售商直接向顾客销售。你们可能都看过关于音乐合集的电视广告（《最佳重金属乐》、《康妮·弗兰西丝金曲》、《赞菲尔与排箫》）。

网络发行很直接：消费者从网络零售商直接购买，如亚马逊，产品就发送到他或她家。

数字下载交易也相对简单：消费者可以访问很多提供音乐下载销售的网站，如 iTunes、MSN Music 或沃尔玛，选择他们想要下载的单曲或专辑。很多网站现在提供的单曲下载价格约为1.29美元。下载专辑的价格各不相同，以有多少歌可供下载来定价。

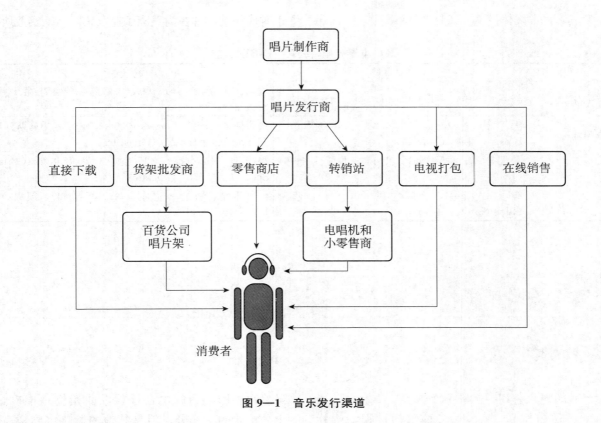

图 9—1　音乐发行渠道

零售

　　传统唱片店的日子不好过。来自在线音乐网站和如沃尔玛这样的量贩店的竞争让很多零售商难以生存。2003 年 Wherehouse Music 申请破产后，紧接着 2004 年是淘儿唱片。大零售商 HMV 关闭了很多店铺。全球娱乐公司（TWE）开了近千家像 FYE、Coconuts 和 Stawberries 这样的唱片店铺，其收入暴跌。淘儿唱片最终于 2006 年破产，还有乐城。

　　当传统音乐商店的重要性衰落时，大超市如塔吉特和沃尔玛的重要性在上升。1992 年，据美国唱片协会统计，25％的 CD 和磁带销售发生在大

型购物商店。2010 年，这个数字上涨到 33％。同一时期，传统音乐零售店的销量从 53％下降到 10％以下。iTunes 是最大的音乐零售商，市场占有率几近 28％。沃尔玛排第二。

　　零售商认识到如果在线下载成为向消费者发行音乐的首选方式，就没有必要开实体零售店了。有些零售商备有 DVD、视频游戏、杂志、电子设备，还有可供人们从 iTunes 和其他地方下载音乐的礼品卡。有些零售店音乐占了销售总额的近一半比例。而且，有些电子零售商，包括沃尔玛，也介入了音乐下载业务。

 ## 唱片业的所有权

　　在所有传媒产业中，唱片业的所有权是最为集中的一个。如表 9—1 所示，大公司垄断了行业，占

了市场份额的 85％以上。垄断市场的三家公司是（1）环球唱片公司，属于法国媒体巨头威望迪；

（2）索尼，日本媒体巨头；（3）华纳唱片，以前属　　于时代华纳，现在为美国工业巨头阿卡斯实业所有。

表 9—1   2011 年最佳唱片公司（EMI 被卖前）

公司	主要厂牌	顶尖歌手
环球唱片	格芬（Geffen）、IDJ（Island Def Jam）、摩城	坎耶·韦斯特、Lady Gaga、格温·史蒂芬妮（Gwen Stefani）
华纳唱片	大西洋（Atlantic）、华纳兄弟（Warner Bros.）、小牛（Maverick）	詹姆斯·布朗特（James Blunt）、罗伯·托马斯（Rob Thomas）、绿日乐队（Green Day）
索尼	爱丽丝塔（Arista）、史诗（Epic,）捷舞（Jive）	碧昂斯（Beyoncé）、布兰妮·斯皮尔斯（Britney Spears）、夏奇拉（Shakira）
EMI	维珍（Virgin）、金牌大风（Capitol）、蓝调（Blue Note）	酷玩乐队、凯斯·厄本（Keith Urban）、凯蒂·佩里（Katy Perry）

 制作唱片

部门与员工

普通的唱片公司一般有七个部门：

1. 艺员与作品（A&R）：该部门被视为唱片业的星探。A&R 人员监控有影响力的音乐网站，关注地方市场中比较红的人。他们偶尔也会在路上物色人才（用该行业的行话，这些表演者被称为"车库乐队"），希望能够挖掘出下一个超级巨星。

2. 销售与发行：顾名思义，该部门是将公司的产品卖出去，然后确保 CD 能够到达各个商店，数字轨道能够出现在顾客能买到的下载地址中。

3. 广告与经销：该部门负责通过规划媒体广告活动与各销售渠道的售货点展示来促进销售。该部门的任务是与推广部的人合作。

4. 推广：该部门帮助拓展市场，推广艺员。

虽然在有影响力的电台播放歌曲始终是推广过程十分重要的一部分，但是其他的策略也同样有效。经像《欢乐合唱团》这样的热门电视剧播放的歌曲，销量会激增。出现在社交媒体上也是必要的。

5. 商业：该部门包括律师、会计、市场调研员、财政分析员、秘书及办事员。它在唱片业中运作的方式与在其他任何商业或行业中相同部门的方式都一样。

6. 宣传：该部门设法让新闻界报道新歌手与新唱片，并且负责让诸如《滚石》与《公告牌》这样有影响力的出版物以及有影响力的博客刊登或发表关于新歌手及专辑的评论。

7. 艺员开发：该部门的职责是调整演出行程，*221* 确保歌手演出成功，以及安排艺员在电视上露面。

制作唱片

歌手或乐队要想获得唱片合同，首先必须让唱片公司的人相信他们具有可以畅销的歌声。有些歌手会制作**样带**（demo），即展示其歌喉的光碟。有些人在网络发布视频，希望它们会流行。还有些人狂投 A&R 部门的电子邮箱，附上 MP3 和音乐网站链接。这些初级制作并不一定要具有

专业水平，但必须突出演唱者或乐队的实力。

如果顺利，演唱者或乐队就会签下合约制作专辑或一两首歌曲。那时，艺员就要去录音室录制一盘母带。

与你们在国家航空航天局（NASA）的任务控制中心可能看到的情况相似，现代录音室里有着

诸多的先进设备，闪烁的灯光，还有数字读出器，现代录音室的机器能够录下多达 48 条不同的音轨。这就意味着不同的乐器及声音能够录制在同一张磁盘的不同部位。这样，钢琴可以被录制在一条音轨上，鼓声在另一条音轨上，低音乐器在一条音轨上，主导声乐在另一条音轨上，背景声乐又在一条音轨上，等等。为了使一条音轨不会渗到另一条音轨上去，录音室在建立时仔细地布置了扬声器与木制反射板——也就是隔音板，防止一种乐器的声音跑到正在录制其他乐器声音的扬声器里去。一旦录音开始，多数创造性的决定由制作人做出。制作人决定表演者在什么时候停顿一下，什么时候由于出现了一个错误音符，曲子要再演奏一次，什么时候磁带要回放，以便让乐队自己能听到它并可能会对原来的演奏做些修改，等等。

多音轨录音的出现改进了音乐制作过程，现在乐队成员甚至不必在一起录音。乐器演奏者可以一次进来一个，"留下"他们的音轨，主唱歌手可以稍晚再加入声音，并且所有这一切都可以在混录控制台上合成。

录音环节之后，下一步就是混音，即将多条音轨混合到一盘双音轨的立体声母带上，这是一项对技术要求非常高的工作。在混音过程中，每一条音轨都被均衡化；回声、原带所配的音或者其他特别效果被加上去，还有一些段落被安排重录。如果制作一张唱片专辑，每条音轨必须被精确地安置在立体声频谱上。一条音轨可以被安置在左边扬声器中或右边扬声器中，也可以安放在中间，这样它从两个扬声器中听起来是一样的。将一盘 16 条或 24 条音轨的磁带混合成 2 条音轨的磁带可能要花上好几天时间。近年来由于计算机混音板的出现，这项工作变得容易了一些。混音完成后，母带被复制到磁盘上来大规模生产和发行。与此同时，推广部会预先试听新唱片，广告与宣传部也开始它们的工作。

唱片业的经济

我们将在两个层面上探讨经济这一主题。首先，我们将考察作为一个整体的经济结构的唱片业。接着，我们将研究一支试图在唱片生意中占据一席之地的具有代表性的乐队在财务上的起起落落。

222　经济趋势

从图 9—2 可以看到，唱片业的经济前景并不乐观。2000 年达到顶峰后，收入逐步下滑。从 2000 年到 2010 年，收入下降了 50% 以上（产业专家迅速指出 2000 年正是 Napster 和其他分享服务网站流行起来的一年）。

在如此低迷的形势下，数字下载是唯一的亮点。根据尼尔森 SoundScan 统计，2010 年卖出了 10 亿多首数字歌曲，数字专辑销量达 8 300 万张，两者皆从 2007 年开始显著攀升。与此同时，CD 销量持续下滑，从 2007 年开始下降了 55%。同其他媒介一样，数字销售的收入增长无法完全补偿 CD 销量下降带来的损失，因为唱片厂牌从 CD 销

表 9—2　　　　　　　　　支出

普通 CD（单价 $ 16）		数字下载（单价 $ 1.29）	
用途	金额（$）	用途	金额（$）
唱片厂牌管理费用和利润	7.04	唱片厂牌	0.65
零售商管理费用和利润	4.64	服务提供商	0.18
作者版税	1.60	作者版税	0.14
发行商/制造商	1.76	发行商	0.12
出版商	0.80	出版商	0.10
杂项	0.15	杂项	0.10

来源：笔者根据行业贸易出版物编制。

售方面获得的收入更多（见表 9—2）。

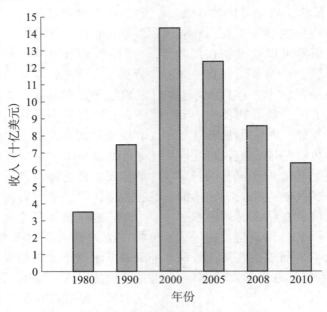

图 9—2　1980—2010 年唱片业收入

新商业模式

面对收入下滑，唱片业正在尝试其他赢利方式。一种新的方法叫 360 交易（又叫多权利交易），即公司同意付一大笔现金给表演者，作为回报可以从表演者总收入中提成，包括唱片销售、巡演、商品、代言和其他赢利行为。这种合同的原理是尽管消费者不愿意花钱买 CD，但他们愿意买演唱会门票、T 恤、签名和其他物品。例如，麦当娜与 Live Nation 演唱会经纪公司签订了一份据说 1.2 亿美元的 360 交易合同。

唱片业同样在视频游戏的成功上实现了资本化，例如"吉他英雄"（Guitar Hero）、"摇滚乐团"（Rock Band）及相关游戏。唱片厂牌把歌曲授权给游戏获得收益。这些游戏也给一些表演者带来新的希望。"史密斯飞船"（Aerosmith）据说从"吉他英雄"中获得的收入比他们的任何一张唱片获得的收入还多。环球唱片的母公司威望迪对这些游戏的赢利前景充满信心，并购了美国动视（Activision），这家公司的游戏有"吉他英雄"、"使命召唤"（Call of Duty）等。

摇滚歌手：赢利底线

直到几年前，摇滚歌星的大部分收入还来自 CD 销售、专辑与单曲下载。可以简单地说，通常歌手每张 CD 提取的版税约为零售价的 10%～15%。CD 的平均零售价是 14 美元，所以计算出来就是平均每张 1.75 美元。而普通歌手每一首歌曲的下载价格是 99 美分，他能拿到 0.11 美元。正如此例所示，歌手的收入主要来自 CD 销售。

今天，CD 销售下降了 50% 之多，零售商有时候大降价到 10 美元以下。尽管数字下载增多，但多数歌曲现在的零售价格是 1.29 美元，CD 销量下降对摇滚歌手赢利底线造成很大负面影响。所以，摇滚明星要寻找其他收入来源。

对于很多歌手而言，巡演是一种重要的收入来源。根据《公告牌》杂志的估计，戴夫·马修斯乐队和邦·乔维 2010 年的几乎所有收入都来自巡演。巨星从大型巡演中收益良多。贾斯汀·比伯"我的世界"巡演总计收入 4 000 万美元，凯莉·安德伍德（Carrie Underwood）的巡演收入约为 3 300 万美元。然而，有迹象表明巡演经济也开始趋于平淡。总收入下降了 20%，有些大型演出取消了巡演日期。下降的部分原因是门票飞涨，平均超过了 60 美元。

很多演唱者转而与赞助商合作来提高收入（见"媒介探索：赞助摇滚"）。其他则依靠商品、产品代言和促销。去贾斯汀·比伯的在线商城看看，你可以买到 T 恤、珠宝、卫衣、购物袋和午餐盒。花 50 美元还可以得到免费的挂历。

不过，Lady Gaga、贾斯汀·比伯、凯莉·安德伍德、黑眼豆豆和其他一线歌手是少数派。实际上，只有少数歌手能拿到大合同。唱片业的贫富差距悬殊，少数歌手占有大多数收入。根据美国唱片行业协会的数据，每年所有发行的唱片中，只有 10% 左右能赢利。

唱片业的受众

反馈来源

DJ、节目导演和唱片公司高管每个星期都会查看《公告牌》的排名，这是唱片行业最重要的反馈渠道（见图 9—3）。

《公告牌》排行榜是如何制作出来的呢？《公告牌》排行榜通常以两个要素为基础：曝光量与销售额。《公告牌》依靠尼尔森 SoundScan 来测量销售，这个数据报告公司追踪美国和加拿大的音乐销量和数字下载。销售数据每周从 14 000 家左右的零售商、大型商场和网络媒体收集而来。

《公告牌》从尼尔森广播数据公司（NBDS）获得数据以测量曝光量。这家公司监控美国、加拿大和波多黎各的采用各种节目模式的 1 600 多家广播电台的唱片播放情况。NBDS 报道称，其每年追踪的歌曲超过 1 亿首。有些排行榜里，比如百首热曲排行榜，《公告牌》结合两种测量方式，并结合每首歌的指数，相应地给出排名。

请注意，另一种大众媒介即广播，在唱片的反馈机制中起着重要作用。音乐广播电台依据《公告牌》排名来决定它们应该播放的曲目。因此，唱片对于广播来说也具有反馈机制的功能。

224

图 9—3　《公告牌》排行榜节选

受众

获取唱片（CD 及音乐下载）的听众资料比较难，部分原因在于唱片业是由听众的购买而不是广告来维持的。这就意味着唱片公司关注收集总体销售数据，而通常并不追求详细的听众人口资料。确实有一些唱片公司发起市场调查以更多地了解它们的听众，但这些研究的结果普通大众是看不到的。据统计，这个国家超过 90% 的家庭拥有播放 CD 或数字下载的设备。

 媒介探索

赞助摇滚

20 世纪 60 年代期间，很多年轻人反叛社会主流规范，形成社会学学者所称的"反主流文化"。反主流文化人士还反对越南战争、种族不平等、大公司和权威人物〔如警察、政府、军队、企业——所有这些都归为一个术语"大佬"（The Man）。〕反主流文化的统一元素是摇滚乐。一句有名的口号出自《滚石》杂志 1968 年的一则广告："大佬无法逮捕我们的音乐。"20 世纪 60 年代任何音乐歌手或乐队要想在音乐界获得成功，就要远离与"大佬"有关的一切，尤其是大企业。摇滚音乐和大企业不能混为一谈（讽刺的是，"大佬无法逮捕我们的音乐"这个口号实际上是哥伦比亚唱片公司营销活动的一部分，这家大企业试图从反主流文化情绪中获益）。

到了 2012 年，一切都改变了。现在如果歌手和乐队想要在音乐行业内挣钱，企业支持是必要条件。举一个恰当的例子：黑眼豆豆乐队被《华尔街日报》冠以"美国最公司化的乐队"之名。该乐队最早认识到 CD 销量下降意味着歌手必须寻求新的收入来源，最有希望的挣钱方式是为美国企业代言。一位产业专家曾估计 2010 年音乐团体和音乐活动的企业赞助达 10 亿美元左右。

黑眼豆豆与大企业合作可以追溯到 2003 年，他们的一首歌被置入苹果 iTunes 广告，里面还有个舞动的剪影。从那以后，该乐队与百思买、维多利亚的秘密、美国职业篮球协会（2004 年 NBA 季后赛之前播放的就是他们的歌"Let's Get It Started"）、百事可乐、塔吉特、本田和威瑞森等均有代言合作。黑眼豆豆还在诸多私人企业活动中出席表演。2010 年，黑眼豆豆在时代广场为三星 3D 电视机的发布活动演唱。2011 年巡演期间，乐队成员 will. i. am（威廉·亚当斯）表演了一段受观众短信启发的饶舌说唱。这条短信通过画着黑莓手机的两块巨幕投映出来。巡演的主要赞助商是黑莓手机的生产商 RIM 公司。大企业冠名赞助乐队的巡演、拍视频的预算、营销和其他费用。企业联名的结果是赢利底线更高。2010 年黑眼豆豆的收入超过 1 600 万美元。2011 年似乎也不错。他们在超级碗 XLV 比赛中的表演评价不一，但美国有超过 1.1 亿观众收看。这种曝光率通常会带来更多的销量和更多的企业代言。

当然，黑眼豆豆不是唯一走向商业化和代言产品的歌手。U2 乐队在苹果广告中出现，巡演是黑莓赞助的。斯汀（Sting）的音乐视频被捷豹所用。蒂姆·麦克罗格（Tim McGraw）2009 年巡演的赞助商是澳拜客牛排（Outback Steakhouse）。向来反主流的珍珠果酱乐队也与塔吉特签订了代言合同。甚至连鲍勃·迪伦，这位反主流文化的英雄也出现在维多利亚的秘密的广告中。现在，提到"大佬"，摇滚乐唱的是另一种调了。

一般说来，拥有一套音响设备的人购置设备的花费是 500~800 美元。他们每天花大约一个小时听磁盘和下载音乐。

音乐的购买与年龄有关。年纪大一点的消费者是唱片业主要的收入来源。2006 年，根据美国唱片行业协会的数据，30 岁以上的人在音乐上的支出占了音乐总花销的 55％以上。2008 年，最新的数据表明，同一占比约为 64％，增长了 16％。与此同时，20 岁以下的消费者的花费下降了，从 21％下降到 18％。这种趋势的另一个原因是年龄较大的人购买的 CD 比年轻人购买的更贵，年轻人更倾向于更便宜的数字下载。

下载音乐的各年龄层也不同，20～29 岁和十几岁的群体是最活跃的下载者。下载音乐的人中，少数民族比白人多，男人比女人稍多。

唱片业的职业前景

现在是唱片业的困难时期。所有大唱片厂牌都开始裁员和压缩某些部门。求职机会对于提供数字音乐下载的公司来说会好一些，如苹果和亚马逊，或者是赞助巡演和演唱会的公司。

各媒体的职业前景变化迅速。关于唱片业当前状况的更多描述以及更为详细的职业选择介绍，请参考本书网站：www.mhhe.com/dominick12e。

226

要点

- 托马斯·爱迪生最先发明了留声机，它最初是作为录制声音的设备，后来用于录制音乐。埃米尔·伯利纳完善了在一张扁平唱片上以螺旋模式录制音乐的现代技术。到一战结束时，大多数的美国家庭都拥有了唱机。
- 广播的出现及经济大萧条危及了唱片业的发展，但由于自动唱机的流行，该行业得以存活下来。
- 二战后，由于磁带录音与密纹唱片的发展，而且尤为重要的是，广播电台开始将播放录制音乐作为节目模式的一部分，该产业迅速成长起来。
- 摇滚乐刺激了唱片的销售，并使年轻人成为录制音乐市场的一个重要组成部分。
- 数字下载改变了音乐产业的商业方式。
- 唱片业有四个组成部分：人才、制作、发行及零售。
- 四大公司垄断了唱片市场。
- 《公告牌》杂志排行榜是该行业最重要的受众反馈形式。
- 经过几年的增长期，唱片业的收入已开始下滑，部分是因为 CD 流行度的下降。

复习题

1. 试述从爱迪生时代至今被用来录音的各种媒介。
2. 音乐的云存储与传统下载有何不同？
3. 试述唱片业的发行机制。你个人曾使用过多少种发行渠道？
4. 如果唱片业经济上成功的机会很小，为什么还有这么多人想在这一行业赚大钱？

批判性思考题

1. 为什么唱片业用了这么长的时间才意识到广播播放有助于唱片销售？

2. 唱片业的大公司所有权意味着什么？大公司不太可能推出新艺员与比较冒险的音乐风格吗？

3. 通过文件共享服务下载与共享音乐的伦理问题是什么？如果你曾非法下载过音乐，你做的时候是否有犯罪感？如果有，为什么？如果没有，又是为什么？

4. 数字时代里唱片零售店的前途是什么？如果你可以直接通过电脑或移动设备下载音乐，为什么还要去商店？人们前往唱片店除了购买唱片专辑还有什么目的？

关键词

留声机

格拉弗风留声机

唱盘式留声机

硬币游乐场

爵士乐

重金属

货架批发商

转销站

样带

公告牌

互联网冲浪

唱片行业的网站就像该行业本身一样瞬息万变。以下所列是本书付印时还存在的网站。

www. billboard. com

这是《公告牌》杂志的在线版。包括该行业的最新新闻以及最近的排行榜。

www. sonymusic. com

索尼音乐的主页。列出了所有顶尖的歌手以及公司旗下不同厂牌的链接。

www. apple. com/itunes

你可能已经知道这个网站。

www. recording-history. org

关于唱片技术发展史的详细介绍。

www. riaa. org

美国唱片行业协会的网站。包括产业数据、最新新闻以及法律信息。

第 10 章

电影

本章将帮助你：

- 解释电影产业的发展历程
- 描述电影制片厂是如何占据这个产业的
- 讨论电视是如何影响电影产业及其受众的
- 理解数字电影制作对电影产业的意义
- 解释数字时代如何影响了电影
- 描述电影产业的组成部门及电影的制作流程

回顾历史会有助于理解电影产业的现状。下面是个总结表。

229

年代	观影方式	屏幕
1920，1930，1940	去电影院	电影屏幕
1950	去电影院	电影屏幕
1960	在家收看广播电视的电影	电视屏幕
1970	去电影院	电影屏幕
1980	在家收看广播电视的电影	电视屏幕
	在家收看基础有线电视的电影	
	在家收看付费有线电视如 HBO 的电影	
	在家观看按次计费电影	
	在录像店租或买影像带回家播放	
1990	去电影院	电影屏幕
	在家收看广播电视的电影	电视屏幕
	在家收看基础有线电视的电影	电脑屏幕
	在家收看付费有线电视如 HBO 的电影	
	在家收看按次计费电影	
	在影碟店租或买 DVD 回家播放	
	网上租或买影碟后邮寄上门（如奈飞），在电视或电脑上观看	
2000，2010	去电影院	电影屏幕
	在家看广播电视的电影	电视屏幕
	在家看基础有线电视的电影	电脑屏幕
	在家看付费有线电视如 HBO 的电影	便携式媒体播放机的屏幕
	在家收看按次计费电影	平板电脑屏幕
	在影碟店租或买 DVD 回家播放	智能手机屏幕
	网上租或买电影后邮寄递送（如奈飞），在电视或电脑上观看	
	通过有线电视或卫星电视的视频点播看电影	
	下载电影到便携式媒体播放机（如 iPod 或 PSP）	
	下载电影到平板电脑或智能手机	
	从奈飞、谷歌和其他网站观看流媒体视频电影	
	从 Facebook 观看流媒体视频电影	

显然，购买和观看电影的方式更多了。本章将会展示这种发展对电影业产生的巨大影响。但我们要从头说起。首先来看看电影业是怎么发展起来的。

 简史

电影和电视之所以有可能成为现实，是因为人类知觉系统的两个奇妙之处：**似动现象**（phi phenomenon）和**视觉暂留**（persistence of vision）。似动现象是指当人看见一个光源熄灭而同时另一个紧挨着它的光源点亮时会发生什么。对我们的眼睛来说，它看起来就像光从一个地方移到另一个地方。视觉暂留原理是说，我们的眼睛在图像从视野中消失后，还能在几分之一秒中继续看见图像。在 19 世纪早期，欧洲依据这一原理制造了许多玩具。这些小装置取了一些怪异的名字（西洋镜、活动视镜），它们使得一系列手工绘制的图片看起来像在动一样。

■ 早期美国电影

爱迪生实验室　　不久，一些重要的发明家认识到可以用一系列电影胶片上的静止相片代替手工作画。1878 年，一位后来引起美国人注目的英国人，爱德华·迈布里奇（Edward Muybridge），想用 25 000 美元赌奔跑的马的四蹄是否会同时离开地面。他在跑道边上安置了 24 架相机来拍摄奔跑中的马。快速浏览这一系列的照片会产生一种非常类似电影的效果。迈布里奇的技术不但赢了这场赌局（马的四蹄的确会在某个时候同时离开地面），现在来看，它也展现了电影摄影背后的想法。不用 24 台相机每台各拍一张照片，人们只需要用一台相机快速连拍 24 张照片。托马斯·爱迪生和他的助手威廉·迪克森（William Dickson）最终研制出了也许是第一台可操作的电影摄影机和观看设备。迪克森采用了柔韧的胶片，在其边缘打上小孔，然后用齿链轮设备来拉动胶片，从而解决了如何让胶片快速移动通过摄影机这个令人烦恼的问题。1889 年，迪克森改进了这台名叫**运动摄影机**（Kinetoscope）的机器，他甚至在一部短片中担任主角来解说它是怎样工作的。

爱迪生实验室早期并不意在向一大群人放映电影。爱迪生设想用这个设备单次播放短片给个人观看，看一次收取一分钱。爱迪生为这个新发明建造了一个特殊的工作室来制作电影，至 1894 年，运动摄影机观看厅在主要城市中兴起。但爱迪生没有抓住这项发明的长期商业潜力。他认为通过销售他的西洋镜机器才能赚到钱。如果在同一时间为一大批人放映电影，就只需要较少的机器了，所以他对适合大众群体的机器并不感兴趣。

活动视镜的早期版本。后来的模型可以把活动图像投射在一块大屏幕上以供很多人同时观看。

欧洲的发展证明了爱迪生是错的，当时的发明家发明了大屏幕的放映设备。面对竞争，爱迪生改进了早期的维太放映机，并于 1896 年在纽约市将它公之于众。

早期的电影只是动作的简单片段——卖艺者翻筋斗、马儿奔跑、变戏法者耍把戏等。最后，新鲜感耗尽了，电影的吸引力变小了。

硬币游乐场　　当早期电影制作者发现可以用电影讲故事时，很快再次激发了公众的兴趣。在法国，爱丽斯·盖伊·勃莱切（Alice Guy Blache）制作了《甘蓝仙子》（*The Cabbage Fairy*），这部一分钟的电影内容是关于一位在甘蓝菜叶中制造小孩的仙女，它在 1886 年巴黎国际展览会上展出。勃莱切接着在美国创办了她自己的工作室。更广为人知的是另一位同行法国电影制作人和魔术师乔治·梅里爱（Georges Méliès）的作品。1902

年，梅里爱制作了一部科幻电影，它是《星球大战》（*Star Wars*）和《星际旅行》（*Star Trek*）的远祖，名叫《月球之旅》（*A Trip to the Moon*）。不过，梅里爱并没有完全开发出电影在讲述故事方面所能达到的自由度。他的电影基本上是一些用固定摄影机拍摄的夸张的舞台剧。是美国人埃德温·S·波特（Edwin S Porter）在他的《火车大劫案》（*Great Train Robbery*）中最早发现了剪辑和机位的艺术潜力。这些新的叙事电影超乎寻常地受到观众的欢迎，并且证明它们在商业上也是成功的。几乎一夜之间，拥有 50 到 90 个座位的电影院在全国各地改建后的店铺里蓬勃发展起来，它们因 5 分钱硬币的入场费而被称为硬币游乐场（nickelettes 或 nickelodeons）。

硬币游乐场依靠观众营业额来赚取利润。要使观众再次光顾就要经常更新电影——有时候是每天一换。这项策略促生了对电影的极大需求，新的制作公司很快成立（在早期，电影被看作另一种大批量生产的产品；因此，早期的电影厂叫做电影工厂）。纽约和新泽西成为这些早期电影公司的基地。

阿道夫·朱克和 D·W·格利菲斯　阿道夫·朱克（Adolph Zukor）决定模仿欧洲电影制作人，瞄准中产阶级观众制作更长更昂贵的电影。他得到了一部 4 卷盘胶片的法国电影《伊丽莎白女王》（*Queen Elizabeth*），它是由那一时期最著名的女演员莎拉·伯恩哈特（Sarah Bernhardt）主演的，在美国以当时来说过高的一美元一张票的价格放映。他的实验是成功的，证明了美国观众会为较长的电影花更多的钱，而且会安静地坐着把它看完。虽然如此，《伊丽莎白女王》本质上依然是一部舞台剧电影。

最终充分利用电影媒体优势的是美国人 D. W. 格利菲斯（D. W. Griffith），他把电影确立为一门独立的艺术形式。他在 1915 年发行的杰出的内战戏《一个国家的诞生》（*Birth of a Nation*）虽然存在争议和有种族主义之嫌（参见"媒介探索：一部争议片的诞生"），却是那个时代最为昂贵的美国电影（11 万美元）。这部三小时的电影拍摄时没有脚本，把介绍历史作为电影主题。格利菲斯接着超越了《一个国家的诞生》的制作金额，制作了一部更为宏大的史诗影片——《党同伐异》（*Intolerance*），这部作品由四个关于生活中的不公正的情节所构成。这部影片在 1916 年完成，花费了大约 200 万美元（在 21 世纪初制作同样的电影，随随便便就会花掉 9 000 万到 1.1 亿美元）。

 媒介探索

一部争议片的诞生

格利菲斯的《一个国家的诞生》是为纪念美国内战结束 50 周年而拍的。这部电影改编自一本名为《同族人》（*The Clansman*）的小说。1906 年根据小说改编的舞台剧上映后引发了费城骚乱，但格利菲斯还是选择按原计划继续拍摄电影。

故事描绘了战前南方幸福的田园生活，而内战扰乱了它的平静。战争结束后，南方白人成为背叛的非洲裔美国人、北方投机者和腐败的政客们的受害者。而白人三 K 党要求报复黑人并恢复到战前的理想国。

全美有色人种协进会反对电影在西海岸公映。约 4 万名非洲裔美国人在加利福尼亚州示威。为此，洛杉矶审查机构（某些大城市有区域电影审查团）责令删减电影中饱受争议的几处情节。有一个代表团要求纽约市市长取消电影首映，但遭到拒绝。电影在波士顿公映时，电影院外发生了几起斗殴。直到芝加哥市市长同意在市电影审查团中安排一名黑人，动荡的局面才得以扭转。格利菲斯从他个人来说永不能理解黑人对此片的感受。他以言论自由为名来反对这些示威行动。

《一个国家的诞生》今天很少被放映，尽管 2011 年特纳经典电影频道播放过此片。当代观众认为这种种族主义的叙述不可接受。此片的技术成就比起内容而言更值得纪念，因为它昭告世人电影也可以具有政治和社会力量。

作为对《一个国家的诞生》所引发争议的回应，非洲裔美国人乔治·约翰逊和诺贝尔·约翰逊兄弟制作的一些影片提供了对非洲裔美国人更为真实且更为准确的描述。第一部《一个黑人的壮志雄心》（*The Realization of a Negro's Ambition*），证明了存在支持代表黑人群体的电影的非洲裔美国人观众群。约翰逊兄弟的公司即林肯电影公司（Lincoln Motion Pictures），一直运转到20 世纪 20 年代早期，直到资金匮乏以及无法保证在白人电影院中的票房被迫停业。

电影专利公司的诞生　　1908 年至 1918 年这十年中电影制作方面发生的事件对电影产业未来的模式具有深远的影响。随着电影产业基本经济结构的发展，电影制作中心移到了西海岸，独立电影制作人逃脱了大公司消灭他们的企图，成为该产业中一支重要力量。对新影片的巨大需求带来了这个领域的激烈竞争。一些小的电影公司通过使用走私的设备（不必为这些设备付版税）来走捷径并开始制作电影。竞争很快达到了残酷的程度；法律诉讼惊人地频繁。为了给行业带来秩序（也为了减少法律开销），具有领导地位的电影与电影设备生产商结成联盟，联营它们的专利，并成立了**电影专利公司**（MPPC），把电影制作限制于组成 MPPC 的这 9 家公司。电影放映商统一每周缴纳两美元的税，以使电影院有权使用 MPPC 拥有专利权的放映设备。不支付此税则意味着取消剧院所有者获得 MPPC 所核准的影片的资格。最终，为了适应这个发展中的产业，一个新的角色——电影发行人诞生了。电影发行人担负了批发商的功能，从制作商那里购买影片，然后把它们租给放映商。这种三层结构——制作、发行、放映——一直沿袭到今天。MPPC 很快也控制了电影发行。

MPPC 并不压制竞争，相反，它实际上鼓励竞争。独立制作人烦透了那些压迫性的规则，开始以比 MPPC 成员更低的价格向放映商出售电影。还从欧洲进口好几卷长的完整故事片。MPPC 宣战了，"不合法的"工作室遭到了袭击，设备被砸毁。为了逃避 MPPC 的侵扰，独立制作人逃到了纽约和新泽西，他们想找一个落脚的地方，这个地方应该有晴朗的天气、有趣的地形、低廉的商业费用，并且要靠近国家边境，以便逃避 MPPC 的传讯。佛罗里达过于潮湿，古巴太不方便，得克萨斯太单调。最后，他们发现了完美的环境——洛杉矶一块寂静的郊区，它被称为好莱坞。到 1913 年，这个新家是如此地鼓舞了独立电影制作，以至于 MPPC 不能再限制它的发展。到 1917 年，这个专利组织实际上已失去了它的权力。

明星制　　如果不是 MPPC 那么顽固的话，围绕好莱坞及其明星的魅力光环也许不会诞生。因为专利公司拒绝宣传它的演员，独立制片人很快认识到可以利用影迷对男女电影演员的兴趣来抢走 MPPC 影片的观众。独立制片人卡尔·拉姆勒（Carl Laemmle）精明地推出了一位女演员，她有一个诗意的名字——弗洛伦斯·劳伦斯（Florence Lawrence），成为也许我们可以称之为第一位电影明星。随着弗洛伦斯名声变大，她的影片更加赚钱。这刺激了其他独立制片人跟上步伐推出他们自己的明星。最能体现明星制成长的两位艺人是玛丽·皮克福德（Mary Pickford）和查理·卓别林（Charlie Chaplin）。1913 年，卓别林拍电影的报酬是一星期 150 美元，这在当时已是很高的薪水。仅仅四年之后，他拍 8 部电影的报酬是 100 万美元。玛丽·皮克福德的昵称是"美国甜心"，1913 年每星期报酬为 1 000 美元，到 1918 年她每星期赚 15 000 到 20 000 美元，此外她还可以分到其影片高达 50% 的利润。

在 1919 年明星制自然终止。卓别林与皮克福德两人加上其他演员与制片人开办了自己的制作公司——联美电影公司（United Artists）。雇员现在拥有了自己的店。

明星制还有另一种更为微妙的影响。一旦明星受到欢迎，大众就会要求在更长的影片中看到他们。然而，长达一至两个小时的故事片制作起来也更加昂贵，此外，不能指望观众会在硬币游乐场中所常见的木板凳上坐上两个小时。建造能容纳几千名观众的庞大而舒适的电影院的需求就产生了，与此同时，调高入场费也变得合理。这些新的电影宫殿不久就落成了。1914 年，斯特兰德影院在纽约开业，其座位能容纳三千多名观众，占据了整整一个街区，还有为一个交响乐团留出的场地。在西海岸，1922 年锡德·格劳曼（Sid Grauman）花了近 100 万美元开了一家埃及剧院（Egyptian Theater）（在中国剧院的对面）。他的引座员穿上了"埃及艳后"式的服装。显然，镍币再也不是电影的象征了。

合并与发展　不断上涨的电影制作费用使得制片人必须确保公司的影片能被够大够新的电影院订购以产生利润。在这种经济压力下，电影产业朝着合并的方向发展。阿道夫·朱克的公司最终变成了派拉蒙电影公司，它把电影的制作和发行合并到一个法人组织中。派拉蒙和它的主要对手福克斯电影公司都开始建立自己的电影院，而马库斯·洛尔（Marcus Loew）作为大院线的所有者，也购买了自己的电影制片厂（后来成为米高梅电影公司）。电影制片厂的所有者通过另一项名为**"批量订票"**（block booking）的政策来对独立放映人加以控制。为了从电影制片厂拿到两三部第一流的影片，电影院老板不得不同意放映其他五六部水平较低的影片。虽然这项政策对放映商不太有利，但它保证了制作公司稳定的影片收入。

所有这一切发生在第一次世界大战肆虐欧洲的时候。当战争在 1918 年结束时，美国电影产业已经成为全世界的主导力量，占领了超过 80％的世界市场。在 20 世纪 20 年代初，主要的制作公司都运作良好，欣欣向荣，而且非常乐于成为电影行业中的一道门槛，就像它们几年前取代的 MPPC 所做的那样。

喧嚣的 20 年代

战后好莱坞繁荣的爆发比起其他商业领域有着更多的推动力。利润在上升，当制片人认可赚钱的唯一途径是花钱这条原则时，奢侈浪费就成了一种通行的做法。在 1914 年至 1924 年间，故事片的成本上涨了 1 500％。薪水、设备、服装、道具、购买畅销书改编成电影的版权全都导致了电影成本的遽升。甚至联美电影公司的律师一年的报酬也达到 10 万美元。到 1927 年，平均一部电影的成本为 20 万美元，许多影片的成本轻而易举地就超过了这个数字。《宾虚》（*Ben Hur*，1925）的制作据称花费了 600 万美元。

巨额的薪水在好莱坞营造了一种新兴都市的氛围，许多人——其中一些还很年轻——并没有准备好如何应付伴随骤富而来的诱惑。没过多久，报纸就开始刊登有关狂欢聚会、卖淫、电影公司应召女郎、走私威士忌以及毒品的报道。好莱坞被冠名为"罪恶之城"。1922 年，在短短的几个月内，喜剧明星法帝·阿巴克尔（Fatty Arbuckle）卷入一起强奸案中，两位女明星涉嫌谋杀一位著名导演，广受欢迎的男演员华莱士·里德（Wallace Reid）在试图戒除毒瘾时死亡。公众对这些曝光事件的反应可想而知：蔑视与愤怒。到 1922 年年末，36 个州的政客提出议案要求建立电影审查委员会。电影公司聘任了拥有很高声誉的前邮政大臣威尔·海斯（Will Hays）来领导该行业成立的一个新的自律组织。这个组织名为"电影制作商和发行商协会"，它成功地阻止了政府的控制，它所制定的基本标准沿用了几乎 40 年。

20 世纪 20 年代末声音的到来

既然从 1918 年开始在胶片上对声音进行光学记录就是可行的，为什么好莱坞一直等到 20 世纪 20 年代后期才推出有声电影呢？因为钱。

20 世纪 20 年代的经济效益很不错，因而大电影公司不想进行关于新技术的昂贵试验。但是，华纳兄弟电影公司（Warner Brothers）的财政状况不如其他电影公司理想。由于华纳在大城市没有电影院，也不能在获利最丰厚的市场放映它的影片，因此为了让它的影片进入电影院就乐意尝试任何事情。1927 年，华纳发行了《爵士歌王》（*The Jazz Singer*）。在这部影片中，艾尔·乔森（Al Jolson）在银幕上不仅唱歌而且说话。两年之内默片实际上就消亡了。

尽管有着大萧条带来的经济后果，声音的新鲜感还是使电影产业繁荣发展。1929 年，平均每周的电影观众人数为 8 000 万。到 1930 年，这个数字达到 9 000 万——这个现象使许多人认为电影制作是一个可以逃避经济萧条的产业。随着 1931

年观众人数的下降及 1932 年的再次下降，他们很快就被证明是错误的。要想吸引观众必须有所创新。1935 年用新的彩色电影摄制法拍摄的《浮华世家》（*Becky Sharp*）摄制完成。电影院也开始实行双片放映制（double features），即用一张票看两部电影。动画片也吸引了数目可观的观众。所有这些新动向都要求好莱坞制作更多的电影——在 20 世纪 30 年代大约每年有 400 部——来满足市场的需求。这么大的制作量对于主要的电影制片厂来说是个利好消息，因为它们可以更加经济地生产大量电影。而且，向有声电影转变所需要的大量金钱以及经济萧条所带来的恶劣经济条件，迫使很多小公司停业，只剩下 8 个大电影制片厂控制着电影产业。

电影制片厂时代：1930—1950 年

从 1930 年至 1950 年的 20 年是电影制片厂时代，米高梅、20 世纪福克斯、雷电华、华纳兄弟、派拉蒙、环球、哥伦比亚和联美在该产业中占据了主导地位。这些电影制片厂开辟了上百英亩的外景场地，搭建了精致的有声电影摄影棚，聚集了大批富有创造力的人才，精心培育电影明星。观众崇拜并仿效他们最喜爱的银幕偶像，这些偶像被描述成高于生活的神，他们生活在迷人的梦境中。

随着电影制片厂的产品显露出独特的个性，每家电影制片厂在那个时期都有自己的代表作。例如，在那个时期，华纳兄弟因为警匪片而闻名；20 世纪福克斯因历史片和冒险片而闻名；而米高梅有名的是豪华明星云集的音乐片。

电影取得最重要成就的时期是 1939 年至 1941 年。1939 年发行了《飘》（*Gone With the Wind*），它展示了彩色电影的新发展。同一年还发行了另外两部经典影片，《绿野仙踪》（*the Wizard of Oz*）和《关山飞渡》（*Stagecoach*）（约翰·韦恩第一次饰演主角）。仅仅两年之后，奥逊·威尔斯（Orson Welles）自导自演了《公民凯恩》（*Citizen Kane*），有些评论家认为这是美国拍过的最好的电影。

电影制片厂的财政支持和股份多元化帮助电影业熬过了经济大萧条。观众人数和利润在 1934 年开始上升，并在整个二战期间保持稳定。在 20 世纪 40 年代，看电影成了美国人生活重要的一部分，就像今天看电视一样。事实上，电影观看的鼎盛时期是 1946 年，当时平均每周观众人数达到 9 000 多万。但到 1948 年，所有这一切都改变了。

回溯到 1938 年，美国司法部对派拉蒙和其他大电影公司提出控告，指控该行业对制作、发行和放映的垂直控制造成了对交易的限制和垄断行为。这桩案件在二战期间被搁置在一边，但是到 1948 年，法院判决大电影制片厂必须放弃三大领域中至少一项的股份。大多数电影制片厂选择了剥离其电影院线。法庭同时还废除了批量订票制度，这样就剥夺了电影制片厂对其所有的影片的放映保证。结果，电影制片厂不得不减少影片产量和削减开销。

电影业反击电视

在 20 世纪 40 年代晚期，电视开始拥有相当多的观众，它瓜分了电影业的利润。电影业的第一个反应是反击。电影制片厂顽固地拒绝在电视上为它们的电影做广告，并且也不在新媒介上播放老影片。许多电影制片厂与大明星签下条款，禁止他们出现在电视上。但电视越来越流行，这些行为都没能产生明显的影响。越来越多的美国人买了电视机，而电影观众人数在下滑。

好莱坞开始寻找新的途径以从电视那里夺回一部分观众。到 20 世纪 50 年代早期，电影业觉得它已经找到了答案——技术的魔力。第一个技术创新是 3D（三维电影）。观众可以戴上一种特殊的偏光眼镜来体验这种效果，感受长矛、火车、箭、刀、鸟以及简·拉塞尔（Jane Russel）从银幕上直接向他们扑来的错觉。不幸的是，这种眼镜会导致一些人头痛，而且要配备这种设备对大多数影院老板来说也太贵了。观众很快对这个新鲜玩意厌倦了。不久后 3D 被放弃了。第二个技术创新是银幕的尺寸。西尼拉玛全景电影（Cinerama）使用了三架电影放映机和弯曲的银幕，将观众包围在电影中。电影业最终采用了不那么昂贵的扩大银幕尺寸的技术，如西尼玛斯柯普宽银幕电影（Cinemascope）、潘那维申宽银幕电影（Panavision）和全景宽银幕电影（Vistavision），但这对遏止好莱坞金钱的流失没什么作用。

早些年电影公司对电视的态度显然是一个短视的例子。电影公司没能看到它们可以在电视的发展中扮演主导角色。由于早期主要的电视网并不热衷于提供电视节目，电影公司本可以成为电视节目理所当然的来源。当好莱坞认识到与电视合作对它最为有利时，已经有点晚了。在 20 世纪 50 年代晚期，电影制片厂开始向电视发行 1948 年以前的电影，并且向电视网提供节目。在 1960 年，在小小的电视屏幕上也能看到 1948 年后制作的影院电影了。

到 20 世纪 50 年代，电视越来越明显地成为电影可怕的竞争对手，电影业搜寻了多种新方法想把观众拉回到电影院。它尝试过预算庞大、景象壮观的电影，如《埃及艳后》（Cleopatra），以及更多地涉及电视上无法播出的成人题材电影，诸如外遇与同性恋。

重组：1960 年到 1990 年的电影业

20 世纪 60 年代的标志是大的电影制片厂力量的削弱以及与老竞争对手电视的来往更为密切。独立制片人的持续增长导致了随之而来的电影制片厂权力的丧失。随着大制作公司削减生产，他们辞退了许多演员、编剧和导演，这些人很自然地组建了小的独立制作公司。这些独立制片人利用大电影制片厂筹集资金与发行，他们和其雇用的演员经常只领很少的薪水以换取电影利润的百分比提成。到 20 世纪 60 年代中期，大约 80% 的美国电影是独立制作。

糟糕的经济形势带来了其他变化。面对不断恶化的财政状况，一些大电影制片厂被更大的集团兼并。在 20 世纪 70 年代早期，米高梅和 20 世纪福克斯的电影厂都被卖掉，以便为房地产开发商腾出地方。

20 世纪 60 年代晚期也见证了电影监管环境的变化。最高法院宣布了几项放松电影内容监管的决议，电影制作者很快就利用了这些新的自由。1968 年，美国电影协会对行业自律的态度有所缓和。旧的制作法规试图监管电影内容，而新体系试图通过设立 G-PG-R-X 分级系统来约束观众。

随着在 20 世纪 60 年代中期专门为电视制作的电影的出现，电影和电视的关系在这一时期变得更为密切。在 1974 年，大约有 180 部电视电影在电视网上播放。同一年，主要电影公司仅向电影院发行了 109 部电影。

从 1970 年到 1990 年，电影史显现出几种趋向：收入上升，正如许多故事片的预算上升一样，有几部电影取得了惊人的总收入。这些趋向中最重要的一点是，从 1946 年开始下滑、到 1971 年跌至谷底的票房收入开始回升。除了 1973 年和 1976 年的短暂下滑外，总体趋势一直上升。1977 年，票房总收入大约为 24 亿美元；到 1981 年，收入上升到近 30 亿美元，虽然其中增加的一部分要归因于通货膨胀。

随着更多的现金流入票房，故事片的预算也获得了更多的资金。事实上，20 世纪 70 年代晚期与 80 年代早期的电影让人联想起 20 世纪 20 年代的奢华。也许这个时代最有趣的电影现象是大片的崛起。从 1900 年到 1970 年，只有两部电影（《音乐之声》和《飘》）的发行收入超过 5 000 万美元；而在 1970 年和 1980 年之间，17 部电影的发行收入超过了这个数字。但是现在，至少有 10 部电影的发行收入突破了 4 亿美元的大关（参看表格 10—1）。

另一方面，1985 年美国电影协会设立了新的等级类别——PG-13。该类别是为建议 13 岁以下的儿童在父母指导下观看的影片而设立。而另一个新等级 NC-17 在 1990 年取代了 X 级。

表 10—1　2011 年电影累计票房领先者

排名	片名	上映年度	发行收入（亿）
1	阿凡达（Avatar）	2009	$7.6
2	泰坦尼克号（Titanic）	1997	$6.01
3	黑暗骑士（The Dark Knight）	2008	$5.33
4	星球大战（Star Wars）	1977	$4.61
5	怪物史瑞克 2（Shrek 2）	2004	$4.41
6	E. T. 外星人（E. T.）	1982	$4.35
7	星球大战前传 1：幽灵的威胁（Star Wars—Phantom Menace）	1999	$4.32

续前表

排名	片名	上映年度	发行收入（亿）
8	加勒比海盗 2：聚魂棺（Pirates of Caribbean—Dead Man's Chest）	2006	$4.23
9	玩具总动员 3（Toy Story 3）	2010	$4.14
10	蜘蛛侠（Spiderman）	2002	$4.03

数据基于电影发行收入——电影发行方从电影院获得的收入。此数据不同于电影票房收入，也不包含 DVD 或影像带租赁和出售收入。该表只包括美国和加拿大的数据。

新技术：1990—2010 年

这 20 年里电影逐渐从电影院的大银幕搬到家里的小屏幕上。到 1990 年，首轮播映的电影在家里的电视机上就可以看到，这得益于 VCR（录像带播放机）的普及。1990 年 90% 的家庭有 VCR。很多企业如百视达（Blockbuster）利用 VCR 的普及度直接向顾客出租和出售电影录像带。从 1980 年年末开始，好莱坞从录像带销售和租赁业务上挣的钱超过了票房收入。

20 世纪 90 年代，**数字影碟（DVD）** 取代 VCR 成为电影首选的媒介载体。DVD 播放机很快流行起来，到 2006 年进入了 80% 的美国家庭。不久之后 DVD 受到了另一种新技术的挑战。越来越多的家庭安装了高速宽带，利用这一现状苹果推出了一项服务，使消费者能把电影下载到电脑或其他移动设备上。此外，奈飞和其他公司推出了直接与电视机、智能手机和平板电脑对接的流媒体电影服务。如本章开头表格所示，现在观看电影的方式更多了。

> **引文　看电影成为一种病痛**
>
> 大约 10% 的美国人罹患小眼疾，如弱视、眼肌不平衡或深度知觉问题。患有这些眼疾的人观看 3D 电影时，他们的大脑和眼睛会感到吃力，可能会因引发头痛而离场。

当代趋势

电影产业还在担忧隐私权和非法文件分享。电影老板看到了纳普斯特对音乐产业产生的影响，不希望自己也遭此厄运。这个问题现在甚至更紧迫，诸如 BitTorrent 之类的文件分享程序加速了这一过程，很大的影片文件用较短的时间也可以下载下来。浏览美国电影协会网站会发现它致力于打击盗版。

DVD 销售仍是电影业收入的主要来源，但从 2007 年至 2010 年 DVD 销售和租赁的总收入下降了 12%。蓝光 DVD 和视频点播的出售和出租收入增加了，但还不足以弥补 DVD 收入下降的部分。比起购买和租借 DVD，显然很多消费者更喜欢流媒体视频或数字下载。

院线票房收入从 2007 年到 2010 年上涨了 15%。增长的原因主要来自更高的票价，尤其是 3D 电影票价，而售出的票数持平甚至稍有下降。2009 年的经济下滑好莱坞也无法幸免。电影制片厂不得不削减成本，控制拍摄电影的数量。

电影业仍然由六大公司主导：索尼/米高梅、NBC 全球、迪斯尼、福克斯、华纳兄弟和派拉蒙。这些公司投资、制作和负责发行影片，通常控制了 80% 左右的市场。

现代电影的内容千差万别。2010 年排名前十的电影中有四部是动画片。其余都大量运用了特效（《阿凡达》、《钢铁侠 2》、《爱丽丝梦游仙境》和《盗梦空间》），还有一部是吸血鬼片（《暮光之城 3：月食》）。

数字时代的电影

转型

目前多数电影仍然是以模拟方式制作的，即捕捉胶片上的影像。然而，数字革命影响着电影的制作、发行和放映。

制作数字电影

数字电影制作已经成为现实。实际上，任何使用数码摄像机拍摄并在电脑上编辑的人都是在制作数字电影。很多好莱坞大制作如《三个火枪手》都是用数码摄像机拍摄的。动画电影如《玩具总动员 3》完全是用数字技术创作的。另一项新技术叫动作捕捉，可以记录人类演员的动作来制作数字动画人物。像《兰戈》（Rango）这样的电影大量运用了此技术。

影院的数字发行

过去 90 年以来电影发行系统没有多少变化。成千上万的电影胶片拷贝出来后进行质量监测，然后装进大铁罐里，被运往全国各地的影院。每部电影拷贝需要花费 2 万美元以上。

数字发行就便宜得多了。电影被拷贝到硬盘上，然后运往影院或通过卫星、光纤和网络进行电子传送。专家计算，数字发行每年能为产业节省 10 亿美元。另外，数字发行没有传统电影发行过程中可能发生的划伤、蒙尘和"闪动"问题。

数字放映

数字电影一旦被发送到影院，就必须在特殊的数字放映机上放映。这个产业数字化的脚步较慢就是因为成本——每块屏幕约 10 万美元。一家电影院配备 16 块巨幕，那是相当大的投资。院线老板认为电影发行商应该承担部分成本；可发行商不愿意掏钱，它们称转型期的成本上涨了，因为它们必须同时提供模拟和数字两个版本的影片。然而，2008 年下半年院线老板和五大电影制片厂达成协议，由制片厂支付转换的成本。目前，美国和加拿大 4 万块电影屏幕中有 15 000 块配备了数字放映设备。

3D 电影

数字放映复兴了一个老电影概念——3D 电影。制片厂和院线老板很快就认定 3D 是未来新的收入来源。2010 年好莱坞发行了 25 部 3D 电影，比前一年增加了一倍。同时，具备放映 3D 电影设备的影院数量增加了 122%。

院线老板喜欢 3D 电影是因为他们能多收 3～5

美元。2010 年纽约 3D 电影的成人票价是 17.5 美元。亚特兰大的票价是 15 美元，迈阿密是 14 美元。制片厂高兴是因为它们从院线老板那里的高票价中分得了一杯羹。有三分之一的美国人和加拿大人看过 3D 电影。

2010 年 3D 电影的票房是 22 亿美元，是 2009 年的两倍。有些 3D 电影，如《阿凡达》和《爱丽丝梦游仙境》因为 3D 票房收入增加了三分之一。

不过，2010 年夏季的情况却显现出 3D 并不一定是制胜之路。有些大型 3D 电影如《猫狗大战》是票房热门，但还有很多这个夏季的票房热门影片包括《盗梦空间》和《钢铁侠 2》都是传统 2D 制作。2011 年上半年 3D 影片收入在下降。业内专家认为 3D 的新鲜感逐渐消失，而经济疲软促使消费者节省在电影票上的花费。

241

家庭数字发行

从百视达或奈飞购买或租借 DVD 是一种数字发行方式，但现在最吸引人的方式是数字下载。比如，苹果 TV 可以让消费者在电脑上下载电影，并无线传送到电视机上。百视达提供的一项服务可以让消费者通过电脑下载来租借或购买电影。

由于有缓冲过程，观众可以开始一边开始看电影，一边下载剩余部分。此外，百视达和奈飞都在网上提供可以在大电视屏幕上播放的实时流媒体电影。注意，这又是另一种数字化（从有形的 DVD 向无形的数字信息）转型。

移动电影

电影是所有媒介中最不具携带性的。它们被设计成在大厅里的大屏幕上观看。不过，数字时代开启了新的可能性。不到 2 磅重、跟一本书差不多大小的便携式 DVD 播放机开始流行。很多 SUV 和厢式货车安装了屏幕，后座的乘客可以在途中观看 DVD。而且正如前面提到过的，很多服务商都为用户提供了可被下载到笔记本电脑上的电影。

移动电影变得越来越小——指屏幕尺寸。iPhone、iPad、iPod 和其他设备也可以下载电影并在 3.5 英寸的屏幕上观看。斯普林特（Sprint）公司提供计次付费视频服务，消费者每次花 4～5 美元就能将完整版电影下载到手机上。甚至还有向手机发送色情电影的服务。

用户生产内容

考虑到电影制作的本质，用户生产内容在电影业中还不是一个显著因素。不过也有一些例外。在狂热经典片《航班蛇患》（*Snakes on a Plane*）的制作过程中，新线影业（*New Line Cinema*）根据网络粉丝的建议重新拍摄了一些场景。2009 年

年初，独立制作电影《珀金斯 14 亡魂》（*Perkins 14*）在全美恐怖电影节上首映。这部影片由电影工作者的在线合作网站 Massify 创作，用户参与了从脚本到后期制作的所有决议。

社交媒体

电影业是最先重视社交媒体的营销力量的媒体之一。早在 1999 年，《女巫布莱尔》（*The Blair Witch Project*）就利用网络病毒营销手段来宣传。

关于影片的信息迅速在聊天室和 BBS 中传播开来。2009 年《灵动：鬼影实录》（*Paranormal Activity*）也大量运用了这种手段。

还有很多其他例子。20 世纪福克斯以"阿凡达日"在 Facebook 和 Twitter 上宣传电影首映，几小时之内电影票就已售罄。派拉蒙在 Twitter 上首发《超级 8》（*Super* 8）第一个完整版预告片，获得了大量关注。《宿醉》（*The Hangover*）在 Fa-cebook 上发起竞赛，邀请粉丝发布最搞笑的聚会照片。胜出者赢得拉斯维加斯之旅（还能有其他地方吗?①）。社交媒体给电影人提供了一个向观众直接宣传影片的新渠道。

电影的界定特征

电影最引人注目的特点是它们可能需要的费用。好莱坞许多大预算影片的制作经费经常破 1 亿美元的纪录。再加上销售和发行的大约 2 000 万美元，你这才谈到实际的开销。没有哪个别的媒介——如图书、杂志、电视连续剧、CD——花费得像电影那么多（当然，有时独立制片人也制作小成本电影，有时还赚了大钱——例如《灵动：鬼影实录》——但这类事件较为少见）。

242

电影业被大集团所控制，部分原因是商业电影的制作过于昂贵。正如前文所提到的，六家大公司控制了绝大部分市场。这些公司有经济实力来冒险，每年投资 1 亿美元左右在几十部影片上，希望能发现一个大片。电影制作往往是这些大集团所涉足的诸多媒介产业之一。一些集团拥有电视和互联网的股份，另一些集团拥有出版公司和唱片公司。

媒介探索

你所不知道的预告片

预告片是指电影即将正式放映前发布的情节片段。预告片起源于 1913 年，而且经常是新片上映营销方式的重要部分。过去，唯一可以看到预告片的地方是在当地影院里，或者是有线电视网上。现在互联网提供了一种新的电影宣传渠道。

预告片通常出现在 MySpace、YouTube、Facebook、雅虎、iTunes 和电影网站上。吸血鬼电影《暮光之城》的预告片获得了 5 500 万在线观看次数。电影制片厂也喜欢互联网能放映"限制级"的预告片，即包含的内容对于电影院来说有点"出格"。

互联网日益重要并不意味着电影制片厂不重视传统的剧院预告片。实际上，预告片比以前更重要。"先行预告片"在电影上映前六个月就开始在电影院发布。主预告片三个月后在电影院重磅发布。制片厂试图以预告片锁定电影的目标观众。这样，一部喜剧片通常还包含着另一部喜剧片的预告片。

美国电影协会指南认为预告片不应超过 2 分半钟。电影院通常在正片前放 4 到 6 个预告片，这样预告片的总时长为 10～11 分钟。

甚至还有专门的预告片奖项：电影预告片的金像奖。2010 年年度最佳预告片是纪录片《海豚湾》的一支预告片。

电影具有很强的美学维度。在本书里所讨论的所有媒介中，电影是作为艺术形式讨论得最多的一种。我所在大学的图书馆在"电影美学"的标题下列出了 110 个条目。这一特征给该领域带来

了压力，因为大多数大电影制片厂制作电影是为了获取利润，而不是展示它们的艺术魅力。不过，许多独立制片人并不是为了钱而制作电影，而是努力在艺术上让人感到满足。虽然本章主要讨论主

---

① 此片故事发生地就在赌城。——译者注

流的好莱坞电影制作，但要记住，还有成千上万的自由电影制片人在公司体制之外工作，制作着不同长度的电影，主题也千变万化。

看电影还是一种社交体验。它是唯一能够让观众大规模聚集在一起并接受相同信息的媒介。当然，看电影也依然是一种流行的约会活动。事实上，看电影的社交性可能是最重要的一个方面。

 ## 电影业的结构

虽然电影是一种艺术形式，但是电影业是一项用来获取利润的生意。如果一部赚钱的电影偶尔也被证明具有艺术价值，这当然更好，但是艺术价值通常只是副产品，而不是主要目的。在我们对电影业的分析中，我们把它的结构分成三个层次：制作、发行以及放映。

制作

电影由不同的组织和个人制作。许多年来，大电影制片厂实际上控制了所有的电影制作，但是近来独立制片人变得很盛行。现在，大电影制片厂给许多由独立公司制作的影片提供经费并负责发行。

电影制片厂各有不同，但是都由四个主要部门构成：电影制作部、发行部、电视部和行政部。

电影制作部负责生产电影的所有构成要素，包括故事开发、角色分配、美工、化妆和布景。发行部负责国内和国际拷贝的销售和合同，以及影院和家庭的影片发行。电视部，顾名思义，负责开发和制作用于首播和辛迪加节目的影片和系列节目。行政部的职权包括销售、金融交易和法律方面。

243

 ## 决策者

詹姆斯·卡梅隆：20 亿票房导演

詹姆斯·卡梅隆生长在加拿大，17 岁时迁居到南加州。读完社区大学后，卡梅隆的第一份职业是卡车司机，但他闲余时间开始阅读有关电影特效的书籍。受 1968 年斯坦利·库布里克（Stanley Kubrick）的电影《2001：太空漫游》（2001: A Space Odyssey）和 1977 年首部《星球大战》的影响，卡梅隆和他的几位朋友编剧、制作并执导了 10 分钟长的科幻影片。

当地一家制作低成本电影的制片厂有一个微缩模型制作者的空缺，卡梅隆幸运地得到了这份工作。接下来的几年内，他担任了 1980 年的电影《世纪争霸战》（Battle Beyond the Stars）的艺术指导，还为约翰·卡朋特（John Carpenter）执导的电影《纽约大逃亡》（Escape from

New York）担任特效工作。当《食人鱼 2：繁殖》（Piranha II: The Spawning）的导演放弃这个项目时，卡梅隆接手执导，这是他的第一次重大转折（尽管字幕上卡梅隆是导演，但大部分剪辑工作是由制片人完成的）。

拍摄《食人鱼 2》时，卡梅隆想到了一个故事大纲：一个来自未来的机器人穿越时光来追杀一位年轻女性以求改变未来。卡梅隆撰写了脚本，将其命名为《终结者》，然后向大制作公司出售，前提是由他执导电影。所有公司都不愿相信新手导演。最终，卡梅隆找到了一家较小的愿意尝试的公司海姆蒂尔影业（Hemdale Pictures），这是卡梅隆首次担任大制作电影的导演。《终结者》在全美获得了高达 3 800 万美元的收入，卡梅隆一炮而红。

1986 年，卡梅隆执导《异形 2》，这是 1979 年由雷德利·斯科特（Ridley Scott）执导的卖座片《异形》的续集。这部影片再次成为票房热门，并获得两项奥斯卡特效类奖。卡梅隆继《异形 2》之后保持着票房常胜的佳绩：关于水下生物的《深渊》（1989 年）；《终结者 2》（1991 年），《终结者》的续集，又获当年最高票房；以及《真实的谎言》（1994 年）。

接下来的几年里，卡梅隆开始做关于泰坦尼克号沉没故事的脚本。作为其研究的一部分，他在大西洋深处船体沉落处完成深海潜水 12 次，拍摄了真实的残骸（大部分影像都最终整合到了电影里）。为了拍摄电影，卡梅隆在墨西哥搭设了造价 2 000 万美元的摄影棚，巨型水槽内盛有 1 700 万加仑的水，以及 750 英尺高的泰坦尼克号的实景复制。后期工作运用了最新的电脑特效，使得预算一再攀高。当这部长达三四小时的影片最终放映时，总制作费用已将近 2 亿美元，是当时花费最高的电影。

大家都知道，《泰坦尼克号》获得了巨大成功，囊括 11 项奥斯卡奖，包括卡梅隆的最佳导演奖，票房收益超过 18 亿美元。卡梅隆继《泰坦尼克号》之后又拍摄了《阿凡达》，这部 3D 科幻片三周内全球票房就超过了 10 亿美元。电影还推动了巨幕电影 IMAX 的普及。《阿凡达》是迄今最大的 IMAX 电影，由于 IMAX 的票价比普通票价贵一倍，IMAX 票房收入是该片最大的利润。2011 年年中，《阿凡达》票房累计高达 27 亿美元，詹姆斯·卡梅隆成为两部累计票房领先大片的导演。

卡梅隆还制作和执导过几部海底世界的纪录片。他是 3D 电影制作最大的倡导者之一，是电脑特效专家。他是视觉效果和动画公司数字领域（Digital Domain）的奠基人之一。他接下来的工作包括执导《阿凡达 2》、《阿凡达 3》。他是否能成为好莱坞首位票房超 30 亿的导演，我们拭目以待。

▌ 发行

电影业的发行渠道负责向分布在美国和全球的成千上万家电影院提供影片拷贝。近些年来，发行公司也向电视网和录像带及光碟的制作者提供电影。发行公司主要和全世界的影院所有者保持密切的联系，而且提供运输和分送系统，以确保影片在预定放映日期之前到达影院。除了在当地电影公司订购电影外，发行公司在电影进入普通发行时，也负责制作这部电影所需要的多种版本。它们还负责电影的广告和宣传。大部分的电影发行都掌握在大电影制片厂手中。这些公司牢牢地控制着制作和发行方面的生意。

电影发行的属性确保了大公司将控制这一行业的大部分。首先，对于独立制片人或小型的发行公司来说，与遍布全球的电影院和电影院线进行联系费用太贵。大电影制片厂已经建立起了这种联系网络且有能力维持它。其次，大电影制片厂能够源源不断地向电影院老板提供由大牌明星出演的影片。小型公司不可能长期经受这种竞争。

发行公司也成为独立制片人的一个经济来源。这些公司借钱给电影制片人来支付全部或大部分的电影预算。通过这种途径，大电影制片厂可获得并非由它们直接制作的影片的一部分利润。我们将在本章关于电影经济的部分中对此进行更深入的探讨。

244

媒介探索

美食与电影

过去，约会方式通常是晚餐之后去看电影。如果某些电影院老板是对的的话，在不久的将来，约会将会发展成在电影院里吃饭。近几年到电影院看电影的人数在下降，电影院老板正想办法让更多的人去电影院。一种选择是把电影院改成餐饮店。

这就是所谓"剧场内"用餐，这些新式电影院的观众可以选择各式主菜，如柠檬虾、烤鱿鱼、鸡肉恺撒沙拉、龙虾卷，或是传统食物如起司汉堡和披萨。有些电影院提供啤酒和葡萄酒。美国有 350 家"餐饮"电影院，只占影院总数的 5%，但专家认为这个数量在未来五年内会翻番。

这种电影院中，座位被成对地放置在宽敞的走道两旁，这样服务生在电影中间上菜的时候不会遮挡屏幕。顾客只要按座位旁电子菜单上的按键就可以点菜。有些座位的扶手安装了折叠托盘，有些座位前面安置了桌子。有些影院甚至在餐后还提供湿毛巾和免费甜点。

当然，所有这些奢华的服务都需要花钱。起司汉堡要价 10 美元，一道虾需要 15 美元左右。此外，在普通票价之上会额外收取一笔费用，所以一顿饭加一场电影会非常贵。

剧场内用餐也给电影院老板带来了难题。座位必须保持够远的距离，这样顾客才不会被旁人用餐的声音所打扰。瓷器餐盘无法使用，因为太响了。多汁的食物很难在黑暗中食用，所以菜单上没有。最后，餐饮式电影院必须注意放映什么样的电影。多数人不会喜欢在看血腥暴力的电影时吃东西。

放映

2010 年，美国大约有 40 000 块电影银幕，这是有史以来的最高纪录。多厅影院仍然是一种惯例，其特色是 12 块或 18 块银幕簇拥着一个小卖部。大多数新的放映厅能容纳 200 至 400 名观众。20 世纪二三十年代的大型电影宫殿再也没有出现过，但是由于放映商想抓住有点老龄化趋势的市场，电影院内部发生了显著的变化。防止声音从旁边的放映厅渗透过来的隔音设备现在很普遍，小卖部中摆放着真正的奶油爆米花，有一些小卖部甚至向顾客提供矿泉水、卡布奇诺咖啡和代客泊车服务（参见"媒介探索：美食与电影"）。

电影业的所有权

我们在前面几章中提到过许多大集团统治了电影产业。到 2011 年止，最大的集团有六家：

1. 迪斯尼公司（Walt Disney Company）：公司总部设在加利福尼亚，拥有两个电影企业：制作成人电影的试金石公司（Touchstone），以及制作普通电影的博伟影片公司（Buena Vista）。迪斯尼公司除了在主题公园、酒店、音乐、房地产、高尔夫球场以及游轮方面的业务外，还拥有电视、有线和印刷产业的股份。迪斯尼公司还通过特许其他公司使用迪斯尼标志来赢利。

2. 时代华纳（Time Warner.）：华纳兄弟电影公司是这个巨大集团的电影分公司。在其他方面，该集团还拥有互联网、书报印刷、电影院及有线电视产业的股份。

3. 派拉蒙（隶属于维亚康姆）：除了控股和制作电影，维亚康姆公司还拥有有线电视网、电影院和音乐发行公司。

4. 索尼/米高梅：2004 年米高梅加入索尼，旗下产业还包括电影院、电视制作设备、消费者电子产品和视频游戏。

5. NBC 环球：该公司由有线电视巨头康卡斯特和通用电器公司联合控股。

6. 新闻集团：鲁珀特·默多克的这个以澳大利亚为基地的公司拥有 20 世纪福克斯。该公司的业务还涉及卫星广播和出版，以及一家电视网和一个有线电视新闻频道。

电影制作

制作准备期

电影是怎样制作出来的呢？电影制作包括三个阶段：制作准备期、制作以及后期制作。

所有的电影都是从一个创意开始的。这个创意可以是简略的，比如只有两段的情节大纲；也可以是详细的，如小说或百老汇戏剧。

制作准备期的下一步程序是写电影剧本。完成一个电影剧本通常包括以下几个步骤：

- 第一步，论述：它是对故事情节的陈述及对主要人物及场景的描述，甚至可能包括对话样本。
- 第二步，剧本初稿：这个版本包括了完整对话和机位架设，以及动作顺序的描述。
- 第三步，修改剧本：整合来自制片人、导演、演员及其他人的建议进行修改。
- 第四步，脚本润色：包括增加或减少场景，修改对话，以及其他的细微修改。

在进行以上步骤时，制片人也在为影片选星（电影业中，影片中出演的人都冠以"星"称呼，也不管他们是否是明星）。签署的合同与协议也多种多样，有的差别巨大，有的差别很小。一个普遍的做法是明星收取固定的费用。在过去几年里，这些费用一直在上升，这也是电影制作花费如此之多的原因之一。例如，金·凯瑞（Jim Carrey）的片酬约为 2 000 万美元，瑞茜·威瑟斯彭（Reese Witherspoon）的片酬约为 1 500 万美元。

在天平的另一端，电影演员协会制定了一项章程，它规定了必须支付给扮演次要角色和跑龙套的演员的最低报酬。

同时，制片人也竭力保证影片的资金不出问题。在关于经济的那一节中，我们将对电影中的财务安排作更多的介绍。现在重要的是要记住，财务安排在制作预备期这一阶段的早期就必须制定出来。

与此同时，制片人忙着安排熟练的幕后制作人手。在这些人当中，电影的导演是中心。当所有要素都齐备后，导演将决定从什么角度取什么景，以及它们在最后的产品中怎样被组合起来。与导演紧密配合的是摄影师（负责场景的现场照明和摄制的人）和剪辑师（实际负责剪辑影片并把场景按恰当的顺序组合起来的人）。一部电影的工作人员还包括数十个其他熟练人手：道具设计人员、化妆专家、电工、音响师、起重机操作人员、油漆匠、管道工、木匠、财务总管、服装师、负责伙食的人、急救人员以及许多其他人员。

在导演签订拍摄计划后不久，他或她就开始和制片人为影片的拍摄寻找地点。一些镜头可以在摄影棚中拍摄，而另外一些可能只有在外景地拍摄才能保证真实性。一旦选好了地点，制片人就要做必要的安排以保证这些地方能用来拍摄。有时候这需要租用大电影制片公司的摄影棚，或者需要获得在城市街道或其他地方拍摄的许可。制片人也必须拟订计划以确保拍摄器材、演员和技术人员同时到场。

制作

一旦所有这些条款都被处理好后，电影就进入了实质性的制作阶段。演员和工作人员都聚集在选定的地点，一个场景拍了又拍，直到导演满意为止。然后，演员和工作人员转移到另一个地点，这个过程又全部重来一遍。在整个制作中最为重要的是要认识到所有这一切都是要花费大量金钱的。即使是拍摄一部中等预算的电影每天都要花费 40 万到 50 万美元。因此，导演力图把每件事都计划好，以便每一美元都花得其所。

拍摄一部普通电影所需要的时间平均是 70 天

左右。每天的拍摄（有时可能会长达 16 小时）平均下来能产出不到两分钟的可用的影片。

 媒介探索

累计票房领先者——再回顾

表 10—1 列出的票房前十名影片大多是过去几十年上映的新片。因为票价这几年越来越贵。下面所列的是根据通胀校正后的名单。

片名	上映年代	校正票房（亿美元）
飘（Gone with the Wind）	1939	16.1
星球大战 4：曙光乍现（Star Wars IV: A New Hope）	1977	14.3
音乐之声（The Sound of Music）	1965	11.4
E. T. 外星人	1982	11.3
十诫（The Ten Commandments）	1956	10.5
泰坦尼克号	1997	10.3
大白鲨（Jaws）	1975	10.3
日瓦戈医生（Doctor Zhivago）	1965	9.9
驱魔人（The Exorcist）	1973	8.8
白雪公主（Snow White）	1937	8.7

■ 后期制作

电影拍摄完成后，后期制作就开始了。电影剪辑师与导演一起工作，决定哪里应该放特写镜头，场景应该从哪个角度去表现，每个场景应该持续多长时间。一些电影所需要的很复杂的特技效果也会在后期制作过程中加上去。一旦这些场景被剪辑成令人满意的形式，后期制作的音响就可以加上去了。这可能包括叙述、音乐、音响效果，以及因为这种或那种原因而不得不重录的原始对话（大概有 10％ 至 15％ 的室外对话由于噪音干扰而不得不重录）。最后，完成了最后的声道和特技效果制作的剪辑好的影片会被送往制作电影发行版本的实验室。

 ### 电影经济

电影业有几种收入来源：（1）美国票房收入；（2）国际票房收入；（3）DVD 销售和租赁；（4）各种各样的视频服务收入，如按次计费收视、流媒体视频和视频点播。

关于美国票房收入，2010 年电影收入高达 106 亿美元。国际票房收入也达到历史新高。不容乐观的是，2007—2010 年电影院观众稍有下降。同样烦扰该产业的是 DVD 销售和租赁收入从 2007 年到 2010 年第一次下降，从 210 亿美元下降到了 190 亿美元（请注意 DVD 收入大大超过了票房收入）。电影业老板希望诸如奈飞公司这样的流媒体视频服务能帮助弥补 DVD 销售的损失。

总之，好莱坞还不需要救助，但其未来的命运也很难预测。很多电影厂减少了发行的影片数量，也不再给电影明星支付过去那样高额的片酬。

电影是一种昂贵的媒介。2010年一部普通影片的制作和营销成本将近1.1亿美元，比2002年要高出30%。有些影片的成本还要高得多。《加勒比海盗3：世界的尽头》和《蜘蛛侠3》都达到了2.5亿美元。如果你最近看了电影，你会发现电影对消费者来说变得越来越贵。2010年的平均票价是7.89美元，很多城市夜场电影的票价超过了10美元。一中杯的爆米花要5美元（90%的利润给了电影院），一杯饮料要4美元，夜场电影可能更贵——不过还是比观看职业体育赛事或去主题公园要便宜。

▌ 电影的资金来源

制片人从哪里弄到拍电影所必需的这笔巨款？让我们看看几种常见的筹资方法。如果一位制片人有着良好的业绩纪录，而且这部电影看起来很有前景，发行人也许会借给制片人拍这部电影所需的所有款项。作为回报，发行人得到这部电影的发行权。另外，如果发行人也拥有电影制片厂设备的话，制片人可能会同意从发行人那里租用这些设备。

第二种方法是商定**接收**（pickup）协议。发行人向制片人保证将以一个约定的价格在稍晚的时期接收制作好的影片。尽管这种方式不会立刻给制片人带来收益，但他或她可以用接收协议来向银行贷款支付电影成本。

第三种的方法是**有限合伙经营**（limited partnership），通过外部的投资者来为影片筹资。每个投资者为电影投资特定的数额，其个人的责任只限于他们投资的数额；也就是说，即使影片超过预算，他们的损失也不会超过他们的投入。

第四种方法是**风险共担**（joint venture）。有关的影片制作公司和发行公司为一部或几部影片集资。考虑到电影成本增加，这种方式越来越普遍，由几家公司分担电影的风险和分享潜在收益。比如《钢铁侠》由派拉蒙和惊奇娱乐公司（Marvel Entertainment）联合投资。

制片人和发行人还必须就如何分割发行人的影片毛收入（发行人从电影院老板、电视网、收费电视业务与DVD业务获得的钱）达成一致意见。由于发行人在这场冒险活动中的风险最大，所以发行人第一个从影片收入中得到回报。发行公司为其工作收取一笔发行费。此外还有发行开销（制作影片多种版本的费用、广告费、税、保险费）。最后，必须偿还影片的实际制作费用。如果发行人或银行借给制作人5 000万美元来制作这部电影，则必须还清贷款（加上利息）。综合所有开销，一部影片必须赚到制作费2.5倍到3倍的钱，才会给制片人带来利润。不过，好莱坞的会计账目一向复杂，有时很难判断一部影片什么时候开始赢利。

 伦理问题 ────────

历史和《社交网络》

《社交网络》是有关马克·扎克伯格及其创立Facebook的故事，收益和评价都很高。其票房超过了1亿美元，也赢得了奥斯卡奖。

尽管有以上成就，其准确性却存在争议。电影剧本改编自《偶然的亿万富翁》（The Accidental Billionaire），该书因突出轻浮和缺乏引证而受到批评。扎克伯格拒绝与电影制片方合作，接着称电影误导人，是虚构的。

如同其他许多电影处理在世或历史人物一样，这部电影也引发了一个问题：在处理现在和过去的历史时，编剧和导演会产生多少偏差。有人可能认为电影制作者有很大的道德责任来准确、真实地处理在世的人物。把林肯总统虚构成吸血鬼猎人是另一回事，因为这个奇怪的前提不会伤害任何人，但把26岁的年轻人描绘成傲慢自大、富有野心、不值得信任，背叛了其最好的朋友，这就完全是另一回事了。如果这个描述是不准确的，就会对这个年轻人贴上永久性标签，这似乎就构成了伤害。

阿伦·索尔金（Aaron Sorkin），因《社交网络》而获奖的奥斯卡最佳编剧，在纽约一本杂志上对此问题如是评论道："这个问题始终缠绕着你，尤其当你写的对象还在世。一方面，你不想给人们的生活惹麻烦，你永不想说这事是假的，你也不想篡改历史。另一方面，这不是纪录片。艺术不是关于现实发生了什么，人物的性质和'角色'的性质是两件毫不相干的事情。"他后来跟路透社表示："这个电影绝对是真实的故事，但人们总在对真相是什么争论不休，电影并不在于表达真相是什么。它反映的是每个人的故事。"

有些人可能认为，电影似乎是从爱德华多·塞维林（Eduardo Saverin）的视角来叙述的，他也是《偶然的亿万富翁》的另一位顾问。如果扎克伯格不配合电影的制作，就很难争辩电影实际上反映了他的观点。例如，电影认为扎克伯格为了赢回前女友，开办网站来引起哈佛精英俱乐部的注意。这个观点是个很棒的电影情节，但可能扎克伯格不会这样叙述这件事。

与放映人交易

发行商还牵涉到其他的财务交易——尤其是和放映商之间。放映许可证上规定了影片进行放映所要遵守的条款。许可证上详细说明了影片的放映量（电影院必须同意的放映影片的周数）、续映权、影片上映的日期以及档期（电影在其他竞争影院放映之前所必须保证的时间段）。

许可证也包含有关电影放映的财务条款。有几种常见的约定。最简单的一种涉及划分票房收入的明确的百分比。放映商同意根据达成的方案与发行商进行分成，可能第一个星期是五五开，第二个星期是六四开，第三个星期是七三开，等等，而电影放映的时间越长，放映商得到的钱就越多。另一种方法是**浮动计算**（sliding scale）。这种模式是，随着票房收入的增加，放映商付给发行商的金额也在增加。比如，如果一个星期的收入超过了 30 000 美元，放映商就将付给发行商 60%；如果收入在 25 000 美元到 29 999 美元之间，发行商将得到 50%；等等。另外一种常见的方法是九一分成。这种方式是，电影院老板首先在票房收入中扣除场所补助费（被称为"核"）。场所补助费包括电影院所有的运营费用（暖气、冷气、水、灯光、薪酬、维修费，等等），再加上电影院纯利润的那部分（该部分被称为"气"）。从余下的收入中（如果还有的话），发行人获得 90%，电影院获得 10%。

正如之前所提过的，对电影院老板来说，特许小卖部的销售也是收入的一个重要来源。如果平均每位电影观众在爆米花、糖果、苏打水、烤玉米片以及其他零食上花费 20 美元左右，每年售出 10 亿张左右的电影票，这就会有大约 200 亿美元的年收入。

电影院现在还有来自银幕广告的额外收入。电影院钟爱这个是因为播放成本很低。不过，为了给剧场广告腾出时间，放映商常常缩短电影预告片的时间，这又让电影制片厂不安。

全球电影

尽管美国电影的海外表现持续走好，但随着本土制作电影日益流行，它们越来越不那么主流了。不过，它们还是对好莱坞的经济贡献良多。2010 年，国外票房收入是国内总收入的两倍。有些影片的海外票房比国内票房要好得多。《爱丽丝梦游仙境》海外票房总额近 7 亿美元，国内却只有 3.3 亿美元。美国电影增长最快的海外市场是"金砖四国"（巴西、俄罗斯、印度和中国）。2009 年至 2010 年中国市场的电影收入增长了 64%，俄罗斯增长了 56%。

媒介探索

《惊声尖叫4》·《玩具总动员3》·《宿醉2》

追电影变得越来越难，因为最近续集越来越多。除了上面三部外，还有《速度与激情5》、《电锯惊魂VI》（不知为何《电锯惊魂》要用罗马数字）、《功夫熊猫2》、《非常小特务4》、《死神来了5》以及其他几部片名中带着数字的影片。还有一些续集没有标数字，如《鼠来宝3》（*Alvin and the Chipmunks*：*Chipwrecked*）、《碟中谍：幽灵协议》（第4部）、《X战警：第一战》（第5部）。总

之，2011年上映了27部续集，创了纪录。

为什么有这么多续集？因为钱。成功影片的续集有现成的观众，因为多数观众都已经熟悉续集了，广告和营销成本更低。不过，主要原因是卖座片的续集可以带来更多的来自商品和周边产品销售的收入（玩具、服装、DVD等）。例如，2011年《玩具总动员3》在DVD销售、玩具、服装和迪斯尼乐园观光方面的收益超过98亿美元。所以将来有《玩具总动员4》就不足为奇了。

 # 电影观众

反馈来源

电影产业的反馈以各种商业出版物收集和报道的每周票房数据为依据，包括《综艺》（*Variety*）。每周《综艺》都会报道全美以及国外市场收入最高的几部电影。图10—1复制了一份名单作为例子。

为了收集这些数据，《综艺》在尼尔森娱乐数据有限公司（Nielsen Entertainment Data Incorporated）的合作下，收集了大约14个城市中的50 000家电影院的票房数据，包括美国、加拿大、墨西哥以及南美、欧洲、亚洲的一些国家。多数

《综艺》排名的各栏题头就已能说明问题。每部电影的名字都列出来了，后面是发行商。其余各栏展示了票房收入、电影放映屏幕数、屏幕平均收入和国内、国际收入估算。请注意这个图只显示了电影的毛收入；没有显示是否有利润、利润多少。

《综艺》包含的经济反馈对电影业十分重要。一两部轰动影片可以提升整个公司的经济状况。此外，一部票房成功的影片可能会拍多部续集和被模仿。

市场调查

由于电影有着巨额成本，观众调查在电影业更有影响力。大多数电影制片厂的第一步就是概念测试，以此发现被看好的情节主线。下一步是脚本分析。如果脚本被看好，电影制片厂会制作一个成片的粗略剪辑本。电影调查人员接下来在一系列的电影测试中使用这个粗略剪辑本。此外还将举行**焦点小组**（focus group）会议。焦点小组是目标观众的小型样本（通常为10至15人），会上将询问一些关于他们喜欢什么或不喜欢什么的

详细问题。根据这些信息，电影制片厂可能会增加或删减某个场景，修改电影结局，改变电影配乐，或者做其他的变动。这些变更完成后，会针对发行电影进行秘密试映。大电影制片厂现在利用社交媒体来征募试映观众。观众要填写试映卡，简要概括他们对电影、电影中的人物及其明星的反应。对导演来说，有可能根据这些反馈在影片中进行有限的修改，但通常来不及做大规模的修改了。

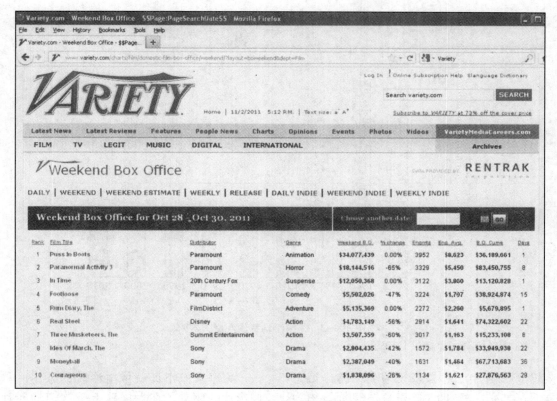

图 10—1　《综艺》票房收入表

观众

平均每周观影人数从 1980 年到 2000 年一直在缓慢上升，但 2000 年至 2010 年观影人数稍有下降。如图 10—2 所示，现在的观影人数远不及 20 世纪三四十年代电影全盛时期的水平。

电影观众越来越年轻化。60％左右的观影者年龄低于 40 岁。经常观影者（即每年至少看 12 部电影的人）占所有观影者的四分之三左右。他们往往是年轻人、单身（看电影仍然是流行的约会方式），来自中产家庭和城市。平均每个美国人一年看六场电影。

电影观众在七八月份是最多的，在五月份是最少的。对于看电影来说一年之中最糟糕的两个星期是 12 月的头两个星期，那时观众人次会下降 30％到 50％。

 家庭影院

尽管 DVD 销售和租赁业务下滑，家庭录像仍为好莱坞的经济做着积极贡献。不过，家庭录像业务近几年发生了很大变化，这要归功于奈飞和其他电影流媒体视频服务。过去，消费者要去本地录像店购买或租借 DVD 回家观看。后来奈飞公司提供了邮寄 DVD 服务。没多久传统的实体录像店就遭难了。百视达和电影画廊（Movie Gallery）公司 2009 年至 2010 年宣布破产。奈飞接着又开发了电影流媒体视频业务，让用户能通过网络连接电视或蓝光播放机、Xbox 360、PS 3、Wii 或其他设备实时观看电影。消费者纷纷光顾奈飞，订户人数激增到 2 000 万以上。短短几年，奈飞从美国最大的邮递服务客户变成最大的宽带流量的制造者（这是又一个从实体经济转向电子经济的例子）。

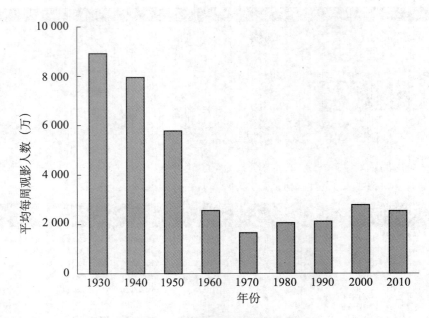

图 10—2　美国平均每周观影人数

来源：美国电影协会。经许可使用。

好莱坞电影制片厂对与奈飞的交易持谨慎态度。一方面，电影厂每年向服务商销售价值约为 2.5 亿美元的 DVD。另一方面，电影厂又狡猾地允许奈飞播放越来越新近的电影。如今，奈飞播放的电影至少是一年前的，但接下来的与电影厂的协商可能会导致提供的电影越来越新。好莱坞担心奈飞业务的扩展会进一步吞噬 DVD 销售，使电影越来越不能吸引有线电视网、诸如 HBO 这样的付费电视、按次付费收视以及广播网。电影厂与奈飞以及最近开设类似下载业务的亚马逊之间的最后协议，会对家庭录像业产生巨大影响。

引文	假如他们拍的电影无人来观

《玩命鸳鸯》（*Zyzzyx Road*）的主演是汤姆·西斯摩尔（Tom Sizemore）和凯瑟琳·希尔（Tom Sizemore）——《实习医生格蕾》的主演，其美国票房居然只有 30 美元。

家庭录像市场就像电影院的票房一样，受热门影片的驱动。在大屏幕上受欢迎的影片在小屏幕上往往也同样受欢迎。《玩具总动员 3》在美国的票房总收入为 4.15 亿美元，DVD 销售收入是 1.62 亿美元。

按次付费收视（pay-per-view，PPV）和**视频点播**（video-on-demand，VOD）电视给电影公司提供了另一种收入来源。5 000 多万户家庭装了 PPV 或 VOD，并且这个数字还在稳定地增长。另外，有线电视和卫星电视上可供收看的频道数量正在上升，在这些新频道中有很多专用于 PPV。最后，除了通过向传统的广播公司出售电影权益来获得收入外，好莱坞还通过许可收费有线电视频道，比如 HBO 与演出时间（Showtime）使用其影片来获取收入。有了这些数目众多的视频副产品市场，电视无疑为电影业带来了比票房更多的收入。

253

媒介探索

付费视频点播

你愿意花 30 美元租一部最新上映的电影吗？这正是付费视频点播的理念，该服务让订户在首映 8 周后就可以在家里的电视上看电影。传统上，电影院老板拥有一个专属期，通常是 4 个月来播放新片。之后，花 4.95 美元就可以视频点播新片。由于视频点播的大部分收入归入电影制片厂囊中，好莱坞视付费视频点播为弥补 DVD 销售和租赁下滑的一种方式。

付费视频点播并不讨电影院老板的喜欢，因为这抢了他们的生意。两大连锁影院 Regal 和 AMC 威胁说不会放映或宣传付费视频点播将要放映的影片。Regal 还宣布，对于与付费视频点播签订交易的电影制片厂，它会削减其发布的预告片的数量。这些过激反应表明电影院老板有多害怕这种服务的到来。

 ## 电影业的职业前景

电影业的职业前景相当不稳定，但很多对电影工作感兴趣的大学生并不因成功艰难而心灰意冷。电影专业的学生对电影的兴趣往往专注而富有激情，无论就业前景如何都朝着成功努力。

学习电影专业的大学课程是重要的职业准备，因为它让学生了解该产业运用的硬件、软件。此外，购买一台好的数码摄像机、在专业编辑软件上投资、自己制作几部影片，会为以后的工作打下不错的基础。

各个媒体的职业前景变化迅速。关于电影业当前状况的更多描述以及更为详细的职业选择介绍，请参考本书网站：www.mhhe.com/dominick12e。

 ## 要点

- 电影诞生于 19 世纪末期。在成为硬币游乐场中的主要吸引力之后，电影进入了更大的剧院，而电影明星很快成了这个新行业中最重要的角色。20 世纪 20 年代中期，电影有了声音。
- 大的电影制片厂控制着该行业，直到 20 世纪 40 年代晚期，一项法院判决削弱了它们的力量。20 世纪 50 年代，电视俘获了许多电影观众。不过，到了 60 年代晚期，好莱坞已经适应了电视，而且成了电视节目的积极制作者。大预算电影的增加是现代电影的一个主要趋势。
- 向数字电影制作的转型可能会改变电影业。
- 电影业由制作、发行和放映组成。大集团控制着这个行业。制作一部电影首先从创意开始，经过制作，然后通过后期制作完成。
- 在过去的十年中，电影收入表现出小幅且稳定的增长。录像带销售和出租以及国外票房收入是电影收入的重要来源。
- 电影观众在变老，但 30 岁以下的年龄组依然是观众的重要组成部分。
- 在家通过流媒体视频看电影越来越流行。

复习题

1. 电影的界定特征是什么？
2. 什么导致了电影专利公司的崛起与衰落？
3. 电影业是如何对电视做出反应的？

4. 电影业的三个主要部分是什么？
5. 电影筹集资金有哪些不同方式？

批判性思考题

1. 假设电影业没有转移到好莱坞，而是留在了东海岸，电影会有什么不同？
2. 大公司控制电影制作可能产生的利与弊是什么？
3. 电影制片人有义务对他们在银幕上表现的事物承担社会责任吗？为什么？

4. 电影院未来 20 年还会存在吗？人们会不会在家里的大高清电视机上观看电影？
5. 有人曾经说过，好莱坞的制片人并不是在生产电影，而是在做买卖。请评论这种说法的合理性以及它的寓意。

关键词

似动现象
视觉暂留
运动摄影机
电影专利公司（MPPC）
批量订票
数字影碟（DVD）
接收

有限合伙经营
风险共担
浮动计算
《综艺》
焦点小组
按次付费收视（PPV）
视频点播（VOD）

互联网冲浪

以下是各类电影主题网站。
www. filmsite. org/filmh. html
按年代描述的电影史。
www. imdb. com

互联网上的电影数据库。有你想知道的关于电影的所有事情。有你能想到的每一部电影的明星、演员、情节和票房表现的情况。
www. mpaa. org

美国电影协会（MPAA）的官方网站。有该产业的统计数据和最新发行的影片。有一节详细地探讨了版权问题。

www. mrcranky. com

这个不寻常的影评网的评论家以高水平和刻薄风格为特色。古怪先生用标炸弹个数的方法来给影片分级。例如，四个炸弹的意思是："就像用一根尖刺插入眼睛那么刺激。"

www. variety. com

这是一份称得上是这个娱乐行业中的经典商业报刊的网站。内容包括这个行业中的最新新闻、全球票房排行、电影评论，以及发行公司的概况。

www. Warnerbros. com

华纳兄弟的网站。可以检索新片、观看电影预告，以及查看华纳发行的 DVD 信息。

第11章

广播电视

本章将帮助你：

- 追溯电视发展的历史
- 描述电视网的由来
- 解释《1996 年电信法案》的影响
- 详述数字时代对广播电视的意义
- 解释收视率的计算公式
- 描述电视产业的部门及节目的制作过程

本章以一个小测验开始。看看下面所列的电视节目中，你平常会收看多少个：《CBS 晚间新闻》（*CBS Evening News*）、《与星共舞》（*Dancing with the Stars*）、《傲骨贤妻》（*The Good Wife*）、《海军罪案调查处》（*NCIS*）或《好汉两个半》（*Two and a Half Men*）。如果你大部分都回答"没看过"，你绝不是另类。 *257*

电视台的观众不再像以前一样年轻化。1991 年，福克斯观众的年龄中位数（指将全体观众按年龄大小的自然顺序排列时居于中间位置的人的年龄数值）是 29 岁；ABC 的是 37 岁；NBC 的是 42 岁；CBS 的观众年龄历来最老，是 45 岁。

20 年后，福克斯的观众年龄中位数是 44 岁，ABC 是 51 岁，NBC 是 49 岁，CBS 是 55 岁。而一些特定电视节目的观众年龄中位数也有同样的变化。联播新闻节目的观众年龄中位数是 61 岁；《与星共舞》的年龄中位数是 60 岁；《傲骨贤妻》的是 58 岁；《海军罪案调查处》的是 57 岁；《好汉两个半》的是 50 岁。然而，福克斯出品的《欢乐合唱团》却像是老牛吃嫩草般拥有 38 岁的年龄中位数。

再来看有线电视台的观众年龄中位数：MTV，23 岁；喜剧中心频道（Comedy Central），31 岁；E! 娱乐频道，34 岁；特纳广播公司（TBS），35 岁；布拉沃频道（Bravo）和氧气频道①（Oxygen），42 岁。

广播电视受众老龄化是有原因的。首先，随着"婴儿潮"这一代人长大，总体人口也变得更加老龄化。其次，年轻人在玩电子游戏或者登录网络社交网站上花的时间更多，看电视的时间少了。还有，年轻人看电视往往喜欢一些小众化的有线电视节目，如《泽西海岸》（*Jersey Shore*）、《典当之星》（*Pawn Stars*）、《与卡戴珊姐妹同行》（*Keeping Up with the Kardashians*）、《少女妈妈》（*Teen Mom*）等。

为什么这个趋势对广播电视而言很重要？首先，广告商的主要受众年龄为 18～49 岁。这个年龄群收 *258* 看电视节目的观众越少，广播电视网要拉动广告收入就会越困难。当然，至少目前而言，电视网还无需担心，因为它仍然能吸引大量观众，尽管其中很多并不是广告商的首要人口目标，但仍旧有很多广告商愿意购买电视节目广告。换句话说，收看《实习医生格蕾》（*Grey's Anatomy*）（受众年龄中位数在 50 岁左右）的年轻观众够多的话，广告商们会觉得在这个节目上购买广告是值得的。但是，如果观众老龄化趋势持续下去的话，广播电视公司也许不得不重新考虑它们的节目安排，或者说服广告商们老龄人口也是它们需要针对的对象。其次，长远来看，多数核心观众将在 30～40 年中去世，这对于电视的未来来说并不乐观。总之，广播电视面临着一个不确定和充满挑战的未来。

本章将考察广播电视，下一章会考察电视的其他形式：有线电视、卫星电视和网络电视（它们之间并没有一个完全清晰的界限，因为广播电视也通过电缆和卫星进行传输，电视台和电视网也都开设了网站）。虽然大多数人不会想到传统广播电视和新电视形式之间的区分，但是发布渠道在某些方面还是有差别。除了在节目安排策略上的不同之外，广播电视的规制不同于其他电视形式，有线电视、卫星电视和网络电视的收入来源比广播电视更多样化。更为重要的是，面对数字革命，广播电视、有线电视、卫星电视和网络电视有不同的应对方式。

 # 简史

美国发明电视的两个人有着天壤之别。16 岁的时候，菲洛·法恩斯沃思（Philo Farnsworth）在他多少有些惊讶的中学老师面前，在黑板上图解了他对电视系统的想法。法恩斯沃思是一位个人主义的、特立独行的发明家，他将其研究开发的新设备命名为图像分解器，并最终于 1930 年取得了专利。与此相反，维拉德米尔·兹沃尔金（Vladimir Zworykin）是一位在机构中工作的人，

----

①　NBC 环球公司所属的有线电视频道。——译者注

先是在西屋公司工作，然后是在 RCA。到 1928 年，他改进了旧式的摄像管，即光电摄像管。

早期电视系统的图像质量很差，但 20 世纪 30 年代技术的发展提高了性能。RCA 有兹沃尔金的帮助，又获得了允许它使用法恩斯沃思的发明的专利转让，于是着手开发电视的商业潜力。归 RCA 所有的 NBC，在 1939 年的世界博览会上首次公开演示了电视①。

最初公众对电视的反应很冷淡。电视机很昂贵，而且供人们收看的节目不多。甚至早期的电视演员都有点怀疑这种新媒介的未来。他们为了在电视镜头上看起来正常而不得不化上绿色的妆，还要吞服盐水片，因为电视所需照明的强热会使他们不断地流汗。

二战中断了电视的发展。当 1945 年和平回归时，战争期间被完善的新技术大大改进了电视的接收以及演员的工作条件。新的电视摄像机所需要的照明要少得多。电视屏幕更大，可以收到更

多的节目，而且电视台正被联结成电视网。所有这些迹象都指向电视会有大事发生。1945 年，整个美国只有八家电视台和 8 000 个拥有电视的家庭。十年后，电视台有将近一百家，3 500 万户家庭拥有电视，约占这个国家的 67%。

电视的迅速成功让该产业和 FCC 放松了警惕。除非制定出技术标准，否则电视频谱就会处于过度拥挤之中，充斥着像 30 年前发生在广播上的冲突那样的危险。为了防范这种可能性，FCC 强行冻结了所有对电视台的新的申请。这次冻结于 1948 年生效，持续四年，在此期间 FCC 通过工程师和技术专家搜集信息。当这种冻结于 1952 年取消时，FCC 已经确定将 12 个 VHF（甚高频）频道和 70 个 UHF（超高频）频道用于电视。另外，该委员会还起草了一份把电视频道分配给美国不同社区的名单，并且细化了减少冲突的其他规则。同样，多亏了第一位服务于该委员会的女性弗里达·亨诺克（Frieda Hennock）的努力，一些电视频道被留出用于教育。

20 世纪 50 年代：电视的起步时代

电视网、磁带、UHF 和彩色　早期的电视业模仿了广播。地方电视台服务于它们的社区，转而可能也加盟成为电视网的成员。这一时期有四个电视网：CBS、NBC、ABC 以及杜蒙特（DuMont），一个较小的于 1956 年停业的电视网。和早期广播的情形相似的还有，电视网很快就成为其成员台的主要节目来源。NBC 和 CBS 通常是最受欢迎的电视网，ABC 紧随其后。大多数早期的电视网节目是猜奖节目、体育比赛和访谈，另外穿插少数喜剧和戏剧。

在电视发展的早些年，大部分电视网的黄金时段节目都是由能够保留内容控制权的广告公司制作。这些代理商还决定着商业广告的长度和时段。但是，1959 年爆出一些智力竞赛节目是事先"安排"好的丑闻后，电视网开始重申它们对节目制作的控制权。大部分节目由电视网提供大部分资金的独立制作公司制作，这项举措此后延续了几十年。

多数节目是在纽约实况播出，或是在加利福尼

亚拍摄好。实况节目当然没法重播，而且经常不得不为了西海岸而重新表演。1956 年，安派克斯公司（Ampex Corporation）开发出录像带，一种便宜且有效的存储电视节目的方式。到了 20 世纪 60 年代初，大部分电视实况节目转变成了磁带。

在 FCC 实施的冻结结束后，电视台和电视机增长迅猛。然而，新的 UHF 频道进展得并不怎么好。少数装有 UHF 接收器的电视机是在 20 世纪 50 年代制造的。UHF 电视台的覆盖区域比 VHF 电视台小，大部分广告费也流向了 VHF 电视台。结果，UHF 电视很像 FM 广播，一开始就处于不利地位。

彩色电视出现在 20 世纪 50 年代。在 NBC（其母公司 RCA 制造彩色电视机）率领下，电视网到 1960 年每天播出两至三小时的彩色节目。

电视的黄金时代　很多广播史学者称 20 世纪 50 年代为电视的黄金时代。那十年里播放的节目非常流行。由埃得·沙利文（Ed Sullivan）主持的《小镇名人》（*Toast of the Town*），至今依然被认为

260

---

①　公平地说法恩斯沃思这位发明家 1934 年演示的系统运用了我们今天所称的闭路电视。

是最好的综艺系列节目之一。由当过杂要演员的米尔顿·伯利（Milton Berle）担任主角的《德克萨柯明星剧场》（*Texaco Star Theater*）促使很多人去购买电视机只为看看伯利会在他的下一个节目中努力表演什么样的古怪特技。

黄金时代还出现了有名的现场直播的戏剧。诸如《第一演播室》（*Studio One*）之类的节目放映由罗德·塞林（Rod Serling）、戈尔·维达尔（Gore Vidal）以及雷金纳德·罗斯（Reginald Rose）主演的戏剧。百老汇的明星，如雷克斯·哈里森（Rex Harrison）与塔卢拉·班克黑德（Tallulah Bankhead）也在实况电视戏剧中表演。然而，录像带的日渐流行终止了这些实况制作。

到 20 世纪 50 年代末，一种新的成人西部片（adult Western）占据了电视屏幕，剧中的人物和动机使枪战黯然失色。到 1959 年，黄金时代出了 26 部西部片，包括《荒野大镖客》（*Gunsmoke*）、《怀亚特·厄普的传奇人生》（*The Life and Legend of Wyatt Earp*）和《马车队》（*Wagon Train*）。

 媒介探索

越来越多的事情在改变

在 20 世纪 60 年代，你开车穿过美国任何小镇，都会看到竖立在屋顶上的名副其实的电视天线"森林"。这些架在屋顶上的金属工具的桅杆高达 30 英尺，通常连接着一个旋翼来转动天线直到获得最强电视信号。当有线电视变得大众化后，屋顶天线就和呼啦圈、喇叭裤以及 20 世纪 60 年代的其他现象一样变得罕见了。

历史不断重复自身，现在它们又回来了。巧的是，那些用来接收模拟电视的老式屋顶天线也能接收数字高清电视。更妙的是，有了天线，你就不需要电缆或者卫星，而且你也不用为优秀画质每月支付费用了。当然，天线只能接收广播电视台信号；如果你想要看高分辨率的 ESPN 或是美食频道（Food Network），你还是得每月支付费用。

更有趣的是，通过天线收看高清电视比通过电缆或者卫星收看效果要更好。因为广播电视信号没有像电缆或卫星传输那样先被压缩再被放大，所以更加清晰。

然而，别对那些屋顶天线森林的再次出现抱有期待。现代天线比 20 世纪 60 年代的要更小更强大。为了美观，大部分业主把它们安装在阁楼上。住在当地电视台信号传送站附近的观众发现，他们用只要 25 美元的小机顶天线就能得到极好的画质。

20 世纪 60 年代：电视走向成熟

到 20 世纪 60 年代早期，电视失去了它的新鲜感，只是日常生活的一部分。电视台的数量继续增长，到 60 年代末，95% 以上的美国家庭至少拥有一台电视。

电视新闻业在 60 年代走向成熟。NBC 和 CBS 于 1963 年将它们的晚间新闻广播从 15 分钟扩展到了 30 分钟，ABC 不久以后也跟着这么做。在那年的 11 月，电视新闻业在对约翰·F·肯尼迪总统遇刺及其葬礼的新闻报道中，赢得了大众对其专业精神的称赞。电视网还报道了民权运动以及日益涌动的遍及全国的社会动荡。或许电视新闻最激动人心的一刻是在 1969 年，它实况报道了尼尔·阿姆斯特朗（Neil Armstrong）在月球上迈出了历史性的步伐。

非商业广播电视在 60 年代也有所发展。到 1965 年，大约有 69 家教育台在。一份由卡耐基委员会（Carnegie Commission）提供的报告建议国会建立一所公共广播公司（Corporation for Public Broadcasting）。该委员会的建议被纳入《1967 年公共广播法案》（Public Broadcasting Act of 1967），根据这个法案成立了公共广播服务公司（Public Broadcasting Service）。

电视业的另一部分——有线电视——在这个时期也在经历着成长。我们将在下一章讨论有线电视的历史。

20 世纪 60 年代早期流行的电视节目包括许多乡村喜剧，如《贝弗利山人》（*The Beverly Hill-billies*）与《绿地》（*Green Acres*）。但是，在肯尼迪遇刺后，幻想和逃避现实的节目占据了黄金时段。例如，于 1964 年首次公演的节目有《着魔》（*Bewitched*）（关于一位仁慈的女巫），《我喜爱的火星人》（*My Favorite Martian*）（关于一个友好的火星人），以及《我的母亲小汽车》（*My Mother the Car*）（这不用说了吧）。

20 世纪 70 年代：日益增长的公众关注

进入 20 世纪 70 年代后，公众对电视节目影响的关注日益增长。由美国卫生局局长办公室为调查电视暴力的影响而成立的科学家小组提出，电视暴力在一定程度上与一些少年儿童的好斗行为有关。这个话题的更多内容见第 18 章。

20 世纪 70 年代早期另一个特征是市民团体参与联邦通信委员会决议的增多。像儿童电视行动组织（Action for Children's Television）和基督教联合会通信处（Office of Communication of the United Church of Christ）这样的团体，以及少数民族团体联盟在制定广播政策方面变得很有影响力。

20 世纪 70 年代早期至中期，三大电视网继续统治着这个产业。到 70 年代末，三大电视网觉察到来自成长中的有线产业的竞争。传统的无线广播公司与有线公司之间的冲突一直持续到现在。

20 世纪 70 年代早期电视节目制作的最大趋势是法治节目的增多，如《联邦特工》（*The FBI*）、《查理的天使》（*Charlie's Angels*）和《曼尼克斯》（*Mannix*）。到 70 年代中期，这些节目被许多成人情景喜剧以及涉及更为成人化主题的节目所取代。《全家福》（*All in the Family*）、《风流医生俏护士》（*M * A * S * H*）和《桑福德和儿子》（*Sanford and Son*）是这一趋势的代表。70 年代末，黄金时段的肥皂剧，如《达拉斯》（*Dallas*）和《王朝》（*Dynasty*），成为收视率之冠。

数以千万计的观众收看了 1969 年人类第一次登月的电视直播。

20 世纪八九十年代：竞争加剧

在 20 世纪八九十年代，电视业最大的趋势是三大电视网的观众持续减少和来自新电视网和有线频道竞争的加剧。在 20 世纪 70 年代早期，这三家电视网通常吸引了大约 90％的黄金时段的观众。到了 20 世纪 90 年代晚期，它们的收视份额已经跌落至 60％以下。此外，归鲁珀特·默多克的新闻集团所有的第四家电视网福克斯广播公司（Fox Broadcasting Company）于 1987 年开始广播。20 世纪 90 年代早期另外两家电视网成立：联合派拉蒙电视网（United Paramount Network，简称 UPN）和华纳广播网（Warner Broadcasting Network，简称 WB）。这两家电视网开始时节目都有限，但均有扩展其节目供应的计划。2006 年，WB 和 UPN 合并成为一个电视网 CW。

1995 年，网络广播界因两宗大买卖而发生震动：沃尔特·迪斯尼公司宣布以 190 亿美元购得了 CapCities/ABC。这份合同的墨迹还未全干，西屋公司又透露以 54 亿美元买下了 CBS。

有线电视的持续成长

到 2000 年有线电视已覆盖了 68％以上的人口。随着电缆公司增大它们的容量，新的有线电视节目服务争相占据新的频道。到 2000 年为止，全国性的按次付费收视台有六家；付费电视台六家，其中包括家庭影院（HBO）和演出时间（Showtime）；有线电视台超过 75 家，其中包括科幻频道（Sci Fi Channel）、动物星球（Animal Planet）与户外频道（Outdoor Channel）。很多电缆公司为其订户提供超过 100 个电视频道。一些新的有线电视网因为当地电缆公司没有剩余的频道来播放它们而遇到了困难。有线电视频道日渐流行进一步侵蚀了传统电视网的观众。

广告收入也有了增长，1999 年创下了 110 亿美元的纪录。到世纪之交，有线电视产业明显成了传统广播电视的一个成熟的竞争者。

 决策者

特德·特纳

R·E·"特德"·特纳（Ted Turner）于 1963 年继承了其家族的户外广告公司，当时他 24 岁。以亚特兰大为基地的这家企业经济状况很差，但年轻的特纳试图使之好转起来。六年后，特纳得知一家资金困难的 UHF 电视台正在出售。即使这家电视台的信号如此之弱，以至于特纳不能在自己家里的电视机上接收到，他还是不顾一切买下了这家电视台，更名为 WTCG，并开始在亚特兰大周围的闲置广告牌上为它做广告。通过电视重播片与老影片的巧妙节目组合，这家电视台最终成为美国这一时期转为赢利的少数几家 UHF 电视台之一。然而，特纳并不满足于仅仅使这家电视台起死回生。他对此有更大的计划。

1976 年的一天，在一次电视台经理会议上，特纳在桌上放置了一个破旧的 RCA Satcom I 号卫星的模型，并宣称 WTCG 将很快与 CBS、NBC 及 ABC 竞争。特纳已经决定用新的通信卫星来向全国的电缆公司播送 WTCG，使它成为一个全国性的电视网。毫不奇怪，他的经理们对此都不太相信。几乎每个人都认为特纳的想法不切实际而不予理会。

有很多理由认为这个大胆的行动不会奏效。首先，有线电视还没有普及起来；这个国家只有 16％的地方可以接收到有线电视，且大部分是在农村地区。其次，电缆系统依赖于地球上的微波信号；很少有人配备接收卫星节目传送的设备。再次，FCC 制定了一项反对跨区传播的法规，禁止电缆公司接收遥远城市的信号，除非它们还接收临近它们市场的电视台的信号。此外，FCC 的条例只允许电缆公司使用昂贵的 10

米碟型卫星信号接收器，而它们大多数都没法负担这种接收器。毫不气馁的特纳向大的有线电视运营商游说他的想法，但并没有引起他们的注意。

然而，像命中注定似的，两周后，FCC 废除了禁止跨区传播法规，允许电视台使用更小、更便宜的碟型接收器。突然之间，特纳的想法变得似乎并不是遥不可及。12 月，特纳把他的电视台改名为 WTBS，并开始用卫星发送它，从而创建了第一个超级电视台。

WTBS 逐渐普及开来。当它刚开始上星的时候，总共只有四个电缆公司接收这家电视台。特纳通过购买"亚特兰大勇敢者"（Atlanta Braves）棒球队并在 WTBS 上播放比赛，让电视台火了起来。这家新兴的超级电视台越来越受欢迎，最终覆盖了 7 400 万户家庭。WTBS 的成功刺激了其他有线电视网纷纷涌现，并彻底改变了有线电视产业。特纳证明了人们订购有线电视并不只是为了获得好的接收信号，只是为了收看节目。

特纳还有其他的想法。为了鼓励电缆公司转播 WTBS，特纳许诺他还会给它们提供其他有线电视台。1980 年，他创办了第一家电视台——CNN。电缆运营商对这个新的项目不太热心，大都拒绝提供资金来负担启动成本。特纳给新公司投资了 2 100 万美元，但马上就被同行嘲笑其采集新闻的方式过于廉价。批评家们把 CNN 称作"快餐式电视网"。

CNN 启动初期亏钱，但特纳用来自 WTBS 的利润使这个电视网存活了下来。终于，CNN 于 1985 年进入赢利状态。六年后，在海湾战争期间，CNN 通过在战争爆发时派遣记者到巴格达的现场而抢在其他电视网之前报道新闻。CNN 的成功促成了数家 24 小时新闻服务竞争对手的诞生，包括 MSNBC 和福克斯新闻频道（Fox News Channel）。

特纳的其他几个决策也获得了成功。1986 年，他付给米高梅/联美（MGM/United Artists）电影图书馆的钱超过 10 亿美元。特纳用这些电影来帮助创办其他两个有线网——特纳电视网（Turner Network Television）和特纳经典影片台（Turner Classic Movies）。特纳还买下了汗纳·巴伯拉（Hanna-Barbera）动画工作室并开办了卡通台（Cartoon Network）。

然而，特纳有些投资企业运营得并不好。时代华纳和 AOL 合并后，特纳成了新公司的副主席。这次合并失败了，AOL 时代华纳的股价暴跌。特纳最后损失了数百万美元。2003 年他从公司辞职。

特纳对慈善事业也有兴趣。他的联合国基金会资助对人口控制和环境感兴趣的组织。他的特纳基金致力于提高美国的生活质量。不幸的是，AOL 时代华纳股价下跌导致这些组织的基金削减。

特纳所做的决策有些是明智的，有些并不成功。尽管如此，他的决策对电视产生了巨大影响，并且为现代电视产业格局的设计做出了重要贡献。

新技术

对传统电视和有线电视产业都具有重大影响的是录像机（VCR）的惊人发展。1982 年，拥有录像机的家庭不到 5%。到 2000 年，这个数字变成了 90%。事实上，除了电视之外，录像机的应用速度比其他任何设备都要快。录像机的影响很大。

首先，电影录像带的租借成了数十亿美元的产业，电影制片厂也依靠录像带作为其收入的一大部分。

其次，录像带促进了**时间转换**（time shifting），即在非节目播放时间重新播放节目。尽管这使得原来可能无法收看节目的人现在能观看到节目，从而增加了观众总数，但它也导致了一些广告主方面的新问题，因为观众会快进广告时段。

最后，手持遥控装置的激增也给广告主和节目人员带来了难题。遥控器刺激了"浏览"的倾向，即在广告时间或节目乏味时间为寻找其他更有意思的节目而快速浏览所有频道。

在缓慢的起步之后，卫星直播（DBS）在 1994 年有了大发展。当时有两家卫星直播公司，直播电视（DirecTV）和美国卫星广播（United States Satellite Broadcasting，USSB），它们通过一个小型（直径 18 英寸）接收器，把约 150 个频道的节目直接传送到订户家中。

在法律方面，最大的发展是在第 16 章中讨论的《1996 年电信法案》，它引进了节目评级和 V 芯片（V-chip），同时鼓励有线与电话公司之间的竞争，并减轻了对电视台所有权的限制。

 ## 当代广播电视

263

广播电视处于一个变动的时代。电视网和本地电台的观众数量不断收缩，同时广告收入已经在网络上找到了出路。四大电视网 ABC、CBS、NBC、福克斯的节目都可以在网上收看。NBC 环球公司和福克斯推出了 hulu.com 网站，受众可以观看剪辑版和完整版的节目（更多关于 Hulu 的内容请见第 12 章）。ABC.com 把热播节目的流媒体视频在播放几个小时后上传到网上。CBS 的观众则可以在其官网和 TV.com 上观看节目。

数字录像机如 Tivo 已经改变了美国人看电视的方式。数字录像机能够使观众更容易地录下节目，在更方便的时间内收看它们，并且能快进广告，而这是让广告商们觉得困扰的一种进步。2011 年，美国有超过 40% 的家庭都装置了数字录像机，这个数字预计在未来会更高。

264

另外在科技方面，DVD 播放机作为一种颇受欢迎的播放媒体，已经取代了家庭影院中录像机的位置。截止到 2011 年，90% 的家庭都装置了 DVD 播放机。并且 DVD 播放机越来越多地连接到了能接收高清电视（HDTV）的大屏幕电视机，

这项创新提供的声画质量比普通标清电视好得多。2011 年，大约有 65% 的家庭拥有高清电视。

随着观众迁移到有线电视频道、网络和电子游戏，电视网的观众持续受到侵蚀。四大电视网 2011 年的电视收视份额已经下降到 40% 以下。电视网的广告收入从 2009 年到 2010 年以来一路下滑。收入降低、成本增加导致利润大幅减少。地方电视台的收视率也开始下降，广告收入同样如此。

广告收入的降低和严峻的经济形势促使电视网节约成本。它们削减节目开发的成本，并且寻找能缩减电视剧生产成本的方法。由此，所有电视网更倚重成本较低的真人秀节目，如《美国偶像》、《减肥达人》及《与星共舞》，减少了对脚本节目的依赖。在 2010—2011 年间，四大电视网每周播放的非脚本节目长达 20 小时。

乐观的是，即使广播电视的受众在减少，但它们和当地电视台仍然是广告商们迅速覆盖大量观众的最佳途径。一些热播电视节目，如《美国偶像》的覆盖观众人数超过了 2 500 万。此外，在线广告收入也一直在增加。

 媒介探索

正在消失的肥皂剧

1968 年，肥皂剧《只此一生》（One Life to Live）在 ABC 电视网首次播出，两年后又在此剧之后播出了《我的孩子们》（All My Children）。1975 年至 1985 年，ABC 白天的宣传语是 "午后之恋"（Love in the Afternoon），两档肥皂剧都以浪漫场景里身着性感服装的热辣男

女主角为特色。节目所涉及的故事与诸如堕胎、同性恋、艾滋病及青少年酗酒等社会问题有关，很久之后这些话题才在黄金时段中出现。这两档肥皂剧形成了 ABC 一个强大的午后阵容，并且在随后的 30 年里稳居高收视率日播节目之列。

然而，2011 年，ABC 宣布取消这两个肥皂

剧，并且用两档关于美食和生活的脱口秀节目来代替。多年以来日播节目观众群体发生了改变，因为更多女性参加工作而离开了日播节目。有线电视网的竞争目标在于女性，如生活频道（Lifetime）和氧气频道（Oxygen）吸引了更多的潜在观众。肥皂剧难以吸引年轻观众，他们宁愿把时间花在网络及社交媒体上。最后，肥皂剧的制作需要高成本。它们需要一个阵容强大的演员、作家、制片人、剧组成员以及若干

摄影棚。专家估计一部肥皂剧的制作每年需要花费 5 000 万美元；而一档脱口秀节目的花费不到肥皂剧的 30％。ABC 并不是唯一一个远离肥皂剧的电视网。2009 年，CBS 取消了两个老牌的肥皂剧《指路明灯》（*Guiding Light*）和《地球照转》（*As the World Turns*）。

肥皂剧的衰落是广播电视界正在发生的变化的另一个结果。

数字时代的电视

转型

广播电视如今已完全数字化。从 2009 年 6 月 19 日起，所有的电视台都播放**数字电视**（DTV）。相比旧系统模拟电视，数字电视具有很多优点。数字式画面更加清晰，声音质量也更好。数字电视（DTV）使得高清电视（HDTV）成为可能，而且数字电视图像高宽比更接近电影屏幕。最后，由于数字信号可以被压缩并且占用的电磁频谱带宽更少，广播公司可以细分数字频道，从而在同一频谱里提供数个不同的节目。比如，电视台可以在主频道上播放联播节目，在数字式子频道上播放当地新闻，在另一个子频道上播放天气预报。直到 2011 年，大部分地方电视台仍然还在寻找从它们的子频道获取利润的方法。

265

媒介探索

多亏看了电视真人秀才考上大学

谁能猜到青少年收看像《泽西海岸》、《少女妈妈》、《天桥风云》（*Project Runway*）以及《与卡戴珊姐妹同行》这样的真人秀节目实际上可以帮助他们上大学呢？

许多大学生都熟悉作为大学录取依据的学术能力测验（SAT）。2011 年的 SAT 中短文部分就要求高中生写一篇关于真人秀节目的文章。实际要求是：你认为人们从所谓的真人秀等形式的娱乐中受益还是受到不良影响？

许多 SAT 的考生及其父母都抱怨他们吃亏了，因为这个问题假定学生看电视，而且要看

足够多的真人秀节目才能给这个问题提供一个有意义的回答。一位父亲说他为孩子学习刻苦而不看电视自豪，并且认为这个问题不公平。参加测试的一个孩子抱怨那些收看这些"废话节目"的孩子会比他答得更好。

SAT 的官员对这个问题进行了辩解，认为题目之前的说明（这些节目描绘了普通人在每种形式下的竞争，从唱歌跳舞到减肥甚至是他们的日常生活）已经让学生足以下笔成文。或者正如大学理事会的一位理事所写的："对于最近 SAT 文章题目的质疑并没有说中要点，把文学话题与作文任务混为一谈。如果题目出的是权

衡爬山的风险与登峰的好处，一个好的作家可以不用登上珠穆朗玛峰就能写出一篇好文章。"好吧，这也是可能的，但是如果一个好的作家可以在论述爬山风险之前真的看到山的话，肯定还是有帮助的。

没有看过真人秀的学生为了完成作文不得

不延伸主题。其口有一个就写到了 20 世纪的社会批判家雅各右·里斯（Jacob Riis）以及客观存在的缺失。这个离真人秀女星斯努奇（Snooki）和《战火迷情》（*The Situation*）也太远了。

3D 电视

自从 3D 电影《阿凡达》大获成功后，电视行业就希望 3D 电视也能普及开来。2010 年，电视机制造商给供应商运送了 400 万台 3D 电视机。大零售商如百思买公司专门设立了这一新科技的展示柜。但是，消费者的印象并不深刻。这种电视机标价高（平均价格将近 3 000 美元），需要戴上笨重的眼镜

观看，而且缺乏可观看的 3D 片源。即使价格有所下降，销售量也没有上升。行业专家如导演詹姆斯·卡梅隆认为，一旦 3D 电视技术完善到可以不需要戴眼镜，3D 电视就会变得更加普及。然而目前来看，3D 电视还有负众望。

广播电视公司与网站

广播电视网投入了更大的努力以使它们的网站吸引浏览者。除了 ABC 所有的节目外，ABC.com 还播放宣传视频，提供额外的背景材料，比如基于流行节目的游戏和小测验。CBS.com 则提供了高清电视播放器、CBS 所有节目、预告片和特辑。虽然这些努力使得电视网的节目收视率有所上升，但是可能会伤害到电视网的成员台。地方电视成员台会认为如果观众能在 hulu.com 或者是某个网站上收看联播节目，他们就很有可能不再收看当地电视台。

地方电视台对网站播放重要性的认识非常缓慢。许多地方电视台只是简单地将网站用于实况转播。如此一来，当地市场上的报纸网站会比当地电视台网站产生更多的收入。为此，地方电视台改进了网站，增加了突发新闻报道，加载更多的视频短片和社交媒体。电视台网站已经成为拥有不同于电视播出的内容和特点的独立网站，而非电视台的附属物。据皮尤研究中心报道，2010 年地方电视台网站创造了 13.4 亿美元的收入，比 2009 年增长了 8%。

广播电视公司与宽带

诸如有线调制解调器或数字用户线路（DSL）这样的高速宽带的连接，使得电视网和地方电视台得以制作仅在网站上发布的独家节目。比如，迪斯尼—ABC 集团创办的娱乐与体育节目电视网 ESPN 360，这个在线体育频道通过互联网服务供应商提供实况体育赛事的流媒体视频。CBS.com 开设了一档网络剧《球场刁难王》（*Heckle U*），讲的是一个懒鬼在篮球比赛中擅长刁难对手的故事。

然而，宽带节目并没有为电视广播公司带来利

润，并且电视网没有投入很多资金来发展它们。尽管如此，宽带节目为电视网甚至少数地方电视台提供了一块新节目形式和新创意人员的试验田，避免了大量资金投入的风险。偶尔也会有网络节目能够成为电视播放节目。比如《四分之一人生》（*Quarterlife*）开始是网络节目，在 2008 年被 NBC 选中播放。但这个节目在播放一集后就被取消了。在 2009 年电视季中，ABC 首次上映了曾在 MSN.com 上开播的节目《母爱之道》（*In the Motherhood*）。

手机电视：应用程序

通信公司如 MobiTV 和 Qualcomm 率先开发了手机电视收视的早期应用，但是最近这个趋势已经变为内容提供商通过应用程序提供其节目。例如，ABC 在 iPad 上的应用程序允许用户收看含有少量广告的 ABC 特选电视剧。NBC Live 也提供类似服务。ABC 新闻有属于自己的播放时事新闻的应用程序；CBS 新闻也有一个相似的应用程序。

很多电视节目，包括《60 分钟》（60 *Minutes*）、《CBS 周日早间》（*CBS Sunday Morning*）和《实习医生格蕾》都有自己的应用程序。许多地方电视台也做了以地方新闻报道为特色的应用程序。此外，MLB.com 为其订户提供了重大篮球联赛的视频。

用户生产内容

广播电视公司首先意识到用户生产内容的潜质。1989 年《美国滑稽家庭录像》首映，直到现在这个节目仍然在播出。然而，除此以外，广播电视公司很少使用用户生产内容，偶尔会用新闻事件的手机视频。地方电视台更倾向于购买用户生产的材料。一项研究表明，50% 的地方电视台接受来自观众的内容，大部分是与天气相关事件的照片和视频。

社交媒体

广播电视公司了解社交媒体的重要性，并且把它们用于各种各样的目的。首要的也是最明显的就是宣传它们的节目。当《欢乐合唱团》第一季结束并在夏天停播时，对这个节目的兴趣仍通过 Twitter 和 Facebook 上的讨论而延续下去。许多电视剧集在其所拥有的 Facebook 页面上与粉丝保持互动并为下一剧集做广告。《摩登家庭》（*Modern Family*）的主页上积累了将近 400 万的点"赞"数。电视剧的明星们通过和粉丝们的互动来帮助宣传剧集。《灵书妙探》（*Castle*）里的明星内森·菲利安（Nathan Fillion）在 Twitter 上有近 90 万粉丝。

其次，广播电视公司，包括电视网和地方电视台，利用社交媒体建立粉丝社群。在 CBS 剧集《生活大爆炸》（*The Big Bang Theory*）的网站上，观众可以在社群里对故事情节进行评论，给自己最喜欢的角色投票以及获得 Twitter 独家消息。NBC 主推的 MyNBC 上为最喜欢的节目、博客和社群游戏设有留言板。至于地方电视台，亚特兰大的 WSB 电视台则鼓励观众参加它们的公共服务"家对家"（Family 2 Family）节目。

最后，广播电视公司发现许多人喜欢在收看直播节目时发微博。第 45 届超级杯橄榄球赛期间，在决赛结束之际每秒有超过 4 000 条的微博。广播电视公司正在利用社交媒体鼓励这种趋势。广告商们喜欢这种理念，因为这就意味着观众不会像用数字录像机录节目时那样快进广告。比如，CBS 开通了微博周，在这周内 CBS 的电视剧明星在诸如《海军罪案调查处》这样的电视剧播出期间发微博。CW 电视网引进了一款名叫 Bwingo 的在线游戏，这样一来观众可以一边收看 CW 节目直播一边玩游戏。一个名叫 Shopkick 的公司发明了一款搭载零售服务的应用程序。如果观众在节目插播零售商的广告时打开此应用程序，就可以从商家获得特别的折扣。

社交媒体同时也给广播电视公司带来了麻烦。康涅狄格州的一个电视台没有续签其长期合作的气象员的合同，结果心急的粉丝创建了一个超过 1 万成员的 Facebook 主页敦促电视台改变这一做法，从而引起了一场公关管理危机。

广播电视的界定特征

　　像广播一样，电视是一种遍在的媒介。大约99％的美国家庭至少使用一台电视机。实际上，多数家庭拥有不止一台电视机。平板电脑和智能手机可以让人们随处收看电视。

　　电视已经成为美国人主要的新闻和娱乐媒介。调查一致显示，大多数人选择电视作为他们主要的新闻来源。另外，在普通的美国家庭中，电视机每天要开八小时左右。黄金时段的电视连续剧能吸引 1 500 万家庭的观众群。总之，电视已经成为我们社会的一个重要部分。

　　此外，电视，尤其是电视网的电视，是一个成本昂贵的产业。制作一集普通的个把小时的黄金时段连续剧大概要花费 300 万美元。多数连续剧一年要制作 20～22 集的原创剧集。稍加运算就可以发现，一家电视网一个季度一个黄金时段的电视剧造价是 6 000 万美元左右。再稍加运算就会发现，四家主要电视网的黄金时段节目的总账单超过了 20 亿美元。除此之外还要加上日间节目与新闻广播的费用。电视广告也同样昂贵，电视网黄金时段中的一则 30 秒的广告平均要价 20 万美元以上。

　　最后，在过去几十年中，广播电视产业目睹了受众的分化。1970 年，主要电视网的受众份额大约是 90％。今天，有线电视网、录像机的使用，电子游戏和家庭录像的增长已经将这个份额削减至 30％以下。

广播电视业的结构

　　商业电视台（commercial television）包括所有向广告主出售其时间从而获得收入的地方台。**非商业电视台**（noncommercial television）包括从其他渠道获得收入而非出售广告时间的电视台。

　　本地的电视台由联邦通信委员会许可，向某一特定社区提供电视服务。在该产业中，这些社区通常被称作市场。美国共有 210 个市场，排名第一的纽约市约有 740 万户家庭，排名最末的蒙大拿州的格伦代夫约有 4 000 户家庭。有些地方电视台加入了与电视网的契约性协议。2001 年，美国有六家商业电视网向地方台供应节目：美国广播公司（ABC）、哥伦比亚广播公司（CBS）、全国广播公司（NBC）、福克斯广播公司（FBC）、CW、My Network TV。公共广播公司（PBS）则是一家服务于非商业电视台的电视网。一家本地电视台与其中某个电视网签订合同就成了一家**成员台**。ABC、CBS 和 NBC 拥有遍布全国的大约 200 家成员台；福克斯稍微少一点；而 CW 和 My Network TV 还要少一些。没有这种电视网从属关系的地方台则是**独立台**。

　　电视业也像电影业一样被分为三个部门：制作、发行以及放映。制作部负责提供最终被电视观众收看的节目。发行由电视网、有线电视及辛迪加公司来执行。电视节目的放映——大多数人最为熟悉的部分——由地方电视台来负责。

制作

　　假如你是你们家乡一家本地电视台的台长，你的电视台必须每天供应 24 个小时的节目，即约计每年 8 800 小时的节目？你从哪里获得所有这些节目？来源基本上有三个：本地制作、辛迪加节目和大部分电视台都会依赖的电视网节目。

本地制作包括地方台使用自己的设备在其演播室中或其他地点制作。最常见的本地制作的节目是电视台的日常新闻广播，通常在早间、午间、晚间或深夜播出。这些新闻广播吸引了大量观众，因而又吸引了广告主。所以，本地新闻在地方台所产生的广告收入中占据了较大比重。地方台将其制作预算中的主要部分投到它们的新闻节目中，这就不奇怪了。其他本地制作的节目可能包括地方体育赛事、早间访谈节目以及公共事务讨论节目。不过，对于一家地方台来说要用本地制作的节目来填满整个节目表是很困难的。因此，大多数电视台求助于由其他来源制作的节目。

如果该电视台是一家电视网的成员台（大多数电视台都是），它大部分的节目问题就解决了。一般成员台 60％至 65％的播出节目由电视网提供。很多由电视网提供的节目是电视网自己制作的。新闻、体育、早间谈话节目和数量日益增加的黄金时段的戏剧和情景喜剧是电视网的产品。其他节目则由独立制作公司或大电影制片厂的电视部门提供。表 11—1 列出了一些节目及其制作公司。

许多独立制作公司将它们的节目出售给辛迪加公司。比如王者世界制作公司（King World Productions）经销的《命运之轮》（Wheel of Fortune）、《危险边缘》（Jeopardy）以及《内部版本》（Inside Edition）。已经在电视网上播放过的节目（叫做下网剧集）也由辛迪加公司发行。这些节目经常是在下午晚些时候或傍晚时候播出，而不是在黄金时段播出。另外还可以从辛迪加公司已经发行给电视的 3 万部影片中挑选租看。

表 11—1   2010—2011 年度制作公司及其节目实例

制作公司		电视节目
电视网	ABC	20/20，《实习医生格蕾》
	CBS	《新闻 60 分》（60 Minutes）、《夏威夷特勤组》（Hawaii 5~0）
	NBC	《办公室》（The Office）
	Fox	《美国警察》（Cops）
独立台	马克·伯内特公司	《幸存者》、《名人学徒》（Celebrity Apprentice）
	安迪摩尔公司	《老大哥》（Big Brother）、《彻底改变》（Extreme Makeover）、《彻底改变之家庭再造》（Home Edition）
电影公司的电视部	华纳兄弟	《好汉两个半》（Two and a Half Men）、《超市特工》（Chuck）
	20 世纪福克斯	《孕育希望》（Raising Hope）、《欢乐合唱团》

发行

电视发行的三个主要渠道是广播电视网、有线卫星电视网和辛迪加公司。电视网通过卫星传输将节目发送给它的成员台。电视台接收到节目后再把它们传输给观众，或者用录像带录下，晚些时候再播放。地方台和电视网之间的从属合同是一份复杂的文件，详细具明了地方台转播电视网节目的协议条款。

许多年来，电视网会补偿地方台，因为它们转卖地方台的播出时间使其得以插播广告，但是如今这个模式正在改变。当电视网的收入降低并发现可以通过网络有效地发行节目时，电视网要求"反向补偿"，即向地方台征收播放电视网节目的费用。自 2011 年起，福克斯、CW 和 NBC 已经

采用了这个体制，而且很有可能其他电视网也会效仿。这并不是个积极的趋势，因为地方台成本上升导致其要努力维持赢利。

辛迪加公司提供另一种节目发行方式。这些组织向每个地方市场的地方电视台出租录制节目或影片。有时候，如前面所提到过的，辛迪加公司也制作节目，但是更多时候它发行由其他公司制作的节目。购买一个辛迪加节目的地方台获得在其市场内播放该节目的专有权，有线电视公司引进外面电视台的情况更复杂。通常一家电视台购买一套节目——可能多达 120 集甚至更多——合同上都会详细说明每个节目可以重播几次。

辛迪加公司力争将它们的节目卖到尽可能多

的电视市场中。节目的覆盖面越广，它对于全国性广告主的吸引力就越大。收视率极高的辛迪加节目，如《命运之轮》与《危险边缘》，几乎在所有电视市场中都收看得到。

辛迪加已成为黄金时段电视节目的一个重要的售后市场。事实上，有些黄金时段的电视剧是亏空制作的，有时每集一小时的电视剧亏损 20 万美元或更多。制作公司相信它们能在辛迪加市场中赚回这些钱。这是一种冒险，但是如果一个节目在辛迪加市场中取得很大成功，它可能会挣得 5 亿美元或更多。不过，为了吸引辛迪加市场，一档黄金时段的节目必须具备充足的库存剧集，以便电视台播放该剧时不需重播就能播放很长一段时间。由于 100 看起来像是一个神奇的数字，连续剧通常会举办一个大型聚会来纪念其第 100 集的制作。由于每个季度只制作 22 个或 24 个新节目，显然那些持续四至王年的系列片是赢得辛迪加胜利的最佳赌注。

放映

2009 年 6 月，所有的美国电视台都从模拟电视转到了数字电视。在这个转换之前，旧模拟系统电视被分为两种类型：电磁频谱的**甚高频**（VHF），在电视机的 2～13 频道上播放；电磁频谱的**超高频**（UHF），占据了电视台的 14～69 频道。然而，数字转换造成了一些困扰，因为所有现有的 VHF 台和 UHF 台都被分配了新的数字频道号码，一些原来的 VHF 台却被分配到 UHF 频道，反之亦然。幸运的是，数字制式电视拥有一项可以把新的数字频道调回到大家都习惯的旧频道号码的功能。因此，麦迪逊和威斯康星的观众过去收看 CBS 成员台是在模拟系统的 3 频道，现在这套节目仍能被标识为 3 频道，哪怕实际上它是新数字系统的 50 频道。

我们先前提到过，电视台之间的另一个重要区别与其所加入的全国电视网有关。2010 年，所有商业台中有 90% 以上是 CBS、NBC、ABC 或福克斯的成员台。至于剩下的 10%，多是 CW 或者是 My Network TV 的成员台。

那些没有加入电视网的电视台被称作独立台。多年以来，独立台因为大多数是 UHF 台且拥有的覆盖范围比 VHF 台要小而受到牵制。但是，电缆的出现给 UHF 独立台带来了更多的竞争优势，因为不同于无线广播信号，借助电缆 UHF 台和 VHF 台拥有了相同的观众覆盖范围。最近，大多数独立台不是和 CW 就是和 My Network TV 签约合作。"纯粹的"独立台现在很难找得到了。

电视业的所有权

2011 年，所有主要的电视网全都处于企业集团的控制之下。

- 2011 年，NBC 环球被有线电视巨头康卡斯特收购。这家新公司除了在有线电视网占有股份外，还拥有电影公司、电视台、一家电视制作公司以及数个主题公园。
- ABC 的所有者是沃尔特·迪斯尼公司，它还拥有主题公园、游轮巡游线、零售商店，以及包括杂志、电影制作公司、广播网、

唱片公司、有线网和电视台在内的媒介资产。
- 福克斯由鲁珀特·默多克的新闻集团所掌管，它拥有一家重要的电影和电视制作公司，20 多家电视台，有线电视网，卫星电视网，一家唱片公司，多家报纸、杂志和一家图书出版公司。
- CBS 隶属于哥伦比亚广播公司，这家公司于 2005 年从传媒集团维亚康姆独立出来。除了拥有电视网之外，CBS 公司还有自己

270

的电视台和电台、一家电视制作公司以及西蒙和舒斯特（Simon & Schuster）出版公司。

两个最年轻的电视网 CW 和 My Network TV 也是大集团的一部分。CW 是 CBS 广播公司和传媒巨头时代－华纳的合资企业。My Network TV 由福克斯的母公司新闻集团所有。

至于电视台的所有权，《1996 年电信法案》

（参见第 16 章）不限制个人或组织拥有的电视台数量，只要所拥有的电视台累计覆盖范围不超过美国人口的 35％（不久之后被修订为 39％）。到 2010 年年末，大集团控制了位居市场前 100 名中的大多数电视台。前五名大集团是 CBS 集团、福克斯、NBC 环球公司、西班牙语电视网联视（Univision）集团，以及主要由小型 UHF 台组成的电视网离子媒介（Ion Media）。

电视节目制作

部门与员工

电视台的人员安排很不同。一些大城市的电视台雇员有 300 至 400 人，而且可能被分成十几个不同的部门。小城镇的电视台也许只有二三十个雇员和几个部门。

在通常的人员安排中，电视台的总经理是对电视台所有活动最终负责的人。其余的则被分为五部分：

1. 销售部：负责出售时间给当地和全国的广告主，安排广告时间，发送账单给顾客。
2. 工程部：维修所有的技术设备。
3. 制作部：整合本地节目制作；购买外部资源的节目，负责播出时间表的安排。
4. 新闻部：负责制作电视台常规新闻节目。
5. 行政部：包括办事人员、会计和帮助维持电视台日常运营的人事部门。

至于电视网，分工就稍微复杂些。尽管主要电视网在它们的设置上各不相同，但似乎全部都具备履行以下职责的部门：

1. 销售：处理电视网广告的销售，并与广告代理公司合作。
2. 娱乐：同制片人合作开发电视网的新节目。
3. 运营电视台：管理那些归电视网所有的电视台。
4. 成员台联系：监督加入电视网的成员台的所有合同，并致力于使成员台满意。
5. 新闻：负责所有的电视网新闻和公共事务节目。
6. 体育：负责所有的体育节目。
7. 标准：审查所有电视网的节目以确保它们没有违反法律或电视网自己设立的内容合适准则。
8. 业务：处理向成员台实际传送节目的技术方面的事务。

数字业务（即网站的维护、应用程序的开发和社交媒体的管理）可能由内部专门的部门完成，也可能由电视台/网雇用一家外面的公司来做。

播放电视节目

至于地方电视台，其最主要的工作是新闻广播。几乎每家电视台都有一个演播室，它的布景分别配备给一或两位新闻主持人、一位天气预报

员和一位体育节目广播员。电视台的新闻主任将报道分配给记者和摄像人员，他们前往报道现场并录制报道。回到电视台，新闻广播的制片人和

新闻主任着手计划播放什么样的报道，并给每个报道分配时间。与此同时，摄像人员和记者返台；记者撰写文稿，而编辑则准备录像带的部分。当最后的广播稿完成时（可能距播放时间只有几分钟），它被交给导演，由其负责整合一切并播放。

除了新闻以外，地方台可能还制作一两个访谈节目。有些电视台还制作在外景地用便携设备录制下来之后编辑成片的"杂志"节目。除了这些类型的节目外，大多数地方台很少制作其他节目。

因为电视网负责供应最大观众群的收视时段节目（称作黄金时段，东部标准时间晚上 8~11 点），所以它们必须特别注意开发新的节目。现在，我们关注一下黄金时段连续剧是如何制作出来的。

所有一切都始于一个创意。电视网高管每年会收到数百种创意；有些来自独立的制片人，有些来自电影公司的电视部门，有些来自电视网的员工，而大多来自碰运气的业余爱好者。从这许多创意中，电视网可能选出 50 至 75 个来加以关注，通常是由已有名气的制片人或公司所提交的。

在对这 50 至 75 个有潜力的连续剧的情节纲要与主要人物的背景概况进行审查后，电视网再次对这份名单进行压缩。对那些幸存下来的创意，电视网要求有一个作为样本的剧本和一系列能改成剧本的可行的故事。如果这个创意看起来仍然会成功，电视网和制片人就签一个**试播节目**（pilot）的合同，试播节目也就是连续剧的第一集。通常在一年内，每家电视网可能订购 25 个试播节目。如果试播节目赢得了一批可观的受众，电视网也许会订购制作五六集，还可能将节目安排在其秋季的节目时间表上。数百种发送给电视网的创意中，只有极少数能成功地进入黄金时段。

这个过程并不会随秋季播出季的结束而终止。如果一档节目的收视率不错，电视网会为其余的季度订购足够多的集数。如果节目做得并不好，它将会被取消，由另一个节目取而代之。同时，电视网的高管又在为下一季度筛选数百种节目创意，开始新一轮的循环。

 伦理问题

传递信息

一些电视节目不仅仅是娱乐；它们尝试用微妙的方法去鼓励人们行动。这个策略叫做"行为植入"，而且要比产品植入难很多。行为植入的目的是劝服观众在收看他们最喜爱的节目时模仿行为。

NBC 的"绿色周"活动就是一个好例子，电视网电视剧的制片人在其节目中插入了一个讯息鼓励良好的环保习惯。有时候信息很难被植入。比如《我为喜剧狂》（30 Rock）里蒂娜·菲（Tina Fey）的角色为了减少碳排放而弃用小型冰箱，《法律与秩序》（Law and Order）中的一个角色使用节能灯泡。其他时候这些植入有点儿明显，如《顶级大厨》（Top Chef）里的厨师在食谱中使用有机食品，或是《办公室》里的德怀特（Dwight）开始着迷于回收利用。目前为止，电视网植入的信息控制在如环保或健康饮食等无争议的主题上。

广告商们喜欢行为植入的想法，因为它让其与社会关怀型节目关联起来。制造环保产品的公司也在这些节目上做广告，相信消费者会认真关注信息并购买绿色产品。

批评者认为这些像是洗脑一样可疑，而且 NBC 是在利用环境保护论来吸引广告。行为植入鼓励的行为会使某些行业受益。如果银行对在 NBC 上做广告感兴趣的话，那 NBC 节目演员也会开通银行账户么？还有些人认为 NBC 不该管人们什么该做什么不该做。观众需要电视节目来告诉他们怎么生活吗？此外，这些劝说是隐蔽的。观众没有被告知这些节目包含的特定信息是被设计好的。

最后，NBC 认为这些微妙的展示将会影响人们的行为，这是多么讽刺的想法。多年来，电视网一直辩解说其节目上对暴力明确及频繁的展示对社会的影响很少甚至为零。

广播电视经济

电视业从1950年就开始赢利了，其总收入从1971年起每年都有增长。根据电视广告局统计，2010年电视广告收入总计约为450亿美元。然而，变革中的电视业结构对地方台与电视网都产生了巨大的经济影响。在讨论这个问题之前，我们先来考察电视广告收入的传统来源。

273

广告时间

450亿美元的收入从何而来？它来自电视网和地方台销售给广告主的广告时间。电视台或电视网可以每小时提供一定的分钟数出售给广告主。有三类不同的广告主在电视上购买时间：（1）全国性广告主；（2）全国定点广告主；（3）地方广告主。

全国广告主销售一般消费品：汽水、汽车、除臭剂、发胶等。这些广告主力争让它们的讯息到达最大的潜在受众群体，并且通常在电视网节目或辛迪加节目上购买广告时间。

相比之下，其他广告主的产品主要在一个地区或区域内使用。例如，雪地机动车的生产商在迈阿密或新奥尔良做广告会收益甚小。同样，农场设备生产商很可能不会在纽约市发现很多顾客。这些公司会转向全国定点销售。雪地机动车的生产商会在几个北方市场购买广告插播时段，如明尼苏达州的明尼阿波利斯、北达科他州的法戈市以及蒙大拿州的比尤特。农场设备公司会将广告主要投放在农村市场。

最后，很多地方企业从电视台购买广告时间。它们购买单一市场内一家或多家电视台的广告时间。电视网的广告时段（即全国性广告）占了广告费总额的50%，而其余的被全国定点广告与地方广告均分。

电视台的收入取决于电视台对其广告时间所收取的金额。观众群越大，电视台可以收取的钱就越多。电视台收视率名单上列有30秒和60秒广告的价格。广告的费用在台与台之间相差很大。一个30秒的广告在一个小市场内可能只花费100到200美元，而同样的广告在较大市场内会花费数千美元。同样的普遍价格规律也适用于电视网。收视率高的节目对广告的要价高于收视率低的节目。例如，2010年电视网在黄金时段的30秒插播广告平均要花费20万美元左右。在收视率高的节目中，插播广告大约要25万美元；在收视率低的节目中，费用大约是10万美元。要想知道它能贵到什么地步，只需看看2010年超级杯橄榄球比赛，一个30秒的插播广告要价约300万美元。

一些电视节目在创收方面找到了新方法。比如，电视节目中的产品植入已经成为一笔大生意，有时候一些公司会为了突出展示其产品而支付数百万美元。在2008年第一季度，黄金时段电视的产品植入已经超过了10万例。NBC的《减肥达人》凭借近4 000例产品植入一路领先，紧随其后的是《美国偶像》。

广播电视公司还从有线电视系统转播节目中获得报酬。

钱花到哪儿了？

至于电视网，其最大的开销是节目制作。例如，一部普通的半小时长的情景喜剧大约要花费150万美元。热门节目的费用要多得多。一部一小时长的节目花费直逼300万美元。竞赛和真人秀制作起来便宜很多，难怪电视网会越来越倚重它们。

至于地方台，对费用的分配各不相同，但节目制作仍然明显花费巨大。节目制作的花费占地方台支出费用的35%至40%，管理费用与新闻节目开销紧随其后。

社会问题

电视的多元性

美国全国有色人种协进会（NAACP）主席奎西·姆富姆（Kweisi Mfume）在其组织的全国大会上发表演讲，批评四个主要的电视网为1999—2000年度规划的新节目缺乏多元性。他注意到26个连续剧中没有一个是以少数族裔作为领衔或明星角色。默符佑的批评标志着关于黄金时段对少数民族刻画的持续争论掀开另一个篇章。

在电视发展的初期很难发现美国黑人演员。当他们真的出现时，往往也是扮演仆人或服从的角色。不过，1965年年轻的比尔·科斯比（Bill Cosby）在《我是间谍》（I Spy）中与罗伯特·卡尔普（Robert Culp）共同担当主角，而且为美国黑人演员扮演更多的角色铺平了道路。到20世纪70年代，有好几部由黑人演员主演的节目出现在黄金时段中——大多数是情景喜剧，比如《杰斐逊一家》（The Jeffersons）。美国黑人演员的人数在20世纪80年代期间缓慢而稳定地增长。20世纪90年代的大部分时间里，在电视黄金时段中看到的黑人角色的比例与美国黑人在总人口中的百分比大致相同。然而，这种增长部分是因为UPN和WB的出现，这两个广播电视网把它们的几部连续剧的观众定位于美国黑人。

1999—2000年度中多元性的明显缺乏对默符佑来说特别令人困扰。NAACP还注意到很难在幕后发现少数族裔。在所有创作电视情景喜剧与戏剧的作者中，只有6%是黑人。FCC的数据表明，少数族裔所有的广播电视台只占所有广播电视台的2.8%左右。

默符佑威胁说要联合抵制电视网及其赞助商，除非它们采取一些措施。电视网做出了回应，在现有节目的演员中加入了一些少数族裔的角色。CBS播出了《天使之城》（City of Angels），它是一部以城内的一座医院为背景的戏剧，以主体是黑人的演员阵容与创作队伍为特色。电视网还计划增加少数族裔的雇员，并任命管理人员努力提高多元性。这些行动显然令默符佑满意，他取消了联合抵制的计划。

2000—2001年电视播出季没有引发类似的抗议。除了《天使之城》外，还有几部新的由美国黑人扮演主要角色的连续剧，如《波士顿公立高中》（Boston Public）。不过，幕后工作人员与少数族裔所有权方面的状况并没有得到改变。2002年播出季有所好转，有43部电视剧由多民族角色主演。1995年仅播出了13部这样的电视节目。

2003年电视多元性议题再度出现，但这一次焦点是在有线电视上。美国国会黑人议员团成员写信给有线电视行业，要求增加少数民族主题的电视节目和少数民族所有的有线电视网。它之所以被再次提出是因为NAACP注意到，几大电视网2006年播出季中没有一部由非洲裔美国人担任男女主演的情景喜剧。2008年NAACP编写的报告显示，从2006年到2007年少数族裔演员的数量实际上减少了。

为什么电视网应该呈现一种多元化的社会视野呢？有很多人会争论说电视网有社会义务去呈现一个准确的社会视野，这样少数族裔群体的成员就不会感觉被社会所排斥或被剥夺了权利。其他人则提出电视应该为所有群体提供角色原型。除了这些高尚的理由外，对电视网来说展示一个多元化的节目表还具有经济意义。2000年的人口普查显示出少数族裔占了美国人口的35%以上，并且他们的购买力每年都在增长。上演对这些群体具有吸引力的节目完全是一笔好生意。

另外，还有一些批评家提出，把大量的注意力集中在广播电视网展示少数民族的方式上，就忽视了少数民族在有线电视中已经获得的利益。比如黑人娱乐电视台（Black Entertainment Television）吸引了相当多的观众。两个西班牙语的电视网——Galavision与Univision则定位于西班牙裔。

最后，思考一下评论员厄尔·奥法利·哈钦森（Earl Ofari Hutchinson）的观点，他提出不值得为黄金时段的电视而争斗。他指责电视网放映的节目充斥着用来吸引年轻富裕的白人的无聊的连续剧和动作片。这些类型的节目，他认为，与美国黑人无关，他们应该把注意力集中在别处。《亚特兰大宪法报》（*Atlanta Journal-Constitution*）社论版的美国黑人编辑辛西娅·塔克（Cynthia Tucker）提出了类似的观点，认为 NAACP 关注电视网节目是在朝着错误的方向努力。相反，她认为，该组织应该鼓励年轻的美国黑人不看电视。"让黄金时段的电视继续保持它那些乏味的人物吧，"塔克说，"有许许多多的好书，年轻的黑人可以从中发现他们的写照。"*

* Richard Breyer, "Color TV," *Word and I*, March 2000, 84.

公共广播电视

简史

美国的公共广播电视已经存在 40 多年了。在其存在的期间，它的成就是巨大的，但其进展受到政治暗斗、目标不明以及最为重要的资金不足的阻碍。

直到 1967 年，非商业电视都被认为就是教育电视。1967 年，在卡耐基委员会（Carnegie Committee）推荐后，国会通过了《公共广播法案》（Public Broadcasting Act），它为新设施的建设批准资金，成立了公共广播公司（Corporation for Public Broadcasting，CPB）来监督非商业电视并为节目分配资金。政府还成立了公共广播服务公司（Public Broadcasting Service，PBS），其职责类似于商业电视网的职责。尽管这种安排起初似乎还行，但是关于这两个组织中哪一个对节目制作具有最终控制权的内部争论很快就显露出来。

此外，有几个有线频道开始供应与公共电视争夺观众的节目。很多专家觉得公共电视上的许多传统节目最终会转移到有线电视或录像带上。除此之外，投到公共广播的联邦资金也进一步减少了。

接着事情开始有所转变。有点令人惊奇的是，有线电视变得更像是公共电视的朋友而不是敌人。由于三分之二的公共电视台是在 UHF 波段，地方电缆公司的传输增大了它们的覆盖范围，并使公共电视的观众从 1980 年到 1984 年增加了一倍。公共电视逐步成为全国主要的文化频道，每周拥有 9 000 万观众。

然而，20 世纪 80 年代中期，里根政府削减了用于公共广播电视的资金，并提议按现有的水平冻结更多的资助。国会恢复了削减中的一部分，但 1987 年该系统还在努力争取获得和它在 1982 年所获得的同样多的钱。公共广播服务公司（PBS）的投资在 20 世纪 90 年代早期又成为一个重大的政治问题。面对这种金融上的不确定性，公共电视试图寻找其他的资金来源：企业赞助，拍卖，观众捐助以及节目指南的销售。

公共电视的问题一直持续到新世纪。PBS 黄金时间的平均收视率在过去十年已经下降了 37%（PBS 有着与卡通有线频道相同的收视水平）。更糟糕的是，PBS 的忠实观众在逐渐变老（观众平均年龄 50 多岁），年轻的观众是不会蜂拥着去收看公共电视的。任何吸引年轻观众收看公共电视的尝试都存在着疏远成年美国人中公共电视核心观众的危险。

资金同样是个问题。公共电视因转变为数字制式而花费了数百万美元。收入的不断减少意味着地方台和电视网层面上的裁员。国会基金仍很紧张。2010 年公共广播公司的总预算是 4.22 亿美元。这大概是 ESPN 每两个月收取的订户费用。简而言之，如果公共电视要继续成为观众可行的选择，将面对巨大挑战。

275

节目制作与财务

1990 年，PBS 播映了名为《美国内战》（*The Civil War*）的 11 个小时的纪录片，该片成为 PBS 历史上收视率最高的节目。尽管这可能有些夸张，但 PBS 节目的大部分历史都可以被形容为是地方公共电视台与集权的 PBS 组织之间的一场内战。这些年来双方都在这场战争中取得了巨大的胜利，但是最近，形势开始变得对中央集权有利。我们来快速回顾一下这一制度过去是如何运行的，现在它又是如何改变的。

1990 年以前，PBS 用一个叫做电视台节目合作社（Station Program Cooperative，SPC）的组织来决定其成员台播放哪些节目。SPC 制度代表着一个权力下放的决策过程。成员台分发到一张选票，上面有对可能播放的节目的描述，由它们投票给希望播放的节目。几轮过后，原来的名单被缩减，电视台最后再次投票，但这一次每家电视台都必须承诺它将协助为它所投票选择的节目筹钱。

这种制度鼓励播放那些已经拥有一些资助的节目或那些能便宜买到的连续剧。没有前期投资的新奇或大胆的系列片因价格昂贵则很少被制作。这种制度还严重依赖于少数几家完成大多数制作任务的大型公共电视台。最后，PBS 缺乏统一的全国节目安排体系。

276

1990 年，面对减少的资金和观众人数，PBS 暂停了 SPC 制度并转向更为集权的节目制作。它任命了一位执行副总裁来负责全国节目策划，此人拥有开发和安排新节目的权力。不管采用哪种衡量标准，PBS 在新集权制度下的第一个季度都是成功的，上百万人观看了《美国内战》系列片这一事实就是一个例证。

然而，接下来几个季度并没有那么成功。整个 90 年代，尽管 PBS 是最受认可的电视网之一，但在黄金时段其平均收视率是 2.0，即在美国所有的电视家庭中，大约有 2% 在黄金时段收看 PBS。在最近十年间，PBS 的平均收视率进一步下降。此外，PBS 偶然地陷入了政治困境。20 世纪 90 年代末，应该在政治上中立的 PBS 电视台向共和党和民主党集团提供其捐助者名单，各政党可能会利用这些名单来进行募捐。这一事情被揭露后 PBS 高层被国会调查。在 2010—2011 年，经过涉及全国公共广播电台（National Public Radio，见第 8 章）在内的争论后，国会议员希望引入资金使公共广播"非资助化"，但是并没有通过。

除了政治问题，PBS 与其成员台之间也存在问题。属于 PBS 的地方公共广播要向 PBS 缴纳会费以转播联播节目。2010 年，PBS 在洛杉矶的旗舰台 KCET 宣称因为再也支付不起每年 680 万美元的会费而脱离 PBS。几个星期后，PBS 在奥兰多、佛罗里达的主要成员台也脱离了电视网。芝加哥的 WTTW 已考虑过脱离但最终还是留下来了。如此一来，PBS 为了阻止更多的成员台脱离而重新调整了复杂的会费计算公式，并且考虑禁止节目宣传其赞助企业。

277

PBS 的节目赢得了无数的奖项和评论家们的众多表扬。《芝麻街》（*Sesame Street*）因其通过娱乐方式展现教育内容而改革了儿童电视。《新星》（*Nova*）与《宇宙》（*Cosmos*）把科学奇观介绍给了上百万人。然而，PBS 的节目也受到了批评。很多评论家指责 PBS 呈现了自由主义偏见，对 PBS 付给一些表演者的薪水标准也有怨言。

像商业台一样，公共电视台从 FCC 获取许可证。2011 年，168 个持有许可证者经营着 350 家以上的 PBS 电视台。大约一半的持有许可证者是社区组织，另外三分之一是学院和大学，约有 12% 是州立电视网，其余的则属于地方教育或市政当局。

2010 年，有超过三分之一的美国家庭每周至少收看一次公共电视。不过，收看的时间远远不及商业性电视。平均每户每天收看公共电视的时间是 25 分钟左右，与之相比看商业电视的时间超过了 4 个小时。

不像商业电视，公共电视从很多来源接受资

助。公共广播公司大约三分之一的预算来自联邦、州以及地方政府；约四分之一来自成员的捐助；其余15％来自企业；剩下的则来自基金赞助、拍卖以及其他各种来源。

公共电视已进入数字时代。PBS网站上有新节目的预览流媒体视频，还包含了博客和Facebook主页的链接。PBS也把广受欢迎的《新闻时间》（*NewsHour*）的部分内容放在了iTunes上，电视网最近还开启了视频点播服务。

 社会问题

我们需要公共广播电视服务吗？

自20世纪80年代至90年代有线电视增长以来，有关PBS的争论一直存在。很多新频道播出的内容以前是PBS的领域。历史频道、探索频道、动物星球频道、尼克国际儿童频道、贺曼电影频道（Hallmark Channel）以及其他频道分化了PBS节目的观众。在过去几十年里，PBS的收视率和其他许多电视网一起一直在下降。从2000年到2010年，PBS的收视率下降了37％。

在一个有着500个频道的电视领域里PBS应该担任什么样的角色呢？2004年PBS电视台的使命宣言提到："在混乱的媒体格局里公共电视比以往更重要。"它还指出在企业集团拥有媒介所有权的时代，PBS电视台可能是社区内唯一归属当地的电视台，因而能更好地适应地方需求。文件还指出：

公共电视……争取提高影响力，以教育和告知、启发和娱乐的能力来衡量其成功。总之，公共电视谋求于：

- 挑战美国思想。
- 激励美国精神。
- 传承美国历史。
- 加强美国对话。
- 促进全球共识。

这是崇高的目标。PBS的电视节目都实现了吗？批评者认为PBS的节目随着时代变迁已变得落伍。《新星》、《杰作》（*Masterpiece*）和《新闻时间》播放了30～40年。《巡回鉴宝》（*Antiques Roadshow*）美国版已经播放了十多年

（这个美国节目改编自一档1979年首播的英国电视节目）。普通的黄金时段节目包括英国情景喜剧的重播，如《保持形象》（*Keeping Up Appearances*）和《百货店奇遇记》（*Are You Being Served?*）。批评者也对PBS地方成员台的节目安排提出了质疑。平常一周内播出的本地节目有多少？

然而，PBS的节目安排员处境尴尬。如果它们的节目敢于远离主流倾向，如考察男女同性恋生活方式或是全球变暖，PBS会被批评太过自由化。如果它们的节目坚持做大家熟悉的内容，它们又会被贴上"陈腐"的标签，或者相较于那些商业电视网而言是"多余"的。

第二个担忧是关于公共电视向商业同行的转变。2004年的使命宣言说商业电视台的目标是吸引尽可能多的观众和播放广告，但PBS不同于商业电视台。然而，在过去十年，PBS把其节目开放给更多的赞助商，即赞助商向电视台或PBS捐款，作为回报在节目开始时插播30秒的赞助商信息。大部分信息看上去确实像是商业电视台播放的广告。此外，赞助商更乐于覆盖更多的观众，而不是少数观众。这就意味着如果公共电视想要继续吸引赞助商的捐款，就要试着播出像商业电视一样能吸引广大观众的节目。

数字化的转型使得PBS的角色问题更加复杂。PBS真的需要Facebook粉丝主页或是YouTube频道吗？看看PBS的Twitter信息。它完成使命宣言里的目标了吗？争论将会持续很久。

家庭录像

因为录像机销量的巨大增长，家庭录像产业得以诞生。到 2005 年，大约 92% 的美国家庭安装了这种设备。后来录像机又逐渐被 DVD（数字影碟）取代。DVD 提供的声画质量比录像带更好；还可以容纳额外的录像材料，诸如被剪片段以及对导演的访谈；并且可以配多种语言的声道。DVD 的销量已经猛增，估计美国家庭现在有 8 500 万台以上 DVD。

DVD 播放机所播放的录制光盘可以从像 Net-Flix 这样的录像商店里买到或租到。市场上有超过 5 万多种录制光盘，而且每个月还会推出更多。

另一个家庭录像市场是**数字录像机**（DVR），比如 TiVo，可以让观众在电脑硬盘上录制电视节目。大约有 40% 的美国家庭有数字录像机。

像大多数其他行业一样，家庭录像可以划分为三个部分：制作、发行和零售。该产业的制作方包括生产录制光盘的公司。由于家庭录像市场的很大一部分由电影构成，所以许多大型的电影制片厂也主宰着 DVD 行业。

278

这些公司的销售对象是发行商，它们是制作与零售之间的桥梁。目前，美国有 90 家发行商经营 DVD 生意。大公司包括迪斯尼、福克斯、哥伦比亚和派拉蒙。

DVD 也为电视开拓了一个新的售后市场。整季盒装的当代电视剧如《欲望都市》（*Sex in the City*）、《辛普森一家》（*The Simpsons*）和《24 小时》（*24*）为制作公司产生的收入持续上升。不仅如此，经典电视剧也表现得很好。《我爱露西：首季完整版》（*I Love Lucy：The Complete First Season*）和《范戴克摇滚音乐剧：第一季》（*Dick Van Dyke Show：Season One*）都是畅销片。一些节目在首次播放时表现得并不是很好，如《体育之夜》（*Sports Night*）和《恶搞之家》（*The Family Guy*），但是在 DVD 市场上都获得了新生。

奈飞也为电视系列的售后市场做出了贡献。这家公司支付费用给广播公司，这样其订户能在线收看已播剧集如《迷失》（*Lost*）和《我为喜剧狂》的流媒体视频。奈飞称其 2 000 万用户中有半数以上通过网络在线观看电影和电视节目。

正如第 10 章所言，自从越来越多的消费者把视频点播或者流媒体直播作为家庭录像的第一选择后，DVD 的销售量一直在减少。尽管如此，仍然有一些人喜欢选择电影或者电视节目的硬件拷贝作为收藏品。

全球电视

由于网络和卫星传输的发展，目前国际影视业务比以往任何时候都更受欢迎。全球视频传输包括卫星传送或通过跨国界的互联网传送的电视信号，以及从一个国家运送到另一个国家的实体光碟或电影拷贝。

公共的和私人的广播电视公司都有国际视频业务。在公共广播电视公司方面，美国之音运营着 VOA-TV，通过卫星和网络用 20 多种语言传送节目给欧洲和世界其他地区。BBC 经营着 BBC 美国频道，这是一个在美国大部分有线电视和卫星电视上可以收看的商业电视网。德国国际服务台德国之声（Deutsche Welle）拥有德语、英语、阿拉伯语和西班牙语频道。英语频道的节目可以通过有线电视和卫星电视收看到。中国中央电视台提供了一个类似的服务体系。

在私营广播电视公司方面，国际新闻、体育和娱乐频道越来越多。CNN 作为这个领域的先驱，其新闻频道可以在 1.7 亿多家庭和遍布世界的成千

279

上万家酒店里收看到。CNN 的国际频道创建于1990 年，除了南极洲，它可以在其他任何大洲收看到。CNBC 为 70 个国家提供商业新闻。24 小时新闻频道"今日俄罗斯"（Russia Today）在 2005 年开始播放。

在美国平均每个家庭拥有的电视机数量超过了人口数。根据尼尔森报告，每户家庭平均有 2.73 台电视机和 2.55 口人。超过一半的美国家庭拥有三台以上的电视机。

体育电视网 ESPN 国际频道可以在 140 多个国家收看。福克斯体育国际频道专门播报足球赛事。新闻集团在欧洲和亚洲运营的卫星服务台为订户发送体育赛事报道。在娱乐方面，MTV 覆盖了 4 亿多家庭，而卡通频道、尼克国际儿童频道、探索频道和特纳电视频道（TNT）在全球各地都非常受欢迎。

不仅如此，外国的国内电视台通过有线/卫星电视和网络在线广泛传播。其中，DirecTV 提供来自巴西、希腊、俄罗斯及越南的频道。康卡斯特集团有来自韩国、中国、日本和希腊的节目。JumpTV.com 拥有来自 70 个国家的 250 多个频道

选择。视频分享网站 YouTube 以来自全球的视频短片为特色。

美剧在全球仍然受欢迎，但是经济不景气促使许多国家制作更加便宜的地方节目，而不是花高价引进节目。在许多国家，本土制作已经占领了黄金时间档，而美剧一般在白天或者深夜播出。

缺少新热门节目使得美国的地位变弱。目前，电视节目的国际购买者更乐意购买美剧的剧本或者模式，然后把它们转变成本土的电视剧、喜剧和竞赛节目。《危险边缘》和《命运之轮》已经有几十个国外版本了。《绝望主妇》（Desperate Housewives）有西班牙语版，《寻人密探组》有法语版。20 世纪福克斯电视公司最近把 40 集的《老爸老妈的浪漫史》（How I Met Your Mother）卖给了俄罗斯电视台以用于本土翻拍。当然，节目买卖是双向的，因为美国也从海外引进节目模式并转换成本土版，如《美国偶像》和《幸存者》。

美国制作的电影经常在国外电视上播放。HBO 地方版在超过 12 个国家可以收看。特纳经典电影频道被苏格兰电视转播并且在其他多个国家都可以收看。米高梅电影公司（MGM）把所有《洛基》（Rocky）电影卖给了西班牙电视台，系列电影《蝙蝠侠》（Batman）经常可以在法国电视台看到。

 ## 广播电视观众

反馈来源

下面将考察电视网节目和地方台的收视率的决定因素。

电视网收视率　尼尔森媒介调查公司（Nielsen Media Research）服务于美国和加拿大，通过《尼尔森电视指数》（Nielsen Television Index，NTI）给电视网提供受众数据。为了收集这些收视率，尼尔森使用了一种于 20 世纪 80 年代晚期引进的叫做个人收视记录仪（people meter）的设备。个人收视记录仪由一个钟式收音机大小的、置于

电视机顶部的设备和一个类似于电视遥控器的手执式装置组成。人口统计数据是从每个家庭成员那里搜集来的，然后每个人分配一个号码。收看电视时，每个家庭成员必须定期在手执装置上按下他或她的号码以表示正在收看。个人收视记录仪能以表格形式列出所有的收看情况——电视网、辛迪加节目和有线电视——甚至还可以用表格列出 DVD 或 DVR 的播放情况。尼尔森个人收视记录仪的样本有大约 12 000 户家庭（2012 年样本数

量超过 37 000 户家庭），90％以上的仪器可以提供有用的数据。这个样本每两年更换一次。个人收视记录仪的测算服务并不便宜，电视网每年要为此支付数百万美元。

尼尔森还测试了其他的系统。**便携式个人收视记录仪**（PPM）是一个寻呼机大小、能检测被编码到广播和电视节目中的无声信号的设备。记录时几乎不需要人力（人们很容易就可以把 PPM 夹在衣服上），并且不需要按按钮。PPM 可以测量户内外收视或收听。目前美国的几个城市开始了对这个设备的初步试验。

地方市场电视收视率　尼尔森综合运用日记和电子测量技术，每年对美国的 200 多个市场进行至少四次调查。尼尔森公司用电脑从这个地区所有的电话号码簿中随机挑选电话号码。选进样本的家庭用户被要求每日记录下他们的电视收视情况。

同意参与调查的家庭会收到为这个家庭中每台电视机所配的一本日记。日记上有记录该家庭户主与其他家庭成员或来访者的收视情况的空格。参与者被要求每 15 分钟记录下他们的收看情况。另外，调查对象还被要求记录下所有正在收看电视的人的性别和年龄。在日记的背面是关于家庭规模、所在城市以及是否订购了有线电视的问题。日记会被保留七天，然后返回给收视率调查公司。

尼尔森称所有它们发送出去的日记中大约有 40％至 50％是可用的。

尼尔森用两种不同的电子设备来测量地方电视台的收视率。电视收视记录仪记录样本家用电视的开机时间及观看的电视频道。电视收视记录仪还记录 DVR 的使用情况。而日记样本的信息则是记录仪数据的补充。

在位于前 50 的大规模市场中，尼尔森采用本地个人收视记录仪，与全国样本调查使用的设备相同，但是地方市场调查只在本地收视区域内抽取样本。

尼尔森的长期计划是逐步淘汰纸质日记。公司会在前 50 个最大的市场中使用本地个人收视记录仪，同时其他市场将使用电子记录器或者是网络日记。尼尔森的最终目标是在所有的媒介平台上测量媒介使用情况，包括 MP3 播放器、手机和网络视频。

DVR 的普及使得尼尔森的测量更加复杂化。公司提供了三种收视率测量方法：（1）实时收看；（2）实时收看加同一天 DVR 收看；（3）实时收看加七天 DVR 收看。尼尔森也调查收看插播广告的时间。**C3** 收视率是平均每分钟广告的收视率，包括实时收看和三天内 DVR 回放。广告主可根据 C3 数据来购买广告时间。

收视率报告

电视收视数据实质上是以与广播相同的方式进行报告的。下面这个公式用于计算一个地方市场中一个电视节目的**收视率**（rating）：

$$收视率 = \frac{收看节目的家庭户数}{电视\ HH\ 数值}$$

其中"电视 HH 数值"等于既定市场中安装了电视的家庭户数。

同样，**受众份额**（share of the audience）也可以用下面这个公式得出：

$$受众份额 = \frac{收看节目的家庭户数}{HUT\ 数值}$$

"HUT"等于在特定时间使用（收看）电视的家庭户数。

尼尔森每年有四个（2 月、5 月、7 月和 11 月）"普查"期，在此期间全国每个地方电视市场

都会被测量。地方台根据这些收视率来设定它们的广告收费标准。自从尼尔森放弃日记而选择本地个人收视记录仪，人口统计上的观众数据全年都能得到，这样一来也就使得传统的"普查"期变得不那么重要。

确定收视率的准确性　因为收视率报告上的数字是大笔花销的依据所在，所以很重要的一点就是它们应该尽可能准确与可信。在 20 世纪 60 年代早期，随着问答比赛节目贿赂丑闻的出现，国会密切地关注广播电视业。为了回应国会的一个委员会对受众测量技术的批评，广告业和广播电视业的领导者成立了电子媒介收视率理事会（Electronic Media Ratings Council，EMRC），之后改名为媒介收视率理事会（MRC）。MRC 的任务基本上是三重的：它

监控、审计和认证广播电视测量服务。理事会通过确保报告结果能达到 MRC 设立的最低标准来监控收视率调查公司的工作。接下来是审计。如果收视率调查公司通过了审计，它就能获得认证并被允许在其收视率报告上出示 MRC 的认证图章。

尽管有了 MRC 的工作，广播电视收视率还是受到了广泛的批评。常见的抱怨指向尼尔森的全国调查，很多提出批评的人显然不懂得作为抽样调查基础的统计理论。这些批评者问道，一个只有37 000户家庭的样本，如何能准确地反映出 1 亿电视家庭的收看情况呢？事实上，这种样本规模所得出的结果还算精确，误差在一定的界限之内。不过，其他批评却值得进一步关注。

首先，同意参与调查的这类人可能拥有不同于那些拒绝参与调查的观众的收看习惯。其次，就尼尔森的报告来说（以发送出去的 55％ 左右的日记为基础），"反馈者"的行为可能不同于"非反馈者"。再次，知道其收看情况正受到调查的人可能会改变他们的行为。又次，收视率调查公司承认它们在测量特定群体的收看情况上有困难。例如，少数族裔——尤其是黑人和西班牙裔人——在收视率调查公司的样本上可能未被充分体现。最后，受到测量的电视台为了"炒作"收视率，可以通过参与竞争和特殊的宣传，或通过播放不寻常或轰动性的节目来使测量过程失真。然而，炒作和正当的节目策划之间的界线有些模糊。很显然，收视率并不是完美的。但是，即使它们有所有这些缺陷，但还是以能够承受的价格为广告主和电视业提供了有用的信息。只要美国还有商业性的广播电视制度，就总会存在某种形式的收视率测量。

电视观众

电视机牢固地扎根于美国人的生活中。2011年，这个国家 99％ 的家庭至少拥有一台能够收看节目的电视机。大约 75％ 的家庭有不止一台电视机。

普通家庭里的电视机每天大约要开 8 个小时，平均每人每天收看 3 个小时以上的电视节目。电视观众全天都在变化，从东部标准时间早上 7 点开始稳步增长，直到晚上 8 点至 11 点达到一个高峰。晚上 11 点以后，观众人数大幅下降。图 11—1 详细描绘了观众收视情况的格局。

冬季里电视观众最多，而七八月份观众最少，这不奇怪，因为这时人们在户外花的时间更多。一天之内电视观众的组成也是不断变化的。从星期一到星期五的白天，观众中学龄前儿童和妇女往往居多。黄金时段则被 18 岁至 49 岁的年龄群所占据。

各种各样的人口统计因素，如年龄、性别、社会阶层与受教育情况，影响着观众情况。例如，十几岁的青少年看电视最少。低收入家庭里的人通常比相应中等收入家庭里的人看电视多。教育程度高的人看电视往往较少，而女性看电视往往比男人多。

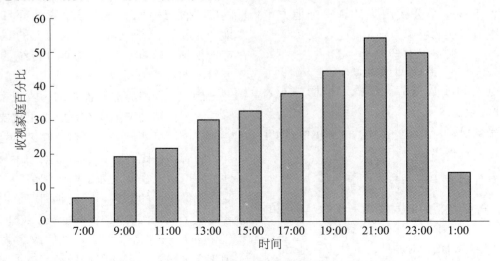

图 11—1　一天中不同时段家庭收看电视的习惯

《单身汉》

文化批判研究的乐趣之一是可以作为分析文本的对象的范围是如此之大。从大众邮购商品目录到畅销玩具，文化批判学者探究所有资源以洞见我们的社会。流行电视节目也被置于审视之下。比如，阿曼达·霍尔（Amanda Hall）博士关于 ABC《单身汉》的博士论文展示了观众如何使用这个节目来建构意义。

霍尔同时考察了节目以及它的观众。她对这个节目进行了文本分析。她询问观众对这个节目的印象以及节目对他们的意义，当观众观看节目时她对他们进行分组观察。

那么她在这个节目中发现了什么？她认为《单身汉》是一个现代童话。男主人公都是白马王子。在奢华的装饰和无忧无虑的生活方式下，比赛本身成了一个大舞会。所有的女性都想成为灰姑娘。不仅如此，和许多童话一样，《单身汉》具有戏剧元素，即简单的情节、俗套的人物、夸张的情感和欢乐的结尾。

观众明显已经意识到并且拥护节目的童话和戏剧维度。霍尔的研究表明，观众通过参与讨论单身汉应该选择谁而间接地帮助了这位白马王子。

她在节目中也发现了父权主义的迹象。男人积极、强势并有话语权。女人总是被动、屈从的，而且只有在谈论单身汉以及赢得青睐时才有发言权。甚者，整个节目都是从男性视角来叙述的。单身汉的话语赋予节目方向与剧情。

父权主义在其他层面上也表现明显。单身汉自制而理性。女性被描绘成情绪化和易哭的。她们之间的竞争变得惨烈，而且最终变为激烈争论和"恶毒"的行为。正如霍尔总结的，这个节目"在异性关系上传达了一个强烈的父权主义信息，即女人处在一个从属（和情感）的位置上来服务于她的丈夫"。

最后，驯化主题得以生动体现。白马王子选择的理想妻子必须是一位懂得如何行为得当的贤妻良母。不适合这个角色的女性通常在比赛早期就会被淘汰。理解这种要求并且相应如此表现的女性通常会坚持得更久。

观看《单身汉》的年轻女性利用这个节目帮助理解她们自身及其人际关系。节目传达的信息是为表现性别角色的社会期待而服务的。即使意识到节目中的父权主义元素，观众还是喜欢收看。确实，许多人好像排斥节目中的主题，转而选择关注他们抵制父权主义解读的方式，取而代之以他们自己更自由化的解读。

总之，霍尔的研究强调了文化批判研究的一个关键点。正如她总结的："这个研究的中心论点是文本和受众都很强势——其中一个无法压倒另一个。这样一来，为了有效地论及消费与表现的问题，研究两者都是必要的。"

广播电视业的职业前景

广播电视媒体的前景并不明亮，但 2011 年有所好转。2010 年有 12 万人受聘于这个产业，比起 2005 年的 12.9 万人来有所下降。地方电视台的工作机会似乎比电视网的要好一点。对制片工作感兴趣的人应该考虑一下专门制作非剧本类真人秀节目的公司。具有数字媒体制作技能的个人在将来会有更多的机会。

各个媒体的职业前景变化迅速。关于广播电视行业当前状况的更多描述以及更为详细的职业选择介绍，请参考本书的网站 www.mhhe.com/dominick12e。

要点

- 电视发端于 20 世纪 30 年代。第二次世界大战后，它的普及度迅速增长，并取代广播而成为主要的信息和娱乐媒介。
- 三大电视网——NBC、CBS 与 ABC——控制了早期的电视业。现场戏剧、综艺节目以及问答与竞赛节目流行于 20 世纪 50 年代。
- 电视成熟于 20 世纪 60 年代，其内容变得更加专业化。公共电视网始于 1967 年。有线电视在这十年发展缓慢。
- 20 世纪 70 年代电视节目因涉及过多的暴力内容而受到指责。
- 在 20 世纪八九十年代，三家传统的电视网因为有线电视和 VCR 而失去观众。福克斯网成为一个主要的竞争对手。
- 《1996 年电信法案》对于电视台的所有权具有重大的影响，并且还引入了节目内容收视率。全面转变为数字电视的法规于 1997 年颁布。
- 电视播放已从模拟信号转变到数字信号。电视台使用数字信号播放高清电视或较低清晰度的节目以供观众选择。美国有一半以上的家庭拥有高清电视机。
- 电视是全球性的、主导性的及昂贵的。其受众目前正分化成小众群体。
- 广播电视产业由节目供应商、发行商和地方台组成。
- 大型企业集团拥有主要的电视网，并且控制了大市场中的大多数电视台。
- 公共广播较少依赖于税收，而较多依赖于私人的资金来源。
- 尼尔森公司既收集电视网的收视率，也收集地方台的收视率。

 复习题

1. 电视媒介的界定特征是什么？
2. 成为主要电视网的成员台有哪些优势？
3. 谁拥有电视网？
4. 描绘一下美国非商业电视节目的演变。
5. 数字录像机（DVR）是如何影响电视收视率的？

 批判性思考题

1. 公共电视的目标应该是什么？政府应该支持公共广播业吗？
2. 大公司控制了广播电视业。大公司所有权有哪些利与弊？
3. 大型广播电视网在过去的 20 年中一直在流失观众。10 到 15 年之后，它们还会存在吗？为什么？
4. 社交媒体对广播电视会有什么影响？
5. 复习"批判/文化问题：《单身汉》"并思考以下问题：《单身汉》有一个女性版本叫《单身女郎》（*The Bachlorette*），但是《单身女郎》的收视率并不怎么好。你认为原因有哪些？还有没有其他以童话为主题的真人秀节目？

关键词

《1967 年公共广播法案》
时间转换
高清电视（HDTV）
数字电视
商业电视台
非商业电视台
成员台
独立台
甚高频（VHF）
超高频（UHF）
试播节目
数字录像机（DVR）
便携式个人收视记录仪（PPM）
C3
收视率
受众份额

285

互联网冲浪

www. abc. com

可观看 ABC 全屏及高分辨率的热门节目，含有少量广告。

www. museum. tv

广播通信博物馆（the Museum of Broadcast Communication）的主页，网站有已播电视节目的视频。

www. nbcnewyork. com

NBC 在纽约的当地成员台网站。请注意用户的选择——从新闻头条到交通信息非常丰富。

www. turnoffyourtv. com

如果你不喜欢电视，那么这个网站会很适合你。包括不看电视做什么的建议的页面。

www. nielsenmedia. com

关于电视节目收视率调查公司尼尔森媒介调查公司的信息。点击“测量”链接即可获得关于电视观众如何被测量的基本描述。

第12章

有线电视、卫星电视和网络电视

本章将帮助你：

- 追溯有线电视、卫星电视和网络电视的发展史
- 描述数字时代对这些媒介所产生的影响
- 理解有线电视、卫星电视和网络电视的结构、内容和经济
- 领会网络电视的潜力
- 解释这些媒介所运用的观众测量技术

电视机什么时候不是电视机了呢？这个问题的答案将成为电视节目提供商（如维亚康姆，制作 MTV _287_
等其他节目的公司）和给用户传送节目的公司（如时代华纳有线电视公司）之间有趣争论的焦点。问题
的存在是因为节目提供商和有线电视公司在平板电脑如 iPad 问世前就签署的合同协议过时了。

　　争论始于 2011 年年初，当时时代华纳有线电视公司宣布它做了一款应用能让消费者在 iPad 上收看 32 个
电视频道的流视频，这就把家里的每间房间都变成了潜在的电视房，把每台 iPad 都变成了电视机。当爸爸在
大屏幕电视上收看体育赛事时，小孩儿可能在厨房收看卡通电视台，妈妈被挤到阳台上仍能跟进新闻。

　　限制也还是有的。订户只有在家里能收看电视节目，并且必须连接时代华纳的网络提供商。尽管如
此，这个应用程序仍非常受欢迎，并且在上线的头几天里下载次数就超过了 36 万次（这个应用程序因为
高需求在第一天就崩溃了）。

　　其他公司有更多雄心勃勃的计划。康卡斯特有一个能让用户在 iPad 上收看流媒体视频点播节目的应
用程序。美国有线电视公司（Cablevision）正在筹备推出一个应用程序，让每个现有的有线电视台及其视 _288_
频点播服务都可以在 iPad 上收看。

　　时代华纳应用程序的成功没有避开节目提供商的注意，它们辩称，与时代华纳的合同上没有包含便
携式设备上的流媒体节目，并且时代华纳应该为这项特权支付额外的费用（费用最终会平摊给用户）。时
代华纳回应指出，因为科技发展太快合同没有明确说明收视设备的范围。正如时代华纳的一位执行官表
示的："我不知道什么是电视机，这个说法过时了。"但是，在节目提供商的压力下，时代华纳从它的应
用程序上删除了超过 12 个频道，其中包括 MTV 和喜剧中心频道。

　　法院可能最终会决定 iPad 是不是另一种电视机。2011 年 4 月，时代华纳和维亚康姆互相提起诉讼。
这家媒体公司主张时代华纳应该为除了电视机以外的设备上的流媒体内容支付更多的费用。作为回应，
时代华纳声称原合同上允许客户按照意愿在尽可能多的屏幕上收看电视。

　　不管最终判决如何，这个问题对有线电视、卫星电视和网络电视都造成了重大影响，因为它将为数
字式收视提供标杆。例如，一家公司能在户外给 iPad 提供流媒体视频时会发生什么？人们几乎可以在任
何地方收看直播电视。那需要一个额外的合同和费用吗？直接在智能手机或便携式游戏机上提供全线的
卫星电视台或网络电视台又会怎样？以后发明的其他便携式设备都可以用来看电视又如何？总之，人们
将越来越多地在便携式设备上收看流媒体视频。不太清楚的是，他们将怎么获取视频并且如何支付。他
们会通过由有线电视公司（如时代华纳）提供的应用程序收看，还是通过频道自己的应用程序（如美国
职业棒球联盟网 MLB.com）收看，还是通过收费服务（如在线影片租赁服务商奈飞或亚马逊）的应用程
序收看？接下来的几年将会决定这场比赛的结果。

　　上一章考察了传统广播电视。这一章将考察新型电视——有线电视、卫星电视和网络电视——的历
史、经济、结构和面对数字时代挑战时的潜力。我们首先看看它们是如何发展的。

简史

　　有线电视作为一种用于给那些接收不到常规电视信号的地区带来信号的手段，适时地发端于 20 世纪 50 年代。随着有线电视的成长，一些有线系统把来自遥远电视台的信号传送到已经由一两家地方台所服务的市场。如你可以想象到的，地方台会不高兴，因为它们的观众正被引进的信号所吸引走。这种情况导致了某些政治的操纵，因为受有线电视影响的电视台向 FCC 和国会请求援助。FCC 在有线控制这个问题上摇摆不定，直到 1965 年颁布了一部延缓大型市场中有线电视发展的法规。1972 年，FCC 通过了一部新的对有线电视限制较少的法规。到 1980 年，在一次撤销管制的行动中，FCC 实际上

废止了所有管制有线电视的法规。

　　这次撤销管制的行动有助于有线系统的发展，因为有线公司争相获取在全国社区的专有特权（见图 12—1）。一些公司为了赢得这些合同而做出了过分的许诺：100 个以上的频道，地方接收的频道，社区频道，家庭购物和家庭银行，双向服务——而且这一切价格都很低廉。在清醒之后，该产业意识到经济现实决定了其将无法兑现承诺。

　　当时，美国和苏联展开了"太空竞赛"并最终于 1969 年实现登月。太空竞赛的一个副产品是火箭的发展，它使发射通信卫星到地球轨道上成为可能。1962 年，利用"电星一号"（Telstar I，唯一一颗用来纪念一首摇滚歌曲的卫星），卫星电视传输诞生了。在 20 世纪 70 年代早期有了更多环绕地球的通信卫星。

　　卫星电视传输时代开启于 1976 年，当时鲜为人知的付费有线电视台 HBO 利用卫星将拳王阿里和乔·弗雷泽的重量级比赛"马尼拉的震颤"（Thrilla in Manilla）传送给全美的有线公司。就在同一年，媒体企业家特德·特纳开始向有线公司传送"超级电视台"WTBS 的节目。其他卫星传输频道迅速跟上，有线电视用户如今可以接收许多新节目，包括 CNN、MTV 和 ESPN。这让在城市和郊区的人们有了一个不可抗拒的新理由去订购有线电视，这个行业也在 20 世纪 70 年代到 80 年代之间迅速成长。例如，安装有线电视的家庭的百分比从 1975 年的 14％增长到 1987 年的 50％以上。到 20 世纪 80 年代末，有线电视产业为大的**多路系统运营商**（multiple system operator，MSO）所掌控，如 TCI 公司。地方所有的有线公司迅速消失。

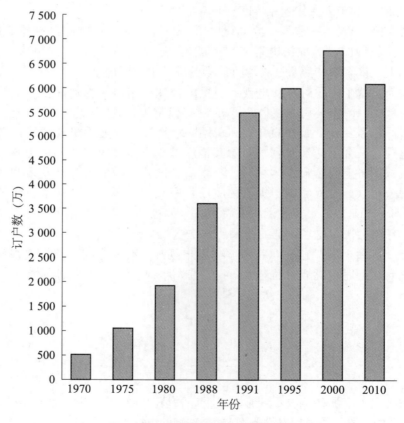

图 12—1　美国有线电视产业的增长
随着人们换用卫星电视服务或网络电视网站，有线电视订户最近一直在减少。

　　到 1991 年，有 7 500 家电缆公司服务于大约 5 500 万用户。请注意，这个增长发生在电缆公司大都避开昂贵的城市安装的时候。增长速度在 20 世纪 90 年代有所减慢，在 20 世纪初甚至轻微下降，但到 2010 年，大约有 6 100 万户家庭订购了有线电视。

有线电视还赢得了几个节目的成功。ESPN 与全美橄榄球联盟签署了一项协议以转播黄金时段的职业橄榄球比赛。CNN 对海湾战争、O. J. 辛普森审讯以及"9·11"恐怖袭击的报道，表明它可能是电视网新闻的一个强大竞争者。而昂贵的电视网系列片也越过传统的辛迪加渠道在有线电视上首播。

20 世纪 90 年代中期有线电视有了一个竞争者，高性能**直播卫星**（direct-broadcast satellites，DBS）发展起来了，它完全绕过有线电视公司就可以直接给小型家庭圆盘式卫星接收器发送信号。回声星通信公司（Echo Star，即现在的 Dish Network）和 DirecTV 两家公司最终统领了这一行业。卫星公司的订户数量从 1995 年的 200 万户增加到 2011 年的 3 000 多万户。

在经济方面，有线电视的广告收入 1990 年超过了 20 亿美元，到 2010 年攀升至 270 亿美元左右。尽管与传统电视产生的广告收入比起来还是少，但 2010 年的数额比 2004 年的数额增长了近 50%。

在最近 20 年的有线电视产业中，最重要的发展是法律的发展。1984 年，国会不再管制有线电视公司对消费者的收费价格。八年后，为了对订户的抱怨作出反应，国会通过了《有线电视消费者保护和竞争法案》（Cable Television Consumer Protection and Competition Act），重新管制该产业，而这一法案导致费用下降了大约 17%，并且要求广播电视公司在强制转播（must carry，即地方有线电视系统必须转播这家电视台的信号）和转播协议（retransmission consent，即地方台有权协商转播其信号的补偿金）之间做出选择。大多数广播公司选择了协议，并被补偿了在有线系统上的宣传时间，或被给予频道用于它们自己现有的或规划好的有线网。但是这一情形在 2005 年左右得到改变，广播电视商在面临广告收入的下降并且试图寻找新收入来源时，开始以转播它们的节目为名向有线电视公司收费。卫星公司和提供视频的电话公司已经给广播电视公司支付费用。有线电视最终将会照着做，而此举会增加订户的月付费。

 决策者

朱迪·麦格拉思

当你们中的许多人阅读此文之时，朱迪·麦格拉思（Judy McGrath）看上去拥有终极梦想般的工作：作为 MTV 电视网音乐集团的总裁，她负责 MTV、MTV2、VH1、CMT 和公司全部的数字媒体服务。在她的指导下，MTV 从一个小众的有线电视网发展为象征独一无二的态度和生活方式的国际品牌。

作为一个乐迷，麦格拉思的第一份工作是为《滚石》杂志撰稿。当她的努力最终失败时，她转为撰写广告文案，后来为《小姐》（Mademoiselle）和《魅力》（Glamour）杂志工作。1981 年她听说华纳娱乐公司推出了一个新有线电视频道专门播放摇滚乐。尽管事实是她甚至不能在家里收到这个频道，但麦格拉思还是以文案和广播宣传员的身份加入了新创办的 MTV

（她是负责利用太空电影镜头来宣传频道的人员之一）。让许多人惊讶的是，MTV 成功地吸引了广告商梦寐以求的 16～24 岁的观众。MTV 成为维亚康姆集团帝国的一部分，麦格拉思很快被提升为创意总监、行政副总裁，并且最终成为 MTV 电视网的主席和首席执行官。在她的领导下 MTV 开始向全世界扩张。

20 世纪 80 年代中期对音乐视频的新奇开始逐渐消退时，收视率开始下降，麦格拉思引进的节目成了流行文化标志：《瘪四与大头蛋》（Beavis and Butt-Head）、《真实的世界》、《MTV 音乐大奖》、《MTV 不插电演唱会》和《互动全方位》。她也为 MTV 引进了政治新闻，并且助推了 1992 年"选择还是失去"的竞选动员拉票大会。最近，麦格拉思正领导 MTV 进军其他媒体：电影、书籍和网络。

> 她在 MTV 的未来里看到了什么？由于 MTV 观众中有很高比例的人也是互联网冲浪者，而且在 MTV.com 上花费大量时间，所以要寻找把 MTV 和 MTV2 的音乐更多地整合进网站的方式。MTV.com 会力推有线电视频道的一些艺人或音乐流派。此外，国际扩张的计划正在进行中，尤其是在亚洲。她的计划将会被其他人执行。2011 年麦格拉思从她的职位上退下。

接下来的一项重要立法是《1996 年电信法案》（在第 16 章中将详细讨论）。这项新的法律给予电话公司进入有线行业的权力，也给予有线公司提供电话服务的权力。另外，电话公司和有线公司能够在同一社区内拥有相互竞争的系统。最后，该法案允许大部分有线公司再次设定它们自己的收费标准。电话公司和有线电视公司的重大竞争已经好几年都没有出现了，但到了 2005 年左右，形势变了。由于 **IP 声讯**（Voice over Internet Protocol，VoIP）新技术的出现，有线电视公司有能力为传统电话线提供替代品。另一方面，电话公司正在进军电视业务。威讯通信通过其光纤系统（FiOS）提供电视节目。在 2011 年中期，光纤系统订户可以接收 348 个数字频道，包括 100 个高清频道和高速网络连接。AT&T 提供的 U-verse 服务与之类似。

有线电视经历着其自身发展所带来的问题。有线电视台有很多，但地方电缆公司却没有足够的频道来传输。此外，和广播网一样，有线电视正在因受众分化而受损。

尽管有这些困难，但长远前景看起来还是乐观的。有线电视继续把广播电视网中的观众吸引走。另外，多亏了其现有的同轴电缆与光纤，有线电视公司可以为订户提供高速的网络连接。

20 世纪 90 年代末见证了电视信号不同传送方式的发展：**网络电视**（Internet TV）或说网络广播。这个过程的关键点是一项叫做流媒体的创新，电脑储存视频信号——这一过程称为**缓冲**（buffering）——在播放的同时储存新进入的信号。简言之，视频的开头播放时，视频尾端开始缓冲。

网络视频发展缓慢，主要是因为大多数人用的是慢速的拨号上网，哪怕只是一个短片也需要很长的时间来播放。但是高速宽带连接的日益流行，加上视频上传简化，刺激了用户生产内容的爆发。2005 年，诸如在 YouTube 这样的网站让会员观众上传并且分享他们的视频，成为热门访问网站。网上超过一半的视频是用户生产的。和许多私营企业及个体企业家一样，广播电视网和有线电视公司开设了自己的宽带。

苹果公司 iPod 的巨大成功点燃了网络视频的另一个渠道——**播客**（podcast）。播客是可以在网上下载并且在个人方便时通过电脑或 MP3，如 iPod 播放的媒体节目。到 2010 年时，互联网上已有成千上万的视频播客可供下载。

 文化批判问题 ——————————————————

谁在厨房？

烹饪通常和"女人的工作"联系在一起。然而，有迹象表明在家庭领域内男性和女性的角色，尤其是厨房里的角色，正在发生转换。影响这种转变的因素之一可能是电视。在 2009 年 3 月发行的《媒介传播的批判研究》（Critical Studies in Media Communication）上的一篇文章里，瑞贝卡·斯文森（Rebecca Swenson）深入考察了美食频道这个有线电视频道是如何可能改变与男性、女性、美食和烹饪相关的意识形态的。

斯温森女士注意到，电视上描绘的家庭分配烹饪任务的方式很重要，因为我们对"谁做什么"的理念通常反映了根深蒂固的社会分类信念，如"男人"和"女人"的分类。如果男人在厨房做得更多，我们关于什么是传统意义上的女人工作的文化概念就有可能被改变。美食频道是否反映出厨房中长期建立起来的男性和女性角色的变化？

为了回答这个问题，这个研究者在 2006 年到 2008 年调查了美食频道的系列片，关注节目中包含的主题、叙事和社会提示。她的结果表明节目被设计为表现男人可以烹饪，而且仍然能保持他们的男性气概。斯温森女士确认对男性下厨的几种表现方式与女性下厨的表现方式较为不同，更有助于保持男性气概的形象。

首先，男性更有可能被描绘成专业厨师，准备复杂的菜肴和教导他们的观众有关食物的话题，与此相反女性被描绘成亲切的家庭主妇，为朋友和家庭成员准备食物。男主持人经常提及他们的正规培训或是从业经历；虽然女主持人有同样的职业技能和经历，但是很少做出这样的陈述。男厨师通常都是穿着传统厨师的白色制服。女厨师经常穿着随意而且系着围裙。其他男主持人通过表现自己不仅仅是厨师来维持他们的男子气概。例如，奥尔顿·布朗（Alton Brown）在节目中还有历史学家、食品学家和人类学家的角色。

其次，当男厨师出现在美食频道时，通常是为了休闲娱乐。男人下厨房通常是为了一些特殊的活动，如星期天晚餐、假期娱乐或是类似的节日场合。例如，在《盖伊大餐》（Guy's Big Bite）中，主持人下厨经常是为他的"团队"准备一些即将到来的聚会。与此相反，女厨师通常展示的是为工作日家庭餐做准备。

第三个主题是描绘旅行中的烹饪。虽然男女主持人在此类节目中都是在旅途中，但当男主持人在寻找"真正的"美国食物来满足他们男子气概的食欲时，女主持人更有可能表现为实用的、精打细算的旅行顾问（例如瑞秋·雷的"40 美元一天"）。总之，男厨师看上去更像冒险者，女厨师更像节俭的家庭主妇。

最后的主题是烹饪竞赛。在诸如《美国铁人料理》（Iron Chef America）和《对决鲍比·弗雷》（ThrowDown with Bobby Flay）等节目中，男厨师不再是厨师：当他们和别人竞争以及和时间竞争时，他们扮演了传统男性运动员的角色。这把烹饪描绘成了一项基于速度、智慧、力量和耐力跑的运动，对比于传统的烹饪是营养的、民主的和以家庭为中心的女性模式。不过斯温森女士也认为，在这些节目中，男女选手都在竞争，这一事实意味着更多的无性别的分工。

总之，作者总结道："美食频道建构了性别化的烹饪工作，而且烹饪的协商方式保护了传统的对男子气概和女子气质的理解……为了保护男子气概的理念，男人以科学家、大厨、运动员和娱乐者的角色进入厨房。"

 ## 数字时代的有线电视、卫星电视和网络电视

转型

这三个传输系统在数字时代牢固确立下来。有线电视和卫星电视如今运用数字化科技来传送节目。网络电视一直都是数字化的。

对于有线电视和卫星电视而言，数字信号使得视频点播、节目交互式指南、高清电视以及数字录像机（DVR）成为可能。数字信号创造了清晰简洁并且可以被压缩的视频，从而增加了通过单个系统传输的频道数量。

除了电视节目之外，有线电视系统利用数字技术为消费者提供电话服务和互联网接入。电话公司正在做同样的事情。这使得电话和有线电视能提供更廉价的"打包"服务——互联网、电视和电话。卫星电视则无法在这些服务上参与竞争。

移动媒体和应用程序

与广播电视相似的是，有线电视/卫星电视网已经接受了移动媒体。正如早前所言，时代华纳已经有了在 iPad 等移动媒体上的应用程序。康卡斯特为 iPhone 和 iPad 提供的应用程序 Xfinity，可以让订阅者观看电视节目和电影。卫星电视广播商 Dish 和 DirecTV 在 iPad 上有着相似的应用程序。有线电视频道也提供了应用程序。HBO 的应用程序 HBO GO 能让订阅者在 iPad 上收看 HBO 节目。《典当之星》（*Pawn Stars*）的粉丝利用历史频道应用程序可以观看完整剧集。当然，内容提供商和有线电视公司之间的问题，正如本章开始时详细描述的一样，仍然有待解决。

用户生产内容

和广播电视行业一样，通过电缆和卫星传送的电视网正在越来越多地转变为用户生产视频。CNN 有一个叫做 I-Report 的专题让个人发送视频到新闻频道上并且有可能被播出。2011 年龙卷风席卷东南部的手机视频被 CNN 多次播放。MSNBC 的专题《第一人》（*First Person*）中，用户可以提交新闻视频。ESPN 有类似的节目，名字叫《体育中心家庭视频》（*Sports Center Home Video*）。

当然，用户生产视频的最大来源是互联网。由于 YouTube（参见"媒介探索：YouTube 的幕后英雄"）的成功，用户生产内容在网上激增。2010 年网络上至少有 150 家视频分享网站。最受欢迎的 YouTube 上有 1.2 亿多个视频，每月大约产生 125PB 的数据流量（1PB＝10^{15}B）。YouTube 也具有媒体专家所称的"黏性"，即个人花在浏览某一网站上的总时间。视频分享网站的浏览者平均每人花将近 15 分钟。大部分黏性数超过了 5 分钟的网站都是幸运的。

YouTube 变得如此受欢迎是因为它的用户包括政治家、广告商、唱片新秀（如第 9 章提到的贾斯汀·比伯）、有抱负的女演员（lonelygirl15[①]）、喜剧演员以及其他希望大出风头的人。

不是所有的用户都积极生产内容。潮流电视台（Current TV）就宣布它将从用户生产专题节目转到更多的专业节目上去。

 媒介探索

YouTube 的幕后英雄

说一下致富吧。数字时代一个好的想法可能值钱——而且是很值钱。

查德·赫尔利（Chad Hurley）在宾夕法尼亚州的波茨堡尔市长大。他进入了宾夕法尼亚州的印第安纳大学，在那里首先主修的是计算机科学然后转到平面设计。1999 年毕业后，他在一个总部位于加利福尼亚州叫贝宝（PayPal）的新公司任职。陈士骏出生于台湾，在 15 岁的时候移民到美国。他在伊利诺伊州立大学香槟分校主修计算机科学。20 世纪 90 年代末期他也在贝宝工作。贾德·卡林姆（Jawed Karim）也在伊利诺伊州立大学上学，但是中途辍学搬到硅谷，也在贝宝任职。

在 2004 年的一个晚餐聚会上，这三人谈起在网络上分享照片多么容易，但是分享视频链接却是多么困难。他们决定去解决这个问题，并开始在卡林姆的公寓及赫尔利的车库里开会。卡林姆对一个叫做 HotorNot.com 的网站印象深刻，用户在这个网上发布潜在约会对象的照片，并按 1～10 的等级来评分。这个网站之所以特殊，是因为当时只有网站所有者才可以发布内容，而 HotorNot 网站上任何人都可以发布照片供其他人观看。

---

① YouTube 的视频博客打造的网络巨星，一个叫布里（Bree）的女孩，其 ID 为 lonelygirl15。这部网络剧 2006 年 6 月开始播出时并未告知其虚构性，直到 9 月被揭穿后剧情逐渐发展，变成多角色的视频博客。——译者注

这三个年轻人努力修改一个简单的程序，以允许用户用任何格式发布他们的视频，而且可以使用任何网络浏览器播放。此外，他们开发了一个搜索功能并且允许人们点评和给别人的视频贴标签。他们还整合了一个功能即让人们可以在网页上直接插入视频。他们为网站起了一个名字——YouTube——口号是"广播自己"。

突破性技术有时就是这样，创造者并不清楚他们的发明最终会用于什么。他们认为人们将会用它来展示易趣上的售卖物品或是旅行视频。接下来发生的事完全出乎预料：受众占领了网站。他们发布 K 歌片段、滑雪摔跤视频、业余脱口秀节目、招猫逗狗视频甚至内心独白。有些人还上传新闻片段，如卡特里娜飓风的余波和阿富汗的火箭袭击。其他人则剪辑了"每日秀"和卡通频道的节目发布在上面（由此引发的版权问题不断困扰着 YouTube）。某些视频剪辑——一段以健怡可口可乐和曼妥思糖为特色的视频和一段《周六夜现场》的滑稽短剧——的观众数以百万计。许多人用 YouTube 在他们的 MySpace 主页上发布视频。在创办不到一年的时间里，YouTube 成了一种媒介现象。

YouTube 幸运地利用了两个互为依存的发明。第一个是通过廉价相机和简易视频剪辑软件导致的数字视频革命。第二个是互联网作为用户生产和分享信息的交互式社交媒体的崛起。YouTube 和维基百科、Facebook、MySpace、Flickr 和其他类似网站在同一时代发展起来并不是巧合。

YouTube 的三位创业者后来怎么样了？他们现在变得很富有。2006 年谷歌花 16.5 亿美元收购了 YouTube。

社交媒体

有线电视/卫星电视网站和它们的广播电视同行一样，正在广泛利用社交媒体。所有主要频道都有 Facebook 主页、Twitter 账号和 Linkedin 档案。喜剧中心频道在 Facebook 上有 1 500 万粉丝。旅游频道的网站包含了旅游社区链接，访问者可以分享他们挑选出的最出色餐厅和最喜欢的目的地。体育粉丝可以加入 ESPN 的 SportsNation，讨论诸如在选拔赛中什么专业队表现得最好或是什么棒球队有可能赢得锦标赛之类的问题。

CNN 深入参与了 Twitter。2009 年，这家有线电视网和明星艾什顿·库彻（Ashton Kutcher）参与了看谁先积累 100 万粉丝的竞赛（库彻以微弱优势赢了）。TNT 主要依赖 Facebook 和 Twitter 来宣传 2010 年 NBA 季后赛的报道。Dish 电视网和 DirecTV 雇有团队来运营其 Twitter 账户。

有线电视、卫星电视和网络电视的界定特征

很明显，从这些来源接收视频需要至少一个额外的设备。有线电视的订户租用机顶盒或是使用有线电视"智能卡"来接收节目。卫星电视收看者需要一个接收器和碟形卫星天线。网络电视收看者必须有一台电脑和一台调制解调器。

第二个明显的特征是消费者接收这些服务必须支付额外费用。不像公共广播电视，连接电视机的兔耳型天线就已经足够接收其节目，有线电视和卫星电视订户必须每月支付费用来接收他们的节目。在互联网上，观众可以免费收看一些节目但其他必须付费接收（比如在 iTunes 上需付 1.99 美元）。然而，所有人都不得不另外支付网费。

第三个特征是这些服务商传播的许多频道吸引了小众市场或是高度差异化的观众。与广播电视台仍然尝试尽可能聚集最大的一般观众群体所不同，有线电视/卫星电视传输专业频道，如历史

频道、气象频道和纪录片频道。甚至利基受众还在被细分。例如，有两家有线电视网主打健康节目，五家主打居家和生活方式的主题。

有线电视和卫星电视产业的结构

我们将首先关注有线电视和卫星电视产业的结构，接下来再考察网络电视。

有线电视的结构

有线电视系统的结构不同于常规电视。有线电视系统有三个主要的构成部分：输入端、发送系统和入户电缆（见图12—2）。

输入端（head end）包括天线与相关设备，接收来自遥远电视台的信号或其他节目服务，并对这些信号加以处理以使得它们可以被发送至订户家中。一些电缆公司还自己做节目，范围从当地新闻报道到天气预报，而它们的制作室也可能位于输入端。

发送系统（distribution system）由实际发送信号给订户的电缆所组成。电缆可以埋在地下也可以挂在电话线杆上。在大多数系统中，主电缆（叫做主干线）具有数根沿支路传送或传送到其他偏远地区的支线电缆。最后，和发送系统一起还安装有特殊的放大器，当信号从输入端传过来时，它就对信号的强度进行提高。

入户电缆（house drop）是把支线电缆连接到订户的电视机上的那一段电缆。传送可以是单向的（信号只向一个方向发送——从输入端到家中）或双向的（信号也能被订户发送回输入端）。光纤电缆能传送500个以上的频道。

有线电视的节目和财务

我们将从两个角度来考察这些话题：（1）地方有线电视系统运营商的角度；（2）全国有线电视网的角度。

地方运营商　地方系统的节目来源有六个：

1. 本地创作。节目包括本地新闻、中学橄榄球赛以及辩论。本地政府频道会播放市政会会议或城市分区规划委员会的听证会。有些有线电视系统留出了公共接收频道，任何人付一笔适中的费用就可以使用它。

2. 地方广播电视台。除本地频道外，有些有线电视系统还转播附近城市的信号。

3. 超级电视台。有些地方台的信号被全国多家有线电视系统所转播。较大的超级电视台包括芝加哥的WGN、洛杉矶的KTLA、纽约的WPIX和WWOR。原先的超级电视台，亚特兰大的WT-BS，于1998年变为一家有线电视网。

4. 特殊的有线电视网。这些是由卫星发送至有线电视系统的服务。这些电视网中的大多数是由广告主资助的。例如MTV、天气频道（The Weather Channel）、美国电视网（USA Network）、黑色娱乐电视（Black Entertainment Television）以及非商业性的C-SPAN（报道国会）。

5. 付费服务。这些是无广告频道，它们通常提供影院影片和原创节目。如HBO、Showtime、电影频道（the Movie Channel）以及Cinemax。

6. 按次计费和视频点播。这些是为最近上映的影院影片和特别的体育活动与娱乐事件的播出而留出的频道。订户以特定的价格接收这些节目。例如，电影可能是4.95美元，像"摔跤狂热赛"（Wrestlemania）这样的特别赛事可能是20到30美元。

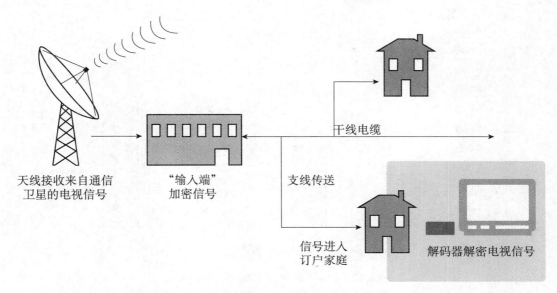

图 12—2　HBO 的节目传输示意图，从录像带制作室，经过卫星传送到付费订户的电视机

在输入端，信号先被分配给一个有线电视频道，然后再被传送到订户家里。

地方有线电视系统有两种基本的收入来源：消费者的订购费和本地广告。大多数有线电视系统为地方台、超级电视台和特殊的有线网收取费用。另外，消费者可能要付一笔额外的费用来接收一个或多个收费频道。有线电视是一个资本密集型产业。建成一个有线电视系统要花很多的钱。普通的有线电视系统的经营成本则要合理一些。每月基本的有线订购费中很大一部分用于负担建造和维修的费用。

有线电视系统还必须为它们的节目付费。就付费服务来说，消费者的费用被有线电视系统和有线电视台分割。有线电视系统的收入构成近来有所改变。付费有线电视、视频点播和按次计费节目服务的收入现在占了有线电视运营商收入的一半以上。有线电视上的地方广告是运营商的另一个收入来源。其份额正在增长，但它仍不到地方系统总收入的 20%。此外，转播家庭购物网节目的有线电视系统通常会得到一定比例的在其市场所产生的销售收入。图 12—3 说明了有线电视收入的增长。

全国有线电视网　在全国层面上，有线网依靠三个主要的节目来源：原创作品、电影以及辛迪加节目。全新闻频道 CNN 差不多全部的内容都是原创的。ESPN 的大部分节目也是原创的，C-SPAN 的内容也是如此。电影构成了 HBO 与 Showtime 的大部分内容。超级电视台的节目混合了所有三种来源，而像美国电视网与 Lifetime 这样的频道则严重依赖于辛迪加节目。

全国性的有线电视服务有三种主要的收入来源：广告、转播费和订购费。像 Showtime 和 HBO 这样的付费电视频道从消费者所付的订购费中赚取利润。有些有线网，如 MTV 和 ESPN，会向地方运营商收取一笔**转播费**（carriage fee）（也叫做会员费）。例如，2010 年 ESPN 向每位订户征收 4 美元，福克斯体育频道是 2 美元，福克斯新闻频道是 1 美元。有线电视公司把这些费用平摊给它们的消费者。有些频道，如 C-SPAN，完全靠这笔钱来支撑。其他电视网除了转播费外，还会出售广告。还有另外一些电视网则完全通过广告来支撑。如前文所提到的，虽然有线电视的广告收入在增长，但其仍然只占电视广告总收入中很小的一部分。表 12—1 列出了位居前列的有线频道。

表 12—1　　2010 年名列前茅的有线电视服务

电视网	订户数（百万）
TBS	102.1
Discovery	102.0
ESPN	101.4
CNN	101.3
USA	101.3

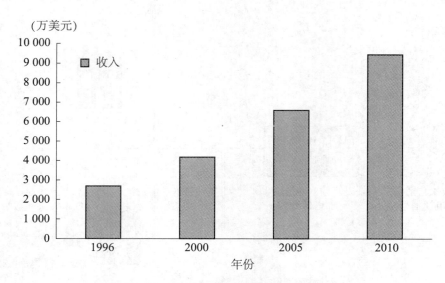

图 12—3　1996—2010 年有线电视行业收入

按次计费

按次计费（PPV）通过体育赛事（主要是备受瞩目的拳击赛）、电影、音乐会和成人服务获得大部分收入。订户为了收看这些内容支付 5 美元到 50 美元不等的费用。在 20 世纪 90 年代晚期积累了可观的收入后，PPV 已陷入困难时期。来自视频点播和数字有线电视频道的日趋激烈的竞争，迫使许多有线电视系统运营商重新审视这项服务的长远未来。赚钱的潜力仍然存在。奥斯卡·德拉·霍亚（Oscar de la Hoya）和弗洛伊德·梅威瑟（Floyd Mayweather）的拳击赛带来了 1.34 亿美元的收入，并且成为 PPV 历史上最赚钱的节目。

视频点播

视频点播（VOD）是这样运行的：有线电视或是卫星电视公司在大型服务器上储存电影或是电视节目。可搜索的索引列出了所有可供观看的节目。订户浏览清单，挑选想观看的节目，选择的节目被立即传送到个人的电视机上。特殊的机顶盒可让观众暂停、快进或是倒退。简而言之，无论什么节目、无论什么时候想看，你都能够看到。大部分有线/卫星电视服务提供单个节目的观看服务。

VOD 已经存在很多年了，但是因为缺少内容以及用户界面复杂发展缓慢。由于有线/卫星电视公司简化了订购程序并且在 VOD 数据库中增加了更多电影和电视节目，它的命运已有所好转。电影仍然很受欢迎，但是电视节目剧集是增长最快的类型。

卫星电视的结构

卫星系统由五部分组成（见图 12—4）。

1. 发送信号的内容提供商，如 ESPN、尼克儿童频道或地方广播电视台。

2. 接收并传送节目的广播中心。

3. 接收广播中心的节目并把其传送下去的对地同步卫星（**对地同步卫星**是指其轨道与地球保持一致）。

4. 接收并传送信号的小型碟式卫星天线。

5. 转换信号使其能在传统电视机上收看的卫星接收器。

为了让更多的频道通过一颗运行卫星传送和

接收，卫星信号会被压缩。为了防止人们没有订阅就能接收信号，信号会被**加密**（即被扰频，只有合适的解码器才能收看）。卫星接收器对信号解码并且把它们传送到一台或是多台电视机上。

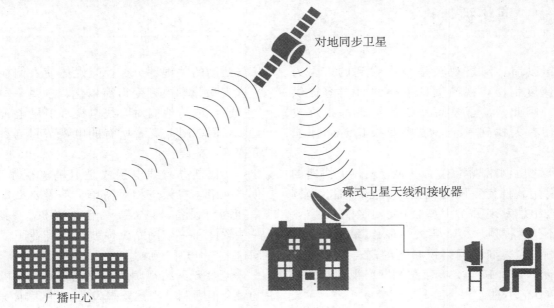

对地同步卫星

碟式卫星天线和接收器

广播中心

图 12—4　卫星广播系统示意图

卫星电视的节目和财务

主要的有线电视公司转播的相同的节目也会通过卫星传送，包括地方电视台，超级电视台，窄播电视网如 MTV、USA 和 CNN，付费服务如 HBO，以及按次计费。与有线电视不一样的是，卫星电视网针对全国，没有地方制作的节目。

和有线电视相似的是，卫星电视公司的最大收入来源是消费者每月支付的订阅费用。此外，DirecTV 和 Dish 对数字视频记录（DVRs）、高清电视（HDTV）和附加接收器征收额外费用。

和有线电视还相似的是，卫星电视提供商最大的花费和硬件有关。发射、维修以及最后更换通信卫星的花费巨大。安装、维修和更换碟型天线以及接收器构成另一笔大支出。DirecTV 和 Dish 也向内容生产者支付获得节目播出权的费用。

正如前文所说，DirecTV 和 Dish 电视网在和有线电视业竞争电话、视频和高速互联网连接的打包服务上处于劣势。为此，卫星电视提供商试图与电话公司结成联盟。

有线电视和卫星电视的所有权

有线电视业中的所有权同其他媒介的所有权一样，趋于合并。2002 年康卡斯特并购了 AT&T 宽带业务，从而成为国内最大的有线电视提供商。康卡斯特和位居第二的时代华纳为一半以上的有线电视消费者提供服务。表 12—2 中是五家最大的有线电视公司。

两大公司控制了美国卫星电视市场：DirecTV 和 Dish 电视网。拥有 1 900 万订户的 DirecTV 由鲁珀特·默多克的新闻集团掌控。回声星所有的 Dish 电视网拥有 1 400 万订户。

表 12—2　2010 年五家最大的有线电视系统运营商

公司	订户数量（万）
康卡斯特	2 290
时代华纳	1 260
考克斯通信	490
查特通信	460
有线电视系统	300

网络视频

几年以前，网络视频是很难找到的。因为其连接速度很慢，视频软件复杂并且内容提供商很少。因此，甚至是短片视频剪辑都很难找到。即使有人找到一个，也要花很长时间才能下载下来。

几年之后网络视频有了一次爆发。更快速的连接和易用软件使得网络视频成为标配而不是例外。如今很难发现哪个大型公司、组织或是企业的网站不包含视频。2011 年大约有 1 830 万人在线观看视频，广告商在网络视频上的广告花费超过 40 亿美元。到 2015 年，专家预测网络视频时长会达到 5 000 亿小时。

很多电视机和蓝光光碟播放器都能上网，在大屏幕上观看网络视频很容易。收看未删节电影和电视节目很容易。广告商依赖网络视频作为其广告活动的关键部分。社交媒体使人们在其主页上嵌入和分享视频变得简单化。一些美国人正在"掐线"，取消他们对有线电视和卫星电视公司的订阅，而在网上观看所有的电视节目（参见"媒介探索：掐线？"）。

相比创办有线电视或是卫星电视频道而言，创办网络电视频道相对简单。不需要昂贵的制作室和高价设备，只需要一台摄影机、一台电脑、一些软件和一个网站，你就可以开业了。毫无疑问这是一个热门领域。

近些年网络视频的爆发也表明电视机和电脑的融合很顺利。当然，爆发是一个很难研究的事情。网络视频仍在扩展，其最终形态尚无定论。本节通过考察其结构和财务，尝试理解这个快速变化的领域。

299

媒介探索

掐线？

有线及卫星电视公司担心订户可能会取消它们的服务，转而在如 Hulu 这样的网站或是在如奈飞这样的流媒体视频网站上观看电视节目。2011 年对 1 000 个调查对象的研究显示目前为止它们的担心是不成熟的。调查发现实际取消有线电视或卫星电视服务的人只有 5％。不仅如此，那些"掐线"的订户中有一半是因为预算的关系，并不是因为他们偏爱其他收看电视节目的方式。这个调查也包括其他好消息。越来越多的订户升级了现有服务，要么购买更贵的频道套餐，要么购买高级服务（如 HBO），要么增加高清频道。大部分电视观众也许最终会移向网络，但是目前为止大部分消费者仍然对他们的有线/卫星电视提供商感到满意。

结构：来源和内容

分析网络视频的一个方法，就是首先对来源进行分类——专业的还是业余的，或者如业内所称的"专业或草根"——然后是通过内容分类——原创还是改编。我们首先看一下专业化制作内容。

专业化制作内容　这已经成为一个发展巨大的领域。如今在一家大公司或是机构的网站或是应用程序上找不到视频是不正常的。专业化视频的来源有：

- 商业媒介公司，如广播及有线/卫星电视网、地方电视台和电影制片厂。实例包括

abc. com、cbs. com 和 usanetwork. com。

- 内容聚合商，通过其找到来源众多的视频内容。实例有 hulu. com、tv. com 和奈飞。
- 公共关系、营销和广告公司，如 leoburnett. com 和 edelman. com。
- 售卖产品和服务的公司，如 amazon. com 和 delta. com。
- 政治人物，如纽特·金利奇（www. newt. org）和南希·佩洛西（http：//pelosi. house. gov）。
- 服务性组织，如美国劳军联合组织（USO）和扶轮国际社。
- 政府机构，如美国社会安全局和食品药品监督管理局。

这些组织一般有内部制作设备或是雇用外面的制作公司来组合它们的视频。

专业化内容可以是改编的或是原创的。改编内容的例子有电视网站或视频网站，如 Hulu 和 Joost 上可以找到在播或已播过的电视节目。通过传统电视，这些节目覆盖了大部分观众，而互联网提供了一个能吸引额外观众的附加频道。如 ABC 剧集《实习医生格蕾》，无线播出时吸引了将近 1 000 万观众，网上又吸引了近百万观众。

制作专业化的在线原创剧集的例子有很多。这里仅列举少数。索尼的 Crackle. com 有为网站制作的几个原创剧集。原创剧集《好戏连连》（High Drama）是可以在 thewb. com 上看到的电视剧。（除此之外还有什么？）

引文　哎呀！

一个 75 岁的老妇为了挖废金属而意外地用铲子切断了光缆，结果造成全美网络服务瘫痪。

广告商和营销商是专业化制作原创视频的另一个来源。福特以及许多其他公司都在 YouTube 上拥有一个频道，你可以在上面关注这家公司在节省燃油上的最新尝试。可口可乐公司在它的网站上添加了几个视频短片，箭牌口香糖也一样。法国女仆电视网（French Maid TV）根据营销商的需求来拍摄各种主题的"操作指南"视频，主演是三个法国女仆（不然还有谁？）。

2008 年总统竞选的候选人极大利用了网络视频。希拉里·克林顿也在她的个人网站上放了视频以此宣布竞选。最终获选的巴拉克·奥巴马的网站上有 BarackTV，连同演讲的片段和竞选合集。选举之后，奥巴马总统每周的演讲视频会定期发布在白宫官方网站上。

白宫不是制作原创网络内容的唯一政府机构。2009 年中期，帕蒂·杜克（Patty Duke）在社会保障局网站上的原创视频中出镜，力劝人们在线申请福利。美国统计局和国家海洋与大气管理署也在 YouTube 上开通了频道。

业余制作内容　一些业余制作内容是改编的，例如 YouTube 上的婚礼或是生日派对的家庭自制视频，但是大部分"草根制作"的内容是原创的。一项研究表明超过一半的网络视频都是业余制作。因为业余短片的主题如此多样化所以很难被分类。快速浏览流行的视频分享网站可以发现，其主题从严肃到滑稽、从通俗到怪诞、从有趣的到完全无聊的什么都有。此外，它们大部分为短片，很少有长度超过 5 分钟的——如近期《连线》杂志所说，是"零食"。

最基本的用户生产内容的例子当然是家庭自拍视频，并且它已经引出了一个全新的互联网产业——视频分享。为什么视频分享如此受欢迎呢？有三种可能的原因：（1）我们天生是好管闲事的并且想要发现别人的生活里发生了什么；（2）我们有许多空闲时间；（3）我们都想出风头。

当然，YouTube 是用户生产的内容能做什么的最好实例。围绕 YouTube 的数据分析令人惊讶：每天大约有 20 亿个视频被收看，比 2010 年的 7 000万个大幅增多。每分钟有 35 小时的内容被上传。ABC、NBC 和 CBS 就算一周七天一天 24 小时播放视频，也需要 100 年才能和 YouTube 60 天内上传的视频时量相等。YouTube 上最受欢迎的视频被收看过 1. 85 亿次以上（Lady Gaga 的"罗曼死"）。虽然网站上也有电影和专业制作的电视节目，但是大部分视频是业余制作。

YouTube 和其他视频分享网站为视频时代带来了一系列新的问题。一些用户非法发布受版权保护或是未授权使用版权的素材，让 YouTube 母公司谷歌惹上法律问题。侵犯个人隐私是另一个问题。自从手机视频可以轻松发布到 YouTube 上，许多人未经被拍摄对象的允许就上传视频到 You-Tube 上。YouTube 开发了一个程序，可以帮助感到自己隐私被侵犯的人们要求删除这个冒犯视频，但是这只有在视频被发布并可能被许多人看到的前提下才能执行。

网络视频也可以被用于微传播。

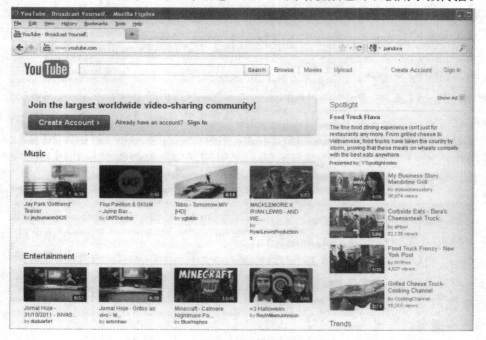

2010 年，You Tube 上上传的视频时长超过 1 300 万小时。

 媒介探索

上传者

　　把视频上传到 YouTube 和 Facebook 上的人都是谁？皮尤研究中心所做的调查给了我们一些基本信息。发布在线视频的人中，18 岁以下的占 15%，18～29 岁的占 19%，30～49 岁的占 17%。50 岁以上的人中有 10% 发布视频。在成年人中，女性和男性发布视频的比例相当。

　　喜欢在 Facebook 发布视频的上传者比例（占 52%）和在 YouTube 发布视频的比例（占 49%）大致相当。家庭视频是最流行的发布内容，其次是旅游视频。上传者喜欢分享他们的创意。半数调查对象声称不会对他们的视频设置访问限制。

微传播

　　在佐治亚州斯内尔维尔市布鲁克伍德高中野马步操乐队在南卡罗来纳州的乐队营露营的几天里，通过发送视频的网络摄像头，佐治亚州的父母们就可以查看孩子们的情况。把小狗放在宠物寄养的人可以通过网络摄像头来看小狗在做什么。顾名思义，HighSchoolPlaybook.com 上集合了高中运动会的业余视频。亲戚不能去参加婚礼？Vowcast 提供网络直播。亲戚无法出席葬礼？大约有 60 家殡仪馆提供网络直播。

　　广播这个词首次使用是同收音机一起，接下来是电视，意味着向广大的异质人群传送信息。当类型化电台和有线电视网产生时，窄播这个词被发明出来表示针对小范围的、定义明确的分众传送信息。例如，排名前 40 名的广播电台是面向

12 岁至 22 岁人群的窄播；ESPN 的主要观众是男性体育迷；C-SPAN 针对政治狂热者。网络视频传播则往前迈进一步发展出了 **微传播**（microcast-ing），即向有兴趣的小群体传输信息。这是第 1 章提及的"少数对少数"传播模型的另一个实例。

网络视频所处的位置特殊在于它同时朝两个

费格森殡仪馆在网上微播葬礼。

方向发展。一个方向是它逐渐成为一种传统的大众媒体频道，因为人们转而用它收看电视节目和好莱坞电影。但同时网络也朝另外一个方向发展。最成功的网络应用是不断改进的机器辅助人际传播形式：电子邮件、社交媒体如 Facebook 和 Twitter、拍卖网站、P2P 文件共享。有趣的是，这些应用是由终端用户创造的，并不是由传媒大公司所创造。微传播是这一趋势的另一个例子。

有摄像头和上网功能的手机为互联网微传播开创了新的可能。爸爸可以向另一个州的祖父母微传播斯科特队和巴菲队的足球赛或是乐队独奏会。高中学校可以把毕业舞会微传播给有兴趣的家长。地方少年棒球比赛的视频又可不可以呢？当然，微传播引起的各种各样的隐私权问题在不久的将来必须得到解决。

 伦理问题

手机视频的道德

1969 年，电影《冷酷媒体》（*Medium Cool*）谈及了记者的道德义务。在影片开头，摄像师和他的音效师遇到一起明显刚发生几分钟的车祸。事故中的一名伤者挂在汽车侧门敞开的窗口上而且在大声呻吟。摄像师从几个角度拍摄这

个场景，音效师确保记录下伤者的呻吟声。当他们回到新闻车上时，他们开始讨论是否要叫救护车。这个令人不安的场面引出了一个基本的道德问题：什么时候对身处痛苦的他人施以援手的道德义务超越了报道新闻的专业职责？

据说当大部分人带着有摄像功能的手机的时

候，我们就都成了记者。有很多例子表明普通市民用他们的手机记录新闻事件而且发给新闻机构与其分享。有上百万人观看了 2009 年伊朗大选抗议活动、2010—2011 年北非和中东地区的示威活动、日本地震海啸的手机视频。

但是，最近其他手机视频表现出一个令人困扰的趋势。下面列举部分（还有更多）：在佛罗里达，一个中学生攻击并且伤害了另一名学生，一个路人正好将其拍了下来而且还发布到了网上。受伤学生的父亲浏览 YouTube 时发现了此事。在印第安纳波利斯，在学校自助餐厅突然发生了一场斗殴。路人中没有一个人干涉，但是他们把这次斗殴的一些短小手机视频发布到了网上。其中一个视频在被撤下前被浏览了 2 000 多次。最后，在马里兰州，两个青少年在麦当劳恶意攻击一个年轻女性直到她病发。麦当劳的一名雇员用手机录下了这次斗殴但没有干涉，却在 YouTube 上发布了这个视频。

这些相似的事故令人不安。当人们发现自己在见证暴力袭击时，他们还有没有道德义务？什么都不做但是用手机记录这样一场袭击是否道德？记录这样一场让人不安的事件是否道德？把视频发布到网上并让所有人都看到是否道德？

让我们看看是否能找到一些初步的回答。如果你是路人，你有道德义务去干涉一场袭击事件吗？如果我们接受"绝对律令"，答案则是肯定的。如果你被打，你会希望有人能为你从中调停。伦理学家也许认同帮助他人避免受到伤害是人类的义务。例外的情况是，路人害怕干涉会给他或她带来人身伤害或是引起后续伤害责任的问题。在这种情况下，提醒权力机构可能是更加谨慎的方法。

记录这样一件事情是否道德？其中一个理由可能是，如果随后发生法律诉讼，视频记录有可能帮助权力机构。这个方法引发的问题是，在干涉义务之前应该记录多少过程。注意在这种情况下，视频只假定与合适的机构分享，而不会出现在网上。

把这些视频发布到网上是否道德？其合理性似乎难以证明。任何分享视频的有益方面（如向社会证明我们有多么暴力）似乎都超过了消极影响（使受害者受辱，鼓励别人变得暴力）。发布视频也是损人利己的事（如吹嘘你的视频在 YouTube 上有上万次浏览量）。它看上去也违背了"绝对律令"（你也不会愿意让别人把你挨打的视频传到网上）。

无论如何，手机镜头所鼓励的监视文化可能正在危害社会。当许多人看到暴力事件发生时，他们的第一反应很少是"我必须去帮忙"，而更多的是"我要录下来给 YouTube"。

在线视频经济

在线视频网站有以下几种赢利方式：订阅费用、产品推销、广告和以上几种的结合。

订阅模式是最简单的。观众支付费用，作为回报获许收看电视节目或电影。这种模式被奈飞、MLB. TV 和许多色情网站使用。产品推销包括售卖与视频网站相关的产品。YouTube 售卖笔记本、T 恤衫、飞盘以及其他许多 YouTube 商店里的产品。abc.com 网站售卖海报、咖啡杯和 iPhone 手机外壳。

通过售卖广告赚取利润，对在线视频网站来说是一项困难的任务。尽管观看在线视频已成为时下流行的活动，且人均花在观看在线视频上的时间与日俱增，但这种流行性并没有转换为大笔的广告收入。在过去两年，Hulu 视频网的利润相当可观，主要是因为电视网或制作公司承担了 Hulu 上播放的节目的制作费用。尽管如此，为了增收，Hulu 视频网还是开通了收费服务并且增加了播放期间播出的商业广告数量。

谷歌密切关注着 YouTube 的盈亏信息。自从收购这项业务后，一些专家认为谷歌在 YouTube 上已经损失了上百万美元。然而，最近，YouTube 在讨好广告商方面变得更精明了，公司对于 2011 年转为赢利很乐观。为了让网站能吸引更多的广告商，YouTube 已经重组了自身的一系列频道，包括音乐、体育和娱乐，并且会在那些频道上增加专业制作内容的数量。比起业余视频，广告商更乐意将广告投放在专业视频上。

有线电视、卫星电视和网络电视的观众

反馈来源

有线电视和卫星电视传输网络由尼尔森媒介调查公司监测。检测技术和第 11 章广播电视的记录技术是一样的。利用个人收视记录仪，通过全国样本提供用收视率和收视份额表示的收视数据。有线/卫星电视传输网的收视率往往低于广播电视网的收视率。尼尔森还发布《有线电视网观众组成报告》，提供更详细的观众人口统计信息。

收集网络视频的反馈是一个新且难的领域。

尼尔森公司称监测视频收视情况使用了视频评测服务，把面板数据①和使用数据结合起来。顾客把他们的每段视频贴上电子水印，以便尼尔森追踪收视情况。第二大公司 comScore 追踪视频收看的方法是，使用世界各地同意在电脑上安装追踪软件的 200 万观众样本。这两家公司的数据有时相差很大。

304

观众

超过 85％的美国家庭要么从有线电视提供商要么从卫星电视提供商那里收看节目。相对于非订户而言，订户倾向于更年轻、有更多的孩子以及更加富有。有线/卫星电视网比无线电视网更专业化，其受众的人口构成依其目标市场不同而不同。例如 ESPN 吸引男性观众，氧气频道则吸引女性观众。CNN 和 MSNBC 试图吸引更成熟的观众，而尼克儿童频道则瞄准了青少年。

在线视频观众的一些基本数据从尼尔森和

comScore 上可以得到。大约有 1.5 亿美国人收看在线视频。男性在线视频观众比女性多，男性倾向于收看短的业余制作视频，而女性则观看更完整的专业制作剧集。年轻观众比年长观众多，尤其是 18～24 岁的人看得最多。观看网络视频最首选的两个地方是 YouTube 和电视网的网站。虽然花费在在线视频上的时间不断增长，但所有电视收看时间中有 70％是花在了传统电视机前面。最后，在线视频的平均收视时间是每天 10 分钟至 20 分钟（传统电视的平均收视时间是每天 4 小时）。

有线电视、卫星电视和网络电视产业的职业前景

有线电视和卫星电视产业比广播电视产业小，大约有 9 万名从业者。网络电视的从业人数是很难确定的。这个领域的职业前景，尤其是网络视频，看上去比我们讨论的其他媒体要更加乐观。新开

的专业有线/卫星电视频道不断增多，它们需要制作、销售、市场、表演和公共关系方面的人才。并且，正如本章表明的，网络电视是一个巨大的增长领域。

---

① 面板数据（panel data）是指在时间序列上取多个截面，在这些截面上同时选取样本观测值所构成的样本数据。——译者注

各个媒体的职业前景变化迅速。关于有线/卫星和网络电视产业当前状况的更多描述以及更为详细的职业选择介绍，请参考本书网站：www. mhhe. com/dominick12e。

 要点

- 有线电视作为一种用于给那些接收不到常规电视信号的地区带来信号的手段，发端于 20 世纪 50 年代。
- 有线电视到世纪之交已经成熟，而且面临着来自直播卫星系统的竞争。
- 《1996 年电信法案》允许有线电视公司与电话公司相互竞争。
- 网络电视发展于 20 世纪 90 年代，而且随着带宽增加变得更受欢迎。
- 有线及卫星系统与传统电视有不同的组织构成。
- 有线电视被大的多路系统运营商所垄断。
- DirecTV 和 Dish 电视网两家公司是直播卫星系统主要供应商。
- 网络视频可以按照来源（专业的或业余的）和内容（原创或改编）进行分类。
- 用户生产视频，如 YouTube 网上的视频变得非常流行。
- 网络视频网站通过内容收费或售卖广告来赢利。
- 尼尔森公司为有线/卫星电视网提供收视率数据。在线视频分享网站的收视率由测量互联网使用行为的公司提供。

 复习题

1. 有线/卫星电视的界定特征是什么？网络电视的呢？

2. 有线电视和直播卫星系统的主要所有者是谁？

3. 有线/卫星电视节目与传统广播电视网节目相比有何异同？

4. 描述一下有线电视系统从输入端到家庭的传输结构。

5. 在线视频如何赢利？

 批判性思考题

1. 如果发生的话，视频点播将会如何改变有线电视产业？

2. 你曾经发布过在线视频吗？你曾经看过在线视频吗？为什么？

3. 谷歌为 YouTube 支付了 16.5 亿美元。你认为谷歌能收回这笔资金吗？

4. 每个人最终都会通过网络收看电视吗？如果是这样的话，有线电视和卫星电视公司将会发生什么？

关键词

多路系统运营商（MSOs）

直播卫星（DBS）

IP 声讯（VoIP）

网络电视

缓冲

播客

输入端

发送系统

入户电缆

转播费

对地同步卫星

加密

微传播

互联网冲浪

www. historychannel. com

历史频道的主页，关于历史的内容比关于有线电视网的内容还多，但上面有关于交互性和流媒体视频的好例子。

www. ovguide. com

在线视频的基本来源。

www. multichannel. com

《多频道新闻》（*Multichannel News*）是报道有线电视、卫星电视和无线电视公司的主要商业出版物。

www. ncta. com

美国全国有线电视协会的网站。包含这个行业最新面临的问题的信息。

www. vivalasvegasweddings. com

观看拉斯维加斯直播婚礼的网站。

第三部分
具体媒体职业

第 13 章

新闻采集与报道

本章将帮助你：

- 理解新闻业最重要的理论
- 描述新闻的要素
- 认识新闻报道的三大类别
- 理解数字革命对新闻采集、报道和商业的影响
- 探讨广播新闻、印刷新闻和在线新闻的相似性
- 描述新闻受众多年以来发生的变化

　　像前几版一样，这部分内容的开始部分将考察"优秀新闻计划"（the Project for Excellence in Jour- *309*
nalism）的最新报告，这个计划是声望颇高的权威机构皮尤研究中心赞助的，其研究结论往往很受重视。
它的最新报告"2011年新闻媒介现状"认为，在几年的没落期之后可能还是存在乐观的理由。以下是该
报告的摘录：

　　通过几种测量结果，我们认为2010年美国新闻媒介的现状有所提高。

　　在糟糕的两年之后，新闻产业的很多机构的收入开始复苏。除了个别例外，编辑部的削减停止了。
尽管还是言多行少，但有些新赢利模式实验开始出现兴盛的迹象。

　　但是，去年对新闻业更大的挑战变得明朗化。以后最重要的问题不是缺少受众或者缺少新赢利模式。
在数字领域，新闻产业可能无法掌控自己的命运。

　　在数字领域，新闻生产机构越来越倚重独立网络来销售其广告。它们依靠整合商（如谷歌）和社交 *310*
网站（如Facebook）带给它们庞大的受众份额。如今，新闻消费变得更移动化，新闻公司必须跟随设备
生产商（如苹果）和软件开发商（又如谷歌）来发行其内容。

　　尽管发行的模式和方式会改变，美国人仍然需要新闻，他们现在对于消费什么样的信息和如何以及
在何地消费新闻拥有更大的控制权。本章将考察数字革命是如何改变了新闻的基本原理、新闻采集技术
和报道方式。

新闻理论

　　在我们开始考察新闻采集之前，先回顾一下有关政府和新闻报道者之间的关系的基本问题。

　　自16世纪开始，学者和哲学家试图描述政府和媒体之间的关系，及其对自由与权力的影响。多年以来，随着政治、经济和社会条件的改变，各种新闻理论得以发展来明确解释这种关系。不过所有理论多少都在两个"主义"间徘徊，即反映政府对媒体实施权力的两个极端——权力主义和自由主义。现代新闻理论对这两个基本原理进行了修正。我们来逐一考察。

　　权力主义理论兴起于16世纪的英格兰，那还是英国发明报刊的时代。专制体制下的普遍观点是权力精英应该指导被认为智能低下的民众。公共意见和批评被认为既不利于政府也不利于人民，是不可容忍的。掌权者运用各种手段来强迫新闻界服从，包括颁发执照、出版前新闻审查、给新闻界的支持者印刷特权，以及给予批判政府者迅速严厉的惩罚。伊朗和叙利亚是依然实行权力主义的两个国家。

　　自由主义理论与权力主义截然相反。自由主义者认为人类是理性且具有决策能力的，政府是为个人服务而存在的。自由主义者相信普通公民有权力听取各方意见以辨别真假。由于禁止自由表达的政府禁令侵犯了公民权利，政府最佳的服务于民的方式就是不干扰媒体。总之，新闻界必须独立于所有政府规制。

　　自由主义理论十分符合早期美国自由的政治气氛和坚定的个人主义。然而，20世纪中期，两次世界大战和经济危机改变了世界政治，媒体产业成为大产业，广播使得瞬间覆盖无数的人成为可能。因此，新的新闻理论开始出现。1956年一本名为《传媒的四种理论》的书重新考量了自由主义和权力主义理论，并加入了另外两种现代理论。**社会责任理论**（也被称为西方理论）吸收了部分原自由主义理论，也引入了新的元素。这个理论认为新闻界有权批评政府和其他机构，但也有责任通过正确告知公众和反映社会需求与兴趣来维护民主。新闻界没有为所欲为的自由，它对

社会负有某种义务。如果公众利益没有得到适当保护，政府可以通过颁布规制来介入媒体运营。联邦通信委员会颁布的广播法案就是一个好例子。美国、日本、英国和其他许多欧洲国家都赞成这种理论。

《传媒的四种理论》里的另一种理论是**共产主义理论**。该理论认为媒体由代表国家的人民所有。

新闻界的共产主义理论的支持者并不多。仅仅可以在中国、古巴和朝鲜找到这种体制，在这些国家，官方理论与媒体的实际实践差异巨大。最后，民主增长和自由市场经济的流行导致越来越多的国家实施社会责任理论模式。[①]

现在我们来考察新闻采集的具体内容。

判断什么是新闻

决定什么事件值得报道并不是一门严谨的学问。新闻价值是由传统、组织政策、经济以及最近的数字革命形成的。尽管如此，大多数记者认为五种核心因素是有报道价值的事件的特征。

1. 时效性（timeliness）。简单地说，就是新闻是新的。昨天的新闻是旧新闻。人们购买一份晚报或是收看午后新闻，就是希望被告知在同一天里早些时候发生了什么事情。新闻是转眼即逝的东西，陈旧的新闻是毫无趣味可言的。数字革命对时效性额外重视。由于全天候运行的网站和博客、Twitter 用户在事件发生后的几分钟内就会发布第一手信息，新闻不再需要等早报或晚报刊登才能出来。因此，新闻的"保鲜期"更短了。

2. 接近性（proximity）。新闻是发生在近旁的事情。读者与观众想知道关于他们的街坊、城市或国家所发生的事情。比如说，较之法国的一次火车出轨，报道当地铁路货物转运站类似的出轨事件的可能性更大。新闻媒体掂量超地方新闻的潜力（见下文）之后，会格外重视这个因素。不过，接近性不仅仅是以地理距离来衡量。心理上的接近也很重要。在旧金山搭地铁的人可能会对有关纽约地铁上日益频繁的警戒行动的报道感兴趣，哪怕这一事件发生在 3 000 英里之外。社交媒体网站对心理接近性采取新的衡量标准。Twitter

用户或 Facebook 用户可以接收来自特定网站或朋友的新闻推送。换言之，个人可以定义他或她觉得具有心理接近性的人是谁。传统新闻媒体则不可能提供这种精确度。

3. 显著性（prominence）。一个人越重要，他或她作为新闻来源的价值就越大。因此，总统、其他国家首脑、体育及娱乐明星的活动吸引了无数媒体的注意。美国人显然钟爱名人，永不会对名人新闻感到厌倦。连声名狼藉的人也具有新闻价值。许多过去发生的及新近曝出的犯罪行为得到了媒体频繁的报道。

4. 重要性（consequence）。对大多数人有影响的事件有其内在的新闻价值。天然气价格上涨的原因是一个影响到全国每一个人的大新闻。互联网给予受众更大的影响力来决定某个新闻事件的重要性。新闻媒体监测"点击量"以观察新闻受众在网站选择阅读的内容。排名较高的新闻当然对许多人而言具有重要性，而且反之又提升了新闻的重要性。负面效果是有些点击率高的报道往往是奇异的、耸人听闻的和不同寻常的，而不是严肃性新闻，并且会引起更多的它们可能在其他情况下所无法引起的报道。查理·辛（Charlie Sheen）[②] 引出的新闻报道究竟有多少？

---

①　社会责任理论目前在西方社会也受到诸多挑战，英国的报业窃听案引发了西方社会对媒体监督权力的讨论。在一个新闻自由的社会，媒体拥有监督政府的职责和影响力，但谁来监督媒体却是一个棘手的问题。如果政府机构或法庭介入监管媒体，则会直接威胁新闻自由。2013 年 3 月 18 日英国三大主要政党就报业监管改革达成协议，决定成立一个新的监管机构对深陷窃听丑闻的英国报业进行独立监管。——译者注

②　查理·辛是美国著名影视明星，代表作品有《好汉两个半》、《野战排》、《华尔街》等，网络上充斥着关于他吸毒、使用暴力的大量新闻。——译者注

5. 人情味（human interest）。有一些新闻——带有讽刺意味的、离奇的、振奋人心的或是戏剧性的新闻会唤起受众的某些情感。通常，这种新闻关注的是芸芸众生，受众对其所处环境感到认同。因此，当一个年轻的贫穷的妈妈发现了一张 10 美元的钞票，然后用它买彩票中了 100 万时，这个故事就变得具有报道价值了。

除了这五种传统的新闻价值因素，经济因素也在其中起了重要作用。首先，报道有些事件比报道其他的事件花费更大。派一名记者或一个摄像组做市议会的会议采访就比派遣一组记者去调查市议会的腐败情况要便宜。一些新闻机构可能就不会愿意为这样的一件事花上一大笔钱。相反，

在已经花费了大笔钱追踪某一事件之后，哪怕它不具备什么传统的新闻价值，新闻机构也可能还是会继续下去，只是为了证明它值得花费这么多。

基于同样的原因，新技术的花费也反映在报道的类型上。如果电视台采用电子新闻采集（ENG），能被现场报道的事件就变得更加重要。事实上，许多团体组织意识到了电视新闻节目的时间安排，将他们的会议及示威游行安排在新闻播出时段以增加他们上电视的机会。此外，在直升机成为许多大型电视台一项昂贵的投资后，交通堵塞、火灾、美丽的日落以及其他依托于航拍的新闻事件突然变得具有报道价值了。

 ## 新闻业

新闻媒体历来的商业模式较为简单：采集和发布新闻的成本大部分由广告承担。不过，广告商和新闻之间没有必然联系。为什么塔吉特（Target）百货、AT&T 和其他广告商要承担报道最高法院的费用？注意这个商业模式之所以有效是因为新闻媒体吸引受众，而广告商想要接近这些受众。两个世纪以来这个模式都行之有效，但随后互联网出现了。广告商发现它们还有其他更有效的方式来接近受众，于是收入开始从新闻媒体流向网络。这就是 2009 年《新闻媒体现状》报告所指的新闻"去"广告化。收入下降巨大：报纸收入两年内下降了 23%；新闻杂志停业或者收入削减；甚至收入一向可靠稳定的地方电视新闻的收益也下降了 7%。只有有线电视新闻网还没有出现赤字，这要得益于 2008 年的大选。传统新闻媒体削减成本、裁员，靠自办网站弥补部分损失，但可以明确的是，来自其自办网站的收入弥补不了这个差额。

如果说这还不算太糟，那经济萧条时期对新闻媒体又造成了另一次打击。正如 2010 年《新闻媒体现状》报告所言："想象一下有人中风之后正

313

要开始物理治疗，突然又染上了另一种使其虚弱的疾病。"正因如此，新闻媒体开始寻找其他的收入来源和商业模式。如第 5 章所述，报纸开始尝试内容的微支付。电视和印刷媒体都试图就下载到移动设备上的内容收取费用，如手机和亚马逊的 Kindle 电子阅读器。

新闻业的未来如何？2011 年的报告《新闻媒体现状》认为可能会有转机。除报纸外所有广告收入都有所上涨，失业率有所下降，新闻机构加大了投入。不过，互联网和经济气候已经造成了新闻商业不可恢复的改变。报告最后总结说：

与此同时，传统编辑部比经济衰落之前变化了很多。编辑部更小，业务更集中，记者更分散。但其领导者认为他们更灵活、年轻，更关注多媒体报道、聚合新闻、博客和用户内容。在某种程度上，新媒体和传统媒体在缓慢地、有时是被迫地融合成一体。

结果是形成了充满实验和刺激但也不稳定的新闻生态，其经济基础并不确定，其报道也具有明显的漏洞。

社会问题

新闻与金融危机

正如第 2 章所看到的，监督是大众媒介的功能之一。媒体就危机进行提醒，包括短期的和长期的。但是，媒体在提醒公众眼前发生的危机时比提醒较长时间才能显现的危机似乎更称职，如将要来临的飓风。

2007—2009 年的金融危机就是一个恰当的例子。房地产市场的突然崩盘，金融巨头的倒闭和全球股市价格的跳水似乎都突袭了美国。媒体特别是商业媒体，是不是无法起到看门狗的作用？

有三种观点解释了媒体在新近危机中的表现：

1. 媒体不只是没有及时报道即将发生的危机，它们还使得危机更严重。

2. 媒体没有报道即将发生的危机，但是问题的起因太复杂以至于不能期望记者能理解，更不用指望其明智地报道。

3. 媒体发出了警告，但没有人听它们的。

让我们来逐一看看这些判断。

媒体没能够及时警示我们，还让情况变得更糟。 批评者认为商业报道经常偏袒企业。报纸和电视台从广告中赢利，而广告商不喜欢负面宣传。结果，这种压力导致了报喜不报忧。举例来说，房地产广告为报纸赢利贡献了不少（尽管现在不如以前了），大多数星期天版的报纸会刊出特别的房产版面。自然就有很多报道是写那些"抛售"房产的人获得了可观的收益，房产价格持续上扬，却没有多少报道写如果泡沫破灭的话会发生什么。

其次，对商业报道的焦点从顾客转移到了投资者。金融版面上对良好收益的报道和容光焕发的金融领军人物的报道取代了调查性报道。一篇对美林证券（Merrill Lynch）CEO 的吹捧文章认为美林证券以他为首是再幸运不过了。2007 年，这位 CEO 被免职，美林被美国银行收购而幸免于倒闭。

媒体没有尽职警告我们，但问题太复杂没人能理解。 毫无疑问金融危机背后的原因是复杂的。复杂的金融交易和晦涩难懂的投资手段无疑是造成这个难题的部分原因。我们应该期望记者去替我们解答吗？支持这种观点的人注意到联邦管理部门也没能预料到这次崩溃。如果经济学专家也搞不清楚是怎么回事，为什么要指望通常没有正规经济学训练的记者能搞懂呢？而且，经济危机发生之时报纸都在裁员和缩减资源。金融报道是一项艰巨的工作，需要时间和金钱上的投入。编辑部紧缩可能裁掉了老练的商业记者，留下来的记者要搞懂宏观经济现状就更难了。

媒体发出了警报，但没人理会。 有些记者辩解说媒体确实履行了监视职责。《美国新闻评论》2008 年 12 月/2009 年 1 月刊上的一篇文章总结了这种观点："在今年经济危机发生之前，商业记者就警示了美国经济中的严重问题。但管理者和公众都没有太在意。"文章列举了《福布斯》、《华尔街日报》和《纽约时报》上种种关于次生市场问题、借贷者的危险形势和房地产泡沫的警示报道。文章说当时没有人愿意听这些负面新闻，尤其是在股市上涨、房产价格稳健上升的时候。

不要责怪记者忽略了这个问题。要怪就怪金融专家、管理者和公众当时不听告诫。文章总结道，商业记者必须好好教育公众，这样当记者在下次经济危机时发出危险信号就不会被忽略了。

媒体让我们失望了吗？ 这个问题比较复杂，以上三种观点都有根据。只是媒体是否有效地发挥了作用有点值得怀疑。对金融记者的调查发现，有三分之二的人抱怨媒体没有认识到问题的重要性。

即使导致危机的原因有很多，且不易被理解和解释；即使记者也不是经济专家，但记者受过训练如何去找专家并提出正确的问题。记者应该充分了解问题，挖掘表象背后的事，并搞清楚他们发现的问题。记者的基本责任是去理解他们的报道对象。

新闻学教育也要受到部分谴责。我了解到经济学和金融学课程在新闻学生中并不受欢迎。

可能我们的研究生更需要这样的专业培训。

　　最后，确实有很多刊发和播报的新闻对危机提出了警告。

　　但这些警告可能淹没在更多的正面新闻和CEO的正面宣传之中了。另外，媒体报道两三则即将发生的问题就完了，这是不够的。要引起政策制定者和普通大众的注意，记者必须持续地报道。

　　总之，希望媒体从经济危机中吸取教训，以做好以后的报道。

 媒介探索

信任的销蚀

　　盖洛普调查数据显示了一个令人担忧的趋势：美国人正逐渐失去对新闻媒体公信力的信任。如下表所示，受访对象中持"很少或从不信任"态度的人的比例比40年前翻了近一番。

　　调查问题是："当说到充分、准确和公平地报道新闻时，一般来说你对大众媒体的信任程度有多少？"

年份	1972	2000	2010
比较或非常信任	68%	51%	43%
很少或从不信任	30%	49%	57%

 ## 数字时代的新闻报道

　　说数字革命促进了新闻报道的重大改变还不够充分。我们将讨论如下六点：（1）新闻来源的增多；（2）博客；（3）公民新闻；（4）超地方新闻；（5）融合新闻记者；（6）新报道工具。

更多新闻来源

　　互联网使可获得的新闻来源的数量增多了。受众获得新闻的来源有：（1）一般新闻网站，如CNN.com或usatoday.com，它们提供范围广泛的关于世界新闻、国内新闻、技术、环境和政治的视频、文本和图片；（2）新闻聚合器，如谷歌新闻、德拉奇报道和赫芬顿邮报，它们提供从其他来源获得的新闻摘要；（3）专业新闻网站，它们密切关注成为大众焦点的内容，如ESPN的体育新闻、华尔街日报网的金融新闻；（4）博客。

315

博客

　　如前面所提到的，首先，博客提供了另一种新闻来源，没有经济、企业、政治或广告上的顾虑。小众群体感兴趣的新闻可能以往不会被报道，现在则被博客发布出来。博客关注的有政治新闻、技术新闻、娱乐新闻和其他无穷无尽的话题。在政府严格管控媒体的国家，博客则提供了另一种新闻景象。

　　其次，博客具有议程设置功能。它们可以引起传统媒体对特定事件的关注，使得这些事件进入新闻报道范畴。CNN专门安排了一位记者来监测博客上讨论的时事。

　　再次，博客提供了对传统媒体的审查。例如，2004年总统选举期间，博客们要求质询CBS在对小布什总统的国家警卫队服务报道中公布的文件。

CBS 最后承认无法证明文件的真实性。现有媒体还不习惯这个层面的详细审查（尤其是来自媒体认为是业余者的人），博客和传统记者之间由此产生了一定的冲突。

又次，博客还为记者提供了另一个渠道来解释为什么他们要这样报道。为什么记者要以某种方式来建构报道？为什么引用这些消息源而不引用那些消息源？为什么记者要引用匿名消息源？正如《新闻的十大基本原则》（*The Elements of Journalism*）的作者比尔·科瓦奇（Bill Kovach）和汤姆·罗森斯蒂尔（Tom Rosenstiel）所述，受众应该"被赋予判断记者报道所依据的基本原则的机会"。有些记者开设博客作为向这个方向上迈出的第一步。例如，CNN 的安德森·库珀（Anderson Cooper）开设了其节目《360°观点》的博客，以提供他所从事报道的背景资料。

最后，博客使得每个人都可以成为新闻人，开放了所谓的**公民新闻**（citizen journalism）。

公民新闻

正如前面提及的，本·拉登之死的第一条新闻来自 Twitter。北非和中东的示威者用手机拍摄了暴力场景并上传到 YouTube 和 Facebook 上。电视新闻网在晚间新闻中转播了其中的很多视频。

这种趋势源于简单易学的数码手机视频拍摄和高速网络的发展。其潜力首次显现于 2005 年，当时电视和报纸纷纷采用了伦敦地铁爆炸案和南亚海啸事件的手机视频和图片。

公民新闻是传统新闻媒体所积极推动的趋势。CNN 有"我报道"（iReport），福克斯新闻有"你报道"（uReport），CBS 有"移动眼"（EyeMobile），MSNBC 有"公民记者"。《纽约时报》最近启动了几家地方社区公民新闻站。根据骑士公民新闻网（Knight Citizen News Network）报道，美国有近 800 家公民新闻网站。

当然，公民新闻能在主流新闻媒体中流行的原因之一是它是免费的。新闻产业面临受众减少和收入萎缩，公民新闻可以降低成本，可以减少人员。毫无疑问，职业记者对这种趋势表示怀疑。有些人认为公民记者根本不是记者，只是新闻发生时恰巧在场的目击者。合格的新闻要求公平、公正和道德，而这些是业余记者所不具备的特征。

另一方面，公民新闻赋权于受众。新闻机构设法再垄断报道内容和报道方式。例如，处决萨达姆·侯赛因的官方报道就被一段现场拍摄的手机视频所否定。

公民新闻经常报道少数人感兴趣的新闻事件，这种趋势被称为超地方新闻（hyperlocal news）。

316

超地方新闻

有一句新闻老话说"新闻都是地方性的"，但如今这句话应该改成"很多新闻是超地方化的"。**超地方**（hyperlocal）是又一个运用广泛的新词汇。通常，超地方报道着重关注某个特定社区或邮政区或特定地理范围内的某个兴趣群体的故事，无论它有多小。超地方报道多数（但并不是全部）可以在网上找到。

比如，在那不勒斯、佛罗里达，地方报纸网站会报道当地房价、酒店评价、高中运动会等的详细新闻。其他网站的报道可能包括邻舍之间的少年棒球赛或足球赛、区域规划、公司开业、本地犯罪率和庭院出售等。超地方新闻的出版商希望这些被传统新闻媒体忽略的话题帮助它们吸引平常不看新闻的受众。MySpace 和 Facebook 可能是超地方新闻最佳的案例了。网站访问者可以在上面找到他们及其朋友感兴趣的新闻。

Patch.com 是最新创办的超地方新闻网站。Patch 2009 年被 AOL 收购，在 22 个州和哥伦比亚特区拥有超过 500 个社区站点。例如，在乔治亚州，Patch 报道的范围涉及 42 个街道、5 000 至 30 000 人口。2010 年 AOL 在 Patch 项目上投入了 5 000 万美元，这是少数几个还在扩充报道人员的新闻机构之一。

要从超地方新闻报道中赢利可不那么容易。多数网站的收入来自向地方商家或企业销售的廉价广告，这些商家和企业通常无法负担在报纸或电视、广播上做广告。简单浏览某些超地方网站就会发现，他们的广告是招聘街坊小孩照顾宠物，课后体育锻炼，某家生日派对请魔术表演者。显然，这些广告不会带来太多收入，但超地方新闻报道的成本往往较低。这些网站比较简单，没有昂贵的图片，网站内容多数由用户生产。

报道超地方新闻的记者必须掌握几个领域的技巧：写作、摄像、录音和摄影。总之，他们需要提供融合新闻。

317

属于 AOL 的 Patch 网重视本地社区的新闻，这些新闻几乎不被传统媒体所报道。

 媒介探索

新闻网站排名

请注意 2011 年前 10 名综合新闻网站的种类。其中有四家是新闻聚合器，三家是电视网的网站，还有三家是报纸网站。

网站	独立访问者/月（约数）
1. 雅虎新闻	11 000 万
2. CNN	7 400 万
3. MSNBC	7 300 万
4. 谷歌新闻	6 500 万
5. 纽约时报网	5 900 万
6. 赫芬顿邮报	5 400 万
7. 福克斯新闻	3 200 万
8. Digg	2 500 万
9. 华盛顿邮报	2 500 万
10. 洛杉矶时报	2 500 万

融合新闻记者

第 5 章中提到过，融合记者是同时给印刷媒体或网站写稿、拍摄和在线发布照片以及提供视频报道的记者。总之，纸媒记者和视频记者的融合成为 21 世纪的新闻报道景象。实际上，出现了一些新词来形容这种新类型的记者。**背包记者**（backpack journalist）是指随身携带小型数码相机、笔记本电脑和卫星电话（大概是装在背包里），为纸媒、电视和网络媒体生产新闻的"全能型"记者。不是背包客而是驾驶汽车的被称为**移动记者**（mobile journalist 或 mojos）。这是指在车上工作，报道本地新闻并通常发布到网站或刊登在报纸上的记者或自由记者。

无论是传统记者还是移动记者，数字时代的记者在网上都有强大的新工具。

新工具

如兰迪·雷迪克（Randy Reddick）和埃利奥特·金（Elliot King）在《在线记者》（*The Online Journ@list*）中指出的，过去精英媒体派驻记者到权力中心和其他新闻现场来报道新闻。今天记者坐在桌子旁就可以即时获得文件、数据库、政府公文和专家资源。简言之，记者现在在家就能获得他们以前在外面跑来的信息了。

不过，为了充分利用这种新工具，记者也需要学习新技术。21 世纪的记者必须能够进行网络搜索、下载数据文件和用电子表格对之分析、设置邮件列表以及运用地理绘图软件。这些技巧通常统称为**电脑辅助报道**（computer-assisted reporting）。

尽管数字化转变带来的变化很大，但还有一些不变的规律，下面我们来接着分析。

 社会问题

男人们哪儿去了

电视新闻开始时是一个由男性主导的职业。女记者很少，女主播更少。现在都不同了。从 20 世纪 80 年代开始，女主播的数量就稳固增多。到 90 年代，女主播的人数与男主播人数持平。2008 年女主播人数超过男主播 40%～60%。男女搭档通常是双主播的形式，但女女搭档更常见，单个女主播也很常见。几十年前常见但现在却罕见的是：男男搭档主播或单个男主播。还记得《王牌播音员》（Anchorman）中的朗·伯甘蒂（Ron Burgundy）吗？

其他岗位上的女性也变得越来越多。外景记者中 60% 都是女性。幕后一半以上的新闻制作人和作者是女性。而且这个趋势看起来在未来还会持续下去。佐治亚州大学的一项最新调查发现，新闻与大众传播学的学士学位的三分之二授予了女性。

造成这个转变的原因有几个。平等就业法和新闻职业多样性的提升肯定有利于这一转变。此外，新闻部主任发现潜在观众中一半是女性，也欢迎女性对新闻事件的观点。

有些观察员发觉视频新闻中男性比例减少的趋势令人不安，可能会导致电视新闻的"女性化"以及疏远男性观众。还有些人注意到如今男性观众越来越习惯看到女性强势角色（参议员、国务卿、大企业的 CEO），新闻业的性别不等趋势恶化应该也没什么影响。无论怎样，电视编辑部将很可能继续成为由女性人口占据多数的场所。

新闻与报道的种类

318

通常，新闻可以被分为三大类：硬新闻、特　写或软新闻和调查性新闻。

硬新闻

硬新闻（hard news）占了新闻报道的绝大多数。它们通常包含了我们前面所讨论的五种传统新闻价值中的前四种。硬新闻由几个基本事实组成：人物、事件、时间、地点和方式。它是有关重要的公共事件的新闻，比如政府行为、国际事件、社会条件、经济、犯罪、环境以及科学。硬新闻对大多数人都有着重要意义。硬新闻通常占据了报纸或杂志的前面部分以及广播或电视新闻的头条。

印刷媒介　报道硬新闻有一套标准的表现手法。在印刷媒介中，就是传统的倒金字塔形式。故事的主要事实安排在第一个句子（称为导语）中，以一种质朴严肃的风格陈述出来。接下来就是次要一点的事实，最不重要和可有可无的事实安排在最后。这种结构对记者（用它迅速地组织事实）、编辑（可以删除最后的几小段以适应版面而无须做大规模的有损文章原意的修改）和读者（一眼就能判断出他/她对该报道的全部或某些部分感兴趣，还是都不感兴趣）来说都有好处。这种形式因为具有可预测性和过时而受到了指责。有人建议选择更自由的写作风格，但是倒金字塔结构保留了下来。

广播媒介　在广播媒介中，由于要额外考虑限定的时间、声音以及图像，广播新闻报道呈整齐的形式。整个报道中的信息含量都是差不多的。那些不怎么重要的事实可能会出现在报纸新闻报道的最后几段，但是在广播新闻中通常不会有时间报道它们。电视和广播新闻既使用"硬"导语也使用"软"导语。一条硬导语包含了最重要的信息，即新闻的基本事实。例如，"市议会否决了修建第五街天桥的计划"。软导语则是用来吸引观众注意力的，它可能并没有什么信息量。例如，"上次提到的第五街天桥再次出现在新闻中"。接下来，由新闻内容来证实该导语，它介绍新的信息，并对导语部分加以充实。结语，也就是报道中的最后几句话，可以用于将主要观点拟人化（"这就意味着你购买汽油时所要付的钱可能会增加"），引出另一事实，或讨论将来的发展情况。

319

广播新闻稿的写作风格与印刷新闻完全不同：它更加非正式、口语化和简短。此外，它还要配合好同期声（新闻人物的声音）或录像带片段。

网络媒体　网络媒体的写作风格极为多变。有些报纸网站只是把印刷版的报道稍作编辑发布到网上。有些网站把标题或几行报道摘要做成链接发布，读者可以点此阅读全文。报纸的倒金字塔结构被普遍使用，图片和视频也被整合到文本中。经常还会有链接到其他网站的补充信息。电视网和地方台网站的报道通常是广播新闻风格的短故事配上相关的视频片段。

软新闻

软新闻（soft news），也可以说是特写，它的报道范围很广。所有软新闻共同具备的一点就是它能够吸引受众。特写通常将人情味作为其新闻价值。它们引起人们的好奇心、同情心、怀疑或　惊讶。它们可以是关于某个地方、人、动物、话题、事件或产品的报道。能被归为软新闻的报道包括当地动物园中一只袋鼠的出生，在即将上映的电影中扮演某一小角色的当地居民的人物特写，一个兼职单口相声演员的厨师，一个十多岁的小孩阴差阳错地收到一张 40 万美元而不是 40 美元的退税支票，等等。

特写非常有趣，所以受众比较喜欢。许多电视与印刷载体就是以软性内容为主（《娱乐今晚》、有线娱乐电视网 E!、《人物》杂志、《我们》杂志（Us），还有《今日美国》的"生活"栏目）。甚至黄金时段的新闻杂志型节目如《60 分钟》和《20/20》中也有大量的软新闻。同样，竞争激烈的早间电视网节目也开始着力于更多的软新闻报道。

特写的报道手法与特写自身一样丰富。在印刷媒介中，特写很少采用倒金字塔结构。特写的主要观点经常保留到最后，极像笑话中的关键妙语。有些特写根据年代顺序一路写下来。还有些以一句令人震惊的话开头，比如，"你的隐疾只会置你于死地"，接下来再进行一番解释："如果你的身体有问题，你应该佩戴一只医疗报警（Medic-Alert）手镯"，还有些特写的结构是一问一答的形式。

电视特写比广播的特写更普遍。在一些大的电视市场中，有一个或多个记者专门报道特写而不报道其他的。几乎每个电视台都有一个特写档案，里面将所有的报道想法编目分类。如果地方台没有资料做地方特写报道，可以付钱给节目辛迪加公司，由它们提供大家都感兴趣的特写。广播特写的形式也是各种各样的。以幽默开篇、以主要观点结尾有时很奏效，安德鲁·鲁尼（Andy Rooney）为《60 分钟》所写的报道就常常采用这一技巧。而有些时候简单的叙述结构在日常播报中频频使用，也能起到非常好的效果。访谈的形式也很受欢迎，尤其是当特写对象是名人时。

有不少网站以软新闻尤其是名人新闻为特色，如《娱乐周刊》和 E! 在线。其他网站关注专业性话题，如美食（www.food411.com）、时尚（www.zoozoom.com）和宠物（www.dogster.com）。

320　调查性新闻

调查性新闻（investigative reports）通过非常规的新闻采集方法挖掘出有关重要公共事件的重大信息。自从"水门事件"被华盛顿两名报社记者报道之后，一般认为调查性报道主要关注披露高层腐败问题。这一含义有点令人遗憾，其原因至少有二。一方面，它使得一些目光短浅的记者自封为公众利益的卫士，不加分辨地追逐所有的公共官员，有时为了能挖掘出某些轻率之举而采取一些值得怀疑的手段。许多这方面的新闻调查结果是毫无意义的。另一方面，对披露政治腐败的强调转移了对这样一个事实的注意，那就是，调查性新闻还能致力于其他的主题，进行有价值的公共服务。

调查性新闻需要大量的时间与金钱。由于投资巨大，它们通常要比一般的印刷或广播新闻长。调查性广播新闻一般是在纪录片或一段 10～15 分钟的新闻杂志节目（例如《日界线 NBC》或《60 分钟》）中播出。而印刷媒介中的调查性新闻一般是系列报道。

博客也已成为调查性新闻的领域。顶尖的调查性博客有"调查性报告中心"（the Center for Investigative Reporting）、"记事簿"（The Blotter）和"华盛顿邮报调查"（Washington Post Investigations）。

著名的调查性报道有 2010 年皮博迪奖（Peabody Award）获奖报道达拉斯 WFAA-TV 报道的关于政府资助技术学校的问题，以及普利策奖获奖报道由佛罗里达州萨拉索塔市《先驱论坛报》报道的关于国家财产保险计划的缺点。

新闻流程

第 1 章提到过，传统的大众传播的一个典型特征是存在着大量的把关人。这一点在传统印刷媒介和广电媒介的新闻采集及报道中随处可见。报道新闻是一项团队工作，中间相当一部分人扮演了把关人的角色。相反，网络报道也许只有一个

或几个把关人。在这一节我们将首先考察传统的印刷媒介和广电媒介的新闻流程，然后再说说网络媒介的情况。

印刷媒介

新闻主要有两种来源：记者们的报道和通讯社电报。此外，一些次要新闻的来源还包括特写辛迪加以及各种各样来源的新闻稿和出版物。

首先让我们来考察一下报社员工是如何采集新闻的。本地新闻主编是新闻报道队伍的指挥官。他/她将报道任务分配给记者并监督指导他们的工作。记者有两种类型：(1) 专题记者（beat reporter）报道某一固定领域的一些话题，如警界

题材或市政厅题材；(2) 普通委派记者有什么任务就报道什么。普通委派记者一天的报道通常可能包括一起汽车交通事故，来访政治家的一次发言，以及一场摇滚音乐会。记者们所写的报道被递交给本地新闻主编，批准通过后再送往文字编辑室进行进一步的校正。总编辑与副总编也是新闻队伍中的一分子。他们负责报纸全部的日常准备工作。

321

广电媒介

广电媒介的新闻来源类似于报纸。有专门的通讯社为电视和广播电台提供新闻，地方记者被分配去报道附近发生的事件。此外，许多广电新闻编辑室还向辛迪加新闻社订购稿件，如果它们附属于广播网，也可以获得这个网所传送的新闻。

广电新闻编辑室的组织结构不同于印刷媒介。在地方电视台，新闻主管负责整个新闻运作。在大型电视台中，大多数新闻主管的时间花在了行政工作上——人事、预算、设备，等等。在小一点的电视台，大多数新闻主管还做其他的一些工作（例如新闻节目主持人）。接下来的指挥者是执行制作人。此人监督指导新闻编辑室中所有的制作人。制作人通常会被分配到早间、午间、晚间和夜间新闻广播。除了主管其他的制作人，执行制作人也有可能制作晚间新闻，通常是电视台最重要的一档节目。以下就是一个新闻制作人所要做的工作：

1. 决定报道哪些新闻，谁来报道，怎样报道。
2. 决定新闻报道在新闻广播中的顺序。
3. 决定每条新闻的播出时间量。

4. 为一些新闻写稿。
5. 将现场采访整合到新闻广播中。

任务分配编辑（the assignment editor）分派并监督记者、摄像人员以及该领域其他人员的种种活动，与新闻制作人密切合作。由于在广播新闻中速度非常重要，任务分配编辑压力巨大，必须在最短的时间内分配人员着手制作新闻。

当然，还有一些很有"魅力"的工作——出镜记者与主持人（anchor）。广播新闻中的大多数记者是普通委派记者，尽管那些市场较大的电视台可能有一两个固定分配某个专题的记者，比如说娱乐界。在许多电视台，主持人偶尔会进行户外报道，但大多数时候他们是在录音室工作，准备即将播出的新闻。除了出镜人员，还有很多工作者是我们从来没有看到或听到过的。摄像师配合记者拍摄。磁带编辑将连续镜头剪辑成片段，以符合安排给这则新闻的时间。大型电视台还有新闻撰稿人和制作助理，制作助理在新闻播放时打幻灯片以及布置其他需要的画面。

在线媒介

在线新闻部门的新闻流程与传统媒介中的极其相似。最高执行官决定将如何组建网站，它将包含多少个专门的领域（例如体育、金融、气象和娱乐）。编辑们决定哪些内容可以用于网上，哪些新闻会附有音像资料，新闻安排在什么位置，以及多久更新一次。熟悉网站设计的员工负责技术方面。附属于某一广播网或有线电视网的在线新闻部门，如 CNN 或 MSNBC，会采用曾在母公司广播电视网中出现的声音及图像，但是可能会对其进行一番不同的编辑。其他的报道也许是由电报原稿或出现在印刷媒介与广电媒介上的原稿改写而来。不过，并不是所有的在线新闻都能重复利用既有新闻。许多在线新闻部门也会聘请记者为网站采写原始的新闻报道。

 ## 伦理问题

"无辜计划"

西北大学梅迪尔新闻学院是全美最好的新闻学院之一。1999 年，学院开始实施"梅迪尔无辜计划"项目，这是由大卫·普罗泰斯（David Protess）教授指导课程学生所做的一项新闻调查。计划的内容是重新调查伊利诺伊州谋杀案中是否有人被误判。迄今为止，"梅迪尔无辜计划"已帮助十多位人士洗冤昭雪，并受到媒体广泛盛誉。

2008—2009 年，在"无辜计划"学生的帮助下，一个杀人犯的律师请求法庭改判。相应的，公诉人批评为此案做调查的普罗泰斯和学生违反伦理界限，要求普罗泰斯和校方提供未公布的相关课程材料、学生成绩和电子邮件等信息。这项要求引发了检察机关与普罗泰斯及西北大学的律师之间的一场复杂的官司。

这场官司引起了对这些计划涉及的道德伦理的关注。《西北日报》（Daily Northwestern）的一篇文章揭露调查案件的学生所使用的手段有道德问题。学生们显然通常没有端正自己的身份。有位学生假扮公职人员来获取涉案证人的信息。另一位学生假扮普查工作人员。有些人轻描淡写地说他们"只是学生"，希望提供信息的人们认为他们所说的话不会对司法程序产生影响。有些学生甚至与证人结交，试图接近他们并获取信息。学生们运用的另一个技术是向证人展示六个人的面部照片，其中五个人看上去与受控者相似。如果证人指认错误，学生就会问证人是否愿意放弃作证。

尽管这项计划的本意是找寻真相，但有些学生怀疑其真实动机是翻案。"无辜计划"调查所获得的信息是免费提供给辩方律师的，但没有提供给公诉方。熟悉计划的人们认为学生们更像是辩方的调查人，而不像记者。

关于"无辜计划"的争论凸显了一个伦理老难题：为达目的可以不择手段吗？该计划显然对社会贡献不小——帮助冤判的人重获自由——但是新闻原则侵犯了司法程序吗？一些专家认为可能确实有。新闻职业协会伦理守则不鼓励通过欺骗和暗访手段来采集新闻，除非最后迫不得已。学生们谎称自己是公职人员和普查人员并不是最后的办法。梅迪尔学院自己的"公正原则"说学生不应僭越自己的身份。另外，记者基本的道德责任之一就是客观且不得偏袒一方。只与辩方共享信息似乎违反了这一原则。

在庭审中学生传唤记录的证明下，西北大学撤销了普罗泰斯作为调查性报道课程教师的资格，声称在学校管理及其律师看来其行为已僭越了身份。普罗泰斯否认指控，2011 年 6 月从学校退休。

美联社

322

下回你读地方报纸的时候，注意一下有多少则报道的发稿日旁属的是 AP。AP 是美联社的简写，这家通讯社提供地方社区之外的新闻。

简单来说，通讯社的工作日程如下：通讯员报道地方新闻，如火灾。他或她把新闻报告给地方通讯社的总编辑。如果总编辑认为报道有价值，便会把新闻上报给州通讯社发州或地方通讯。州地通讯社的总编辑再决定是否要继续上报发全国通讯。总之，通讯社是地方报纸和地方广播电视台的耳目，因为通常地方报纸和地方广播电视台是没有能力负担全国各地的派驻人员的。

美联社在全球拥有 240 家分社。其成员根据规模和发行量来付通讯费。像《纽约时报》这样的大报所付的费用比一家城镇地方报要多。

2010 年美联社的全球客户大约有 16 000 家，包括 1 700 家报社。它为 5 000 家广播和电视台服务，还有 500 多家国际广播台。美联社提供给客户的服务十分广泛，包括气象通讯、体育通讯和金融通讯，以及广播电视台使用的广播通讯。

美联社近几年转而重视为有线电视和网络提供更丰富的内容，包括与报纸直接竞争的网站，如雅虎和谷歌。实际上，广播公司和数字媒体已经替代报纸成为美联社的主要收入来源。

323

美联社也面临着竞争。大型报纸如《纽约时报》、《洛杉矶时报》和《华盛顿邮报》所提供的新闻通常不为其他通讯社所报道。有些报纸集团如甘乃特拥有自己的通讯社。也有来自海外的竞争。英国的路透社在北美有 30 家分社。法新社也是一家强大的世界通讯社。

新闻报道中的媒介异同

多年来，人们一直在争论印刷和广播这两种新闻形式到底哪种"更好"。印刷新闻的支持者认为广播新闻浅显且无法提供像印刷媒体这样的深度和长篇报道。而广播新闻的支持者指出印刷媒体缺乏视觉维度，印刷新闻老式、缓慢和沉闷。

这场争论如今已平息，报纸和电视都强调它们的网络版。浏览报纸网站和电视台网站就会发现它们非常相似。它们都有标题、报道摘要、全文链接、图片和视频。所以，关注跨媒介的相似性可能更有用。

首先，所有的记者都遵守同样的基本准则和新闻原则。

新闻报道中的真实性对电视、网络与报纸记者来说至关紧要。新闻要尽可能地真实。印刷和网络记者不应该虚构人物或捏造新闻当事人的话。

广播记者不应该制造新闻事件或重组录音访谈中的提问与回答。

引文　　　这还需要调查告诉我们吗？

根据欧洲精神分析与心理学协会的一项实验，当屏幕上出现漂亮的女性主播时，男性观众很难注意新闻。大约 75% 的男性记不住新闻播报第一分钟内的事件，因为他们注意的是主播的漂亮外表。

另一项要遵守的准则是精确。核对事实是要花时间的，但这是一个专业记者对每一篇报道所必须做的事情。

第三项共同的准则是公平。每个新闻事件都有着两个或多个方面。所有记者都必须保证他们不是只宣扬或支持了其中的一个方面。应该提供新闻事件所有方面的信息。

印刷、网络与广播记者还要遵守客观的准则。客观就意味着记者要尽力传播不受意识偏见影响的新闻，不附加个人评论，不带感情色彩。当然，完全彻底的客观是不可能的，因为报道过程本身需要无数次的判断，每一次都多少会受到记者价值观的影响。尽管如此，记者们在传统上还是尊重真相，拒绝故意歪曲事实，并且有意识地使自己尽可能地独立于所报道的事件。

最后，网络、印刷与广播记者必须保持他们在受众中的可信度。新闻媒介总是周期性地陷入信誉危机，这时候许多人就会开始怀疑记者们是否告诉了他们完整的真正的事实。有时候这些危机出现在一些新闻界无法令人接受的报道被披露出来的时候，还有些时候是因为一些过度的报道使得可信度产生问题。每当公众民意测验表明新闻媒介的可信度又往下跌了一两个档次时，记者们就会想方设法恢复失去的信任。常常要经过大量的自我反省，这种危机才得以消失。不过，可信度并不仅仅是在新闻界危机中才应该受到审查。如果读者或观众失去信任或不再相信报道的内容，受众与记者之间基本的契约就会被破坏，新闻机构也无法存活下去。新闻机构到底是报纸、杂志、广播、网站还是电视台其实都无关紧要，可信度才是至关重要的。

请牢记以上讨论的是职业新闻记者。网络公民记者的一个问题在于他们从不确定自己是否和职业记者一样同意这些准则。公民记者会核查事实和交叉验证消息源吗？他们会提供专业的客观立场，还是为宣传个人议程而片面报道？他们是否知道禁止伪造照片和篡改引文等职业道德？公民记者是有价值的新闻来源，但应该谨慎对待。

324

伦理问题

指名道姓

报道受刑事指控的未成年人的名字并不违法，但是新闻媒体一般都遵循避免披露嫌疑人名字的原则。新闻职业协会伦理守则认为新闻媒体需谨慎处理未成年嫌疑人的名字。提出这个原则的原因在于未成年人不具备成年人的成熟度，通常意识不到其行为的后果。实名报道少年嫌犯可能会给其以后的人生打上烙印。总之，媒体要给未成年人走上正途的机会，而不要令其背负上曾受监禁的包袱。

然而，近期却出现了实名报道未成年人的趋势，尤其是当他们涉嫌重大案件时。要不要公布名字的决定取决于不同的编辑部，这也是一门称为境遇伦理学的伦理学的实例。境遇伦理学认为每个问题或情况都是独一无二的，需要个别问题个别对待。没有普世的伦理规范给出一个一成不变的行动方案。例如，如果未成年嫌疑人被指控已成年，有些媒体就会公布其名字。有些会考虑被批捕者的年龄。他们可能会报道 16 岁或 17 岁的嫌疑人的名字，但避免报道更小的嫌犯身份。还有些媒体视罪行恶劣程度而定，罪行越恶劣，越有可能报道嫌犯的名字。此方式产生的问题是有时候会导致前后矛盾。一个报道中的少年犯被实名报道，而另一个报道中的少年犯却没有。

最为极端的做法认为任何罪犯的名字都应该被报道。嫌疑犯不实名就会给报道留下漏洞。有人犯罪了。有人被捕了。谁？对车辆被劫的受害者而言，劫犯是少年还是成年人没有区别。车还是没了。未成年嫌疑人受到整个刑事司法体系的保护，而没人为受害者辩护。最后，这一做法的支持者认为实名报道未成年罪犯甚至可能激励他们走正道，防止未来继续犯罪。

读者数和收视率

325

表13—1并没有展现新闻媒体的积极景象。过去30年以来，电视网新闻、报纸和新闻杂志的受众规模一直在萎缩。地方电视新闻也有同样趋势。有线电视新闻的受众随重要新闻事件的发生而起伏较大，但平均来说也在下降。而且，受众的年龄开始老化。普通电视新闻节目的观众的平均年龄是60岁左右。

表13—1　　1980—2008年的新闻受众

年份	电视网晚间新闻（ABC、NBC、CBS的总收视率）	报纸的周发行总量（万）	三大新闻周刊的读者总数（万）
1980	42%	6 200	110
1990	30%	6 200	980
2000	24%	5 600	930
2010	15%	4 500	480

受众都去哪儿了？有些人是完全放弃了，很多人称没有兴趣追踪新闻。其他人转而上网：平时约有30%的人访问传统新闻网站，如MSNBC。还有少数人在非传统网站上搜寻新闻，如YouTube。另有一部分人通过手机获知新闻。

受众越少，来自广告的收入当然就越少，赢

利底线就越低。这个趋势已经深深影响到了新闻报道者。报纸和电视网已经开始裁员、关闭分部和削减新闻采集成本。

表13—2的数据是新近两次盖洛普对美国人获知新闻方式的调查。该表补充和延伸了表13—1的结论：只有互联网呈现出增长，部分原因是在智能手机和平板电脑上阅读新闻的行为增多。

表13—2　　　2005年、2010年新闻来源

来源	2005年	2010年
电视	73%	66%
报纸	36%	31%
网络	20%	41%
广播	16%	16%

来源：摘自皮尤调研中心。表格中的数据是新闻来源的调查对象百分比。

受众似乎变得越来越不相信新闻媒体。皮尤调研中心的"受众与新闻"调查表明，地方电视新闻、广播新闻和有线电视新闻的公信力从2000年到2010年一直都在下降。地方报纸、全国报纸和新闻杂志也同样如此。总之，以上数据都无法激励新闻从业者。

新闻采集与报道的职业前景

新闻记者的职业前景相当不乐观。很多新闻机构都在裁员。但也有些亮点。像彭博新闻社这样的专业新闻机构过去几年在扩招员工。同样，网络新闻可能也是一个增长领域。

各个媒体的职业前景变化迅速。关于新闻采集与报道当前状况的更多描述和更为详细的职业选择介绍，请参考本书网站：www.mhhe.com/dominick12e。

要点

- 新闻的特性是时效性、接近性、显著性、　　重要性与人情味。经济因素也同样重要。

- 新闻媒体正在寻找新的赢利模式。
- 新闻报道有三种主要形式：硬新闻、软新闻和调查性新闻。
- 数字革命增加了获得新闻的来源，刺激了博客的增长，导致公民新闻和超地方新闻增多，且为记者提供了新工具。
- 美联社是一家为印刷新闻和广播新闻记者提供报道的通讯社。
- 印刷、广播及网络新闻都有它们的长处和弱点。
- 所有形式的新闻媒介都力争可信。
- 网络新闻使得受众可以从更多的新闻来源中进行选择并定制自己的新闻。
- 所有媒体的新闻受众都在减少。

复习题

1. 可用来判定新闻报道价值的特性有哪些？还有没有其他的特性可列入其中？

2. 硬新闻与软新闻的区别是什么？就一个软新闻主题做一个硬新闻式的报道是否行得通，比如娱乐？

3. 网络新闻报道与传统的印刷及广播报道的区别在哪里？

4. 网络新闻报道与传统的印刷及广播报道的相似之处在哪里？

5. 什么是超地方新闻？

批判性思考题

1. 新闻应该是受众想要知道的东西还是受众应该知道的东西？这该由谁来决定？

2. 你最常从哪里获得有关世界上正在发生的事情的新闻？为什么选择这种方式？

3. 哪一种新闻媒介是最可信的，印刷、电视还是网络？为什么？

4. 为什么新闻受众越来越少？

关键词

权力主义理论
自由主义理论
社会责任理论
共产主义理论
时效性
接近性
显著性
重要性

人情味
超地方
背包记者
移动记者
电脑辅助报道
硬新闻
软新闻
调查性新闻

互联网冲浪

与新闻业有关的网站有许多。这里只是列举了其中的一小部分。

www. aim. org

媒体监督组织"媒体准确性"（Accuracy in Media）的网站，它对新闻媒介的运作进行批评指正。

www. backfence. com

一个超地方新闻网站。查查 50 个不同社区发生了什么。

www. cnn. com

CNN 互动（CNN Interactive）的网站。一个在线新闻服务的典型例子。包括了国际国内的现场新闻，外加政治、科学、健康、旅行、金融以及娱乐新闻的专门网站。

www. freedomforum. org

自由论坛（Freedom Forum）是一个致力于探索和改进新闻业的机构。

www. newslink. org

除了这本杂志的在线版本，该网站还链接了其他的媒介来源以及调查工具。

www. ojr. org

《网络新闻评论》（*Online Journalism Review*）的主页，由南加州大学安南伯格传播学院主办。上面有关于网络新闻信息的最佳资源。

www. powerlineblog. com

最知名的政治博客之一。

www. stateofthemedia. org/2011/

请阅读报告全文："2011 年新闻媒体现状"。

第14章 公共关系

本章将帮助你：

- 区分公共关系、宣传、新闻广告和广告
- 理解现代公共关系的背景
- 认识互联网对公共关系的影响
- 探讨公共关系、实践的主要领域
- 阐释开展公关活动的步骤

329　　　2010 年 4 月 20 日晚上约 11 点，全球石油及天然气公司英国石油公司（BP）在墨西哥湾的深海地平线钻井平台发生爆炸。这次爆炸导致 11 个船员死亡和长达几个月的严重石油泄漏，引发了 BP 公司巨大的公关危机。

尽管整章都会介绍 BP 是如何错误地处理危机的，但引言部分关注的重点问题是数字时代公共关系的一些教训。首先，在 Twitter 时代，新闻和博客都在全天候运转，BP 这样大型的公司应在灾难发生前就准备好详尽的、及时的危机应对策略。BP 缺乏工程方案。公司的准备水平被高估了，它指定了一名已故的科学家作为其野生动植物专家，列出的设备供应商之一是停业的日本家庭购物公司。部分公布出来的计划是用铅笔写的。这家公司也缺乏相应的公关计划。

其次，在原声采访时代，公司领导层应该出言谨慎。在英国 Sky 新闻频道的采访中，BP 的 CEO 托
330　尼·海沃德（Tony Hayward）是这样论述石油泄漏对环境的影响的："我本不应该说的，作为后果的一部分，我们将会加上一份详细的环境评估报告，但我们目前可见的对环境的整个影响将会非常非常轻微。"很多新闻机构和博客并没有把整段句子摘录下来，而只是引用了最后一句。海沃德还犯了其他错误。他对路易斯安那的记者说："我们对漏油事件对海湾居民生活造成的巨大干扰感到抱歉。我比任何人都想结束这一切。我希望恢复我的平静生活。"这句脑残的"我希望恢复我的平静生活"的原声将不时在他头上盘旋。

再次，公司需要透明诚实地描述危机波及范围。爆炸两天后，BP 宣布没有发生石油泄漏。又过了两天，BP 更正说每天有 1 000 桶石油泄漏。一周后，公司把这个估计的数字改为每天 5 000 桶。调查石油泄漏的国会委员会对 BP 的回应感到失望，敦促其公布海下自动摄像机拍摄的漏油直播视频。命名为"spill-cam"的直播发布在委员会网站上后，上网看视频的人数之多以至众议院的网站都崩溃了。"Spillcam"中的镜头显示泥浆、燃气和石油从海底喷发，这些镜头在有线电视和广播电视新闻节目中被反复播出，在网上的浏览量数以百万计。此次事件说明了一个很简单的道理：在互联网时代，任何事情都很难隐匿，即使是发生在海下 5 000 英尺。

最后，BP 忽略了社交媒体的运用。BP 在社交网站上鲜有踪迹。石油泄漏之前，这家雇员约为 10 万人的公司在 Facebook 上有 25 000 粉丝量，在 Twitter 上的关注者相对较少，约 14 000 人（与之形成对比的是，星巴克在 Twitter 上的关注者达到了 140 万左右）。随着石油泄漏的发生，戏仿 BP 的 Twitter 账号浮出水面，迅速吸引了 20 万关注者。可以想见，戏仿账户的微博很讽刺。一条微博说 BP 在加油站开售"黑焦虾"，另一条微博说"黑色沙滩在某些地方成为风潮"。YouTube 上有一段视频，里面托尼·海沃德为泄油事件的道歉看上去狡猾而不诚恳。BP 最后花了 5 000 万美元用于广告和公关活动来帮助重建其形象。作为活动的一部分，BP 购买了谷歌和雅虎上的广告权，当人们搜索"石油泄漏"及相关词时，广告弹出并指引人们去 BP 自己的网站。批评家们指责 BP 试图屏蔽对公司不利的消息，花在公关上的钱还不如花在清理海滩上。

泄油事件发生之后的一年多，BP 成立了一项 200 亿美元的基金来补偿受害者。在股票市场上，危机期间其股价从每股 60 美元下挫至每股 28 美元，之后有所反弹。公司卷入的法律诉讼试图确认灾难责任方，长期来看泄油事件对环境的影响仍不清楚，但看起来没有有些预测的那么糟。可以肯定地说，BP 在危机公关上吃了一记大教训。

幸运的是 BP 的问题不是公关公司和企业公关部门面临的典型问题，但它们的确表明在企业领域中公共关系的巨大重要性，尤其是在危机来临时。本章接下来考察的是随着数字媒体和社交媒体时代来临而发生转变的公共关系的历史、结构和经济。

定义公共关系

在我们解释什么是公共关系之前，把它与大众传播的其他方面比较一下也许会有帮助。比如，广告和公共关系之间就有相似性。两者都是试图去说服，并且两者都涉及使用大众媒介。不过，公共关系的功能是管理，广告的功能是营销。另一个差别是广告使用大众媒介与机器辅助传播设备；与公共关系不同，它不涉及人际传播。第三个差别表现为，广告通常是有人出资的。公共关系信息以特写、新闻报道、社论的形式出现，涉及的空间和时间并不付费。在许多案例中，广告，尤其是企业广告，都用来帮助拓展公关计划。不过在下一章我们会看到，广告和公共关系之间的界限越来越模糊，因为广告主转而用非传统的方式来向顾客传递企业讯息，更多企业采用整合营销传播。（请见第310 页"社会问题：整合营销传播"。）

有时会和公共关系混淆的概念是**推广**（promotion）。推广涉及举办活动或企业规划，它们能吸引媒介与公众对一个人、一个产品、一个组织或一项慈善活动的注意。虽然推广在一些公关活动中也很有用，但是公共关系包括的领域更广，并且涉及的也远不止吸引注意力。

另一个会和公共关系混淆的概念是**宣传**（publicity），即在大众媒介上发表新闻报道。宣传是公共关系过程中的一种工具，但是它不等同于公共关系。例如，一个公司完全可能做了广泛的宣传，但公共关系很坏。而且，宣传主要是单向的传播，而公共关系是双向的。

在考察了什么不是公共关系之后，我们该考察它是什么了。公共关系这个词有许多的解释和含义。一个公共关系专家已经编录了五百种不同的定义，包括从"公共关系就是做好事并从中获得名誉"的简洁定义到《大不列颠百科全书》（*Encyclopaedia Britannica*）中的百字定义。大多数公共关系的权威教科书通常是从尝试明确定义公共关系是什么或不是什么的开始的。与其列出这诸多定义，我们觉得还是通过考察公关人员在做什么更为有效。

1. 公共关系包括处理舆论问题。公关人员试图朝有利于组织的方向去影响舆论。例如，2010年漏油事故之后，BP 发起广泛的公关活动来恢复其形象。

2. 公共关系与传播有关。大多数人都关心组织会做些什么来满足他们的关注与利益。公关人员的功能正是向与组织相关的各种各样的**公众**（publics）解释组织的行为。如前所述，公共关系传播是双向传播。公关人员必须密切注意该组织中公众的想法和感觉。一些专家认为公共关系是组织与其公众之间的一种双向沟通渠道。

注意前一部分中的"公众"一词是复数形式。这是因为组织在日复一日的运作中，通常要和许多不同的公众打交道。一些公共关系学者把这些群体分成内部公众和外部公众。内部公众包括雇员、管理者、工会和股东。外部公众有消费者、政府、销售商、供货商、社区成员以及大众媒体。公共关系是所有这些公众的纽带。

3. 公共关系是一种管理功能。它旨在帮助公司确立自己的目标并适应不断变化的环境。从事公共关系的人会定期和高层管理者商讨。公共关系规划书中固有的内容是计划活动。人们按照特定的目标与对象来组织与指导公关。

引文	区分他们

广告、推销、宣传和公共关系之间的差别可通过以下这个经典案例说明，它几年前最早是刊发在《读者文摘》上的："如果马戏团要来镇上，你贴出标语'马戏团星期六来演出'，这是广告。如果你把标语贴在一头大象背上，然后让它走到镇上，就是推广。如果大象踏上了市长家的花坛，报纸报道了，这是宣传。如果你让市长一笑且不追究你，这就是公共关系了。"

当然，公共关系涉及的远远不只是上面提到的三个功能。对于我们来说，使用世界公共关系大会（the World Assembly of Public Relations）

所通过的如下定义可能更为方便：公共关系是一门分析趋势、预见其后果、与组织领导商讨并实施计划好了的服务于组织与公众利益的活动方案的艺术和社会科学。

 伦理问题

公关伦理：你会怎么办？

　　想象一下你的公关公司被付给一大笔费用来做7—11有限公司的代言，这是家在很多州拥有赌场的大集团。你所在的州计划对赌场赌博合法化进行公投。这家赌场集团希望你组织一个草根公民团体，称作"经济发展公民团"，将在公投中赞成赌场赌博合法化。7—11公司所做的经济研究的确表明该州财政将受益于合法赌博。它们有充足的资金成立这个公民团体并资助其运营。但有一个条件，赌场集团不想暴露与公民团体的关系。它们认为关系暴露会对其在公投中的胜算不利。你会接受这个任务吗？隐瞒会对公关竞选活动结果产生影响的信息是否道德？

　　一方面，你的公司接手这个任务可能会带来积极的结果。你的公司挣钱了，员工高兴。而且，如研究表明，赌场赌博实际上有利于你们州的居民。它会带来更多的就业机会和更高的税收。

　　另一方面，骗局可能会被揭穿。如果记者后来发现赌场集团参与了竞选活动，将会损害你的公司的信誉，甚至损害整个公关行业的信誉。另外，公众是在不了解所有相关事实的情况下进行投票的。

　　骗局也可能永远都不会被拆穿，骗局可能会产生好的作用。值不值得这么做？

　　美国公共关系协会的职业道德条约提供了某些指导。条约里说，在某种程度上，公开传播对于决策来说是必要的。所有会对决策产生影响的信息应该被公开："确保所有传播的准确和诚实……杜绝欺骗行为。"

 ## 简史

　　如果要足够宽泛地解释这一术语的话，公共关系活动可以追溯到古代。朱利叶斯·凯撒（Julius Caesar）的军事报告与评论可以被视为个人与政治的公共关系方面的一项杰出成就。在中世纪时期，教会和行会都开展了萌芽形式的公共关系活动。

波士顿倾茶事件被看作反殖民主义事业的一场公关运动。今天类似的运动会在白天进行，以便于电视新闻报道。

　　到了美国革命时期，出现了更多可以确认的公共关系活动，这一点变得很明显。早期的爱国者意识到舆论在与英国的战争中扮演了一个很重要的角色，于是他们就开始筹划相应的活动。例如，他们搞诸如波士顿倾茶事件（the Boston Tea Party）这样的活动吸引公众注意力。他们也使用象征符号，如"自由之树"（Liberty Tree）和"一分钟人"（the Minutemen），这些符号很容易识别，也有利于用一种积极的方式来描述他们的事业。例如，塞缪尔·亚当斯（Samuel Adams）、托马斯·潘恩（Thomas Paine）、阿比盖尔·亚当斯（Abigail Adams）、本杰明·富兰克林（Benjamin Franklin）等手法高明的作家运用政治宣传来使舆论倾向他们这一边。作为一个恰到好处的案例，请注意愤怒的民众与英国士兵之间的争论导致了众所周知的"波士顿惨案"（Boston Massacre），而这种阐释很适合成为独立运动的理由。

333　　　后来，工业革命以及随之而来的大众生产与大众消费的发展导致了大商业的发展。在铁路、钢铁和石油行业中形成了巨大的垄断。许多大公司在它们追求更多利润的过程中变得忽视消费者的利益。实际上，许多经理认为公众对他们的实践与运营了解得越少越好。然而，在世纪交替之际，公众对不择手段的商业行为的敌意被唤醒。在淘粪者（参见第 5 章）的引导下，揭露有关企业腐败和无情的商业策略的文章占据了全国的杂志。面对这些非难，企业雇佣了传播专家来抵制这些报道的影响。其中许多人以前是报纸的撰稿人，这些专家试图通过保证企业方对于事件的观点能够得到展示来抗衡负面的宣传。这些从业人员就是我们所称的新闻广告员（press agents）或公关人员（publicists）的原型。

公关之父艾维·李。

现代公共关系技术的初次登台亮相可以追溯到 20 世纪的第一个十年。大多数历史学家同意第一位真正的公共关系先驱是艾维·李（Ivy Lee）。1903 年，李和乔治·派克（George Parker）开办了一间宣传办公室。几年之后，李成了无烟煤经营商以及宾夕法尼亚州铁路（Pennsylvania Railroad）的新闻广告员。在面对煤炭工业的罢工时，李发表了一个"原则宣言"（Declaration of Principles）。这份声明赞同在与公众打交道时的坦率与诚实的理念；它也标志着 19 世纪新闻广告业向 20

世纪公共关系的转变。李进而获得了成功的职业生涯，给诸如小约翰·D·洛克菲勒（John D. Rockefeller, Jr.）这样的人做顾问。李的其他成就还有使商业人性化并展示公共关系在影响雇员、顾客及社区成员时最为有效。此外，如果一项公关计划没有得到高层管理者的认可与支持，李是不会去实施这项计划的。

第一次世界大战期间，政府也卷入到公共关系之中，当时，伍德罗·威尔逊（Woodrow Wilson）总统成立了克里尔委员会（Creel Committee）〔以其主席、新闻工作者乔治·克里尔（George Creel）命名〕。克里尔招募了公共关系领域的顶尖人物，发起一项说服报纸和杂志捐出版面来刊登呼吁美国人节约粮食和购买战争债券的广告的活动。克里尔给威尔逊做传播策略方面的参谋，他在宣传威尔逊的"让世界安全以利于民主"的战争目标上起了很大的作用。克里尔委员会的工作是意义重大的，因为它展示了一项规划得当且实施得法的公关活动的力量。此外，它有助于使公共关系领域合法化。

第一次世界大战之后，又有两位公共关系的先驱，卡尔·博雅（Carl Byoir）和爱德华·L·伯奈斯（Edward L. Bernays）出现在历史舞台上。伯奈斯的贡献是撰写了第一本讨论公共关系的书《舆论明鉴》（*Crystallizing Public Opinion*），于 1923 年出版。1930 年，博雅组建了一家公共关系公司，它后来成为世界上最大的公共关系公司之一。

经济大萧条使得许多美国人用怀疑与不信任的目光看待商业。为了重新赢得公众的好感，许多大公司成立了自己的公共关系部门。联邦政府为了对付恶劣的经济形势，也开展好的公共关系　334 以有利于自身。富兰克林·罗斯福（Franklin Roosevelt）在介绍他的新政改革方案时，也进行了宣传来争取公众的接受。罗斯福还认识到电台在塑造舆论方面的巨大潜力，他的炉边谈话就是令人难忘的个人公共关系范例。二战期间，通过成立战争信息办公室（the Office of War Information），政府也强化了其公关的力度。

在 20 世纪的后半叶，美国社会的变化形成了一种氛围，在这种氛围中公共关系的重要性有了极大的提高。这一领域巨变背后的原因是什么呢？

社会问题

整合营销传播

公共关系在组织中占据着什么样的地位呢？如本章前文所述，传统的看法是公共关系起着管理作用。另一种观点（它出现于 20 世纪 90 年代中期）叫做整合营销传播（integrated marketing communications）或 IMC，认为公共关系其实应该是营销功能的组成部分。这种区分涉及的并不仅仅是组织的地盘之争，它还包含着关于该领域之未来的重大意义。如果公共关系被归入营销，那么它将失去许多管理成分。

支持 IMC 的人指出，除了产品和价格外，公众与社会问题也是影响营销的因素。一条整合的途径能确保一个公司用同一种声音来回应所有的关注。此外，IMC 的支持者还提出，客户希望他们的广告、公共关系及营销活动相互配合并统一起来。再者，由于一个单独的 IMC 部门能够比各自为政的广告、营销及公共关系部门运作得更有效率，所以 IMC 能够为公司节约费用。最后，支持者还争辩道，公共关系部门所做的每件事——雇员沟通、危机处理、促销——都可归结为营销功能。

反对 IMC 的人认为，如果公共关系只被单纯地看作另一种营销工具，就会伤害公共关系活动的可信度。公共关系从业人员想在受众那里保持诚实可信的感觉已经很困难了，再把公共关系部门和营销混在一起会使这个问题变得更糟。另一种观点认为，IMC 损害了管理所能获得的观点的多样性。一个独立的公共关系部门更有可能提出不同的建议与可供选择的行动方案。最后，反对者还争辩说，公共关系涉及双向传播，这要考虑不同群体的需要，而 IMC 把每个人都看作顾客，并把销售摆在第一位。

在未来几年中，该行业的努力方向之一将会是发展一种结构，这种结构能够认识到构成现代组织的每一个部门的独特贡献。

- 许多公司认识到它们有为公众服务的社会责任。寻找履行这种责任的方法是公共关系部门的任务。
- 保护消费者的趋势日盛，导致许多公司和政府机构对它们的顾客和客户采取更多的回应和交流，这也是公共关系部门的一个功能。
- 现代公司与政府机构的日益复杂使它们很难把信息传递给公众，除非有一个专门负责这些任务的部门。
- 人口增长速度的不断加快，伴随着专业化和工作流动性的增强，使得公司有必要聘用传播专家，他们的工作是向组织解释受众的需求。

所有这些趋势的合力使得过去的 50 多年成了"公共关系时代"。公关人员从 1950 年的 19 000 人增加到 2011 年的美国 20 万人、全球 30 万人。伴随这一增长而来的是公共关系从业人员专业化程度的提高。专业组织美国公共关系协会（the Public Relations Society of America）于 1947 年成立，并于 1954 年正式通过了标准法规。公共关系教育也取得了巨大的进展。最近的估算显示全国大约有 400 家院校开设了公共关系课程。1967 年，美国公共关系学生协会（Public Relations Student Society of America）成立。它现在有 300 个支部和 10 000 名成员。

过去的十年见证了公共关系越来越重要。政治扭控家，即政治公关专家承担了突出政治运动和政府活动的职责。布什政府广泛运用公共关系来获取民众对 2003 年"伊拉克自由行动"的支持。这项计划的一个方面是在军队"安插"500 多名记

335

者来提供该行动的第一手信息。在商界，诸如安然、环球电讯和安达信这样的大公司的财务丑闻使得对更加良好的公关的需求增多，其目的是恢复公司在财务报告中的自信，以及给其员工和股民树立更加负责的高管形象。

21 世纪头十年晚期的经济萧条导致有些公司缩减了一般公关活动的费用，但整个公关产业的金融状况到 2011 年还是相当好。公关行业的职业竞争加剧，但还是能找到不少机会。

该领域在 21 世纪第二个十年之初有几大发展亮点。其一，危机公关重要性提高。除了 BP，丰田和高尔夫球手泰格·伍兹也不得不处理负面新闻，努力重塑其形象。其二，公关公司采用社交媒体作为新的渠道为客户建立公共关系。很少有代理公司或公关活动在战略中不强调社交媒体的。其三，平板电脑和其他移动设备越来越重要，公关从业者正在寻找有效运用它们的方法。有些应用程序对公关人员很有帮助，如 Instapaper 和声龙听写（Dragon Dictation）。另外，像尼康、帮宝适和普瑞纳（Purina）这样的品牌已经开发了应用程序来吸引消费者和提供新方式来建立品牌联系。

数字时代的公共关系

网络增加了公共关系的新维度。它开启了组织与公众之间、公关人员与媒体之间的新传播渠道。它还成为致力于树立公共形象的组织的一种主要的反馈渠道。

受众传播：网站、播客及博客

公关人员大量运用网络工具来帮助客户与公众沟通。

企业网站从主要用来销售产品进化为品牌及其消费者和股东的一种重要传播渠道。例如，2011 年年中，李维斯网站有一个版块是关于李维斯如何努力提高全球制衣工人的生活水平和对该公司致力于保护环境的持续发展部门的详细介绍。

公关公司建议其客户在网站放上更具互动性的专题和视频。奔驰公司网站一上来就是一段视频蒙太奇，其余部分围绕"是什么驱动我们"（What Drives Us）这个主题设立。访问者可以点击不同车型观看体现创新设计和高效动力的动画。很多企业用播客作为公关手段。BMW 在 iTunes 上有 100 段视频播客可供下载。还有些公司借助了公司博客。DQ 冰淇淋用博客提供产品折扣，上面有个版块 DQ 粉丝可以发布评论、故事和其他信息，甚至还有顾客的牢骚。有条新评论抱怨新的 DQ 电视广告不好笑；公司在回复时辩白说广告的主要目的不是幽默而是表明 DQ 的产品是"令人惊奇"（ri "DQ" ulously）地好。

336

受众传播：社交媒体

在 2010—2011 年，似乎所有公关行业杂志和博客上都有关于公关人员应该使用社交媒体的文章。这种发展说明了两件事。第一，公司和组织越来越倾向于用社交媒体而非网站和博客来使其讯息得到理解。诸如通用汽车这样的大公司或街角的小饭馆都有 Facebook 和 Twitter 账号。政治家也用上了社交媒体。地方和全国代表利用社交媒体来与选民接触。2008 年奥巴马当选总统的部分原因是其竞选运用了社交媒体。白宫有自己的博客、Facebook 主页和 Twitter。第二，制定和执行社交媒体策略的绝大部分责任落到了公关部门或代理身上，而不是营销部门身上，使得公关在组织中的功能更为重要。

毫不奇怪，组织已经吸纳了社交媒体。社交媒体意味着与顾客的直接联系，鼓励双向沟通。传统媒体，如报纸和电视，是单向渠道。营销者发布讯息，消费者予以接收。反馈缓慢而微弱。社交媒体允许组织和其公众之间的及时互动。如果公司的公关有误，社交媒体网站上的各种评论会让公司有所知晓，就像本章开头列举的 BP 公司案例一样。

社交媒体在以下方面有助于公关：

- 它们可以服务于早期预警系统。监控社交媒体可以向公司传达有关其产品或服务的潜在问题的信息。例如，糖尿病药物文迪雅（Avandia）的问题首先是在社交媒体网站上被发现，之后药品公司才承认了用药风险。
- 它们可以提供有关新产品或服务发布的信息。威讯引入 iPhone 时，公司留意了 Twitter、Facebook、YouTube、Flickr 和博客上对新手机的谈论。公司发现讨论最多的问题是价格以及从 AT&T 转到威瑞森是否更划算。接下来的公关和营销就直接回应了以上这些问题。
- 它们有利于处理投诉。德尔塔航空公司监控顾客在其 Twitter 账户上反映的问题，包括更改航班到追踪丢失行李等。
- 它们能提供公司与其顾客之间的新联系。H&R Block 税务公司的 Facebook 页面和 Twitter 微博解答税务问题，解释税法变动，还提供一般的金融信息。公司还有为

安卓和 iPhone 开发的应用程序。Old Navy 服装公司在 Facebook 上的自我描述是 "Old Navy 社区的网络场所。你可以从这里了解即将开始的打折、新款、比赛和促销等信息。如若感兴趣，请在此留言或提问"。公司还利用网站来提供特有的折扣和优惠券。

当然，每个发明都有利有弊，用社交媒体进行公关也一样。第一，公关公司必须付出额外的时间和精力来监控社交媒体网站和回应问题。这并不容易。想象一下要监控 Facebook、Twitter 或 Linkedin 上面每一条提到公司或组织名称的消息，或每一篇提到它们的博客，或主题与之相关的 YouTube 视频，这会有多难。此外，只是计算提及次数并不是全部工作。反馈要真正有用，公司就需要知道每一次提及的具体信息，诸如上下文和提及的信息是正面的、负面的还是中立的。有专业的监控公司提供类似分析，但是要价不菲。

第二，社交媒体的作用易于被夸大。测量其效果是一项难题，拥有很多 Facebook 粉丝和 Twitter 关注者并不意味着公司或组织的销量更高、公共关系更好。社交媒体显然有用，但它们应该作为整个公关计划中的一部分被合理利用。

第三，公司必须为社交媒体的使用制定新的政策。为了与整个组织配合，公关人员在回应评论或代表客户参与讨论时，必须认识到他们代表的是谁。比方说，"我叫约翰，在 AT&T 工作"另外，公司需要出台自己的员工如何使用社交媒体的规定。考虑欠周详的微博通过公司账户发布出去，涉及人员可能就会摊上事，可参见一名克莱斯勒员工通过公司账户误发了一条黄色笑话所导致的结果。

第四，企业的失误会立马引发轰动，造成重大企业公关事故，就像上面提到的克莱斯勒的危机案例一样。因为有了 Twitter 和 Facebook，企业的一次失误会迅速引发公关危机的雪球效应，公司及其公关公司必须准备迅速应对任何问题。

337

像很多政治家一样，纽特·金里奇（Newt Gingrich）利用网站来与他的选民直接交流。

与媒体的沟通

公关参与人员很快就开始将互联网作为其媒体策略的一部分。电子邮件和 Facebook 新闻发布取代了传统的纸质邮件公告，电子邮件和 Twitter 取代电话成为记者与公关人员之间的首选沟通途径。此外，网络成为向媒体传达信息的重要渠道。例如，美通社（PR Newswire）网站从代理商和公关部门搜集信息，然后向全美的新闻编辑室发布。IPhone 和 iPad 上的美通社应用程序使新闻发布得以通过移动媒体进行传送。参与人员还能通过互联网发送照片和视频片段。

互联网让公关人员能更容易地为报道诉求和新闻通讯锁定适当来源。搜索引擎可以轻易搜索到某篇新近的记者报道，以此了解他或她感兴趣的话题。有些在线网站追踪记者的职业动向。着手新任务的记者可能对故事创意特别感兴趣。最后，数据库软件和电子邮件聚合程序让公关人员可以高效地锁定报道可能的发布渠道。

新社交媒体手段使公关人员多了一种与媒体和内部人员之间沟通的方式。例如，helpareporter.com 及其 Facebook 主页允许记者向公关人员提问。美国公关协会让其成员在 Facebook、Twitter 和 Linkedin 上相互交流。

 媒介探索

全面公开？

"权威人士"这个词起源于印度语，意思是"博学的"。今天，权威人士是通过一些大众媒体（经常是在有线电视新闻频道上）在某一领域提供分析和评论的专家。理论上，权威人士应该提供客观的意见和分析。但受众对这些权威

338

人士了解多少？大多数权威人士被介绍为前产业领袖或前军事长官，或者只是共和党或民主党的战略专家。但是他们是否还有其他身份导致他们对某一政策或行动发表抨击观点？

2010 年《国家杂志》的一篇分析发现，从 2007 年开始至少有 75 个游说家、公关代表和企业官员在有线电视新闻频道发表政见。这些权威人士受雇于企业、贸易集团和其他组织来宣传它们的形象和利益，但无一被有线电视新闻频道公开。

为回应这些关系，专门批评媒体的"公正与准确报道组织"申请敦促有线电视新闻网公开节目上的权威专家的所有企业关系。尽管有些有线电视台确立了全面公开方针，但它们并没有都遵循。

下次你看福克斯、CNN、MSNBC、CNBC 或其他频道有权威人士的节目，先查查他们的产业身份是否公开。

公共关系的产业结构

公共关系活动通常通过两种方式进行。许多组织有自己的公共关系部门，该部门与所有其他部门的经理合作。美国最大的 1 500 家公司中 85% 都有这样的部门。在许多公司中，这些部门也是高级管理层的一部分，并且公共关系主管向公司总裁负责。例如，通用汽车公司（General Motors）和通用电气公司的美国公共关系部都有大约 100 个职员。其他组织聘请一位外部的公共关系顾问就与新闻界、政府和消费者的关系出谋划策。在商业和工业领域，大约三分之一的公共关系活动是由外部的顾问公司处理的。许多大公司除了自己内部的公共关系部门外，也有外部的代理机构。

每一种方式都有各自的优点和缺点。内部的公关部门能够很快地投入工作，并对公司有着深入的了解；此外，它的运作开销更少。但另一方面，公司的公共关系团队很难客观地看待公司。而且，内部公共关系部门很难提出新鲜的观点，除非不断有新人加入。外部代理机构能够给客户提供比内部部门更多的服务。另外，外部顾问有作为客观观察者的优势，并且许多公司看好成为受人尊敬的公共关系公司的客户所带来的声望。但事情的另一面是，外部代理机构费用昂贵，它们要花时间了解客户的内部工作情况，并且它们的涉入可能会在客户机构的职员中引起怨恨及士气问题。

无论是内部的还是外部的，公共关系专业人员都提供广泛的服务。其中包括给管理层出谋划策、准备年度报告、负责新闻发布和其他形式的媒体报道、监督雇员及其他内部传播、管理促销与特殊事件、筹措资金、游说、处理社区关系、发布博客、建立网站、管理社交网站和写发言稿。

公共关系是在各种不同的背景下实施的。虽然总原则是相同的，但公共关系从业人员的实际责任也会根据背景而有差异。下面是对公共关系实践的主要领域的简要描述。

1. 商业。公共关系通过给消费者灌输对该公司的积极态度来助力销售。公共关系也帮助改善雇员和管理者的关系，并充当公司和政府管理人员之间的桥梁。而且，所有的商业都位于实地某处，而公共关系部门要保证该公司成为其所在社区中的一个好公民。

2. 政府。许多政府机构聘请公共关系专家来帮助它们向公众解释它们的活动，并协助新闻媒介报道。这些专家又把公众的观点反馈给政府机构。政府公共关系是一笔大生意；它在公共信息上的总花销相当于四大电视网的预算。例如，国防部每年要制作几千部电影和电视节目。农业部每年要发出几千篇新闻稿。参议院和众议院的成员广泛利用公共关系，尤其是社交媒体。

3. 教育。在初等教育和高等教育中都存在公共关系人事工作。在小学与中学的管理中，最明显的是促进教育者和父母之间的沟通的工作。不过，其他任务也同样重要。在许多学校体系里，公关人员还要处理与学校董事会、当地与州的立法机构以及新闻媒介之间的关系。学院与大学层面的公共关系虽然不再那么关注与家长的关系，但也有自己的任务议程。例如，资金募集、立法机关关系、社区关系，以及与教职工及学生之间的内部关系都是大多数院校公共关系部门所关注的对象。

4. 医院。医疗行业中医疗保健费用的上涨与公众更多的期望使我们国家医院中的公关部门越来越受关注。医院公关人员必须打交道的对象是病人、病人家属、消费者、国家保险委员会、医生、护士以及其他工作人员。尽管医院的公共关系越来越重要，但是许多医院并没有专职的公关人员。因此，这是一个未来将会有重大发展的领域。

5. 非营利性组织。联合之路（United Way）、女童军（Girl Scouts）、美国红十字会（American Red Cross）与救世军（Salvation Army）只是公共关系专业人士组织中的几个。这类组织中公共关系的最大目标可能是募集资金。其他的目标还包括鼓励志愿者的参与、告诉捐赠者他们的钱用在了什么地方，以及与这类组织所服务的人合作。

6. 专业人员协会。诸如美国医疗协会（American Medical Association）、美国乳制品协会（American Dairy Association）以及美国律师协会（American Bar Association）这样的组织都雇用了公关人员。除了给协会成员提供新闻和信息外，公关人员的其他职责还包括招收新成员、策划全国性会议、影响政府决策，以及配合新闻媒介工作。

7. 娱乐和体育。在娱乐界和体育界中，众多的公共关系专家为已经成名或可能成名的人工作。为这类客户工作的公共关系人员有两大主要任务：使客户得到正面的媒介报道和让客户免于负面的宣传。另外，许多体育和娱乐项目（比如超级碗比赛、电影首映式）也进行与之相关的公共关系活动。

8. 国际公共关系。在全世界拥有分支的公司、诸如 CNN 这样的全球性新闻媒体、相互关联的世界经济以及变动中的欧洲政治格局，所有这些因素都使得这一领域成为公共关系中发展最快的领域之一。国际公共关系专家可以为在其他国家做生意提供有关当地风俗、语言问题、文化难点以

及法律困境的帮助与信息。

9. 投资者关系。这一领域（为方便起见我们称之为 IR）需要为公司建立良好的形象并让股东们感到高兴。公开招股公司既要传播正面信息，也要传播负面信息，对于一般的金融团体与特定的股东，这些信息可能会对其股票价格造成影响。为了有效地进行运作，IR 专家必须了解财经新闻以及诸如年报、季报、年度大会这样用来与股东进行沟通的不同渠道的运作。随着越来越多的美国人在股票和债券市场上进行投资，同时随着金融市场变得更加全球化，IR 的重要性肯定会日益凸显。

10. 政治。政治竞选活动中公共关系的重要性伴随着每一次选举在不断增加。树立良好的个人形象，恰当正确地对事件进行阐释，以及对其他候选人的指责做出回应，都是政治公共关系专家的工作。有许多专门从事政治竞选活动的公共关系公司。

11. 环境。全球变暖、水资源保护、环保、能源保护和其他环境问题使得这一领域近些年来变得特别重要。这一领域的公关人员既代表倡议者，也代表产业。

12. 危机处理。对公共关系从业人员来说，也许最大的考验是如何处理危机。这些危机并不会频繁出现，但是如果处理不善，可能会产生长久的负面影响，它可以使一个公司瘫痪，并且/或者毁掉一个公共关系公司的声誉。在危机中，公众试图寻找更多的信息，被卷入危机的组织则要受到媒体与公众更为严格的审查。处理危机的公共关系专家通常建议他们的客户实现三个目标：终止危机、控制损失以及恢复信誉。

13. 数字公共关系。在这个发展迅速的领域里，公关人员管理客户的数字形象，包括准备电子邮件通信、运营社交媒体、写博客和准备播客。几家公关代理公司，如万博宣伟（Weber Shandwick）和科因公关（Coyne PR）是该领域的专业公司。

根据以上所列，似乎该行业既需要公共关系的专家，也需要公共关系的通才。在下一节中，我们将看一看公共关系的功能通常是如何被组织起来的，以及公共关系专业人员要做些什么工作。

公关部门和职员

在开始时，要记住没有哪两家公司的部门结构图是相同的，所以公共关系部门的具体组成也会有所不同。常见的企业内部公关部门结构是公关部主任直接向公司经理汇报。由于公共关系影响到每一个部门，因此由管理整个公司的人来对它进行监管是合乎情理的。然而，有些组织采取整合营销传播，把公关部并入营销部。新的一项调查发现大约40%的公关部门是直接向CEO报告，32%向营销部主任报告。公关部进一步被划分为三个主要部分以同时进行内宣和外宣：企业传播、社区关系及媒体关系。企业传播涉及与内部员工（员工、股东、工会）的沟通，社区关系则处理与外部公众（社区居民、消费者、政府）的关系媒体关系，顾名思义，是指与新闻媒介打交道。

对外公关机构的结构更为复杂。可能包括五个部门：

1. 创意服务：负责新闻发布和音视频媒介的创意和制作。

2. 研究：监管调查研究、焦点小组和数据收集。

3. 宣传与营销：负责营销与推销。

4. 客户代表：监督和协调与客户之间的关系。

5. 行政：负责维持企业运转的日常人员，文书、法律和金融方面的工作。

公关公司的人员包括总经理和少数几个副总经理。为了顺利开展公关，公司有必要持续寻求新业务或增加现有客户的业务数量。公关公司的高管通常花大量时间与潜在客户开会、准备方案和演讲展示。

客户主管管理大客户或一批小客户。他们负责预算、质量控制，并管理项目团队的工作人员。客户代表负责与客户有关的日常运营。助理客户代表处理诸如写新闻稿和执行基础调查之类的常规工作。

公关公司通常把客户团队集中起来处理大型公关活动。团队可能包括创意人员、绘画设计人员、市场调查人员、社交媒体设计人员和举办媒介展映和特殊活动的专家。

公共关系程序

假定你是一家一流汽车公司的公共关系主管。这家公司正在和国外一家汽车制造商签订一项在美国生产一款国外车型的协议。不幸的是，为了提高效率和集中操作，该公司不得不关闭一家坐落在一个中西部城市的工厂。大约一千名雇员不得不调任或重新找工作，该社区也面临着沉重的经济打击。把这个决定传达给该社区将是公共关系部门的工作。

上面提到的这个棘手问题是公共关系专业人员遇到的典型问题。处理它需要有一个计划周到、组织良好、行之有效的公共关系程序。这一节将描绘通常开展公共关系活动所涉及的四个主要步骤：信息收集、策划、沟通和评估。

 媒介探索 ——

公关人员有多道德？

这个问题是有些传播研究者所提出的，他们的兴趣是考察公关工作者在做道德决策时如何与其他团体较量的。*研究者对118名受雇于公关代理龙头企业的工作者进行了 DIT 测验。DIT 是过去 40 多年来在成千上万人身上做过的一种标准化测验。这个测验让受访者面对道德两难情境，让他们在决策中根据重要性来排列 12 种论断。这 12 种论断反映道德发展中的不同级别。然后把分数制成表格与其他群体作比较。

总体上，公关人员的得分非常好。他们的 DIT 平均得分是 46 分，相较而言一般成人的得分是 40 分。神学院学生和哲学家的测试得分最高（毫无疑问），是 65 分。医学院学生和执业医师次之，再次是记者和牙科医学生。大学生的得分是 43，高于商人和水手。得分最低的群体是初中生。

* Renita Coleman and Lee Wilkins, "The Moral Development of Public Relations Practitioners: A Comparison With Other Professions and Influences on Higher Quality Ethical Reasoning," *Journal of Public Relations Research*, Vol. 21, No. 3, pp. 318 – 340 (2009).

信息收集

信息收集阶段是很重要的，因为从中了解的信息将会影响到其余的阶段。**信息收集**（information gathering）可以通过几种途径来完成。企业的档案、行业杂志、公共记录以及参考书可以作为现存数据的有价值的来源。私人联系信件、给公司与咨询委员会的信件以及人事报告是信息的其他来源。如果还需要更正式的研究方法，就要由公共关系部门或在民意调查及调查研究方面有专长的外部代理公司来进行。让我们回到上面的例子。这位汽车公司的公共关系主管需要收集大量的信息。公司通过重组将会节省多少钱？需要调任的工人的准确数字是多少？公司会帮助被解聘的工人寻找新的工作吗？给社区造成的确切的经济影响是什么？留下来的空建筑将派什么用场？雇员会相信公司所告诉他们的一切吗？人们希望从公司得到什么？公司的形象在美国的其他地区会不会受到损害？

策划

第二阶段是策划阶段。基本策划类型有两种：**战略的**和**战术的**（strategic and tactical）。战略策划涉及组织希望实现的长期的、总体的目标。高级管理层常常制定组织的战略策划。战术计划更为具体，它把组织中每个部门必须完成的任务细化，以实现组织的战略目标。有些拟定的策划方案也许只用一次，另一些则可以作为制定组织政策的长期方针。

策划是公共关系程序中至关重要的一部分。公共关系活动中涉及的项目有：确定目标、考虑可选择的方法、评估每种方法所涉及的风险和收益、决定行动的路径、确定预算以及保证获得组织内部必要的认可。近些年来，许多公共关系从业人员已经认可了一项被称为**目标管理**（management by objectives，MBO）的技术。简单地说，目标管理意味着组织给自身设定可观察与可测量的目标，并分配自己的资源以实现这些目标。例如，一个企业可以设定目标为在接下来的两年里销售额增长 25%。时间到了后，很容易看到该目标是否已经实现。这种方法在公共关系界正变得流行，因为高级管理层通常用这些术语来思考，于是它让公共关系从业人员可以与总经理使用同一种话语。它也使得该部门目标锁定解决公共关系问题，并且它提供有关公共关系进程的效率的具体反馈。在我们假设的例子里，可能的目标是把搬迁的原因告知 50% 以上的社区，或保证社区与国家对公司的态度不会受到不利影响。

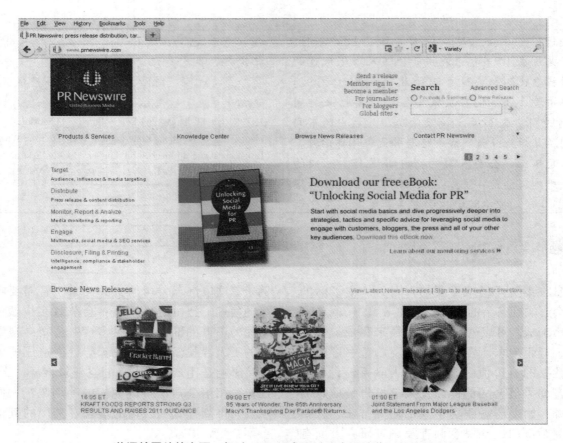

美通社网站的主页。超过 10 万记者通过这个网站获知新闻通讯。

343　沟通

第三个阶段是沟通阶段。在收集事实与制定规划后，组织开始充当沟通源头的角色。在这个阶段，关于讯息的性质与所使用的媒介类型，要做几个关键性的决策。由于大众传播媒介通常是公共关系程序中的重要渠道，所以公共关系从业人员必须全面了解各种媒介以及它们的长处与短处。而且，公共关系专业人员也应该了解印刷与广电媒介不同的制作技术。常见的通过大众媒介发布信息的方法包括新闻稿、电视新闻稿、新闻资料、照片、付费广告、电影、录像带、记者招待会与访谈。

公共关系也采用其他渠道来向公众传递信息。

这些渠道可能既包括人际传播也包括机器辅助传播。出版物、小册子、传真、信件、公告、海报、网站、电子邮件、户外广告牌以及布告牌都是公司可以用来影响员工的传播渠道。在更为个人的层面上，还有公众会议、演讲、示范、策划的活动、接待日以及巡回展示。

在这个假设的例子中，我们的公共关系主管将可能利用多种讯息与媒介。记者招待会、广告、新闻稿及公众会议都是用来向外部公众解释公司立场的合适的工具。同时，出版物、布告牌、演讲与信件都可以用来影响内部群体。

 伦理问题

负面公关

公关公司宣传其客户竞争对手的负面新闻是否道德？谷歌和 Facebook 是劲敌，因为两者都试图争夺网络霸权及其所带来的收入增长。2011

年，Facebook 聘请了知名公关公司博雅公关在各大报纸投送报道，包括《华盛顿邮报》和《今日美国》，以及对谷歌隐私权条款有影响力的博客。

博雅公关的代表向专栏作家和博客提供信息和援助，助其撰写关于谷歌社交圈（谷歌以此与 Facebook 竞争）的报道。这些报道的主要观点是谷歌社交圈隐秘搜集用户数据，这些数据可以提供给广告主和营销者。当被问到他们投送的报道是不是受特定用户的委托时，博雅公关的代表拒绝透露客户身份。

整个事件被曝光是由于一个有影响力的博主发布了他与这家公关公司的往来邮件，这些邮件质问其客户的身份。Facebook 后来承认它们雇用了博雅公关来投送负面新闻，并要求公司不能公开 Facebook 的客户身份。

这个案例提出了几个道德问题。首先，公关公司宣传竞争对手的负面新闻是否道德？如果这些信息是公开的、随时可获取的且可被独立证实的，那么就没有道德问题。但如果这些推荐报道中的信息被夸大或部分夸大了呢？这是 Facebook 案例中的一个问题。侵犯隐私权的实际危险被夸大，导致报道倾向偏离。实际上，报道的炒作性质已让新闻媒体怀疑这个公关活动的幕后策划者是 Facebook。公关组织有义务确保投送给媒体的新闻报道是真实的和公正的。最后，这则案例中最大的道德问题是隐瞒客户身份。这基本上是博雅公关后来取消与 Facebook 交易的原因。如博雅公关代表所说："与媒体交谈时，我们需要坚持透明公开的严格准则，这次事件强调了这一原则的绝对重要性。"

评估

最后一个阶段涉及对公共关系程序的**评估**（evaluation）。它是如何进行的呢？由于目标管理技术的采用，公共关系中评估的重要性在不断增强。如果公共关系程序提出了一个可以测量的目标，那么评估技术应该能够检测出是否成功地实现了这个目标。这可能要检测几个不同的方面。一种简单的方法是只考察公共活动所产生的覆盖量。发送出去的新闻稿篇数、寄出的信件数、所进行的演讲次数等，都很容易计算出来。与之相似，剪报与电视及广播新闻中提到的次数也能够列表显示出来。不过，重要的是要记住，数量并不等于结果。如果没有读者阅读，100 万篇剪报也等于零。测量一个活动对受众的影响要求有更复杂的分析技术。一些常用的技术包括对随机抽样的受众发放问卷调查表、典型对象调查、读者兴趣研究，以及利用实验活动。我们假设那位公共关系主管可能会使用这其中的多种方法。

在结束之前，我们应该指出，以上对这四个步骤的讨论显得它们似乎是相互区分的阶段一样。但实际上，公共关系程序是个连续的过程，一个阶段与下一个阶段的衔接是相互融合的。例如，在评估阶段获得的结果，也是下一个循环公关程序中信息收集阶段的一部分。在我们一直讨论的汽车公司的例子中，公共关系部门可以利用调查和专题小组的结果来确定一些事情，诸如公司的形象是否受到了损害，公司在消费者中信誉度如何，以及顾客的忠诚度是否发生了变化。这些调查结果有助于制定下一次公共关系活动的目标。

公共关系经济

花在企业公共关系活动上的金钱总数难以计算，但是一些关于公共关系代理机构收入的信息可以得到。2010 年美国前 50 强独立公关公司的收入达 14.6 亿美元，比 2008 年增长了 4%。

344

广告公司所拥有的大型公共关系公司统治着这个行业。2011 年，最大的从属于广告代理商的公关公司是波特·诺维利公关公司（Porter-Novelli）、福莱国际传播咨询公司（Fleischman-Hillard）［宏盟集团（Omnicom Group）的子公司］和伟达国际（Hill ＆ Knowlton）和博雅公关（Burson-Marsteller）（WPP 集团的子公司）。最大的两家独立公关公司是爱德曼（Edelman）和罗德公关（Ruder Finn）。公共关系行业也是不稳定的，尤其是对较小的代理公司而言，它们的酬金收入上一年与下一年可相差 40％到 80％。

公共关系代理公司通过多种方法赢利。一些公司完成一些特定的项目来赚取固定的费用。比如年度报告可能要花 10 000 美元。另一些公司每月向它们的客户收取聘用定金，其幅度从几百美元到几千美元不等。其他公司记下花在不同项目上的时间，并向客户按小时收费。还有其他一些公司按时间收费外加提供额外服务及材料的特别费用。

 ## 公共关系的职业前景

公共关系的职业前景随着经济复苏会持续改善。行业统计表明公关公司的就业机会从 2006 年到 2010 年有所增加。美国劳动局预计未来趋势的良好态势应该会维持到 2018 年。

各个媒体的职业前景变化迅速。关于公关行业当前状况的更多描述以及更为详细的职业选择介绍，请参考本书网站：www. mhhe. com/dominick12e。

 ## 要点

- 公共关系很难定义，但是大多数从业者都同意公共关系涉及在传播策略方面给管理层出谋划策，以改善关于一个组织的舆论。
- 现代公共关系大约开始于 20 世纪初，此后它的重要性一直在稳定上升。
- 互联网是公共关系的一个重要部分。它被用来向公众提供信息，以及为公共关系专业人员获取背景信息。
- 在公共关系中社交媒体变得越来越重要了。
- 公共关系在多种环境中实践，包括商业、政府以及非营利部门。
- 一项公共关系活动由以下阶段组成：信息收集、策划、沟通和评估。

 ## 复习题

1. 定义公共关系。
2. 要用到公共关系的主要领域有哪些？
3. 公共关系活动有哪些阶段？
4. 社交媒体如何改变了公关活动？

批判性思考题

1. 你能想到在你的个人生活中运用公共关系的例子吗（比如为一门课程很糟糕的成绩找一个最好的借口）?

2. 为什么公共关系这一术语如此难定义? 下一个每个人都赞同的定义重要吗?

3. 公众对公关人员信誉抱有多大的信任?

4. 许多记者厌恶公共关系界。是什么可能导致了这种态度?

346

关键词

宣传
公众
信息收集
战略（策划）

战术（策划）
目标管理（MBO）
评估

互联网冲浪

这些网站中的一些已在文中提及。另一些则是第一次在列表中出现。请记住，网络一直在变化中，一些网站改变了位置，另一些改变了它们的主要内容，还有其他一些蒸发了。

http：//ewatch.prnewswire.com

该网站追踪媒体、投资者、消费者和竞争者对某一组织的观点。

www.ketchum.com

公共关系全球公司的主页。包括有关这个公司的描述、博客和 Facebook 链接。

http：//aboutpublicrelations.net

对公关感兴趣的人的宝典网站。

www.prmuseum.com

公共关系的博物馆。有关于公共关系先驱者的广泛信息。

www.prsa.org

美国公共关系协会的主页。包括该协会的一般信息、相关出版物的目录，以及公共关系学生协会的链接。它新近多了一个特色，即允许成员在网上粘贴他们的履历。

www.prssa.org

美国公共关系学生协会的网站。上面有求职和实习的很多信息。

第 15 章

广告

本章将帮助你：

- 界定广告和解释其类型
- 阐释广告的发展历程
- 认知互联网对广告产生的影响
- 区分广告产业的三大组成部分
- 讨论广告活动的内容

高朋网（Groupon）是一家提供每日优惠和折扣的社交购物网站，成立于 2008 年并迅速取得巨大成功。2010 年，其全球会员达到 3 500 万人。大部分高朋网早期的广告是网络广告，2011 年它决定在电视上大打广告，在超级碗橄榄球周日赛做电视广告。高朋网雇用了著名的新锐广告公司 CP＋B（Crispin, Porter & Bogusky）来设计广告（CP＋B 策划过汉堡王"皇堡试吃"广告活动，对从未吃过皇堡的人进行味觉测试，如泰国贫民和特拉西瓦尼亚农民。CP＋B 还策划了达美乐广告，广告里达美乐的总裁竟然承认他们的披萨是史上最差的）。

CP＋B 为高朋网做的创意同样别出心裁。这家广告代理公司制作的三条广告对公益事业广告用名人代言极尽嘲讽。其中一则广告中小古巴·古丁（Cuba Gooding Jr.）先为鲸鱼的命运叹息，继而兜售起观鲸船票的折扣活动。另一则中，伊丽莎白·赫尔莉（Elizabeth Hurley）谈论巴西雨林采伐，旋即又兜售起一款纽约正在折五折的巴西脱毛蜜蜡。可能比赛中播出的最受争议的广告是蒂莫西·赫顿（Timothy Hutton）警告人们西藏处于丧失其文化的危机中，然后突而转变语气说起一家芝加哥餐馆里西藏菜在做促销。

对广告的反应令高朋网吃惊。Twitter 和 Facebook 上很多人指责其无视悲剧、利用慈善事业。批评家们开设了一个 Facebook 群叫"高朋可耻"。很多 Twitter 用户推送编来嘲笑高朋网的广告。一项观众对超级碗广告反馈的调查显示，受众情绪负面，很多客户想要取消会员身份。

高朋网一开始还在辩护，称这些广告信息是善意的、意图诙谐。公司还解释它们计划对相关慈善组织捐款。但这些对大多数人没用，社交媒体上的负面评价持续了一周，直到高朋网最终撤下了播出的广告。高朋网的首席经理致歉并宣布不再与 CP＋B 续约。

对于今天的广告业我们从此事中能获得什么启示？显然，客户不应冒险创作出格的广告，如果它不能意料到可能产生的批评。其次，在当今社交媒体环境下，广告的负面反馈发展迅速，并会永久遗留。

本章将考察广告业的历史、结构、运作，以及瞬息万变的广告界的社会影响。

界定广告

简单地说，广告是对观念、商品和服务的非个人的任意形式的介绍和宣传，通常由某个赞助商买单。注意上面定义中的三个关键词。第一，广告是"非个人的"；它针对的是一大群匿名者。甚至写给某个特定的人的直邮广告，也可能是由计算机所准备、由机器所签署的。第二，广告通常是"有人买单的"。这个事实把广告同一般非商业公告区分开来。赞助商如可口可乐和德尔塔（Delta）为传达其讯息的时段和版面而付费〔非营利组织，如红十字会或联合之路（United Way）①，不付费买广告时段和版面。广播电台、报纸和杂志免费做这些广告以作为一种公众服务〕。第三，

由于显而易见的原因，广告的赞助商是要"被识别出的"。实际上，在多数场合下，让人们记住赞助商是广告的主要目的——不然为什么要做广告？广告主的身份不太明显的唯一情形可能是政治广告。因此，广播公司和出版商不愿意接那些没有声明责任方的政治广告。

结束此话题前，需要注意 21 世纪广告的定义边界变得有些模糊。很多实践者认为广告是整个营销组合的一部分，包括宣传、品牌、口碑和公共关系（请注意现在这种方式与之前提到的整体营销传播即 IMC 一致）。由此看来，把广告与其他营销形式区分开来并不是很有用。

---

① 美国民间最大的公益性、非营利组织。——译者注

▌ 广告的功能

广告在社会中履行五种基本功能。第一，它帮助那些供应产品或服务的公司销售它们的产品，这是市场功能。个人推销、促销和广告一起助力产品销售。第二，广告具有教育功能。人们通过广告认识新的产品和服务，或是现有产品和服务的改进。第三，广告具有经济作用。广告能使新的竞争者得

以步入商业舞台。反过来，竞争又会促进产品的改进，能够降低价格。第四，广告覆盖的受众面大，因此大大地减少了个人推销和销售的成本。第五，广告有一定的社会功能。通过生动地展示在自由企业制社会中可利用的物质和文化机会，广告有助于提高生产力和生活水平。 351

▌ 广告的类型

广告可以按好几种方式分类。一种有用的方式是区分**目标受众**（target audience）——产品或服务对其具有一定吸引力的那部分特殊人群。很多目标受众是能够被加以界定的；多数情况下是消费者和企业。**消费者广告**（consumer advertising），顾名思义，定位于购买商品和服务用于个人消费的人们。例如，坎贝尔公司（Campbell's）（因其香皂而知名）使用了消费者广告来把它的广告对准最有可能在杂货店购买香皂的大人和小孩。人们接触到的大多数广告属于这种类型。**企业广告**（business-to-business advertising）以购买产品用于企业使用的人们为目标。工业的、商业的和职业的——还有农业的——广告都属于这种类型。消费者广告是本章的中心，但是我们也会简略地介绍企业广告。

地理是另一种划分广告的方式。国际广告被用于全球使用的产品和服务。比如，可口可乐和麦当劳在多个国家、以多种不同的语言做广告。全国广告指在同一个国家的多个不同地区所做的广告。例如，德尔塔、沃尔玛（Wal-Mart）和斯普林特（Sprint）在电视网和全国性的杂志上做广告，以覆盖

美国的多个不同市场。当然，国际广告主也使用全国广告。零售广告或当地广告则在一个特定的市场内运作。社区饭店或汽车经销商通常依赖于当地广告。

第三种将广告分类的方式是根据其目的。有些广告是为某种产品或服务而做，例如冷冻的披萨或消声器维修，而其他的则试图提升公司的形象或影响公众对某一事件的看法，例如石油公司所做的广告描述它们努力缩减燃料费用。另一个区别包括基本需求广告和选择性需求广告。**基本需求广告**（primary demand ad）旨在宣传某种产品类别而非一个特定品牌。一个展示许多名人长了"牛奶胡子"的广告意在鼓励人们饮用牛奶，就是这种类型的一个例子。**选择性需求广告**（selective demand type ads）被个别公司用于销售它们独特的品牌，如某种品牌的牛奶。最后，广告可以被分为直接作用广告和间接作用广告。**直接作用广告**（direct action ad）一般包括免费电话号码、优惠券、电子邮件和网站地址或能使广告主马上见到成效的类似策略。相反，**间接作用广告**（indirect action ad）通过长期的作用以建立公司的形象和增加消费者的认知度。

352 简史

广告的发端无法查明，但有几个范例始于数千年以前。现在发现的一块古巴比伦的泥板上，刻着为一个药膏商人和一家鞋店招徕顾客的信息。

在中世纪时期，遍及英格兰和其他欧洲国家的城镇叫卖者是一种重要的广告媒介。

在较近的时代里，广告的历史总是不可避免

地与社会条件和媒体技术的发展变化交织在一起。例如，古登堡发明了运用活铅字的印刷术，使几种新的广告媒介——海报、传单和报纸广告成为可能。实际上，第一份英文印刷广告大约创作于 1480 年，是一份为一本待售的祈祷书做通告的传单。它的作者在做户外广告方面显然很明智，他将广告贴在了全英国的教堂大门上。到 17 世纪晚期，广告成为伦敦报纸上普遍的景象。

广告随同英国的早期殖民者来到了美国殖民地。早期广告的开拓者，本·富兰克林，通过运用大标题和相当多的空白使他的广告更加吸引人。从富兰克林时代到 19 世纪早期，报纸广告类似于今天所称的分类广告。

工业革命引起了美国社会和美国广告界的巨大变化。制造商在新近发明的机器的帮助下，得以大量生产他们的产品。然而，大规模生产的同时也需要大规模的消费和大规模的市场。广告在覆盖新的大规模受众方面提供了极大的帮助。

逐渐工业化的影响从内战末到 20 世纪初这段时期是最为明显的。在 30 多年的时间里，发生了以下这些事情：

- 铁路把这个国家的各个部分连接起来，使东部的制造商能够将他们的商品销售到正在成长中的西部市场。
- 美国人口翻了一番。美国人口数增长了一倍。人越多意味着制造商们的市场越大。
- 新的传播媒介——电话、打字机、高速印刷机、留声机、电影、摄影技术和乡村邮递——的发明，使人们更容易进行交流。
- 经济产量显著增长，而人们也有了更多可支配收入花在新产品上。

这种改善的经济和传播风气促使广告兴盛起来。杂志在全国范围内发行，使真正的全国广告成为可能。为复制照片而开发的半色调法意味着杂志广告主能更加生动地描绘他们的产品。到 1900 年，这个时期主要的杂志［《哈珀》（*Harper's*）、《时尚》（*Cosmopolitan*）和《麦克卢尔》（*McClure's*）］通常一期上刊登 75 至 100 页广告是不足为奇的。

广告在营销过程中日益增强的重要性导致了**广告代理公司**（advertising agency）——专门为其顾客提供广告服务的组织的诞生，也没有什么好奇怪的了。

 社会问题

广告是好还是坏？

最直言不讳的广告批评家控诉它助生了贪心、嫉妒和贪婪——七宗罪中的三种——这是其他产业所没有的。特别是，广告的反对者声称它促使人们去购买他们原本并不会买的东西。花哨的新型汽车广告鼓动人们就为了开上新款汽车的虚荣而将完好无损的老款汽车换了。即使旧录像机运转正常，也要丢掉它去买华而不实的最新版本。还在穿去年的衣服吗？你真丢人。出去买在印刷广告和电视广告上看到的最新时装吧。简而言之，广告创造了需求，并促使人们去购买他们并不真正需要或想要的东西。

为了回应这种批评，广告从业者指出人类具有多种需求：有些是生理上的（对食物的需求）和基本的（对一个安全居所的需求）；其他则要复杂得多（对自尊心和自我实现的需求）。其支持者说，广告满足了广泛的多种需求，而并不只是基本的需求。每年购买一辆新车并没有什么错，如果它对一个人的自尊心有好处。购买最新的时装可以满足一个人对自我实现的寻求。广告针对的是实现需求的多种形式，有些很微妙、很个人化。批评家告诉消费者他们需要什么或不需要什么，这也太自以为是了。从这种观点出发，广告被描绘成是对已经呈现在消费者身上的多种需求的满足；它并没有创造新的需求。为了进一步支持这种观点，广告商指出有许多猛打广告的产品失败了，所以没有证据表明广告能迫使人们去购买他们不想要的东西。

第二条批评认为广告助长了物质主义价值观和生活方式。广告说服我们不是以他们是什么人，而是以他们拥有什么来评价别人。物质对象被描绘成理想的目标。广告所展现的是作为被仿效的模范的人，不是那些拥有令人钦佩的个人品质的人。我们看到的是开着高档或动力强劲的汽车，戴着昂贵的珠宝，用最好的笔写字，或是看最大的电视机的人。广告鼓励人们去花费和获取，并使消费成为生活中最重要的活动。批评家还指出，广告的这一方面在那些无法得到广告描述的物质目标的低收入者中尤其具有分裂性。

为了回应这种观点，广告的支持者指出广告在美国生活中并没有造成对物质主义的强调。美国文化中关于甚嚣尘上的物质主义的文章早在1830年就能被找到。美国的重大节日颂扬消费和物质主义。例如，圣诞节鼓励送礼物，感恩节鼓励吃。我们资本主义的基本经济体系重视经济商品的生产和消费。广告完全反映了美国社会的主流价值观，所以不应该因描绘它们而受到指责。

最后，广告因其侵扰性而受到批评。普通美国人是世界上接触广告最多的人。美国公司在广告上的人均花费超过了500美元，多于其他国家的公司。据《商业周刊》（*Business Week*）说，我们每天会接触3 000条左右的广告信息。除了广播、电视、报刊上无处不在的广告，广告现在还出现在超市、机场和医生的诊所；张贴在卫生间的墙壁上；展示在赛车的两侧；植入故事片的情节中；显示在飞艇上；印在热狗的包装侧面。把广告放入外太空的计划也已在筹备中。纷至沓来的广告已经使广告商很难让消费者去注意他们的广告了，更别提把它们记住。这使得寻找新的渠道和新的引人注意的手法具有额外的压力，而且导致了更加严重的侵扰性。

甚至连广告的支持者也同意广告是很难避开的。但是他们继续指出这是为它为社会提供的社会利益和经济利益所付出的小小代价。没有广告，电视和广播就不会是免费的，而杂志和报纸至少会贵两倍。出现在公共汽车两侧的广告有助于降低车费。少年棒球联合会（Little League）的队服是免费的，是因其背部印有广告主的名字。你会介意在课本上看到可乐的广告吗，如果它意味着书的价格便宜10美元？

显然，这些问题是复杂的，甚至变得越发棘手，因为没有简单的办法能把广告的影响和现代生活中所有其他因素的影响分开。然而，由于它的高可见度和它对决定消费者幸福的重要性，广告会继续受到社会的严格审视。

文化批判问题

文化内涵与商标人物

托尼老虎（Tony the Tiger）、克林先生（Mr. Clean）、梅塔格修理工（the Maytag repairman）、罗纳德·麦当劳（Ronald McDonald）、绿色巨人乔利（the Jolly Green Giant）、贝蒂·克罗克（Betty Crocker）和基布勒矮人（the Keebler Elves）——这些是商标人物的实例，它们是虚构的形象，是卡通人物，为帮助销售一种产品、服务或观念而创造。像标语一样，商标人物也很受欢迎，因为它们是把产品和其广告联系起来以便消费者能轻易地记住讯息的一种有效方式。但是商标人物比标语作用更大；它们通过创造具有受众能认同的清晰的文化内涵的形象，给产品赋予个性、风格和深度。

在《流行文化杂志》（*Journal of Popular Culture*）1996年的一期杂志上，一篇由芭芭拉·菲利普斯（Barbara Philips）所写的文章考察了商标人物在美国文化中的作用。菲利普斯注意到大批量生产的产品很少具有文化内涵。金霸王牌电池很难与永备牌电池区分开来，而且两个都不可能激起任何情感反应。

但是，商标人物通过将产品同具有一种文化内涵的形象联系起来，赋予在其他方面不能加以辨别的产品以内涵和意义。商标人物创造这种内涵的一种方式是借助普遍接受的神话象征——拥有文化解释的形象。以绿色巨人乔利为例，这个巨人是一个其身材意味着力量、能力和权力的人所共知的神话人物。他的绿色与新鲜联系在一起，而他尽情地"哈哈哈"透着热情和幽默。豌豆罐上的这个巨人形象使产品更亲切、更友好。

神话象征的使用赋予了商标人物另一种优点：他们传达讯息而不用明确陈述它们。例如，克林先生全白的服装毫无瑕疵，象征着清洁和纯净。他的形象使人想到用这个产品就会有这样的效果，但是他实际上从未这么说过。相反，一条宣称"我们的清洁剂会让你的厨房台面一尘不染"的广告可能会受到一定程度的怀疑。由于商标人物从不直接声称产品具有绝对的性质，所以它们的"声明"很少被拒绝。

当然，商标人物也有一些缺点。文化内涵随着时间而转变，广告主必须小心监控社会上变化着的看法。这方面最好的例子或许就是詹米玛大婶（Aunt Jemima）。贵格麦片公司（Quaker Oats Company）于 1889 年开始使用这个商标人物。然而这么多年过去了，这个形象变成了不受欢迎的老一套。1968 年，在民权运动期间，她的形象改变了：她花了 100 英镑变得年轻了些，她的红色大手帕换成了一块头巾。1990 年，她再次被更改为一个与贝蒂·克罗克相当的黑人形象，公司希望它是更加积极的形象。另外，有些商标人物也许完全不恰当。例如，骆驼乔（Joe Camel）就招致了许多批评，因为这个卡通人物似乎想要鼓励儿童吸烟。骆驼公司最后逐渐淘汰了它。

商标人物已成为美国文化中的一部分。它们的地位在未来无疑会增强。

由李奥·贝纳广告公司创造的绿色巨人乔利已经"哈哈哈"地笑了 50 多年了。

现代代理的根源可以追溯到费城的沃尔尼·B·帕尔默（Volney B. Palmer）。1842 年，帕尔默在各种报纸上折价购买了大量的版面，然后把这些版面以更高的价格转卖给广告主。实际的广告——文案、编排和美术——仍旧由想做广告的公司来准备；实际上，帕尔默是一个版面掮客。19 世纪晚期当 N. W. 艾尔父子（N. W. Ayer & Son）的广告代理公司成立的时候，那种情况得到了改变。艾尔父子公司自愿为他们的客户设计、制作和执行完整的广告活动。到 1900 年，广告代理公司成为创作策划的焦点，而广告则被明确地确立为一门职业。

20 世纪 20 年代见证了广播作为一种广告媒介的开端（见第 8 章）。广播网使广播成为全国广告主一个具有吸引力的载体；到 1930 年大约有 2 700 万美元被用在了广播网广告上，而那个时代许多最有名的节目是由广告代理所制作的。然而，1929 年股票市场的崩溃对美国经济产生了灾难性的影响，花在广告上的总金额从 1929 年的 28 亿美元下降到 1935 年的 17 亿美元。这个产业将花费十年的时间来复苏。第二次世界大战表明许多民间公司缩减了它们的广告预算。其他的则只是改变了广告的内容，不是推销他们的产品，而是指导消费者怎样使他们的产品持续到战后。

二战后接着是冷战，这时美国人关心的是共

产主义的兴起。尽管大众消费增长且经济繁荣，但全国一片恐惧和忧虑，因为很多人担心共产主义者正在暗中接管政府和颠覆美国的生活方式。

355 这种气氛同样影响了公众对广告的看法。朝鲜战争后，许多关于对美国战俘进行洗脑和精神控制的故事浮出水面。不久，广告就被指控为一种用狡猾的吸引力把人们引诱到强烈的、潜意识的欲望中的精神控制形式。一本叫做《隐藏的说服者》（*The Hidden Persuaders*）的畅销书解释了广告主是如何运用心理学研究和动机分析来向消费者推销他们实际上并不需要或想要的东西的。潜意识广告的概念正是在这个时期引入的，这进一步加深了对广告业的质疑。

20世纪60年代期间，这种疑虑逐渐平息了下来，而这个时期的特色是随着艺术监制、文案撰写者和电视监制加大对广告表现形式的投入，广告创造性的一面得到了发展。这种趋势在20世纪70年代期间变弱，当时恶劣的经济气候激起了更直接的销售技巧的回归和对有效的媒介规划的重视。

20世纪八九十年代见证了广告的社会环境和媒介环境的巨大变化。有线电视开设了多个新的专业化频道，从主要的电视网那里抢走广告份额。新的电视营销形式出现了，如专题广告片和家庭购物。而且，运输和通信的改进导致了分支机构遍及全球的大型广告代理公司的诞生。欧洲的政治变革为全球性营销创造了新的机遇。社会的变革同样也具有影响。广告主面对的是一个文化上更加多元、需要更多选择的市场。消费者对产品的态度是不断变化的，而新规则承诺永久性地改变烟草广告。酒类广告也引起了批评。

当代广告面临着技术和社会变革的挑战。正

356 如第1章所提到的，消费者正越来越掌控着对媒体的选择。互联网、硬盘数字录像机、iPod、智能手机、iPad和其他技术赋予消费者选择何时、何地及如何找寻新闻和娱乐的权利。传统广告模式中，广告主中断节目或在文章中插入广告，为的是希

望有人看到，这种模式越来越难以取悦受众。加上很多年轻人不再从传统媒体上看新闻和娱乐节目，所以不难理解为什么很多广告费从传统媒体流向更多非传统形式的媒体，如手机上的短信广告、全国赛车冠军联盟（NASCAR）赛车体广告和网络广告。

引文	你看广告吗？

以下是一项新近所做的调查"电视广告期间人们在做什么"的结果：
- 53%对广告的数量感到厌烦。
- 52%在跟别人说话，并没有注意。
- 50%起身做别的事情去了。
- 43%转到另一个频道。
- 27%把电视静音了。
- 13%坐着观看广告。

说到网络广告，广告业对有效运用新媒体的方式进行了探索。20世纪90年代早期网络广告刚出现的时候，在广告覆盖面上被认为具有很大优势。不过，这些希望都落空了。网站上的横幅广告有点影响网速，弹出窗口屏蔽软件去除了弹出广告，垃圾邮件过滤器隔离了大部分电子邮件广告。结果，广告从业者不得不重新思考网络策略。当代网络广告更加具有针对性。例如，谷歌向广告主卖个人搜索页面上的广告位置。其次，网络广告越来越具有互动性和参与性。宝洁旗下的玉兰油网站鼓励女性注册获得特别折扣和免费试用装，接收公司的月促邮件。

广告业最终从上个十年的经济萧条中恢复过来。广告收入从2008年到2009年下降了9%，但从2009年到2010年又有所反弹，上涨了近6%。多数传统媒体的收入上涨，电视领跑在前。此外，2010年网络广告收入首次超过了报纸广告。2010年最大的广告主有宝洁、威讯、AT&T和通用汽车。

数字时代的广告

在线广告始于 1994 年，当时热门的《连线》（Wired）杂志的电子版"热线"（HotWired）网站接收少数赞助商付费在网站上嵌入广告条幅。从那时起，广告跟网络一样经历了很多变化。

受众控制

说到广告，消费者越来越倾向于选择没有广告的媒体。在最新的一项调查中，被调查者说广告破坏了他们阅读和收看的体验。大约 1 800 万人选择收听卫星广播上没有广告的音乐。数字视频播放机，如 TiVo 进入了一半以上的美国家庭，而且这个数字每天都在增加。可能你会猜到，三分之二的 DVR 使用者会快进跳过广告。iTunes 上有成千上万集不含广告的电视节目被下载。大部分人在电脑上安装了屏蔽广告和垃圾邮件的软件。

这些变化迫使广告主寻求其他覆盖受众的途径。产品植入越来越经常地出现在电影、电视节目甚至视频游戏中。**病毒广告**（viral advertising）是一个热门领域，企业运用这种方法创作引人注目的、有趣的、好玩的或暗示性的讯息，让消费者自发地与他人分享，通常是通过电子邮件、社交网站或手机分享。如果这种方法奏效，讯息会迅速地在很多人中间传播开来，就像病毒一样。例如，YouTube 上发布的短片《多芬进化论》由于良好的消费者反应获得了 170 万以上的浏览量。

定位搜索广告，即搜索结果页面上的产品或服务的付费链接，2010 年的收入达到了 300 多亿美元。最后，有些广告主转向"口碑营销"，即付费让消费者来谈论产品和服务。

引文	注册近似域名

有没有在输入流行网站网址时打错过？比如要打 google.com 却打成了 goigle.com？如果有，那你可能就成了"注册近似域名"的受害者，无良注册者用这种方式让你访问另一个网站，你有可能会收到垃圾邮件和讨厌广告的攻击，或者你的电脑被装上间谍软件或感染电脑病毒。很多大公司注册了其品牌或网址的常见误拼域名，但误入近似域名的情况还是存在。最好的防御办法是确保你进入的网站是以前打开过的，把它收藏到网页书签里。你键入 URL 地址的次数越少，你就越不容易误入假冒网页。

新渠道

数字革命开辟了广告的其他通道。博客是有着重要影响力的群体之一。广告商可以利用诸如 Blogads 这样的网络来定位某些博客，其读者有可能是他们的产品或服务的消费者。

播客是另一种新渠道。比如，Podtrac 提供给广告商 1 500 个播客，从"每周科技"（This Week in Tech）到哈里·波特迷的"麻瓜客"（Mugglecast）不等。广告商选择其目标市场的人口资料和兴趣，Podtrac 选择最合适的播客。企业通常全权赞助一个播客，并根据播客下载次数来付费。

广告商也特别倚重社交媒体，如 Facebook 和 YouTube。过去几年里每个大型的广告活动都包括了社交媒体。

移动媒体：应用程序和广告

企业意识到越来越多的人使用他们的移动设备——智能手机和平板电脑——来上网。所以，很多公司转向利用特别的移动程序来覆盖顾客。不像传统广告那样中断节目、模糊网页内容或扰乱人们阅读的页面，应用程序使得用户可以操控过程。顾客需要选择下载程序，决定什么时候使用它。

应用程序有很多优点。它们让用户在家、在工作和在路上的时候都可以连接到网络。它们让用户在潜意识下记忆品牌，因为用户每次使用手机时有可能看到应用程序。它们以门户形式提供品牌的多种服务和特别折扣，如优惠券。

大多数应用程序除了提供购买产品的机会外，还提供娱乐或信息。比如，本杰明·摩尔涂料（Benjamin Moore Paint）有一个应用程序让用户可以截图，并用该公司色彩馆里的色彩进行配色。如果用户想购买涂料，程序会提供最近的经销商。人们下载星巴克的应用程序后，可以用它来查找最近的门店、浏览菜单并定制自己的饮品。

应用程序有潜力成为主要的广告渠道。智能手机用户人均下载的应用程序超过了 50 种。苹果应用程序商店里的累计销量将很快赶超 iTunes 里音乐和视频的下载量。专家预测移动应用程序的收入在 2015 年将达到 400 亿美元。

用户生产内容

用户生产内容显然有利于广告主。这种非专业广告几乎不需要成本，而且可开创口头营销传播。不过，用户生产内容并不像前几年那样受广告主欢迎。多力多滋（Doritos）薯片和百事 Max 饮料赞助了一项赛事，让消费者来为其产品制作广告。获奖广告会在超级碗赛事上播出。网站主办商 GoDaddy.com 发起了一项比赛奖励推销网站服务的自制广告，最高奖金为 100 美元。不过，很多公司避免用户生产内容。

358   去耦

最后，大众市场销售也不像 30 年前那样依赖大众媒介，这种趋势对媒体产生了巨大影响。以前，如果索尼要介绍新型号的电视机，它会在报纸、杂志及各种电视节目或电视网上做广告。索尼知道它的广告也会覆盖根本没有兴趣买电视的人群，不过公司为了覆盖到少数感兴趣的人，可以忍受这种无效性。正如百货商店之父约翰·沃纳梅克（John Wanamaker）所说"我知道广告有一半是浪费，但我不知道是哪一半。"不过，在互联网上，广告主也许能找到大大减少浪费的方法。

互联网使广告主把广告对准最有可能购买产品或服务的人们。搜索引擎广告就是最明显的例子。索尼不再把大笔钱花在电视广告上，而是可能付钱给谷歌，在任何人搜索"电视机"或近似词时把广告放置在搜索结果旁边。再举个例子，类似亚马逊、易趣和奈飞这样的网站追踪人们购买或租借的商品，这样当他或她再次访问网站时，会得到一份基于其搜索和购买行为以及基于相似商品购买者或租借者的行为的推荐商品列表。

而且，互联网让广告主更容易搜集庞大群体的大量数据。数据处理软件能挖掘出看似毫不相干的数据的关联性。有一项数据挖掘发现，购买大屏幕电视机的人上网时最喜欢浏览军事网站。这些人在网上购买电视机的行为则排在第 18 位。所以，电视机生产商很可能把一部分广告预算投到军事网站上，而在数据挖掘时代之前他们可能不会这么做。

另外，广告主把更多的广告预算投到媒体之

外的地方，比如病毒营销、特殊活动的赞助和公共关系上。例如，数一下 NASCAR 赛车上的广告数量。POP 广告和店内广告更受欢迎，每年吸引了 100 亿美元以上的广告费。

以上导致了大众媒体广告的"**去耦**"（decoupling）。没有足够的理由说明为何广告主要付薪水给电视明星和广播 DJ。随着企业和组织找到更多有效的方式来营销其商品和服务，更多的收入会从媒体流向其他广告和营销形式。冰冻三尺非一日之寒，但明显已成定势。老的广告模式正在逐渐流失其根基，有一天会总体崩塌。依赖广告的传统媒体正在寻求其他应对转变的生存之道。

消费者广告产业的结构

广告业有三个主要的组成部分：广告主、广告代理公司和媒体。下面我们将依次讨论。

广告主

广告是几乎所有提供产品或服务给公众的组织的总营销计划中的一个重要部分。广告主包括在当地周报上花 4 美元登一个广告的街角自行车铺，也包括诸如 AT&T 这样每年广告额达 30 亿美元的跨国大企业。

从基本层次来说，我们可以区分出两种不同类型的广告主：全国的和零售的。**全国性广告主**（national advertisers）向全国的顾客推销他们的产品或服务。全国广告的重点是这种产品或服务，而不是销售这种产品或服务的地方。比方说，可口可乐公司感兴趣的是软饮料的销售。公司不会在意你是在当地的超市，还是在一家小便利店，还是从自动贩卖机上购买它们的产品的。**零售广告主**（retail advertisers）（也叫做地方广告主）是像当地的饭店、汽车经销商、电视修理店和其他只在一个城市或贸易区拥有顾客的商业和服务机构之类的公司。零售广告主希望把顾客吸引到一家特定的商店或商业场所。有些公司既是全国的又是地方的广告主。例如，西尔斯百货（Sears）和塔吉特百货在全国做广告，但是它们的单个商店用当地广告来突出自己独特的销售和宣传。像麦当劳和汉堡王这样的专卖店，通过在电视网上做广告来维持它们的全国形象，而它们的地方销售点则在报纸上登广告以吸引来自地方社区的顾客。

当然，组织会根据它们的规模来处理其广告业务。有些公司拥有属于自己的广告部门；一家小型的零售商店也许会有一个人来负责广告和营销，他可能同时还负责别的事情。不管大还是小，所有的广告主必须注意几项基本的职责。包括设计广告和决定它们出现在哪里，为广告预算留出一定数量的钱，协调广告和机构内其他部门的关系，如果必要的话，还要监督外面制作广告的代理机构或公司的工作。此外，一些大的广告主有专门的部门创作和筹备所有的广告素材，为广告购买位置和时间，并检查广告在实现它们的目标方面是否有效。

广告代理公司

根据美国广告代理协会（American Association of Advertising Agencies）的说法，**代理商**（agency）是一种独立的商业机构，组成人员包括创作人员和商业人员，他们为寻找顾客的商品和

359

服务卖主开发、筹备和发布广告。过去，广告代理公司坐落在少数几个大城市，如纽约、芝加哥和洛杉矶。然而那种趋势已经改变，近年来很多值得纪念的广告活动由远离麦迪逊大街（Madison Avenue）的代理商所组织。但是，说到总收入的时候，大城市的代理商还是占优势。

由于几家大型广告代理公司的合并和联合，最近几年代理行业见证了大量超级代理公司或巨型代理公司的诞生。另外，由于这些新的巨型代理公司在全世界都拥有分支机构，这个行业已经全球化了。表15—1列出的这五家巨型代理公司在2009年年终统治了这个产业。

表15—1   2010年排名前五的广告代理公司

公司	总部	2010年收入（亿美元）
WPP集团	都柏林	144
奥姆尼康（Omnicom）	纽约	125
阳狮（Publicis）	巴黎	72
埃培智（Interpublic）	纽约	65
日本电通（Dentsu）	东京	26

广告代理行业的全球化同其他许多媒体的全球化一样明显。表15—1中有三家巨型集团为国外企业。

代理公司可以按它们所提供的服务范围来分类。一般而言，主要的类型有三种：全服务型代理公司、媒介购买服务公司和专业创作公司。

顾名思义，**全服务型代理公司**（full-service agency）为其客户打理广告过程中的所有阶段，它设计、创作、制作和发布广告。此外，它可能还提供其他的营销服务，如促销、行业内部预映展览会、业务通讯和年度报告。理论上说，其客户不需要再去找其他帮助促销其产品的公司。

媒介购买服务公司（media buying service）专门购买广播和电视的时间，并把它转卖给广告主和广告代理公司。服务公司把时间卖给广告主，订购不同电（视）台的节目时段，并对电（视）台进行监控以保证广告确实得到播放。

专业创作公司（creative boutique）（20世纪60年代时期创造的名字，并延续到现在）是一种专门负责广告实际创作的机构。通常，专业公司创作有想象力的和与众不同的广告主题，并制作有新意的和原创的广告。一家使用专业创作公司的公司还必须雇用另一家代理公司来负责与广告有关的设计、购买和管理。

全服务型代理公司会为客户做些什么？首先，代理公司对这种产品或服务进行研究，确定其适于销售的特性和它如何应对竞争。同时，代理公司对潜在的市场、适当的销售计划和合适的广告媒体进行研究。然后向客户做一次正式的陈述，详细说明它的调查结果和它所推荐的广告策略。如果客户同意，代理公司就进入执行阶段。这个阶段需要撰写和制作广告，在不同媒体上购买位置和时间，把广告发布到合适的媒体上，并检验所有广告都确实发布了。最后，代理公司会与客户的销售人员密切合作，以确保其从广告中获得尽可能大的利益。

随着广告转向网络，出现了专门创作和发行网站广告的新型广告代理公司。这些数字广告代理公司与广告网合作，广告网从各个网站上购买网页空间，再转售给广告主。网站被广告网买下后，诸如DoubleClick这样的广告服务公司就可以在上面发布广告了。

 社会问题

数据抓取

你是不是好奇过有些网站在登录前要求你输入的那些歪曲的、变形的字母和数字是什么？它们叫做"验证码"，能区分出真实的人类与"抓取"网站用户个人信息的电脑。

考虑到网站上充斥的所有信息，难怪很多

公司对运用网络信息来进行商业推销很感兴趣。数据抓取是从上万甚至上百万的网站中采集大量信息。如果企业缺乏资源和时间来自己做数据抓取，可以雇用外面的公司来做。用谷歌搜索"网站数据抓取"就会找到很多家专业公司。有家公司的网站正好就叫"网站数据抓取",号称可以抓取网上的任何信息,包括图像、文件和数据。这家公司还称:"我们保证能找到你的数据,即便网站被封了。"

有些数据抓取师专门抓取商业数据:竞争者的产品、价格和营销策略等信息。有些范围更私人。有家数据抓取公司提供的包含潜在数据的个人信息要价 14.95 美元。另外有家公司开发的抓取软件可以把人们的真实姓名与博客和社交网站上的假名做匹配。最大的数据抓取公司尼尔森巴兹度量(Nielsen Buzz Metrics)是电视收视率公司尼尔森公司的分公司。数据收集的范围包括 1.3 亿个博客、8 000 个留言板、Twitter 和其他社交网站。如果有人说某家公司的坏话,巴兹度量会通过一项称为"威胁追踪"的服务来进行报告。大的数据抓取公司单项服务收费 1 万美元。如果你支付不起的话,可以在网上查找免费的 DIY 抓取软件。

当然,网上有很多可供抓取的公开信息。比如在 Spokeo.com 上,可以免费搜索个人年龄、婚姻状况、住址、房屋购买价格和附近居住人口。所有这些信息都可以在公开记录上找到,但网上的公开数据库使得数据搜集变得简单得多。再付多一点费用,Spokeo.com 和类似公司能报告包括爱好、大致收入、家庭电话等个人信息,能抓取社交网站上的朋友、照片和视频等数据。值得注意的是这些网上抓取的信息不能保证准确和最新。

尽管很多公司不反对其网站被数据抓取,网站数据抓取还是引发了若干道德和法律问题,包括隐私侵权、知识产权盗用和非法入侵电脑。有个案例中,一家房地产公司的所有在售房源名单信息被其竞争对手通过数据抓取获得,并公布在它的网站上。最闻名的案子涉及尼尔森公司和一家叫 PatientsLikeMe.com 的网站,这是一家病人对身体状况和服用药物的评价分享网站。网站要求用户注册登录账号来参与评论。尼尔森的抓取程序伪造用户账号,然后复制网站在线论坛上的所有讯息(这些信息对于大药品公司来说具有极大的吸引力)。PatientsLikeMe.com 最终揭露了此事,尼尔森承诺再也不抓取要求登录的网站的数据。

网站也可以通过几种途径来保护其不受恶意的数据抓取。本文前面提到的验证码就是一种。有些网站运用软件标记可疑行为,如在短时间内浏览大量帖子。有一点是大家都推荐的:人们应该在发表评论前阅读并理解每个网站的隐私条约。

媒体

广告业的最后一部分由大众媒体所组成。媒体是广告公司与其顾客之间的连接物。广告所能利用的媒体包括一些引人注目的媒体——广播、电视、报纸、杂志、互联网——和另一些并不怎么引人注目的媒体,如直接邮件、广告牌、交通卡(公交卡和车辆卡)、运动场记分牌广告、POP广告、电子邮件、聊天室,甚至 iPod。第 5、6、8 和 10~12 章介绍了主流大众媒体的概观,并讨论了它们对不同类型的广告的依赖。本节将以一个广告主的视点来考察这些媒介。

就算是最巧妙和最富有想象力的广告讯息,如果被传达给了错误的人,它也会失败。为了确保这种情况不会发生,广告主雇用非常熟练的媒体规划者来帮助它们安排广告的发布场所和时间。

广告专家从四个尺度来对媒体进行评价:

1. 范围:有多少人能获取这条讯息?

2. 频率:这条讯息多久被接收一次?

3. 选择性:这个媒体实际是否到达了潜在的顾客?

4. 效率:它覆盖一定数量的人要花费多少钱?(这个通常以每千人成本来表示。)

表 15—2 总结了不同媒体是如何按这些尺度来

361

鉴定等级的。

表 15—2　　　　不同媒介的广告特性

特性	媒介						
	报纸	杂志	广播	电视	户外	直邮	网络
范围	高	低	高	高	高	高	中
频率	高	低	高	高	高	中	中
选择性	低	高	高	中	低	高	高
效率	中	中	低	高	高	高	中

除了以上这些需要考虑的事项外，广告主在决定用哪种媒体之前还必须考虑许多其他的因素。决策中的一个重要部分是对由每种媒介的物质属性所强加的创作局限性的考虑。例如，电视能让广告主动态地展示产品。但电视广告不足以且不能被用于展示大量的技术信息。YouTube 广告视频可以想多长就多长，但它们可能会淹没于这个网站上海量的视频之中。杂志广告可以是全彩的且能展示大量数据，但是它也许没有电视广告那样的效果。总而言之，在最终的广告组合中选择使用哪种媒介是一个难题。

 ## 制作广告

部门和员工

大型广告代理公司通常有四大部门：创作部、客户服务部、营销服务部和行政部。

创作部，正如其名字所示，负责实际制作广告。这个部门的人撰写广告**文案**（copy）（广告的标题和广告词），挑选实例，准备图片和/或指导广播、电视和网络广告的改编和制作。

客户服务部负责代理公司和客户之间的联系。因为广告代理公司是做广告的企业之外的组织，所以有必要委派某人，通常称作客户主管（AE），去促成客户和代理公司之间的沟通和默契。AE 在客户面前必须代表代理公司的看法，但同时要兼顾广告主的需要。由于 AE 往往成为中间人，他或她的工作显然是代理公司中重要的一部分。

营销服务部负责给客户提供关于他或她的信息用什么媒体的建议。这个部门通常广泛运用由发行审计局、阿比创、尼尔森、comScore 和其他在前面几章提到过的受众调查服务机构所收集的数据。这个部门还主管所有与广告有关的促销，包括赠券、奖金和其他经销商辅助手段等。

最后，同其他任何行业一样，广告代理公司需要一个部门来管理代理公司日常的行政工作。这个部门负责办公室管理、文书、财务、人事和新雇员的培训。

广告活动

展示怎样制作广告的最佳方式是呈现一场针对一种全国性产品的广告活动。**广告活动**（campaign）由在指定时间内出现在许多媒体上的大量广告所组成，所有广告强调同一个主题或诉求点。以下是简化的典型广告活动的六个阶段：

1. 选择营销策略
2. 挑选主要的诉求点或主题
3. 将主题转化到不同的媒介中
4. 制作广告
5. 购买空间和时间

6. 执行并评估此次活动

在第一个阶段中，要进行大量的调查以确定目标受众、营销目的、适当的产品或服务价格和广告预算。在这个阶段经常听到**定位**（positioning）这个词。定位有很多解释，但一般来说它是指使一种产品或服务适应于这个广阔市场中的一个或多个部分，以至于不用对产品进行任何修改而使它远离竞争。

 媒介探索

我看到的是笑容吗？

你经过的广告牌可能比你认为的要智能。广告商开发的电子广告牌和其他设备可以识别人类表情和动作。为什么广告商对此感兴趣呢？想象一下可能性。新的面部识别软件变得如此精致，以至于它可以侦测到扬眉这样的微表情。如果广告牌侦测到微笑，它就会展示更多产品信息。如果它侦测到的是皱眉，就可能转到另一幅画。广告牌也可以根据观者的性别来特制讯息。

Xbox 体感游戏 Kinect 的玩家就直接体验了新科技。Kinect 通过识别玩家的肢体动作来进行游戏，不需要操控器或摇杆。这项设备还可以通过面部识别技术来识别玩家储存的个人资料和游戏人物。不用说，广告商正在想办法利用这一点将广告对准某些游戏玩家。

同很多新科技一样，面部和动作识别也导致了隐私权问题。巴菲一走进来，店内广告牌马上就识别其面孔，并关联其名字，上网检索关于她的信息。你希望百货商店知道多少你的信息？

比如，帕尼罗面包店为了使其与其他三明治店区别开来，强调帕尼罗的用餐体验更佳。其广告宣传语是"让今天更好"，广告指出帕尼罗的面包出自专业面包师，给顾客提供真正的银质餐具。

Old Navy 调查发现大家普遍误认为男人的衣服都是女人买。其实男性经常自己购物，且经常一买就是一堆。因此，Old Navy 发起了一场广告活动，目标是把公司定位为一家同时为男性和女性服务的商店。这家公司在 YouTube、Facebook 和杂志上发布广告，甚至在移动媒体上开发了自己的应用程序。

在这种产品或服务被定位之后，就要挖掘广告活动的总的主题，主题被转换成印刷的、广播的和在线的广告。譬如，2010 年 AT&T 发起的广告活动的主题是"重新思考的可能"（Rethink Possible），目的是让消费者更加熟悉 AT&T 的星球商标。伴着电影《欢乐糖果屋》中的歌曲《纯真幻想》（*Pure Imagination*），电视广告、印刷媒体和社交媒体上展现了色彩缤纷、千变万化的星球商标。

广告的实际制作同其他媒介内容的制作方式一样。在印刷媒介中，文案、标题、副标题、任何附加的说明和版面设计先以大致的形式准备好。最初的步骤通常只是画一个简略的草图，它可以被用于实验广告中不同的排列方式。标题可能被移到下面，文案从右边移到左边，等等。接下来是形成**粗略设计图**（rough layout），一张广告实际大小的图。通常要准备几张，而最好的一张被用于制作**详细设计图**（comprehensive layout），这张设计图将被用于制作广告。很多代理公司用外面的美术工作室和印刷商来帮助它们制作印刷广告和广告牌。

广播广告的撰写和创作与早期广播剧节目的制作方式相同。剧本以这样一种方式准备好，即把对话、音效和音乐结合在一起从而制作出想要的效果。然后广告节目或者在录音棚内被制作出来，或者在室外被实况录制下来。在每个案例中，编辑的后期制作加入任何想要的特技效果，最后，一本用来复制和发行的母带就准备好了。

他们真的这样认为吗？

网上有很多博客专门写游记。人们向其询问航班、酒店和旅游景点的信息。他们认为博客作者会给出他们最真诚的、公正的产品或服务评价。如果博客抱怨某家酒店的住宿，读者往往认为博客说的是事实。

也许是，也许不是。很多时候，广告商付钱给表扬它们的博客。多数时候读者不知道这些交易。由于经济低迷，这种行为越来越普遍，越来越多的博客寻求增收的方式。有些博客在网上发布讯息表示，他们接受报酬但这并不会影响其意见。即使是那些没有公开自己接受报酬的博客，也认为接受报酬不会影响他们的观点。

当然，很多传统媒体也接受潜在广告商的礼物，不过对之有道德纲要。广告从业者也有职业道德规范要求公开广告中的所有信息。口碑营销协会的职业规范中指明："我们反对制造商、供货商及其任一代表以现金收买消费者来推荐、评论和认可的营销行为。"

这个伦理问题与跟"口碑营销"有关的问题类似。博客的情况有点儿不同，因为他们在不同的论坛上。比起熟悉的博客，消费者可能更怀疑不太熟悉的博客。不过，如果博客拒绝承认他或她接受了其评论的产品的商家的报酬，就涉嫌欺骗。如果博客声明获得报酬并不影响观点就不会有问题。至于欺骗，伦理专家认为这是不当行为。

承认获得报酬，但声称其不会影响评论会怎样？按理说，这种立场更站得住脚，但博客欠其读者关于公正性的证据。举例出示最终获得负面评价的产品所付的报酬，是证明其公正性的一种方式。

有些时候会发生法律与道德冲突的情况，这时政府就要出来发挥作用。2009 年年末，联邦贸易委员会提交了规范博客和社交媒体用户对产品评论的条例。提议中有一条是，如果有人获酬评价产品，然后做了虚假产品评论，此人可因做虚假广告而被起诉。例如，如果药品公司付费给博客让其评论一个新的足部保健产品，博客谎称该产品治愈了脚气，联邦贸易委员会就可以起诉该博客和药品公司。

无论如何，就像网上的其他东西一样，读者应该怀疑博客的产品评价，除非他们可以判断博客的可信度。

准备电视广告节目的开始阶段是做**故事图板**（storyboard），即一系列描绘设想好的广告中关键场面的图。故事图板一般在制作开始前展示给客户看。如果客户有任何异议或建议的话，它们可以在制作前被整合到剧本里。一旦故事图板被通过，广告节目就准备进入制作。大多数电视广告用胶片拍摄（尽管现在有些改成了录像带）。电视广告是制作费用最昂贵的广告。一段 30 秒随随便便就会花掉 350 000 美元。特技效果，尤其是动画，会使费用更高。为了努力降低费用，电视广告制作的重头花在设计和排练上。同印刷媒介一样，很多代理公司雇用外面的制作专家来制作广告。

与此同时，其他创意团队的成员也在筹备网络广告和社交、移动媒体的广告。横幅广告、弹出式广告和隐藏弹出式广告仍是最常见的在线广告类型，但其他形态也变得流行起来。闪屏是网页加载前显示并在短暂时间后消失的网页。擎天柱广告是镶嵌在网页一边或两边的垂直式旗帜广告。浮动广告是随用户滚动网站页面时上下移动或跨页显示的广告。

壁纸广告改变浏览页面的背景。电视广告的短篇或长篇版本也有可能发布在广告主的网站或 YouTube 上。

创作部组合印刷、网络和电视广告的时候，营销部购买被判定为适合于广告活动的媒体的广

365

告时间。如果产品是季节性的（如防晒油、雪地机动车），这些广告则按日程表预定好时间，在稍微早于人们开始购买这些商品的时候以及购买期间发布。对于其他产品和服务可能提倡做整年稳定的广告计划。

活动的最后一个阶段是广告的实际发布。在这个阶段之中和之后要进行测试以证明消费者是否看到并记住了这些广告。另外要仔细销售数据以判断这个广告活动是否对销售产生了预想中的效果。

 社会问题

广告与社交媒体：新的风险

过去几年里，喜剧演员吉尔伯特·戈特弗里德（Gilbert Gottfried）一直为 Aflac 保险公司广告中的鸭子配音。听过戈特弗里德表演的人可能认为他的笑话有时候索然无味。像大多数喜剧演员一样，戈特弗里德也有 Twitter 账号，他偶尔会发布几则笑话。

日本地震海啸之后，戈特弗里德发布了几则灾难笑话，说得婉转点，其品位值得质疑。如果戈特弗里德只是在某次表演中说了那些笑话，少数人可能会觉得受到冒犯了，不过问题可能不会爆发。一旦放到网上，就会迅速传播开来，成千上万的人都可能看到。戈特弗里德在 Twitter 上的俏皮话就这样传播开来。

Aflac 是日本最大的保险代理商，大约 75% 的收入都来自日本市场。当公司发现戈特弗里德的笑话后，马上炒了他的鱿鱼。这个喜剧演员从 Twitter 账户上撤下了笑话，并发表了一封致歉信，但 Aflac 宣布要为形象鸭重新找配音员。

与此同时，负责克莱斯勒 Twitter 营销的广告代理商的一名职员发了这么一条推文："我发现底特律号称汽车之城是很讽刺的，这里没有人知道如何驾驶。"显然，这条 Twitter 消息本来是要发到职员的个人账户上的，但是却被误发在了克莱斯勒品牌账户上。广告代理商很快删除了这则消息并解雇了这名员工。这个不幸的事故正逢克莱斯勒大做赞扬底特律及其勤劳居民的广告活动。毫无疑虑，克莱斯勒宣布不再与这家广告代理商续聘。

随着社交媒体营销越来越广泛，这两个案例暴露出广告商和员工的新问题。首先，广告商需要指定政策约束其员工和代言人在社交媒体网站上发布内容。Aflac 是否希望戈特弗里德不要在 Twitter 上发布笑话？幽默是人们对抗悲剧的一种方式，喜剧演员曾经越过的某些底线也被社会接受了。有人可能认为导致戈特弗里德被解雇的事只是喜剧演员的职业：讲笑话。无论如何，代言人受雇时需要清楚理解代言工作，代言人的公开发言和个人发言之间的界限是相互渗透的，代言人在发言和发布 Twitter 前应三思。

其次，当像戈特弗旦德这样的长期代言人越过品位界限时，广告商如 Aflac 不要感到震惊并假装清高。他还讲有关肯尼迪刺杀案和挑战号航天飞机失事的笑话呢。要是 Aflac 考虑了社会适宜性的话，它是应该另聘他人的。

最后，克莱斯勒事件提出的问题是用什么去衡量员工在社交媒体上的越界行为。关于底特律的评论是误发。这个错误至于解雇吗？这个事件严重到要终止合同吗？（克莱斯勒的反应甚至更加莫名其妙，因为这则强调底特律是公司根基的广告活动的代言人是说唱歌手埃米纳姆，他的歌曲中反复出现的词语对该汽车公司的冒犯程度更严重）无论如何，要是有明确说明如何处理诸如此类事件的指南，广告商和其代理公司都会从中受益。

广告调查

广告调查发生在广告活动的所有阶段，它能帮助代理公司及其客户对它们的策略和战略做出有见解的决定。**构成要素调查**（formative research）在活动开始之前进行以帮助指导创作。它可以采用多种形式。一种是界定受众——确定目标市场，如"18 至 34 岁的女性"或"所有成人"。完成这一步之后，是对受众进行解析以尽可能多地发现目标市场是如何生活的——他们想些什么，他们的态度如何，他们是怎样决定购买的。

下一个阶段是**讯息调查**（message research），包括预先测试为广告活动而发掘出来的讯息。预先测试最起码能决定受众能否真正理解这些广告。这种类型的测试意在避免可能存在的双重意义，或可能被创作人员忽略的性别意义。另一种预先测试是由调查人员出示包含印刷广告的杂志样品和电视广告的粗剪片来测试受众。目的是测试消费者能否记起广告的要点以及他们对产品的态度是否显现出任何改变。有些广告活动会在实际市场中进行试点测试。**分线传输**（split-cable transmission）可以对一群人放映广告的一个版本，对类似的另一群人放映另一个版本。对两个广告进行比较，看看哪一个效果更好。杂志的分刊发行运用的是相同的策略。

跟踪研究（tracking studies）考察在实际的广告活动期间或之后广告本身的表现。抽取消费者研究，看看他们能否回忆起广告，他们关于产品的看法是否改变，以及他们是否实际购买了广告产品或使用了广告服务。

366

广告经济

本节将在两种水平上来考察广告经济。首先，我们会看一看整个产业，追踪花费在不同媒体上的广告费。其次，我们会缩小我们的关注点，考察一家代理公司是如何赢利的。

媒介探索

价格比较

广告商使用千人成本（缩写为 CPM）来帮助计算比较媒介广告购买。CPM 的计算方式为广告成本除以广告覆盖受众（以千人计）。因此，如果一则覆盖 20 万人的广告成本为 400 美元，其 CPM 为 2 美元（400÷200＝2）。

2010 年，部分媒体的平均 CPM 如下：

广播电视	$10.25	电台	$4.54
杂志	$6.98	网络	$2.43
有线电视	$5.99	社交媒体	$0.56
报纸	$5.50		

网络和社交媒体的 CPM 如此之低，是因为网上的广告空间是无限的，任何经济系的学生都知道，需求不变的情况下，供大于求，价格降低。

不同媒体的广告量

2010 年全球广告费总计 3 900 亿美元。图 15—1 展示了这些钱是如何在不同媒体之间进行分配的。从 1980 年以来，报纸广告份额有所下降——杂志也一样。电视显现出显著的增长，而户外广告显现出适度的发展。未来互联网可能会占据更大的份额。

367

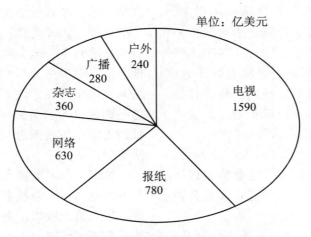

单位：亿美元

户外 240
广播 280
杂志 360
网络 630
电视 1590
报纸 780

图 15—1　2010 年各媒介的全球广告花费

代理费

按历史惯例，主要的大众媒体按广告代理公司购买的时间和位置给予它们 15％ 的佣金。然而，最近佣金制度普遍衰落。很多广告主与广告代理公司达成了按工作成果付费的协议。广告代理公司的报酬是以销售或其他一些对工作成果的测量为基础。如果销售上涨，广告代理公司拿到的钱就多。也有公司付给代理公司固定的费用，还有一些公司则是统一费用加上以工作成果为基础的奖励。

 ## 企业广告

顾名思义，企业广告不是向一般的消费者而是向其他企业销售产品和服务，通常是经由专门的行业报刊、直邮广告、电子邮件、网站和专业期刊发布，并在贸易展览中展映。企业广告有四种主要的类型：

1. 商业的。针对批发商和零售商为商品和服务做广告，它们再将这些商品转售给更普遍的受众。

2. 工业的。为用于进一步生产商品和服务的产品做广告，如复印机、铲车和钻床。

3. 职业的。以医生、律师、建筑师、护士和其他可能影响购买过程或将产品用于他们的职业中的人群为目标的广告。

4. 农业的。针对农民的广告，可能是关于诸如饲料、肥料、种子和化学药品之类的产品。

尽管它可能并不打眼，但是企业广告是一宗大买卖。有些人忽略了企业广告这门事业，因为他们觉得它不如消费者广告那样有魅力。可能事实是这样的：推销一种化学溶剂、台式发酵器或鼓风炉，没有为一辆时髦的新型跑车设计广告活动那么炫目。可是，如果从其自身来看，企业广告对于创作的挑战更大。想出一个推销跑车的主题很可能比为化学溶剂想出一个吸引人的创意要容易许多。

368

消费者广告 vs. 企业广告

消费者广告和企业广告之间存在着一些明显的区别。本节将列出四个区别。

第一，企业广告的目标受众群体要小得多。有些产业中，受众可能以百来计算。为石油产品制造储油罐的公司已经确定，在美国只有 400 人被批准购买其产品。在其他地区，可能有数千人。当然，这就意味着必须谨慎地选择用于覆盖目标市场的媒体。比方说，在核反应堆行业里，这个市场中的每一个人都可能阅读一两种出版物。

第二，大多数做广告的产品往往是技术性的、复杂的和昂贵的。对广告主而言，这意味着这些广告很可能包含了大量技术性的信息，而且会强调其精确性。

第三，购买者将会是专业人员：购买代理商，其唯一的工作就是为他们的公司购得产品和服务。一般而言，购买代理商所做的决定是以理智和调查为基础的。一笔大购置中一两分钱的误差，可能会使公司损失几千美元。因此，企业广告通常会理性选择途径。此外，对广告主来说确切地知道是谁做出的购买决定很重要，因为大企业大多数的购置一般是通过与公司中的其他人商量后所决定的。

第四，个人推销在商业舞台上扮演着更加重要的角色，而广告被频繁地用于支持这个领域中的销售人员。所以，企业领域的广告预算可能没有消费者领域那么高。

媒体

企业广告的媒体组合也不同于消费者广告。由于目标受众群体往往较小，私营媒体是最好的。商业报刊往往成为广告活动中的支柱。一项研究表明，大约 60% 的行业广告金额流向了商业和行业出版物。行业出版物可能是横向的，涉及与产业无关的工作职责（如购买代理商）；或者是垂直的，囊括了整个产业中所有的工作类型（如液化石油气）。

直邮和电子邮件也是一种有价值的企业广告工具。高度差异化的投递名单准备好后，就可以把广告投递给最有可能的潜在顾客了。研究表明商人之间的邮件比消费者之间的可能更有效。大部分直邮广告没有拆开就被一般公众扔掉了，但大多数商人会阅读或至少浏览电子邮件和直邮广告。

在行业名录上做广告对于通过经销商而非自己的销售人员进行销售的公司尤其重要。由于名录是对这个公司的直接反映，所以要额外小心地确保它是最新的、准确的，而且视觉上吸引人。

大众媒体中的企业广告过去往往很罕见，但是有些大公司，如联邦快递公司（Federal Express）、IBM 和施乐复印机（Xerox）已充分将它加以运用。例如，联邦快递公司发现在它开始在消费者媒体上做广告之后，其交易增长了 40% 以上。必须巧妙地购买大众媒体上的时间和位置，因为如果真正的决策者不在受众中的话，多余的覆盖范围会带来损失和风险。专业有线频道使很多企业广告主可以使用更加大众的媒体以减少覆盖多余范围的可能性。例如，CNN 的《钱线》（MoneyLine）和 CNBC 上的几档节目吸引了一批包括很多商业决策者在内的观众。一般的新闻杂志，如《时代》和《新闻周刊》，同《福布斯》、《商业周刊》和《财富》一样，是这类广告很自然的选择。

企业广告加大了对互联网的使用。企业网站上可以放大量的技术数据、产品描述，以及能让顾客精确地找到其感兴趣的产品的搜索引擎，还有其他对潜在购买者有用的信息。

诉求点

企业广告中的文案受到密切关注。很多消费者广告依靠印象和风格来传递它们的讯息。其文案往往很简短，并能迎合情感。企业文案往往更长，更详细，且更实际，高度重视精确性和完整性。如果广告中包含了技术性的错误或夸张之词，产品的信誉就会受到损害。企业广告中一些最常用的形式有证书、案例记录、新产品的消息和演示。

伦理问题

广告和儿童

　　毫无疑问广告主对准了儿童受众。过去几年里我们目睹了专业儿童媒体的发展：尼克国际儿童频道（Nickelodeon）、网站、儿童杂志、电影配套读物，甚至还有汉堡包的包装纸。2008 年，大约 20 亿美元的广告费是针对儿童的。

　　这种增长的部分原因是，孩子们已经成为家庭购买决策中的重要因素。首先，他们有更多的钱来花费。14 岁以下的孩子有零用钱，也能挣钱，每年收到的礼物总计约 200 亿美元。另外，孩子们可能还影响了另外价值 2 000 亿美元的购物决定。其次，单亲家庭和双职工家庭的增多意味着孩子们现在决定着曾经留给爸爸妈妈处理的部分购买行为。

　　难怪各公司正加紧努力覆盖这部分市场。除了传统的玩具制造商，谷类食品公司和快餐店也处于混战中。例如，通用汽车在《体育画报儿童版》（Sports Illustrated for Kids）中为其新的小型货车发布了广告，并向大购物中心派送了货车原型，在货车里的录像机上放映迪斯尼的《大力神》（Hercules）预告片。通用公司并不指望有多少六岁的小孩出去买一辆货车，但是这家公司通过调查得知孩子们对决定买哪种货车可能有影响。也是出于这种关系，联合航空公司（United Air Lines）通过提供麦当劳的欢乐套餐来取悦年轻旅客。

　　考察儿童心理的市场调查已经被运用于帮助推销商品了。调查者得知七八岁的小孩喜欢收集东西。这种强烈的欲望过去常常通过瓶盖、贝壳和棒球卡来满足。近来，"豆宝宝"（Beanie Babies）的制造商通过创作大量不同的用来收集的动物玩具、限量和绝版模型来人为地制造供不应求，趁机利用这种欲望来赚钱。

　　这种营销甚至延伸到了学校。很多公司捐赠资金、设备和教育材料给学校，以让它们有机会打广告。这全是由壹调频（Channel One），一档针对学生的新闻节目所引起的。为了感谢一次对电子设备的捐赠，学校同意插放包含广告节目的新闻。其他公司没过多久也仿效壹调频这么做了。例如，耐克向学校寄出组装鞋子的成套工具。这样老师在教授关于环保制造业（大概是像耐克这样的公司）的课程时，用它帮助孩子们制作运动鞋。麦当劳赞助 7 周课程，教授怎样建立一家麦当劳餐厅和如何去那里面试找工作。有些校区因为资金困难，出售了校车车体和学校走廊的广告位。

　　有很多人觉得所有这些针对儿童的推销都不对。他们争论道，儿童是一群天真的受众，容易受到广告产业中浮华的、善于游说的技巧的伤害。没有父母愿意让推销员到家里来和他们的孩子进行谈论；他们又怎么会让电视把他们的孩子当作目标呢？他们还声称广告教给孩子不良的价值观。广告关注表面的东西和物质的东西，它还美化了消费。最后，批评家争辩说，广告通过鼓励孩子们为了他们看到的广告产品去纠缠他们的父母，从而创造了父母与孩子之间的冲突。父母一定会说不，这可能会引起争吵。有些证据支持了这些见解。然而，即使没有证据，很多人还是觉得针对小孩的广告完全是错误的。

　　广告商回答说这些批评家并没有给予孩子足够的信任。他们觉得孩子们是比成人所认为的更加老练的消费者，而且很快就能学会看穿某些广告中的炒作和操纵伎俩。另外，营销团体指出孩子们会生活在一个充满广告的世界里。在年幼的时候就开始接触广告，会帮助他们学会成年后如何应对广告。最后，他们争辩道，孩子们可以从广告中获得关于新产品和服务的有价值的信息，这些信息能改善他们的生活。

　　当然，这个问题除了具有道德暗示外，还具有法律上的弦外之音。到目前为止，政府是站在孩子们一边的。《儿童电视法案》（Children's Television Act）限制针对儿童的电视节目中的广告时间。政府和烟草工业达成一致，禁止骆驼（Camel）香烟公司在其广告中使用卡通人物骆驼乔，因为这个人物对儿童具有吸引力。有人提议禁止或限制啤酒、葡萄酒和烈性酒的广告。尽管做出了这些努力，但很显然父母才是直接面对这个问题的人。

然而，这并不是说所有的行业广告都应该是呆板的、乏味的。近年来，有几家专门从事企业广告的广告代理公司把温情、诙谐和创造力引入到广告讯息中。这种行为的基本原则是商人也是消费者，他们会像消费者一样对企业和行业广告做出反应。

广告业的职业前景

广告业就业在经历了几年凄凉的年景之后又开始缓慢复苏。2010 年广告代理商的招募人数约为 2 500 人，前两年都在萎缩。就全美而言，2010 年广告和营销服务有 70 万就业者，比 2007 年下降了近 10%。具备数字制作技术和熟悉社交媒体的人最有希望找到工作。

各个媒体的职业前景变化迅速。关于广告业当前状况的更多描述以及更为详细的职业选择介绍，请参考本书网站：www. mhhe. com/dominick12e。

要点

- 广告是由某个赞助商买单的，对观念、商品和服务的非个人的任意形式的介绍和宣传。
- 广告可以按目标受众、地理中心和目的进行分类。
- 现代广告始于 19 世纪晚期，20 世纪早期随着杂志和广播成为大众广告媒介而得到发展。
- 第二次世界大战后，广告快速发展，尤其是在电视出现的时候。

- 过去 20 年见证了广告新渠道的开辟，包括有线电视和互联网。网络广告在过去几年内得到发展。
- 广告产业三个主要的组成部分是广告主、广告代理公司和媒体。
- 广告代理公司为客户组织大型活动，包括市场策略、主题、广告本身、媒体时间/位置和评估。
- 尽管没有消费者广告那么引人注目，企业广告还是占了这个产业中相当大的一部分。

复习题

1. 广告的三个界定特征是什么？
2. 简述广告业的三个主要的组成部分。
3. "去耦"是什么意思？

4. 什么是定位？为什么它对于广告主很重要？
5. 如何区分消费者广告与企业广告？

批判性思考题

1. 没有广告社会会是什么样子？

2. 对儿童做广告是正确的吗？如果你认为对儿童做广告是适当的，有没有特殊因素应该被运用于这样的广告？

3. 查找一下全国性媒体中正在进行的广告活动。当前运作的主题有哪些？

4. 你如何断定一个广告活动是否有效？

5. 五年之后"病毒式营销"是否还存在？为什么？

6. 回顾"文化批判问题：文化内涵与商标人物"，然后思考以下问题。为什么营销人员希望我们与大众产品建立情感联系？Aflac 鸭是不是让你对保险有了更正面的感觉？除了詹米玛大婶的例子，商标人物如何反映了种族和性别期待与刻板印象？

372 ## 关键词

目标受众

消费者广告

企业广告

基本需求广告

选择性需求广告

直接作用广告

间接作用广告

广告代理公司

病毒广告

去耦

全国性广告主

零售广告主

代理商

全服务型代理公司

媒介购买服务公司

专业创作公司

文案

广告活动

定位

粗略设计图

详细设计图

故事图板

构成要素调查

讯息调查

跟踪研究

互联网冲浪

下面这些网站仅仅是与本章相关的上百家网站中的一小部分例子。所有这些都是 2011 年年末流行的。但是，要记住，广告网站变化很快。

www.aaaa.org

美国广告代理协会的主页。包含通讯社、职业信息和奖项计划。

www. adage. com

《广告时代》（*Advertising Age*）是这个产业中领先的行业出版物。其网页上有最近的新闻、有用的统计数据和网站广告的评论。

www. ddb. com

DDB 是麦当劳和大众的广告代理商。上面有这家公司目前的广告作品和以前的得奖作品。

www. clioawards. com

克里奥奖（the Clios）是广告界的奥斯卡奖。这个网站上有得奖者的名单和能够查询的档案文件。

www. womma. com

在口碑营销协会的网站上可了解关于病毒广告的更多内容。

第四部分

大众媒介的规制

第16章

常规控制：法律、法规与规定

本章将帮助你：

- 定义事前限制
- 理解记者的保护性特权
- 区分诽谤、造谣、本质诽谤及影射诽谤
- 解释侵犯隐私是如何发生的
- 阐述版权法
- 认知互联网对媒介规制的影响

假设你写了一本如何完美实施谋杀的书。书中详细描写了如何偷偷接近受害人，何时袭击，用什么武器，以及如何处理尸体。我们现在假设有人买了你的书，按照你的提示实际实施了一项谋杀。受害人的家属认为你和你的书要为谋杀罪负责，起诉你及你的出版社赔偿几百万美元。你应该没有什么可担心的，对吗？第一修正案保护你的言论自由权。尽管你写的内容是有异议的、不受欢迎的甚至令某些人厌恶，但你仍然受保护。

也可能没那么简单。《职业杀手技术手册》（*Hit Man：A Technical Manual for Independent Contractors*）的出版商 1998 年就陷入了上面这种境况，当时有人按照书本中的指示谋杀了三个人。家属以过失致人死亡罪起诉出版商。联邦法庭判决此书受第一修正案的保护，但上诉法院改判此书不值得受第一修正案保护。最高法院拒绝受理上诉，允许此案进行法庭审理。专家预测不管审理结果如何，此案可能都会又回到最高法院，并引发关于第一修正案的重大问题。但此案没有返回最高法院，出版商和家属在受审前达成了协议。什么样的言论不受法律保护的争论还会继续困扰媒体人。显然，本章关注的是媒体法与其他相关规制。

这一章中所要论述的对媒体的常规控制包括法律、完善这些法律的法庭决议以及由政府机构执行的规则和条例。我们将要讨论这些常规控制中最重要的六个领域：（1）对于大众传播这个自由系统的争议；（2）版权；（3）对淫秽和色情内容的限制；（4）对广播及电视的规制；（5）互联网规制；（6）商业言论。

很多学生认为大众传播法律平淡无味，令人厌烦。但这完全不是事实。从其他教科书中，你能读到关于淫秽杂志、中央情报局、名人在电视上骂脏话、杀人狂、被男人囚禁的妇女、搞笑的离婚事件以及拥有一艘潜艇的男人的故事吗？

 新闻界、法律及法院

新闻自由

正如第 5 章中所提到的，新闻自由的理念一开始在美国并不流行。早期殖民地的报纸如果不是"当局许可出版"，即经过英国王室的审查，便会遇到麻烦。英国政府企图通过印花税法案向印刷物征税，以遏止敌对言论。宪法的拟定者们意识到这对于新闻自由的威胁，于是增补了一个修正案（**第一修正案**）。这一修正案中申明："国会不能制定任何法律……限制言论及出版自由。"但是，关于这些语句的精确含义与解释却一直有争议。我们将考察报刊与政府在此问题上发生纷争的一些重要案例。

事前限制

政府通过限制出版或传播某些内容来审查出版物，这样的行为被称作**事前限制**（prior restraint）。**事前限制**的尝试相对来说是较少的。但是，这一领域确实表明第一修正案中的条款并非是绝对的。最高法院规定，在某些情况下，对于报刊的**事前限制**或审查是被许可的，但是政府却面临一个难题，即如何证明这些限制是有正当理由的。这里有一些法律审查的著名案例。例如在战争时期，一家报纸可能会被禁止发布关于运送军队的出航日程表；一家广播电台可能会被禁止广播前线士兵的位置及数量。事前限制的其他一些尝试却并不是那么成功：最高法院总的来说还是捍卫新闻界的权利。在这一领域有两起著名的案例对于我们的研究是大有裨益的。其中一例并不太为人知晓，而另一例则众所周知。

 媒介探索

第一修正案的广泛性

最高法院最近的两起判决显示了第一修正案是旨在保护言论自由的。首先，最高法院裁定禁止播放所谓"虐待动物"的视频的法律是违宪的。尽管实际上大多数人都厌恶这种视频，但最高法院判定第一修正案甚至保护低级趣味的言论。最高法院总结道："我们的宪法排除了基于某言论不值得保护而推翻这一裁定的任何可能性。"

第二个案件牵涉加利福尼亚州禁止向未成年人销售和租赁暴力电子游戏的一条法律。最高法院发现该条法律越界并侵犯了未成年人的言论自由权。最高法院是如此解释的："电子游戏适用于第一修正案的保护范围……如同受保护的书籍、戏剧和电影，它们通过常见的文学手法和不同媒介的特征传播意义。"

尼尔案件（The Near Case）　20 世纪 20 年代，明尼苏达州立法机关通过了一项法律，在该法律下，那些被认为有害于公众的报纸可以通过**强制令**（injunction）（法院强制某人做某事或禁止某人做某事的命令）的手段而加以取缔。这一法令背后的动机应该说是值得赞赏的，因为它的制定似乎是用来防止对少数群体的滥骂攻击。利用这条防止危害公众的法律，一名县律师对《星期六报》（Saturday Press）及其经理 J. M. 尼尔（J. M. Near）下达了强制令，其理由是，该报发表了针对市府官员的恶意言论，认为这些官员与据说是由少数群体控制的黑社会活动有瓜葛。1931 年，最高法院裁定，明尼苏达州的这项法令是违宪的。最高法院如是说：

在将近 150 年的时间里，几乎从未出现过对涉及公共官员渎职报道的出版物进行事前限制的尝试，这一事实的重要性在于一种根深蒂固的信念，即这样的制止将侵犯宪法赋予的权利。

当这一问题再次被提及时，已经是 40 年之后了。

五角大楼文件（The Pentagon Papers）　美国司法部部长约翰·米切尔（John Mitchell）急于看到 1971 年 6 月 13 日的《纽约时报周日版》。米切尔前一天刚参加了总统理查德·尼克松（Richard Nixon）的女儿特里西娅（Tricia）的婚礼，他想看看《纽约时报》是如何报道这一事件的。在报纸头版的左边，米切尔看到了一幅颇具讨好意味的照片，照片上总统用手臂挽着他的女儿。在这张婚礼照片的旁边，另一则报道引起了米切尔的注意："越南档案：追溯美国牵涉其中 30 年的五角大楼调查。"米切尔继续往下读时，意识到《纽约时报》的这篇文章肯定会引起麻烦。

《纽约时报》这篇报道的基础开始于三年之前，当时国防部部长罗伯特·麦克纳马拉（McNamara）从越南战争中醒悟过来，于是命令对它的起源进行大规模的研究。这项研究，最后被称为五角大楼文件，由 36 个不同的人共同完成，篇幅超过了 7 000 页。最终的报告被分类为"最高机密——敏感"。1971 年 4 月，参与整理这一报告的五角大楼的一位职员向《纽约时报》的一名记者泄露了一份复印件。在经过仔细研究与保密处理后，《纽约时报》准备将这一报告分九次发表。约翰·米切尔领导下的司法部要求一名地方法院法官阻止这一报告的发表，原因在于它们将"导致对美国国防利益的无法弥补的伤害"。此项强制令被获准颁布，于是有史以来第一次，美国报纸被法院要求禁止发表一个特殊的报道。然而那时其他报纸也得到了部分或全部的五角大楼文件并开始发表它们。司法部下达了更多的禁令，但一张报纸刚刚被命令禁止发表，另外一个地方的另一家报纸又开始继续报道。显然，最高法院最终不得不干预。

最高法院以一种不太常见的仓促介入了此事。1971 年 6 月 30 日，距这一报道首次发表仅 17 天，距举行关于这一案件口头辩论的听证会仅 4 天时间，最高法院就做出了支持报纸发表信息的权利的裁决。《纽约时报》的员工自然非常高兴，该报

378

纸称这一裁决是一次"在法律保护之下的自由的巨大胜利"。然而，如果进行更为深入的考察，会发现这一胜利并不像它所呈现出来的那样巨大。最高法院并没有表示不能对出版物进行事前限制。取而代之的是，它指出政府在实施制止上"肩负着证明自身正当理由的重任"。在最高法院看来，政府并没有为实施这次制止提供充足的理由。如果它愿意的话，政府可以将其他事前限制的案件拿到法院，来确定究竟它需要多少正当理由才能限制发表。此外，九名法官中的每一位都写下了独立的观点，这些观点突出地表明了围绕这一问题而存在的不确定性与复杂性。

近期的案例　五角大楼的文件被披露后，在涉及前中央情报局机构的一些案件中，事前限制的问题又几次出现。在其中一个案件中，中央情报局成功地迫使出版社删除了某本书的一部分内容，因为它们泄露了机密信息。

1999 年地方法院法官做出的一项裁定认为禁止事前限制的范围也包括网站。一个专门发布福特汽车公司新闻的网站的创办者发布了从福特员工那里获得的文件。该公司之前曾拿到了禁止发布其文件的禁令，但地区法院法官的裁定推翻了这项禁令。

2004 年，亚拉巴马州法院驳回了一项针对网站的事前限制要求，该网站公布了缉毒署调查员的姓名。法院裁定尽管网站可能让某些人不安，但它并不至于严重到需要事前限制。2008 年，美国巡回上诉法院认为新闻记者有权获知陪审员的身份，联邦法官选任匿名陪审团的做法是错误的。法院认为尽管新闻界可能发表有关陪审员背景的报道，造成某些陪审员不愿意尽职，但这种可能性并不能逾越司法系统的公开性。

2010 年，一个发表由匿名新闻源和告密者提供的隐私、秘密及机密信息的网站维基解密（WikiLeaks）在其网站上公布了伊拉克战争和阿富汗战争的机密文件。《纽约时报》刊登了很多泄密档案（见第 17 章）。观察员马上指出了维基解密事件与五角大楼文件事件之间的相似性。不过要记住，在维基解密事件中，政府毫无事前限制的打算——他们并未尝试阻止《纽约时报》发表文件。而两个案例中信息发表之后发生的事情可能也具有相似性。20 世纪 70 年代，政府召集大陪审团来调查《纽约时报》从事间谍活动的企图，但大陪审团没有提出起诉。2011 年，大陪审团同样调查了关于维基解密的总编朱利安·阿桑奇可能从事间谍活动的诉讼。

总而言之，反对事前限制的宪法判例有很多，也存在一些审查活动被认定为合法的灰色领域。这些领域可能还会维持模棱两可的现状，直到有更多的法庭案例帮助界定对政府权力的限制。不过，对于事前限制的限制仍难以应对。

 媒介探索

事前限制与中学和大学出版物

　　这桩案件始于 1983 年，当时密苏里州黑泽尔伍德（Hazelwood）的一位中学校长从该校校报中删除了两篇文章，一篇是关于少女怀孕，另一篇是关于离婚，理由是两篇文章是不妥当的。三名学生在美国公民自由联盟的帮助下向地方法院起诉，认为第一修正案赋予他们的权利受到了侵犯。地方法院作出了有利于校方的判决。在这一判决中，最高法院认定，该校校报是学校教育功能的组成部分：它是常规的新闻学课程的一部分，也是利用学校的资源与人力来出版的。其成员仅限于新闻专业学生。因此，它并非一个"公共论坛"，也不处于第一修正案的保护之下。

　　最近，高校出版物似乎获得了更多的保护。2002 年秋，伊利诺伊州州长州立大学学生会主席通知校报的印刷工报纸在印刷前必须通过校方的许可。该报的学生编辑起诉并胜诉，三位法官审判团裁定黑泽尔伍德案不适用于校报。不过 2005 年美国上诉法院推翻了判决，理由是校报受大学基金资助，不符合公共论坛的性质。最高法院驳回上诉。尽管有些州通过法律给予学生记者某种程度的保护，但似乎中学和大学出版物并不完全受第一修正案的保护。

保护新闻来源

在我们开始考察这一主题之前，我们应该指出，这些问题是相当复杂的。其间涉及相互冲突的利益。记者们认为，如果他们被迫公开新闻的秘密来源，这些来源将会枯竭，并且公众的知晓权将会受到损害。政府的观点则引证了司法管理的需要以及个人获得公正判决的权利。

也许一个假设的例子会有助于我们将这些问题集中起来考察。假设你是一家校园报纸的记者。一天深夜你的一位信息提供者打电话告诉你，有几名学生从事毒品走私，垄断了校园中的非法毒品销售。为了核实这一消息，你打电话给另一位曾向你提供有关校园毒品交易的可信消息的线人，这位线人证实了前一位知情人提供给你的消息并透露了更多的细节。出于显而易见的原因，这两位知情人都不愿暴露身份而你也同意了。在这些消息和另外一些调查的基础上，你在这份校园报纸上发表了一篇关于毒品链的长篇文章。几天后你被传唤到一个正在调查毒品犯罪交易的大陪审团面前，他们要求你说出你的消息来源。如果你拒绝，你将会被指控藐视法庭，并可能导致被罚款或进监狱。你该怎么办呢？

记者拒证权

别的记者发现他们也陷于同样的困境之中。其中一位是保罗·布兰茨伯格（Paul Branzburg），他于 1969 年为《路易斯维尔信使报》（*Louisville Courier-Journal*）写了一篇报道，在报道中他描述了两名当地居民如何用大麻合成麻药。他的文章声称他已承诺不透露这两名居民的身份。此后不久，布兰茨伯格被该县大陪审团用传票传唤（命令他出庭）。他拒绝回答关于他的消息来源的提问，并声称，在某种程度上，回答这些问题将会破坏宪法第一修正案关于新闻自由的条款。这个案子最后被送到最高法院，最高法院判定，记者有义务在大陪审团面前作证，回答关于犯罪调查的提问，宪法第一修正案并不保护记者免于这种义务。

最初，这一判决被看作记者拒证权利的一种倒退。但进一步考察就会发现，最高法院确实也指出了在某些情形下记者要求拒证权是正当的。这些情形包括骚扰新闻记者，大陪审团没有很好地按诺言行事的情况，以及调查与所寻找的信息之间缺乏明显联系的状况。此外，最高法院建议国会和各州通过称为新闻保障法（shield laws）的法律以便进一步确定记者在保护消息来源方面的权利。

在布兰茨伯格裁决后，州法院的判决中出现了一些矛盾。一方面，有几个案子支持了记者对消息来源保密的权利。在佛罗里达州，《圣彼得斯堡时报》（*St. Petersburg Times*）的一名记者露西·韦尔·摩根（Lucy Ware Morgan）拒绝透露她的一篇报道的消息来源，这篇报道是关于市府腐败的大陪审团报告。她很快被判藐视法庭并处 90 天的监禁。但 1976 年，佛罗里达最高法院推翻了这一判决。以布兰茨伯格裁决为指南，该法院认为她的消息来源与犯罪调查并不相关，藐视法庭的指控是为了打击她。

其他一些判决则细致地界定了对当时的案件与新闻报道来源之间的相关性的检验。在弗吉尼亚 1978 年的一桩谋杀案的审判中，一名新闻记者拒绝在陈述中透露消息来源。被告的辩护律师认为，要确定检举证人的可靠性就必须知道消息来源的姓名。弗吉尼亚最高法院做出了有利于记者的裁决，并且声明，只有当被告对于该信息的需要至关重要时，记者的拒证权才会作出让步。要想做到至关重要，法庭说，第一，该信息必须与被告有罪或无罪直接相关，第二，该信息与减刑有关或与减轻判决有关。

不要因为这些案例都取自 20 世纪 70 年代，就以为此后的记者不再会被送进监狱或被处以罚款。从 1999 年到 2000 年，在很多专家认为具有全国最为强大的新闻保障法的加利福尼亚，有三名记者因为没有透露机密消息而陷入法律困境。一位新闻记者被判五天监禁，另一位则每拒绝提供证词一天罚款 1 000 美元。对于这些记者而言，幸运的是，或者是在上诉中其判决被推翻，或者是最初的要求被取消。最后，我们来说说《纽约时报》的朱迪恩·米勒（Judith Miller）和《时代周刊》的马修·库珀（Matthew Cooper）的复杂案例。司法部在调查是谁将 CIA 潜伏工作人员的姓名透露给报纸专栏作者时，传讯二人并要求其披露机密消息源。这两位记者拒绝配合，而且向司法系统寻求保护。两个联邦法院都对此做出否决，2005 年年中最高法院拒绝重审此案，二人可能会服刑 18 个月。法院的宣判使得库珀的消息源解除了他的保密承诺，令其获释。不过，米勒被投入监狱服刑，米勒的消息源同意公布他的姓名后，米勒最终才被释。

《旧金山纪事报》（*San Francisco Chronicle*）的记者发表的报道是从大陪审团证词中走漏的消息，当时正值对运动员服用兴奋剂的调查期间。2006 年新的大陪审团要求记者披露消息源。记者上诉，但地区法院法官判决他们必须服从大陪审团的指令，否则将面临长期监禁。报道的消息源最终浮出水面，此次争端告一段落。

2008 年，《今日美国》的一名记者被要求披露她所写的与政府调查 2001 年炭疽袭击事件有关的诽谤案报道中的消息源。这名记者拒绝透露，被控藐

视罪并处 5 000 美元一天的罚款。记者上诉期间罚款并没有生效。原来的诽谤案有了定论之后，藐视罪最终被免除。同年的另一个案例中，上诉法院判决有关唐纳德·特朗普（Donald Trump）一书的作者受纽约新闻保障法的保护，不必披露其消息源。该判决之所以有意思是因为它似乎将新闻保障法的保护范围延伸到了娱乐书的作者。

这些案例说明国家法院在披露消息源问题上对媒体要求的拒证权持更加怀疑的态度。因此，媒体机构建议记者在承诺保密时要小心对待。 *381*

2011 年，39 个州和哥伦比亚特区出台了新闻保障法。新闻记者们基本上承认这些法规是有帮助的，但大多数人意识到，它们还不是他们所期望的新闻界的强大保护力量。此外，这些法规本身也是一个集条款、限制条件和例外于一体的让人迷惑的混合体。一些州只保护机密资料；一些州保护记者不说出消息提供者的姓名，但并不保护从这些消息来源得到的信息；另一些州的法律，在记者涉及诽谤案时便会将保护度降低；在一些州，新闻保障法不适用于被大陪审团传唤的记者。更糟糕的是，很多法院是在个案的基础上来诠释新闻保障法，并且忽视或限制法律中所包含的对判决的阐释。2011 年以来有很多尝试出台联邦新闻保障法的努力，但都没有成功。

 媒介探索

谁受到保护？

新闻保障法是为了保护记者的素材，包括消息源的姓名。听起来道理简单，但在网络上实行起来问题永远很复杂。问题在于有超过 1 亿人在网上发表博客。他们属于各州新闻保障法保护的记者吗？

各州对新闻从业者和记者的界定不同。在伊利诺伊州，记者是"一般全职或兼职从事搜集、写作或编辑新闻以供新闻媒介发表的任何人"。而"新闻媒介"是指"以印刷或电子形式定期出版，并拥有一般发行量的任何报纸或其他期刊"，还有诸如广播电视台这样的广电媒介。博客应该被纳入此条例吗？伊利诺伊州还没有判例。

加利福尼亚州的法律不同。其新闻保障法

保护的是"与报纸、杂志、其他期刊出版物或通讯社相关或受其雇用的出版人、编辑、记者或其他人，或任何与之相关或受其雇用的人"，或是"与广播电视台相关或受其雇用的广播电视新闻记者和其他人，或任何与之相关或受其雇用的人"。这一定义包含了博客吗？加利福尼亚州法院判定"为公共知识搜集新闻"的博客应纳入其中。

肯塔基州的新闻保障法很明确。它认定其对象包括"报纸、广播或电视台的员工"。这似乎排除了博客，但是还没有判例。

总之，博客应该了解不同州新闻保障法的界限并做出相应行动。各州新闻保障法列表可以查阅 http://www.poynterextra.org/shield law/states。

搜查与没收

最后，保护那些可能泄露新闻来源的笔记与记录也是个麻烦问题。在这一点上，法院提供的保护是非常少的。新闻媒介曾在三桩独特的案件中受到影响。

在第一个案例中，1971 年有四名警察进入了斯坦福大学的校报《斯坦福日报》（*Stanford Daily*）的办公室并出示了一份搜查许可证，该许可证授权他们搜查该报在前一天刊登的关于示威者与警方之间冲突的照片。该报对政府提起诉讼，认为其宪法第一修正案权利受到了损害。1978 年，最高法院裁定这项搜查是合法的（不过，1980 年国会通过了一项法案，该法案要求政府要想得到记者所持有的记录，必须获得法院的传票，从而扩展了对新闻界的保护。传票的范围一般比搜查许可证的范围更为有限。此外，对传票还可以提出异议）。

在第二个案例中，哥伦比亚特区的美国上诉法院做出的裁定更进一步地侵犯了记者保护其新闻来源的权利。1974 年，新闻自由记者委员会起诉美国电话电报公司，原因是该公司不再承诺保证记者的通信记录不受政府的检查（对于这些通话的分析将有助于确认记者的信息来源）。上诉法院裁定，政府在未经记者本人知晓或同意的情况下对这些记录进行检查是合法的。2006 年另一项上诉法院的判决强化了这一观点，它判决两名《纽约时报》的记者因拒绝配合大陪审团调查，其电话记录不受特权保护。法院宣称政府对这些记录的需求优先于第一修正案。

第三个案例涉及《纽约时报》的记者迈伦·法伯（Myron Farber）。在 1976 年，法伯一直在报道对新泽西一家医院神秘死亡事件的调查。这些报道导致了对一位很有名的医生的诉讼，他

被指控毒杀了五名病人。辩护律师最终以传票索取了法伯和《纽约时报》掌握的有关此案的记录与文件。法伯以及《纽约时报》都拒绝提供这些文件，而二者也皆被判决为藐视法庭。法伯被判六个月监禁并处以 1 000 美元的罚款；《纽约时报》被处以 10 万美元的罚款，并被责令每天支付 5 000 美元，直到它服从法院要求为止。《纽约时报》最终上交了它的文件资料，但一名法官认为《纽约时报》通过抽走一些相关的资料而对这些文件进行了"清理"，因而重新对该报处以罚款。与此同时，法伯已经在监狱里被关押了 27 天。最终法伯结束了 40 天牢狱生活，而《纽约时报》支付了 28.5 万美元的罚款。所有的处罚最终以陪审团判定这名医生无罪而告终。

2005 年，一名自由职业记者和博客被大陪审团要求向政府交出他拍摄的在暴力游行中一名警官受伤的视频的被剪片段。这名博客拒绝交出，最终被联邦监狱关押 7 个半月，直到他的律师与公诉人达成和解。

计算机储存信息及电子邮件的隐私受到《电子传播隐私法案》（Electronic Communication Privacy Act）的保护，该法案要求政府在检查个人的在线或储存信息时要先获得搜查许可证。

也许我们可以得出的最可靠的结论是，记者保护新闻来源和记录的特权不太可能是绝对的。即使那些有利于记者的裁决已经通过。同时也可以看到，除非最高法院做出精确的裁定，或者立法机构通过一部全面的法律，否则这一领域的发展只能由地方法庭在个案的基础上来实现。而对于记者而言，当他们在向新闻提供者保证新闻来源不被泄露时，必须慎重考虑这些问题。

法庭报道

一方面，第六修正案保证被告有权利得到一个公正的陪审团的审判；另一方面，第一修正案

又保证新闻自由。审判的法官对于执行正义肩负责任；而记者则有义务让公众知道法律制度如何

运作。有时候这两种职责会发生冲突。

审判前及审判中的信息公开

如果一个有可能成为陪审团成员的人事先在新闻媒体中读到、看到或听到关于一名被告可能有罪的报道，那么该被告就很有可能得不到公正的判决。尽管还没有研究表明审判前的信息公开与偏见之间有确定的联系，但这方面的考虑已经成为几个法庭裁决的核心，这些裁决谴责新闻媒体在报纸或电视上，而不是在法庭上审判案件。

20 世纪 60 年代有一大批案例表明，最高法院对于审判前的信息公开给予了极大的关注。1961年，最高法院第一次完全推翻了一桩刑事案的判决，原因是审判前的信息公开使得法庭无法寻找到一个公正的陪审团。这桩案子涉及莱斯利·欧文（Leslie Irvin），一个十分令人讨厌的人，他被逮捕并被指控与六宗谋杀案有关。报纸刊登了警察局发布的新闻稿，稿件中说"疯狗"欧文已经承认了全部六桩谋杀案。当地媒体怀着复仇心态大肆报道这个消息，很多报道称欧文为"承认残害了六人的杀人犯"。在律师们所考察的 430 名有可能成为陪审员的人中，有 90% 的人已经形成了欧文有罪的观点——这些观点从怀疑到确定欧文有罪不一而足。欧文不出所料地被判有罪并被判处死刑。在历经六年复杂的司法处置，且因欧文越狱逃跑而使事态更复杂后，这一案件移交到了最高法院。最高法院裁决，审判前的消息公开剥夺了被告被公正审判的机会，于是将案子驳回重审（欧文再一次被捕并被判有罪，但这一次仅仅被判处终身监禁）。

也许有关审判前信息公开的最著名的案件要数俄亥俄州一名医生的案子了。1954 年 7 月 4 日，克利夫兰地区整骨疗法专家萨姆·谢泼德（Sam Sheppard）医生的妻子被人杀害于寓所之中。谢泼德成为主要的犯罪嫌疑人，而且新闻媒体，尤其是克利夫兰的报纸，迫不及待地想看到他被捕。在头版社论中，它们采用了这样的标题："萨姆为什么还没蹲监狱？""警方为什么不盘查头号嫌疑犯？"新闻报道中刊登了所谓的科学检验的结果，这些结果对谢泼德是凶手的猜测提出了质疑（但这些检验结果始终都没有被带到审判中）。一些文章强调谢泼德的婚外情可能是这桩罪行的动机。在他被捕后，新闻报道及社论仍在继续。它们充斥着诸如"萨姆医生在狱中接受盘问：玛丽琳为何怕他？"与"车库中发现血迹"这样的大标题。每个陪审员都承认他们在阅读报纸上的报道。在此案审判期间，这种耸人听闻的报道仍在继续，它导致了法庭做出有罪的判决。12 年后，最高法院推翻了对谢泼德的判决，原因是严重的审判前信息公开。这桩案件还具有另外的重要性，因为最高法院列出了六项法官可以采用从而避免因信息公开而带来的不当影响的保护措施。这些措施包括将陪审团隔离起来（即把他们与公众隔离开），把案件移到别的城市处理，以及对律师、证人以及其他可能泄露破坏性信息的人的言论进行限制。

安然公司前总裁杰弗里·斯基林（Jeffrey Skilling）认为他在其备受瞩目的诈骗案中受到了不公正的审判，因为在休斯敦即安然公司总基地，很多人都因安然倒闭而遭受损失，不可能找到一个公正的陪审团。2010 年，最高法院驳回斯基林的上诉，强调审判前的大量报道没有导致陪审团产生偏见。

限制言论自由令

一些法官宣布了一些限制性命令或者说是**限制言论自由令**（gag rules）。它们禁止审判中的参与者（律师、证人、被告）向媒体提供信息，或者限制媒体的庭审报道。比如，一桩华盛顿谋杀案中的高等法院法官要求记者只报道陪审团在场的庭审过程。有两名记者违反了这一规定，报道了在陪审团缺席的情况下的庭审过程；他们随后被控蔑视法庭。华盛顿最高法院驳回了对这一判决的上诉。

限制言论自由令的问题 1976 年打到了最高法院。内布拉斯加的一名法官禁止记者披露关于一桩集体谋杀案的某些信息。内布拉斯加报业协会就这一命令向最高法院上诉。法院做出了有利于报业协会的判决，认为对于公开法庭的司法审判程序的报道不应被禁止。这一裁决初看起来又像是一次媒体的巨大胜利。但随着时间的流逝，事实变得明晰起来，即内布拉斯加裁决其实为限制审判参与者向媒体透露内容的法庭禁令留下了空间。上面提到的内布拉斯加裁决似乎表明，一些法律程序，主要是那些在正式审判前开始的程序，有可能被合法地向公众关闭。一直到 20 世纪 80 年代早期，情况也确实如此。尽管媒体可以自由地选择对象报道，但它的新闻来源却被法令限制了。20 世纪 70 年代后期，法官们开始私下举行审判前听证会，以限制审判前消息公开。1979 年最高法院的一项裁决认定，这一做法是合乎宪法的。1980 年，最高法院公开表示新闻媒体事实上拥有宪法赋予的参加刑事审判的权利。不过，审判前的活动，比如上面所讲到的活动，可能仍然不对记者开放。由于很多刑事案件是在庭外解决的，因此这些审判前的听证会经常是唯一举行的公众听证会。

20 世纪 80 年代，新闻界获得了更多的接触法庭程序的机会。1984 年，最高法院裁决，除非是在一些极端的情况下，陪审团的遴选工作要向新闻界开放，并设立了一些标准，法官们要对新闻界关闭审判前听证会必须满足这些标准。不过，1986 年最高法院的一项裁定才让新闻界争取接触审判前程序的努力获得了重大的胜利。最高法院宣布，除非法官能够证明"存在着一种被告受到公正审判的权利被损害的真实可能性"，否则初步的审判工作应向新闻界公开。此外，一些低等法院也认为，第一修正案赋予记者参与审判的权利还应扩展到接触作为证据的材料。同样是在 1986 年，最高法院裁决，陪审团的遴选工作过程以及审判本身，也应该常规性地向公众开放。最高法院还提供了一整套严格的准则，它将保证对陪审团的私下遴选是合法的。

概括来说，最高法院的裁决没有给新闻界接触所有法律程序的绝对权利。如果法官能满足不予公开的法庭条款，部分审判及审判前听证会仍可能对记者关闭。此外，最近的法院裁决也并没有改变与大陪审团听证会保密相关的法律状况——它们仍然具有向公众保密的权利。总之，这样总结可能是比较安全的，即新闻界在报道发生在公开法庭的事件时，不用担心受到打击报复。但针对新闻来源的限制言论自由令以及对各种法律程序的保密，迟早会造成新闻界与司法界之间的关系紧张。

法庭中的照相机与麦克风

多年以来，司法界对于在法庭上使用照相机与麦克风一直都不赞成。有段时间这种态度可能还完全得到了法律的认可。这一问题似乎是在 1935 年显露出来的。当时布鲁诺·汉普特曼（Bruno Hanptmann）因绑架和杀害民族英雄查尔斯·林德伯格（Charles Lindbergh）的儿子而受到审判。请记住，在 1935 年摄影和广播新闻还不成熟，而可能正是这个因素导致了在审判过程中出现一些滥用。在审判后，美国律师协会（the American Bar Association）援引了 35 条准则中的职业道德准则。这一条款规定，不允许在法庭内照相，不允许广播（后来又加上了电视转播）庭审过程。尽管 35 条准则并不是法律，但除了科罗拉多和得克萨斯以外，所有州都将它的条款或者一些变体视为法律。

1965 年，在比利·索尔·埃斯特斯（Billie Sol Estes）案件审理中，最高法院也介入其中。埃斯特斯因被指控欺诈一些农夫而在得克萨斯州受到审判。审判法官不顾埃斯特斯的反对，允许对审判进行电视拍摄。埃斯特斯被判有罪，但他很快便就此判决向最高法院上诉，认为电视的出现剥夺了他受到公正审判的权利。最高法院同意埃斯特斯的说法，进而要求在法庭中禁止摄像。其裁决认为，对审判进行播放会使陪审团成员有先人之见，会使证人受到干扰，会让审判官又承担新的职责。但是，最高法院接着指出，可能会有那么一天，广播技术会变得便携并不致造成干扰，电视报道也变得很寻常，这样审判就可以进行报道了。因此，埃斯特斯一案的裁决并不是一个完全反对对审判进行电视报道的规定。

自1965年起，法律界和电子传媒之间的紧张关系趋于缓解。1972年，美国律师协会采用了一套新的职业责任规则。这一文件中的第3A（7）条准则取代了原先的第35条准则。第3A（7）条准则仍然坚持禁止在法庭中摄像和广播，但可以让法官考虑向记者室或另外一间可容纳大量民众的

法庭播放审判过程。1981年，最高法院裁决，对于刑事审判的广播报道并不一定会具有偏见，这样就为广播和电视在法庭中的出现扫清了道路。最高法院让各州自行设计它们自己的制度来实施这样的报道。

2011年，所有50个州都允许某种形式的报道。但报道法规各州不尽相同。如在佐治亚州，法官可能允许一台电视摄像机进入法庭。在俄亥俄州审判法庭，在受害人和证人不同意的情况下是禁止报道的。尽管情况有所改变，但2010年年末联邦地区法院和最高法院庭审还是禁止使用摄像机。

记者对信息的获知

政府信息

如果政府坚持其行动的信息需要保密，那么报道政府的活动便是一件麻烦事。在第二次世界大战之后，新闻界的很多人都抱怨政府的保密已经成为一个大问题。记者被限制参加一些会议，且很多政府文件也很难得到。由于受到来自新闻界和消费者集团持续不断的压力，国会于1966年通过了《信息自由法案》（Freedom of Information Act，FOIA）。这一法案赋予公民知晓联邦政府所做的事情的权利，只有少数事情例外。该法案指出，每一个联邦政府分支执行机构都必须公布能够让公民接触到其信息的方法。如果信息被不恰当地封锁，则法院可以强制该机构披露民众所想知道的信息。有九个享有豁免权的领域其涉及的信息可以不向公众公布。一些被豁免的领域包括商业秘密、执法调查档案以及油井地图等。2007年国会出台一项法令使FOIA合理化，让公众更容易获知政府记录。而且，2010年最高法的一项决议将FOIA豁免权领域限制为一个，这更易于获知信息。

2009年奥巴马总统下令政府在FOIA下公开更多信息。司法部备忘录通知联邦机构它们应该公布信息，除非有联邦禁令，或可预见公布信息

将带来危害。各机构被要求与政府信息服务办公室合作，该机构于2007年为协调各联邦机构和要求公开的信息之间的冲突而设立。总之，似乎这是个媒体获知政府材料更容易的年代。

1996年，《电子信息自由法案》（Electronic Freedom of Information，EFOIA）通过，以使人们在互联网上可以获得更多的信息。目前，很多政府机构网站包含了各种各样的信息，从数据到新闻发布，它们都可以通过点击网站而无需向FOIA请求就能获知。然而，还有很多机构在完全贯彻EFOIA的要求方面行动缓慢。

"阳光法案"规定，大约50个联邦政府机构的常规会议将向公众开放。不过，在十种不同的情况下，这些会议可以秘密地举行，因此记者获知会议的权利并不是绝对的。此外，很多州在信息接触和会议公开方面有自己的法律。对于这些法律的遵守程度在各州之间差异很大。

"9·11"恐怖袭击之后，对安全问题的担忧与保障新闻自由之间产生了矛盾。2001年10月通过的《美国爱国者法案》（USA Patriot Act）赋予政府更大的权力获得电子邮件和电话记录。增大的监管权力不仅可以用来追踪恐怖分子，还可以

窃听记者通话。另外，新法律使得政府更易于限制对政府记录的获得，另一项规定禁止新闻界找到 FBI 搜查的恐怖嫌疑分子在书店购买或在图书馆借阅的书籍。2011 年奥巴马总统签署了一项四年更新一次《美国爱国者法案》的法律。

新闻现场的准入

关于这一问题，我们在讨论新闻界参加某些司法程序的权利时就已经提及。但在进入法庭以外的新闻现场时，记者的权利又如何呢？在这方面法律似乎还处于发展阶段。在已经宣布的一些裁决中，法院对于第一修正案所保证的记者的准入权这一点给予的支持很少。在一些零星的裁决中，法院宣布记者可能因侵犯隐私、侵犯私有财产，以及在一起严重的汽车事故中不听从警察清场的合法命令而被起诉。与此最为相关的三个最高法院的观点则集中在接触监狱与犯人的问题上。在这些案例中，最高法院规定，记者没有权利参观监狱的某些部分，与某些特别的犯人谈话，或者带摄像机进入监狱。总的来说，最高法院似乎在说，新闻界的准入权与一般民众的准入权没有什么差别。一般民众不准进入的情况，新闻界也不准进入。

不过，有一些法规承认了部分的准入权利。佛罗里达州的一项裁决称，经常受警察局邀请进入私人领地观察新闻现场的记者，不能因侵入而被起诉。法院为了不在新闻记者中造成歧视，也会让一些记者进入新闻现场。比如，在一起案件中，有这样一条规定，如果男记者被允许进入一个棒球队的更衣室，那么就不能阻止女记者进入。总之，这一问题的最终定论还得由法院来书写。像布兰茨伯格或埃斯特斯这样有影响的案子，在新闻界的准入问题上还需要裁决。但是类似这样的问题肯定不久又会出现。

中伤

前文的讨论说明了这样一个问题，即在进行新闻采集的过程中，新闻界经常会与政府发生冲突。此外，言论自由的权利及新闻自由的权利有时会与个人维护他或她的名誉的权利相冲突。保护个人名誉是通过处理**中伤**（defamation）的法律来实现的。

为了理解这一有点复杂的领域，让我们从一些基本的定义说起：

- **诽谤**（libel）：意在损害一个人的名誉或好名声，或贬损一个人应有的尊严及善意的破坏性文字。
- **造谣**（slander）：口头中伤（在很多州，如果败坏名誉的言论被播出，这就将被视为诽谤，即使从技术角度而言这些话并没有写下来。人们认为诽谤更为有害，并且通常会受到比散布谣言更严厉的处罚）。
- **本质诽谤**（libel per se）：有些词语总是具有诽谤意味。不正确的文字指控，如称某个人是"贼"或"骗子"，这自然就构成了诽谤。
- **影射诽谤**（libel per quod）：某些词本身看起来毫无诽谤之意，但在特定的场合下也会造成诽谤。错误地报道说昨天晚上有人看到史密斯先生在吃牛排晚餐，看起来这不会构成什么危害，可要是史密斯先生碰巧是世界素食者协会的主席就另当别论了。

如果某人要在一场针对媒体的诽谤诉讼中获胜，必须证实五点：（1）他或她的名誉确实被破坏并由此受到了伤害；（2）他或她已经被人们指认（尽管不一定是指名道姓）；（3）中伤性言论已经被发表；（4）媒体有错；（5）在大多数情况下，发表或播出的内容失实。

　　并不是发表出来的每一个错误都是诽谤性的。如果报道说詹姆斯·亚瑟（James Arthur）将领导7月4日游行，而事实上是亚瑟·詹姆斯（Arthur James）领导这场游行，这可能就不是诽谤，因为无法证实领导一场游行会导致对一个人名誉的损害（法院甚至裁定，即使是错误地报道了一个人的死亡，也并不一定就是诽谤。法院说，死亡并不是丢脸的事）。人们可以通过展示中伤性的言论导致了身体的不适（比如说晚上失眠），或收入减少，或完成某项工作更加困难，从而证明确实存在伤害。

　　指认并不需要指名道姓。如果某份报纸错误地报道说，上午十点在四方大厅教心理学101课程的某位教授接受了学生的贿赂，这就足以构成诽谤了。

　　我们所发表的东西，相当于在大众媒介上出现的陈述，它具有自我解释的功能。

　　过失稍稍复杂一些。要打赢一场关于诽谤的诉讼，必须指出媒体的一定程度的过失或失误。我们将看到，过失的程度是依据这样一些条件来确定的：（1）起诉人；（2）起诉的主要内容；（3）所适用的特定州的法律。

　　1986年，最高法院的一项裁决指出，一般个人（相对于公众人物而言）起诉诽谤，必须证明有待裁决的言论是虚假的，至少是当这些言论涉及公众关注的事项时。实际上要证明媒体有过失，同样也包括证明媒体发表或播出的东西是虚假的，因此，几乎每一个控告媒体诽谤罪的人都必须指出媒体所发表内容的错误。

　　这里需要强调的是，大众媒介对于它所报道的内容是要负责任的。通常，它不能仅仅以重复了某人所说的话为借口而逃避责任。在大多数情况下，一家杂志并不能仅凭宣称它只是引用了一个医护人员关于一个同事偷窃药物的话来对诽谤诉讼进行辩护。如果事实上这个医

护人员的同事没有偷窃药物，那么这家杂志就不得不寻求其他的辩护方式来反驳诽谤一说。2004年宾夕法尼亚州最高法院的一项裁决进一步阐明了这一情况，它判决当媒体报道某一公共官员对另一公共官员做出可能是中伤性的评论并声称其报道是有新闻价值的时候，第一修正案并没有赋予媒体"中立报道权"。这个案件的起因是一家地方报纸在报道中援引了一位城市官员称另两位城市官员是"儿童性骚扰者"的话。宾州法院裁决如果原告可以证实报纸的恶意行为，即使报纸只是如实报道了该官员的原话，它还是会被控中伤。

引文　　　　小心处理

　　以下列举的是一些危险的表述以及可能在实质上具有诽谤性的典型用语。在新闻报道中使用这些词语时，要格外小心：

破产的	腐败的	笨蛋
放纵的	不诚实的	下贱的人
不专业的	不道德的	卑鄙者
声名狼藉的	狡猾的人	无能的
非法的	没用的人	有道德过失的
伪善的	傻子	圆滑的
不光彩的	懒鬼	牟取暴利的
欺骗的	诈骗犯	尖刻的
无原则的	胆小鬼	不合伦理的
鬼鬼祟祟的	不学无术的人	

　　（这个列表也是对侮辱性话语的简易参照。随便从左边、中间和右边各列中挑选一个词，比如"你这个牟取暴利的、不道德的胆小鬼"，或者"你这个无能的、腐败的笨蛋"。千万要注意，不要将这些词语写下来，也不要让第三方听见。否则，你将卷入到诽谤案中去。）

诽谤诉讼的辩护

可以使用的辩护方式有哪些？有三种。

第一种就是事实。如果能够证明所报道的内

容属实，就不存在诽谤了。不过，这种辩护方式用得很少，因为极难证明某个言论的真实性。此外，由于最高法院的裁决把证实言论的虚假性的责任归到提起诽谤诉讼的一方，事实辩护就变得更加没有吸引力了。

388　　第二种辩护是特权。在某些情况下，法庭会认为，公众的知晓权优先于个人维护名誉的权利。司法程序、逮捕批准书、大陪审团的起诉、立法程序、公共市政会议，就是一些通常被认为享有特权的情况。如果一个记者公正准确地报道了这些事件，那么就不会导致什么法律诉讼，即使所报道的内容包含某些诽谤性的言论。

 媒介探索

什么是实际恶意？

当涉及诽谤时，许多人都对"实际恶意"这一短语感到迷惑。一些人错误地认为，遭到诽谤的人必须证实被控告犯有诽谤罪的人或媒体具有不良动机、敌意或恶意。事实并不如此。在著名的《纽约时报》诉沙利文案中，最高法院将"实际恶意"定义为：（1）发表明知失实的报道（"我知道我发表的内容是不实的，但我就是要报道"）；或者（2）不计后果地忽视情况是否属实就发表言论（"我有足够的理由怀疑我所报道的内容并不一定属实，但我就是要报道"）。

最近一个涉及 CBS 公司与芝加哥 WBBM 电视台（CBS 的成员台）的一名新闻广播员兼评论员沃尔特·雅各布森（Walter Jacobson）的诽谤案阐释了这个定义。布朗 & 威廉森烟草公司（Brown & Williamson Tobacco Corporation）（Viceroy 牌香烟的生产商）宣称，雅各布森在一次电视评论节目中指责 Viceroy 正在开展一项广告宣传活动，以说服孩子们吸烟，这是对该公司的诽谤。雅各布森说，Viceroy 将吸烟等同于"葡萄酒、啤酒、刮胡子、戴乳罩……一则独立与追求自我身份的宣言……一种成长过程中的基本象征符号"。该评论引用了一份联邦贸易委员会的报告作为证据，该报告称，该公司接受了一家广告代理公司的建议，开展了这样一次广告活动。作为公众形象，布朗 & 威廉森公司必须证明雅各布森一方确实出于恶意，它们没有开展过这样的广告活动。事实上，该公司的律师辩护说，布朗 & 威廉森公司对于其广告代理公司的建议非常愤怒，因此解雇了这家广告机构。此外，布朗 & 威廉森公司还声辩说，雅各布森在发表评论前就知道这一事实。在法庭上，这家烟草公司的一位高管证实，该公司曾经告诉过雅各布森的一位调查员，这家广告代理公司已被解雇，这一活动也没有开展。在审判中，雅各布森说，他拒绝了这位调查员的建议，即在他的评论中应该包括一项免责声明，说明布朗 & 威廉森公司并没有开展这一活动。显然，这一事实足够让陪审团相信，雅各布森知道他所说的是虚假的——因此认定存在实际恶意。陪审团做出了有利于烟草公司的裁决，判给布朗 & 威廉森公司约 500 万美元的损失费。

而雅各布森和 CBS 一方仍坚持认为这一评论是对联邦贸易委员会的报告的准确概括，而且布朗 & 威廉森公司有一项针对孩子的策略，即使该公司并没有完全地执行它。1985 年下半年，CBS 宣布将对该裁决提起上诉。1988 年上诉重新裁决，结果仍然有利于烟草公司，CBS 被命令支付 305 万美元的损失费。

第三种辩护就是公正的评论和批评。任何一个受到公众注意的人或处于公众关注中心的人，都要接受公正的批评。这意味着公共官员、职业体育人士、漫画家、艺术家、专栏作家、剧作家，以及所有吸引了公众关注的人都是可能的目标。这一辩护方式只适用于观点与批评，不包括对于事实的曲解。你可以报道说某个导演的新片臭得很，而不必担心法律诉讼；但你不能虚假地报道说这个导演挪用了公司的基金，并指望以公正批评的名义来获得保护。评论即使相当尖锐和刻薄，也仍然会受到保护而免于诉讼。1990 年，最高法院裁定，发表观点未必就能免于诽谤指控。那些包含了可以被证明为虚假内容的观点，同样也可能引来诽谤诉讼。

1964 年，最高法院在《纽约时报》诉沙利文一案中，极大程度地扩展了对于政府官员行为的评论空间，并且改变了关于诽谤罪的法律的本质。这一案件发生在 20 世纪 60 年代早期的民权运动中，涉及《纽约时报》和亚拉巴马州蒙哥马利警察局的官员 L.B. 沙利文。一个民权组织在《纽约时报》上刊登了一则有关在蒙哥马利的一次抗议的广告，沙利文认为这是对他的诽谤。涉案的证据显示，这一广告中的一些陈述确实是虚假的。亚拉巴马州的法庭裁决他获得 50 万美元赔偿，但《纽约时报》将这一案件上诉到了最高法院。

389

最高法院推翻了亚拉巴马州的裁决，并列举了三条会影响以后对于诽谤案判决的原则：

1. 社论性的广告受到第一修正案的保护。

2. 如果涉及公共官员的公共行为，即使是虚假的言论也可以受到第一修正案的保护。

3. 要赢得一场诽谤案官司，公共官员必须证明虚假的或诽谤性的言论是出于实际恶意。

最高法院还清楚地表述了什么是实际恶意——在明知虚假的情况下发表某些言论，或在"不计后果地忽视"其是否属实的情况下发表言论。几年以后，最高法院又将这一保护扩展到包括公共官员以外的公众人物的言论。1971 年，情况变成最高法院甚至要求那些卷入公众关注事件中的个人，在进行诽谤起诉前证明实际恶意。三年以后，最高法院似乎在这一立场上有所让步，因为它认为，卷入民事诉讼中的律师并不是公众人物，他并没有卷入公众关注的事件中，因此他无需证明实际恶意。

1976 年，在玛丽·艾丽斯·费尔斯通（Mary Alice Firestone）与其丈夫——轮胎公司继承人小拉塞尔·费尔斯通（Russell Firestone, Jr.）的离婚案中，对于个体公民的保护范围进一步扩大了。这个案件的审理持续了 17 个月，媒体对之进行了大量报道。在案件审理过程中，费尔斯通夫人甚至还召开了几场记者招待会。当时《时代》杂志错误地报道说，这一离婚案是基于极端冷酷与通奸行为，费尔斯通夫人起诉其诽谤（她丈夫指责她与人通奸，但通奸并没有被用作离婚的依据）。《时代》杂志争辩说，费尔斯通夫人是公众人物，

她不但要证明杂志的报道是不准确的，而且要证明报道行为是出于恶意。最高法院裁决，即使有大量媒体报道，她也不是一个公众人物。法院还划清了合法的公共争议与那些仅仅使公众感兴趣的争议之间的界限，法院认为后者不受保护，而且不需要证明实际恶意。

1979 年，最高法院指出某人被卷入具有"新闻价值"的事件中并不能说明这个人就是一个公众人物，从而确定了这一区分的界限。当时一位美国参议员授予一位科学家一个讽刺性的奖项，意在表明他对政府的基金造成了浪费，这名科学家控告其诽谤。最高法院裁决，即使这名科学家成为媒体关注的对象，他在接受这一讽刺性奖项前的公众知名度也不能表明他就是一个公众人物。因此，他未达到要证明实际恶意的标准。但是，普通人必须证明媒体在一定程度上存在着虚假报道或疏忽。在很多州，这意味着要指出媒体在发表报道时没有做到起码的小心。确定了这一点，就可以使某个个体因这种诽谤所造成的任何实际伤害而得到赔偿。不过，更大的好处在于对媒体的惩罚性打击。这些措施旨在惩罚媒体所做出的侵犯行为，并告诫其不再犯同样的错误。为了实施惩罚性打击，即使是个体公民也要证实媒体的实际恶意。

陪审团判给诽谤案胜诉方的金额有时相当可观。100 万美元以上的判决变得很常见。比如，歌手韦恩·牛顿（Wayne Newton）就在与 NBC 的官司中被判决获得 2 000 万美元的赔偿。另一方面，大多数诽谤案都会上诉，约 75% 的案子或是被推翻，或是大量减少了赔偿金额。比如，关于韦恩·牛顿的判决最终就被推翻了。

公众人物要想成功地控告媒体诽谤会很困难，这导致了一些被媒体报道的人寻求其他的方式。在过去的十年中，有几个新闻报道的对象控告媒体采集新闻的方式而不是其报道的内容。关于媒体冒犯与侵犯隐私的诉讼变得很常见。

非常有意思的是，根据媒体法律资源中心 *390*（Media Law Resource Center）的统计，近年来美国诽谤案的数量显著减少，从 20 世纪 80 年代的 266 件下降到 21 世纪头十年的 124 件。下降的原因包括诽谤案胜诉的难度，尤其是对于公众人物，以及网络使得媒体能够迅速做出更正或撤销。此

外，被诽谤者可以上博客或社交媒体来证明自己。

媒介探索

这是合理评论吗？

1901 年最著名的诽谤案件之一是一家报纸刊登了对表现平平的歌舞剧的评论，该剧由"切丽姐妹"艾菲、杰茜和艾迪出演。以下是评论的部分内容：

艾菲是 50 多岁的老妪，杰茜是 40 多岁的闹腾的母马，而作为家族之花的艾迪是 35 岁的蹦蹦跳跳的怪胎。她们骨瘦如柴的手臂加上末端的爪子，机械式地挥动着……她们令人作呕的嘴唇如洞穴一般张开，听起来像鬼哭狼嚎。

艾菲是瘸子（患了马腿常得的病），艾迪是跛脚（患了马常患的神经失调），而杰茜是唯一穿袜子的，但腿形就像把扫帚。

切丽姐妹起诉报纸诽谤，而报纸辩称其是合理评论。传奇的是法官要求三姐妹在法庭上表演。在观看之后，法官裁定报纸胜诉。

中伤与互联网

互联网带来了关于中伤的新问题。一个问题涉及谁会被控中伤。假如你在 AOL 留言板上发布了中伤性的信息。那你和 AOL 都能被起诉吗？国会在《1996 年传播净化法案》（Communications Decency Act of 1996）中提到了这一问题。该法认为网络服务提供商如 AOL 并不对它们传播的内容负责，除非它们（提供商）是内容的实际作者。2006 年宾州法院做出的一项裁决似乎拓宽了保护范围。该法院裁定网站转发者转发由他人写的中伤性言论，也受到此法案的保护。

最新的法院判决把保护范围延伸到匿名网络言论。2009 年马里兰上诉法院否决了一项试图指认网络言论作者的传唤。该法院进而列举了几个在未来案件中应该应用的检验标准。包括平衡匿名发布者的第一修正案权利与中伤罪起诉人的权利的规定。在另一个案件中，田纳西州法院否决了强制公布匿名博客身份，提到若要求公布身份必须通过马里兰案件中明确的检验标准。

第二个令人烦恼的问题涉及审判权。由于报纸、杂志和新闻通讯的在线版本只要点击鼠标就可以在全世界范围内获得，那么应该在哪里起诉？这是一个重要问题，因为各州有关中伤的法律各不相同。最近有这样一个案件，康涅狄格州的网络报纸刊登了一则有关弗吉尼亚州监狱条件的报道。法院判决弗吉尼亚监狱的典狱官可以在弗吉尼亚起诉报纸诽谤，因为这份出版物在此州也可以看到。然而，这项裁决被上诉法院改判，理由是报纸网站不是针对弗吉尼亚受众的。国际案件就更混乱了。澳大利亚的法院判决总部在新泽西的道琼斯公司在澳洲被控中伤罪，因为其旗下杂志的网络版在澳洲可以下载得到。道琼斯最终输掉了官司，必须赔偿约 50 万美元的损失费。另一方面，英国上诉法院判决道琼斯的网络出版物不能在英国被起诉，因为记录显示只有五个人点击了该网站。法院说在当地起诉出版物必须有证据证明是英国的实际出版物。

因此，纽约州 2008 年通过了《诽谤案地域保护法》（Libel Terrorism Protection Act）。该法禁止在该州执行诽谤判决，除非纽约州法院发现外国颁布法令的司法机构也像美国法律一样保障同样的言论自由。另外，该法许可纽约州州民可以请求州法院更改不能在纽约州强制执行的外国裁定。2010 年类似的法律获得联邦法院通过。

媒介探索

什么是疏忽？

如果普通公民要在一宗诽谤案中胜诉，他或她必须证明媒体那一方在一定程度上有所疏忽。而决定什么构成了疏忽的标准在各州是不一样的，并且就像实际恶意的标准一样，疏忽是在个案的基础上来进行认定的。不过，我们还是可以作一个基本的概括。

对于疏忽的常见的法律定义是，它是有可能产生不合理的危险或伤害的行为。衡量某种可能的疏忽的行为的标准是，一个理智的人在同样的情况下会不会做出同样的事。就媒体而言，将通过这一职业中的正确行事方式与习惯来判断其雇员是不是存在疏忽。因此，在很多情况下，关于疏忽的问题，常常会集中于记者和编辑在判断一个报道是真是假时，是否进行了合情合理的考虑，并且遵循了该职业公认的行为准则。

一些具体的因素也应被考虑进去。第一，这一报道是不是在有时间压力的情况下准备的？如果有足够的时间和机会，那么合理的考虑就要求进一步对事实进行核实。第二，报道所代表的利益是什么？报道激烈的政治辩论比闲话更有价值，但闲话可能是极度有害的。因此，在后一种情形下操作时应该更加小心。

一个具体的例子可以说明什么是疏忽以及它与实际恶意有什么区别。在 1975 年马萨诸塞州的一个案子中，一个新来的记者报道了一桩毒品案的审判。他不知道法庭前面的一张桌子是专留给记者用的。因此，他坐到了后面，结果就听不太清楚证词。被告之一是一个叫约翰·斯通（John Stone）的人的 20 岁的儿子。约翰·斯通在一个公立学校开了一家餐厅。当公诉人询问一名司法官谁拥有毒品时，这位记者觉得他听到司法官说的是"斯通先生"，他推测这指的是约翰·斯通，这也是这位记者所知道的唯一一位斯通先生。他在报道中说约翰·斯通拥有毒品。当一位认识约翰·斯通并难以相信他会拥有毒品的编辑询问此事时，这位记者回答说他是在法庭上听到这一名字的。事实上，那名司法官所说的是约翰·斯通的儿子杰弗里·斯通（Jeffery Stone）。很自然，约翰·斯通控告这名记者诽谤。

法庭认为这名记者有疏忽的责任，因为他没有坐在一个他能听清证词的地方，而且没有核对其他新闻来源以确认"斯通先生"到底是指谁——这两项正是新闻业中公认的程序。与此相对的是，这名记者的行为并不构成实际恶意，因为他刚来这个镇上，而且也没有理由怀疑法庭上提到的斯通先生就是他唯一认识的那位斯通先生。

但那名编辑呢？那名认识斯通先生而且不敢相信这一报道的编辑呢？他有理由怀疑这个报道，但他甚至都没有打个电话去核实一下其准确性。法庭裁决他不计后果地忽视了报道的真实性，这一点足以构成实际恶意。

 ## 侵犯隐私

隐私权

与诽谤密切相关的是隐私权。事实上，一家出版物常常会同时招致这两种类型的起诉。这二者之间的主要差别是，诽谤罪保护的是一个人的名誉，而隐私权保护的是一个人在思想与情绪上的安宁。第二个区别在于诽谤涉及发布虚假信息，而侵犯隐私则可能因暴露事实而引起。

392　　大众媒介侵犯某人的隐私权有四种不同的方式。

侵犯独处　第一种是侵扰了某人的独处或隐居。这通常发生在记者错误地使用麦克风、摄像机以及其他形式的偷听偷拍机器来记录某人的私人活动。一队做电视新闻的人躲在你室外的一辆转播车内，秘密地录下你在室内的活动，这可能就造成了侵扰。

一些记者为了寻找新闻而使用微型、隐形的摄像机或麦克风，这已经在这一领域造成了特殊的问题。在 1999 年的一起裁决中，加利福尼亚最高法院判定 ABC 的一名记者侵犯了隐私，当时她去一个心理热线工作，并且偷偷地录下了同她一起工作的一个人和她之间的对话。尽管这一对话是在一个开放的办公室里进行的，而且也有其他人听到，但法院裁决，那名对话者有理由认为记者不会秘密地录下他的谈话。这一裁决提示，记者在他们的新闻采集活动中，需要格外小心使用隐藏的录音设备。

未经允许发布私人信息　第二种情形就是未经允许发布私人信息。比如一家报纸刊登了个人医疗记录，该记录显示某人有一种可怕的疾病，这就可以作为这种情形的例子。如果一家报纸在未经当事人同意的情况下披露了其变性手术的消息，法院将准许其以侵犯隐私提出控告。

网络引发了新的隐私权问题。2008 年，一位联邦法官判决谷歌必须提供 YouTube 上的视频观看信息。该判决是源自维亚康姆诉网络搜索公司版权案。维亚康姆希望获得视频分享网站上其版权视频被观看多少次的数据。谷歌曾拒绝提供这些信息，因为这会让维亚康姆判定 YouTube 用户的观看行为和视频上传行为。

造成错误印象　第三种情形是以错误的角度报道某些人或使人们对他们产生错误的印象。这种侵犯与诽谤最为接近，因为也涉及失实的问题。一些电视台就因在旧的胶片中加入新的解说而在这方面陷入困境，因为这可能会造成错误的印象。比如，芝加哥电视台就曾被起诉。它在播放三年前摄制的一名医生进行妇科检查的资料片时，插入了描述另一名医生据说在一项类似的检查中使用被艾滋病病毒感染的棉签的报道。资料片中的医生的相貌看得非常清楚，于是她起诉电视台，认为该报道造成了这样的印象，好像是她进行了那个所谓的犯了疏忽的操作（电视台在庭外解决了这项诉讼并赔偿了这名医生未公开数目的一笔钱）。

2008 年佛罗里达的一件错误曝光案的判决可能对其他州的隐私权侵犯法有很大意义。佛罗里达州最高法院判定，按佛州法律错误曝光不是起诉的合法依据。不过该法令还声明佛州法律并不认可意义诽谤罪，即真实言论产生虚假意义。简言之，在佛州，起诉制造了虚假意义的人必须证明对其名誉的损害；声称他们的感情或他们内心的宁静受到伤害并不充分。

身份盗用　最后一种侵犯隐私的情形是将某人的名字与肖像用于商业目的。这通常涉及明星或名人，他们发现自己的名字或肖像未经同意就被用于商业或促销活动。比如，模特克里斯蒂·布林克利（Christy Brinkley）就成功地通过起诉阻止了海报公司在未经她许可的情况下出售上面有她的图片。不那么有名的人在这种盗用方面也会受到保护。曾经有一名男子因发现一家照相机公司在未经其许可的情况下将他的相片用于它们的使用指南而对其提起了诉讼。

▌ 侵入

393　　**侵入**（trespass）被定义为未经许可擅自进入别人的领地，这是与侵犯隐私密切相关的一个概念。20 世纪末见证了状告新闻媒体侵入案件数量的巨大增长。这些案件说明了一个新闻报道方面的基本问题：新闻记者是否具有第一修正案赋予的特权，在寻求一些可以引起公众兴趣的合法新闻时可以不依法行事？有几起最近的法庭裁决表明，对于这一问题的回答是否定的。

在一个案件中，威斯康星的法院裁决一名电视台的摄影记者在电话中获得警察的同意后进入私人领地犯了侵入罪。与之类似，1999 年巡回法庭的一项裁决认为，获得执法部门官员的许可但未获得主人的许可而进入私人家中的记者，同样也可以被起诉侵入。在另一个案件中，跟随反核示威者越过围墙进入一个公用事业公司的领地的记者，同样也犯了侵入罪。与之相关的是最高法院 1999 年的一个裁定，该裁定认为，持搜查许可证进行搜查时，执法官员允许新闻媒体随他们一起进入某个私人家中，违反了第四修正案中反对不合理的搜查的条款。

最后来看看 1996 年关于 Food Lion 超市诉 ABC 的案子。新闻杂志栏目《黄金时间直播》（*Prime Time Live*）的记者伪造了几份简历，在 Food Lion 超市得到了工作，然后偷偷用摄像机拍摄报道。这一节目被播出后，Food Lion 超市起诉了 ABC 电视网，但不是诉其诽谤，而是诉其欺诈和侵入。在法庭之外，Food Lion 超市的律师解释说，他们认为这则报道是诽谤，但如果以欺诈和侵入为由起诉，他们的胜算要大一些。陪审团站在了 Food Lion 超市一边，判给该连锁超市高达 550 万美元的损失费。一个地方法院的法官将这一金额减少至 35 万美元。最终，上诉巡回法庭否决了该案的大部分指控，但仍维持侵入的裁决。虽然那时陪审团判给 Food Lion 超市的侵入损失费只有 1 美元，但现在既然已经有了先例，那么在以后的案件中有可能对违法侵入判以更大的金额。

 媒介探索

法庭中的 Facebook

当过陪审员的读者知道一项程序叫预先讯问，辩护律师会讯问未来的陪审员的经历、信仰和背景。现在，除了预先讯问，律师有了新的工具来帮助他们选择陪审团成员：Facebook、Twitter、博客及其他社交媒体。

由于律师在预先讯问期间提问时间很有限，于是控方律师和辩方律师会跑到社交媒体网站上看看他们能否收集到预备陪审员的什么信息，这种做法越来越常见。例如，控方律师可能会拒绝在博客上讲述与执法官发生过不愉快经历的人。在 Facebook 上说自己是电视犯罪节目的超级粉丝的人，可能会认为警察办理案件的效率比现实中的情况更高。如果预备陪审员的爱好包括跆拳道和武术，他或她可能会更同情被指控袭击的人。Facebook 可能还会揭露某人是否有朋友与此案有关联。在 Twitter 上大量发布信息的人也可能会发布审判和陪审团的审议信息。总之，法庭是另一个社交媒体产生影响的领域。

 ## 版权

版权保护作者的作品不被人进行不公正的盗用。尽管它的起源要追溯到英国的习惯法，但美国的最基本的版权法最早是 1909 年确立的。1976 年，面对着因新的传播技术而带来的版权问题，国会通过了一项针对文学、戏剧、音乐作品以及电影、电视节目与录音的立法。该法律还对不包括在内的内容进行了说明。比如，想法没有版权，新闻事件、发现什么事或某个过程也没有版权。

在 1978 年 1 月 1 日或此后创作的作品，版权保护期是作者的有生之年外加 70 年。这一日期之前出版的作品可以获得的版权保护期总共为 95 年。要想获得完全的版权保护，需要递交一份特别的表格、版权作品的复印件以及一小笔版权登记的费用。版权作品的拥有者能复制、出售、展示或表演这一作品。

有一点很重要，版权保护仅仅包括不允许复制某个作品。如果某人独立地创作了一个相似的作品，这并不是侵犯版权。因此，提起版权诉讼的人所要证实的事情之一就是，对方有条件接触涉案作品。这样，如果你认为一部热门的好莱坞电影实际上剽窃了你呈递给该电影公司的剧本，那么你必须证明负责这部影片的人有条件接触你的作品（为了应对版权诉讼，大多数制片公司不会打开那些看起来像是未经授权的剧本的信封）。但要注意，你无须证明某人故意甚至明知故犯地抄袭你的作品。

此外，法律规定，人们可以合理地使用受版权保护的资料而不违反版权法。合理使用是指人们可以在某些合法的活动中复制受版权保护的作品而不受处罚，这些活动包括教学、研究、新闻报道与评论。在确认是不是合理使用时，要考虑到以下四个因素：

1. 使用的目的（是为了谋利还是为了非营利性的教育）。

2. 受版权保护的作品的性质。

3. 复制的数量占受版权保护作品整体的比例。

4. 使用行为对受版权保护作品的潜在市场价值的影响。

因此，如果一个教师从一部很长的小说中复制了一个段落，用来在英语课上阐述写作风格，他可能就不用担心版权问题。而如果一家商业杂志逐字逐句地抄袭了发表在一本非营利性杂志上的一系列文章，它可能就触犯了版权法。

版权法中的"合理使用"条款 2008 年受到了关注，当时哈利·波特系列小说的作者 J. K. 罗琳起诉了一家计划出版哈利·波特词典的公司。法官的判决有利于罗琳，提出计划出版的书复制了太多罗琳原著的内容，只加入了少量新的或改写的东西。

最近相关的版权法案件涉及新的传播媒介。在广为人知的 Betamax 录像机案中，最高法院于 1984 年裁定，有录像机的观众可以录制播放的节目留待以后个人观看，这样的行为没有触犯版权法。法院认为，这样的录制是对于电视节目的公正使用。1991 年，联邦法庭裁决，商业性的复制公司如 Kinko's 在复制或出售用于大学课程的具有版权的文章或书的章节之前，必须取得出版商的同意。

《1998 年数字千年版权法》（DMCA）认定使用规避手段获得版权作品的服务不合法。一般而言，服务提供商、搜索引擎和网站主机只是把信息放到网上，免于承担侵权责任。这个条款是为了保护公司不必监视每个上网的人的行为，这也是不现实的。当侵权受到关注时，服务提供商、搜索引擎和网站的确有责任去除构成侵权的内容。当侵权发生时，公司必须"迅速"去除或屏蔽对内容的获取。不过，DMCA 没有对什么是"迅速"做出指导。

纳普斯特案凸显了由网络引起的某些版权问题。1999 年，唱片业起诉这家公司的文件分享服务。纳普斯特认为其行为受到版权法"合理使用"条款的保护：出于非商业的个人目的复制歌曲相当于个人录下电视节目。唱片业认为纳普斯特故意促进有版权的内容的非法发行。

法院站在唱片业一边，勒令纳普斯特从其系统中删掉所有有版权的内容。这项裁决意味着纳普斯特关张，该公司于 2002 年宣布破产。不过，纳普斯特的关闭并没有终止文件分享。新的难以关闭的服务，如 Kazaa 和 Grokster 取而代之。比起纳普斯特的全盛时期，2004 年下载和分享音乐的人更多。

唱片业对此有两种对策。第一，它向在网上分享音乐文件的几百人提起版权诉讼。他们首先针对的是那些硬盘上有超过 1 000 首歌的人。其中有些被告向唱片公司赔偿了几千美金以解决官司。如第 9 章所示，唱片业 2009 年放弃了这种策略。第二，唱片业起诉让非法文件分享得逞的文件分享服务。在牵涉 P2P 网站 Grokster 和 LimeWire 的案件中，法院最终支持了唱片业（LimeWire 同意赔偿唱片厂牌 1.05 亿美元来解决诉讼）。尽管这些胜诉的长期效果还未显现，不过自 LimeWire 败诉之后非法文件分享有所减少。

视频分享网站也引发了版权问题。2007 年维亚康姆和 NBC 起诉 YouTube 要求赔偿 10 亿美元，理由是该网站上的视频侵犯了维亚康姆和 NBC 的版权。YouTube 的母公司谷歌辩称，YouTube 的情况符合 DMCA 的法律条文。NBC 和维亚康姆反击说网站应该更加积极主动地删除侵权内容，而不是将这一举措的负担转嫁给侵权受害人。它们还认为 YouTube 并没有全力阻止侵权问题，YouTube 在该问题上缺乏热情，实际上加剧了版权侵犯。2010 年年中，法官做出了支持谷歌的判决，但这场官司还没结束，因为维亚康姆考虑上诉。

最新的版权问题争议牵涉报纸和新闻聚合器网站，如谷歌新闻。新闻聚合器压缩其他来源的新闻报道，或复制报道的头几段且通常附上原文链接。它们一般不付任何费用给新闻来源。报纸尤其反对这种做法，声称新闻聚合器没有经过其许可就使用它们的内容。尽管有些新闻机构起诉新闻聚合器，但大多数官司都庭外和解了，还没有发生能够界定新闻聚合器法律界限的案子。不过，法学专家认为在现有版权法下，新闻聚合器的行为一般都没有违反"合理使用"条款。

淫秽与色情

淫秽内容不受第一修正案保护，这是相当明确的。不幸的是，目前还没有人能提供一个让所有人都满意的关于淫秽的定义。让我们来简要地回顾一下这一术语的定义多年来的演变（如果在回顾之后你对整个问题还是有些困惑的话，不要感觉不好，并不是只有你一个人如此）。

多年以来，检验一个东西是不是淫秽的标准是**"希克林准则"**（Hicklin rule），即用来判断一本书（或其他物品）是不是淫秽的标准是看它是否有单独的段落会使最易受影响的人的思想腐化堕落。如果一本 500 页的书中的一个段落会使最易受影响的人（一个 12 岁的孩子，一个龌龊的老男人，等等）的思想腐化堕落，那么整本书就是淫秽的。这一标准是在 19 世纪 60 年代确立的，并在此后的 80 年中广泛使用。

在 1957 年罗斯诉美国的案件中，最高法院重新对淫秽进行了定义。检验淫秽的新标准如下：以现有的标准，对于一个普通人来说，这个材料的主题从总体上而言会不会引起人们的色情兴趣（色情是指"下流"或"意在挑起性欲"）。罗斯检验与更早的准则相比在两方面有明显不同：不但要考虑整部作品而不仅仅是某一段落，而且该材料必须能使普通人而不只是看过它的人感到被冒犯。显然，这一标准比"希克林准则"限制要少一些，但仍然存在着一些模糊之处。这一社会标准应该是地区性的还是全国性的？色情兴趣如何才能被准确地测量？

此后几年，高级法院受到更多的淫秽案的困扰。其他的裁决又有了补充，认为内容必须"公然冒犯"与"完全不尊重社会价值"才可以被判定为淫秽。20 世纪 60 年代，最高法院在涉嫌材料的特征外，开始考察销售者或发行者的行为。比如，即使材料不被视为赤裸裸的色情，但如果是卖给未成年人，冒犯了一些不愿意接受这种内容的受众，或用色情广告来勾引顾客，它就可能被禁。1969 年的一项裁决中称，某些杂志卖给未成年人时是色情的，卖给成年人则不是，由此引入了"可变色情"的概念。

到 1973 年，在罗斯准则下涌现出了如此多的法律问题，以至于必须采取措施了。结果，最高法院试图在米勒诉加利福尼亚案中堵住法律漏洞。这一裁决废除了"完全不尊重社会价值"的检验标准，并声明在确定是否为色情时所使用的"社区标准"可以是一种地方标准，它大致可以由地方陪审团来决定。新的色情的检验标准包括以下原则：

1. 以目前的社区标准，一般人是否认为该作品就总体而言会挑起性欲。
2. 该作品是否以一种公然冒犯的方式刻画与描写了某种被州法律明令禁止的性行为。
3. 整部作品是否缺少严肃的文学、艺术、政治或科学价值。

尽管有了这些新努力，但问题还是层出不穷。这个裁决似乎在确认什么是淫秽方面授予了地方一定程度的处理权。但地方社区在确定标准方面能达到什么程度仍是一个棘手的问题。最高法院

397

后来裁决电影《性知识》（*Carnal Knowledge*）不是色情的，即使一个州法庭说它是。最高法院还说，无论采用什么社区标准，《螺旋》（*Screw*）杂志和《淫秽与色情事务委员会总统配图报告》（*Illustrated Presidential Report of the Commission on Obscenity and Pornography*）都是色情的。在1987年的一个案件中，最高法院还进一步阐明了米勒准则的第三条，它裁决法官和陪审团必须从"理智的人"的角度而不是采用社区标准来评价涉嫌淫秽材料的文学、艺术、政治或科学价值。这些问题可以在证明这一作品价值的专家的帮助下进行确定。不过，前面两条准则仍然要参照现行的社区标准来判定。

这些年来，最高法院对于什么构成淫秽的问题采取了较为宽松的态度。米勒案表明，最高法院鼓励各州政府在地方层次上处理这一问题。不过，考虑到围绕这一问题进行的争论的漫长历史，这一困境还不太可能立刻结束。事实上；当司法部在1986年发布一份关于淫秽的报告时，这一问题又重新浮出水面。这一带有强烈政治色彩的报告呼吁对色情制定更为严厉的法律。这样的一部法律，即《保护儿童与反淫秽法案》（Child Protection and Obscenity Enforcement Act）在1988年开始生效。

更近的问题涉及网络。儿童色情在网络上就像在其他媒介上一样是非法的。上面提到的1988年法案特别提到，电脑是可能传播这些非法材料的渠道之一。网上的色情"跟踪"也是被禁止的。为了保护儿童免受色情材料的侵扰，国会于1996年通过了一项《传播净化法案》（Communications Decency Act）。该法案的一部分内容认定使用电脑来创作、征求或传递任何色情的、下流的、淫秽的、肮脏的或不雅的传播内容都是非法的。最高

法院最终认定这一法案不符合宪法，并裁定互联网应该像书籍和报纸一样，被给予最高等级的第一修正案的保护，而不是像广播和有线电视那样，因为受到较多的限制而只有较少的权利。最高法院注意到，尽管政府在努力保护孩子免受有害内容的侵扰方面有着合理的利益，但这种利益并不能说明对于针对成人的材料进行广泛的限制是正确的。

另一项为保护儿童免受色情侵扰的努力也同样遭遇了法律上的困境。《儿童上网保护法案》（Child Online Protection Act）要求商业网站在发布可能对未成年人有害的材料时要有年龄方面的保护措施。2000年，上诉法庭维持了阻止这一法案实施的命令，裁决认为这一法案会引起严重的第一修正案的问题。因此，这项法案从未施行。2009年最高法院驳回对低等法院裁定的上诉，该法实际上被废除。

另一项类似的法律《儿童网络保护法案》（Children's Internet Protection Act）要求接受联邦基金资助的图书馆使用过滤软件屏蔽电脑上的色情图片。美国图书馆协会反对此做法，但2003年最高法院判定该法符合宪法。

那有线电视和网上的色情内容呢？尽管它们没有大作宣传，但有线电视和卫星电视运营商在按次计费和视频点播频道提供显然属于X级的电影。家庭安全媒体（Family Safe Media）推测在互联网上有超过2.4亿页色情页面。这些难道不符合米勒案判决中所描述的淫秽标准吗？它们可能符合，但社会越来越容忍情色内容，越来越不愿干涉别人在家的隐私行为。目前还没有上诉到最高法院的判例。

不管怎样，互联网在带来好处的同时，也带来了新的挑战。 *398*

管制广播

对于广播的正式管制是一个特殊的个案。广 播不仅受到前面所讨论的法律与裁决的影响，而

且由于其独特地位与特征，它们还受到另外一些管制。当广播最早在 20 世纪初被开发出来时，想经营广播电台的人显然比可以获得的合适频率要多。因此，早期的广播机构要求美国国会介入此事。国会通过了《1927 年无线电法案》（Radio Act of 1927），它认为电波是属于公众的，想利用这一资源的广播电台必须获得许可证来为公共利益服务。一个被称为联邦广播委员会（后来称为联邦通信委员会）的控制机构成立了，由它来决定谁可以获得许可证以及已经获得许可证的人是否可以继续拥有它。由于这一授权条款，广播和电视比报纸、杂志、电影及唱片受到了更多的控制。

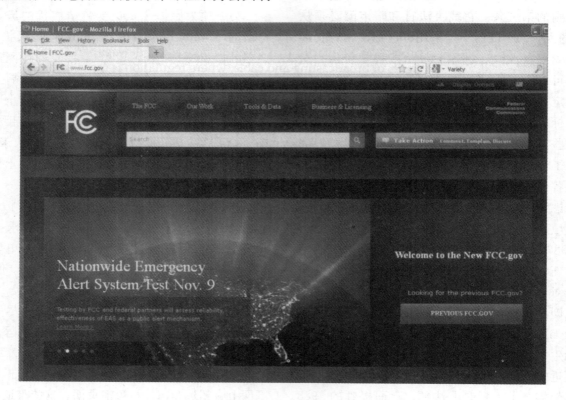

FCC 的主页。除了电视和广播以外，FCC 还监管电话、电报和个人通信设备。

联邦通信委员会

联邦通信委员会（FCC）并不制定法律，它解释法律。它的一个重要工作就是解释"公众利益"这一词语的意义。比如，联邦通信委员会可能会制定法规与条例以实施《1934 年通信法案》（Communication Act of 1934），前提是这些法规是为公众利益服务的。此外，联邦通信委员会颁发和续签许可证，前提是这种颁发或续签行为是符合公众利益的。多年以来，联邦通信委员会的几个重大裁决对这个相当模糊的概念作出了一些解释。该委员会最早所确定的工作之一就是，它将考察节目并确定它们是否在为公众利益服务。电台仅仅遵守其许可证上所要求的技术操作是不够的，它还必须提供一个"成熟的"节目框架。在其 1929 年的五大湖裁决中，委员会还提醒广播机构注意，广播会伤害公众的节目——欺骗性广告、对于种族群体的攻击、对于宗教的攻击——是不符合公众利益的。

对于那些不是为了公众利益而运营的电台，联邦通信委员会又能做什么呢？它能采取的官方措施有这么几种。在最温和的层面上，它可以对这些电台处以多达 25 万美元的罚款。下一个严厉的层面就是只给这些电台的许可证续签一个试用期（通常是一年）。这一条通常能使电台意识到，它必须改进自己的表现，否则会面临更加严重的后果。最严厉的官方措施是取消或不再续签许可证。不过，取消或不续签更多的是一种威胁，而不是实际执行。从 1934 年到 1978 年，联邦通信委员会取消了 142 家电台的执照。这一数字应该与该委员会每年都要续签几千张许可证对照来衡量。事实上，据统计，所有的许可证中有 99.8% 都得到了续签。但是，取消的威胁还是强有力的，电台对这一点普遍都很害怕。

20 世纪 80 年代，就像许多行业中出现的情况那样，管理广播的主导原则是放开限制。联邦通信委员会和国会确实取消了几十项法规和条例，包括颇具争议的《公正法则》（见专门讨论这一法则的有关章节）。20 世纪 90 年代，由于联邦通信委员会和国会确定了针对广播和有线电视的新的法规和条例，这一放开限制的趋势有所减缓。

国会通过了《儿童电视法案》（Children's Television Act），它要求电视台提供用来满足 1 至 16 岁儿童的教育及娱乐需求的节目。该法案还带来了一笔 200 万美元的捐赠资金，用于资助儿童教育节目。此外，该法案还将儿童节目中的商业广告时间限制在周末每小时 10.5 分钟之内以及工作日每小时 12 分钟之内，这一时间限制适用于广播电台和有线电视。违反这些标准的电台与电视台会被处以罚款。为了回应法律中规定联邦通信委员会应鼓励播放儿童节目的一项条款，FCC 要求电台每周用 3 个小时给儿童播放信息或教育节目。

FCC 还通过其战略规划和政策分析办公室来制定政策。该办公室作为 FCC 的经济、商业和市场顾问，助其明确趋势和未来行动方针。例如，2011 年，FCC 发布了一份宽带时代媒介宏观变化的报告。

FCC 对互联网和网络服务提供商没有规制权力。不过，该委员会也具有某些间接影响，因为它管制电话和电缆公司，因而可能影响网络接入方式。2005 年，FCC 发布了一项许可**网络中立**（Internet neutrality）的政策声明——禁止网络服务提供商优待某一家网络公司的法规。不过 FCC 对这一问题的权限有多大还在争议中。例如，2008 年 FCC 投票决定惩罚康卡斯特集团，因其限制其消费者的网络流量显然违反了 FCC 的网络中立原则。康卡斯特承认限制了某些用户通过其他服务商如 BitTorrent 分享视频文件。FCC 没有对该公司进行罚款，但要求其停止限制流量和公开更多关于限制消费者行为的信息。康卡斯特辩称FCC 可以强制执行特定法规，但一般原则除外，并就此提出上诉。2010 年，上诉法院认为 FCC 逾越了权力，判决康卡斯特胜诉，使网络中立原则受挫。对此，FCC 重新将宽带划为传输服务，推翻了早先将宽带界定为信息服务的观点。重新划分服务赋予了 FCC 更多的权力来管制宽带，让其实施网络中立政策。这项决议将会开启一场法律辩论，一方来自如康卡斯特和 AT&T 这样的网络服务提供商，另一方来自如谷歌和亚马逊这样的网络公司。

不雅内容

在控制不雅内容方面，联邦通信委员会发现它自己处在国会的期望与联邦法律制度裁决的夹缝中。1978 年最高法院的一项裁决赋予该委员会控制不雅内容的权力，因为广播的无所不在使得孩子很容易接触到它。20 世纪 80 年代后期，由于很多广播电台开始广播淫秽内容，国会通过立法，要求联邦通信委员会全天候地禁止有不雅内容的节目。联邦法庭宣称这种禁止是不符合宪法的，并要求联邦通信委员会建立一个"安全港"，即可以传播不雅内容而不会被儿童看到的时间。联邦通信委员会的做法是禁止不雅内容在早上 6 点到晚上 8 点之间广播。这没能让国会满意（反对下流内容可以谋取一定的政治利益），它通过了一项法律，禁止在午夜以前播放不雅内容。这一法律接着又被判为不合宪法，最终通过了一项在早上 6 点到晚上 10 点之间禁止播放不雅内容的法律。至此有一点很清楚，在努力保护儿童免受不雅内容侵扰的同时，还要保护第一修正案赋予成人的权利，这是一个令人恼怒的任务。

2004 年不雅内容成为热门话题，部分是因为珍妮·杰克逊在超级碗半场秀上走光让很多人而不只是珍妮感到不堪。此次事件引起了 FCC 和国会对修改法规的热情。2004 年 FCC 以内容不雅而开出的罚单高达 360 万美元，创下历史纪录。最大的一笔罚单是给福克斯广播公司的 100 多万美元，它播出的《美国嫁婆》（Married by America）中，单身汉们从脱衣舞娘身上舔下生奶油。福克斯还因超级碗过度曝光事件而接到 55 万美元的罚单。这笔罚款之后被上诉法院免除，但最高法院判决低等法院重审此案。另外，国会还通过了关于下流内容的更严格的管制。电视台因播放下流内容受到处罚的金额最高可达 32.5 万美元，是此前最高金额的 10 倍。

2006 年 FCC 继续制裁不雅内容。FCC 对 CBS 及其会员台处以了 300 多万美元的罚款，FCC 判定《寻人密探组》（Without a Trace）的某一集节目为淫秽内容。FCC 还改变了其对所谓"爆粗口"的政策，即直播中脱口而出的脏话。很多年以来 FCC 拒绝对电视台节目中爆粗口处以罚款。但由于少数名人在颁奖节目中说了 FCC 所界定的脏话，委员会更改了立场，宣布只要说脏话，不管是不是无意的，都会被罚款。不过这项新政策没有实行多久。联邦上诉法院裁定新管制专制并宣布其无效。FCC 上诉至最高法院。2009 年的判决中，最高法院裁定 FCC 更改政策不是专制，但并没有裁定这项政策是否有损广播公司的第一修正案权利。最高法院将此案返回低等法院重新审判言论自由问题。2010 年，上诉法院推翻了 FCC 对爆粗口的政策，将其标示为"无意言辞"。

《公平机会条例》

《公平机会条例》（Equal Opportunity Rule）包含在《通信法案》的第 315 款中，因此是一项联邦法案。第 315 款针对的是竞选公务员的真实的候选人在政治竞选活动期间对广播媒体的利用。简言之，该条款主张，如果一家电台允许某个竞选某特定职位的候选人在其节目中出现，它必须也为所有其他该职位的候选人提供同样的机会。如果一家电台给予某个候选人一分钟的免费时间，那么该职位所有其他的合法候选人也应被给予一分钟的免费时间。如果一家电台向一名候选人每分钟收费 100 美元，那么它也应该向所有其他的候选人提供同样的服务。国会对这一法令规定了一些特例，其中最为引人注目的是对于真实新闻事件的合法新闻报道和现场报道。

401

《公正法则》

《公正法则》（Fairness Doctrine）已经不存在了。FCC 于 1987 年废除了该法则，后续为恢复其所做的努力都没有成功。（见"社会问题：《公正法则》有多公正？"）

《公正法则》还在生效的时候，它规定广播电台必须寻找与提供关于有争议的公众关注的重要事件的对立观点。不管是什么问题，电台都必须以诚实的态度去报道所有对立的观点。并不需要它们全部出现在某一个节目中，但从长期而言，希望电台能够达到平衡。注意，《公正法则》从来没有说过对立的观点应该分配相同的时间。它仅仅是要求给予一定的合理的时间。

402

社会问题

《公正法则》有多公正？

大家可能都同意公正是一个好理念。我们在处理与他人的关系时应该努力做到公平和公正无私。这是导致问题的"教条"。

1949 年《公正法则》首次被明确有力地表达出来，当时大部分社区只有一两家电视台和少数调幅广播电台。该法则背后的理据是广播频率的数量有限，所以电台或电视台不应成为某一种观点的拥护者。如果电台或电视台在重要的有争议的公共问题上允许对立观点的合理讨论，会更好地服务于公共利益。

广播公司（该原则并不适用于印刷媒介）从来不喜欢《公正法则》，认为它侵犯了它们的第一修正案权利。该法则的合宪性判例发生在 1969 年，最高法院裁定支持该法则。最高法院坚持观众和听众接触不同观点的第一修正案权利是最重要的，在广播公司的权利之上。不过法院也宣布如果以后出现该法则实际上抑制了自由言论，其合宪性可能需要重新考量。

接下来几年，广播公司声称该法则确实如最高法院最担心的那样抑制了自由言论。广播公司不愿意麻烦和花费精力寻找争论性问题的其他观点，只是一味忽略。而且，随着越来越多的电台和电视台开播，更多美国人收看得到有线电视台，该法则下的稀缺原则似乎不再有效。公众可以广泛接触到争论性观点。

FCC 的观点也转向反对公正法则的立场。FCC 发现自己花费了很多时间和精力来评估成百上千的投诉，这些投诉要求其确定到底什么是争论性问题，合理的讨论又是什么意思。最后，在 20 世纪 80 年代解除管制的精神推动下，FCC 决定废止《公正法则》。

不过，想要以某种形式重新设立《公正法则》的现象又开始不断出现。在里根总统和老布什总统执政期间，这些努力都失败了。2005 年投票表决的尝试也无疾而终。2009 年，在民主党掌权的白宫和国会管理时期，《公正法则》又一次被提出。有几位国会议员，包括美国国务卿约翰·克里和白宫发言人南希·佩洛西都站出来支持以某种形式恢复《公正法则》，但到 2011 年还未获得立法。

最近这次辩论的潜台词意指保守派访谈类电台。访谈类电台在《公正法则》废止之后兴旺发展，可以不用担心播放党派性节目会被上报给 FCC。诸如拉什·林博和肖恩·汉尼提这样的评论员认为重新设立《公正法则》是想抑制它们的影响力和限制保守派观点的曝光。

反对重设《公正法则》的声音同样来自自由派，他们警告政府不要管制自由言论。其他评论员指出网络给人们提供了寻找对立观点的充足来源。支持者指出恢复《公正法则》同时断了两条路。保守派访谈节目并不是唯一受到影响的媒体。播出自由派访谈节目的电台电视台也会受制于该法则。公共广播有时被控太过自由化，也会受到《公正法则》的管制，使其节目制作受到保守派的挑战。甚至《周六夜现场》中有些政治倾向的滑稽短剧也可能触犯《公正法则》。如果该法则应该扩大到覆盖有线电视，就像某些人建议的，那么福克斯新闻和 MSNBC 都会受到影响。

请谨记该法则处理的是争议性问题，就是那些已经引发极端情绪的问题。电台电视台管理层看起来公平的报道，可能在某一问题的狂热支持者看来是失之偏颇和不公正的，他或她就可能更乐意提起《公正法则》投诉。这就不奇怪广播公司和 FCC 在《公正法则》存在时都不喜欢它。

尽管 FCC 于 1987 年废除了《公正法则》，但该法规一直记录在《美国联邦法规》里，直到 2011 年 FCC 最终着手正式从《美国联邦法规》里将其删除。从法典中拿掉这个政策可能最终解决了问题，但随着政治气候的转变，《公正法则》在以一种奇怪的方式自我复活。

管制有线电视

联邦通信委员会和国会对于有线电视的管制原则多年来有着很大的变化。在 20 世纪 50 年代，联邦通信委员会判定它没有对有线电视的管辖权。但在 20 世纪 60 年代，这一观念发生了变化，当时该委员会对这一新的媒介采取了管制，并制定了一系列管制其发展的条例。到 1972 年，管理有线电视的一整套条款出现在了联邦通信委员会的规定中。20 世纪 70 年代有线电视的增长导致该产业进行了成功的游说活动以放松许多管制。20 世纪 80 年代，与里根政府放开管制原则相应的是，所有联邦通信委员会关于有线电视的条例都被废止了。此外，国会于 1984 年通过了《有线传播政策法案》（Cable Communications Policy Act），它给予有线电视经营者在确定收费标准与决定它们用什么频道来进行转播方面以更大的自由。该法律也赋予州府和地方政府给有线电视**特许经营权**（franchise）（特许经营权是指在某个特定地区的唯一运营权）的权力。

不像广播电视台，有线电视不是由 FCC 颁发执照。相反，按照 1984 年的《有线传播政策法案》，地方特许经营权管理部门有权力在特许经营权期限末期终止特殊经营权，它也应该想行使这个权力。另外，有线电视公司可以自由设定它们的收费标准。

在该法案颁布后的几年里，许多用户抱怨他们的电缆公司提高了收费标准，而且对用户的需求漠不关心。因此，国会于 1992 年制定了《有线电视法案》（Cable TV Act），它赋予联邦通信委员会管理大多数电缆公司的收费标准的权力，要求电缆公司传送任何在其市场有重要受众群的电视台的信号，并允许商业广播电视台放弃它们被传送的权利，电缆公司相应地要给予其补偿。

这一法案中有两条法规产生了重要的后果。首先，由于联邦通信委员会将收费标准下调了

17%，多数用户看到他们的有线电视月费下降了。其次，要求电缆公司传送广播电视台的信号的条款受到联邦法院的质疑，后者认为这是对第一修正案赋予有线电视运营商的权利的侵犯。1994 年，最高法院裁定，有线电视运营商与广播电台和电视台相比，在政府管制上应该受到更多的第一修正案的保护，但它受到保护的程度还是低于报纸和杂志。最终，最高法院宣布，国会通过的旨在保证自由的信息流动不被某个控制着传播渠道的私营公司所限制的法律是合乎宪法的。

关于哪些电视台必须被电缆公司传送的特别条例是否合乎宪法的问题，最终在 1997 年得到裁定，最高法院的裁定支持"强制播出"条款。强制播出条款 2007 年再次受到关注，当时 FCC 发布了双制式规则。2009 年电视数字化之后，该规制要求有线电视运营商必须同时发送强制播出电视台的模拟信号和数字信号。作为对有线电视运营商的让步，该规则三年后会被逐步淘汰。而且，该规则重申电缆公司还必须传送电视台的高清信号。

2006—2007 年，FCC 主席凯文·马丁提议消费者在订购有线电视时应被赋予"菜单"选择权。订户可以只选择他们想接收的那些频道，而不是只能接收有线电视通常提供的传统频道包或频道等级。马丁认为"菜单"服务能让消费者避免可能含有不雅内容的有线频道。2009 年马丁离任 FCC，"菜单"服务的前景不容乐观。

2010 年，很多有线电视和卫星电视订户不能再收看广播频道，期间电视台和有线电视、卫星电视运营商之间发生了传输费用纠纷。对此，FCC 考察了避免消费者将来在协商期间不能收看节目的可能的方法。

《1996 年电信法案》

《1996 年电信法案》首次对 60 多年以来实行的传播法进行了大的修改。法案包括影响传统的广播电台、电视台、有线电视公司以及电话公司的各种条款。以下是这一法案的核心条款：

- 取消对一个人或一个机构所能拥有的广播电台数量的限制。在一个市场最多可以拥有八家广播电台。（参见第 8 章）
- 取消对可以拥有的电视台数量的限制，只要这些电视台在全国拥有电视的家庭中的覆盖率不超过 35%（之后改为 39%）。
- 将广播电台和电视台许可证的期限延长至八年。
- 允许电话公司进入有线电视业务领域。
- 允许有线电视公司进入电话业务领域。
- 放开许多电缆公司的价格限制。

- 要求新生产的电视机具有以电子编码评级技术［通常被称作 V 芯片（V-Chip）（见第 17 章）］为基础的过滤不需要的节目的能力。
- 要求电视产业提供一个针对暴力、性以及其他不雅内容的自动评级系统。

《1996 年电信法案》到现在已实施了很多年，我们可以看出其影响。之前提到过，免除对广播电台所有权的限制造成了该产业的并购高潮。解除对有线电视费的管制导致有线电视用户收费的普遍上涨。电话公司和有线电视公司之间的竞争变得越来越激烈。电话公司 AT&T 开通了 U-Verse，即超过 300 个频道的视频服务。有线电视巨头康卡斯特提供电话服务，而且很多公司把电话业务、电视和网络服务打包销售。

管制广告

欺骗性广告

欺骗性及具有潜在危害性的广告的问题已经存在很久了。直到 20 世纪初，"买者责任自负"的理念一直盛行。许多早期的广告都有夸大之词或者根本就是彻头彻尾的欺骗，尤其是那些专利药品的广告。受到那些淘粪运动新闻记者（参见第 6 章）的鞭策，政府开始采取措施来解决这一问题，于 1914 年成立了联邦贸易委员会。在其存在初期，该委员会通过管控不正当的商业行为，比如贿赂、虚假广告以及贴错产品的标签等来鼓励竞争；而保护消费者并不是其关注的重点。1938 年，随着《惠勒-利法案》（Wheeler-Lea Act）的实施，消费者开始受到一些保护。该法案赋予联邦贸易委员会取缔有害于公众的欺骗性广告的权利，无论这

些广告对竞争是否有负面影响。

就像联邦通信委员会一样，联邦贸易委员会也有几种实施技巧。首先，它可以颁布行业条例，这些条例会提出该行业应该遵守的准则。比如在 1965 年，它裁定汽车广告必须同时说明在城市与高速公路上的耗油量。联邦贸易委员会也采用**同意令**（consent orders）。在一项同意令中，广告商同意停止某一广告行为，但与此同时，广告商并不承认违反任何法律，只是同意不再继续做广告。效力更强的是**勒令停止令**（cease-and-desist order）。它在联邦贸易委员会的听证会确定某一广告行为确实违反了法律之后生效。违反了同意令以及不遵从勒令停止令会被罚款。

404　在 20 世纪 60 年代后期与 70 年代，联邦贸易委员会在管制广告方面发挥了更为积极的作用。对消费者权益的兴趣的增长，以及消费者团体〔如拉尔夫·纳德义工团（Ralph Naders Raiders）〕的出现，导致一系列管制行动出台。首先，联邦贸易委员会要求广告必须言之有据。如果甲品牌声称自己的镇痛效果比乙品牌强，那么广告要拿出这一说法的证据来。联邦贸易委员会还命令一些广告主做"更正广告"，以澄清一些他们过去的说法。

最近，联邦贸易委员开始关注不适当地针对儿童的广告。1997 年，联邦贸易委员会处理了对 R. J. 雷诺烟草公司（R. J. Reynolds Tobacco Company）的广告不妥的投诉。联邦贸易委员会认为，这一广告以该公司的卡通人物骆驼乔做主角，鼓励儿童吸烟。对此雷诺公司宣布它将不再在其广告中使用这一具有争议性的骆驼形象。

2000 年，联邦贸易委员会因为向 17 岁以下的人推销限制级影片的问题而把目标对准了电影产业。联邦贸易委员会的一项报告发现，有 28 部限制级影片的宣传计划包括了向甚至只有 10 岁的儿童进行宣传的策略。该报告谴责好莱坞常规性地将它们的广告对准孩子，来宣传一些在自己的评级系统中被标志为不合适的影片。作为回应，有八家电影制片厂宣布修改它们的宣传计划。最近，联邦贸易委员会取缔了虚假健康产品广告。例如，2005 年联邦贸易委员会命令纯果乐（Tropicana）橙汁停止其产品可减少心脏病和中风的宣传。联邦贸易委员会还起诉了六家公司，其广告宣称使用它们的产品不用节食或锻炼就可以减肥。2007 年联邦贸易委员会还宣布从事口碑营销的公司必须公布与消费者的关系。

2009 年，联邦贸易委员会对证明式广告表示了密切关注。受到监控的广告有节食和减肥计划，其中某人声称在使用某种计划后体重下降非常多，但后面会做出类似"并非典型效果"或"有个体差异"的声明。联邦贸易委员会新提出的指南要求广告主提供典型效果的证明。

第一修正案下的商业言论

20 世纪 70 年代标志着一种转变，对广告或所谓的商业言论所受到的第一修正案的保护程度，司法界有了新的考虑。在 70 年代以前，广告很少要求自由言论保护。40 年代，F. J. 克里斯藤森（F. J. Chrestensen）费尽周折地认识到了这一点。克里斯藤森拥有一艘前美国潜艇。但除了可以向观众收费让其参观潜艇，个人并不能用潜艇来做什么。这也正是克里斯藤森的想法，于是他想通过散发传单来给潜艇做广告。纽约市警察专员说不行。该市的环境卫生条例不允许在街上散发广告物，不过允许散发信息传单或公共抗议传单。405　克里斯藤森受此启发，将他的潜艇广告写在传单的一面，而另一面则印上对纽约市码头部门的抗议。不幸的是，纽约市政府说，抗议的信息可以散发，但另一面的广告必须去除。克里斯藤森提起上诉，两年后最高法院判其败诉，而且同意纽约市政府的观点，即广告不受第一修正案的保护。

不过从那时开始，最高法院在这一立场上有了一些让步。在 1964 年《纽约时报》诉沙利文的案子中，它把第一修正案的保护范围扩展到涉及重要社会内容的广告。七年后，当弗吉尼亚的一家报纸刊登了一则关于纽约一家堕胎诊所的广告并因此违反了一项禁止此类广告的弗吉尼亚州法律时，最高法院进一步扩展了保护的范围。最高法院裁决说，该广告包含了符合公众利益的内容，因此应该受到宪法的保护。更近一些的案例表明，在很多情况下，商业言论可以受第一修正案的保护。

1980 年，在一项关于一家电子公用设施公司广告的裁决（通常也被称为"中央哈德森案"）中，最高法院阐释了一个包含四部分的标准，用来确定对商业言论的宪法保护。首先，牵涉到非法行为或虚假、误导广告的商业言论不受保护。其次，政府要管制商业言论必须基于充分的利益。再次，各州管制必须真正有利于所涉及的政府利益。最后，各州管制只能限制在有利于各州利益所必需的范围内。

1984 年的一项裁决展示了如何使用这些原则：

法庭赞成禁止在城市公共物上张贴图文标志。法庭首先注意到，虽然此广告是合法行为且没有误导作用，但政府有充分的利益要求减少"视觉破坏"，而且法令直接推进了这种利益，也没有超界。此外，法庭肯定了公司有权自由发布言论，而且也赋予律师、医生以及各种专业人员为他们的收费做广告的权利。虽然并不是围绕这一争端的所有问题都已找到答案，但如果我们总结来说的话，至少有一些商业言论受到了第一修正案的保护。不过，这种商业言论的地位当然还是比不上政治的以及其他形式的非商业言论的地位。

结语

"半衰期"这个术语是物理学中一个很有用的概念。它是指存在于某一物质中的放射性原子的一半衰变的时间长度。也许我们可以借用这个词语并进行意义的调整，使它适用于我们这本书。这本书中每一章的半衰期，是指该章所包含的内容的一半变得过时。知道了这一点，我们似乎就可以说，本章的半衰期可能是本书所有章节中最短的。法律在不断变化着；新的法庭裁决不断涌现，新的规则与条例一直都在制定之中。所有这些活动都意味着本章所写的内容需要不断更新。此外，这也意味着大众媒介的从业者必须不断更新他们对法律的理解。当然，随着法院与管制机构进一步就涉及大众传播规制的争议与问题进行较量，这同样也意味着将会出现一系列多姿多彩的角色、引人入胜的故事以及戏剧性的场面。

406

要点

- 宪法中包含强烈的反对对出版物事前限制的论点。
- 记者享有拒证权，这种特权可以保护他们在某些情况下不必说出他们的新闻提供者的名字。不过，拒证权并不是绝对的。
- 记者可以报道在公开法庭中所发生的事件而无需担心受到起诉。一些审判前的程序仍然对记者保密。
- 除了两个州外，其他所有的州现在都永久地或尝试性地允许在法庭上拍照。但照相机和麦克风在联邦审判法庭和最高法庭上仍然被禁止使用。
- 中伤可以是文字诽谤或是造谣。要想在一桩中伤诉讼中获胜，公众人物必须证明其担心的发表的内容是虚假的且有害的，而且媒体在发布这些信息时，其行动具有实际恶意。普通公民同样也必须证明媒体材料是虚假的且有害的，而且媒体这样做有疏忽的责任。
- 当媒体侵入某人的独居生活，发布私人的信息，制造虚假印象，或错误地盗用一个人的名字或肖像时，就是侵犯隐私。
- 版权法保护作者的作品免遭不公正的利用。不过，在有些情况下，受版权保护的部分内容可以出于合法的目的而被复制。
- 纳普斯特在线文件共享系统引发了版权在数字媒介中的严重问题。
- 淫秽内容不受第一修正案的保护。一部作品要在法律上被判定为淫秽，必须是引起了色情方面的兴趣，描绘或描写了某种州法律所禁止的性行为，并且缺乏严肃的文学、艺术、政治或科学价值。

■ 广播有一些特殊的适用法规和法律。联邦
通信委员会负责实施针对有线电视、广播
电视以及广播电台的法规与条例。《1996 年

电信法案》对电子媒体产生了重要的影响。
■ 联邦贸易委员会对广告进行监督。商业言
论最近被赋予了更多的第一修正案的保护。

 ## 复习题

1. 哪些人受到新闻保障法的保护？

2. 哪些人受到限制言论自由令的限制？

3. 什么是《信息自由法案》？记者们是如何利用它的？

4. 诽谤与造谣之间有什么区别？

5. 以什么因素判定是否为合理使用？

6. 简要地解释一下以下法庭案例的重要意义：

a. Betamax 录像机案

b. 五角大楼文件案

c.《纽约时报》诉沙利文案

d. 米勒诉加利福尼亚案

 ## 批判性思考题

1. 其他一些职业人士，如建筑师、护士和会计都没有拒证权，为什么记者就有拒证权？

2. 文字诽谤诉讼对于双方来说都旷日持久且耗资巨大。有什么其他解决冲突的方法可以在减少时间和费用的同时，又能给双方提供一个满意的结果？

3. 为什么广播电视与有线电视不受和报纸和杂志一样多的第一修正案的保护？你赞成这样的区别吗？

4. 电视台如果非故意地播出了"爆粗口"的内容应该受罚吗？

5. 怎样才能保护孩子们不接触网上的成人内容？

 ## 关键词

第一修正案

事前限制

强制令

新闻保障法

限制言论自由令

《信息自由法案》（FOIA）

美国爱国者法案

中伤

诽谤

造谣

本质诽谤

影射诽谤

侵入

希克林准则

网络中立

《公平机会条例》

《公正法则》

特许经营权

《1996 年电信法案》　　　　　　　　　　同意令
V 芯片　　　　　　　　　　　　　　　　　勒令停止令

互联网冲浪

有很多网站讨论法律问题。这里所列的一些
对学生将有很大的帮助。

www. fcc. gov

联邦通信委员会的主页。该网站包括近期言
论的档案、一个搜索引擎、用户信息以及更多的
技术数据。

www. freedomforum. org

该网站上有对近期第一修正案裁决的一份总
结、相关的法律文章、一份第一修正案的时间表

以及相关的最高法院裁决的全部文本。

www. rcfp. org

这是由新闻自由记者委员会承办的网站。它
收入了最近的法庭裁决、法律新闻及出版物《新
闻媒体与法律》（*The News Media and the Law*）
的链接。

www. rtnda. org

广播电视新闻编导协会的主页。包含有关于
法庭、文字诽谤、版权和其他法律问题的信息。

第 17 章

道德规范与其他非正式的控制

本章将帮助你：

● 区分各种对媒体的信息控制类型

● 解释最重要的道德原则

● 解释什么是标准部门和行为准则

● 讨论在道德实践上媒体及广告主之间的关系

● 理解压力集团的利弊

法律和条例并不是对大众媒介的唯一控制手段。来自媒介自身的或由诸如压力集团、消费者以及广告主这样的外在因素作用所形成的非正式控制也同样重要。以下假想的例子展示了这些控制可能会导致的一些场景。

■ 假如你是校园广播台的一名节目导播。一天早上，你接到一家大型唱片公司促销部的电话，其表示将为你提供一次免费去加利福尼亚的旅行，一次对该唱片公司录音工作室的参观，一张由该公司所有大牌明星出演的音乐会的门票，以及参加一次私人聚会的邀请而且在这次聚会中你可以见到所有的演出者。该公司的代表解释说，这仅仅是出于对你的一种礼貌，以便你更多地了解该公司产品的质量。你会接受吗？

■ 假如你是本地校园报纸的一名记者。该校橄榄球队的明星，碰巧也是校园道德行动会的主席，卷入了一场小小的车祸中。你受命前去报道这一事故。当你到达事故现场，检查这位橄榄球运动员的小汽车时，你发现车后座上散乱地放着好几本色情杂志。此时离截稿时间只有 30 分钟。在你的报道中，你会写进哪些细节呢？

■ 假如你是一家校园报纸的编辑。你的一名记者刚写了一系列关于校外的一家有名的餐馆明显违反健康条例的文章。正是这家餐馆定期在你们的报纸上买下整版的广告。在你发表了这一系列文章中的第一篇报道后，餐馆老板打电话威胁说要取消她所有的广告，除非你停止发表这一系列文章。你会怎么做？

■ 假如你在为校园报纸做你的第一次报道。一名地方商人曾许诺向你们的大学捐赠 500 万美元，用于购买新的大众传播与新闻项目的设备。在搜集关于这名捐赠者的背景材料时，你发现他在 18 岁时曾被判持械抢劫，但因在第二次世界大战即将结束的时候自愿参军而避免了牢狱之苦。自那以后的 50 多年时间里，他的记录没有任何污点。他拒绝谈论这件事，说他的妻子和他最亲密的朋友都不知道此事，并威胁说如果你发表这一报道，他将收回捐赠。校方当然很是关注，要求你不要提及此事。你会继续将这一事件写进去，作为你报道的一部分吗？你会认为关于他被捕的信息与文章无关，因而不用这一材料吗？你会在学校收到这笔捐款后再进行报道吗？

我们还可以继续列出这样的例子，但现在观点已经很明晰了。在大众媒体的日常运营中，存在着很多这样的情形，这时人们不得不面对关于做还是不做的棘手问题。大多数这类情形并不涉及法律和条例，但却要处理什么是正确的或什么是合适的这种更为困难的问题。对于媒体的非正式控制通常就是在这些场合中表现出来的。这一章将讨论非正式控制的以下范例：个人道德规范；行为准则；内部控制比如组织方针、自我批评与行业自律以及外界影响。

道德规范

道德规范是指行为准则和道德原则，它们指引我们在一个场合中以正确的或是最好的方式来行动。多年以来，哲学家们已经发展出了很多基本的道德原则，用来作为评判我们行为的标准。我们将简要地总结五种与大众媒体从业者密切相关的原则。不过，在我们开始之前需要强调，这些原则并不包含对每一个道德困境的极好的解答。

事实上，不同的道德原则常常暗示着不同的甚至相互冲突的行动路径。每一个问题都不存在什么完美答案。同时，这些道德原则是建立在西方思想的基础上的。其他文化可能发展出完全不同的体系。不过，这些原则能够在考察我们的选择与判断我们的行动方面，提供一个分析其正确与否的框架。

道德原则

中庸之道原则 美德存在于两个极端之间。这一哲学主张通常与亚里士多德联系在一起。作为一位生物学家，亚里士多德注意到，吃得太多或太少都会有损健康。适中是关键。同样，在道德困境之中，恰当的行为方式存在于做得太多与做得太少之间。比如，在上文所提到的餐馆的例子中，一个极端是按照餐馆老板的要求取消这一报道。另一个极端就是照常发表这一系列报道。可能这二者之间的一个折中就是发表报道，但也给餐馆老板一个回应的机会。或者也可以这样，在这些报道中加上关于餐馆是如何改善条件的信息或其他温和的评论。

关于**中庸之道**（golden mean）的例子在媒体实践中经常可以见到。比如，当新闻机构报道市民动乱时，它们会尽量采用中庸的方法。它们会在必须让受众知晓情况与不煽动受众以确保公共安全之间谋求平衡。

绝对律令 对于一个人正确的东西，必须对于所有的人都是正确的。德国哲学家伊曼纽尔·康德（Immanuel Kant）认同这一道德准则。为了衡量我们的行为是否正确，康德认为我们应该按照那些我们希望是普遍适用的原则来行事。在康德的系统阐述中，绝对性是指不受条件限制——没有情有可原的情形，没有例外。正确的就是正确的，就应该付诸实施，不论其结果如何。在康德的思想中，个人的良心起着很大的作用。**绝对律令**（categorical imperative）是通过对良心的考察才被发现的；良心告诉我们什么是正确的。如果在实施了某种行动后，我们感到不安和内疚，那么我们就可能违背了良心。将这一原则应用于大众传播领域当中，绝对律令可能就是指在新闻采访中所有方式的欺骗都是错误的，都应该加以避免。没有人希望欺骗成为一种普遍行为。因此，一个记者在为某个报道收集信息时，不应该做出一些不是记者应做的事。

功利原则 **功利**（utility）被定义为最多数人的最大利益。现代功利主义思想起源于 19 世纪哲学家杰里米·边沁（Jeremy Bentham）和约翰·斯图尔特·穆勒（John Stuart Mill）。他们哲学体系中的基本原则是，我们通过考虑对于整个社会来说所导致的好结果和坏结果之间的最佳比率，来判断什么是对或什么是错。功利主义者们会问，不同的行为方式会促进多少的善，会抑制多少的恶。功利主义提供了一个评价道德选择的清晰的方法：计算因我们的每一个选择可能导致的所有结果，包括好的与坏的；然后选择一个能使价值最大化、损失最小化的方式。

审视大众传播领域，我们会很容易地发现一些功利主义哲学的例子。1971 年，《纽约时报》和其他一些报纸刊登了被窃的政府文件——五角大楼文件（参见第 16 章）。显然，这些报纸是出于这样的考虑，即刊登这些文件所产生的好处会大于所产生的危害（请注意，以康德的观点会提出另一种行动路径。偷窃是不对的。报纸也不希望政府偷窃它们的财产，因此它们不应该宽恕或纵容对政府财产的偷窃行为）。或者我们来看看另一家中西部小报的例子。该报报道了一名当地少女的死亡，她去了东部，沦落至卖淫和吸毒，在一次交易中被谋杀。该报认为，这一报道的潜在好处是可以成为对其他父母的一种警示，其作用要大于它可能会给受害者家庭带来的痛苦。

无知之幕 正义是盲目的。哲学家约翰·罗尔斯（John Rawls）认为，只有在每个人都受到没有社会差异的对待时，正义才会出现。把同样工作做得同样好的人们应该得到同样的报酬。在考试中得到 80 分的每一个人，都应被评为同一分数等级。罗尔斯主张，一个问题中所涉及的所有各方都应被置于同一个标杆之后，**无知之幕**（veil of ignorance）掩盖角色之分和社会差异，每一个参与者都被作为整个社会的平等成员来对待。罗尔斯的无知之幕揭示，我们应该用行动保护社会中最为弱小的成员。我们很容易看出这一原则与大众媒体运行之间的关联。如果我们将无知之幕理论应用于推敲政治家与新闻记者之间的恰当关系，经常出现在这两群体之间的明显的对立关系就会消除。在这一幕的后面，所有的新闻制造者都一样。新闻界这一方与生俱来的愤世嫉俗和苛刻应该消除，政治家那一方的不信任与怀疑同样也应该消除。在更具体的层面上，我们可以思考一下一

412 名财经记者的例子，这名记者经常能获得一些会影响股票价格的关于交易与合并的暗示与内幕消息，并将这些暗示转告自己的私人朋友，这些朋友又利用这些信息来获得个人利益。无知之幕理论认为，这名记者应该对所有的受众一视同仁。私人朋友不应该从内幕消息中渔利。

自我决断原则　不要将人当作你达成某个目标的手段。这一原则与犹太教基督教伦理密切相关，同时也被康德讨论过，它也许可以总结为"像爱你自己一样爱你的邻居"。人具有独立于任一及所有环境的绝对价值。不能把他们仅仅视为达成某个目标的工具，他们**自我决断**（self-deter-

mination）的权利不应该被侵犯。这一原则的一个必然推论就是，任何人都不能允许自己被当作别人实现目标的手段。假设在政府关于政治腐败的一项调查中，消息提供者透漏了一些被怀疑向新闻界行贿的人的名字。接着新闻界又刊登了这些指控以及这些涉嫌者的名字。自我决断原则认为，新闻界被透露这一消息的人所利用，成了他们实现自己目标的工具。也许这些参与调查的人想使舆论不利于那些被提到的涉嫌者，或者仅仅是为了让他们的业绩公之于众。无论如何，新闻界都应该拒绝在这些情形中被利用。他人的权利、价值和决定必须受到尊重。

▌ 个人道德决定的模式

在很多情况下，关于什么应该还是不应该被包括在媒介内容中，或者什么事应该做还是不应该做，都必须作一些个人的道德决定。记者、编辑、电台经理以及其他的媒体专业人员每天都不得不作这些决定。不过，最常见的是这些决定是随意做出的，缺乏对所涉及的道德方面的恰当分析。这一节将提供一个模式，媒体专业人员可以用它来评价与考察他们的决定。这一模式是根据拉尔夫·波特（Ralph Potter）的著作[1]改编而来的。

定义→价值→原则→忠诚→行动

简单地说，这一模式要求一个人在采取行动前考虑四方面的情形。第一，定义这个场合。它所涉及的相关情况是什么？可能采取的行动是什么？第二，涉及哪些方面的价值？哪一个价值与决定行动路径更为相关？第三，要运用什么样的道德原则？我们已经讨论了五种可能涉及的原则。可能还存在其他的原则。第四，我们将忠于什么？我们应该对谁尽道德义务？也许我们应该对我们自己、对我们的顾客、对商业机构、对我们的职业或对整个社会尽义务。我们的义务对谁而言最重要？

让我们来考察一下这一模式在真实生活情境中是如何起作用的。维基解密宣称自己是发布匿名消息源提交的秘密和私人通信的非营利国际组

织。维基解密网站 2006 年创立，很快其数据库就有了超过 100 万个词条。即使如此，也很少有美国人注意这个网站，直到 2010 年维基解密公布了包括阿富汗战争相关事宜在内的六年前的机密文件（维基解密后来也公开了一批外交电报）。该网站与《纽约时报》、一家英国报纸和一家德国杂志达成了交易，后者提前看到了这些材料，并且可以在真实文件放到网上的时候发表报道（幸运的是，《纽约时报》的主编比尔·凯勒发表了一长篇有关其决定的辩解文，这将有助于本文分析）。 *413*

正如我们在前面章节看到的《纽约时报》发表机密文件时所面临的困境带来了问题，这次《纽约时报》明显又陷入了道德两难。不进行报道的理由很合理。发表基于机密文件的报道可能危及国家安全，并且会严重阻碍以保密为基础的成功外交。而且，发表这些信息可能会危及为美国及其联盟从事秘密工作的人的性命。另一方面，也许公开发表这些文件会加深公众对冲突的理解，帮助人们决定这些冲突是否必要。公开发表也会让公民对政府公开宣称的事情与政府私下所说的进行比较。《纽约时报》会如何决定？

让我们应用波特模式来分析看会得出什么样的结论。第一，确定事实。与《纽约时报》做交

---

① Ralph Potter, "The Logic of Moral Argument," in *Toward a Discipline of Social Ethics*, P. Deats, ed. (Boston: Boston University Press, 1972).

易的是维基解密公认的领袖，叫朱利安·阿桑奇的澳大利亚人，凯勒把他比作斯蒂格·拉森（Stieg Larsson）恐怖小说中的人物。凯勒担心阿桑奇提供这些信息的动机，此时他也清楚维基解密是从何处获得的这些文件。凯勒委派了一名《纽约时报》的员工核查文件，看其是否真实和具有报道价值。该员工报告说文件是真实和有新闻价值的。而且，《纽约时报》的律师们确定报纸发布这些信息不会面临法律问题。经过深思熟虑，凯勒决定如果报纸发表这些信息，阿桑奇将作为消息来源，而非聘用记者或合伙人。

第二，阐明价值。新闻机构重视公开性和公众的知情权。发布机密文件有利于公众利益吗？另一方面，政府有时从事敏感问题协商时需要保密。当然，新闻机构重视人类生命。发布文件会危及敏感外交关系并最终鼓励恐怖分子吗？如果公开某些人的姓名让潜在敌人知道，是否会置这些人于危险之中？

第三，陈述原则。这个情况至少牵涉三种道德原则。首先是功利主义。发表报道的好处是否大于可能导致的害处？其次是中庸之道。一个极端是《纽约时报》可以选择不发表任何文件；另一个极端是选择将原文一字不漏地发表出来。中庸之道认为最佳行动方案是在两个极端中间。部分文件署名发表，可能导致危害的信息不发表。最后是自我决断原则。《纽约时报》有道德义务不让自己被利用或最后沦为一种工具。阿桑奇和

维基解密是否想利用《纽约时报》来达到自己的政治目的？同样，《纽约时报》对阿桑奇也应具有类似义务。它不应该利用阿桑奇来制造轰动新闻。

第四，决定义务。记者的主要义务是向其受众全面报道事实。当然这不是记者的唯一义务。新闻界要忠于社会，做民主国家的好公民。危害国际关系并非好公民的标志。最后，《纽约时报》要忠于揭露政府官员和机构罪行的自身传统。在第 16 章提到的五角大楼文件案中，《纽约时报》选择发表机密文件，因为它们发现政府在美国卷入越南战争问题上并没有完全忠实于其公民。

414

《纽约时报》最后是怎么决定的？报纸选择发表了很多份机密文件，但非常小心地没有暴露那些可能因文件发表其生命将受到威胁的人的姓名。《纽约时报》还修改了任何可能帮助敌人的信息。这份报纸似乎实行的是功利主义原则。在编辑手记里，报纸声明发表文件是为了"重要的公共利益，阐明美国外交的目标、成功、妥协和挫折"。媒体道德方面的专家普遍赞赏《纽约时报》的处理方式。职业新闻记者协会总结说，《纽约时报》通过证实信息、修改某些内容和姓名来使危害最小化，其表现是极其负责的。维基解密事件再次表明，不管做出什么选择，新闻记者都应该做好为其决定解释和辩护的准备。

 ## 行为准则

许多道德决定不得不在几小时甚至几分钟内做出，没有时间来进行充分的哲学思考。在这一点上，新闻职业与其他的职业，比如医生和律师，并没有太大的区别。在这些职业中，行为准则或道德准则被统一起来以帮助个人做出决定。如果一名医生或一名律师违反了这些准则中的某一信条，会有一个监督这一职业的同行小组来做出决

定，禁止他或她从业。在这一点上它们与大众媒体不同。完全追求言论自由信念的媒体职业，没有职业审查小组来颁发或取消其许可证。媒体的行为准则与自我管理方法与其他机构相比，没有那么明确与严格。但是我们上面讨论的很多道德原则都被融入了这些准则中。

印刷媒介

在多彩与躁动的爵士新闻时期（参见第 5 章），几位记者明显是为了反对一些小报的过分行为而成立了美国报纸编辑协会（American Society of Newspaper Editors）。该社团在没有任何公众与政府的压力的情况下，于 1923 年表示自愿遵守新闻业准则。准则共有七条：责任、新闻自由、独立性、准确性、公正性、公平法则以及正直。这些准则大多数都是建议性的（告诉人们应该做什么），而不是禁止性的（告诉人们应该回避什么）。其中一些准则笼统且模糊，有着很大的个人解释空间。比如，在"责任"一条下面，它是这么说的："报纸对它所获得的公众注意力的利用决定了其应该具有责任感，其所有员工所亦如此。"这是一种高尚的想法，但是当它涉及决定一家报纸是否应该刊登关于橄榄球运动员汽车中的色情杂志的细节时，并不能提供多少指导。其他声明似乎过于简单。比如，在"准确性"一条下，人们了解到"标题应该充分反映文章的内容"。但是，这些准则不应该仅仅作为陈词滥调与空洞的辞令被搁置一旁。它们确实代表着新闻记者在其领域为努力实现职业化的第一次具体尝试。

这些准则最初颁布时，《时代》杂志对新闻业的未来抱以巨大的希望："美国报纸编辑协会（ASNE）的目标是使自己对于新闻界就像美国律师协会对于司法界一样。"《时代》杂志有点过于乐观了。通过强有力的律师协会，司法界有权取消某个成员的执业许可证。而新闻界强烈地反对任何类似许可证之类的对于它们第一修正案权利进行限制的想法。ASNE 从未建议用这个理由对新闻记者进行授权或许可。事实上，ASNE 在其历史上从未开除过某个成员，即使它有充足的理由这么做。

职业新闻记者协会（Society of Professional Journalists，SPJ）（以前被称作 Sigma Delta Chi）大约与 ASNE 同时制定了准则。该准则旨在指导在各种媒介中工作的新闻记者。这些准则一直保持了 45 年，但随着新闻道德越来越成问题，该准则在 1973 年、1984 年和 1987 年做了修订，在 1996 年又修订了一次。新采用的 SPJ 准则围绕四个主要的原则而构建：

1. 寻找真相并对它进行报道。新闻记者有义务在报道新闻时做到诚实、公正与勇敢。

2. 将危害最小化。新闻记者应该把提供线索者、采访对象以及同事作为值得尊敬的人来对待。

3. 独立行动。新闻记者的义务应该不受公众知晓权之外的任何利益的影响。

4. 有责任心。新闻记者应该对其受众以及其他每一个人有责任心。

1975 年，美联社主编协会（Associated Press Managing Editors，APME）采用了一套同样有关责任、准确性、诚实以及独立性的准则。在 1995 年修订后，这部 APME 准则涵盖了诸如剽窃与多元性这样的事项。与 ASNE 的准则一样，遵守该准则是自愿的。不论是 SPJ 还是 ASNE，都没有制定强制实施这些准则的程序。

1999 年年末，甘乃特公司成为第一家为其报纸明确制定道德准则的报业集团。其他报业集团也制定了覆盖基本事项的公司范围的指导方针，而具体每家报纸可以制定它们自己新闻编辑室的方针。甘乃特公司的指导方针是最早的专用于新闻编辑室的指导方针。决定制定指导方针是起因于公众对于媒介的不信任的增长，以及让读者相信报纸内容的公正与准确的愿望。这一新的指导方针禁止一些行为，其中包括通过撒谎来获得报道，捏造新闻，以及发表会产生误导作用的经过改动的照片。

广播电视

多年以来，无线电与电视广播公司都遵循美国广播电视协会（National Association of Broadcasters，NAB）的正确业务准则（Code of Good Practice）。这一准则最初出现在 1929 年，多年定期修订。它分为两部分，一部分是关于广告，另一部分是关于基本的节目运行。不过在 1982 年，

415

法庭裁决该法则给广告带来了不应有的限制，于是 NAB 取消该准则的广告部分。次年，为了避免更大的法律压力出现，NAB 正式取消了全部准则。

尽管该准则已不存在，但其影响犹存。1990年，NAB 发布了节目安排自愿原则，它涉及四个核心领域：儿童电视、不雅内容、暴力以及毒品与其他物品的滥用。新的指导方针是以一种宽泛且系统的方式来陈述的，比如："应该避免对使用毒品与滥用其他物品的美化。""暴力……只能以一种负责任的态度来进行描述，而不应该被加以利用。"为了避免司法部找麻烦，NAB 宣布，对这些条款不进行解释与强制执行，而且这些标准也不是为抑制创造性而设计的。

试图恢复广播界准则是政治家所喜爱的一项活动。1997 年，四名美国参议员提出了一项法案，赋予广播与有线电视产业反托拉斯法的豁免权，以便它们能够制定一部新准则。1998 年与 1999年，国会又提出了其他法案，敦促广播公司制定自愿的行为准则。2004 年珍妮·杰克逊在超级碗中场秀走光事件之后，支持制定新准则的人又冒了出来。FCC 及国会议员认为新准则将有助于限制不得体的广播，但都没有结果。自 2005 年以来再没有认真尝试过重建准则。

416 在广播新闻领域，无线电与电视新闻导播协会有一个包括 11 个部分的准则，它覆盖了从法庭摄像到侵犯隐私等所有方面。

V 芯片及与之相伴的评级制度代表着正式与非正式控制之间一种有趣的相互作用。在第 15章中，作为《1996 年电信法案》的一部分，我们已经讨论了这一安排的具体细节。基于此次讨论的目的，指出这样一点很重要，即 V 芯片是政府强制音像产业"自愿"遵守节目分级方针的代表例子。如果该产业不能开发它自己的与 V 芯片合作的节目评级系统，国会就会让联邦通信委员会来为它们做这项工作。政府采取行动的威胁曾被用来迫使广播公司进行它们自己并不愿意进行的改革。事实上，研究联邦通信委员会的学者们甚至为这一现象取了一个名字："竖起的眉毛"（raised eyebrow）技术。关于 V 芯片的立法比"竖起的眉毛"要强大一点，但其最终结果都是一样的。

制片人根据年龄段来给节目内容分级，从适合一般观众的"TV-G"，到仅适合成人观众的"TV-M"。还有，针对特定内容的特定提示也得以标识："S"代表色情内容，"V"代表过多暴力。家长可以设置 V 芯片来屏蔽任何他们觉得不适合其孩子的节目。例如，V 芯片可以屏蔽所有"TV-M"级的节目。有趣的是，FCC 在 2007 年的电视暴力报告中称，V 芯片尽管有用，但在保护年轻人避免看到暴力电视内容方面并不有效。尽管有公共服务活动培训观众如何使用这项设备，但 2007 年的调查发现 90% 左右的受访者并未使用它。

电影

电影业的行为准则出现于 20 世纪 20 年代。当时好莱坞正受到丑闻的困扰（参见第 10 章），有很多州已经通过或正在考虑旨在对电影内容进行控制的审查法。为了挽救自身以免遭惩罚，该行业请来了邮政总局前局长，同时也是长老会长老的威尔·海斯（Will Hays），来领导一个对电影进行净化的新组织。海斯成为新机构——美国电影制片人与发行人协会（Motion Picture Producers and Distributors of America，MPPDA）的会长、董事会主席以及执行委员会的主席。1930 年，这一新组织采用了电影制作准则（Motion Picture Pro-

duction Code）。该准则主要是禁令性的，它描述了电影制片人为了让电影通过现行的审查所应该避免的内容，并列举了哪些主题应该小心处理以避免惹恼现有的压力集团。这部 1930 年的准则由于其详尽具体而引人注目，它长达 20 页。以下是一些摘录：

旨在激起观众的（性欲与热情）的场景、插曲和情节等，始终是错误的，是对社会利益的颠覆，是对人类的一种危险。

人体更为隐秘的部分是男性与女性生殖器以

及女性乳房。

　　a. 它们永远不能暴露。

　　b. 它们不能用透明或半透明材料来覆盖。

　　c. 它们不能通过衣物来进行清晰的勾勒……

　　任何时候都不得有关于机枪、冲锋枪或其他通常被确定为非法武器的演示……

　　淫秽舞蹈是指这样一些舞蹈：它表现性动作，无论是单人、双人还是多人表演；它旨在刺激观众，挑起情欲，或引起生理兴奋。

　　在电影制作准则起草几年之后，一个罗马天主教组织，风化军团（Legion of Decency）（参见"媒介探索：风化军团"），强烈要求电影业严格执行这一准则。MPPDA 决定，除非盖有制作准则管理处（Production Code Administration）同意的公章，否则任何属于该组织的公司都不得发送或发行电影。此外，违反该规定的公司将被处以 25 000 美元的罚款。由于一些大的制片厂在这一时期对电影业形成了封锁，独立制片人几乎不可能在没有任何成员公司的帮助下制作或放映电影。结果，制作准则比它旨在避免的许多地方性审查还要严格。

　　大约有 20 年制作准则都是电影业中一种重要的力量。不过，在 20 世纪 40 年代晚期，一些将最终改变电影业基本结构的变化同样也摧毁了该准则。1948 年，派拉蒙案件终结了制片人—发行人对于电影院的控制，这使得独立制片人能够在没有制作准则管理处公章的情况下销售电影。此外，来自电视的经济竞争促使电影涉及更为成人化的主题。20 世纪 50 年代，电影业通过放宽该准则来应对。尽管限制已经减少，但还是有越来越多的制片人开始忽略它们。尽管该准则业已过时且不具有强制力，但仍然沿用到了 20 世纪 60 年代。1966 年曾做过一次修订力图跟上社会态度的变迁，但结果收效甚微且为时已晚。

417

 媒介探索

风化军团

　　第一次世界大战后，在喧嚣的 20 年代最为喧嚣的几年中，最赚钱的电影都被冠以诸如《狂热罗曼司》（*Red Hot Romance*）、《情不自禁》（*She Could Not Help It*）、《她的购价》（*Her Purchase Price*）和《百老汇的玩物》（*Plaything of Broadway*）这样的片名。这一时期有一部影片的宣传语简直让人窒息："优秀的男人，漂亮的爵士宝贝，香槟浴，午夜狂欢，紫色黎明的抚摸派对。"不久以后公众就开始反对这些哗众取宠的电影。威尔·海斯的任命，美国电影制片人与发行人协会的成立，电影制作准则的采纳，部分都是为了防止这种公众的批评。

　　制作准则的大部分是由一位罗马天主教教友马丁·奎格利（Martin Quigley）以及一位罗马天主教的神父丹尼尔·洛德（Daniel Lord）神父提出的。不过，尽管有了这部准则的存在，靠出位博眼球的电影还是大量涌现。这种趋势对社会各界尤其是天主教会来说无疑是令人不安的。请记住，此时美国正处于严重的经济萧条之中。很多人，包括一些著名的天主教人士，都把国家的经济困难与这一时期电影所显现的礼崩乐坏联系在一起。此外，在纽约的一次天主教慈善大会上，一位来自罗马的宗座代表在演说中怒斥了电影业。

　　1934 年 4 月，一个由美国天主教教徒组成的委员会对该演说与这一时期的普遍看法作出了回应，宣布成立一个全国性的风化军团，其成员将为更好的电影而奋斗。该军团威胁说要抵制那些上演令人厌恶的电影的影院，有时他们的威胁起到了较好的效果。该军团的芝加哥分部在几天时间里就招收了近 50 万成员，布鲁克林的招募情况也是一样。底特律的天主教教徒们把"我们需要干净的电影"的贴纸贴到他们的汽车保险杠上。其他一些宗教团体——纽约的犹太教教徒、密苏里的路德教教徒也加入到该军团中来。教皇派厄斯十一世（Pope Pius XI）赞扬该军团是一次"优秀的实验"，并号召全世界的主教效仿它。

　　1934 年，美国有 2 000 万天主教教徒，很自然，该军团受到了电影界的重视。制作准则管理处随之成立，它有权对未盖该管理处同意公章而发行电影者处以 25 000 美元罚款。风化军团的抵制会让票房收入大减，这迫使许多电影院只定购该军团认可的电影。新墨西哥州阿尔伯克基的 21 家影院中，有 17 家同意不订购该军团所谴责的影片。在纽约州的奥尔巴尼（Albany, New York），天主教徒发誓要对上映受到谴责的影片《玩偶娃娃》（Baby Doll）的每家影院进行六个月的抵制。制片人被这种经济力量的示威吓坏，开始与军团成员会面，以确保他们的影片中没有色情元素。

然而，到了 20 世纪 60 年代，风化军团的影响力大为减弱。电影业的重组使得独立制片人可以在没有准则管理处认可的情况下销售电影。许多制片人就这么做了，并且证明一些影

片即使没有获得该军团与准则的认可，一样也可以赚钱。开放电影业的呼声越来越高，全国日渐宽容的氛围刺激了一大批更为成人化的、更具争议性的影片的出现。此外，更名为全国天主教电影办公室（National Catholic Office of Motion Pictures）的风化军团，由于谴责诸如伯格曼（Bergman）的《沉默》（Silence）与安东尼奥尼（Antonioni）的《放大》（Blowup）这类有艺术价值的影片，而认可诸如《哥斯拉大战巨蛾》（Godzilla vs. the Thing）和《大英雄马其斯特》（Goliath and the Sins of Babylon）这样的影片而使自己深陷困境。到 20 世纪 70 年代，该团体事实上失去了全部权力，它于 1980 年基本上解散。然而，在其全盛时期，风化军团是唯一对电影业最具影响力的民间团体。

1968 年，电影业进入了一个自我管理的新阶段，当时制作准则认可公章被取消，新的电影评级系统确立。在美国电影协会（Motion Picture Association of America）（美国电影制片人和发行人协会的后继者）、美国影院所有者协会（National Association of Theater Owners）与美国独立电影进口商与发行商组织（Independent Film Importers and Distributors of America）的支持下，这一通称为**美国电影协会分级制度**（MPAA rating system）的新系统将电影分为五种类型：

 媒介探索

监管 YouTube

每分钟大约有 20 个小时的视频上传到 YouTube。确保网站上不出现不当内容显然是个艰巨的任务。像很多其他内容分享网站一样，YouTube 大多也依赖其用户来审核内容。

首先，网站希望用户遵守社区指南。除了特别小心版权问题外，以下是 YouTube 确立的关于不当内容的"常识规则"：

- 不发表色情或露骨的性内容。如果您的视频有这些特征，即便这是关于您自己的视频，也请不要发布在 YouTube 上。另外请注意本网站和文明与执法机构密切合作，我们会对虐待儿童现象进行上报。
- 请不要发布展示不良内容的视频，如虐

待动物、吸毒、未成年人饮酒及抽烟，或制造炸弹。

- 不允许影像或无端暴力。如果您的视频含有某人被伤害、袭击或凌辱的画面，请不要发布。
- 我们鼓励言论自由，捍卫每个人表达非主流观点的权利。但我们不允许发布仇恨言论（攻击或贬低基于种族或民族、宗教、残疾、性别、年龄、经验和性取向或性别特征的某一群体的言论）。

其次，如果访问者认为内容违反了网站的指南，他们可以给冒犯性视频做出标记，YouTube 的员工会审核每一段被标记的视频，看其是否遵从了内容政策。如果没有遵从，就会将其撤下网站，并对用户发出警告。如果违反情况

> 严重或者用户继续发布不当内容，该账户就会被暂停使用或取消。
>
> 2008 年年末，YouTube 发布了更加严格的用户指南。它补充了对性暗示广告的解释，称这类广告可能会被 18 岁以下的人看到。此外，性暗示视频和含有脏话粗口的视频将被禁止列入网站观看最多和最受喜爱的视频榜。
>
> 这种控制源自 YouTube 力图赢利。向广告主证明该网站变得更体面了是向这个目标迈进的一步。

G：对所有观众都适合。

PG：建议在父母指导下观看。

PG－13：一些内容可能不适合 13 岁以下的儿童（1984 年增加的一个新类型）。

R：除非有父母或成人指导陪同，否则只有 17 岁以上的人才能观看

NC－17：17 岁以下的少年儿童禁止观看（这一类型在 1990 年取代了 X 级。这是美国电影协会为了回应一些制片人的意见而做的改变，这些制片人争辩说，成人主题的、大胆但却并非色情的电影不应与色情电影划为一类。）

与过去的限制电影内容的制作准则不同，这一新系统给制片人留下了很大的空间，他们可以用他们喜欢的场景，只要他们意识到这样做有可能会限制其观众的规模。这个系统潜在的影响可能是每年发行的 G 类影片的数量持续下降。制片人显然觉得这类影片会被人当作孩子们的影片，对于更为成熟的观众不具有吸引力。这一评级系统出现后的最初的 11 年中，G 类影片所占百分比下降了，而 R 类影片的百分比有所上升。在送审的影片总数中，X 级或 NC－17 级的影片从未超过 10%（当然，有很多低预算、赤裸裸地描写性行为的色情片从未被送去参与评级）。

为了让美国电影协会评级系统发挥作用，制片人、发行商、电影院老板以及家长必须合作。这个评级系统并没有政府的参与，也不涉及罚款，也不要求电影制作者一定要递交影片进行评级。

广告业

广告业的行为准则是几个专业组织起草的。1924 年，美国广告代理商协会（American Association of Advertising Agencies）率先采用了它的《从业标准》（Standards of Practice）。这一准则涵盖了合同、信用扩展、不公正策略以及广告的创造性方面，包括了禁止误导性要价、冒犯性声明以及散播不利于竞争对手谣言的条款。由美国广告联合会（American Advertising Federation）与国际商业促进会（Association of Better Business Bureaus International）制定与颁布的《美国商业广告准则》（Advertising Code of American Business），涵盖了很多相同的内容。这些组织的成员加入组织和遵守准则者是自愿的。公共关系这一块，美国公共关系协会（Public Relation Society of America）在 1954 年采用了它的第一部准则，并在 20 世纪 80 年代对之进行了修订。就像其他准则一样，对它的遵守基本上是自愿的，而且该协会并不能控制不是其成员的从业者。

 ## 内部控制

由专业机构制定的准则与个人道德规范并不是对媒介行为的仅有的非正式控制。大多数媒介组织还有其他经常起作用的内部控制。在大多数报纸、电视、广播与电影组织中，都能发现一些方针的条文陈述。在广告方面，自我管理的专业机构自 1971 年起就已存在。

组织方针：电视网的标准及其实施

多年以来，每一家大型电视网都保留着一个通常被称为"标准及其实施"或其他类似名称的大部门。这些部门的员工每季度都会做上千个关于对话、情节与视觉形象的可接受性的决定。不过在20世纪80年代晚期，电视网的预算削减了这方面的费用，大多数这类部门都被急剧精简。20世纪90年代，随着人们对于电视内容批评的增加，这些部门又有所扩大，但是拥有的工作人员还是远少于20世纪80年代早期。福克斯、NBC与ABC的这一部门要审查其电视网播出的所有内容，包括广告。在CBS，标准部门审查儿童节目、文献类电视片、广告、新节目以及很多已有的电视系列剧。在有线电视网中，用来监督标准实施情况的做法差异较大。比如，MTV密切监控其所有节目，探索频道也很少出现风格上的问题，而诸如HBO这样的付费频道则有较为宽松的标准。

广播与有线电视网也越来越多地依赖系列剧制片人来决定可接受性的标准。而就制片人而言，他们基本了解可以放宽到什么尺度而不至于引起电视网的不满。电视网通常会仔细地审查有可能引起问题的系列剧的前几集。此后，它们便会对制片人的标准给予更多的信任。

对任何非正式的观察者来说，有一点可能很明显，即多年来电视网的标准变得越来越宽松了。例如，收视率很高的《犯罪现场调查》的其中一集里有关于性虐待狂和恋物癖的内容。《摩登家庭》和《实习医生格蕾》中有明星扮演的同性恋角色。

发生这些变化有几个原因。首先，社会变得更开放。一些曾经是禁忌的主题，比如男性阳痿，现在却经常在广告中被提到。其次，广播电视网不得不与标准更宽松的有线电视网竞争，而有线电视网播放诸如《欲望都市》这样的节目，这使得可以接受的范围进一步扩大。最后，比尔·克林顿总统与莫妮卡·莱温斯基的性丑闻将性主题搬上了晚间新闻报道，这立即消除了许多禁忌。

尽管管控放松，但电视网的标准及其实施部门还是十分小心。除了少数例外，同性接吻的镜头通常会遭到反对。令人作呕的镜头是不允许出现的。这些电视网通常也不会播放人流诊所、避孕用品（有一些地方台会播放避孕用品广告）或者按摩室的广告。

网络为那些被标准与业务部门定位为不适合电视播出的内容提供了出路。广播网节目的滑稽短剧如《周六夜现场》的未剪辑版有时候会被放在YouTube或其他视频分享网站上播出。

除了广播网，地方电视台也进行自我管理。地方台偶尔会认为广播网节目不适合其观众而拒绝播出。例如，盐湖城电视台就曾拒绝播出NBC 2011年的戏剧《玩乐湾俱乐部》（*The Playbay Club*）。

地方台也有**方针手册**（policy book）。这种手册通常都列举了其经营的原则与标准，并明确了哪些做法应该鼓励及哪些做法应该禁止。比如，大多数电视台与广播电台都有一条规定，不允许新闻编辑室的成员做广告的代言人。广播电台通常都有禁止播放"自制"录音带和唱片的规定。其他台可能还有禁止播放诱导吸毒的或性暗示意味过于明显的歌曲的规章。有的地方台还禁止播放夸大效果的广告或有问题的产品与服务的广告。

421

 伦理问题

新闻记者与大学生都会有的伦理问题

新闻记者剽窃他人作品、虚构事实和消息来源来伪造报道都是不道德的。同样，大学生撰写论文时剽窃和虚构信息也是不道德的。新闻记者这么做应该受到什么样的惩罚？大学生呢？2009年10月由麦克·康威（Mike Conway）和雅各布·格罗肖科（Jacob Groshek）发表在《传播教育》（*Communication Education*）上的一篇文章调查了这些问题。

研究者分六个学期调查了新闻系班上的学生，

时间分别是学期初和毕业前夕的学期末。调查员搜集了 2 925 份学生问卷，调查样本量绝对充足。其调查的学生关心的几个伦理问题是关于新闻记者和学生两者的剽窃和造假行为。

调查结果表明，比起学生自己的不道德行为，他们更关心职业新闻记者的道德过失。例如，约 56% 的学生很关心或非常关心其他同学的捏造事实，但有约 80% 的学生很关心或非常关心新闻记者的捏造事实。类似地，约 46% 的学生关心同学是否从网上剽窃信息，但有 83% 的人关心记者是否剽窃。

学生们说到惩罚时对自己也更宽容。约三分之二的学生认为新闻记者被发现剽窃或伪造信息应该被开除。但如果大学生剽窃他人作品或从网上抄袭而不注明出处呢？只有 2% 的学生认为开除是对这类行为的合理惩罚。对于虚构消息来源的态度同样如此。大约 61% 的学生认为新闻记者伪造消息来源应该被开除，但只有 3% 的学生认为伪造消息来源的学生应该被开除。

如该篇文章作者所说："很显然，比起学生自己不遵守道德基本准则来说，他们对职业记者的过失行为要关心得多。"作者没有推断为何学生对同学比对职业记者要同情得多。这个问题要单做一项调查研究。

还有，这篇文章的标题完美地对其调查内容进行了总结："现在原谅我，将来开除我：大众传播学学生关于学校和新闻业的道德鸿沟。"

组织方针：报纸和杂志

报纸与杂志有着不同的方针陈述。**运营方针**（operating policies）适用于报纸或杂志在常规运营中出现的日常问题与情形。**编辑方针**（editorial policies）是报纸与杂志为了在某个问题上说服公众，或为了实现特定目标而遵循的指导方针。

各家报纸或杂志的运营方针不尽相同。不过总体而言，这些方针涉及了这样一些事项，如接受免费赠券，运用欺骗手段收集信息，买报道或独家访谈（付费采访），公费旅游，进行电子监控，使用偷窃来的文件，接受 X 级影片的广告，以及决定是否公布强奸受害者的名字。还包括记者与编辑的在外兼职以及利益冲突。例如，以下是《密尔沃基日报》（*Milwaukee Journal*）的《条例与指导方针》（*Rules and Guidelines*）的节选：

职员不得接受或要求赠予体育赛事、电影、戏剧演出、马戏团表演、冰上表演或其他娱乐活动的免费门票或入场证。

超过象征价值的礼品应该迅速退回，并解释说这是违反我们的规定的。如果无法退回，公司会将它捐赠给慈善机构。

不管是有偿的还是自愿的，参加任何层次的政治活动都是不允许的。日报以外领域的公共关系与宣传工作应该避免。

有些报纸与杂志是自由主义的，而有些则是保守主义的。有些支持民主党候选人，而有些则支持共和党人。有些支持核能，而有些则反对。这样或那样的言论通常会出现于报纸的社论版。许多出版物的编辑方针基本是明确的。《芝加哥论坛报》通常发表保守主义的观点。《纽约时报》则较为自由。一份报纸的编辑方针会对出现在其社论版上的内容起到一定的控制作用。当然，报纸有足够的权利这样做。不过，总有一些时候，报纸的编辑方针对其新闻版面干预过多，于是这可能导致报纸在客观性、责任感与正直方面的声誉出现问题。

经常会出现的一个问题叫做讨好，它是一种亲社区原则，经常导致一些负面新闻不能见报。在密西根的弗林特，在当地的费希博德汽车工厂倒闭时，全国的电视台与报纸都宣布了一个坏消息，即弗林特将丧失 3 600 个工作岗位。但弗林特当地的报纸只是在它内页的第 11 行才提到失业问题。而"好新闻"却被突出报道：当地的别克汽车工厂栽种了新的灌木丛的报道被放在了头版。

老板与出版商可以通过几种方式来对实践新闻方针的编辑加以控制。他们可以只雇用与他们的编辑观念一致的人。比如，《新奥尔良时代花絮报》（New Orleans Times-Picayune）在一家贸易杂志上刊登了一则招聘一名商业记者的广告。其中的一项条件就是"亲商原则"。他们也可以解雇那些写出老板不喜欢的报道的人，他们还可以命令低调处理某些主题，而对另一些给予高度关注。

对于消费新闻的公众来说，这些例子的重要性是什么？我们应该指出的一点是，以上的例子与其说是规则本身，还不如说是规则的例外。然而，它们的确表明了仅仅依赖某一个新闻来源的潜在危险性。明智的新闻与信息的消费者应该依赖不同的媒介来获得更完整的认识。

媒介自我批评

对于媒介内容与行为的一些非正式控制来自媒介内部。在过去的几年中，虽然媒介内部批评的数量有所增长，但与报纸、杂志、电视及广播对社会其他方面所进行的调查性报道和批评性分析的数量相比，它还是很少的。很多报纸和杂志有媒介批评家与媒介记者。不过，这些新闻工作者所写的有意义的批评文字的数量却是变化不定的。在印刷媒介中，一些较有名的批评家包括《纽约客》的肯·奥利塔（Ken Auletta）、《每日野兽报》（Daily Beast）的霍华德·库尔茨（Howard Kurtz）以及《华盛顿邮报》的汤姆·肖尔斯（Tom Shales）。

 ## 社会问题

正在消失的公共编辑

公共编辑（报纸用来指公评人的专业名词）是一个濒危职业。由于报纸裁员以缩减成本，首当其冲的职位就是公共编辑。2008 年，大概有十多家报纸宣布裁掉了公共编辑，或是重新分配他们的工作（十多家似乎并不多，但记住只有 40 家报纸聘有公共编辑）。

这一职位的消失会让报纸对读者的责任减弱吗？有些编辑为这一裁员辩护，提出报纸为了生存下来必须给新闻采集、广告销售和顾客服务以优先权。如果报纸缩版，要求对读者的响应能力就是不现实的了。其他编辑辩称公共编辑并不是报纸保持与读者联系的唯一方法。行业出版物《编辑与出版人》上最近的一篇文章引用了《奥兰多哨兵报》编辑的话："如果所有事情都交代给一个人，那报纸就会远离读者。"在《奥兰多哨兵报》每位编辑都直接对读者负责。另一种观点认为科技让公共编辑变得无关紧要。现代报纸有对报道的评论、编辑博客和为报道开设的论坛。

当然，还有另一种观点：公共编辑是人们遇到问题时可以联系的人。公共编辑对读者的回应不会淹没于报道评论或论坛上的唠叨中。而且，公共编辑可以在报纸内部为读者发声，而且全职的、内部的发声者会比在报道末尾发布评论更可能获得管理层的回应。另外，建议所有编辑对读者负责使得这一责任分摊太广，以至于最后可能没有任何人负责。而且，公共编辑负责发展社区内部关系，而没有这个职位就会使关系解除。这些关系的解除会导致另一种读者与报纸互动的渠道丧失。最后，公共编辑是一种象征，即体现了报纸对其错误负责和向公众监督公开其业务的理念。裁掉公共编辑可能会有损出版物的公信力。

最无情的裁员可能要属《路易斯维尔信使报》（Louisville Courier Journal），在设立公共编辑长达 40 年之后，它决定取消这一职位。该职位的最后一名就任者还是新闻公评人组织的会长。

有几份新闻评论刊物定期对媒介行为进行批评。最著名的是《哥伦比亚新闻评论》（*Columbia Journalism Review*），但它的发行量只有 3.5 万份。其他重要的刊物还包括《美国新闻评论》（*American Journalism Review*）与《圣路易斯新闻评论》（*St. Louis Journalism Review*）。

互联网为媒介自我批评开通了一个新渠道。比如，媒介频道（www.mediachannel.org）包括新闻、事件分析以及对全球媒介的批评。新闻工作者吉姆·罗姆奈斯柯（Jim Romenesko）开设了一个类似的网站 www.mediachannel.org。但这些网站以及其他类似网站的影响还有待判定。

423

有线电视与广播电视网通常较少提供节目对媒介进行严肃批评。报纸在该领域做得略多一些。《华尔街日报》偶尔会刊登一篇对报业所面临的问题进行深入研究的文章。在电影界，行业报纸《综艺周刊》有时会发表对电影业的批评文章。《公告牌》这份唱片业的行业刊物刊登过一些关于唱片业的分析文章，不过算不上批评文章。

一些报纸与其他媒介机构曾试图在运营中采纳斯堪的那维亚（Scandinavia）的一种办法来提供内部批评。该公司雇用了一位公评人（ombudsperson）来处理来自那些认为自己遭受不公正待遇的受众的投诉。这位公评人还对机构职员的行为进行一般性的批评。尽管公评人（有时称作公共编辑）在美国的人数依然很少，但近年来对这一职位的兴趣却在增长，主要是因为媒介机构担心它们正在失去其受众的信任。美国有大约 40 个公评人，他们差不多都是在报纸任职。不过，经费紧缩已让很多公评人下岗（见"社会问题：正在消失的公共编辑"）。电视新闻编辑室中几乎不存在这种职位。

广告的行业自律

1971 年，广告界几家顶尖的行业组织——商业促进会、美国广告联合会、美国广告业协会（American Association of Advertising Industries）以及美国广告主协会（Association of National Advertisers）——组建了美国广告评论委员会（National Advertising Review Council）。它的目标是维持广告在真实性与准确性方面的高标准。委员会本身由两个部门组成：全国广告分部（National Advertising Division，NAD）与全国广告评论委员会（National Advertising Review Board，NARB）。当消费者或竞争对手投诉某条广告时，该投诉首先提交到 NAD 被评估。NAD 可以没有事实根据或根据微不足道为由驳回这一投诉，它也可以联系广告主要求其作出解释或进一步的证明陈述。如果 NAD 对于该广告的解释证明感到满意的话，它将驳回投诉；如果 NAD 不满意这种解释，它可以要求广告商修改这条广告或中止这一广告。

如果广告主不服，那么这个案子就会上诉到 NARB，该委员会的职责就如同一个上诉法庭。如果这个案子仍不能得到妥善解决，NARB 将把它提交给联邦贸易委员会的情况或其他合适的机构。案子被提交到联邦贸易委员会的情况是很少见的。1993 年，在 NARB22 年的历史中，它向联邦贸易委员会提交了第一桩广告欺诈案。大多数广告主都遵从 NAD 的意思。例如，2010 年 NAD 劝告 HCG 节食饮品停止在 Facebook 和 Twitter 上宣传其减肥效果并要求其挂出减肥效果的证明。

行业团体也会对其产品的广告进行监督。比如，米勒酿造公司（Miller Brewing Company）与百威英博（Anheuser-Busch）公司自愿从 MTV 撤下它们的广告，因为它们不想表现出是在鼓励年轻人喝酒。

外界影响

媒介机构所处的大环境通常包括一些对媒介行为产生影响的因素。本节将讨论三点：经济、压力集团和教育。

经济压力

金钱对媒介把关人具有强大的影响力。对于商业媒介来说，在控制什么内容应该被拍摄、发表或播出方面，收入的损失是要考虑的一个重要因素。经济控制是以各种各样的形态与方式出现的。承受的压力可能来自广告主、媒介自身的商业方针、行业的总体经济结构以及消费者团体。

来自广告主的压力　唱片业通过人们购买单张的磁带或唱片获得收入。因此，它事实上没有从广告主那里挣钱，通常不会受到来自它们的压力。电影业也是通过出售单张电影票来获得其大部分收入。广告主通过所谓的"产品植入"——广告主付费给影片制作方以换取它们的产品在电影中出现，能够产生有限的影响。比如，《超级8》中有几个场景出现了7—11便利店。不过相对而言，广告主对电影内容的影响是微弱的。但另一方面，在印刷媒介中，报纸有大约75%的收入来源于广告，而杂志有50%的收入来源于广告。当然，广播和电视几乎全部的收入都依靠广告。

424

伦理问题

广告业的新伦理守则

2011年3月，广告伦理研究院（Institute for Advertising Ethics，IAE）发布了一套伦理守则，希望能指导现代广告、公共关系和市场营销的决策。该守则在美国广告联合会和密苏里大学雷诺兹新闻研究院的帮助下完成。考虑到大多数伦理守则的情况，这八条原则以通用词汇表述，并且一般是规定性的（告诉广告商该做什么）而不是禁止性的（告诉广告商不做什么）。

以下是这八条守则的简要摘录：

- 广告商应该具有高道德标准。
- 广告商向消费者散播商业信息时有道德义务。
- 广告商应该把广告和公关内容从新闻和娱乐内容中区分出来，包括网上和网下的。
- 广告商应该公开影响传统媒体和社交媒体赞助的所有报酬或其他物质条件（如获得免费产品）。
- 广告商应该平等对待消费者。
- 广告商应该永不侵犯消费者的个人隐私，消费者应有接受或不接受其所提供的信息的明确选择权。
- 广告商应该遵守各州和各地的广告法，配合行业自律。
- 广告商应该私下讨论潜在的伦理问题，广告创意团队的成员应该有提出道德顾虑的机会。

这八条中的某些原则比其他原则要更易于遵守。例如，假设某人在Twitter上发表对某酒店的好评，他或她就可以免费获赠一晚住宿作为回报。这应在什么时候公开？发第一条信息的时候？还是接下来每发一条信息时？推文只有140个字母，公开这些之后一条信息还能剩下多少字？又例如，假设一则广告的创意团队中有名成员有道德顾虑，内部讨论对此并不满意。这名员工如果公开其顾虑是否道德？

该研究院认识到这些原则不是不可变的，它们可能根据反馈和条件的变化做出修改。类似于其他伦理守则，IAE 守则也是基于自愿遵守的原则。研究院希望广告公司和公关公司能赞助研讨会和会议来解释这些原则，并鼓励其员工承诺遵守新守则。

广告主对媒介内容与行为的实际控制程度是很难确定的。我们或许可以公允地说，大多数新闻报道与大多数电视及广播节目都是在没有考虑广告主会怎么想的情况下制作出来的。然而，有时你可以发现一些受到压力的例子：

- 2008 年，弗吉尼亚一家报纸的记者发表了对当地一家医院的批评报道。医院对比进行了投诉并撤下了在该报上登的所有广告。后来这名记者被分配到了另一个单位（报纸声明医院的做法与记者工作调动无关）。
- 《波士顿先驱报》（Boston Herald）的执行官曾让一名记者待岗，因为该记者撰写的专栏对两家大型的波士顿银行合并进行了批评。其中一家银行是该报的大广告主，并且拥有该报大楼的抵押权（管理层后来发了慈悲，让这位记者复职了）。

商业方针　媒介内容所受到的经济压力有时被媒介自身的商业行为所助长。当马萨诸塞州最高法院裁定可以起诉那些老是骚扰负债者的债权人时，波士顿的报纸拒绝透露这起诉讼涉及的零售商店的名字。这家有争议的零售商店是报纸的大广告主。旧金山一家报纸撤掉了一个批评耐克公司的专栏。它这么做是因为耐克公司是该报"海湾破浪"（Bay to Breakers）比赛的赞助商。

用新闻报道来换取广告位置是一个常见问题。南佛罗里达的一家电视台向广告主发送传单，声称做一次新闻报道收取 5 000 美元。一家电视台在协商直播纽约州乐透开奖的合同时，承诺报道乐透官员的正面新闻。这两例事件中电视台违背职业道德的做法被曝光后合约都被撤销了。

接下来便是被一位知名编辑称为"与收入挂钩的新闻"的问题。这一问题通常在新的购物中心、电影院或百货商店在市内开张时出现。这种时候新闻媒介都会对它们进行长篇累牍的报道，其关注可能超过了常规的新闻标准所应给予的关注程度，目的就是获得广告收入。目标商店在报纸广告上花了大笔的钱。同一年在得克萨斯的韦科，报纸用头版的半个版面与两个内页（包括七张彩色照片）报道一家新超市的开张。毫无疑问，该超市也在报纸广告上投了重金。

上面所提及的例子并不想批评或指责任何媒介或职业的信誉。也许还存在着不计其数的、没有公开的关于报纸、杂志、电视及广播抵抗广告与经济压力的例子。你们从这一节中应该学到的是那种有时可以存在于广告主与媒介之间亲密关系的本质以及由此产生的压力。在大多数时候，这种关系不会产生什么问题。不过，当专业判断屈从于金钱时，经济压力也许就会让媒介产生功能失调。

压力集团

不同的受众可以团结起来对大众媒介机构的运作进行控制。这些集团有时会用经济压力（抵制）威胁，或者有时就靠名声不好的负面效果来达到它们的目的。在广播和电视业中，压力集团（也常被称为公民团体）可以在申请许可证延期过程中诉诸法律压力。由于广播电视的独特法律地位，它一直是许多压力集团关注的焦点。例如，在 1964 年，一个黑人公民团体与基督教联合教会传播办公室（Office of Communication of the United Church of Christ）联手，组成了一个压力集团，并试图否决密西西比州杰克逊的一家电视台的许可证延期一事，原因是该台管理层据说有种族歧视。在经历漫长而复杂的法律斗争后，该公民团体的努力成功了。这一成功可能鼓舞了其他团体的成立。比如，约翰·班扎夫三世（John Banzhaf Ⅲ）领导了一个名为吸烟与健康行动（Action for Smoking and Health, ASH）的组织，该组织在说服国会禁止在广播和电视上播放香烟广告中发挥了作用。

几乎与此同时，可能是最有影响力的一个针对广播电视的压力集团成立了：儿童电视行动组织（Action for Children's Television, ACT）。最初该团体较为温和，成功地实现了以下目标：

1. 说服电视网指派一个儿童节目的监督员。

2. 从儿童节目中去除药品与维生素的广告。

3. 颁布一个禁令，禁止主持人在儿童节目中进行推销。

4. 减少星期六晨间节目中的广告数量。

5. 促进一项关于儿童电视节目的法案在 1990 年由国会通过。

儿童电视行动组织在 1992 年解散。该组织在其最后的新闻发布会上宣称，随着《1990 年儿童电视法案》的通过，它的主要使命已经完成了，而且那些为儿童争取更好的节目的人现在"有了国会支持"。

在 20 世纪 70 年代中期，行业外的其他一些利益集团开始涉足电视节目。美国医学协会（American Medical Association）和美国家长教师联合会（National Parent Teachers Association）都批评电视暴力。美国全国妇女组织（National Organization for Women）也发起运动争取在大众媒介中出现更多的对女性具有代表性的描述。美籍阿拉伯人反种族歧视委员会（American-Arab Anti-Discrimination Committee）抗议迪斯尼的《阿拉丁》（Aladdin），因为它里面有一首歌的歌词包含了对阿拉伯人的污蔑。由同性恋者发起的反对劳拉·施莱辛格（Laura Schlessinger）博士的电视脱口秀节目开播的抗议活动使得许多广告主撤回了对该节目的赞助，还使得几家电视台完全放弃了该节目。劳拉博士最终为她的一些反同性恋言论道歉。

 社会问题

政治压力：黑名单

在第二次世界大战之后，一般所称的冷战时期，美国与苏联之间的紧张局势升温。很多政府中的人害怕共产主义者或共产主义同情者在美国社会获得重要职位。反共集团控诉娱乐业尤其是很多共产主义同情者的大本营，他们制作了歌颂共产主义的电影。1947 年，一个众议院的调查委员会众议院非美裔活动委员会（the House Un-American Activities Committee, HUAC）针对电影业可能受到的共产主义分子的影响举行了一场听证会。很多著名的好莱坞明星，还有几位导演、制片人和作家被传唤到委员会作证。十位证人（被称为"好莱坞十罗汉"）引证第一修正案中关于言论自由和集会自由的规定，拒绝回答委员会关于曾经或目前与共产党的联系的提问。所有人都被控藐视国会。

他们的拒绝配合导致委员会对电影业施加更大的压力，委员会要求其反对共产主义和重申恪守美国价值观。好莱坞高层发表声明，强调任何拒绝回答 HUAC 问询的证人将不会被电影业聘任，直到他们洗脱藐视罪并宣誓他们不是共产主义者。实际上，"好莱坞十罗汉"和其他被怀疑是共产主义者的人被加入了黑名单，电影业拒绝给予其工作机会。

1950 年，这份黑名单扩展到了广播界，当时三位 FBI 前侦探发表了一份被称为《红色频道》的通讯，上面列出了 151 位人士，他们中的很多人都身处广播界，据称为共产党工作。尽管这份名单上的信息贫乏可疑，广播界高管还是起草了一份他们自己的非正式名单，上面都是对美国的忠诚度受到怀疑的人。任何名单上的人都必须经受 12 步受尽凌辱的"复原"步骤考验，否则就会被整个行业开除。很多演员、记者、作家以及导演的职业生涯就是因为这份名单而断送的。

另一个自称致力于消除所谓"共产主义阴谋集团"的艾威尔公司（Aware Inc.）于 1953 年成立。演员的背景如果被认为哪怕有一丁点可疑，都会被该机构列入黑名单，很多人因此在演艺圈找不到工作。艾威尔公司的干预方式涉及商业广播体制的核心。其创始人威胁电视台要联合抵制被疑为共产主义节目的赞助商的产品。广播公司生怕受到威胁，所以避免聘任黑名单上的任何人。

黑名单时期是电影业和广播业的耻辱史。对于我们来说，这个故事说明的是当政客和压力集团对媒介产业无理施压时，会导致某些负面结果。

随着传统媒体的受众越来越少，压力集团的积极性减弱。不过最新的案例也有一些。家长电视委员会（Parents Television Council）敦促其成员向 FCC 投诉《恶搞之家》（Family Guy）的某些剧集，媒介研究中心发起对电视新闻中的自由化倾向的反对。此外，围绕网络产生的问题导致了新一代压力集团的诞生。数字民主中心（Center for Digital Democracy）代表网络中立发起运动，媒介与民主联盟（Media and Democracy Coalition）对最近的宽带刺激计划表示担忧。

我们可以总结说，这些公民团体的活动既有正面的也有负面的影响。一方面，它们可能使一些媒介组织对社区的需求更为负责，对于少数群体及其他弱势群体的问题更为关心。公民团体对媒介组织的参与可能也增加了受众与媒介产业之间的相互反馈。但另一方面，这些团体是一些特殊利益的维护者自发成立的。它们并不是由别人选出来的，可能也不代表大多数人的利益。此外，许多这类团体都行使了不合理的权力，并且一些极端的群体事实上还有可能滥用它们的影响，做的坏事比好事还多。

教育

教育也对媒介起着非正式的控制作用。道德规范以及职业精神是学院与大学中越来越受关注的话题。事实上，最近许多新闻与大众传播学院都掀起了道德规范教育的热潮。美国大约有 40% 的学校为它们的学生开设了专业道德规范课程。在专门探讨大众媒介伦理道德的大约 40 种书中，超过一半是 1980 年以后出版的。这一领域的大多数专家认为，不能只教授学生具体的道德规范法则，而应该强调一种系统的对道德规范进行思考的方法，这样个人才能思考问题并得出合理的结论。

甚至本书也可以被视作一种非正式控制的手段。我们希望，在读过本书以后，你能把更高水平的批判性思考和更敏锐及更有见地的观点，带到你的媒介职业中或者带到你作为媒介消费者的角色中。

要点

- 存在着几种对大众媒介的非正式控制，包括道德规范、行为准则、组织方针、自我批评以及外界影响。

- 在这一领域可以提供指导的最重要的道德原则是中庸之道、绝对律令、功利原则、无知之幕以及自我决断原则。

- 所有媒介都有行为准则，它们提出了用来指导职业行为的原则。
- 许多媒介组织都有监督发表与播出内容的标准部门。
- 全国广告评论委员会是监督广告业自律行

为的主要组织。
- 来自广告主的外界压力有时会影响媒介的行为。
- 一些特殊的利益集团，如儿童电视行动组织，成功地改变了电视产业的内容与行为。

复习题

1. 本章开头所讨论的几种主要的道德原则是什么？

2. 为什么美国广播电视协会（NAB）的正确业务准则被废止了？

3. 编辑方针与运营方针之间的区别是什么？

4. 公评人是什么人？他或她主要做些什么工作？

5. 广告主通过哪些途径影响新闻内容？

批判性思考题

1. 你会如何处理本章引言中所提到的各个案例？

2. 成文的行为准则的优点与缺点都有哪些？

3. 特殊利益集团是否对媒介行使了过多的

权力？

4. 广告主对媒介的权力是否过大？

5. 思考本章开头讨论的《纽约时报》与维基解密的案例。该报的做法符合道德规范吗？

关键词

中庸之道
绝对律令
功利主义
无知之幕
自我决断

美国电影协会公级制度
方针手册
运营方针
编辑方针
公评人

互联网冲浪

本章所讨论的主题涉及的网站并不多，下面　　列出的是一些相关的网站。

www. mediaethicsmagazine. com

审视大众媒介传播中的实践与理论的道德问题。

http：//asne. org/AdminTools/Articles/

美国报纸编辑协会从 30 多个不同的媒介组织中收集到的道德准则。

www. mpaa. org/ratings

关于美国电影协会（MPAA）分级制度的信息可以在这个网站中找到。包括一个列出所有近期发行电影的评级的数据库。

www. poynter. org/category/latest-news/everyday-ethics

波因特学院（Poynter Institute）的道德规范网页。对发现近期的伦理问题大有帮助。

www. spj. org/ethics. asp

职业新闻工作者协会（Society of Professional Journalists）的道德规范网页。包括最近的伦理新闻以及一个你可以寻求建议的"伦理热线"。

第五部分

媒介效果

第18章

大众传播的社会效果

本章将帮助你：

- 解释科学家是如何运用调查和实验来研究大众传播的效果的
- 描述媒介作为社会化机制是如何发生作用的
- 讨论电视暴力的影响
- 界定议程设置与议程设立
- 解释媒介是如何帮助观众明确政治选择的
- 描述互联网对社会行为的影响

这听起来真是个坏点子。

431　　一家叫做棋盘工作室（Checkerboarded Studios）的公司开发了一款叫做《校园枪手：北美之旅 2012》（*School Shooter：North American Tour* 2012）的游戏，让游戏玩家在其他地方重演哥伦拜恩中学和弗吉尼亚理工大学发生的恐怖校园枪击事件。这还不够令人不安，这款游戏在修改流行游戏《半条命2》（*Half-Life 2*）的基础上制作而成，甚至让人们选择真实的杀人犯使用的同款武器。棋盘工作室网站是这么形容这款游戏的：

> 你扮演的这位不高兴的学生对某事或其他（我们并不知道详情）的事情感到厌烦，在研究了几个校园枪击烈士之后，决定成为史上最优秀的校园枪击手。

对这款游戏的争论导致其网站服务商把游戏从主机中移除，该公司的域名也于 2011 年 8 月过期失效，但游戏开发者承诺还是会发布"校园枪手"。不过，到 2011 年年末，还没有这款游戏要上线的迹象。

毫无疑问，立法者、教育者、家长和社会学家都对这款游戏可能发布感到不安。他们的担忧是基于考察玩游戏的社会效果的研究。尽管还需要更强有力的证据，但很多研究都发现玩暴力游戏的时间过长

432　与现实生活中暴力行为的增多有关。

本书最后一章将考察大众传播的社会效果。第一部分探讨媒介对受众的态度、感知以及知识的影响；第二部分考察媒介对人们行为方式的影响。不过在讨论这些影响之前，我们需要考察一下它们是如何被研究的。

对大众传播效果的考察

对于什么是或什么不是大众传播的效果，有很多考察方法。一些人宣称，亲身观察是获得证据的最佳途径。正如我们在第 2 章中提到过的，文化批判研究着重于受众从特定文本构建出的各种各样的意义。另一些人依靠专家的观点及推断。还有一些人，他们在想要证实自己的观点时，会借助于常识。所有这些方法都是有用的，但本章将着重讨论关于媒介对个人的影响的科学研究结果。但必须记住，科学的方法也只是考察这一问题的多种方法中的一种而已。

在收集关于媒介效果的资料时，研究者们通常主要采用两种手段：

- 在现实世界中进行**调查**（survey）。它通常是让一大群人通过问卷的形式来回答问题。尽管调查通常不是原因与结果的充分证据，但它确实有助于确立它们之间的联系。一种特殊的调查——**小组调查**（panel study）能使研究者们在总结调查数据中的因果模式时更有自信。小组调查收集同一个人在两个时间点或更多不同时间点的数据。因此，这样的想法有可能实现，比如说用尖端科技控制其他变量，来观察一个人在少年时期观看电视暴力片是不是与他日后的攻击行为有关。小组调查费用昂贵，而且需要花很长时间来完成。

- 在实验室中完成**实验**（experiment）。它通常是对某个变量采用控制法，以确定其对另一个变量的影响。一种特殊的实验

法——**现场实验**（field experiment），是在现实的环境中进行的。由于实验法有助于确立因果关系，因此是一种有效的方法。

在这一章后面的部分，我们将着重阐述关于媒介对人们的认知、态度和行为的影响的科学结论。

大众传播对认知和态度的影响

态度与行为之间的分界线是模糊的。在很多情况下，我们只能通过观察相关的行为才能推断某种态度和感知的存在。因此，本节所提到的研究方法包括对行为与态度二者的测量。

我们将考察三个最主要的研究话题：媒介在社会化过程中所起的作用、教化分析和议程设置。

媒介与社会化

在第 2 章中，我们将社会化定义为，个体逐渐接受一个群体的行为与价值观的过程。在这一节里，我们将着重讨论儿童的社会化。社会化是一个复杂的过程，它要跨越很多年的时间，涉及被称为**社会化机制**（agencies of socialization）的各种各样的人与组织。这种社会化机制在一定程度上对社会化过程起作用。图 18—1 是一些常见机制的简化图。

在很多情况下，媒介对于社会化的作用是微小的。父母可能影响更大（"要吃菠菜，这对你有好处"）。朋友也是这样（"别搬弄是非"）。直接的经验也同样有影响（"我最好别动我姐姐的东西，因为上次我动了，她大发脾气"）。

另一方面，在某些特定的事情上，媒介尤其是电视，会对社会化产生很大的影响。现在让我们来看看存在于这些方面的证据。

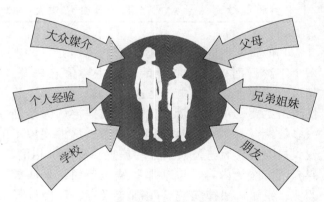

图 18—1　社会化机制

媒介作为主要信息来源

学习是社会化过程中的一个重要部分，而媒介是很多领域的重要信息来源，尤其是政治和公共事务方面。例如，一项针对六年级与七年级学生的调查表明，80％的人认为大众媒介

是关于总统与副总统的大多数消息的来源，60％的人认为大众媒介是关于国会消息的主要来源，有半数的人认为大众媒介是有关最高法院的主要消息来源。

媒介探索

确定电视的社会效果

关于电视影响的新观点来自一个令人惊奇的群体：经济学家。确定电视的社会效果的最大问题是把电视的影响与来自父母、同事、社会阶层、民族和许多其他变量的影响区分开来。不过，过去三四十年里，研究者们已发现更易于确定复杂关系中的因果问题的新的高效的统计方法。这些新技术激发了对传统经济学家不常调查的问题的研究，诸如为什么大多数贩毒者与母亲住在一起，一个人的收入如何受到他或她的牙齿状况的影响。

有些经济学家使用这些新统计方法来利用"自然实验"调查观看电视的效果。FCC 从 1948 年至 1952 年冻结创办新的电视台，导致有的城市有电视，有的城市没有电视。这就可以开展此类实验。研究者们考察了 1965 年小学生和高中生的成绩，然后控制了很多社会学变量，他们发现接触电视较多的孩子比接触电视较少的孩子成绩更好。这一效果在母语不是英语的家庭中甚至更为显著。

另一位经济学家考察了巴西浪漫电视肥皂剧对人口出生率的影响。这些节目中的儿童很少，因为观众很难记住有较多人物的节目。由于有家公司实际上垄断了巴西浪漫肥皂剧的播出，研究者们得以考察不同地区播放节目的时间。之后他们对照出生率的变化，再次对其他影响因素进行了控制。节目播出后，平均每个女性的生育次数持续下降。有意思的是，收看竞争电视台播放的墨西哥节目和美国节目没有产生同样的影响。

对电视社会效果感兴趣的学者可以不再把研究限定在传统大众传播杂志上，现在他们还必须翻翻经济学杂志。

其他研究表明，媒介尤其是电视媒介，对于多个年龄群而言都是广泛话题的主要信息来源。超过 90% 的美国人称电视是他们了解"9·11"恐怖袭击主要的消息来源。电视也同样被认为是绝大多数地方与国会选举的消息来源。这种现象不仅仅局限于政治与公共事务的信息。有理由相信，媒介所传播的内容，包括那些娱乐节目，是诸如职业、犯罪、法律实施、酗酒与吸毒、环境以及少数民族问题的重要信息来源。例如最近一项对于中学学生的调查表明，每四个学生中就有一人认为摇滚乐是关于道德观信息的重要来源，每四个学生中就有一人认为摇滚乐是人际关系的重要信息来源。另一项调查表明很多年轻人把喜剧中心频道的《每日秀》（*The Daily Show*）作为主要的新闻来源。

₄₃₄ ### 影响态度、认知和信念

在态度、认知和信念的转变方面，大众媒介同样起着重要的作用。一些作家认为，在某些情况下，媒介（尤其是电视）在决定青少年的态度方面可能成为重要的社会化机制。尤其是在以下因素产生作用时，电视会成为重要的影响力量：

- 同样的观念、人物或行为在节目中反复不断地出现；也就是说，它们是以一种一成不变的方式呈现出来的。

- 儿童接触大量的电视节目。
- 儿童与父母和其他社会化机制的交流有限，并缺乏其他的信念体系作为评估媒介内容的标准。

所有这些都意味着，在一定的情况下，电视在影响孩子关于某些问题的想法方面发挥着重要的作用。虽然研究这些情况十分复杂，但一些研究者还是摸索出了上述理论所适用的某些条件、

领域以及儿童群体。另外，他们还细化了电视对人进行社会化的过程中所造成的一些影响。

刻板成见　在媒介社会化研究中，确认在媒介内容中呈现出的一致的主题或刻板成见是十分有益的。例如，想象一下电视节目通常是如何描述法律实施和犯罪的。有关犯罪和法律实施的节目是黄金时段电视的主要播出节目；在所有节目时间中，有 20% 到 35% 是关于警察与罪犯的节目。然而，电视上呈现的执法角色的这一较高的百分比，并没有确切反映现实生活中的真实比例。此外——至少是在电视中——犯罪是没有好下场的。一项研究发现，电视上 90% 的犯罪都有处置结果；而现实生活中的法律实施机制却并不如此有效。

此外，想想电视上看到的社会角色是如何被性别影响的。在 2008 年的一项调查中，研究者们考察了六大广播电视网黄金时间播出的所有喜剧、戏剧和真人秀节目。他们发现女性明显比男性更多地表现以爱情、家庭和朋友为中心的人际角色。相比，男性明显更多地以和工作相关的角色出现。这种社会角色的性别差异在 20 世纪 70 年代、80 年代、90 年代的类似研究中均有发现。

总之，这些可以被视为电视世界经常表现与现实不符的情形的证据。除了犯罪和法律实施领域以外，刻板成见还存在于对性别、职业、处理问题的方式、科学家和精神病的表现之中。

大量观看的结果　那些大量观看电视节目的年轻人，似乎有可能表现出与媒介刻画相一致的信念和理解方式。在这方面，最早的一项研究是在 20 世纪 30 年代完成的，它发现经常观看犯罪和强盗一类的电影会改变一个人对于诸如死刑、监狱改造等问题的态度。近来，研究者们发现，在大量观看暴力电视节目和对在现实生活中使用暴力持赞成态度之间有着一定的关系。此外，经常观看有关警匪电视节目的孩子，比那些不太看此类节目的孩子更倾向于相信警察在逮捕犯人方面具有实力。

有些研究也证明了观看电视与传统性别角色观念之间的高度关联。换句话说，大量观看电视的儿童更倾向于相信，男性做医生更好，女性做护士更好，或者抚养儿童是女性职责而不是男性职责。

为了确保公正客观，我们在此必须重申，这一类研究只是假定，而不是确证了大众媒介在影响这些孩子们的态度方面发挥着重要的作用。调查只能显示这种联系，而不能证明其因果关系。尽管一些实验证据指出媒介是导致某些态度形成的因素，但我们并不能对其他的因素完全视而不见。但是，接触媒介与某些态度之间的关系很可能表明了其间的因果关系。有一个例子能很好地证明这意味着什么。观看暴力电视节目可能导致一个年轻人对侵犯持赞成的态度。这种赞成态度又可能促使他或她观看更多的暴力电视节目，这样又更进一步强化了对于侵犯的赞成态度，如此循环往复。这两个因素可以说是相互影响的。

可选择信息的缺乏　尽管研究证据在这方面不如其他方面那样一致，但似乎在某些情况下，电视能够影响年轻人关于某些事物的态度。对于这些事物，环境没有提供第一手的经验或可选择的信息来源。一项考察电视对约会行为的潜在影响的调查表明，十几岁的年轻人在现实生活中的约会经验有限时，他们更有可能打开电视来寻求指导。

媒介的间接影响就很难确认了。在媒介与其他社会化机制共同发挥作用和人际渠道的重要性在形成态度和观点方面超过媒介渠道时，情况就更是如此。比如说在政治领域，媒介可能会给年轻人提供一些信息和观点，而这些信息和观点随后会受到父母和朋友的评论。政治信仰和态度就是从这种双重背景中产生的。在这种情况下，父母和其他人际渠道的社会化影响比媒介的影响重要得多。一项针对警方态度的研究发现，尽管孩子们花了大量时间观看电视上有关警察的节目，但朋友和家庭仍是重要的社会化机制。关键点在于：媒介在社会化过程中起到了重要的作用。有时这种作用容易察觉；有时则是间接的因而难以察觉；还有些情况下，它是相当微小的。显然，决定一个孩子如何理解这个世界，有众多的因素在发挥作用。但是媒介（尤其是电视）在社会化过程中已经成为一个重要的因素。

媒介探索

真人秀：社会媒介行为的模式？

　　观看真人秀节目与我们现实生活中的行为之间有联系吗？三位研究者在《广播与电子媒介学刊》（*Journal of Broadcasting & Electronic Media*）2010 年 9 月刊上发表的一篇研究论文中提出了这个问题。

　　电视真人秀节目，像《泽西海岸》（*Jersey Shore*）、《老大哥》（*Big Brother*）、《幸存者》（*Survivor*）、《极速前进》（*The Amazing Race*）等，把普通人变成一举一动都值得瞩目的"名人"。尽管真人秀节目种类奇多，但研究者们发现有些共同的选题很突出。演员进行忏悔时，他们会流露其内心想法。他们结成联盟，发展盟友。真人秀参与者小心经营着他们的荧幕形象。

　　网络交互工具，尤其是社交媒体网站，让人人都可以效仿很多这样的行为。特别是，研究者们想看看观看真人秀节目与这个人花在社交网站上的时间、所声称的朋友数量、从未谋面的朋友比例以及个人网站上的照片数量之间是否存在关联。

　　结果是一致的。相对很少看真人秀的人而言，观看大量真人秀的受访者在社交媒体网站上花的时间更多，网友更多，私下没有见过面的朋友更多，也更乐于分享照片。

　　作者总结道："在这方面的证据表明，随着人们的人际交流越来越变得媒体化，通常与名人有关的行为会被全体采纳。"

教化分析

　　与社会化直接相关的一个研究领域是**教化分析**（cultivation analysis）。教化分析由乔治·葛伯纳（George Gerbner）及其宾夕法尼亚大学的同事提出，认为观看大量的电视节目会"教化"出与电视节目中所呈现的世界观相一致的现实观。教化分析着重于接触的长期效果——包括成人与孩子——而不是短期的对于态度和观念的影响。

　　方法论　教化分析的第一个阶段是对电视节目内容进行仔细的研究，以发现其主要的主题与信息。毫不奇怪，电视描绘了一个相当特殊的世界，以很多标准来衡量，这个世界与现实世界大不一样。比如说在电视的世界中，男性通常占据绝对优势：三分之二到四分之三的主角都是男性。此外，电视还过多地强调了有关法律实施和破获犯罪的职业，并且如前所述，夸大了从事这些职业的人员的比例。最后，电视世界还是一个暴力的世界——约 50％的节目至少包括一个暴力事件。

　　第二个阶段考察观众在大量接触电视世界的过程中学会了什么，如果确有所学的话。研究者向被试者提出关于现实世界的问题，要求被试者从两个可能的答案中选择一个。其中一个答案（"电视答案"）与电视上对于事物的描述一致；另外一个（"现实世界的答案"）则与现实生活中的情况相似。比如：

　　所有男性中，从事法律实施和破获犯罪的职业的人的比例是多少？是 1％还是 10％？

　　在电视中，所有男性中约有 12％从事此类工作；因此，10％是电视的答案。在现实中，大约 1％的男性受聘于执法机构；因此 1％是现实世界的答案。接着研究者将大量观看很多电视节目的观众的答案样本与那些看得少的观众的进行对比。如果看电视较多的人表现出选择电视答案的绝对趋势，那么我们就有了产生教化效果的证据。

　　调查发现　研究成果有什么证据说明这样的效果发生了呢？大多数研究表明，电视在很多人中培养了一种对于现实世界的歪曲认识。一项对新泽西近 450 名学生的调查发现，与 62％ 的看电视较少的人相比，有 73％ 的看电视较多的人在回答通常一周内被卷入暴力的人数的问题时选择了"电视答案"。那些看电视较多的年轻人也更害怕夜晚在城市中独行。他们过高地估计了犯下严重罪行的人数、警察有必要使用武力的次数和警察向逃跑的嫌疑犯开枪的次数。

其他教化研究尤以大学生为重点。在一项研究中，学生们对色情作品的接触受到了考察，以验证是否教化出了一套刻板成见。在男性中，那些色情作品的重度使用者更倾向于对从事某些职业（比如机械师、市长）的女性缺乏信心。比起轻度使用者，他们也往往更加认同关于性别的刻板成见（"男性比女性有着更强的性冲动；女性对性说'不'并不是真的不想要"）。这些联系即使是在严格的统计控制去除了其他因素的潜在影响之后也站得住脚。女性没有显示出受到了同样的影响。2007 年的一项调查研究了电视描述心理健康的教化效果。内容分析表明，黄金时段节目里的精神病人比正常人表现出了 10 倍的暴力犯罪倾向性。与教化分析一致，调查发现重度电视观众更害怕附近设有心理健康机构，更不愿意与某位精神病患者为邻。2009 年的调查研究了《实习医生格蕾》的观众及其对医生的态度。重度观众认为剧中真实地展现了医生形象。重度观众还更相信真实世界中的医生是勇敢的，而且与轻度观众相比对他们现实生活中的医生更满意。

尽管教化分析研究的结果是引人注意并令人感兴趣的，但是其结论被三个问题所影响。首先，很难断定因与果。比如说，是因为大量观看电视导致人们不敢在夜里独行，还是因为人们害怕外出因而更多地留在家里看电视呢？

第二个问题是人们在很多方面都有差异，而不只是他们的电视收看习惯。因此，观看电视之外的因素可能会导致看得多和看得少的人观念和态度上的差异。当某些看似与这种因果关系有关的因素（如年龄、性别及教育程度）得到逐个统计控制时，观看电视与观念之间的联系是明显的，但弱一些。当两个或更多的因素同时得到控制（如考察看电视与焦虑之间的关系，与此同时控制性别与年龄的影响）时，一些全局性的相关性就不存在了。但我们也不能由此得出结论说，这种相关性不存在。事实上，最近的一些研究表明，某些小群体可能会显示出教化影响，而其他的则不会。

例如，有一个研究小组观察到一种他们称之为**主流**（mainstreaming）的现象，因为这种现象的存在，由文化和社会因素造成的明显差异在看电视较多的人当中有消失的趋势。他们还发现了另外一种他们称之为**共鸣**（resonance）的证据所在，*438*在这种情形之中，被调查者的现实生活经历与电视世界中的一致，因而致使教化影响更为强大。

第三，测量观看电视的方式与态度的技术，对于研究结果会产生重大的影响。比如说，对问题的精确措词就显得非常重要。此外，一些研究者认为，测量对某种特定类型的节目（如暴力节目）的接触比只对观看电视的总体情况进行测量更能准确反映教化。还有些人注意到，对重度收视者和轻度收视者收看小时数的分别处理，会影响教化的强度。

2010 年 6 月《广播与电子媒介学刊》刊发的麦克·摩根（Michael Morgan）与詹姆斯·沙纳汉（James Shanahan）的一篇论文提到，迄今有超过 500 项与教化分析直接有关的研究发表，自 2000 年以来就有 125 篇。在考察教化研究的未来时，两位作者注意到即使电视观众已分化，但平均每户观看电视的总量还是增多了，诸如 DVR 这样的设备和诸如 Hulu 这样的网站使得观看电视更容易。因此，作者写道："电视仍然占据了我们每天耳闻目睹的消息渠道。"鉴于这种情况，研究文献中很可能会出现更多的教化分析。

总之，我们可以说，尽管并不是所有的大众传播学者都对基于推理的教化分析完全信服，但越来越多的证据表明教化效果对于很多人而言确实存在。

议程设置

在多项大众传播研究中出现的一种大众媒介的影响被称为**议程设置效果**（agenda-setting effect）（议程是指将要被考虑或付诸行动的事件列表）。当我们说媒介对于议程设置有影响，我们是指媒介具有选择与强调某些话题的能力，并由此使公众认为这些话题是重要的。用伯纳德·科恩（Bernard Cohen）在他的《传媒与外交政策》（*The Press and Foreign Policy*）一书中的话来解释，我们可以说媒介不一定能成功地告诉人们怎么想，但它通常能够成功地告诉人们想什么。

议程设置研究通常关注信息媒介：新闻杂志、报纸、电视和广播。很多关于议程设置的研究是在政治活动期间展开的。这有两方面的原因。首先，政治运动所带来的消息通常是为设置议程而设计的（政治家将此策略称作"强调主题"）。其次，政治活动有非常明确的起止时间，因而使研究的时间期限清晰明确。

一项经典的议程设置研究是 1968 年总统选举的调查。调查者要求一些选民将他们认为的这次选举活动中的重要事件进行排序。与此同时，研究者们考察了新闻杂志、报纸及电视新闻，并根据媒介所给予各个事件的报道时长与报道容量制定了一个选举事件的排序表。当把媒介的排序表与选民的排序表进行对比时，二者的吻合度惊人的高。换句话说，选民们认为重要的那些事件是媒介判定为重要的事件，对它们的报道量验证了这一点。对近期的选举活动的类似研究得出了类似的结果。尽管这些研究明显证明了个人议程与媒介议程之间的关系，但它们并没有解决因果关系的问题，这是我们在前面已经遇到过的一个问题。

439 　　有些研究表明，一些情况是原因与结果的导向性并不很明晰——甚至将依考察中的媒介而定。至少有两项研究报告说，报纸发挥着比电视更大的议程设置作用。事实上，一项调查发现，在某个政治活动期间，电视似乎会转换它的报道以迎合选民的利益，而报纸似乎左右了选民的议程。

发表在学术期刊上的新近评论指出了研究兴趣的两个新方向。第一个与**框架**（framing）这个概念有关，这是媒介处理新闻主题的常用方法。这一研究方法设想媒介不仅告诉我们想些什么，还通过报道框架的设定告诉我们怎么想。比如，想象一下国会正在考虑对改革食品券制度。媒介可能设定的这一报道的框架之一，是将报道重点放在改革可能导致的效率提高和纳税结余上；框架之二，是媒介可能选择强调那些不再具有接受救济资格的人可能的艰难处境。媒介特定的框架选择会影响报道的正确性，以及我们对于这个撤销方案的态度。

第二个研究方向关注于**议程设立**（agenda building）。这个主题的研究考察媒介如何设立其关于有新闻价值的事件的议程。看起来有影响的因素包括总统新闻发布会、国会听证会以及公共关系活动。例如，最近的一项研究发现基督教联盟（Christian Coalition）所做的一个公共关系活动在约三个月后对媒介议程的形成产生了影响。另一项近期的研究认为，记者的个人议程（他或她认为重要的问题）也可能会影响到媒介的议程。2005 年发表的一项研究认为，关注犯罪与执法的娱乐节目影响了受众的个人议程设立，最终可能会影响形成媒介议程的民意调查意见。

关于在线媒体对议程设置影响的研究越来越多。很显然博客可以设置新闻媒介的议程，比如 CBS 新闻频道播放有关乔治·W·布什总统在越战时期服兵役的疑点档案后就引发了争论。最先是有博客质疑档案的真实性，然后主流媒体迅速报道。2004 年总统竞选时期的两项调查发现，博客中频繁提到的话题与媒介议程有关。

社交媒体，如 Facebook 和 Twitter，是怎样影响议程设置的呢？目前对这个问题的研究很少，但是社交媒体能让个人搜索到他或她认为重要的新闻，而不是媒介把关人认为重要的新闻。很多媒体监视 Twitter 上的热门话题趋势，然后相应地调整它们的报道。这说明社交媒体对媒体的议程设置有一定影响。

媒介对行为影响的简史

大众媒介的政治效果，尤其是广播，刺激了很多早期研究。很多人害怕工于技巧的政治煽动者会利用广播这种新媒介来获得政治权力。因此，20 世纪 40 年代实施了大范围的研究来测量媒介影响的范围。有些令人惊讶的是，这些早期调查发现媒介对政治决策的直接影响不大。人际影响更重要，被称为"意见领袖"的人对转变政治立场更为重要。

20 世纪 50 年代和 60 年代，电视的爆炸性增长使得研究的重点重新回到了媒介对于年轻人的影响上。早期的大规模调查注意到电视对孩子们的价值观和对世界的认识具有影响。此外，新媒介可能会对社交关系和在学校成功所需的技巧产生负面影响。媒介暴力的影响是特别受到担忧的，1961 年和 1964 年参议院下属委员会与此有关的听证会可以证明。1967 年一个美国委员会做出结论，认为长期接触媒介暴力会"对人类的个性和态度产生负面影响"。

1970 年美国卫生部发布了一个关于电视暴力与反社会行为的报告，这个话题又被重新提起。1982 年的一项后续研究补充了原来的报告。在整个 90 年代，媒介暴力是人们关注的焦点。正如在前面的章节中所提到的，《1996 年电信法案》包括了有关节目评级系统和可以让家长为孩子们过滤掉暴力和其他有害的电视节目的 V 芯片的规定。1999 年，在哥伦拜恩中学枪击案和随后的弗吉尼亚理工大学屠杀事件之后，电视暴力又公众关注焦点。

富兰克林·D·罗斯福总统在与全国的"炉边谈话"中把广播作为一种有效的政治传播工具。广播作为工具的重要性日益增长，促使 20 世纪 90 年代开展了好几项大规模的调查。

接下来我们将进一步考察 1970 年卫生部部长报告中提到的几个话题，首先来看引发最多研究的话题：电视暴力的影响。

电视暴力的影响

观看电视是不是引起了部分观众的暴力或其他反社会行为？正如我们刚刚看到的那样，这一问题已经争论了 40 年。这是一个复杂的问题，确切的答案还没有找到。然而，收集到的证据足以使我们开始描述一些初步的结论。为了得出这些结论，我们必须先考察来自调查与实验的研究数据。

调查结果

表 18—1 包含了选自一些旨在分析观看电视暴力与攻击行为关系的调查，简化和修改过的问卷项目。

表 18—1   问卷调查题目

	几乎总是	经常	有时	从不
1. 你经常看以下电视节目吗？				
《海军罪案调查处》(NCIS)	——————	——————	——————	——————
《摩登家庭》(Modern Family)	——————	——————	——————	——————
《犯罪心理》(Criminal Minds)	——————	——————	——————	——————
《办公室》(The Office)	——————	——————	——————	——————
《犯罪现场调查》(CSI)	——————	——————	——————	——————
《法律与秩序：特殊受害者》(Law & Order：SVU)				

2. 如果这些事发生在你身上，你会怎么办？

  a. 假设你认识的某人拿走了你的东西，而且不还。你会怎么办？

    _____袭击此人，拿回我的东西。

    _____叫警察。

    _____要求此人归还。

    _____什么都不做。

  b. 假设有人造你的谣，你会怎么办？

    _____袭击此人，让他或她停止造谣。

    _____要求此人停止造谣。

    _____什么都不做。

441

正如你所看到的，用像上面这样的测量方法（当然，假设问题的问卷要长得多），将有可能看出一个人对于通常包含暴力的节目的看法。同样它也可能测量出这个人在日常情况下宣称要使用暴力的倾向。如果观看暴力电视真的影响到行为的话，我们就有可能发现在所调查的观看大量暴力与个人自称的攻击性倾向之间存在着某种关联。如果我们没有发现这样的联系，那么我们可以假定接触媒体暴力并不会对后来的攻击性倾向造成影响。但是，如果我们确实发现了这样一种联系，我们就可以假定媒体暴力确实可以导致攻击行为。但我们不能确定，因为仅仅有调查数据还不足以证实因果关系。我们必须记住，还有许多不同的方法可用来测量对电视暴力的接触和攻击性倾向。

总体上看，很难对多年来进行的调查进行总结。也许最为精练的概括是最近一项对电视研究结果的总结。在仔细分析所有的调查结果之后，这个总结报告的作者说："我们认定，迄今为止的证据显示，在观看暴力电视节目与日常生活中的攻击性行为之间存在着一种显著的相关性。"

然而，正如我们提到过的那样，一种联系并不是因果关系的必要证据。但要记住，特殊的调查技巧如小组调查使我们在调查数据的基础上进行因果论断时多了一点信心。但由于小组调查耗资颇大且有时需要很多年才能完成，因此这样的实验并不多。此外，那些我们可以得出的实验结果，也并不是如我们所希望的那样清晰。1970 年卫生部对电视与社会行为的报告中就包含了一项小组调查。尽管其方法可能要加强，但它却发现早年观看暴力电视节目是导致日后攻击性行为的一个原因所在。

1982 年随着《电视与攻击行为：一项小组调查》（Television and Aggression：A Panel Study）的出版，出现了另外的调查证据。这本书报告了由 NBC 电视网发起的一个为时三年的调查项目的结果。这项调查收集了两个中西部城市的孩子在六种不同情况下的攻击行为、看电视的情况以及大量社会学变量的数据。最终，有近 1 200 名二年级至六年级的男孩参与了这项主要调查。

对这些数据的冗长的、细致的分析表明，在观看电视暴力与日后的攻击性行为之间并无联系。后来，另外一些研究者有机会对 NBC 的数据进行了重新分析。有一项重做的考察确实发现了电视暴力与攻击行为之间因果关系的部分证据，但其影响极小。总的来说，如果某种因果联系存在于 NBC 的数据中，它也是非常微弱且难以发现的。

1986 年，一个国际科学家小组报告了在五个国家：美国、芬兰、澳大利亚、以色列和波兰进行小组调查的结果。在美国和波兰的调查发现，早年的电视观看与日后的攻击行为显著相关。芬兰的调查对男孩得出了类似的结论，但对女孩则没有。在以色列，观看暴力电视节目似乎会导致居住在市区的男孩和女孩日后攻击行为，但对住在乡下的孩子并非如此。在澳大利亚所做的小组调查没有发现某种因果关系。尽管存在这些差异，这五个小组至少有两项调查结果是一致的。第一，观看暴力与攻击行为之间的联系往往比较微弱。第二，在因果关系中存在着一种循环模式。观看暴力电视节目使得一些孩子变得更具攻击性。而具有攻击性反过来又导致一些孩子观看更多的暴力电视节目。

2002 年一项大范围的小组调查结果发现，每天看电视一个小时以上的青少年比看电视时间少一些的青少年，日后更容易出现暴力行为。这项调查追踪 707 名儿童长达 17 年以上。研究者们数度采访调查对象，而且检查案底来记录暴力行为。在对其他因素进行统计控制之后，如低家庭收入和暴力前科，观看电视与攻击行为之间的联系仍然很明显。然而，当研究者测量的是收看电视的总量，而不是收看暴力节目的总量时，研究结果被削弱了。这就很难解释为什么观看一般电视节目，很多是非暴力节目，会与攻击行为有关联。

2004 年发表的一项研究结果与过去的研究一致。该研究对超过 400 名三、四、五年级学生在学期初和学期末进行了调查。研究者们发现，学期初接触到电视、电影和游戏中的暴力内容的儿童，在学期末更倾向于将世界看作是敌对的，且更具有攻击行为。2007 年华盛顿大学儿童健康研究所的一项小组调查发现，3～5 岁观看暴力电视节目的男孩与 7～10 岁时反社会行为的增加有关联，而女孩却没有这种关联。

我们如何理解所有这些小组调查呢？总的来说，它们似乎表明了在观看暴力电视节目与实施攻击行为之间存在着一种相互的因果联系。但是，这种联系很微弱，并且受到个人以及文化因素的影响。从这一点来看，我们还得求助于实验室研究的成果，来帮助我们进一步形成是哪个导致了哪个的结论。

实验结果

想象一下下面的情景。这是一个寒冷的冬夜。你所选的一门课程《心理学 100》的一项要求是，你要充当一个三小时调查研究的对象。今晚正是你尽义务的时候。你步履艰难地穿过校园去心理学大楼。你一到那里便和其他数十名学生一起进入了一个大礼堂。不久，一个人走进房间，自我介绍说是某某教授，并告知你们将开始进行今晚的第一个实验。

某某教授正在开发一项新的智商测试，需要你们的配合。测试册发下来后，你们开始填写。你一开始测试便发现这与你原来见到过的所有智商测试都不相同。有些问题是关于高等数学、古希腊建筑以及有机化学的，你根本不知该如何回答。几分钟后，某某教授开始发表讽刺性的评论："如果这样简单的题目你们都需要费上这么久的时间，那么你们永远也别想大学毕业"；"看来这个小组一定会因不及格而退学了"；"就是中学生现在也可以做完了"。最后，教授有点恼怒地说："不对你们抱什么希望了。把问卷交上来吧。既然你们中的大多数人在这个学期之后就不会再在学校了，那么我现在就跟你们说再见吧。"说着，这位教授冲出了教室。

过了几分钟，又有一个人走了进来，念了两个名单。各组被安排到大礼堂后面的房间。当你到被指派的房间报到时，发现另外一位教授已经在那里了。她告诉你们，这是你们今晚要参加的第二个实验。这项实验要看看人们可以记住电影中的多少内容。你将看到一部电影的简介，然后会被问及一些有关的问题。灯灭了，猛然间你看到柯克尔·道格拉斯（Kirk Douglas）的电影《冠军》（*The Champion*）里的一个八分钟的打斗场面。在影片中，道格拉斯扮演一个拳击手，他在为冠军赛而奋战，连护牙套都被打出来了［你不知道的是，另一组学生也在看电影。在你看到道格拉斯遭受猛击的同时，他们看的是一部完全不同的电影《威尼斯的小艇》（*Canal Boats in Venice*）中的片段］。电影结束时，你被问了几个关于其内容的记忆性问题。

然后你又被引到另一个房间。在这个小房间中，你被告知将开始进行第三项也是最后一项实验。你坐到一个看起来很怪异的带有拨号盘的机器面前。这个拨号盘可以从 1 拨到 11。你还注意到有一个键和一个灯连到了机器后面的某个东西上。研究者解释说，你将参与一个考察记忆的实验。在另一个房间里，用电线连接到同一台机器上的，是一个正在进行单词联想测试的学生。每当这个学生犯一次错误，你就电击他一下以进行惩罚。拨号盘决定电击的强度；当你按下键时，它就会执行。你可以任意选择强度；按下键的时间长度也由你任意控制。然后实验者给你一个二级的电击让你试试感觉如何。你跳起来，后悔为什么不选植物学而选择了心理学课程。但你的想法被打断了，因为这时候仪表板上的小灯亮了。那边的学生犯了一个错。你该施以惩罚了。于是你的手伸向了拨号盘……

关于宣泄与刺激的争论

以上是用于调查媒介暴力影响的几项关键性研究中的原型实验设计的抽象、简化和浓缩版。这个实验的想法是测试关于观看暴力内容的影响的两个相对立的理论。第一个理论已经有几千年的历史了；它被称为**宣泄理论**（catharsis theory），可以上溯到亚里士多德时代。这一理论认为，观看暴力场面事实上可以宣泄观看者本身的攻击性情绪。因此，一个观看暴力电视节目或电影的人可能最后不会倾向于实施暴力。另一个理论叫做**刺激理论**（stimulation theory），观点正好相反。它认为观看暴力场面实际上会刺激一个人日后的行为更加暴力。

正如你可能理解的，在假设的实验中，每个人一开始就受到了侮辱并可能生气了（这个实验部分使你满怀怒气并想要发泄）；一组观看暴力电影，而另一组观看非暴力电影。然后两组都轮流被给予一次用机器惩罚别人的机会。如果宣泄理论是正确的，那么观看《冠军》的这一组就会施以较弱的电击；如果刺激理论是正确的，那么观看《冠军》的这一组就应该会施以更强的电击。

宣泄与刺激的争论是在关于大众媒体效果的研究中最早出现的争论之一。一项早期的研究似乎偏向于宣泄理论，但由心理学家伦纳德·伯科威茨（Leonard Berkowitz）和他在威斯康星大学的同事们所进行的一系列研究却发现了支持刺激假设的有力证据。自此后，大量的证据似乎都是一致的：观看媒体暴力往往刺激了观看者的攻击行为。而宣泄理论的证据则很少。

现场实验

在现场实验中，人们在其通常所待的环境中受到考察，在那里他们可能比在实验室中反应更加自然。但同时，现场实验会受到外界事物的干扰。

至少有两项在 20 世纪 70 年代早期所做的现场实验表明，在电视与暴力之间没有联系。另一方面，有五项现场实验的数据与调查和实验室数据相一致。它们的主要结论是，稳定地收看一定暴力节目的人往往会表现出更多的反社会的或攻击性的行为。

一项更为复杂的现场实验是对一个直到 1974 年才接收到电视信号的加拿大小镇进行分析。两个类似的小镇被选来进行比较——一个只能接收到加拿大的电视，而另一个可以接收加拿大和美国的频道。研究小组在 1974 年收集了所有三个小镇的数据，两年后又收集了一次。在近来可以接收到美国电视的小镇上的孩子的攻击性行为的增长率比居住在其他两个小镇上的孩子高出三倍。从总体上看，现场实验的结果往往支持观看电视暴力助长暴力行为的观点。

444 ■ **我们可以总结出什么？**

现在让我们来试着对这些调查与实验的结果进行总结。尽管没有一个调查或实验能够提供一个总结性的答案，尽管每一项研究都有某些缺陷，但在这些研究中似乎还是贯穿着一条前后一致的主线。调查与小组调查已经证实了观看暴力节目与暴力行为之间的联系。实验室实验与现场实验同样也表明，观看暴力会使出现暴力行为的可能性增加。从总体上看，这些结果鼓励我们尝试性地接受这样一个观点，即观看电视上的暴力至少会使部分观看者的暴力行为增加。

然而，观看电视暴力仅仅是促使一个人采取暴力行为的众多因素之一，而且，相对而言，它的影响也并不是特别强大。但微弱的相关性就是不重要的相关性吗？最近关于电视暴力的很多讨论就集中在这一问题上。以统计术语来说，研究者们通过在某项测试中的变量来测量任意相关性的强度，而这个变量被另一个变量所解释。例如，高度和体重是两个相关的因素。如果我知道你有多高，我就能比在不知道你身高的情况下更好地猜出你的体重。也许我无法精确地猜出你的体重，但至少我的结论会与真实的数字更接近。因此，身高"解释"了与体重相关的一些变化。如果两个因素完全相关，那么其中一个就可以百分之百地解释另一个的变化。如果两个因素之间不相关（比如体重与智商），其中一个就百分之零地解释另一个。对电视暴力的接触通常可以解释 2％到 9％的攻击行为的变化。换句话说，暴力行为的变化性的 91％到 98％是由其他因素引起的。考虑到这些数据，我们还能断定电视暴力的影响真的那么重要吗？

对于这一问题的答案更具政治性、哲学性而不是科学性，但研究确实提供了一些对照的基准。在心理学中，接受精神疗法和精神疾病被"治愈"之间的关系，只比电视暴力与暴力行为之间的关系稍强一点。精神疗法解释了 10％的治愈率的变化。此外，电视暴力对于反社会行为的影响度只比观看《芝麻街》对学前准备的影响度稍小一点。当然，《芝麻街》被认为是一个巨大的成功。另外，食品与药物管理局（Food and Drug Administration）放开了对于几种药物的常规使用，这些药物的疗效几乎等于甚至小于电视暴力对暴力行为的影响度。因此，尽管这种影响可能很小，但它不一定就是微不足道的。

引文	仿真震动

电子游戏对你来说还不够真实？你可能会喜欢一项叫做 KOR-fx（动力全向共振效应）的发明。KOR-fx 看上去像一个佩戴在肩部的背带，连接在游戏机上。两个传感器把音频信号转换成振动，这样穿戴者的胸部和胸腔都能感受到。当玩《光环 3》时，拿枪开火会引起玩家肩膀振动。玩《侏罗纪公园》时，恐龙脚步的振动会让玩家的胸部有感受。它的总体效果会让人觉得身临其境。

■ 电子游戏暴力

正如本章开头提到的，暴力电子游戏引起了类似对电视节目中的暴力的担忧。用于研究电视暴力的技巧——调查、实验、小组调查——也同样被用于调查暴力电子游戏的影响。尽管也存在一些例外，但这些研究结果通常与电视暴力的研究结果相似。

实验室实验结果较为复杂，因为很多变量会影响结果，包括玩家年龄、游戏类别、游戏时间、玩家视角（第一人称或第三人称）、真实水平（打怪兽还是打人类）、血腥形象的表现或缺失。通常，多数实验发现玩暴力电子游戏会导致短期内攻击行为和攻击思想的增多，尽管也有个别例外。

对暴力电子游戏的影响研究在很多文化和年龄组中展开，使用了不同方法来测量攻击行为，包括自我报告、犯罪和违法行为官方记录、同事及老师评分。尽管受访者范围广泛、调查方式多样，调查结果却相当一致，即玩暴力电子游戏与攻击行为的增多、对攻击性态度的认同强化之间存在关联，虽然关联微弱。

只有少数几项长期的小组调查发表了。其中一项考察了日本和美国青少年玩暴力游戏的效果。

研究者们从两方面分别搜集了好几个月的数据。结果显示在两个国家花很多时间玩游戏的人都表现出较多的攻击性。但是，最近有一项对西班牙青少年的小组调查并没有在玩游戏和诸如犯罪暴力等严重的反社会行为之间找到联系。

另一种暴力电子游戏效果的信息来源是重新再分析很多不同样本的研究结果。不幸的是，最近对很多涉及电子游戏的研究的两项重新分析得出了不同的结果。一个认为玩暴力游戏会导致长期有害的结果；另一个认为现有研究并未提供充分证据来证明玩游戏与现实生活中的攻击行为之间的因果关系［详见《心理学公报》（*Psychological Bulletin*）2010 年 3 月刊］。不过，两个研究都认同电子游戏暴力的影响相对较弱，其他诸如参加帮派组织或受父母虐待等因素更容易导致将来的暴力行为。

总之，研究者们还在寻找这些游戏所产生的潜在影响，这个领域里的研究数量肯定会继续增多。同时，尽管电子游戏的影响可能相对较小，但再小也可能会产生长期的后果。

媒介探索

有人在看吗？

一项新近所做的实验显示，有几种因素会影响亲社会行为。首先测量实验对象的一项人格特质——"获得认可的需求"。之后，一半实验对象被分配到一个房间里，他们以为将要参加一个实验。当他们进入房间时，一位实验员注意监控摄像头，并随口提到这幢大楼被全时视频监控。此时，实验员"意外地"弄掉了怀里的问卷。观察员观察实验对象是否会帮忙拾捡和分问卷——这是测量公开的亲社会行为。然后让实验对象填写一份调查表，其中有一项是问实验对象向慈善机构捐赠的意愿有多大——这是测量私下的亲社会行为。另一半实验对象也做同样的测验，只不过他们会被带到一个没有监控摄像头的房间。

结果如何呢？有摄像头的房间里的实验对象比没有摄像头的房间里的实验对象更乐于帮助实验员。认可需求高的人比认可需求低的人更乐于助人。不过，摄像头对于私下的亲社会行为没有多大影响。捐助慈善机构的意愿在两组中没有差别，认可需求高低与否对此也没有影响。总之，亲社会行为是人想被认可的欲望，并受希望亲社会行为被他人看到并对其予以赞许的期望的作用。

鼓励亲社会行为

大多数早期关于大众传播效果的研究关注于媒介的负面的或是反社会的效果。但到 20 世纪 60 年代末期，或许是受到公共电视节目《芝麻街》成功的启发，研究者们意识到电视节目也能促成积极的行为〔这些行为通常被一个含义广泛的词语**亲社会行为**（prosocial behavior）所指涉，它包括诸如分享、合作、培养自制力以及助人等行为〕。

实验

实验室研究显示，电影和电视节目可以影响亲社会行为，包括自制、合作、分享和助人。这些实验通常是从电视节目中节选含有某一亲社会行为的片段放给一群孩子看，然后播放另一个节目或不播放节目给另一群孩子看。看完片段后，孩子们被给予机会来实施自制力（如遵从实验员的指示）或分享（如在游戏中赢钱并捐出一部分给慈善机构）。

调查

调查测量儿童观看什么样的电视节目及其在现实生活中实施亲社会行为的频率。考察的亲社会行为范围广泛，包括利他主义、分享、友好和和平地解决冲突。有些调查会询问儿童他们多久有过上述行为，有些调查依靠父母或老师对其行为的报告。

研究结果

亲社会讯息真的会影响日常行为吗？要总结这一领域的研究结果很难，因为亲社会行为这个词覆盖了很多不同领域。最好的总结是 2006 年发表在《媒介心理学》（Media Psychology）上的一篇评论，它考察了 34 项 1970 年至 1990 年间研究的结果，既有实验的也有调查的。作者们注意到实验研究结果显示出接触亲社会材料有一定的短期效果。接触亲社会节目的儿童在实验室环境下表现出轻度的实施亲社会行为的倾向。有意思的是，测量自发接触亲社会节目的调查显示出一定的积极效果，与观看暴力内容导致的负面效果的强度差不多。接触亲社会媒体内容影响最大的一种亲社会行为是利他主义，也是最简单、最容易模仿的行为。总之，正如作者总结的，"电视有可能培养积极的社会互动……和鼓励观众更宽容和更乐于助人"。

政治行为效果

要试图对诸多媒体对于政治的影响的研究进行总结，需要一个比我们所能触及的大得多的空间。因此，我们将讨论限定在更为重要的研究成果之上。我们现在讨论的核心将是对于个人最为重要的政治行为的考察，这是任何政治活动中的   最终决定因素，也就是投票行为。

负面广告

最近的政治活动将重点放到了负面政治广告上。尽管对这个词没有什么标准的定义，但大多数政治方面的专家将它解释成一个人对竞选对手进行攻击或对竞选对手所代表的利益进行攻击。很多人推测，负面广告会使选民反感、使他们对政治失去信心并使他们更不愿意参与政治活动。但调查和实验室研究显示，这些顾虑大部分都是没有根据的。与那些没有看过负面广告的选民相比，那些看过负面广告的选民同样也乐意投票，同样也积极参与，而且他们对政治体制的信任程度也没有什么区别。但是

存在这样一种趋势，即负面广告与更为极端的态度有关，而这种极端似乎对政治行为没有太大的影响。

近期的一些调查表明，那些大量利用负面广告的竞选者得票比例往往要低一些。这并不一定意味着负面广告不起作用；也可能是那些在预选中落后的竞选者转向使用负面广告，因为这样做他们没什么损失（有关负面广告的大量研究文献总结，请见 "The Effects of Negative Political Campaigns: A Meta-Analytic Reassessment," *Journal of Politics*，2007，pp. 1176 - 1209.）

大众媒介与选民选择

一个人投票给某个特定的竞选者的决定不仅受到大众媒介的影响，而且受到其他因素的影响，包括社会方面以及心理方面的。即使如此，我们还是可以做出一些尝试性的总结。

首先，改变态度（比如，你从投票给共和党转而投票给民主党）未必是因接触媒体引起的，因为媒体很难说服一个已经下定决心的人改变态度，也因为大多数人（约有三分之二）早在竞选活动开始前就已经有自己的主张了。更为常见的对选民的决定有直接意义的两种影响是：**强化**（reinforcement）和**清晰化**（crystallization）。强化是指对于已有的态度或观点的加强和支持。清晰化是指对于模糊的态度或倾向的突出与细化。如果一个人是在未做决定或中立的情形下加入选举活动，则就可能发生清晰化。如果一个人已经做出了他或她的决定，那么可能会发生强化。

在最近的全国大选中，选票分投（比如，支持一个党派的竞选者做总统，而支持另一个党派的竞选者做州长）的情况有所增多。这种情况可能是由清晰化引起的，而清晰化又是接触大众媒

体的结果。竞选活动期间信息的流动必然会使选民模糊的意向清晰起来，而且在很多情况下，这些新的选择与党派忠诚并不一致。另一方面，当忠实于某一党派的选民接触媒体时，则可能会发生强化作用。

这些发现并不一定意味着媒体是没有影响的。赢得任何一次选举的关键因素是保持党派信徒的忠诚（强化）并说服足够的未下决心者来投你这一边的票（清晰化）。因此，尽管大规模的转变是不常见的，但媒体仍然是有影响的。更为重要的是，媒体对选民可能有重大的间接影响。通过作为重要的政治新闻来源，通过建立"政治现实"，以及通过创造竞选者和问题的映像，媒体可能对一个人关于政治体制的态度产生强有力的影响。此外，我们的讨论主要着重于媒体在全国性选举中的作用。而地方性选举呈现的图景则有所不同。大多数研究结果表明，媒体尤其是地方报纸，可能在影响某个城市、乡村或地区选举中选民的选择方面具有很大的作用。

电视辩论

1960 年总统竞选期间，约翰·肯尼迪与理查德·尼克松之间的第一次电视总统竞选辩论促生了 30 多项不同的研究。大多数研究认为辩论的主要影响是强化，因为大多数人在辩论之前就已经做出决定了。也有证据说明了清晰化效果，比如独立选民转向肯尼迪阵营。尽管清晰化效果微弱，但 1960 年的选举是由零点一个百分点决定胜负的，这说明即使是一个相对较小的影响也可能会具有深远效果。

强化效果在 1984 年和 1988 年竞选辩论中再次得到证明。1996 年比尔·克林顿（Bill Clinton）和鲍勃·多尔（Bob Dole）之间的辩论对于选民的选择影响似乎也不大。2000 年阿尔·戈尔与乔治·W·布什之间的竞选辩论的效果很难发现。这场政治辩论的观众是史上最少的，因为受到体育赛事和娱乐节目的竞争。针对 2004 年布什与约翰·克里的电视辩论的多数调查表明，克里被公认为赢家。然而，布什再次竞选成功，这说明赢得辩论并不意味着会赢得竞选。2008 年，调查一致发现，奥巴马在与约翰·麦凯恩的辩论中被认为是赢家。奥巴马在整个竞选期间保持着明显的优势，并最终赢得了竞选。

448

电视与政治家的政治行为

一般而言，有一点是明确的，即电视的出现影响了政治家的政治行为和政治活动。将电视出现前的情况与利用电视竞选后发生的情况作对比会发现以下几点：

- 提名大会现在是通过电视来安排的。与其说它们是旨在选出一个竞选者，不如说是给舆论留下一个好印象。
- 电视增加了选举活动的开销。

- 电视已经成为一种大多数活动都围绕着它组织起来的媒体。
- 竞选团现在一般都包括一个以上的电视顾问，他们的职责是为竞选者的电视形象提供咨询。
- 互联网已成为政治传播的重要渠道，以及筹集基金的新手段。很多有影响的博客与政治有关，而且竞选者广泛利用了社交媒体。

关于互联网的社会影响的研究

显然，有关上网造成的影响的研究仍然处在成形阶段。然而，我们可以确定网络研究的两个主要方向：（1）互联网使用对于其他媒体的影响；（2）互联网使用与社会参与之间的关系。

互联网对于电视使用的冲击似乎最大。这并不奇怪，因为很多互联网的使用发生在晚上——与大多数电视观看行为通常发生的时间相同。然而，观看电视减少的时间比人们所认为的少，因为很多人是多任务处理——看电视的同时又在上网。杂志和报纸的阅读、广播的收听以及电影的观看似乎都没有受到大的影响。

就像在第 13 章中所提到的那样，互联网作为新闻来源变得越来越重要。与此同时，依赖广播电视和报纸作为其主要新闻来源的人数减少了。2010 年的一项调查发现，电视仍然是国内和国际新闻的主要来源，但认为电视是主要信息来源的人口百分比从 2002 年的 82% 下降到了 2010 年的 66%。同时，网络取代报纸成为新闻的主要来源，41% 的人认为其新闻的主要来源是网络，31% 认为是报纸。依赖网络的人口比率在今后几年无疑会增多。

关于网络与社会参与的早期研究认为，网络深度使用者也是声称更多地感到孤独和社会孤立的人。不过，更多新近的调查发现恰恰相反。一项调查发现网络使用与当地社区中更多的社会参与有关；另一项调查发现在网上花费大量时间的人比不上网的人更具有政治参与性且人际关系更广。还有一项调查发现，网络用户是那些社交联系最多的人。显然，过去几年受众和网络都发生

了变化，诸如即时通信之类的发明鼓励更多的社交联系。然而，不是所有群体都受益于网络的扩张。2004年的一项调查揭示，网络使用在低收入美国人中对社会参与和心理健康都没有影响。

总之，研究人们的网络使用的调查支持"富者愈富"的模式。外向型的人通过网络能获得最多的社交联系。对他们而言，这仅仅是另一种用来与朋友联系的渠道。相反，内向型的人上网时往往回避社交联络。

 媒介探索

互联网与抑郁

英国的一项研究发现，在网上花费大量时间的人很可能有抑郁征兆。研究者们注意到有些网络狂热爱好者身上有一种症状，即用社交媒体和聊天室取代真实生活中的交流。

研究搜集的数据包括英国1 300名以上的居民，年龄跨度从16岁到51岁。其中，研究者们发现超过1%的人有网络成瘾症。成瘾者花更多的时间上成人网站、在线游戏网站和社交媒体网站。其

中发现的轻度到重度抑郁的病例多于上网时间较少的人。

研究者认为过度上网与抑郁有关，但他们并不清楚两者的因果关系。可能是抑郁症患者喜欢上网，但也可能是上网引起抑郁。

你上网的时间有多长？

 ## 未来的传播：社会影响

我们将以考察与新的传播技术对社会的影响相关的一些问题来结束本章（以及本书）。媒体技术的进步通常具有积极的一面，也有不好的一面。比如，电话使得远距离的传播更为便捷。它也意

味着我们可能在白天或夜晚的任何一个时间被打断、被吵醒或者被打扰。广播和电视带来了对信息与娱乐的及时获取，但同时也促生了电视迷。未来将带给我们什么呢？

侵犯隐私

电脑现在在办公场所很普及。有些系统可以让上级监视其员工的每一次点击，从而监督生产效率。电子邮件，不管有多私人，都可以被进入系统的任何人看到。那些订购了电脑化数据服务的顾客也要冒他们的私人档案被未经批准的人所调查的风险，甚至更糟糕，身份被盗取。

以下是一些可怕的案例：2008年，纽约梅隆

银行丢失了一盒电脑备份带，里面有超过1 200万客户的姓名、社会保险号和银行账户号。次年，美国国家档案馆丢失了一个存有克林顿政府敏感数据的硬盘，里面有社会保险号和美国特勤局的工作流程。在加州大学伯克利分校，上有16万名在校生和毕业生的个人信息的服务器被黑客入侵。黑客还入侵了索尼在线娱乐系统，获取了2 500万

用户的个人信息。不幸的是，其他类似案例还有很多很多（请登录 www. privacyrights. org/data-breach♯CP 了解最新安全漏洞的详细名单）。

过去，要侦察我们的个人习惯是很难做到的，这只不过是因为信息被分散在不同的地方。现在电脑将关于我们的大量信息存储在一个集中的地方，即电脑的存储器，而任何地方通过电话线都可以轻易地访问它。当我们申请信用卡、买房买车、领取保险费、提交诉讼、申请失业救济等时，我们自愿地提供大量这样的信息。很多顾客所不知道的是，很多这样的信息被卖给了其他机构用于其他目的。这就是我们当中的许多人接二连三地收到来自我们从未听说过的机构的垃圾邮件的原因之一。

450

现在超市药店和折扣店付款台上所使用的电脑扫描系统记录下了你的每一次购买行为。这些信息对于营销者来说是无价的。例如，胃能达（Mylanta）的制造商会向那些经常购买 Tums 钙片的人提供折扣，以使其转而购买他们的产品。大黄蜂（Bumblebee）牌金枪鱼会向海鸡牌（Chicken of the Sea）的购买者发放免费试吃品。尽管这对于市场营销的目的而言很棒，但对于顾客而言却令人烦恼。如果你跟我们一样，有些购买是你可能希望保密的。你想让每个人都知道你是用什么方法避孕的吗？

分裂与孤立

大众媒介越来越多地满足更为独特的受众的需求。定位超小众的杂志、广播电台、卫星广播、有线电视网和宽带电视频道，是这一趋势最好的例子，其他媒介也在向这一方向发展。技术越来越指导个人更自由地选择接触内容，正如 iPod、TiVo 及 Facebook 所示。如果这一趋势继续下去，有可能会形成一代被分裂为越来越小的、与社会其他部分没有什么共同点的兴趣群体。如果人们按他们的兴趣而被过分分化，他们可能会有忽视世界其他部分的危险。

这一现象被社会学家称为作茧效应。他们认为，作茧效应是指人们由此只让那些他们觉得自在、有吸引力或可接受的政治或社会信息来包围自己。人们好像退缩到他们的信息茧中，以逃避现代生活的某些不确定性，减少在当今社会中不得不做出的种种选择。似乎存在这样一种可能，即这种作茧效应同样会蔓延到知识的文化和娱乐用途之中，进而增加个人与社会的隔绝。

此外，随着远程办公变得更加流行，越来越多的人愿意待在家中。电脑可以让人们在家中工作、办理银行业务、购物以及获得娱乐。书籍、杂货、鲜花、影片、膳食、药品、尿布和除臭剂可以直接送到消费者家中。随着对于个人安全的忧虑的日益增长，人们是否会决定只待在家中呢？

通信过载

传播科技发明让我们更好地联系，但这种联系是有代价的。我们现在忍受着他人大声地打电话，忍受着别人在看电影和戏剧中途接听电话，忍受着谈话中间不断更新 Twitter 和发短信的声音，忍受着他人玩 iPhone 时无视我们。

而且，我们越来越难跟进每天发送和接收的讯息洪流。电子邮件、短信、即时通信、博客、更新 Twitter 和 Facebook、打手机、上传图片和视频现在消耗了我们很大一部分时间——可能是太多的时间。我们真的需要 1.5 亿篇博客和无数的 Facebook 状态更新吗？在 Facebook 上花费过多时间的人群中，精神病学家已经发现了一种新的病叫 FAD，即 Facebook 成瘾症。开车的时候发短信已经成为造成大量交通事故的起因。大约 80% 的电子邮件是垃圾邮件，员工花费在删除这些多余讯息上的时间造成了企业每年 200 亿美元以上的损失。

这些新通信渠道的增多已消耗了我们巨多的时间。例如，2008 年普通青少年花在上网上的时间是每周 31 小时——只比一周的工作总时少 9 小时。大约有 9 小时用来上社交媒体，2 小时看 YouTube，3 小时做与学校作业相关的搜索，其他时间上一般信息和娱乐网站。另外，平均每个青少年每天发送和接收 80 条左右的短信，每天打电话的时间超过一个小时。总之，不算睡觉和上学，普通青少年平均每周花大约一半的时间用于某种

451

形式的通信。在承担如此多的通信面前，很多年轻人完全有可能无法管理自己的时间。

更多人用在线互动取代见面互动，这会导致孤立的增多吗？

逃避

逃避问题几乎自大众媒介发明之时就已经存在了。很多家长和教育者担心年轻人会更愿意把时间花在媒介世界里而不是现实世界里。社会批评家描绘了一幅幅入迷的孩子们专注于各种各样的媒介：广播、电影、电视、电子游戏以及网上冲浪的凄凉画面。将来，这种担忧可能会更有道理，因为可获得的媒介越来越逼真。复现剧院体验的家庭影院已经上市了。具有立体音响和交互式特性的大屏幕 3D 高清电视机也可以买得到了。电子游戏的生产商们正在实验三维显示方法。谁又能知道在虚拟现实领域将会有什么样的进步呢？当某个媒介制造的现实比现实生活有趣得多的时候，会发生什么？事实上，虚拟现实模拟引起了这样一个问题，即到底什么才是真正"真实"的

生活？我们中的大多数人会不会放弃与社会相关的追求而做一个媒介世界里的顽童？

更远的将来又会发生什么呢？在威廉·吉布森（William Gibson）1984 年的小说《神经漫游者》（*Neuromancer*）中，人们将叫做"stims"的电脑芯片直接插入他们的大脑中。Stims 提供各种各样的感觉体验，程序通常是预先编好的，还有可能成为一名"骑士"，在世界计算机矩阵（和互联网有着奇异的相似之处）中周游，甚至把自己置身于他人的现实中并像他人一样去感受这个世界。这将是最终的媒介体验吗？电路连接到大脑皮层的交替现实？会不会出现与之有关的应用程序？你决定吧。

要点

- 调查与实验是两种主要的用于研究大众传播效果的定量方法。
- 当媒介成为关于某一问题的主要信息来源，而且那些信息是以前后一致的方式呈现出来的时候，媒介就能充当社会化机制。
- 对于大量接触媒介的人而言，媒介可能促生对于现实的不正确看法。
- 媒介可以优先设立公众议程。

- 在看电视多的人中，电视暴力与反社会行为之间表现出一种微弱但持久的关系。
- 实验证明电视可以使人产生亲社会行为，但这一效果的证据还没有在调查中找到。
- 媒介对于强化或清晰化一个人的投票选择更加有效。电视对于政治家的行为以及政治活动有着重大的影响。
- 有关互联网的研究的主要话题是它对于其他媒介使用的影响、社会隔离与使用在线媒介之间的关系。
- 对于大众传播效果未来的担忧，包括了隐私、隔离、通信过载与逃避。

 ## 复习题

1. 社会科学家用以考察媒介效果的两种主要方法是什么？
2. 在教化分析中，是什么得到了教化？
3. 总结宣泄理论与刺激理论之间的争论。研究结果倾向于哪种观点？
4. 公众议程与媒介议程之间有什么区别？
5. 媒介如何影响受众的投票选择？

 ## 批判性思考题

1. 为什么大众传播的效果很难确定？
2. 幼儿并不是唯一经历社会化阶段的人。大学生同样也受到社会化。使你准备好适应大学生活的主要社会化机制是什么？这个媒介有多重要？
3. 大学生在黄金时段的电视上是如何被描述的？这些描述是否固化了某些刻板成见？
4. 为什么关于媒介暴力的讨论持续了这么长的时间？科学家们能否搜集到足够多的证据以使每个人信服？为什么？
5. 应该开展哪些种类的研究项目来研究互联网的社会效果？

 ## 关键词

调查
小组调查
实验
现场实验
社会化机制
教化分析
主流化
共鸣

议程设置效果
框架
议程设立
宣泄理论
刺激理论
亲社会行为
强化
清晰化

互联网冲浪

除了网站，一些新闻组和邮件列表对于那些对大众媒介效果感兴趣的人来说很有用。以下列出的只代表了一小部分。

www. aber. ac. uk/media/Documents/short. cultiv. html

包含对教化分析的历史、技术和问题的详细介绍。

www. surgeongeneral. gov/library/youthviolence/

chapter4/sec1. html

对年轻人暴力行为风险因素的详细讨论，包括对电视暴力研究的总结。

www. wimmerdominick. com

包含媒介效果与相关阅读材料的讨论。

http：//allpsych. com/researchmethods/index. html

非常好的关于社会科学运用的基本研究方法的介绍。

术语汇编

广告代理公司（advertising agency） 一个为其客户处理广告活动的创作与业务事项的公司。

会员台（affiliate） 转播某一广播网的节目的电视台或电台。

社会化机制（agencies of socialization） 对一个人的社会化起作用的各种各样的人与组织。

代理商（agency） 处理广告主基本需求的机构。

议程设立（agenda building） 媒体决定什么是有新闻价值的方法。

议程设置效果（agenda-setting effect） 通过强调某些话题从而使人们认为那些话题重要的大众媒体的影响。

AM（amplitude modulation） 无线电波的调幅。

阿比创（Arbitron） 测量广播听众的专业调查机构。

发行审计局（Audit Bureau of Circulation，ABC） 广告商与出版商在1914年为确定统计发行量数据的程序而成立的一个组织。

权力主义理论（authoritarian theory） 认为统治精英应该引导智能低下的民众的主流观点。

背包记者（backpack journalist） 为印刷、电子和网络媒体准备新闻报道的记者。

畅销书排行榜（best-seller lists） 以零售量为基础的畅销图书的排名。

提防性监视（beware surveillance） 媒体通知公众短期的、长期的或慢性的威胁的功能。

《公告牌》（Billboard） 把唱片按流行程度列表的唱片业的行业出版物。

批量订票（block booking） 大型电影制片厂的一种策略，要求影院老板在拿到该电影制片厂的顶级制作的影片之前，放映几部这家制片厂的较低水平的影片。

博客（blog） 发表在网上的个人日志。

宽带（broadband） 增大了的互联网连接的带宽，它加快了下载的速度。

浏览器（browsers） 能让个人在万维网上搜索内容的软件。

缓冲（buffering） 通过存储视频信号来传送网络视频。

企业广告（business-to-business advertising） 不是针对一般公众，而是针对其他企业的广告。

C3 实时收着加三天内DVR回放的平均每分钟广告的收视率。

广告活动（campaign） 强调同一个主题并在指定时间内出现的大量广告。

转播费（carriage fee） 有线电视系统为转播有线电视网节目所支付的费用。

绝对律令（categorical imperative） "己所欲，施于人"的道德原则。

宣泄（catharsis） 压抑的情感或能量的释放。

宣泄理论（catharsis theory） 认为观看攻击性行为将宣泄观看者的攻击性情绪的理论。

勒令停止令（cease-and-desist order） 通报广告商某一行为违反了法律的一项联邦贸易委员会的命令；广告商不遵从勒令停止令可能会被罚款。

渠道（channel） 讯息从发送者传递到接收者的路径。

发行量（circulation） 发送到报摊、自动售卖机以及订户的出版物的总份数。

钟点（clock hour） 指定节目的每一个元素的广播模式。

云计算（cloud computing） 通过网络提供应用和服务。

商业电视台（commercial television） 收入来自向广告主出售其时间的地方台。

《1934 年通信法案》（Communications Act of 1934） 成立联邦通信委员会的国会法案。

详细设计图（comprehensive layout） 印刷广告的完成模式。

电脑辅助报道（computer-assisted reporting） 需要运用互联网来帮助报道的技能。

概念测试（concept testing） 把一两段关于新剧集的描述展示给抽样选出的观众，看看他们的反应如何的一种反馈类型。

同意令（consent order） 要求广告商同意停止某一广告行为，但不用承认违反了法律的联邦贸易委员会的命令。

重要性（consequence） 新闻报道的重要性或重大性。

消费者广告（consumer advertising） 针对一般公众的广告。

控制发行（controlled circulation） 出版物被免费发送或分发到诸如空中旅客或汽车旅馆客人这样被挑选出来的读者手中的一种发行方式。

融合（convergence） 传播技术、业务或商业的混合。

谈资（conversational currency） 媒体所提供的话题资料，它为社会交谈提供了共同基础。

文案（copy） 广告的标题和广告词。

企业融合（corporate convergence） 控股一家媒体的公司与拥有其他媒体资产的公司合并。

专业创作公司（creative boutique） 专门致力于广告创作的广告机构。

可信度（credibility） 受众对承担监视功能的媒体给予的信任。

文化批判研究（critical/cultural approach） 考察社会中的权力关系并且关注人们在文本中发现的意义的分析技巧。

清晰化（crystallization） 对于模糊的态度或倾向的突出与细化。

教化分析（cultivation analysis） 一种研究领域，它考察电视及其他媒体是否助长了某种对现实的认知，这种认知与真实情况相比，与媒体的描述更为一致。

文化（culture） 把一个社会团结在一起的共同的价值观、行为、态度及信仰。

顾客杂志（custom magazines） 企业为现有或潜在客户出版的免费杂志。

网络暴力（cyberbullying） 用网络或其他传播技术来故意骚扰、威胁或恐吓某人。

周期（cycle） 全新闻广播中，在重复节目次序之前的消耗时长。

解码（decoding） 传播过程中把具体的讯息转化成对接收者具有最终意义的形式的活动。

去耦（decoupling） 两个实体之间关系的分离。在大众传播中，它指切断广告支持与内容之间的传统关系。

中伤（defamation） 通过发布假消息来损害别人的名誉的行为。

样带（demo） 一个音乐表演者或组合用来宣传促销的示范磁带。

设备融合（device convergence） 曾经由单个不同机器提供的功能被整合到一个设备中的趋势。

《数字千年版权法》（Digital Millennium Copyright Act） 只传输来自其他地方的信息的网络服务提供商在版权诉讼中受到保护。

数字技术（digital technology） 把信息——声音、文本、数据、图像——编码成一系列通常表现为 0 和 1 的断续的脉冲序列。

数字电视（digital television，DTV） 由二进制信号组成的能使画面质量得到改良的电视信号。

数字录像机（digital video recorder, DVR） 诸如 TiVo 这样的把电视节目录在硬盘上的设备。

直接作用广告（direct action ad） 包括直接反应项目（如免费电话号码）的能使广告主马上见到成效的一种广告。

直播卫星（direct broadcast satellite, DBS） 使家庭电视机直接从在轨道中运行的卫星接收信号的一种系统。

发送系统（distribution system） 发送信号给订户的真实电缆。

双片放映制（double features） 20 世纪 30 年代电影院开创的用一张票看两部电影的惯例。

小样（dummy） 杂志的粗略版本，它被用于规划最终版本是什么样子。

数字影碟（digital videodisk, DVD） 把声音、电影、录像以及图形以能与 DVD 播放机和家用电脑兼容的数字形式存储起来的光盘。

功能障碍（dysfunctions） 从社会福利的观点来看令人不快的后果。

电子书（e-book） 可以通过电脑或特殊的阅读器阅读的数字版本的图书。

编辑方针（editorial policies） 印刷媒介为了在某个问题上说服公众，或为了实现特定目标而遵循的指导方针。

电子邮件（e-mail） 从电脑发送到电脑的电子信息。

实证研究（empirical approach） 基于经验和观察的研究方法。

编码（encoding） 传播过程中来自信源的观念及想法被转变成一种感官可以察觉的形式的活动。

加密（encryption） 扰频以使信号只有用合适的解码器才能接收。

《公平机会条例》（*Equal Opportunity rule*） 《1934 年通信法案》的一部分；第 315 款允许竞选公务员的真实的候选人在政治竞选活动期间利用广播媒介。

电子阅读器（e-reader） 用来呈现电子制式的图书、报纸和杂志的设备。

恒网（Evernet） 互联网的后继者；个人通过各种信息设备连续不断地连接上网的计划。

评估（evaluation） 为测量一个广告或一个公共关系活动的影响所做的调查。

实验（experiment） 强调被控制的条件并操纵变量的调查技巧。

《公正法则》（Fairness Doctrine） 现已废止的 FCC 官方声明，它要求广播电台对于有争议的问题提供各种各样的观点。

联邦通信委员会（Federal Communications Commission, FCC） 一个由总统任命的五个人所组成的管理机构，他们的职责包括广播和电信管理。

反馈（feedback） 塑造和改变信源随后传播的讯息的接收者的反应。

现场实验（field experiment） 在自然环境中而不是在实验室中进行的实验。

第一修正案（First Amendment） 《权利法案》的第一部修正案，规定国会不得制定法律剥夺言论自由或新闻出版自由。

FM 无线电波的调频。

焦点小组（focus group） 10 人至 15 人的一个小组，由一名主持人主持讨论预先定好的话题。

模式（format） 用来吸引特定的某一部分听众的一种连贯的节目编排。

模式轮（format wheel） 帮助广播节目编排者规划在特定的时间段中安排什么事件的直观教具。

构成要素调查（formative research） 在开展活动之前进行的广告调查。

框架（framing） 新闻媒介处理主题的一般方法。

特许经营权（franchise） 在某个特定地区运营一项业务的专有权。

《信息自由法案》（Freedom of Information Act, FOIA） 规定每一个联邦政府分支执行机构都必须公布关于公民通过何种方法能够接触到其信息的指导法律。

全服务型代理公司（full-service agency）　为其客户打理广告过程中的所有阶段的广告代理公司。

功能分析（functional approach）　认为通过考察某种事物是如何被使用的可以最好地理解该事物的一种方法论。

限制言论自由令（gag rules）　限制审判参与者向媒体提供信息或禁止媒体报道法庭事件的法院命令。

把关人（gatekeepers）　决定某个信息是否将被大众媒体传播的人。

对地同步卫星（geosynchronous satellite）　运行轨道始终与地球位置保持一致的卫星。

中庸之道（golden mean）　认为适度是美德的关键所在的道德原则。

唱盘式留声机（gramophone）　1887年埃米尔·伯利纳申请专利的、利用圆盘代替圆筒的"谈话机器"。

格拉弗风留声机（graphophone）　类似于留声机的录音装置，但用的是蜡制而不是锡箔圆筒。

硬新闻（hard news）　对于很多人来说具有重要性的及时报道。

输入端（head end）　接收并处理遥远的电视信号，使得它们可以被发送至订户家中的有线电视系统的天线与相关设备。

重金属（heavy metal）　20世纪六七十年代反传统文化的音乐潮流，以隐约的侵略性的风格以及大量运用扬声器与电子设备为特色。

霸权（hegemony）　一个实体对另一个实体的统治。

"希克林准则"（Hicklin rule）　存在已久的判断淫秽的标准，其依据是看一本书或其他物品是否有一些单独的段落会使最易受影响的人的思想堕落或腐化。

高清电视（high-definition television，HDTV）　比传统电视分辨率高一倍的超清晰的电视系统。

入户电缆（house drop）　把支线电缆连接到订户的电视机上的那一段电缆。

人情味（human interest）　强调新闻报道情感上的、奇异的、不寻常的或振奋人心的特性的新闻价值。

超地方（hyperlocal）　关注小地理区域的新闻报道。

超文本（hypertext）　把一个电子文件与另一个链接起来的数字导航工具。

意识形态（ideology）　特定的一套信仰或观念。

独立台（independents）　不附属于任何广播电视网的广播电台或电视台。

间接作用广告（indirect action ad）　通过长期的作用来树立一家公司的形象的广告。

信息采集（information gathering）　收集相关数据的公共关系活动的一个阶段。

强制令（injunction）　强制某人做某事或禁止某人做某事的法院命令。

工具性监视（instrumental surveillance）　当媒介传播在日常生活中有用的或有帮助的信息时所发挥的媒介功能。

网络中立（Internet neutrality）　网络服务提供商不能优待一家公司的理念。

纯网络广播电台（Internet-only radio stations）　只存在于网上的电台。

网络电视（Internet TV）　通过互联网发送视频信号。

人际传播（interpersonal communication）　一个人（或群体）不借助机器设备与另一个人（或群体）互动的传播方式。

调查性新闻（investigative reports）　需要超常的努力去收集对民众具有重要性的事件的信息的新闻报道。

爵士乐（jazz）　出现在"喧嚣的二十年代"的一种流行音乐形式，以其自发性及对传统的蔑视而闻名。

爵士新闻（Jazz journalism）　"喧嚣的二十年代"的新闻，以活泼的风格和插图丰富的小报模式为特色。

风险共担（joint venture） 几个公司集中资源来为影片提供资金的电影筹资方法。

运动摄影机（Kinetoscope） 1889 年威廉·迪克森所发明的第一台实用的电影摄影机与观看设备。

诽谤（libel） 意在损害一个人的名誉或好名声，或贬损一个人应有的尊严、应得到的敬重及善意的书面中伤。

影射诽谤（libel per quod） 在特定的场合下造成诽谤的书面材料。

本质诽谤（libel per se） 自然构成文字诽谤的（称某个人是"贼"或"骗子"）不正确的文字指控。

自由主义理论（libertarian theory） 所有人都是理性的决策者而政府为服务于个人而存在的假说。

有限合伙经营（limited partnership） 许多投资者为一部电影投资特定的金额的电影筹资方法。

关联（linkage） 大众媒体通过人际渠道把本没有直接联系的社会的不同要素联系起来的能力。

机器辅助人际传播（machine-assisted interpersonal communication） 包括一人或多人以及一种机械设备（或多种设备）同一个或多个接收者的沟通方式。

宏观分析（macroanalysis） 考虑一个系统（如大众媒体）对整个社会所履行的功能的社会学视角。

杂志（magazines） 包含各种材料定期出版的印刷出版物。

主流（mainstreaming） 在教化分析中，明显由文化与社会因素造成的差异在看电视较多的人中间消失的那种趋势。

目标管理（Management By Objectives, MBO） 为一个组织设定可观察与可测量的达成目标的管理手段。

营销（marketing） 对观念、商品及服务的开发、定价、发行及促销。

大众传播（mass communication） 一个复杂的组织，借助于一个或多个机构生产和传递公共讯息的过程，这些讯息的目标为庞大的、异质的及分散的受众。

大众媒介（mass media） 大众传播的渠道和机构。

意义（meaning） 受众对文本的解释。

媒介购买服务公司（media buying service） 专门购买媒体时段来转卖给广告主的机构。

媒介指标调查公司（Mediamark Research Inc., MRI） 测量杂志读者人数的公司。

媒介载体（media vehicle） 大众媒体的一个组成部分，比如一份报纸或一家电视网。

讯息（message） 传播过程中信源编码形成的真实的实体产品。

讯息调查（message research） 预先测试为广告活动而发掘出的讯息。

微观分析（microanalysis） 考虑一个系统（如大众媒介）对一个人所具有的功能的社会学视角。

微传播（microcasting） 向一小群感兴趣的人发送音频或视频信息。

移动记者（mobile journalist, mojo） 在车上工作、报道本地社区新闻的记者。

移动家长监护（mobile parenting） 家长利用手机和寻呼机来跟踪孩子的方法。

电影专利公司（Motion Picture Patents Company, MPPC） 九家主要的电影与电影设备生产商为了管理电影产业于 1908 年成立的一个机构。

美国电影协会评级系统（MPAA rating system） 美国电影协会所实施的电影的 G、PG、PG-13、R、NC-17 级的评级系统。

淘粪者（muckrakers） 西奥多·罗斯福为了形容 19 世纪 90 年代主要杂志所进行的改革运动而造的词；报刊的改革运动斗士们向普通公众揭露了商业和政府的腐败行为。

多路系统运营商（multiple system operators, MSOs） 在不止一个市场拥有有线电视电缆系统的公司。

全国性广告主（national advertisers） 在全国销售产品的广告主。

全国公共广播（National Public Radio, NPR） 一

家非商业性的美国广播网。

广播网（network） 通过播放相同的节目来压缩费用的相互连接的广播电台所组成的一个组织。

新闻版面（newshole） 一份报纸每天能够用于刊登新闻的版面量。

硬币游乐场（nickelodeons） 众多便士游乐场与娱乐中心的流行名字，它们大约出现在20世纪初期，并专门经营唱片和电影。

噪音（noise） 传播中任何干扰讯息传送的东西。

非商业电视（noncommercial television） 那些收入来自出售广告时间之外的源头的电视台所播放的电视节目。

非复制条例（nonduplication rule） 1965年通过的规定AM—FM联合电台将AM的内容复制到FM频道的时间不能超过50%的FCC的条例。

公评人（ombudsperson） 在媒介机构中被指派来处理受众投诉的人。

转销站（one-stops） 把唱片卖给无法直接从唱片公司进行购买的零售店与自动唱机经营者的人。

运营方针（operating policies） 针对媒介机构的运营中出现的日常问题与情况的指导方针。

业务融合（operational convergence） 一个员工为两种媒介制作内容的媒介组织体制。

付费发行（paid circulation） 发行的一种方式，读者必须通过订阅或是在报摊上购买获得杂志。

小组调查（panel study） 收集同样一些人在不同的时间点的数据的调查方法。

范式（paradigm） 用于分析的一种模型。

类社会关系（parasocial relationship） 受众成员产生了与媒介人物具有亲属及朋友关系的感觉这种情形。

传阅受众（pass-along audience） 由那些在医生的办公室、在工作中、在旅行中随手拿起一本杂志看的人或其他类似之人所组成的那部分杂志受众。

贿赂（payola） 唱片公司为了获得对它们的新歌有利的播放而付给DJ的礼物与金钱贿赂。

按次付费收视（Pay-per-view, PPV） 一种允许有线电视订户付出一次性的费用来收看某个特定节目或影片的系统。

便士报（Penny Press） 19世纪早期的大众报纸。

视觉暂留（persistence of vision） 能够使人的眼睛在图像消失后的瞬间内仍保留图像的眼睛的特性。

个人数字辅助设备（personal digital assistants, PDAs） 记录地址、日程表和其他有用信息的数字设备。

似动现象（phi phenomenon） 能够在两个一灭一亮的静止光源之间感觉到连续运动的人类知觉系统的倾向性；电影中运动错觉的基础。

留声机（phonograph） 19世纪70年代晚期爱迪生发明的一个"会说话的机器"；这个手动曲柄装置把声音保留在一个锡箔包装的圆筒上。

摄影报道（photojournalism） 新闻报道中的文字从属于照片的新闻。

接收（pickup） 为一部电影筹措资金的一种手法。

试播节目（pilot） 将放映的电视连续剧的第一集。

样片测试（pilot testing） 向样本观众放映整个一集节目并记录下他们的反映的过程。

播客（podcast） 事先录制的、可以下载到iPod或MP3播放器上，在听众方便的时候播放的节目。

方针手册（policy book） 广播电台和电视台的列举了经营的理念与标准并确认哪些做法应该鼓励及哪些做法应该禁止的手册。

政党报刊（political press） 专门发表政党政治文章的1790年至1820年的报纸和杂志。

多义的（polysemic） 具有多种意义。

便携式个人收视记录仪（portable people meter, PPM） 由个人携带、自动记录收听广播和收看电视行为的小设备。

门户（portals） 一个人在打开互联网浏览器时看见的第一页。

定位（positioning） 在广告中，强调产品或服务的独特卖点，以使之与竞争对手区别开来。

初始受众（primary audience） 由订阅者或那些在报摊上购买杂志的人所构成的那一部分杂志受众。

基本需求广告（primary demand ad） 推销诸如牛奶这样的某类特定的产品的广告。

按需印刷（printing on demand） 对数字数据库中的图书每次按需求印刷。

事前限制（prior restraint） 政府通过限制报刊发表或传播某些内容来审查出版物的尝试。

显著性（prominence） 强调卷入事件中的人的重要性的新闻价值。

亲社会行为（prosocial behavior） 人们互相帮助，并不想获得个人奖励。

接近性（proximity） 以新闻事件的地点为基础的新闻价值。

《1967 年公共广播法案》（Public Broadcasting Act of 1967） 成立了公共广播服务公司的国会法案。

宣传（publicity） 在大众媒体上发表报道。

公众（publics） 公共关系所服务的各种各样的受众。

出版商（publishers） 负责制作内容的印刷媒体产业。

货架批发商（rack jobbers） 通过选择在各个地点所要销售的唱片，来为位于杂货店或大型百货公司的唱片货架服务的人。

《1927 年无线电法案》（Radio Act of 1927） 成立了发放许可证和组织运营时段与频率的管理机构联邦广播委员会的国会法案。

收视率（rating） 特定电台的听众与市场中总人数的比率；特定电视节目的观众与市场中有电视的家庭户数的比率。

接收者（receiver） 传播过程中讯息的目标。

强化（reinforcement） 某些信息对已有的态度或观点的支持。

共鸣（resonance） 在教化分析中，被调查者的生活经历受到在电视上所看到的东西的强化，从而增大了电视内容的影响的情形。

零售广告主（retail advertisers） 只在一个贸易区拥有顾客的企业。

粗略设计图（rough layout） 印刷广告的早期版本。

搜索引擎（search engine） 让用户可以在网上搜索特定信息的软件。

选择性需求广告（selective demand ad） 强调某一特定品牌的广告。

自我决断（self-determination） 人类的决定应受到尊重的道德原则。

受众份额（share of the audience） 特定电台的听众与市场中广播听众的总人数的比率；观看特定电视节目的家庭户数与当时观看电视的家庭户数的比率。

新闻保障法（shield laws） 确定记者在保护消息来源方面的权利的立法。

造谣（slander） 口头诽谤；在很多州，如果败坏名誉的言论被播出，这就将被视为诽谤，即使从技术角度而言这些话并没有写下来；人们认为诽谤更为有害，并且通常会受到比散布谣言更为严厉的处罚。

浮动计算（sliding scale） 在电影放映人与发行人之间的一种详细规定了电影院将保留多少票房收入的商定。

社交媒体（social media） 鼓励内容分享和社区关系的一套网络工具。

社会责任理论（social responsibility theory） 认为报刊有责任通过恰当地让公众知晓情况以及对社会需求做出回应来维护民主的信仰。

社会效用（social utility） 满足个人想与家人、朋友及社会中的其他人交往的需求的媒体功能。

社会化（socialization） 个人逐渐接受群体的行为与价值。

软新闻（soft news） 依靠人情味作为其新闻价值的特写。

信源（source） 开始传播活动的人。

垃圾邮件（spam） 电子邮件中的垃圾。

刺激理论（stimulation theory） 认为观看暴力实际上会刺激个人的行为更为暴力的理论。

故事图板（storyboard） 一系列描绘电视广告中的关键场景的图画。

战略策划（strategic planning） 树立长期与总体目标的管理手段。

附属版权（subsidiary right） 由出版商提供给别人的允许他们翻印某项内容的权利。

监视（surveillance） 大众媒体的新闻与信息功能。

调查（survey） 通常使用问卷的数据收集技巧。

小报（tabloid） 通常只有一页普通报纸一半尺寸大小的、有很多图片的出版物。

战术策划（tactical planning） 树立短期与具体目标的管理手段。

目标受众（target audience） 在广告中，产品或服务对其具有吸引力的那部分人口。

技术决定论（technological determinism） 主张技术推动历史变迁的理论。

《1996 年电信法案》（Telecommunications Act of 1996） 影响广播、有线及电话产业的美国通信法的大修订。

文本（text） 文化批判方法中的分析对象。

时效性（timeliness） 强调事件发生时间的新闻价值。

时间转换（time shifting） 录下节目并在非节目播放时间重播。

时间软化（time softening） 手机用户更灵活对待约定时间的趋势。

跟踪研究（tracking studies） 考察在活动期间或之后广告如何运行的研究。

侵入（trespass） 非法进入别人的领地。

UHF 电磁频谱的超高频波段；电视机上的 14 至 69 频道。

地下报刊（underground press） 20 世纪 60 年代中期至晚期出现的一种专门的报道类型，强调政治开明的新闻与观点，以及诸如音乐、美术、电影之类的文化主题。

《美国爱国者法案》（USA Patriot Act） 赋予政府更多监视权的法律。

使用与满足模式（uses-and-gratifications model） 认为受众成员具有某些通过使用非媒体及媒介来源得到满足的需求或欲望的模式。

功利原则（utility） 注重最多数人的最大利益的道德原则。

《综艺》（Variety） 娱乐产业的行业出版物。

V 芯片（V-Chip） 安装在电视机中，限制接收暴力或令人不快的内容的一种装置。

无知之幕（veil of ignorance） 认为每一个人都应该被平等对待的道德原则。

VHF 电磁频谱的甚高频波段；电视机上的 2 至 13 频道。

视频点播（video-on-demand，VOD） 当用户选择时，有线电视系统可以为用户提供电影播放的系统。

病毒广告（viral advertising） 创意如此有趣以至于消费者会自发分享的广告技巧。

IP 声讯（Voice over Internet Protocol，VoIP） 通过网络打电话的方式。

录播（voice tracking） DJ 提前录下节目中的声音部分，然后在好几家电台广播的一种广播技术。

网页（web page） 包含在网站中的一个超文本页面。

网站（web site） 一套相互链接的超文本页面，它包含关于一个共同主题的信息。

WiFi（wireless fidelity） 不用电线连接个人电脑和其他信息设备即可上网的一种系统。

WiMax 在一个范围较大的区域内实现无线上网的技术。

万维网（World Wide Web，WWW） 用超文本把一则信息与另一则信息连接起来的信息资料网络。

黄色新闻（**yellow journalism**）　出现在 19 世纪 90 年代的耸人听闻的新闻，以强调性、谋杀、医学推广、伪科学、自我推销及富于人情味的报道而出名。

地区版（**zoned editions**）　针对特定地区设立特别栏目的报纸。

索 引

（所注页码为英文原书页码，即本书边码）

O

P

译 后 记

第一次接触《大众传播动力学》英文原版时，我还是一名刚刚入学的硕士研究生。我的硕士生导师蔡骐教授当时正在翻译第 7 版，在他的书桌上我看到了这本沉甸甸的著作。我的导师是位极有洞察力的老师，又非常懂得启发学生。他观察到我对英文文献阅读的兴趣，就大胆地将其中的部分章节交由我来初译。因而借此机会，我较早地通读了这本在美国畅销多年的传播学教科书。也借由着协助导师翻译此书，初步了解了传播学研究的不同视野。确切地说，这本书是我进入传播学研究领域的启蒙书。

九年后，我已经成为一名在新闻传播院校任教的青年教师，而且即将远赴英伦访学。出国之前，我的导师和出版社邀请我承担《大众传播动力学》英文第 12 版的翻译工作，我立即欣喜地应承下来。欣喜的原因有二：其一，对于这本启迪我学术生涯的原著，我一直都非常喜爱，能够正式参与到新版的翻译中来，与有荣焉；其二，传播学是一个时代性极强的学科，这本书在美国已经再版到第 12 版了，中文版却一直没有再版，其间传播媒介的革新速度不断加快，新的传播学现象和媒介发展问题不断涌现，多米尼克教授会与读者分享哪些新鲜的传播案例，提出哪些值得深思的社会、文化及伦理问题？这也吸引着我想要尽早一睹为快。

现在，我很荣幸地将这本书再次推荐给中国的读者们。新版较之第 7 版中文版的变动较大。尽管新版书名拿掉了第 7 版中的副题"数字时代的媒介"，但从章节的调整中就可以看出作者对数字时代媒介的突出之意。我想，我们当下所处的数字时代，早已成为研究大众媒介的应有之义。正如作者在讲各媒介的专章，都增加了"数字时代的传统媒介"这部分内容。另外，丰富的插文是新版的一大亮点，它为读者拓宽了研究大众传播的视野。相较于第 7 版，新版撤换了大多数的插文，补充了时下最前沿的话题。除了新增添的内容外，对于第 7 版中文版中某些专业用语的译法，新版做了校正，采用了更为通俗的译法。

最后，我要特别感谢我的老师蔡骐教授，没有他第 7 版译作的基础，我无法完成第 12 版的翻译工作。还要感谢我在英国访学期间结识的同仁、朋友，新版中所涉及的外国历史、文化背景以及生活化用语，我在翻译过程中求助于他们，总是能得到无私的帮助。还要感谢我的研究生戴晓玲、刘渊、张娜，他们为此做了大量协助工作。特别感谢本书的编辑翟江虹和骆骁，感谢二位对我的信任和宽容，让我能在充裕的时间内完成这项工作。

译作中若出现疏忽和错误，真诚欢迎广大读者不吝赐教。

黄 金

2015 年 3 月

图书在版编目（CIP）数据

大众传播动力学：转型中的媒介：第 12 版/（美）多米尼克著；黄金、蔡骐译.
北京：中国人民大学出版社，2014.12
（新闻与传播学译丛·国外经典教材系列）
ISBN 978-7-300-18922-2

Ⅰ.①大… Ⅱ.①多… ②黄… ③蔡… Ⅲ.①大众传播-传播学-教材 Ⅳ.①G206.3

中国版本图书馆 CIP 数据核字（2014）第 234366 号

新闻与传播学译丛·国外经典教材系列
大众传播动力学
转型中的媒介
第 12 版
［美］约瑟夫·R·多米尼克　著
黄金　蔡骐　译
Dazhong Chuanbo Donglixue

出版发行	中国人民大学出版社	
社　　址	北京中关村大街 31 号	**邮政编码**　100080
电　　话	010 - 62511242（总编室）	010 - 62511770（质管部）
	010 - 82501766（邮购部）	010 - 62514148（门市部）
	010 - 62515195（发行公司）	010 - 62515275（盗版举报）
网　　址	http://www.crup.com.cn	
	http://www.ttrnet.com（人大教研网）	
经　　销	新华书店	
印　　刷	三河市汇鑫印务有限公司	
规　　格	215 mm×275 mm　16 开本	**版　　次**　2015 年 9 月第 1 版
印　　张	30.5 插页 2	**印　　次**　2015 年 9 月第 1 次印刷
字　　数	799 000	**定　　价**　79.80 元

教师反馈表

美国麦格劳-希尔教育出版公司（McGraw-Hill Education）是全球领先的教育资源与数字化解决方案提供商。 为了更好地提供教学服务，提升教学质量，麦格劳-希尔教师服务中心于 2003 年在京成立。在您确认将本书作为指定教材后，请填好以下表格并经系主任签字盖章后返回我们（或联系我们索要电子版），我们将免费向您提供相应的教学辅助资源。如果您需要订购或参阅本书的英文原版，我们也将竭诚为您服务。

★ 基本信息					
姓		名		忄生别	
学校		院系			
职称		职务			
办公电话		家庭电话			
手机		电子邮箱			
通信地址及邮编					

★ 课程信息					
主讲课程-1		课程性质		学生年级	
学生人数		授课语言		学时数	
开课日期		学期数		教材决策者	
教材名称、作者、出版社					

★ 教师需求及建议		
提供配套教学课件（请注明作者 / 书名 / 版次）		
推荐教材（请注明感兴趣领域或相关信息）	-	
其他需求		
意见和建议（图书和服务）	-	
是否需要最新图书信息	是、否	系主任签字/盖章
是否有翻译意愿	是、否	

网址: http://www.mcgraw-hill.com.cn

麦格劳-希尔教育出版公司教师服务中心
北京-清华科技园科技大厦 A 座 906 室
北京 100084
电话：010-62790299-108
传真：010 62790292